UTB

UTB 8298

Eine Arbeitsgemeinschaft der Verlage

Beltz Verlag Weinheim · Basel
Böhlau Verlag Köln · Weimar · Wien
Wilhelm Fink Verlag München
A. Francke Verlag Tübingen und Basel
Haupt Verlag Bern · Stuttgart · Wien
Lucius & Lucius Verlagsgesellschaft Stuttgart
Mohr Siebeck Tübingen
C. F. Müller Verlag Heidelberg
Ernst Reinhardt Verlag München und Basel
Ferdinand Schöningh Verlag Paderborn · München · Wien · Zürich
Eugen Ulmer Verlag Stuttgart
UVK Verlagsgesellschaft Konstanz
Vandenhoeck & Ruprecht Göttingen
Verlag Recht und Wirtschaft Frankfurt am Main
VS Verlag für Sozialwissenschaften Wiesbaden
WUV Facultas Wien

wisu
texte

Manfred E. Streit

Theorie der Wirtschaftspolitik

6., durchgesehene und ergänzte Auflage

Lucius & Lucius · Stuttgart

Adresse des Autors:

Professor Dr. Manfred E. Streit
Emeritus am Max-Planck-Institut zur
Erforschung von Wirtschaftssystemen
Kahlaische Str. 10
07745 Jena

Bibliographische Information der Deutschen Bibliothek

Die Deutsche Bibliothek verzeichnet diese Publikation in der Deutschen Nationalbibliographie; detaillierte bibliographische Daten sind im Internet über http://dnb.ddb.de abrufbar

ISBN 3-8282-4657-5 (Lucius)
ISBN 3-8252-8298-8

Gerokstraße 51 · D-70184 Stuttgart · www.luciusverlag.com

Eine Lange Publikation

Satz: Sibylle Egger, Stuttgart

Druck und Einband: Friedrich Pustet, Regensburg

Printed in Germany

UTB-Bestellnummer: ISBN 3-8252-8298-8

Vorwort zur sechsten Auflage

Bei dieser Neuauflage handelt es sich im Grunde um einen Jubiläumsband: denn gut 25 Jahre sind seit dem ersten Erscheinen dieses Lehrbuchs vergangen. Wie in den Vorworten zu den vorangegangenen Auflagen dokumentiert, war dieses Buch für mich ein ständiger Begleiter. Es begann mit meiner Tätigkeit in Mannheim. Eine weitere Auflage entstand im Europäischen Hochschulinstitut in Florenz. Nachfolgende Auflagen wurden geprägt durch die Forschung und Lehre in Freiburg und später in Jena, wo es mir oblag, das Max-Planck-Institut zur Erforschung von Wirtschaftssystemen zu gründen und an der Wirtschaftswissenschaftlichen Fakultät der dortigen Friedrich-Schiller-Universität zu lehren. An den genannten Stationen erhielt ich immer wieder Anregungen durch Studierende und Mitarbeiter, die zuzuordnen mir heute schwer fällt. Bleibenden Eindruck haben dabei Mannheim und Freiburg hinterlassen. Ihn möchte ich dankend anerkennen. Im übrigen sind immer wieder wissenschaftliche Arbeiten eingeflossen. Ein Großteil davon ist inzwischen in zwei Sammelbänden von mir veröffentlicht worden. Ein dritter Band ist in Vorbereitung.

Wie ich in der vorangegangenen Auflage feststellen konnte, wurde meine Einstellung zur ökonomischen Theorie wesentlich geprägt durch meine langjährige Beschäftigung mit den Arbeiten von Friedrich August von Hayek. Noch verstärkt wurde sie durch meine laufende Tätigkeit als Mitherausgeber der Gesammelten Schriften von F. A. Hayek in deutscher Sprache. Der vorliegende Band wurde davon offensichtlich begünstigt.

Ein Buch wie das vorliegende entsteht nicht ohne Hilfestellung. Sie wurde mir gerne und umsichtig gewährt durch mein Emeritusteam am Jenaer Institut. Hierfür danke ich Ulrike Schleier, Dr. Sven Pinkert und der Max-Planck-Gesellschaft zur Förderung der Wissenschaften, die die Vorbereitung und Drucklegung ermöglichten.

Jena und Saarbrücken, im Herbst 2004 | Manfred E. Streit

Vorwort zur 5. Auflage

Gut zwei Jahrzehnte sind seit Abschluß der Arbeiten an der ersten Auflage vergangen. In dieser Zeit konnte ich Erfahrungen in Forschung und Lehre zunächst weiter in Mannheim, dann in Florenz am Europäischen Hochschulinstitut, ferner an der Universität Freiburg und schließlich an der Universität Jena sammeln. Es fällt mir schwer, die Eindrücke aus Diskussionen, Lehrveranstaltungen und Publikationen zu lokalisieren, die Eingang in diesen Band fanden. Hervorheben möchte ich die Beschäftigung mit der Ordnungsökonomik und mit der Institutionsökonomik an meinem Lehrstuhl in Freiburg bzw. an dem von mir gegründeten Max-Planck-Institut zur Erforschung von Wirtschaftssystemen in Jena. Gerne erinnere ich mich an die Veranstaltungen zur Ordnungsökonomik an der Universität Jena in den Jahren des „Aufbau Ost". Auch hier war mir die Diskussion mit Studierenden hilfreich, die unter dem Eindruck des Zusammenbruchs des real existierenden Sozialismus in der vormaligen DDR standen.

Zum Zweck dieses Buches verweise ich auf das, was ich mir im Vorwort zur ersten Auflage vorgegeben habe. Ergänzen möchte ich lediglich, daß sich meine kritische Einstellung zur für die Theorie der Wirtschaftspolitik wichtigen Wohlfahrtsökonomik und zur neoklassischen Fundierung der Nationalökonomie eher noch verstärkt hat. Dazu trug meine langjährige Beschäftigung mit den Arbeiten von F. A. Hayek wesentlich bei. Einsichten in zentrale Themen der Wirtschaftspolitik in Deutschland konnte ich als Mitglied des Wissenschaftlichen Beirats beim Bundesministerium für Wirtschaft gewinnen. Die Diskussionen in diesem Gremium gaben und geben mir immer noch Anregungen, für die ich dankbar bin.

Viele Argumente und Konzepte, die in dieses Buch Eingang fanden, konnten in der Zusammenarbeit mit meinem australischen Kollegen und Freund, Wolfgang Kasper, bei der Vorbereitung unseres Lehrbuchs „Institutional Economics" neu überdacht und diskutiert werden. Hierfür danke ich ihm. Zu danken habe ich auch Ulrike Schleier dafür, daß sie sich der Mühe unterzog, eine druckreif formatierte Fassung des Buches zu erstellen.

Schließlich danke ich der Max-Planck-Gesellschaft zur Förderung der Wissenschaften dafür, daß sie mir einen Emeritusarbeitsplatz einrichtete, von dem aus ich der Vorbereitung dieser Auflage des Lehrbuchs nachgehen konnte.

Jena und Saarbrücken, im Sommer 2000 M. E. Streit

Vorwort zur 4. Auflage

Die hiermit vorgelegte neue Auflage dieses Lehrbuchs kann kaum noch als solche bezeichnet werden. Zuviel habe ich geändert und hinzugefügt. Gleichwohl sind die grundsätzlichen Fragestellungen erhalten geblieben. Ziel meines mehrjährigen Bemühens war es, die theoretischen Grundlagen der Wirtschaftspolitik in Systemen neu zu überdenken, die ich als gelenkte Marktwirtschaften bezeichne. Das gilt vor allem für das theoretische Grundverständnis der Funktionsweise von Marktwirtschaften und - damit untrennbar verknüpft - für die Einschätzung ihrer Gestaltbarkeit nach ergebnisorientierten wirtschaftspolitischen Zielen. Zunehmende Zweifel an dieser Gestaltbarkeit resultieren zumindest auch aus Zweifeln an der erfahrungswissenschaftlichen Bedeutung eines Teils der konventionellen Mikro- und Makroökonomik. Dabei bin ich immer wieder darauf gestoßen, daß diese Zweifel besonders gerechtfertigt sind, wenn (1) das Problem des konstitutionellen Wissensmangels der Wirtschaftssubjekte und politisch Handelnden ernst genommen, (2) die Rolle von Institutionen nicht nur ordnungs-, sondern auch ablauftheoretisch gewürdigt und (3) das Marktgeschehen als evolutorischer Prozeß verstanden wird.

Die bisherige Gliederung konnte zwar im wesentlichen beibehalten werden. Jedoch war ich bemüht, sowohl die Hauptbereiche eines möglichen wirtschaftspolitischen Handlungsbedarfs als auch das, was nunmehr als wirtschaftspolitische Interventionslehre bezeichnet wird, aus der gleichen, zuvor skizzierten Perspektive zu sehen. Das war nicht immer einfach und dürfte auch noch nicht überall gleich gut gelungen sein. Vieles wird dem Leser ungewohnt, manches vielleicht sogar ketzerisch erscheinen. Aber es schien mir auch aufgrund der zunehmenden Spezialisierung in der Bearbeitung wirtschaftspolitischer Fragestellungen dringend notwendig, den Versuch zu unternehmen, eine möglichst konsistente, marktprozeßtheoretisch orientierte Gesamtkonzeption vorzulegen.

Viele haben diese Entwicklungsstufe des Lehrbuches begleitet, sei es mit intellektueller Anteilnahme, sei es als Leidtragende eines mit seinem Anliegen ringenden Autors oder gar in einer Doppelfunktion. Ohne in jedem Fall entsprechend zu differenzieren, danke ich zunächst meinem Mannheimer Kollegen Alfred Stobbe, der die ersten vier Kapitel einer sehr frühen Fassung kritisch las und mir den letzten Stoß versetzte, alles noch einmal neu zu überdenken. Weiter möchte ich meinen früheren Mitarbeitern Peter Golz und Gerhard Wegner dafür danken, daß sie meine tastenden Schritte kritisch und, wie ich hoffe, auch für sie nützlich begleiteten. Zusammen mit meinen gegenwärtigen, stets diskussionsbereiten Mitarbeitern Heiko Lohmann und Stefan Voigt bestärkten sie mich durch viele Hinweise und Ermunterungen darin, eine möglichst geschlossene Darstellung zu versuchen. Schließlich möchte ich meine Mannheimer Studierenden nicht unerwähnt lassen, die manches intellektuelle Experiment über sich ergehen lassen mußten, mir aber dennoch Neugier und Aufnahmebereitschaft signalisierten.

Das wissenschaftliche Ambiente, das mir unverzichtbar wurde, reicht jedoch weiter. Mein Kollege und Freund Rudolf Wildenmann entlastete mich nicht nur in der kritischen Startphase unserer Forschungsstelle für gesellschaftliche Entwicklungen. Er tolerierte auch in besonderem Maße meine Frustrationsausbrüche in manchen Phasen der Produktion. Hierin übertraf ihn nur meine Frau, und wenn ich anfüge, daß sie das schon über zweieinhalb Jahrzehnte tut, so drückt dies mehr aus, als hier zu sagen ist.

Schließlich habe ich Michael Wohlgemuth für das Korrekturlesen und Horst Wenzel dafür zu danken, daß er die Redaktion sowie die Erstellung des Sachverzeichnisses sorgsam ausführte, und ganz besonders Christa Kininger, die auch diesmal und wegen meines Wechsels nach Freiburg zum letzten Male unverdrossen eine Version nach der anderen mitdenkend schrieb.

Freiburg, im Herbst 1990 M. E. Streit

Vorwort zur dritten Auflage

Die überraschend starke Nachfrage macht schon eineinhalb Jahre nach Erscheinen der zweiten, korrigierten und erweiterten Auflage eine Neuauflage erforderlich. Sie erfolgt ohne Revision der zweiten Auflage, wird jedoch von mir als Ermutigung verstanden, an einer weiteren Verbesserung zu arbeiten.

Florenz und Mannheim, im September 1983 M. E. Streit

Vorwort zur zweiten Auflage

Die neue Auflage wurde dazu genutzt, den Text an einigen Stellen zu ergänzen und zu aktualisieren sowie den Inhalt durch zusätzliche Abbildungen transparenter zu machen. Ferner wurde versucht, durch eine Dreiteilung des Bandes die thematischen Schwerpunkte auch gliederungsmäßig noch stärker hervorzuheben; hinzu kamen einige kleinere Umstellungen, die helfen sollten, die Systematik zu verbessern.

Die Korrekturen und Ergänzungen sind einmal aus den Lehrerfahrungen erwachsen, die bei der Verwertung der ersten Auflage gemacht werden konnten; dementsprechend gilt mein Dank der Geduld und Aufmerksamkeit von Studenten der Volks- und Betriebswirtschaftslehre der Universität Mannheim. Ferner haben sich einige Kollegen dankenswerterweise der Mühe unterzogen, mir ihre Beobachtungen mitzuteilen. Schließlich konnte ich im vergangenen Dreivierteljahr aus der intellektuell stimulierenden Atmosphäre in der wirtschaftswissenschaftlichen Abteilung des Europäischen Hochschulinstituts, Florenz, Nutzen für den vorliegenden Band ziehen.

Auch diesmal ist die Arbeit durch aufmerksame und gute Schreibdienste gefördert worden; hierfür möchte ich Barbara Bonke (Florenz) danken. Des weiteren gilt mein Dank Christa Kininger und Gerlinde Sinn (Mannheim) für ihre Hilfe bei der Abwicklung der Fahnenkorrektur. Die vielfältige Unterstützung, die mir zuteil wurde, ändert selbstverständlich nichts an meiner Verantwortung für alle verbleibenden Unzulänglichkeiten.

Florenz, im Sommer 1981 M. E. Streit

Vorwort zur ersten Auflage

Der vorliegende Band wurde als Hilfe für Studierende der Volks- und Betriebswirtschaftslehre im Hauptstudium geschrieben. Zielsetzung war es, überkommene Elemente der Allgemeinen Wirtschaftspolitik mit Ergebnissen der ökonomischen Theorie, der Entscheidungs- und der Wissenschaftstheorie nach kritischer Prüfung zu verknüpfen sowie Nahtstellen zur Sozialphilosophie und Demokratietheorie aufzuzeigen.

Der Zweck des Bandes ist erreicht, wenn dem Leser trotz der insgesamt knappen Darstellung deutlich wird, (1) daß es auf Grundfragen gesellschaftlichen Wirtschaftens keine ausschließlich wissenschaftlich, sondern letztlich nur politisch begründbare Antworten geben kann, (2) daß in der gelenkten Marktwirtschaft preisgesteuerten Wettbewerbsprozessen eine zentrale wirtschafts- und gesellschaftspolitische Rolle zukommt, die mit tradierten Modellen der Mikro- und Wohlfahrtsökonomie nicht oder nur unbefriedigend abgebildet wird, (3) daß die marktmäßige Koordination arbeitsteiliger Produktion unter Allokations-, Stabilisierungs- und Verteilungsaspekten lenkungsbedürftig ist, (4) daß mit der Begründung des Lenkungsbedarfs und der Analyse der Lenkungsmöglichkeiten nicht schon die Lenkung selbst gerechtfertigt ist, (5) daß wirtschaftspolitische Lenkung Ressourcen erfordert und daher auch einer Kosten-Nutzen-Analyse unterworfen werden muß, wenn sie rational sein soll, (6) daß es im Rahmen der Theorie der Wirtschaftspolitik nicht zuletzt darauf ankommen sollte, Kriterien für wirtschaftspolitische Kosten-Nutzen-Analysen zu entwickeln und die Grenzen solcher Analysen aufzuzeigen, (7) daß einerseits die Komplexität wirtschaftspolitischer Entscheidungsprobleme mit abnehmender Abstraktion extrem zunimmt und andererseits die erschließbaren entscheidungsrelevanten Informationen sowie praktischen Problemlösungsmöglichkeiten hinter der zunehmenden Komplexität weit zurückbleiben, (8) daß das Wissen um die Grenzen des Wissens zur intellektuellen Bescheidenheit anhalten und eine Überschätzung wirtschaftspolitischer Problemlösungsmöglichkeiten verhindern sollte, (9) daß es eine unübersehbare, vielleicht fruchtbare Spannung zwischen idealistisch formulierbaren Zielen sozialen Fortschritts und den Problemlösungsmöglichkeiten gibt, die einer wirtschaftlichen Kosten-Nutzen-Analyse am ehesten zugänglich sind, und (10) daß bei allen wissenschaftlichen Problemlösungsbemühungen das Primat der Politik unangetastet bleiben sollte, aus der Vielfalt der Informationen und Interessen einen gangbaren Weg zu finden, der mit Kompromissen gepflastert und weitab sein dürfte von einem konkretisierbaren oder als „Gemeinwillen“ geoffenbarten Ideal.

Gern komme ich Dankespflichten nach. Sie beziehen sich zunächst auf meine Mitarbeiter Brigitte Fickel, Ellen Keifer, Gerhard Noe, Rolf Quick und vor allem Ingeborg Kiesewetter. Ihnen habe ich zu danken für die ausdauernde, hilfreiche Kritik an früheren Fassungen, den Entwurf von Kontrollfragen und von entsprechenden Antworten sowie Hilfen beim Erstellen des Literatur- und Stichwortverzeichnisses. In besonderem Maße verpflichtet bin ich meinem verehrten Kollegen Alfred Stobbe. Seine detaillierte Kritik an der vorletzten Fassung war für mich Anlaß, einige Kapitel weitgehend umzuarbeiten sowie das Buch sprachlich zu entrümpeln und zu glätten und damit hoffentlich leichter lesbar zu machen. Zu danken habe ich schließlich Christa Kininger dafür, daß sie unermüdlich, sorgfältig und zuverlässig die vielen Fassungen geschrieben hat. Alle verbliebenen Unzulänglichkeiten gehen ausschließlich zu meinen Lasten.

Mannheim, im November 1978 M. E. Streit

Inhaltsverzeichnis

Teil I: Dimensionen wirtschaftspolitischen Handlungsbedarfs

Teil II: Methodische, normative und institutionelle Grundlagen

Teil III: Probleme wirtschaftspolitischer Entscheidung und Beratung

Teil I: Dimensionen wirtschaftspolitischen Handlungsbedarfs

Kapitel 1: Gesellschaftliches Wirtschaften und Wirtschaftspolitik

Im ersten Kapitel wird der Gegenstand dieses Buches - die Wirtschaftspolitik - von einem Teilgebiet der ökonomischen Theorie aus betrachtet, das ihm am nächsten steht, der Wohlfahrtsökonomik. Ihr Erkenntnisziel ist es, Lösungsbedingungen für das Knappheitsproblem bei arbeitsteiliger Produktion anzugeben. Hinzu kommt, daß die Wohlfahrtsökonomik bei der Koordination der wirtschaftlichen Aktivitäten zumindest dem Anspruch nach von einem Verfahren ausgeht, das auch den Typ von Wirtschaftssystemen kennzeichnet, dem in diesem Buch die Hauptaufmerksamkeit gilt: Systeme, in denen die Koordination wirtschaftlicher Aktivitäten in beträchtlichem Maße auf Markthandlungen beruht. Die in der Wohlfahrtsökonomik erzielbaren Erkenntnisse und vielleicht noch mehr die identifizierbaren Erkenntnisgrenzen sind geeignet, darzulegen, (1) wie vielschichtig und wandelbar das gesellschaftliche Wirtschaften ist, (2) wo es Ansatzpunkte für staatliches Handeln in wirtschaftspolitischer Absicht geben könnte und (3) welche Funktion der ökonomischen Theorie bei der Lösung wirtschaftspolitischer Probleme zukommen kann.

Literaturhinweise

1.1: Boulding, 1949/68; Eucken, 1940/90 (Teil 1).
1.2: Boulding, 1952; Giersch, 1961/90 (Kap. 3); Külp, 1975; Schneider, 1986 (Buch I, II); Sohmen, 1976/92 (Kap. 1-3).
1.3: Bator, 1957; Baumol, 1965 (S. 1-48); Rowley und Peacock, 1975/78 (Teil I).
1.4: Albert, 1976/78; Demsetz, 1969; Hayek, 1937/40/45; Krüsselberg, 1969 (Teil II); Rowley und Peacock, 1975/78 (Teil I); Streit, 1995 (S.3-27).

1.1 Grundfragen gesellschaftlichen Wirtschaftens

1.1.1 Knappheit, Wertung und rationale Entscheidung

Ausgangspunkt für die folgenden Überlegungen ist die Knappheit. Knapp sind für die Wirtschaftssubjekte die Mittel (Produktionsfaktoren, Ressourcen), verglichen mit den vielfältigen, wandel- und entwickelbaren Bedürfnissen, zu deren Befriedigung sie eingesetzt werden können (Robbins, 1932, S. 15). Aus der Knappheit ergibt sich die Notwendigkeit der Wahl zwischen konkurrierenden Verwendungsmöglichkeiten der Mittel. Wählen heißt zugleich werten. Zu bewerten sind die Verwendungsmöglichkeiten. Welcher Wert den Verwendungsmöglichkeiten beigemessen wird, richtet sich nach dem Nutzen, den Individuen der jeweiligen Mittelverwendung im Hinblick auf die Bedürfnisbefriedigung beimessen.

Das ökonomische Prinzip

Welcher Grad der Bedürfnisbefriedigung erreichbar ist, hängt nicht nur von der Art und Menge der verfügbaren Mittel ab, sondern auch davon, wie die Mittel eingesetzt werden. Damit ist die Effizienz (Wirtschaftlichkeit) des Mitteleinsatzes angesprochen. Höchste Effizienz ist erreicht, wenn es nicht mehr möglich ist, den Grad der Bedürfnisbefriedigung durch Umdispositionen beim Mitteleinsatz zu erhöhen, sondern nur noch durch den Einsatz zusätzlicher Mittel. Zu einer Handlungsmaxime (Norm) erhoben, wird dieses Erfordernis als ökonomisches Prinzip bezeichnet.

Entscheidungen mit Hilfe des ökonomischen Prinzips erfordern ein ständiges Abwägen des Aufwands und Ertrags, der durch den Mitteleinsatz entsteht. Der Aufwand entspricht dem Nutzen, der entgeht, weil das eingesetzte Mittel konkurrierenden Verwendungszwecken entzogen wird; in Höhe des Nutzenentgangs entstehen Alternativkosten (Opportunitätskosten). Der Ertrag entspricht dem aufwandbedingten Nutzen. Mit der Anwendung des ökonomischen Prinzips wird eine Nutzenmaximierung bzw. eine Minimierung der Alternativkosten bei gegebenem Mittelbestand angestrebt. Die mit Hilfe des ökonomischen Prinzips getroffene Entscheidung (Wahlhandlung) ist rational. Jedes andere Verhalten würde die Möglichkeiten der Bedürfnisbefriedigung einschränken; es bedeutete eine Verschwendung von Mitteln.

Ein Einwand gegen die Anwendung des ökonomischen Prinzips könnte in dem Argument gesehen werden, daß sich die Bedeutung des Knappheitsproblems durch Selbstbeschränkung verringern oder gar aufheben ließe. Jedoch wäre zu fragen: Selbstbeschränkung zugunsten wovon? Eine mögliche Antwort wäre: zugunsten eines vornehmlich der Meditation gewidmeten, materiell anspruchslosen Lebens, ähnlich dem des Diogenes von Sinope. Aber auch in diesem Fall kann Selbstbeschränkung das Ergebnis einer rationalen Entscheidung sein; bei ihr können die Alternativkosten einer verstärkten Befriedigung materieller Bedürfnisse mit der Folge geringerer Meditationsmöglichkeiten den Ausschlag gegeben haben. Eine andere Antwort wäre: zugunsten von mehr Muße, wozu auch immer sie genutzt wird. Während mit dem ersten Beispiel die Spannweite menschlicher Bedürfnisse deutlich werden sollte, wird mit dem zweiten Beispiel in erster Linie auf ein – verglichen z. B. mit der Lebenserwartung eines Menschen – knappes Mittel aufmerksam gemacht: die Zeit. Aus beiden Beispielen sollte hervorgehen, daß das ökonomische Prinzip nichts als eine Anwendung des allgemeinen Rationalitätsprinzips ist. Trotz seiner breiten Anwendungsmöglichkeiten folgt daraus nicht, daß es allgemein praktiziert wird. Seine Anwendung impliziert die Vorentscheidung, sich rational zu verhalten. Für die darin enthaltene Wertung kann zwar geworben werden, mehr jedoch nicht.

Wesentliche Abstraktionen

So wie das ökonomische Prinzip üblicherweise definiert ist, wird von einigen wichtigen Problemen abstrahiert. Eine erste Abstraktion bezieht sich auf die verfügbaren Mittel. Die Entscheidung orientiert sich ausschließlich an den erwarteten Ergebnissen des Mitteleinsatzes. Die Mittel sind lediglich Instrumente zur Bedürfnisbefriedigung. Ihnen wird kein Wert an sich (Eigenwert) beigemessen, der sich z. B. mit der Art des Einsatzes ändern könnte. Gerade der Eigenwert von Mitteln wird jedoch im weiteren Verlauf der

Erörterungen als Ursache sowohl wirtschaftlicher als auch wirtschaftspolitischer Probleme erkennbar werden.

Eine zweite Abstraktion betrifft den Nutzenbegriff als subjektive Kategorie. Er ist grundsätzlich inhaltlich unbestimmt. Deshalb ist für ein konkretes ökonomisches Entscheidungsproblem stets erst eine Inhaltsbestimmung erforderlich. Wegen der großen gesellschaftlichen und kulturellen Vielfalt und Wandelbarkeit möglicher Inhalte erlaubt das Prinzip der Nutzenmaximierung keine einheitliche und durchgängige Prognose menschlichen Handelns; denn dies setzte Erkenntnisse über die menschliche Wahrnehmung, Bewußtseinsbildung und damit die individuelle Kognition voraus. Allgemeingültigkeit des Prinzips wäre nur mit Hilfe der Formulierung inhaltsleerer Aussagen zu gewinnen.

Drittens wird von einem besonderen Knappheitsproblem abgesehen, das rationales Entscheiden erschwert. Seine Bedeutung wird in der konventionellen ökonomischen Theorie sowie bei ihren wirtschaftspolitischen Anwendungen bislang unterschätzt. Deshalb soll es in diesem und in den folgenden Kapiteln besonders intensiv diskutiert werden: Zur Entscheidung werden Informationen über Bedürfnisse und deren Befriedigungsmöglichkeiten benötigt; was knapp ist und wie der Knappheit begegnet werden kann, ist also erst einmal herauszufinden. Informationen sind darüber hinaus entscheidungsgerecht zu verarbeiten. Beides – Beschaffung und Verarbeitung von Informationen – verursacht Kosten. Wieviel Informationen beschafft und verarbeitet werden, ist somit selbst entscheidungsbedürftig. Der Nutzen des Informationsaufwands besteht in dem Effizienzgewinn der Entscheidung, die mit Hilfe der Informationen getroffen wird. Ihm müßten die Kosten gegenübergestellt werden, die dadurch entstehen, daß sich mit der Informationsbeschaffung und -verarbeitung die Mittel verringern, die zur Bedürfnisbefriedigung einsetzbar sind. Allerdings ist der Nutzen des Informationsaufwands notwendigerweise unbekannt; denn er leitet sich aus der erst zu gewinnenden, unbekannten Information ab (vgl. hierzu S. 82).

Zu berücksichtigen ist viertens, daß alle Entscheidungen in der Zeit stattfinden. Ihre Durchführung liegt immer in der näheren oder ferneren Zukunft. Da diese ausnahmslos durch Ungewißheit gekennzeichnet ist, beruhen alle Entscheidungen auf Erwartungen. Diese sind überwiegend subjektiv, d.h. nicht von jedermann grundsätzlich überprüfbar. Nur selten können dem Eintreten zukünftiger Ereignisse objektive Wahrscheinlichkeiten zugeordnet werden. Aber selbst dann gibt es keine allgemeingültige Regel, wie solche Wahrscheinlichkeiten bei der Entscheidung zu berücksichtigen sind. Der Umstand, daß als rational einstufbare Entscheidungen aufgrund der in sie einfließenden Bewertungen und Erwartungen subjektiv sind, erschwert zwar ihre Überprüfbarkeit. Das bedeutet aber nicht, daß jede Entscheidung als rational deutbar ist. Eine Entscheidung ist durch den Entscheidenden ebenso wie durch andere auf Rationalität nur überprüfbar, wenn die Bewertungsmaßstäbe und die wiederum mit Hilfe einer Wahlhandlung gewonnenen Informationsgrundlagen für die Entscheidung im vorhinein feststehen.

1.1.2 Gesellschaftliches Wirtschaften

Mit Hilfe des ökonomischen Prinzips kann das einzelne Wirtschaftssubjekt versuchen, eine bestmögliche Anpassung an die Beschränkungen zu erreichen, die durch die Knappheit bedingt sind. Lockern, aber nicht aufheben lassen sich diese Beschränkungen grundsätzlich durch Arbeitsteilung. Arbeitsteilung beinhaltet für den einzelnen, daß er auf Selbstversorgung verzichtet und eine Spezialisierung anstrebt. Dabei kommt es darauf an, sich an den Vorteilen gegenüber anderen hinsichtlich Fertigkeiten und Leistungsvermögen zu orientieren. Bei einer Spezialisierung werden Tausch der Spezialisierungserträge mit anderen und damit Kooperation unumgänglich; es kommt zu gesellschaftlichem Wirtschaften. Der Erfolg, den Arbeitsteilung und damit verbundene Spezialisierung versprechen, besteht darin, daß sich das Verhältnis von Produktionsergebnis zu Mitteleinsatz, die Produktivität, erhöht. Die durch Arbeitsteilung erzielbaren Produktivitätsgewinne können von den Gesellschaftsmitgliedern genutzt werden,

- um ihre Versorgung mit arbeitsteilig produzierten Gütern zu verbessern,
- um ihre Produktionstätigkeit einzuschränken, oder schließlich,
- um von beiden Möglichkeiten Gebrauch zu machen.

Die mit der Arbeitsteilung verbundene Chance, die Knappheit im Vergleich zur Selbstversorgung zu mildern, hat aber auch einen Preis: die gegenseitige Abhängigkeit der arbeitsteilig Produzierenden. In der beobachtbaren Arbeitsteilung zwischen Individuen, Betrieben, Regionen und Nationen produziert der einzelne häufig nur noch einen kleinen Bruchteil dessen, was er selbst nachfragt. Dementsprechend groß ist die Abhängigkeit. Ferner entsteht Ungewißheit darüber, ob es auch tatsächlich zu dem dann erforderlichen Tausch kommt und zu welchen Bedingungen er möglich sein wird.

1.1.3 Ordnung, Allokation und Verteilung

Bei Selbstversorgung liegt es ausschließlich an dem betrachteten Individuum, alle Produktionsentscheidungen zu treffen. Durch die Ergebnisse seiner Produktionsanstrengungen sind seine Möglichkeiten der Bedürfnisbefriedigung unmittelbar und eindeutig bestimmt. Bei arbeitsteiliger Produktion werden zusätzliche Fragen aufgeworfen. Sie beziehen sich einmal darauf, wie die Arbeitsteilung vorgenommen und wie das arbeitsteilig Erwirtschaftete auf die Gesellschaftsmitglieder verteilt werden soll. Darüber hinaus ist aufgrund der gegenseitigen Abhängigkeit der arbeitsteilig Produzierenden über das System von Verhaltensregeln zu entscheiden, mit Hilfe dessen ihre wirtschaftlichen Aktivitäten aufeinander abgestimmt (koordiniert) werden sollen.

Infolgedessen können zwei Kategorien von Problemen gesellschaftlichen Wirtschaftens unterschieden werden.

- Ordnungsfragen. Sie beziehen sich auf das System von Verhaltensregeln, dem das gesellschaftliche Wirtschaften unterworfen werden soll.
- Allokations- und Verteilungsfragen. Sie beziehen sich auf den Einsatz der verfügbaren Ressourcen bzw. die Verteilung der Ergebnisse gesellschaftlichen Wirtschaftens.

Die Allokations- und Verteilungsfragen werden im folgenden auch als ökonomische Grundfragen bezeichnet. Sie stellen sich gleichermaßen für jedes Wirtschaftssystem, das als Ergebnis der Beantwortung der Ordnungsfragen entsteht. Allerdings werden sie nicht in jedem Wirtschaftssystem auf gleiche Weise beantwortet.

Die ökonomischen Grundfragen

Bevor auf die Ordnungsfragen eingegangen wird, ist es zweckmäßig, zunächst die Allokations- und Verteilungsprobleme zu konkretisieren. Folgende Grundfragen werden dabei aufgeworfen:

1. Sachlich: Was und jeweils wieviel?
2. Organisatorisch: Was von wem?
3. Technisch: Wie?
4. Räumlich: Wo?
5. Zeitlich: Wann?
6. Persönlich: Für wen?

Die ersten fünf Fragen beziehen sich auf Allokationsprobleme, die letzte betrifft das Verteilungsproblem. Bei der ersten Frage geht es um die Produktionsstruktur; sie kann für ein einzelnes Land von dessen Nachfragestruktur abweichen, wenn die Abweichung durch Außenhandel überbrückt wird. Eine zweite Frage bezieht sich darauf, in welcher Weise die Arbeitsteilung vorgenommen werden soll; Fehlspezialisierungen von Personen, aber auch z. B. von Betrieben oder Regionen, sind nicht von vornherein auszuschließen. Eine dritte Frage zielt auf die Produktionstechnik. Dabei muß die als wirtschaftlich (effizient) erkannte Technik nicht die technisch beste (gemessen an physikalischen Maßstäben wie z. B. dem Wirkungsgrad) sein und umgekehrt; denn die Wirtschaftlichkeit wird von den Produktionskosten bestimmt, also auch von den nach ihren konkurrierenden Verwendungsmöglichkeiten zu bewertenden Produktionsmitteln. Mit dem „Wo" ist die Standortverteilung angesprochen; sie wird zum ökonomischen Problem, weil Raumüberwindung selbst den Einsatz von Produktionsmitteln erfordert, also Kosten verursacht. Das „Wann" bezieht sich darauf, in welchem Maße Mittel zur Investition (Akkumulation) eingesetzt werden sollen; soweit dazu nicht ungenutzte Mittel und Mittel anderer Länder verwendet werden können, erfordert die Investition eine Einschränkung der Befriedigung von Bedürfnissen in der Gegenwart. Mit der Frage „Für wen" ist die Einkommens- und letztlich auch (vor allem durch die Akkumulation) die Vermögensverteilung angesprochen; bei Arbeitsteilung ist zu klären, wie sich die Produktionsergebnisse auf die Gesellschaftsmitglieder verteilen.

Die Antworten auf die ökonomischen Grundfragen bedingen sich gegenseitig (sind interdependent). Das läßt sich anhand einiger Beispiele verdeutlichen. Die Antwort auf die erste Frage – nach der Produktionsstruktur – setzt eine entsprechende Nachfragestruktur voraus. Die Nachfragestruktur ist wiederum auch abhängig von der Beantwortung der Verteilungsfrage, wenn unterstellt wird, den Individuen flössen frei verfügbare Einkommen zu. Weichen Produktions- und Nachfragestruktur voneinander ab und sind die Möglichkeiten des Außenhandels ausgeschöpft, so sind Engpässe einerseits und Überschüsse andererseits die Folge. Außenhandel als Ergebnis internationaler Arbeitsteilung beinhaltet eine Teilantwort auf die zweite Grundfrage: wird die Effizienz, mit der handeltreibende Länder im Vergleich zueinander bestimmte Güter produzieren können (relative Effizienz, komparative Vorteile), falsch eingeschätzt und eine Fehlspezialisierung vorgenommen, so sind auch keine Gewinne aus dieser Arbeitsteilung zwischen Handelspartnern erzielbar. Fällt im Hinblick auf die dritte Grundfrage die Entscheidung zugunsten relativ kapitalintensiver, neuer Produktionsmethoden, so setzt dies voraus, daß die dazu erforderlichen Investitionen auch realisiert werden können; würde davon abweichend weniger akkumuliert, so blieben sowohl Investitionspläne unrealisiert als auch Arbeitskräfte unbeschäftigt. Wird bei der Standortverteilung entschieden, Produktionsstätten aus Wohngebieten zu verlagern, bedeutet das zugleich einen veränderten Transport- und Kommunikationsbedarf; wenn zu seiner Befriedigung zusätzlicher Ressourcenaufwand erforderlich ist, berührt dies u. a. die dann noch mögliche Antwort auf die Frage nach dem „Wieviel". Wird heute entschieden, Reinvestitionen zu unterlassen, so wird mit dieser Antwort auf das „Wann" u. a. ebenfalls die Antwort auf das „Wieviel" von morgen mitbestimmt. Ändert sich die Antwort auf die Verteilungsfrage, können Änderungen der Nachfragestruktur und der Ersparnisbildung als mögliche direkte Folgen nicht ohne weiteres vernachlässigt werden. Als letztes Beispiel mag der Verbrauch nicht regenerierbarer Rohstoffvorkommen dienen; die Verbrauchsentscheidung beinhaltet auch eine Antwort auf die Frage, wie zwischen den Generationen verteilt werden soll.

Die Ordnungsfragen

Aufgeschoben wurden im Hinblick auf die Beantwortung der Allokations- und Verteilungsfragen folgende vorgelagerte Ordnungsfragen:

- Wer soll die ökonomischen Grundfragen aufgrund welcher Wertungen beantworten?
- Wie und mit Hilfe welchen Informationssystems sollen die sich gegenseitig bedingenden Antworten aufeinander abgestimmt werden?
- Wie sollen die Entscheidungsträger für die ökonomische Qualität ihrer Entscheidungen verantwortlich gemacht werden?

Eine ausführliche Diskussion dieser Fragen ist Gegenstand des zweiten Kapitels. Die Antworten führen zu Merkmalen von Wirtschaftsordnungen. An dieser Stelle genügt es, wenn zur Erläuterung zwei extreme Denkmöglichkeiten umrissen werden.

Bei der einen Möglichkeit würde die Befugnis (Kompetenz), die ökonomischen Grundfragen zu beantworten, einem zentralen Planungsgremium übertragen. Seine Aufgaben könnte es nur wahrnehmen, wenn es das gesellschaftliche Wirtschaften wie einen Großbetrieb durchorganisierte und mit Hilfe von verbindlichen Weisungen lenkte, die sich auf ein ebenfalls zu organisierendes Informationssystem stützen müßten. Richtlinien (Wertungen) für seine Entscheidungen könnte es von einer Volksversammlung erhalten; an dieser wäre es auch, das Gremium für die Folgen seiner Wirtschaftsführung verantwortlich zu machen.

Die andere Denkmöglichkeit bestünde darin, die Beantwortung der Allokationsfragen den Gesellschaftsmitgliedern nach ihren individuellen Wertungen zu überlassen und die Koordination durch Markthandlungen zu vollziehen. Dabei wäre jedes Gesellschaftsmitglied für sein wirtschaftliches Wohlergehen selbst verantwortlich. Wie gut es zur Beantwortung der Allokationsfragen beiträgt, würde ihm immer dann signalisiert, wenn es aufgrund der gegenseitigen Abhängigkeit andere für Tauschhandlungen zu gewinnen suchte; denn seine Tauschangebote würden mit denen anderer verglichen. Insofern stünde es im Wettbewerb, der im Falle dieses Systems das zentrale Kontrollinstrument darstellt. Die Verteilungsfrage stellte sich nicht, sondern würde im Verlauf des Marktgeschehens insofern mitentschieden, als sich der Anteil eines Gesellschaftsmitglieds an dem in einer Periode arbeitsteilig Erwirtschafteten danach bemessen würde, welche Erlöse es aus der Vermarktung der ihm verfügbaren Ressourcen bzw. der Verwertungsergebnisse erzielen würde.

1.2 Der wohlfahrtsökonomische Beantwortungsversuch

Wird davon ausgegangen, daß die Wertungen der einzelnen Gesellschaftsmitglieder letztlich für wirtschaftliche Entscheidungen ausschlaggebend sein sollen, könnte der wissenschaftliche Versuch unternommen werden,

- allgemeine Bedingungen zu ermitteln, die erfüllt sein müssen, wenn die ökonomischen Grundfragen bestmöglich beantwortet sein sollen;
- Koordinationsverfahren dahin gehend zu überprüfen, ob mit ihrer Hilfe die allgemeinen Bedingungen erfüllt werden können.

Mit diesem Versuch ist das Untersuchungsprogramm der Wohlfahrtsökonomik beschrieben. Auch wenn es nur teilweise realisiert werden konnte, sind die erzielten Erkenntnisse ebenso wie die identifizierbaren Erkenntnisgrenzen für den Gegenstand dieses Buches – die Wirtschaftspolitik – von Bedeutung; denn die Wohlfahrtsökonomik wird häufig zu einer konsistenten, wenn auch problematischen Begründung wirtschaftspolitischen Handlungsbedarfs für eine Ordnung gesellschaftlichen Wirtschaftens herangezogen, bei der die Koordination durch Markthandlungen herbeigeführt wird. Deshalb soll auf den wohlfahrtsökonomischen Beantwortungsversuch eingegangen werden. Das geschieht allerdings nicht mit dem Ziel einer eingehenden Darstellung (hierzu z. B. Bator, 1957; Mishan, 1960; Rowley und Peacock, 1975; Sohmen, 1976; Streit, 1995, S. 3–28), sondern nur, soweit es im Hinblick auf die wirtschaftspolitische Thematik unbedingt notwendig erscheint.

1.2.1 Das sozialökonomische Optimum

Die Optimierungsaufgabe

Aus der Perspektive der Wohlfahrtsökonomik geht es bei der Beantwortung der ökonomischen Grundfragen darum, eine Lösung zu finden, die dem Rationalitätsprinzip genügt. Gesucht wird die bestmögliche Versorgung mit Hilfe von im Vergleich zu den Bedürfnissen knappen Mitteln. Dabei ist von einer überzeugenden Lösung zu verlangen, daß die Allokations- und Verteilungsfragen simultan beantwortet werden; denn die Antworten bedingen sich – wie dargelegt – gegenseitig. Nur bei einer simultanen, bestmöglichen Beantwortung aller Grundfragen läge das vor, was manchmal (z. B. Giersch, 1961, S. 97 ff.) als sozialökonomisches Optimum bezeichnet wird. Dabei ist die Lösung durch die jeweils verfügbaren Produktionsmittel und Produktionstechniken eingeschränkt. Mit dem Adjektiv „sozialökonomisch“ soll von vornherein das Mißverständnis ausgeschlossen werden, ein solches Optimum könne den bestmöglichen Zustand einer Gesellschaft darstellen. Vielmehr lassen die Grundfragen bereits erkennen, daß die Perspektive verengt ist auf tauschbare Güter sowie deren Wertschätzung durch die Tauschpartner; Wertschätzungen, die sich z. B. auf Tauschpartner selbst beziehen können, spielen – so wird i. d. R. angenommen – ebensowenig eine Rolle wie solche im Hinblick auf die Produktion in einem bestimmten Betrieb, an einem bestimmten Standort u. ä. Ansonsten gilt für die Wohlfahrtsökonomik wie für die übrige Ökonomik, daß sie analytisch auf den gesellschaftlichen Teilbereich des Wirtschaftens beschränkt ist.

Die Beantwortung der ökonomischen Grundfragen stellt ein Wahlhandlungs- oder Entscheidungsproblem dar und nicht eine Beschreibung oder Erklärung dessen, was ist. Entschieden werden muß, wie mit den knappen Mitteln gewirtschaftet werden soll, damit eine Versorgung erreicht wird, die von den Mitgliedern der gedachten Gesellschaft als bestmöglich beurteilt werden kann. Das Beste beinhaltet (Wunsch-)Vorstellungen darüber, was sein soll. Was möglich ist, hängt von den Mitteln ab, die zur Bedürfnisbefriedigung verfügbar sind bzw. verfügbar gemacht werden können. Bestmöglich bedeutet nichts anderes, als die Wünsche mit den faktischen Möglichkeiten durch Anwendung des Rationalitätsprinzips, so gut es geht, in Einklang zu bringen.

Modellannahmen

Für eine modelltheoretische Analyse des Problems einer bestmöglichen Versorgung werden zwei Arten von Annahmen benötigt:

- Annahmen darüber, welche Mittel verfügbar sind und wie sie zur Lösung des Allokationsproblems eingesetzt werden können; angesprochen sind damit die verfügbaren Produktionsfaktoren und ihre produktionstechnisch bedingten Kombinationsmöglichkeiten.
- Annahmen über eine Bewertungsregel, mit deren Hilfe alle möglichen Versorgungslagen einschließlich der verschiedenen Lösungen für das Verteilungsproblem widerspruchsfrei bewertet werden können; eine solche Bewertungsregel wird in diesem Zusammenhang als Wohlfahrtsfunktion bezeichnet.

Liegen beide Arten von Annahmen fest, so impliziert die Anwendung des Rationalitätsprinzips formal eine Maximierung unter Nebenbedingungen. Entschieden wird zugunsten der Versorgungslage, die nach der Wohlfahrtsfunktion am höchsten bewertet wird unter der Bedingung, daß der Höchstwert nicht den Rahmen des Möglichen sprengt, der durch die Faktormengen und die Produktionstechnik bestimmt ist.

Modellmechanik: vollkommene Konkurrenz

So abstrakt formuliert wird deutlich, daß die Lösung einen Optimalzustand beschreibt. Unter den getroffenen Annahmen hinsichtlich einer die Wünsche aller Gesellschaftsmitglieder repräsentierenden Wohlfahrtsfunktion sowie der wirksamen Ressourcen- und Technikschranken kann die Lösung in der Form von Optimalbedingungen zunächst ermittelt werden, ohne die Ordnungsfragen beantworten zu müssen.

In der Wohlfahrtsökonomik sind jedoch insofern Teilantworten auf die Ordnungsfragen enthalten, als von individuellen Wertungen ausgegangen und geprüft wird, ob eine Koordination durch Markthandlungen die Realisierung der Optimalbedingungen gewährleisten könnte. Dies wäre nur möglich, wenn das Marktgeschehen auf die extreme Denkmöglichkeit der vollkommenen Konkurrenz reduziert wird, also auf ein System vollkommener, transparenter Märkte für alle Faktoren und Güter, auf denen polypolistischer Wettbewerb als Modellmechanik besteht. Die Mechanik selbst ergibt sich aus Produzenten und Verbrauchern, die als Anpassungsautomaten gedacht sind. Nach der angenommenen Marktstruktur, dem Polypol, bleibt ihnen nichts als die Anpassung an die Optimalbedingungen, die ihnen als Preise bzw. Preisrelationen bekannt sind. Diese sind für sie „Daten" i.S.d. Modells der vollkommenen Konkurrenz.

Kernstück des wohlfahrtsökonomischen Ansatzes bildet i. d. R. eine Modellsituation, in der einige Grundfragen nur teilweise zu beantworten sind oder auch ganz offenbleiben. Die Frage nach der Produktionsstruktur ist nur teilweise zu beantworten. Was zu produzieren ist, muß aufgrund der Logik des Kalküls bereits feststehen; lediglich das „Wieviel" ist zu bestimmen. Ebenfalls als vorgegeben gelten die wirtschaftlichsten Produktionstechniken; hinsichtlich des „Wie" ist lediglich der effiziente Einsatz der Produktionsfaktoren zu bestimmen. Ferner ist die Bedingung für eine optimale Arbeitsteilung zu ermitteln. Die räumliche Dimension des Allokationsproblems bleibt außer Betracht. Die Frage nach dem „Wann" stellt sich ebenfalls nicht; denn die Analyse ist statisch und das betrachtete System ist hinsichtlich Bevölkerung, Faktorbestand, Produktionstechnik und Bedürfnisstruktur stationär, ändert sich also nicht im Zeitablauf. Die notwendigen Allokationsentscheidungen müssen also nur einmal getroffen werden. Stationarität bedeutet, daß danach die Lösung periodisch reproduzierbar ist. Besonders schwer dürfte schließlich wiegen, daß auch das Verteilungsproblem völlig ausgeklammert wird.

Ein erster Schritt hin zu einer allgemeinen Bewertungsregel (Wohlfahrtsfunktion) ist mit Hilfe eines Werturteils möglich, das zu Ehren von Vilfredo PARETO (1848–1923) als PARETO-Kriterium bezeichnet wird. Danach wäre eine Versorgungslage einer anderen vorzuziehen, wenn durch die Reallokation, die die zu beurteilende Versorgungslage erforderte, zumindest ein Individuum einen Nutzenzuwachs erführe und kein anderes eine Nutzeneinbuße hinnehmen müßte. Dabei wird unterstellt, daß die Individuen in ihren Nutzenvorstellungen voneinander unabhängig sind: Demonstrativen Konsum gibt es also beispielsweise ebensowenig wie Neid. Hinsichtlich des Nutzens wird angenommen, daß er mit der Menge der Güter und Faktoren zunimmt, über die ein Individuum verfügt. Es kommt darauf an, die gegebenen Faktorbestände unter Verwendung der gegebenen Produktionstechniken so einzusetzen und die arbeitsteilig erzielten Produktionsergebnisse so zu tauschen, daß das PARETO-Kriterium erfüllt ist.

1.2.2 Lösungselemente: Marginalbedingungen

Das sozialökonomische Optimum läßt sich – dem Optimierungskalkül folgend – durch eine Reihe von notwendigen Bedingungen beschreiben; sie müssen erfüllt sein, wenn das Optimum vorliegen soll. Entsprechende formale Eigenschaften (vor allem Stetigkeit, Differenzierbarkeit, Konvexität) der Wohlfahrtsfunktion sowie der Beschränkungen (Faktorbestände, Produktionstechniken) vorausgesetzt, können solche Bedingungen deduziert werden. Dazu gehören vor allem Marginalbedingungen, die einer ökonomischen Interpretation zugänglich sind. Einige von ihnen sollen nachfolgend kurz vorgestellt werden.

Statische Effizienz in der Produktionssphäre: das Produktionsoptimum

Die effizienten Lösungen für das Problem des „Wie" werden durch Güterkombinationen repräsentiert, für die gilt, daß mit den gegebenen Faktormengen und Produktionstechniken von keinem Gut mehr hergestellt werden könnte, ohne die Produktion eines anderen Gutes einzuschränken. Ein solches Produktionsoptimum impliziert:

- eine optimale Kombination der Produktionsfaktoren sowie
- eine optimale Arbeitsteilung

Insgesamt bedeutet das, daß in einem Produktionsoptimum die Grenzraten der Substitution zweier Faktoren (optimale Faktorkombination) und zweier Güter (optimale Arbeitsteilung) bei allen Produzenten gleich sind. Das entspricht der Bedingung, daß das Verhältnis der physischen Grenzprodukte zweier Faktoren in der Produktion aller Güter gleich sein muß, unabhängig davon, welcher Produzent die Faktoren einsetzt. Diese Bedingung kennzeichnet statische Effizienz in der Produktion.

Die Nutzensphäre: Optimum des Gütertauschs

Ähnlich wie die Produktionssphäre läßt sich auch die Nutzensphäre zunächst isoliert betrachten, bevor beide miteinander verknüpft werden. Nutzenabwägungen erfordern bei güterwirtschaftlicher Betrachtungsweise Entscheidungen darüber, ob und in welchem Maße ein Individuum ihm verfügbare Güter gegen andere tauschen sollte, um seine Versorgungslage zu verbessern.

Die Optimalbedingung für den Gütertausch läßt sich skizzieren, wenn unterstellt wird, ein effizient produzierter Güterberg wäre anfänglich in einer beliebigen Weise auf die Individuen verteilt. Entspricht die Struktur der individuellen Güterbündel nicht den individuellen Wünschen, werden die Individuen versuchen, die Möglichkeiten lohnenden Tausches auszuschöpfen. Das wird erreicht sein, wenn das Verhältnis, in dem sich zwei beliebige Güter tauschen lassen, für alle Individuen gleich geworden ist. In dem Tauschverhältnis kommt die relative Wertschätzung zum Ausdruck. Wenn sich ein allgemeingültiges Tauschverhältnis herausgebildet hat, ist daher gewährleistet, daß kein Individuum sich noch besserstellen könnte, ohne nicht wenigstens ein anderes schlechterzustellen. Das PARETO-Kriterium wäre also erfüllt. Nutzenbezogen formuliert ist ein Optimum des Gütertauschs erreicht, wenn das Verhältnis der Grenznutzen (die Grenzrate der Substitution) für alle Güterkombinationen und für alle Individuen gleich ist.

Abstimmung zwischen Produktions- und Nutzensphäre: die optimale Produktionsstruktur und das optimale Faktorangebot

Produktions- und Nutzensphäre sind in zweifacher Hinsicht miteinander verknüpft:

- Die Produktionsstruktur ist an der Nachfragestruktur zu orientieren, wenn die individuellen Nutzenvorstellungen dafür ausschlaggebend sein sollen, wieviel jeweils produziert werden soll.

- Ob und in welchem Maße Faktorleistungen gegen Güter getauscht oder von den Individuen unmittelbar in Anspruch genommen werden, richtet sich ebenfalls nach deren Nutzenvorstellungen.

Die erste Verknüpfung betrifft die Produktionsstruktur. Sie wäre optimal, wenn die Substitutionsraten in der Produktion zweier beliebiger Güter den Substitutionsraten im Konsum entsprechen.

Die zweite Verknüpfung betrifft das optimale Faktorangebot. Auf den Faktor Arbeit bezogen, wäre es dann realisiert, wenn niemand mehr einen Anreiz hätte, durch zusätzliche Arbeitsleistungen weitere Güter zu Lasten der verbleibenden, direkt nutzbaren Zeit (für Erholung und Haushaltsproduktion) einzutauschen. Auf den Faktor Sachkapital bezogen, ist die Frage nach dem optimalen Beschäftigungsgrad ebenfalls immer dann zu beantworten, wenn konkurrierende Verwendung zu Tauschzwecken oder Selbstverwendung möglich ist. So könnte z. B. ein Taxiunternehmer an einem schönen Frühlingsabend zu entscheiden haben, ob er mit einem seiner Fahrzeuge noch weiter Fahrgäste transportieren läßt oder damit einen privaten Abstecher in ein landschaftlich reizvoll gelegenes Restaurant unternimmt.

Das Faktorangebot wäre optimal, wenn für jedes Individuum die Grenzrate der Substitution zwischen einem Faktor und einem Gut gleich ist und diese Grenzrate der Substitution dem physischen Grenzprodukt des Faktors in der Produktion des Gutes entspricht.

Die (Marginal-)Bedingungen für eine optimale Produktionsstruktur und ein optimales Faktorangebot müssen simultan erfüllt sein, wenn eine bestmögliche Lösung für das skizzierte, eng begrenzte Allokationsproblem vorliegen soll. Ferner ist zu berücksichtigen, daß damit nur notwendige und nicht hinreichende Bedingungen erfüllt sind. Durch die Annahme strenger Konvexität ist sichergestellt,

- daß das ermittelte Extremum auch ein Pareto-Optimum und nicht ein „Pareto-Pessimum" ist und
- daß es sich nicht nur um ein lokales, sondern um ein totales Optimum handelt, also um die beste aller optimalen Versorgungslagen.

Die Konvexitätsannahme bedeutet, daß die Grenzraten der Substitution zwischen zwei Faktoren in der Produktion jedes Gutes, zwischen zwei Gütern im Konsum jedes Individuums und zwischen einem Faktor und einem Gut für jedes Individuum stets abnehmen; d. h. es gelten die in der Produktions- und Haushaltstheorie getroffenen neoklassischen Annahmen über die Krümmungseigenschaften von Produktions- und Nutzenindifferenzkurven. Die durch diese Annahmen ausgeschlossene Möglichkeit, daß es schon bei dem eng begrenzten Allokationsproblem eine Vielzahl lokaler Optima geben kann, gewinnt an Bedeutung und ökonomischer Plausibilität, wenn anstelle eines stationären ein nichtstationäres System betrachtet wird. Zugleich werden dabei Grenzen der bisher skizzierten Lösung deutlicher.

1.3 Grenzen des Lösungsversuchs

1.3.1 Unumgängliche Erweiterungen

Der Übergang von einem stationären zu einem nichtstationären System ist erforderlich, weil sich die Versorgungslage nicht nur durch Reallokation von Vorhandenem ändern läßt. Auch Neuerungen können eingeführt, und Traditionelles kann aufgegeben werden. Das Entscheidungsproblem erweitert sich; es ist u. a. zu prüfen (GIERSCH, 1961, S. 122), ob

- ein neuer Betrieb eröffnet,
- ein bestehender Betrieb geschlossen,
- ein bisher nicht erzeugtes Gut produziert,
- die Produktion eines Gutes eingestellt,
- ein neues Produktionsmittel erzeugt und in den Produktionsprozeß einbezogen,
- ein bisher genutztes Produktionsmittel nicht mehr verwendet,
- ein neues Produktionsverfahren eingeführt,
- ein traditionelles Produktionsverfahren aufgegeben werden soll.

Soll z. B. die Produktion von Quarzarmbanduhren aufgenommen, die von Dampflokomotiven eingestellt, die mechanische durch computergesteuerte Textverarbeitung in Druckereien ersetzt werden? Soll eine Eisenbahnstrecke stillgelegt, eine Region durch den Bau eines Kanals für Massentransporte besser erschlossen, sollen Forschung und Entwicklung auf dem Gebiet des Umweltschutzes aufgenommen, soll ein ökologisch orientierter Studiengang eingerichtet, ein militärisches Frühwarnsystem aufgebaut werden? Antworten auf derartige Fragen machen es erforderlich, die Analyse in dreifacher Hinsicht zu erweitern. Es müssen

- bislang unbeantwortete Grundfragen aufgegriffen sowie die Beschränkung der ersten Grundfrage auf das „Wieviel davon" aufgehoben werden,
- ökonomische Phänomene aufgezeigt werden, die einer Erfüllung der Optimalbedingungen entgegenstehen,
- Gründe für im Vergleich zum PARETO-Kriterium umfassendere Beurteilungen der möglichen Versorgungslagen diskutiert werden.

1.3.1.1 Offene Grundfragen

Die am Beginn dieses Abschnitts angeführten Beispiele verdeutlichen zunächst, daß die Grundfragen, die sich auf die Produktionsstruktur und die Produktionstechnik beziehen, mehr beinhalten, als mit einem Optimierungskalkül geleistet werden kann; denn ein solches Kalkül kann sich nur auf Gegebenes, Bekanntes beziehen. Jedoch wird sowohl die Frage nach dem „Was" (z. B. Quarzarmbanduhren, Dampflokomotiven) immer wieder neu gestellt, als auch die nach besseren als den bisherigen Produktionstechniken (z. B. mechanische oder computergesteuerte Textverarbeitung). Damit sind zugleich der technische und organisatorische Fortschritt und seine wirtschaftliche Nutzung (Innovation) thematisiert; Neues, bisher Unbekanntes kann denknotwendig nicht in ein Optimierungskalkül einbezogen werden.

Ganz offengeblieben ist bislang die Frage nach dem „Wo". Die Raumüberwindung (aufgezeigt durch die Beispiele Kanalbau und Streckenstillegung) und damit die Standortverteilung ist nicht nur ressourcenaufwendig, sondern sie stellt auch die gewählte Modellmechanik, die vollkommene Konkurrenz, in Frage; Transportkosten gewähren z. B. dem Anbieter an einem Standort begrenzten Schutz vor Wettbewerbern an anderen Standorten und umgekehrt. Mit dem Hinweis auf Ausreifungszeit und Nutzungsdauer von Sachkapital und langlebigen Konsumgütern (z. B. Kanal bzw. Quarzuhr), aber auch von Wissen (Forschung und Entwicklung, Ausbildung) wird in besonderem Maße die zeitliche Dimension der Grundfragen und damit die Notwendigkeit einer dynamischen Betrachtungsweise verdeutlicht. Zugleich stehen sie in Beziehung zum Akkumulationsproblem („Wann"). Dabei geht es nicht nur darum, zu entscheiden, wieviel in jeder Periode akkumuliert werden soll (Akkumulationsrate), sondern auch, wie der Bestand an physischem und menschlichem Kapital nach Art und zeitlichem Anfall seiner potentiellen Leistungsabgabe und damit seines Beitrags zur Lösung des Versorgungsproblems in der Zukunft zusammengesetzt sein soll (Kapitalstruktur). Schließlich sind Verteilungsprobleme angesprochen. So werden von Neuerungen solche Faktorleistungen begünstigt, die zu ihrer Nutzung benötigt werden, und solche benachteiligt, die durch sie verdrängt werden (z. B. Programmierkenntnisse bzw. Maschinensetzkenntnisse); d. h. die interpersonelle Verteilung ändert sich, wenn die Produktionsfaktoren nicht reibungslos umgewidmet werden können und das Einkommen sich nach den Verwertungsergebnissen der Produktionsfaktoren bemißt, über die der einzelne verfügen kann. Durch Infrastrukturinvestitionen (z. B. Kanalbau) ändern sich die Einkommenserzielungschancen im Rahmen der Arbeitsteilung zwischen Regionen (interregionale Verteilung). Forschung und Entwicklung (z. B. auf dem Gebiet des Umweltschutzes) bedingten für die gegenwärtige Generation Konsumverzicht, während ihre Ergebnisse in erster Linie durch zukünftige Generationen nutzbar sein mögen (Intergenerationenverteilung).

Die Verteilungsfrage bleibt durch den wohlfahrtsökonomischen Ansatz grundsätzlich unbeantwortet. Damit ist das ermittelte Optimum nur ein partielles Allokationsoptimum. Für das Ausklammern der Verteilungsfrage gibt es zwar gute analytische Gründe. Ihre Beantwortung würde nicht nur interpersonelle Nutzenvergleiche voraussetzen, sondern darüber hinaus ein Kriterium, welche Verteilung als optimal gelten soll. Jedoch ist die Verteilungsfrage selbst in dem eingeengten analytischen Rahmen nicht vollständig auszuklammern. Dies wird bei der Diskussion der Totalbedingungen für das Optimum und des PARETO-Kriteriums als Bewertungsregel noch deutlich werden.

1.3.1.2 Ursachen von „Marktversagen"

Obgleich bereits nach den bisherigen Ausführungen die begrenzten analytischen Möglichkeiten der Wohlfahrtsökonomik erkennbar sein sollten, wurden mit ihrer Hilfe einige reale Phänomene identifiziert, die Allokationsprobleme entstehen lassen, wenn die Koordination ausschließlich Markthandlungen überlassen wird. Die Phänomene bewirken,

- daß Märkte für bestimmte Güter gar nicht entstehen können,
- daß es ökonomisch bedeutsame Beziehungen zwischen Wirtschaftseinheiten gibt, die nicht durch Markthandlungen entstehen,

- daß trotz Marktfähigkeit von Faktoren und Gütern die Modellmechanik der vollkommenen Konkurrenz gestört wird,
- daß das Entscheidungsverhalten der Individuen von demjenigen abweicht, das ein Optimum ermöglichte.

Verletzungen von Optimalbedingungen sind die wohlfahrtsökonomische Folge. Da diese Verletzungen aus der Sicht der Wohlfahrtsökonomik zur Begründung wirtschaftspolitischen Handlungsbedarfs dienen, sind sie hier von besonderer Bedeutung. Die Phänomene werden im dritten Kapitel eingehend analysiert und auf ihre wirtschaftspolitische Bedeutung überprüft. Hier genügt es, sie kurz vorzustellen. Es handelt sich um

- Kollektivgüter und externe Effekte
- Substitutions- und Koordinationshemmnisse
- unvollkommene Information und Ungewißheit

Kollektivgüter und externe Effekte

Bei der Ableitung der Marginalbedingungen für ein sozialökonomisches Optimum wird unterstellt, daß alle ökonomischen Beziehungen zwischen Individuen als Produzenten und Konsumenten Tauschakte erfordern. Bei vollkommener Konkurrenz auf allen Märkten bilden sich infolgedessen Tauschverhältnisse heraus, die für alle Individuen gleich sind und die vollständig den relativen Wert signalisieren, den alle den konkurrierenden Verwendungen von Produktionsmitteln beimessen.

Nun gibt es jedoch Güter, die von vielen Individuen genutzt werden können, ohne daß diese für die Nutzung eine Gegenleistung zum Tausch anbieten müßten; darüber hinaus ist es möglich, daß solche Güter von mehr oder weniger vielen genutzt werden können, ohne daß sich die Nutzer bei der Inanspruchnahme dieser Güter behindern und so gegenseitig die Nutzungsmöglichkeiten beschneiden. Das angeführte militärische Frühwarnsystem ist ein Beispiel für solche Kollektivgüter. Es verdeutlicht auch, daß mangels Tauschnotwendigkeit die ökonomischen Anreize für eine Versorgung mit diesen Gütern durch Markthandlungen fehlen.

Solche Anreize werden bereits geschmälert, wenn von der Bereitstellung und Nutzung von Faktoren und Gütern ökonomische Nebenwirkungen auf andere Individuen ausgehen, die nicht Gegenstand von Tauschbeziehungen sein können. Positive Nebenwirkungen, wie etwa die klimaverbessernde Wirkung einer Aufforstung, aber auch negative Nebenwirkungen, wie etwa die Belastung des Grundwassers durch Rückstände von Düngemitteln, verdeutlichen dies. Weder für die Bereitstellung der Klimawirkung noch für die Nutzung des Grundwassers als Aufnahmemedium für Düngerrückstände sind Gegenleistungen zu erlangen bzw. zu erbringen. Derartige externe Effekte gehen infolgedessen nicht in Tauschrelationen ein, obgleich sie für das gesellschaftliche Wirtschaften bedeutsam sind. Deshalb weichen die davon berührten Tauschrelationen von jenen ab, die sich bei vollständiger Erfassung aller ökonomischen Beziehungen im sozialökonomischen Optimum einstellen müßten.

Substitutions- und Koordinationshemmnisse

Der für ein sozialökonomisches Optimum erforderliche Ausgleich der Grenzraten der Substitution kann durch Substitutionshemmnisse behindert werden. Die Hemmnisse können technisch bedingt oder in der Nutzensphäre zu suchen sein. Ihre Überwindung verursacht Kosten. Ohnehin ausgeschlossen ist eine Substitution, wenn Komplementaritätsbeziehungen vorliegen (z. B. Quarzuhr und Armband); in diesem Fall müssen statt einzelner Güter Güterbündel betrachtet werden. Ebenfalls technisch bedingte Schwierigkeiten ergeben sich bei Unteilbarkeiten. Von den zuvor angeführten Beispielen verdeutlichen Großinvestitionen wie ein Kanal- oder Eisenbahnnetz die Möglichkeit, daß mit der nicht beliebigen Teilbarkeit ein ökonomischer Vorteil verknüpft sein kann: Die Leistungsabgabe (Transportmöglichkeit) kann über große Mengenintervalle sinkende Durchschnittskosten (der Nutzung des Transportnetzes) verursachen. Unter diesen Bedingungen ist es jedoch nicht ökonomisch, die Leistungen homogen und vielzahlig in polypolistischer Konkurrenz anzubieten. Die Wettbewerbswirkungen von Substitutionshemmnissen, die aus kostenverursachender Raumüberwindung entstehen, wurden bereits aufgezeigt. Schließlich können Bewertungsgründe Ursache von Substitutionshemmnissen sein, wenn Berufe, Beschäftigungen, Betriebe und Standorte nicht lediglich als Mittel zur Einkommenserzielung betrachtet werden, sondern ihnen selbst ein Wert beigemessen wird. In solchen Fällen verursacht Substitution Kosten in Form von Nutzenentgang, die in ihrer Wirkung den Transportkosten vergleichbar sind.

Arbeitsteilung erfordert Koordination und diese wiederum Information und Informationsaustausch (Kommunikation), die Überwindung solcher Koordinationshemmnisse verursacht Kosten. Soweit die Koordination innerhalb von Organisationen wie Betrieben vollzogen wird, entstehen Organisationskosten. Soweit sie zwischen Wirtschaftseinheiten (Personen und Betrieben) durch Markthandlungen vollzogen wird, entstehen Transaktionskosten. Transaktionskosten fallen bei der Beschaffung von Informationen über die Tauschmöglichkeiten ebenso an wie z. B. bei der rechtswirksamen Abwicklung eines Tauschs.

Unvollkommene Information und Ungewißheit

Gemessen an der Transparenzbedingung für das Vorliegen eines vollkommenen Marktes, ist die Realität äußerst unvollkommen. Ferner wird das erforderliche Kalkül durch Ungewißheit erschwert. Die realen Wirtschaftssubjekte müssen auf der Grundlage von Erwartungen handeln und nehmen gegenüber dem nicht ausschließbaren Risiko von Fehldispositionen unterschiedliche Haltungen ein (Risikoneigung). Unterschiedliche Verhaltensmöglichkeiten bei unvollkommener Information und Ungewißheit lassen die Realität immer schlechter aussehen, verglichen mit der extremen Denkmöglichkeit eines sozialökonomischen Optimums bei Gewißheit.

1.3.1.3 „Marktversagen" und staatliche Ersatzvornahme

Für die zur Realisierung des Optimums gedachte Modellmechanik der vollkommenen Konkurrenz ergibt sich unter Berücksichtigung von zuvor skizzierten Phänomenen,

- daß sie in einigen Fällen gar nicht allokationswirksam wird (Kollektivgüter),
- daß sie in anderen Fällen unzulängliche Allokationssignale (Tauschrelationen) hervorbringt (externe Effekte),
- daß sie die wünschenswerten Ergebnisse ohnehin nicht herbeizuführen vermag (Substitutionskosten).

Infolgedessen lassen sich entsprechende Arten von „Marktversagen" konstatieren. Würde das abgeleitete Optimum weiterhin als Referenzsystem benutzt, so wäre es möglich, eine Reihe staatlicher Maßnahmen (vor allem Interventionen fiskalischer Art) zu ermitteln, mit denen die unbefriedigenden Ergebnisse realer Marktvorgänge ergänzt, korrigiert oder auch durch staatliche Aktivität kompensiert werden können (z. B. SOHMEN, 1976, Kap. 5).

Die Identifikation von so definierten Fällen von „Marktversagen" war nicht ohne intellektuellen Reiz. Auch die damit begründbaren staatlichen Ersatzvornahmen fanden in der wohlfahrtsökonomischen Analyse entsprechend breite Beachtung. Zwei mögliche Folgen sind bedeutsam: Zum einen kann zumindest außerhalb der wissenschaftlichen Diskussion der Eindruck entstehen, daß „Marktversagen" eher die Regel als die Ausnahme ist, womit das marktwirtschaftliche System in den Augen unbefangener Beobachter diskreditiert würde. Zum anderen geraten mit der Modellmechanik der vollkommenen Konkurrenz die realen Leistungsmöglichkeiten marktmäßiger Koordination nur zu leicht aus dem analytischen Blickfeld.

Je weniger die Informationserfordernisse und die stationären Eigenschaften des wohlfahrtsökonomischen Referenzsystems berücksichtigt werden, desto größer ist schließlich die Bedeutung eines ordnungspolitischen Arguments: Mit dem Blick auf das identifizierte „Marktversagen" ließe sich fragen, warum die Modellmechanik der vollkommenen Konkurrenz überhaupt bemüht werden soll; denn diese Mechanik ist nach der Modellogik und angesichts der Versagensfälle weder eine hinreichende noch eine notwendige Bedingung für das Erreichen eines sozialökonomischen Optimums. Die mit entsprechendem Wissen ausgestattete staatliche Planbehörde wäre eine durchaus denkmögliche und u. U. überzeugendere Alternative (hierzu z. B. ROWLEY und PEACOCK, 1975, S. 17 ff.).

Deutlich sollte geworden sein, daß die orthodoxe Wohlfahrtsökonomik zu einer fast beliebig vermehrbaren Zahl von Marktversagensfällen gelangt, ohne das Leistungsvermögen marktmäßiger Koordination zu thematisieren, und daß sie zu einer Überschätzung der Möglichkeiten staatlicher Ersatzvornahme verleiten kann. Hierauf wird noch näher einzugehen sein.

1.3.1.4 Ergänzungsbedarf: Totalbedingungen

Für einige Aspekte der angesprochenen Erweiterungen lassen sich zusätzliche, auf marginale Veränderungen bezogene Effizienzbedingungen formulieren, so z. B. für intertemporale Allokationsentscheidungen bei Gewißheit (z. B. SOHMEN, 1976, Kap. 6). Zur Identifikation eines totalen Optimums reichen die Marginalbedingungen jedoch nicht aus, wenn mehrere Optima existieren und wenn nichtmarginale Veränderungsmöglichkeiten berücksichtigt werden sollen. Deshalb wird es unumgänglich, Totalbedingungen anzugeben:

- Substitutionsprobleme, wie sie etwa bei Unteilbarkeiten entstehen, haben zur Folge, daß auch nichtmarginale Veränderungen zu beurteilen sind. Bei Einführung von Neuerungen und Aufgabe von Traditionellem sind Sprünge unvermeidbar. Dabei ändert sich die Struktur der Versorgungsmöglichkeiten. Sie stellen sich, bildlich formuliert, nicht als ein Nutzenberg dar, dessen Gipfel so lange nicht erreicht ist, wie durch kleine Schritte noch an Höhe gewonnen werden kann. Vielmehr handelt es sich um ein Nutzengebirge, dessen höchste Erhebung nur durch Niveauvergleiche ermittelt werden kann; welcher Maßstab (z. B. linear oder logarithmisch) dabei verwendet werden soll, muß ebenfalls wertend entschieden werden. Mit Hilfe der Marginalbedingungen ist es jedenfalls nicht möglich, die Kuppe eines Maulwurfshügels vom Gipfel des Mount Everest zu unterscheiden (BOULDING, 1952, S. 27).

- Externe Effekte (und erst recht Kollektivgüter) haben zur Folge, daß Tauschverhältnisse bzw. technische Substitutionsraten, die sich auf Güter bzw. Faktoren beziehen, bei deren Nutzung solche Effekte auftreten, keinen hinreichenden Aufschluß über ihre relative Wertschätzung (Substitutionsrate im Konsum) bzw. ihre relative (Grenz-)Produktivität geben. Beim Einsatz von Produktionsfaktoren müßten die dabei entstehenden, positiv oder negativ bewerteten, aber nicht getauschten Kuppelprodukte mitberücksichtigt werden. Bei Gütern wäre es nötig, den nicht durch Tauschakte offengelegten Nutzen (oder die Nutzeneinbuße) von Dritten einzubeziehen. Letzteres würde jedoch eine direkte Nutzenmessung und die interpersonelle Vergleichbarkeit der Meßergebnisse erfordern.
- Marginale und erst recht nichtmarginale Veränderungen lassen Verteilungsprobleme entstehen. Mit Hilfe des PARETO-Kriteriums kann zwar die Menge der möglichen marginalen Reallokationen auf solche eingegrenzt werden, die kein Individuum schlechterstellen; dabei muß unterstellt werden, daß eine mit der Reallokation verbundene Umwidmung von Produktionsfaktoren die Nutzenniveaus der Individuen nicht beeinflußt. Wie aber die dann noch möglichen Reallokationsgewinne zu verteilen sind, bleibt offen. Dazu wäre ein Verteilungskriterium erforderlich, bei dem auch die Ausgangsverteilung zu berücksichtigen wäre; denn die mit dem PARETO-Kriterium kombinierte Annahme, die Individuen seien in ihren Nutzenvorstellungen voneinander unabhängig, dürfte zumindest hinsichtlich einer Implikation kaum allgemeine Zustimmung finden: Bei einer ungleichen Ausgangsverteilung genüge es, wenn der „Ärmere" nicht noch ärmer werde, da er seine Position völlig unabhängig von der aller anderen beurteile. Im Falle nichtmarginaler Veränderungen verschärft sich das Verteilungsproblem noch, da sie nicht ohne weiteres auf solche beschränkt werden können, die lediglich einige Individuen begünstigen, ohne andere zu benachteiligen. Auch die Annahme, die Veränderung würde bei einer wie auch immer als optimal beurteilten Ausgangsverteilung erwogen, hilft da nicht weiter.

Festzuhalten ist, daß praktikable Totalbedingungen nicht angebbar sind. Bei nichtmarginalen Veränderungen würde zwar ein Vergleich der damit verbundenen sozialen Kosten und Erträge nützlich sein (z. B. GIERSCH, 1961, S. 124 f.). Jedoch sind solche Begriffe inhaltlich nicht operational aufzufüllen. Anders wäre die Situation, wenn es eine gesellschaftliche Wohlfahrtsfunktion gäbe, mit der alle erwogenen gesellschaftlichen Zustände und Veränderungen widerspruchsfrei und eindeutig bewertet werden könnten.

1.3.2 Zur Problematik einer gesellschaftlichen Wohlfahrtsfunktion

Bei dem erläuterten wohlfahrtsökonomischen Beantwortungsversuch wurde unterstellt, daß die Bewertungen der Individuen ausschlaggebend sein sollen. Dies läßt sich grundsätzlich dadurch ermöglichen, daß ihnen entweder direkt Entscheidungsbefugnis eingeräumt wird oder zentrale Entscheidungen sich an den individuellen Bewertungen zu orientieren haben. Die Annahmen darüber, wie die Individuen im einzelnen bewerten sollen, implizieren für die Wohlfahrt folgende wertende (normative) Aussagen:

- Die Wohlfahrt sollte sich auf die Versorgungslagen von Individuen beziehen und nicht auf die von Kollektiven wie eine bestimmte „Klasse" oder „die Gesellschaft"; ausschließlicher Bezugspunkt für Wertungen ist das Individuum.
- Dem einzelnen mündigen Individuum sollte im Rahmen allgemeingültiger Verhaltensregeln weder irgendein anderes Individuum noch eine Gruppe vorschreiben, was es tun oder lassen soll; niemand sollte berechtigt sein, darüber ein endgültiges Urteil zu fällen, was einem anderen nutzt.
- Jedes Individuum sollte seine Entscheidungen unabhängig davon vornehmen, wie andere diese beurteilen. Es sollte sich nur als rationales Einzelwesen und über die Tauschbeziehungen hinaus nicht als Mitglied einer Gruppe verstehen; keine Rolle sollte spielen „die Wertschätzung guter Beziehungen zu den anderen, die Genugtuung darüber, daß es ihnen besser, ebenso gut, schlechter oder nicht zu schlecht geht, und schließlich auch die Bewertung jener Gefühle des Stolzes, der Scham oder der Befriedigung schlechthin, die ihm aus der Zugehörigkeit zur Gruppe und der Identifizierung mit ihr und mit der in ihr verwirklichten Ordnung erwachsen" (GIERSCH, 1961, S. 99).
- Alle Veränderungen sind positiv zu bewerten, die wenigstens ein Individuum nach seinem Urteil besserstellen, ohne auch nur ein anderes nach dessen Urteil schlechterzustellen (PARETO-Kriterium); diese, aber auch nur diese Veränderungen finden die Zustimmung aller, da sich nach den zuvor genannten Wertungen niemand durch sie benachteiligt fühlen kann.

Die ersten normativen Aussagen könnten für die Analyse im Rahmen des wohlfahrtsökonomischen Modells auch als Verhaltensannahmen interpretiert werden. Wenn aber die mit ihrer Hilfe ableitbaren Zustände als wünschenswert gelten sollen, also ein solches Optimum auch wirklich jeder anderen Situation vorgezogen wird, und andere Verhaltensweisen durchaus denk- und beobachtbar sind, müssen diese Annahmen zugleich von allen Wirtschaftssubjekten akzeptierte Wertungen darstellen.

Die vierte Wertung, das PARETO-Kriterium, erlaubt nur eine partielle Ordnung der Versorgungslagen. Es ist nur auf Situationen anwendbar, in denen eine Veränderung von niemandem negativ beurteilt wird. Wann immer eine Veränderung von einigen positiv, von mindestens einem aber negativ bewertet wird, versagt das Kriterium. Würde nur nach ihm entschieden werden können, so implizierte dies eine grundsätzliche Auszeichnung des Status quo; denn es müßte jedem Individuum das Recht zugebilligt werden, ein unbeschränktes Veto gegen solche Änderungen der Versorgungslage einlegen zu können, die nach seinem Urteil seine Bedürfnisbefriedigung beeinträchtigen würden.

Der Versuch, dem PARETO-Kriterium auch in den Fällen Geltung zu verschaffen, in denen eine Veränderung von einigen negativ beurteilt wird, führte dazu, die Möglichkeit von Kompensationszahlungen an diejenigen in Betracht zu ziehen, die sich durch die Veränderung geschädigt sehen. Wären die möglichen Nutzengewinne ebenso bekannt wie die bei Realisierung des PARETO-Kriteriums bei anderen entstehenden Nutzeneinbußen, könnten letztere entschädigt werden. Tatsächlich sind die Konsequenzen der erwogenen Veränderung für die Nutzenpositionen jedoch bestenfalls den positiv wie negativ Betroffenen bekannt. Das bedeutet aber, daß die Lösung des Problems in Verhandlungen zwischen den Betroffenen gefunden werden müßte mit entsprechenden Verhaltensweisen, wie Täuschung oder Drohung, um zu den erwünschten Ergebnissen zu kommen. Ganz abgesehen davon, daß es sich dabei i. d. R. um sehr viele Individuen handeln dürfte, entstehen die für solche Situationen typischen Probleme des Aufdeckens der wahren Präferenzen und ihres Vergleichs. Das Verhandlungsergebnis – Entschädigung oder Nichtentschädigung und damit keine Veränderung – wäre jedenfalls für einen an der Gesamtwohlfahrt interessierten Beobachter nicht zweifelsfrei zu beurteilen, es sei denn, ihm würde entsprechende Informiertheit unterstellt. Dann könnte er aber ohnehin als allwissender Schiedsrichter fungieren. Bemerkenswert ist, daß die ausgedehnte und feinsinnige theoretische Diskussion von sog. Kompensationskriterien immer wieder von dieser Wissensannahme ausgegangen ist und deshalb der Lösung realer Probleme überhaupt nicht näherkommen konnte (hierzu z. B. ROWLEY und PEACOCK, 1975, S. 46 ff.).

Offen bleibt also weiterhin die Frage nach einer gesellschaftlichen Wohlfahrtsfunktion als umfassender Regel, mit deren Hilfe alle denkbaren gesellschaftlichen Zustände und Veränderungen widerspruchsfrei und eindeutig bewertet werden könnten. T. W. HUTCHISON (1964, S. 179) hat das Problem sarkastisch umschrieben: „Für Zwecke der abstrakten Analyse kann angenommen werden, und wird auch angenommen, daß alle Werturteile, die in politische Empfehlungen einfließen, zusammengefaßt werden können in einer gesellschaftlichen Wohlfahrtsfunktion ... – eine andeutende Handbewegung, gerichtet auf ein ganzes Universum. Aber wenn man frei ist, intellektuell utopische Annahmen zu machen, gibt es keine Schwierigkeiten: Man schreibt den Großbuchstaben ‚W' hin."

Bemühungen, diese Funktion inhaltlich aufzufüllen, ohne den Bezug zu den individuellen Bewertungen aufzuheben, scheiterten. Die Antwort auf die Frage, ob sich eine gesellschaftliche Wohlfahrtsfunktion aus individuellen Präferenzordnungen auch durch eine Mehrheits- statt der Einstimmigkeitsregel aggregieren läßt und wie das entsprechende Abstimmungsverfahren beschaffen sein müßte, fiel negativ aus (CONDORCET-Paradoxon, ARROW-Theorem; hierzu z. B. SOHMEN, 1976, S. 343 ff.). Soll dennoch eine auf individuelle Bewertungen zurückführbare gesellschaftliche Wohlfahrtsfunktion gelten, so ist dies nur über eine kommunistische Fiktion (MYRDAL, 1930, S. 54) möglich: Es muß vollkommene Interessenharmonie, d. h. eine Gesellschaft unterstellt werden, die letztlich ein allen gemeinsames Bewertungssystem akzeptiert. Die Harmonie muß auch und vor allem die Antwort auf die Verteilungsfrage umfassen.

Selbst wenn für einen Augenblick unterstellt wird, die Aggregation der individuellen Präferenzen ließe sich theoretisch befriedigend durchführen, bliebe immer noch das praktische Problem, diese Aggregation in einer sich ständig wandelnden Gesellschaft stets von neuem vorzunehmen. Außerdem kann nicht davon ausgegangen werden, daß jeder einzelne in irgendeinem Augenblick über eine hinreichend vollständige und widerspruchsfreie Präferenzordnung Auskunft geben könnte. Das Unterfangen, vollständige Wohlfahrtsfunktionen zu ermitteln, seien sie nun individuell oder erst recht gesellschaftlich, muß – ganz i. S. v. HUTCHISON – als utopisch angesehen werden.

1.4 Wohlfahrtsökonomik und Wirtschaftspolitik

1.4.1 Zum Erkenntniswert des wohlfahrtsökonomischen Lösungsversuchs

1.4.1.1 Komplexitätsreduktion und Wissensillusion

Ein Grund, Wohlfahrtsökonomik trotz der in den vorangegangenen Abschnitten erläuterten analytischen Probleme zu treiben, könnte didaktischer Art sein. Dem entspräche das Urteil BOULDINGS (1952, S. 32), wonach zu ihren Gunsten gesagt werden kann, daß es unmöglich sei, sie zu studieren, ohne dabei einen beträchtlichen Teil Wirtschaftstheorie zu lernen. Das gilt vor allem für die Demonstration der Interdependenz aller ökonomischen Vorgänge sowie für die Vermittlung eines - wenn auch nur sehr begrenzten - Eindrucks von der Funktionsweise von Märkten (SOHMEN, 1976, S. 11 ff.). Ebenso ist es möglich, daß der Blick für die wirtschaftliche Bedeutung der Abstraktionen geschärft wird, durch die das wohlfahrtsökonomische Kalkül erst möglich, zumindest aber entscheidend erleichtert wird.

Ferner dürfte an dem wohlfahrtsökonomischen Lösungsversuch einschließlich seiner Grenzen deutlich werden, wie komplex die Beantwortung der ökonomischen Grundfragen ist. So gesehen enthält er eine implizite Warnung vor leichtfertigen Urteilen zugunsten von einfachen Lösungen für die Ordnung des Teilbereichs Wirtschaft oder gar von Gesellschaften. Die Reduktion der komplexen Realität auf Probleme, die mit den logischen Hilfsmitteln einer Disziplin handhabbar sind, läßt nur zu leicht eine Wissensillusion entstehen. Wird umgekehrt nach den Grenzen des Wissens gefragt, so erweisen sich die in der Wohlfahrtsökonomik vorgenommenen Komplexitätsreduktionen als besonders aufschlußreich.

Eine erste Reduktion betrifft das Informationsproblem. Die angewendete Entscheidungslogik geht nicht nur davon aus, daß alle für die Beantwortung von ökonomischen Grundfragen benötigten Informationen bekannt sind; damit wird bereits die Gewinnung dieser Informationen ausgeklammert, obgleich sie selbst ein Entscheidungsproblem darstellt. Vielmehr wird darüber hinaus so verfahren, als ob alle entscheidungsrelevanten Informationen einem einzelnen Entscheidungsträger bekannt sein können; im wohlfahrtsökonomischen Lösungsversuch wird implizit zentralisiert für eine dezentralisierte Wirtschaft entschieden. Im Hinblick auf reale Marktwirtschaften als Systeme mit dezentralisierter Entscheidungsbefugnis lautet jedoch die faszinierende Informationsfrage: Wie kann die Kombination von Wissensfragmenten, die in verschiedenen Köpfen existieren, Ergebnisse hervorbringen, die - würden sie wohlüberlegt herbeigeführt - bei dem dann lenkenden Kopf ein Wissen voraussetzen müßten, das keine einzelne Person jemals besitzen kann? (HAYEK, 1937, S. 52). Gesellschaftliches Wirtschaften eröffnet zwar Chancen, Vorteile einer Arbeitsteilung zu nutzen. Nutzbar sind sie aber nur, wenn auch das HAYEK'sche Problem der Wissensteilung gelöst wird. Damit gewinnt im Hinblick auf eine dezentralisierte Beantwortung der ökonomischen Grundfragen folgende Frage zentrale Bedeutung: Wie kann der bestmögliche Gebrauch aller Mittel gesichert werden, die den Mitgliedern der Gesellschaft bekannt sind, und zwar für Zwecke, deren relative Bedeutung nur sie als Individuen kennen? (HAYEK, 1945, S. 520.)

Eine weitere aufschlußreiche Komplexitätsreduktion, der ebenfalls noch nachzugehen sein wird, betrifft den Wettbewerb. Die Modellmechanik der vollkommenen Konkurrenz ist nicht nur mit dem Transparenzproblem belastet. Sie erweist sich auch weder als hinreichende noch als notwendige Bedingung für das Erreichen eines Optimums; unter den gemachten Informationsvoraussetzungen und für ein stationäres System vermag ein zentrales Planungsgremium die Modellmechanik sogar vorteilhaft zu ersetzen. Das ist aber nur deshalb der Fall, weil der Wettbewerb als Entdeckungsverfahren aufgrund der Informationsannahmen nicht benötigt wird. Koordination als Folge von Markthandlungen ist im Grunde überhaupt nicht Gegenstand des wohlfahrtsökonomischen Ansatzes. Die Orientierung am statischen allgemeinen Gleichgewicht erlaubt eine „Problemverschiebung in entscheidungslogischer Richtung" (ALBERT, 1978, S. 132).

Auch in den engen analytischen Grenzen des wohlfahrtsökonomischen Ansatzes dürfte schließlich die Komplexitätsreduktion als mißlungen gelten, die mit der gesellschaftlichen Wohlfahrtsfunktion angestrebt wurde. Dies trifft zumindest dann zu, wenn die individuellen Präferenzen ausschlaggebend sein sollen. Positiv gewendet lenkt dieses Mißlingen jedoch die Aufmerksamkeit auf den politischen Willensbildungsprozeß und dort auf das demokratische Verfahren als Mittel, um zu gesellschaftlichen Entscheidungen auch über wirtschaftliche Probleme zu gelangen.

1.4.1.2 Wirtschaftspolitischer Handlungsbedarf

Die Frage nach dem wirtschaftspolitischen Handlungsbedarf kann im wohlfahrtsökonomischen Zusammenhang wie folgt konkretisiert werden: Inwiefern könnte Bedarf an staatlichem Handeln im Bereich gesellschaftlichen Wirtschaftens bestehen, wenn die individuellen ökonomischen Aktivitäten durch Markthandlungen koordiniert werden sollen? Eine Bedarfskategorie wird beim wohlfahrtsökonomischen Ansatz erkennbar, sobald einer weiteren Komplexitätsreduktion nachgegangen wird: den vernachlässigten Koordinationskosten. Markthandlungen als Rechtsgeschäfte setzen Tauschobjekte voraus, über die die Marktteilnehmer autonom und verläßlich verfügen können. Zusammenschlüsse in Organisationen beruhen auf rechtlich verbindlichen Zusagen der Organisationsmitglieder, dauerhaft und verläßlich zu kooperieren. Ohne an dieser Stelle schon Erörterungen aus dem 2. Kapitel vorwegzunehmen, dürfte eine staatliche Aufgabe erkennbar sein: die Ausgestaltung und Sicherung des für eine marktmäßige Koordination erforderlichen Rechts als einer wichtigen Kategorie von (externen) Institutionen. Dies ist eine der Aufgaben, die dem Staat bei der Beantwortung der Ordnungsfragen zugewiesen werden kann. Die Antworten sind konstitutiv für die Wirtschaftsordnung.

Ein weiterer wirtschaftspolitischer Handlungsbedarf wird in besonderem Maße durch die Wohlfahrtsökonomik thematisiert: die Korrektur und Ergänzung der Marktmechanik bei der Beantwortung von Allokationsfragen. Wie dargelegt, hat die Analyse von Möglichkeiten des „Marktversagens" durchaus zu ökonomisch bedeutsamen Phänomenen wie Kollektivgütern und externen Effekten geführt. Ferner hat sie Anhaltspunkte dafür geliefert, daß Wettbewerb auch in seinen real möglichen Formen und nicht nur als vollkommene Konkurrenz erschwert oder unmöglich sein kann (z. B. bei Unteilbarkeiten). Gerade die in der Wohlfahrtsökonomik benutzte Wettbewerbsmechanik erfordert (im 3. Kapitel) neben theoretischen Korrekturen die Begründung eines Bedarfs an staatlicher Wettbewerbsförderung und Wettbewerbssicherung.

Zur Beantwortung der Verteilungsfrage hat die Wohlfahrtsökonomik nichts beizutragen. Sie wird durch die Annahme einer optimalen Ausgangsverteilung ausgeklammert. Mit der Diskussion von Kompensationskriterien wurden aber zumindest einige Schwierigkeiten einer verteilungsorientierten Betrachtung von Marktergebnissen aufgezeigt (z. B. interpersonelle Nutzenvergleiche). Wie sich jedoch wirtschaftspolitischer Handlungsbedarf bei der Beantwortung der Verteilungsfrage begründen läßt, ist mit Hilfe der Wohlfahrtsökonomik nicht zu klären. Dazu sind – wie vor allem im 5. und 9. Kapitel darzulegen sein wird – Wertungen erforderlich, die außerhalb der analytischen Möglichkeiten des PARETO-Kriteriums liegen.

1.4.1.3 Mögliche Trugschlüsse aus abgeleitetem „Marktversagen"

Ein wesentlicher Vorbehalt gegenüber Schlüssen auf wirtschaftspolitischen Handlungsbedarf bei abgeleitetem „Marktversagen" wurde bereits gemacht: Die Ableitung beruht auf einem Vergleich der Ergebnisse eines nicht realisierbaren Allokationskalküls und einer nicht realisierbaren Modellmechanik mit der Wirklichkeit. Im Hinblick auf die nirgendwo realisierbare Modellökonomie als Vergleichsgrundlage wird das Vorgehen als Nirwana-Ansatz (DEMSETZ, 1969) bezeichnet. Dieser Ansatz kann zu drei Arten von Trugschlüssen führen (vgl. DEMSETZ, 1969). Sie beruhen letztlich auf der Annahme (1) perfekten Staatshandelns, (2) kostenloser Reallokation und (3) modellkonformen Verhaltens.

Der erste Trugschluß ergibt sich aus dem unzulässigen Vergleich zwischen einer Situation des „Marktversagens" und einer theoretisch möglichen Lösung des Problems durch eine perfekte staatliche Intervention. Als Beispiel hierfür mag die PARETO-optimale Besteuerung eines Verursachers externer Kosten in der Produktion dienen (sogenannte PIGOU-Steuer), die sowohl Informationen über die Kostenverläufe des Verursachers als auch über die volkswirtschaftlichen Kosten seiner Produktion voraussetzt, die nur schwer bzw. überhaupt nicht zu gewinnen sind. Anstelle eines Vergleichs der Realität mit den Ergebnissen einer perfekten Intervention käme es darauf an, die Marktlösung mit dem Interventionsergebnis zu vergleichen, das sich unter realistischen Informations- und Handlungsbedingungen einstellen würde, zu denen auch die Kosten und Eigengesetzlichkeiten (wirtschafts-)politischen Handelns gehören.

Der zweite Trugschluß entsteht, wenn ein Marktversagen abgeleitet wird aus einer Modellsituation, in der es weder Substitutions- und Koordinationskosten noch generell Ungewißheit gibt. Die auf diese Weise unbeschwerte Allokationslogik muß den Ergebnissen der Realität immer überlegen sein. Werden so z. B. Güter und Dienste entdeckt, für die es keinen Markt und damit auch keinen Preis gibt, so folgt daraus keineswegs zwingend staatliche Ersatzvornahme. Vielmehr signalisiert das Marktsystem im Zweifel, daß sich die vermißten Transaktionen unter den herrschenden Marktbedingungen nicht lohnen. Das impliziert jedoch nicht, daß sich die Ersatzvornahme in jedem Fall lohnen würde. Notwendig wäre zunächst einmal ein Vergleich der zu erwartenden Kosten einer Reallokation einschließlich der Kosten staatlichen Handelns mit dem zu erwartenden Nutzen.

Der dritte Trugschluß beruht auf Vorstellungen, wie sie auch in Gesellschaftsutopien zu finden sind. Ausgangspunkt sind beobachtete Abweichungen von den Erfordernissen eines sozialökonomischen Optimums, die sich letztlich daraus ergeben, daß die Menschen versuchen, den Substitutions- und Koordinationskosten sowie der Ungewißheit auch durch daran angepaßte Verhaltensweisen Rechnung zu tragen. Wenn diese mit den im wohlfahrtsökonomischen Kalkül postulierten Verhaltensweisen nicht übereinstimmen (z. B. Risikoaversion statt Risikoneutralität), kann mit dem wohlfahrtsökonomischen Referenzsystem nicht gefordert werden, daß solche Anpassungen an die Lebensumstände unterbleiben sollten. Besonders problematisch wird es, wenn Staatsbediensteten beim Vollzug einer korrigierenden Intervention ein dem Referenzsystem entsprechendes Verhalten (im Beispiel Risikoneutralität) angesonnen wird.

1.4.2 Zum Vergleich von Wirtschaftssystemen

Vergleiche der Funktionsweise von Wirtschaftssystemen (z. B. konkrete, vorwiegend marktmäßig koordinierte Volkswirtschaften) mit der theoretisch begründbaren Funktionsweise von Modellen gesellschaftlichen Wirtschaftens, die durch davon abweichende Antworten auf die Ordnungsfragen gekennzeichnet sind (z. B. der zentral geplanten Wirtschaft), sind ebenfalls Varianten des Nirwana-Ansatzes und nicht geeignet, den Erkenntnisstand zu verbessern. Zulässig ist zweifellos ein Vergleich der Funktionsweise von Modellen gesellschaftlichen Wirtschaftens, die durch unterschiedliche Antworten auf die Ordnungsfragen gekennzeichnet sind, wie z. B. der Extremtypen total dezentral und total zentral geplanten Wirtschaftens. Dieser Vergleich ist insofern besonders interessant, als die wissenschaftliche Diskussion die Problematik beleuchtet, die entsteht, wenn die institutionellen Regelungen vernachlässigt werden, in denen sich Antworten auf die Ordnungsfragen niederschlagen. Das Ergebnis des Vergleichs steht im Grunde seit den dreißiger Jahren fest. Ludwig von Mises (1920, 1922) war der erste, der sozialistischen Wirtschaftsformen die Rechenhaftigkeit absprach. Sie war für ihn nur herstellbar mit Preisen sowohl für Güter als auch für Faktoren, die sich bei unbehindertem Tausch herausbilden. Das Fehlen einer den Tausch ermöglichenden Eigentumsordnung machte für ihn die Wirtschaftsrechnung im sozialistischen Gemeinwesen unmöglich und ließ darüber hinaus ein Defizit an Innovationstätigkeit entstehen. Vornehmlich Oskar Lange (1932) suchte zu zeigen, daß von Mises' Unmöglichkeitsthese nicht haltbar war. Allerdings reduzierte er dabei das Problem formallogisch auf die Bestimmung der Preisstruktur unter Bedingungen, die denen der vollkommenen Konkurrenz entsprachen. Auf dieser Argumentationsebene und unter Berücksichtigung der unvermeidbaren Marktunvollkommenheiten konnte eine zentral geplante Wirtschaft sogar eher den Anforderungen statischer Effizienz entsprechen. Empirisch relevant wird ein solcher Vergleich jedoch erst, wenn er angereichert wird mit Antworten auf Fragen wie der nach der Koordination und Information oder nach den Leistungsanreizen und Leistungskontrollen unter evolutorischen Bedingungen (hierzu z. B. bereits Hayek, 1940).

Derartige institutionelle Regelungen lassen sich auch auf ihre Wirkungen in konkreten Volkswirtschaften untersuchen. Der Schritt von solchen partiellen Analysen zu einem objektiven, zusammenfassenden Urteil über Wirtschaftssysteme muß allerdings daran scheitern, daß dies einen entsprechend umfassenden, allgemein anerkannten Bewertungsmaßstab für die Funktionsweise und die Leistungen einer Volkswirtschaft voraussetzte. Ein solcher Maßstab ist schon deshalb nicht entwickelbar, weil die Antworten, die konkrete Gesellschaften auf die Ordnungsfragen finden und die dann ihre Institutionen prägen, die politische Entscheidungen darüber widerspiegeln, wie gesellschaftliche Grundwerte (z. B. Freiheit und Gerechtigkeit) interpretiert, gewichtet und gesichert werden sollen.

1.5 Wirtschaftspolitik in marktwirtschaftlichen Ordnungen

Ausgehend von der Knappheit als dem Kernproblem ökonomischer Analysen sowie dem ökonomischen Prinzip als Verfahren zur Problembewältigung, führten die Überlegungen zur Arbeitsteilung als Charakteristikum gesellschaftlichen Wirtschaftens. Es wurde dargelegt, daß gesellschaftliches Wirtschaften Ordnungsfragen sowie Allokations- und Verteilungsfragen aufwirft; die zuletzt genannten Fragen wurden zu den ökonomischen Grundfragen zusammengefaßt.

Damit waren die Voraussetzungen gegeben, einen ökonomischen Ansatz zu betrachten, mit dem bei einer Minimalantwort auf die Ordnungsfragen ökonomische Grundfragen analysiert werden können: die Wohlfahrtsökonomik. Die Minimalantwort bezog sich auf die Art der Koordination der ökonomischen Aktivitäten der Mitglieder der gedachten Gesellschaft, und die Koordination wurde der vollkommenen Konkurrenz als Modellmechanik übertragen. Eine extrem vereinfachte, institutionell nicht weiter strukturierte Form von Wirtschaftsordnung war damit vorgegeben.

Die Analyse der ökonomischen Grundfragen lieferte Hinweise dafür, daß die Koordinationsmechanik bei bestimmten realen Phänomenen nicht oder nur unvollkommen funktioniert. Daraus wird von der Wohlfahrtsökonomik der Befund des „Marktversagens“ abgeleitet. Im Hinblick auf reale Volkswirtschaften und realisierbare Formen der Koordination durch Markthandlungen und ihrer wettbewerblichen Kontrolle liefert die Theorie des „Marktversagens“ höchstens Hinweise für möglichen staatlichen Handlungsbedarf, der auf die Lösung von Allokationsproblemen gerichtet ist. Am wenigsten ertragreich war die wohlfahrtsökonomische Analyse hinsichtlich der Verteilungsfrage; dennoch wurde auch hier möglicher staatlicher Handlungsbedarf erkennbar.

Die Kategorien möglichen wirtschaftspolitischen Handlungsbedarfs sind damit noch nicht vollständig erfaßt. Vor allem fehlt völlig die makroökonomische Stabilisierung, die nicht zuletzt aufgrund beobachtbarer Phänomene wie Arbeitslosigkeit und Inflation nahegelegt wird. Sie kann im Hinblick auf die Grenzen des wohlfahrtsökonomischen Ansatzes (mikroökonomisch orientierte Analyse der Allokation gegebener Ressourcen) an dieser Stelle nur registriert werden (hierzu Kap. 4).

Aufgrund der Erörterungen in diesem Kapitel kann der Untersuchungsgegenstand – die Wirtschaftspolitik in marktwirtschaftlichen Ordnungen – nunmehr wie folgt definiert werden: Es handelt sich um die Gestaltung der Wirtschaftsordnung sowie die Einflußnahme auf die Struktur, den Ablauf und die Ergebnisse gesellschaftlichen Wirtschaftens durch staatliche Instanzen nach politisch bestimmten Zielen. Nach Aufgabenbereichen lassen sich die Ordnungs-, die Allokations-, die Stabilisierungs- sowie die Verteilungspolitik unterscheiden.

Schließlich kann schon an dieser Stelle mit Hilfe des zu Beginn eingeführten Rationalitätsprinzips die Identifikation wirtschaftspolitischen Handlungsbedarfs einschränkend kommentiert werden. Der Einschränkung selbst lag auch die Warnung vor Trugschlüssen aus „Marktversagen" mit zugrunde. Wenn Rationalität als Verfahrensnorm auf Handeln in wirtschaftspolitischer Absicht Anwendung finden soll, so begründet kein noch so überzeugend abgeleiteter Handlungsbedarf zugleich die Notwendigkeit seiner Befriedigung. Über sie kann erst nach sorgfältiger Abwägung des erwarteten Nutzens und der erwarteten Kosten wirtschaftspolitischen Handelns entschieden werden. Zur Nutzeneinschätzung gehört nicht zuletzt die Frage, ob bzw. in welchem Maße das Handeln überhaupt geeignet ist, die angestrebten Ziele zu erreichen. Damit ist die Wissensgrundlage wirtschaftspolitischen Handelns thematisiert. Auch sie wird in den folgenden Kapiteln immer wieder kritisch mitzubetrachten sein.

Kapitel 2: Ordnungsprobleme gesellschaftlichen Wirtschaftens

In diesem Kapitel stehen die zuvor nur kurz skizzierten Ordnungsfragen im Vordergrund. Dazu ist es zunächst erforderlich, zwischen zwei Arten von Ordnungen zu unterscheiden. Die nachfolgende Diskussion der Ordnungsfragen erlaubt einen grundsätzlichen Vergleich zwischen geplanten Wirtschaftsordnungen und ungeplanten, durch Markthandlungen entstehenden Ordnungen gesellschaftlichen Wirtschaftens. Der anschließende Schritt ist typologisch. Durch Konzentration auf wenige Merkmale i. S. v. pointierender Hervorhebung lassen sich Typen von Wirtschaftsordnungen bilden. Danach gilt die Aufmerksamkeit dem Typ, der zugleich das Referenzsystem dieses Buches darstellt, der gelenkten Marktwirtschaft, sowie den sie konstituierenden Prinzipien der Marktmäßigkeit, Rechtsstaatlichkeit und Sozialstaatlichkeit. Auf diese Weise wird es möglich, den ordnungspolitischen Handlungsbedarf bei diesem Ordnungstyp zu identifizieren. Da gelenkte Marktwirtschaften in eine weltwirtschaftliche Arbeitsteilung integriert sind, muß auch die Weltwirtschaftsordnung als ordnungspolitisches Problem thematisiert werden. Abschließend wird in diesem Zusammenhang die Ordnungsproblematik für Entwicklungsländer umrissen.

Literaturhinweise

2.1: Böhm, 1950/95; Eucken, 1940/90 (Kap. 2); Hayek, 2003, 1975; Vanberg, 1982 (Kap. 1, 2); Kasper, Streit, 1998 (Kap. 6).

2.2: Böhm, 1966; Bresciani-Turroni, 1948 (Kap. 7, 8); Cassel, 1988; Dobias, 1977 (Kap. 2); Hensel, 1972/92; Leipold, 1985 (Teile I A, II D); Maier, 1988; Mestmäcker, 1978; Peters, 1987/93 (Kap. 3).

2.3: Böhm, 1950/95; Eucken, 1940/90 (Teil 2, Kap. 2); Kloten, 1955; v. Mises, 1940/2002 (Teil VI); Peters, 1987/93 (Kap. 8); Pütz, 1964; Streit, 2001, 11-61.

2.4: Benda, 1984/94; Böckenförde, 1972; Forsthoff, 1968; Grimm, 1983; Hayek, 1952/2003; Hensel, 1963; Kaltefleiter, 1986; Rupp, 1982; Zacher, 1977; Zippelius, 1978/2003 (Teil C).

2.5: Berg, 1976 (Teil A, B); Donges, 1981 (Teile II, IV); Eucken, 1948; Hoffmann, 1988; Mestmäcker, 1984 b; Röpke, 1951; Sautter, 1981; Streit, 1987 c; Tumlir, 1983; Willgerodt, 1978.

2.1 Arten und Eigenschaften von Ordnungen

Ordnungsdefinitionen

Mit dem Wort Ordnung werden sehr unterschiedliche Phänomene belegt. Bei einer Wortverwendung wird darauf abgestellt, daß z. B. physische Objekte, Reaktionsverläufe in der Natur oder Verhaltensweisen von Menschen als aufeinander bezogen und abgestimmt gelten. Insofern wird Ordnung als Ergebnis einer Koordination interpretiert. Das Koordinationsergebnis kann relativ überschaubar sein wie eine Molekularstruktur, ein Magnetfeld, ein Planetensystem, ein Mosaik oder eine mittelalterliche Schlachtordnung. Es kann aber auch wandelbare und wesentlich abstraktere Formen annehmen wie das abgestimmte Verhalten in einer Horde von Primaten, in einer Dorfgemeinschaft oder gar bei Einzelwirtschaften, die durch Marktaktivitäten miteinander verbunden sind.

Von dieser Verwendung des Begriffs Ordnung ist eine zweite in diesem Buch ebenfalls genutzte Verwendungsmöglichkeit zu unterscheiden. Sie läßt sich am Beispiel der Hausordnung verdeutlichen. Gemeint ist damit i. d. R. nicht das von einem Beobachter feststellbare Ergebnis einer Koordination der Hausbewohner etwa hinsichtlich der Reinigung gemeinsam genutzter Flächen oder des Abstellens von Fahrrädern u. ä. Vielmehr wird mit Ordnung nunmehr die Gesamtheit der Regeln gemeint, die für das Zusammenleben der Hausbewohner gelten soll. Auf die Wirtschaft bezogen, wäre dementsprechend als Wirtschaftsordnung die Gesamtheit der für das gesellschaftliche Wirtschaften verbindlichen Rechtsregeln (die Wirtschaftsverfassung) sowie der wirtschaftlich relevanten sozialen Normen zu verstehen, die die Koordinationsergebnisse (die Ordnung im zuerst genannten Sinn) prägt (vgl. hierzu z. B. LEIPOLD, 1988, S. 57 ff.).

Geplante und ungeplante Ordnung

Auf das Zusammenwirken von Menschen bezogen, d. h. als gesellschaftliches Phänomen, ist Ordnung im erstgenannten Sinn notwendig das Ergebnis menschlichen Handelns. Jedoch bestehen im Hinblick auf den Ursprung dieses Handelns zwei elementar verschiedene Möglichkeiten (HAYEK, z. B. 2003; POLANYI, 1951/98, S. 154 ff.):

- die geplante oder gesetzte Ordnung als Ergebnis menschlichen Entwurfs und Handelns (Organisation, monozentrische Ordnung)
- die ungeplante oder spontane Ordnung als Ergebnis einer nicht entworfenen Koordination im Verlauf des Handelns (Handelnsordnung, polyzentrische Ordnung)

Nach den vorherrschenden Ordnungsvorstellungen dürfte die Organisation kaum Verständnisschwierigkeiten bereiten. Die zitierte Schlachtordnung oder die betriebliche Organisation verdeutlichen das planerische Element: Das Zusammenwirken der Mitglieder des jeweiligen Verbandes wird vom Organisator bei Orientierung am Ziel des Zusammenwirkens gedanklich vorweggenommen und mit Hilfe entsprechender Ordnungsregeln durchgesetzt (exante-Koordination). Je besser es dem Organisator gelingt, die Situationen zu antizipieren, unter denen der Verband operieren wird, um so eher können die Ordnungsregeln, - seine Handlungsanweisungen –, zielgerecht verfaßt werden.

Weniger leicht zugänglich ist hingegen für manche die ungeplante Ordnung, weil sie nicht das geplante Ergebnis einer Koordination durch einen Organisator ist. Vielmehr bildet sie sich im Verlauf des Zusammenwirkens oder der Interaktion der Gesellschaftsmitglieder heraus. Dabei treten als Koordinationshilfen an die Stelle von spezifischen, planorientierten Handlungsanweisungen eines einzelnen Organisators Verhaltensregeln oder Institutionen, die lediglich die Handlungsmöglichkeiten begrenzen. Sie werden von den Gesellschaftsmitgliedern beachtet, wenn sie ihre selbstgesetzten Ziele unter Berücksichtigung ihrer spezifischen Lebensumstände verfolgen. Weil an die Stelle der Ziele eines Organisators die Ziele und die Realisierungsversuche von vielen treten, ist ein konkretes Koordinationsergebnis vorweg nicht angebbar. Es können lediglich Aussagen über Eigenschaften des Grundmusters der sich herausbildenden Handelnsordnung gemacht werden.

Zum Verständnis, inwieweit eine Handelnsordnung vielfältige individuelle Umstände widerspiegelt, die von keinem Organisator in ihren Konsequenzen vorwegnehmbar sind, und in welchem Maß eine solche Ordnung prognostizierbar ist, mag bei allen nötigen Vorbehalten die Analogie zu einem physikalischen Experiment nützlich sein. Das elektrostatische Feld, das einen Magneten umgibt, läßt sich zweidimensional mit Hilfe von Eisenfeilspänen sichtbar machen. Die erkennbare Ordnung der Feldlinien ist beschreibbar: z. B: sind die Feldlinien stets geschlossen, verlaufen teilweise innerhalb, teilweise außerhalb der Magnetpole, kreuzen sich niemals und laufen auch niemals zusammen. Die Sichtbarmachung erklärt sich als Ergebnis des Phänomens der magnetischen Influenz.

Für die Beschaffenheit der Ordnung ist in diesem Experiment die Antwort auf die Frage aufschlußreich, ob im vorhinein angegeben werden kann, wo die einzelnen Eisenfeilspäne unter dem Einfluß der Influenz genau plaziert sein werden. Eine solche Prognose der sich einstellenden Ordnung ist jedoch nicht möglich. Im Magnetfeld hängt die zukünftige Position eines bestimmten Spans von einer Vielfalt von Faktoren wie seiner Ausgangslage, seiner Dichte und Glätte, der Lage und Beschaffenheit benachbarter Späne sowie der Qualität des Papiers ab. Die endgültige Lage jedes einzelnen Spans unter dem Einfluß der Influenz ist das sehr spezifische Ergebnis des Zusammenwirkens all dieser Faktoren. Dieses Ergebnis dürfte höchstens zufällig identisch wiederholbar sein. Es ist lediglich möglich, die Bedingungen dafür herzustellen, daß sich die Späne immer wieder in allgemein angebbarer Weise – nach dem gleichen Muster (den Feldlinien) – formieren. Das Muster selbst kann vor allem mit Hilfe von Behauptungen darüber prognostiziert werden, welche Ereignisse nicht beobachtbar sein werden. Dazu gehört z. B., daß sich die Feldlinien kreuzen und zusammenlaufen.

Als Fall einer ungeplanten Ordnung interessiert im folgenden das Koordinationsergebnis gesellschaftlichen Wirtschaftens, das durch Markthandlungen hervorgebracht wird. Für diese Ordnung ist charakteristisch,

- daß Millionen von Wirtschaftseinheiten autonom selbstgesetzte ökonomische Ziele verfolgen;
- daß sie ihre Wirtschaftspläne unter Berücksichtigung einer für einen Beobachter unübersehbaren Vielfalt individueller Umstände aufstellen;
- daß sie ihren durch Arbeitsteilung entstehenden Tauschbedarf durch Markthandlungen zu decken suchen;
- daß durch die Markthandlungen nicht nur Wirtschaftspläne von Marktteilnehmern aufeinander abgestimmt, sondern zugleich auch für Unbeteiligte neue Koordinationssignale (Tauschwert- oder Preisänderungen) ausgelöst werden;
- daß die Realisierung der Wirtschaftspläne im allgemeinen und die Markthandlungen im besonderen lediglich den für alle geltenden Regeln des Privatrechts unterworfen sind.

Verursachung der Ordnung

Während im Falle der geplanten Ordnung der Verursacher mit der Organisationsspitze feststeht, bereitet die ungeplante Ordnung gerade hinsichtlich der Verursachung Verständnisprobleme. In Anlehnung an Adam Smith ist es zweckmäßig, zwischen den Motiven der Handelnden – den „efficient causes“ – und den Auswirkungen dieses Handelns auf den Gesamtzusammenhang – den „final causes“ – zu unterscheiden. Die in ihrer Vielfalt und Komplexität unüberschaubare Verbindung zwischen beiden Wirkungsebenen entsteht aus dem Umstand,

- daß die Individuen nicht isoliert, sondern wechselseitig angepaßt handeln, und
- daß die Bereiche, auf die sie mit ihrem Handeln Einfluß nehmen, vielfältig vernetzt sind.

Damit entsteht eine Interdependenz und Koordination mit Reichweiten und Rückkopplungen, die der einzelne im ganzen nicht überschaut und auch nicht überschauen muß. Das Koordinationsergebnis ist die ungeplante Folge planmäßigen Handelns der Wirtschaftssubjekte. Erforderlich ist dazu allerdings ein mit dem individuellen Handeln verknüpftes System der Kommunikation. Es muß in hinreichendem Maße koordinationswirksame Botschaften entstehen lassen, ohne daß sich die Beteiligten bewußt koordinierend betätigen müssen. Diese Funktion übernimmt im Falle der marktwirtschaftlichen Ordnung der Preismechanismus. Nur zu häufig wird versucht, die spontane marktwirtschaftliche Ordnung selbst in der ökonomischen Theorie als Organisation zu denken; hierfür ist die bereits erörterte Wohlfahrtsökonomik (Kap. 1) ein Beispiel. Gesellschaftskritiker vermissen bei dieser Ordnung häufig eine ordnende Hand und beklagen ihre Anonymität oder interpretieren sie sogar als Anarchie (F. ENGELS), d. h. als gesetzlos und ungeordnet. Politiker fühlen sich immer wieder berufen, lenkend in das Marktgeschehen einzugreifen mit dem Ziel, spezifische Ergebnisse herbeizuführen. Deshalb sollen im folgenden die wesentlichen Unterschiede zwischen den beiden Grundtypen von Ordnungen gesellschaftlichen Wirtschaftens dargelegt werden.

Ordnungsregeln und Handlungsziele

Sowohl die Organisation als auch die ungeplante Ordnung erfordern Regeln, deren Einhaltung ihr Entstehen sichern soll. Diese Ordnungsregeln müssen schon deshalb unterschiedlich sein, weil die Handlungsziele in beiden Fällen voneinander abweichen:

- Geplante Ordnungen entstehen aus spezifischen Handlungsanweisungen; die Anweisungen beruhen auf zentralisiertem Wissen und darauf gestützten Erwartungen über die Umstände, unter denen die Gesellschaftsmitglieder bei der Verfolgung vorgegebener Ziele zu handeln haben.
- Ungeplante Ordnungen entstehen als Folge der Vereinbarung von Handlungen und mit Hilfe allgemeiner Verhaltensregeln oder Institutionen; die Regeln dienen in erster Linie dazu, die Handlungsmöglichkeiten einzugrenzen, die die Gesellschaftsmitglieder zur Verfolgung selbstgesetzter Ziele ungehindert wahrnehmen können, und die Kooperation der Mitglieder durch Stabilisierung ihrer wechselseitigen Verhaltenserwartungen zu erleichtern und zu sichern.

Ordnungsrelevante Sozialbeziehungen

Die unterschiedlichen Ordnungsregeln spiegeln zugleich Unterschiede in den Sozialbeziehungen wider, die für die beiden Ordnungsarten charakteristisch sind. Die Möglichkeit, durch Anweisungen ein Koordinationsergebnis erzielen zu können, das den vorgegebenen Zielen dienlich ist, beinhaltet als Sozialbeziehung die Herrschaft. Unter

Herrschaft soll in Anlehnung an Max WEBER (1921/2002, S. 28) verstanden werden „die Chance, für einen Befehl bestimmten Inhalts bei angebbaren Personen Gehorsam zu finden". Das Befolgen von Anweisungen beinhaltet eine Unterordnung.

Demgegenüber ist für die ungeplante Ordnung die Gleichordnung der Handelnden charakteristisch. Dem Imperium (der Befehlsgewalt) der Unterordnung steht im Falle der Gleichordnung das Dominium (die Sachherrschaft) gegenüber. Eine Chance, Gehorsam zu finden, besteht nicht. Herrschaft bezieht sich nur auf Sachen. Mit Hilfe des Dominiums werden Einflußbereiche definiert. Würde ihre Veränderung andere betreffen, so ist deren Zustimmung erforderlich. Einer Vereinbarung bedarf es deshalb, weil keine Herrschaft über mögliche Betroffene besteht, diese also gleichgeordnet sind. Das schließt nicht aus, daß sich jemand freiwillig unterordnet. Dazu bedarf es aber ebenfalls einer Vereinbarung, wie das z. B. durch einen Arbeitsvertrag geschieht. Für das gesellschaftliche Wirtschaften impliziert Gleichordnung, daß die zur Realisierung der individuellen Wirtschaftspläne erforderliche Kooperation anderer auf dem Weg der Vereinbarung mit ihnen gewonnen werden muß.

Im Hinblick auf die Ordnungsregeln bedeutet das zweierlei. Einmal muß die Gleichordnung selbst sichergestellt werden; niemand darf gegen seinen Willen in die Wirtschaftspläne anderer einbezogen werden. Zum anderen sind neben den ungeschriebenen sozialen Normen des Zusammenlebens auch Verhaltensregeln erforderlich, mit denen die Einhaltung getroffener Vereinbarungen gesichert und Streitigkeiten zwischen Vertragsparteien beigelegt werden können. Angesprochen ist damit das Vertrags- bzw. das Privatrecht als eine ordnungsrelevante Kategorie von externen Institutionen. Institutionen sind Verhaltensregeln für eine angebbare Gruppe von Akteuren, deren Durchsetzung entweder von außen erfolgt (exterene Institutionen) oder aber von innen durch die Gruppe selbst (interne Institutionen). Das Vertragsrecht als Teil des Privatrechts umfaßt externe Institutionen. Ihre Durchsetzung obliegt dem Staat.

Infolgedessen bedarf es auch im Falle der ungeplanten Ordnung einer Instanz, die die Ordnungsregeln durchsetzt und so ihre Einhaltung gewährleistet. Entscheidend ist jedoch, daß mit den Regeln die ihnen Unterworfenen nicht zu Weisungsempfängern im Vollzug eines Wirtschaftsplans der Instanz – konkret: des Staates – werden. Vielmehr beschränkt sich die Aufgabe des Staates in diesem Fall darauf, einen möglichst reibungslosen Wirtschaftsverkehr zwischen den privaten Wirtschaftssubjekten nach ihren selbstgesetzten Zielen zu gewährleisten. Mit der Inanspruchnahme des Staates als Organisator der Rechtsordnung und ihrer Durchsetzung werden also lediglich die Bedingungen geschaffen und gesichert, unter denen eine ungeplante Ordnung gesellschaftlichen Wirtschaftens entstehen kann. Insofern sind die Verhaltensregeln der spontanen, marktwirtschaftlichen Ordnung zwar organisationsgestützt. Jedoch wird deshalb die Ordnung selbst nicht zur Organisation oder geplanten Ordnung.

2.2 Die Ordnungsfragen

Aufgrund der bisherigen Ausführungen dürfte bereits die Schlüsselstellung deutlich geworden sein, die der Ausgestaltung von externen Institutionen wie dem Recht zukommt, wenn es darum geht, eine Wirtschaftsordnung zu etablieren, zu sichern und zu verbessern, d. h. ordnungspolitisch zu handeln. Bei der weiteren Betrachtung der Ordnungspolitik ist es zweckmäßig, die ordnungspolitische Grundsatzentscheidung zugunsten eines bestimmten Wirtschaftsordnungstyps von den Folgeentscheidungen zu trennen, die sich auf die Sicherung bzw. Verbesserung einer bestehenden Wirtschaftsordnung richten. Die Grundsatzentscheidung erfordert Antworten auf die bereits im ersten Kapitel angesprochenen Ordnungsfragen.

Eine Klarstellung ist noch geboten, bevor auf die Ordnungsfragen eingegangen wird. Die Zerlegung des Ordnungsproblems in Ordnungsfragen dient lediglich dazu, die beobachtbaren Elemente von Wirtschaftsordnungen in ihrem Zusammenwirken besser verstehen zu können. Es wäre ein Mißverständnis, daraus zu folgern, daß funktionsfähige Wirtschafts- und Gesellschaftsordnungen in Gänze vorgedacht und nach einer entsprechenden Blaupause errichtet werden könnten. Die tatsächlichen Ordnungen stellen vielmehr eine Mischung aus ungezielten Lernprozessen und gezielten organisatorischen Bemühungen dar. Reale Ordnungen sind das Ergebnis von nicht vorwegnehmbaren gesellschaftlichen Entwicklungsprozessen. Das schließt jedoch nicht aus, sich dem Phänomen mit Hilfe von als analytisch aufschlußreich erachteten Fragen zu nähern.

Ordnungspolitisch hängt die Funktionsfähigkeit gesellschaftlichen Wirtschaftens und damit die Qualität der Antworten auf die im ersten Kapitel diskutierten ökonomischen Grundfragen wesentlich davon ab, welche Antworten auf drei miteinander verknüpfte Ordnungsfragen gefunden werden:

- Kompetenz und Mandat: Wer soll die Entscheidungsbefugnis für die Beantwortung der ökonomischen Grundfragen haben, und an welchen Wertungen (Normen) sollen sich die Entscheidungen orientieren?
- Koordination und Information: Wie und mit Hilfe welchen Informationssystems sollen die interdependenten Antworten auf die ökonomischen Grundfragen aufeinander abgestimmt werden?
- Kontrolle und Sanktion: Wie soll die Wahrnehmung der Entscheidungsbefugnis kontrolliert werden, und welche Konsequenzen sollen die Entscheidungsfolgen für den Entscheidungsträger selbst haben?

Die Kompetenz zur Beantwortung der ökonomischen Grundfragen ist teilbar: Die Aufteilungsmöglichkeiten der Entscheidungsbefugnis sind durch die Extremfälle des einen mit Kompetenz für alles und der Kompetenz aller für alles begrenzt. Hinsichtlich der Wertungen, an denen sich die Wahrnehmung der Kompetenz orientieren kann, kommen ebenfalls zwei inhaltlich verschiedene Möglichkeiten des Mandats in Betracht: Einmal können es die individuellen Wertungen eines Entscheidungsbefugten sein; sein Mandat ist nicht an Wertungen anderer gebunden. Kombiniert mit den Alternativen der Kompetenzverteilung, kämen dem bei den unterscheidbaren Typen von Wirtschaftsordnungen die extremen Denkmöglichkeiten (Extremtypen) der total zentral oder total dezentral geplanten Wirtschaft am nächsten. Sie werden als Ausgangspunkte für die Bildung realitätsnäherer Ordnungstypen dienen. Zum anderen kann versucht werden, die Wahrnehmung der Entscheidungsbefugnis an Wertungen anderer zu binden. Wiederum kombiniert mit den Alternativen der Kompetenzverteilung, entspräche der ersten Kombinationsmöglichkeit am ehesten die Erteilung eines gebundenen (imperativen) Mandats an eine zentrale Wirtschaftsplanungsinstanz durch eine Volksversammlung. Die damit verbundenen prohibitiven Konsensfindungskosten lassen diesen Fall zu einer politischen Fiktion werden. Der zweiten Möglichkeit – dezentralisierte Kompetenz und gebundenes Mandat – käme der Fall von strikt an das „Gemeinwohl" gebundenen dezentralisierten Entscheidungsbefugten nahe. Widerspruchsfreie Gemeinwohlorientierung erforderte ein allen gemeinsames Bewertungssystem. Insofern entspräche diesem Typ die „kommunistische Fiktion" (Myrdal, 1930), wie sie für wohlfahrtsökonomische Ansätze charakteristisch ist.

Mit der Art der Kompetenzverteilung ändert sich notwendig die Koordination. Im Falle der geplanten Ordnung ist sie Gegenstand der Planung, während die Handelnsordnung durch Selbstkoordination mit Hilfe von Vereinbarungen (Verträgen) gekennzeichnet ist. In beiden Fällen ist die Koordination untrennbar mit ihrer Informationsgrundlage verknüpft. Besonders deutlich wird dies im Falle einer Organisation. Hier muß den Koordinationssignalen (Handlungsanweisungen) zunächst die Beschaffung und Verarbeitung von Informationen sowie, darauf gestützt, die Bildung von Erwartungen über die Umstände vorausgehen, unter denen die Weisungsempfänger bei der Verfolgung der Organisationsziele zu handeln haben werden. Das bedeutet, daß für eine geplante Ordnung nicht nur das Handeln der Gesellschaftsmitglieder, sondern auch die Gewinnung der Informationsgrundlage für das Handeln zu planen ist. Sowohl für geplante als auch für ungeplante Wirtschaftsordnungen sind zwei Informationsbedingungen zu erfüllen (vgl. ähnlich Demsetz, 1964, S. 16):

- Die Opportunitätskosten der Ressourcenverwendung müssen signalisiert werden, und
- die arbeitsteilig Wirtschaftenden müssen motiviert sein, diese Signale aufzuspüren und zu verwerten.

Im Falle der Koordination mit Hilfe von Marktsignalen ist dies Aufgabe des Preismechanismus sowie des Wettbewerbs als Entdeckungsverfahren.

Vor allem für ungeplante Ordnungen wird der Koordinationsprozeß erleichtert und damit das Informationsproblem um so mehr vereinfacht, je größer die Vorhersehbarkeit des Verhaltens der Gesellschaftsmitglieder ist. Vorhersehbarkeit beinhaltet, daß die Mitglieder unter gleichen oder ähnlichen Bedingungen auch gleich oder ähnlich handeln. Die Stabilität des Verhaltens ermöglicht es, relativ verläßliche Erwartungen in den Fällen zu bilden, in denen der einzelne auf die Kooperation mit anderen angewiesen ist. Stabile Verhaltensmuster sind zugleich Ausdruck von zur Routine gewordenen Problemlösungen in der Kooperation. Solche bewährten Problemlösungen reflektieren Sitten und Konventionen als interne Institutionen, aber auch das Recht als Kategorie externer Institutionen. Die beiden Arten von Institutionen unterscheiden sich nicht zuletzt dadurch, wie das regelmäßige Verhalten erzeugt wird (hierzu Weber, 1921/2002, S. 187 ff.). Im Falle der Sitte sind Gewohnheit und unreflektierte Nachahmung bestimmend. Konventionen erhalten für das Individuum Geltung durch informelle Sanktionen, die aus der Billigung bzw. Mißbilligung derjenigen bestehen, die zu seinem engeren Lebensbereich gehören. Demgegenüber ist es für das Recht charakteristisch, daß mit seiner Entstehung bzw. Setzung zugleich organisatorische Vorkehrungen getroffen werden, um ihm, wenn nötig, durch negative Sanktionen Geltung zu verschaffen.

Wie ein Entscheidungsträger seine Kompetenz wahrnimmt, hängt nicht zuletzt davon ab, ob und in welchem Umfang er Verantwortung für die Folgen seines Tuns oder Unterlassens zu tragen hat. Verantwortung kann zugewiesen werden, wenn die Handlungsfolgen entweder zurechenbar und damit einer Kontrolle unterwerfbar sind oder aber automatisch beim Entscheidungsbefugten anfallen. Nur dann lassen sich die Kontrollergebnisse zweifelsfrei mit positiven wie negativen Sanktionen belegen. In diesen Fällen ist also eine Rückkopplung zwischen Handlungsfolgen und Entscheidung herstellbar. Sie kann auf den Verantwortlichen in zukünftigen, von ihm als ähnlich identifizierten Entscheidungssituationen bestärkend bzw. hemmend wirken. Aus ökonomischer Sicht ist eine solche Rückkopplung um so eher gewährleistet, je besser einem Entscheidungsträger sowohl die (Opportunitäts-)Kosten als auch die Erträge der mit einer Entscheidung ausgelösten Handlungen zurechenbar sind (Internalisierung der Handlungsfolgen).

2.2.1 Kompetenz und Mandat: Rechtsgrundlagen

2.2.1.1 Staatsgewalt – Privatautonomie

Je nach Art der Kompetenzverteilung müssen sehr unterschiedliche verhaltensbeeinflussende Regeln gelten. Dementsprechend weichen auch die Rechtsgrundlagen für die Wahrnehmung der Kompetenz voneinander ab. Zentralisierte Kompetenz für die Beantwortung der ökonomischen Grundfragen, aber auch an nachgeordnete Organisationen delegierte Entscheidungsbefugnisse, erfordern als Rechtsgrundlage für einen Entscheidungsträger, daß er mit Autoritäts- und Zwangsrechten ausgestattet ist. Erst mit der damit geschaffenen, durch die Möglichkeit des Zwangs abgesicherten Unterordnung der Wirtschafts-, vor allem der Produktionseinheiten, kann deren Eingliederung in die zentrale Planung sichergestellt werden. Auf Autoritäts- und Zwangsrechte gestützte Kompetenz ist charakteristisch für die Staatsgewalt. Für die Planungsentscheidungen und ihre Umsetzung bedeutet das, daß sie öffentlich-rechtlich sind. Im Hinblick auf die Ressourcen und andere Wirtschaftsgüter entsprechen der staatlichen Kompetenz das Kollektiveigentum und die daran geknüpften Verfügungsrechte.

In marktwirtschaftlichen (ungeplanten) Ordnungen haben die Einzelwirtschaften (Produktionseinheiten, Haushalte, Individuen) die Kompetenz zur Beantwortung der ökonomischen Grundfragen. Sie sind u. U. ausdrücklich durch entsprechende Rechte mit Verfassungsrang (Grundrechte) gegen Eingriffe des Staates in die Wahrnehmung ihrer Kompetenz geschützt (Privatautonomie); in diesem Fall wird mit Hilfe des öffentlichen Rechts versucht, die Sphäre privaten Wirtschaftens gegen staatliche Einflußnahme abzusichern. In ihrer Beziehung zueinander sind die privaten Wirtschaftssubjekte gleichberechtigt. Die schließt aus, daß der einzelne ohne seine Zustimmung zur Realisierung von fremden Wirtschaftsplänen herangezogen werden kann. Damit werden die privaten Planträger veranlaßt, ihre Wirtschaftspläne durch Vereinbarungen in rechtswirksamer Weise (mit Hilfe des Vertragsrechts) aufeinander abzustimmen, soweit sie zur Realisierung selbstgesetzter Ziele die Kooperation anderer benötigen. Es entstehen dabei Wirtschaftsbeziehungen auf privatrechtlicher Grundlage. Zur Privatautonomie gehört das Institut des Privateigentums. Die daran geknüpften Handlungsrechte genießen staatlichen Schutz vor der Inanspruchnahme durch Nichtberechtigte. Damit wird über die persönlichen Leistungen (s. o.) hinaus auch bei den Gütern sichergestellt, daß sie nur auf dem Wege der Vereinbarung den Verfügungs- und Nutzungsberechtigten wechseln können.

2.2.1.2 Eigenverantwortung – Politische Verantwortung

Zwar wird im Falle einer marktwirtschaftlichen Ordnung mit Hilfe des Rechts geregelt, wer für wirtschaftliche Planungen zuständig ist und innerhalb welcher Grenzen er versuchen kann, seine Pläne zu verwirklichen. Jedoch wird damit die Verhaltensweise keineswegs eindeutig festgelegt. Die Entscheidungsbefugten können auf dieser Rechtsgrundlage in bezug auf die selbstgesetzten Ziele gut oder schlecht wirtschaften. Für private Entscheidungsträger gehen bei der Wahrnehmung von Handlungsrechten Erfolg wie Mißerfolg grundsätzlich auf deren Rechnung; das bedeutet, daß sie eigenverantwortlich handeln. Verantwortung gegenüber anderen Personen entsteht für sie nur insoweit, wie sie entsprechende Verpflichtungen übernehmen oder widerrechtlich in deren Einflußsphäre einwirken. Bezogen auf die Verwertung des Privateigentums bedeutet das, daß mit der Wahrnehmung von Verfügungsrechten in Form von Erwerb, Gebrauch, Belastung und Übertragung von Gütern auch Nutzungs- oder Aneignungsrechte verbunden sind; diese bestehen in Ansprüchen auf die Erträge, aber auch in der rechtsverbindlichen Zuweisung von Verlusten aus der Wahrnehmung von Verfügungsrechten.

Demgegenüber nehmen in zentral geplanten Volkswirtschaften diejenigen, die mit Autoritäts- und Zwangsrechten ausgestattet sind, zwar Verfügungsrechte wahr, sie entscheiden also über die Verwendung des Kollektiveigentums. Jedoch werden ihnen nicht die Folgen ihres Handelns in Form von Nutzungsrechten gleichermaßen zugeordnet; sie handeln also nicht eigenverantwortlich, sondern entsprechend dem staatlichen Selbstverständnis im Auftrag der Gesellschaft. Der öffentlich-rechtliche Charakter ihres Auftrags und seiner Wahrnehmung bedeutet, daß sie im Normalfall nur politisch verantwortlich sein können. Von dieser Verantwortung zu unterscheiden ist die Verantwortlichkeit weisungsgebundener Agenten. Hier wie im Falle von Unternehmen in einer ansonsten durch Markthandlungen koordinierten Volkswirtschaft entsteht ein organisationsinternes Problem des Leistungsanreizes und der Leistungskontrolle (Prinzipal-Agentproblem). Für die Qualität der hierfür gefundenen Lösung ist der Entscheidungsträger im Falle des Unternehmens in einer marktwirtschaftlichen Ordnung selbst verantwortlich. In zentral geplanten Volkswirtschaften übernimmt er dafür eine politische Verantwortung.

2.2.1.3 Politische Verfassung – Wirtschaftsverfassung

Die Ausübung von Entscheidungsbefugnis hat jedoch nicht nur unmittelbare wirtschaftliche Folgen, für die der Entscheidungsträger entweder eigenverantwortlich ist oder politisch einzustehen hat. Vielmehr entsteht mit der Kompetenz auch wirtschaftliche Macht. Im Falle staatlicher Kompetenz für das gesellschaftliche Wirtschaften ist die Macht offensichtlich und hat keine andere Qualität als die übrigen Elemente staatlicher Macht. Sie schließt die extreme Form von Machtausübung, den Zwang, mit ein. Die Ausübung staatlicher Macht an das Recht zu binden, um so ihrem Mißbrauch vorzubeugen, ist eine wichtige, wenn nicht die Hauptfunktion einer politischen Verfassung.

Im Falle der Privatautonomie ist die Vorbedingung für das Entstehen wirtschaftlicher Macht in der Arbeitsteilung und der damit entstehenden gegenseitigen Abhängigkeit zu suchen. Für das einzelne Wirtschaftssubjekt ist diese Abhängigkeit um so weniger drückend, je mehr Wahlmöglichkeiten es sich im Hinblick auf potentielle Tauschpartner erschließen kann. Wahlmöglichkeiten haben heißt nichts anderes, als die machtkontrollierende Funktion des Wettbewerbs nutzen können. Nun ist jedoch nicht auszuschließen,

- daß es an zugänglichen Wahl- oder Substitutionsmöglichkeiten auch einmal dauerhaft mangelt;
- daß die Vertragsfreiheit genutzt wird, um ihre Wahrnehmungsmöglichkeit zu Wettbewerbshandlungen zu beschränken;
- daß Wirtschaftssubjekte mögliche Wettbewerber mit unlauteren Mitteln zu behindern trachten, anstatt sie durch überlegene Substitute zu verdrängen.

Da der Wettbewerb als Instrument der Verhinderung und Kontrolle privater wirtschaftlicher Macht sich nicht von selbst erhält, bedarf es seiner Absicherung. Die rechtlichen Voraussetzungen für eine Wettbewerbspolitik zu schaffen ist ein Hauptziel, das mit der Wirtschaftsverfassung verfolgt wird (z. B. MESTMÄCKER, 1975).

Die Wirtschaftsverfassung liefert den Rahmen kodifizierten Rechts für eine marktwirtschaftliche Ordnung. Sie umfaßt die Gesamtheit der verbindlichen in der Verfassung, aber auch in anderen Rechtsbereichen kodifizierten Regelungen, mit deren Hilfe eine marktmäßige Koordination und wettbewerbliche Kontrolle privaten Wirtschaftens gewährleistet werden soll. Zusammen mit den für das gesellschaftliche Wirtschaften ebenfalls relevanten internen Institutionen, die im Gewohnheitsrecht, den Konventionen und Sitten angelegt sind, bildet sie die Wirtschaftsordnung. Die Wirtschaftsverfassung ist eine Teilordnung. Sie kann nicht unabhängig von der übrigen Rechtsordnung und damit auch von der politischen Verfassung konzipiert werden. Die Interdependenz der Ordnungen (EUCKEN, 1959/2004, S. 14 ff.) wird in diesem Kapitel noch deutlich werden, wenn die Beziehungen zwischen einer marktwirtschaftlichen Ordnung und einer durch das Prinzip der Rechtsstaatlichkeit gekennzeichneten politischen Verfassung erörtert werden.

Hinsichtlich der mit der Wirtschaftsverfassung geschaffenen Voraussetzungen für eine Kontrolle bzw. Verhinderung unerwünschter Formen wirtschaftlicher Macht lassen die Erfahrungen in Volkswirtschaften mit vorwiegend marktwirtschaftlicher Koordination bezweifeln, daß die Kontrolle (Verhinderung) privater wirtschaftlicher Macht stets befriedigend gelingt. Dies ist allerdings nur zu häufig die Folge davon, daß es privaten Wirtschaftssubjekten oder ihren Interessenvertretern gelingt, den politischen Willensbildungsprozeß zugunsten staatlicher Wettbewerbsbeschränkungen etwa durch Ausnahmeregelungen oder staatliche Handelsbeschränkungen zu beeinflussen und auf diese Weise die Wirtschaftsverfassung mit öffentlich-rechtlichen Regeln teilweise außer Kraft zu setzen.

Wo wirtschaftliche Macht vorwiegend mit Hilfe staatlicher Autoritäts- und Zwangsrechte ausgeübt wird, müßte das Ausmaß an erforderlichen Kontrollen der Machtinhaber, z. B. durch ein Parlament, zunehmen, wenn autoritäre Herrschaft vermieden werden soll. Ob diese Form der Kontrolle in dem dazu erforderlichen Maße ausgeweitet werden kann, ist zu bezweifeln. Erfahrungen in Volkswirtschaften mit zentralisierter Wirtschaftsplanung rechtfertigen die Zweifel.

2.2.2 Koordination und Information: Verfahren und Signale

2.2.2.1 Koordinationsverfahren

Das Koordinationsproblem ändert sich mit der Kompetenzverteilung. Entsprechend den Ordnungsregeln sind grundsätzlich zwei Koordinationsverfahren unterscheidbar:

- Koordination durch Anweisung
- Koordination durch Vereinbarung

Koordination durch Anweisung stützt sich auf die Subordinationsbeziehungen, die zwischen einem Entscheidungsträger und Einzelwirtschaften (Betrieben und Haushalten) bestehen. Bei zentralisierter Entscheidungsbefugnis hätten die Einzelwirtschaften nur planausführende Funktionen. Ermessensspielräume wären ihnen lediglich einzuräumen, damit sie mit Unvorhergesehenem im Sinne der Anweisungen fertig werden können; Autonomie wäre dies nicht. Wenn die Anweisungen an die Einzelwirtschaften konsistentes Handeln bewirken sollen, müssen alle Aktivitäten schon im vorhinein koordiniert sein (exante-Koordination). Die Koordination kann demzufolge auch als plangemäß bezeichnet werden. An diesem Grunderfordernis ändert sich nichts in den Fällen, in denen die Kompetenz infolge von Delegation hierarchisch auf mehrere administrative Ebenen verteilt ist, wie dies in der Praxis von Zentralverwaltungswirtschaften, aber auch innerhalb von Unternehmen in einer marktwirtschaftlichen Ordnung der Fall ist. Allerdings führt die Delegation zu zusätzlichen Kontrollproblemen; diese sind am ehesten mit Hilfe der ökonomischen Theorie der Bürokratie erklärbar.

Koordination durch Vereinbarung ist die notwendige Folge des Bestehens selbständiger (autonomer) Planungseinheiten. Die einzelne Einheit ist in ihrer Wirtschaftsplanung folgenden Beschränkungen unterworfen:

- den einbeziehbaren, begrenzten Verfügungsrechten über knappe Mittel,
- verhaltensregulierenden externen und internen Institutionen (Rechtsnormen, Konventionen und Sitten) als Ordnungsregeln sowie
- Entscheidungen anderer Planungseinheiten, soweit diese für die Realisierung der eigenen Pläne benötigt werden.

Die Selbstkoordination durch Vereinbarungen setzt an der zuletzt genannten Beschränkung an. Vereinbarungen werden überall da nötig, wo die Planungseinheit wegen der Arbeitsteilung auf Tausch angewiesen sind, um ihre eigenen Pläne realisieren zu können. Kontakte zur Aufnahme von solchen Tauschbeziehungen ermöglichen das Entstehen von Märkten. Diese Koordination kann somit auch als marktmäßig bezeichnet werden. Dabei ist es für das Koordinationsverfahren unerheblich, welche Marktformen daraus hervorgehen. Ebenso kommt es aus dieser Sicht nicht darauf an, ob es sich um Vereinbarungen zwischen Einzelpersonen oder Vertretern von Organisationen (insbesondere Unternehmen) handelt. Ausschlaggebend ist in diesem Zusammenhang zunächst lediglich, daß Entscheidungsbefugnis Autonomie bedeutet und Koordination ohne Aufhebung der Autonomie nur auf dem Wege der Vereinbarung möglich ist. Ob die Wirtschaftspläne zueinander passen, stellt sich hier überwiegend erst im nachhinein heraus, wenn versucht wird, die damit verbundenen Tauschvorhaben zu realisieren; denn nur in relativ wenigen Fällen ist es möglich, durch Vereinbarungen (z. B. Termingeschäfte, langfristige Verträge) zumindest eine partielle exante-Koordination herbeizuführen. Je nach dem sich abzeichnenden, spätestens aber nach dem erzielten Ergebnis von Tauschverhandlungen werden schon aufgrund der Ungewißheit immer wieder Planrevisionen erforderlich. Da ferner die Wirtschaftsbedingungen nicht stationär sind, kommt der Koordinationsprozeß auch niemals zu einem Abschluß, sondern wird immer wieder durch neue ökonomisch relevante Ereignisse unterbrochen und reorientiert.

2.2.2.2 Knappheitssignale: Marktpreise

Bei einer marktmäßigen Koordination von Wirtschaftsplänen wird besonders leicht erkennbar, wann sie unter stationären Bedingungen als erfolgreich i. S. d. ökonomischen Prinzips abgeschlossen gelten könnte: Es müßten alle Möglichkeiten knappheitsmindernden Tausches ausgeschöpft sein; denn dann würden die verfügbaren Mittel in allen miteinander konkurrierenden Verwendungszwecken von den Entscheidungsträgern als gleich knapp beurteilt. Grundsätzlich werden sowohl bei dezentralisierter wie bei zentralisierter Planung Indikatoren benötigt, die die Beurteilung der Knappheit der einzelnen Güter (Opportunitätskosten) anzeigen. Knappheitsindikatoren bei dezentralisierter Planung sind die Marktpreise. Sie zeigen unmittelbar an, wie sich Güter und Dienste im Verhältnis zu einem gemeinsamen Wertmaßstab tauschen lassen.

Marktpreise sind das Ergebnis des Versuchs der autonomen Planungseinheiten, auf dem Wege des Tauschs die Kooperation anderer bei der Realisierung ihrer Wirtschaftspläne zu gewinnen. Dabei wird zugleich entschieden, wer in welchem Umfang welche Güter zur Planrealisierung einsetzen kann. In welchem Umfang und in welcher Weise sich die einzelnen Pläne letztlich realisieren lassen, richtet sich nach den Tauschrelationen, die im Verlauf der Marktpreisbildung entstehen.

Preisfunktionen

Bei der Selbstkoordination durch Markthandlungen haben die Marktpreise sechs miteinander verknüpfte Funktionen zu erfüllen:

- Preisreaktionen wirken darauf hin, daß Angebot und Nachfrage auf den verschiedenen Märkten ausgeglichen werden, und zwar so, daß es unter stationären Bedingungen zu einer Markträumung käme (Ausgleichsfunktion).
- Mit Hilfe der Marktpreise können die konkurrierenden Verwendungen von Gütern miteinander verglichen werden; Preisrelationen und ihre Veränderungen informieren über die Verwendungskonkurrenz und damit über die Knappheiten und ihre Veränderungen (Informationsfunktion).
- Auf der Nachfrageseite der Märkte wird durch Preise das knappe Angebot so den Nachfragern zugeteilt, daß diejenigen zum Zuge kommen, deren Nachfrage – ge-

messen an der aufgebotenen Kaufkraft - am dringlichsten ist (Zuteilungsfunktion - Rationierung der Nachfrager).

- Auf der Angebotsseite kommen auf Dauer diejenigen zum Zuge, die es vermögen, zumindest kostendeckend anzubieten, während alle übrigen Anbieter, die zur Kostendeckung höhere als die Marktpreise erzielen müßten, zum Ausscheiden veranlaßt werden (Auslesefunktion - Rationierung der Anbieter).
- Änderungen der Nachfragestruktur und der Verfügbarkeit von Ressourcen haben auf den betroffenen Märkten Veränderungen der Preis-Kosten-Verhältnisse zur Folge, so daß letztlich mit Hilfe der Preise die Produktionsfaktoren in Verwendungen in dem Maße gelenkt werden, wie dies mit den preisorientierten Kaufkraftdispositionen der Verbraucher vereinbar ist (Lenkungsfunktion).
- Die Verteilung der Kaufkraft auf die einzelnen Verbraucher ist das Ergebnis des Marktgeschehens und richtet sich danach, welche Preise sie für die von ihnen angebotenen Faktorleistungen und Faktormengen erzielen (Verteilungsfunktion).

Preisbildung als Kommunikationsvorgang

Wie bereits betont, sind die Preise einschließlich aller tauschwertrelevanten Konditionen das Ergebnis von Vereinbarungen zwischen Vertragsparteien. Sie entstehen also im Verlauf von Markthandlungen, zu denen auch die Suche von Vertragspartnern, der Vergleich von Konditionen, ihr verbindliches Aushandeln und die Überwachung ihrer Einhaltung gehören. Zu all diesen Vorgängen werden vielfältige Informationen benötigt und ausgetauscht (kommuniziert). Wie im dritten Kapitel noch näher darzulegen sein wird, ist die Preisbildung also Ergebnis eines informativen Zusammenwirkens von Marktteilnehmern. Die bloße Anpassung an Preise, die als bekannt und gegeben gelten, stellt aus dieser Sicht eine nur für sehr begrenzte analytische Zwecke brauchbare Vereinfachung dar.

Die mit der Preisbildung herbeigeführte Koordination führt in realen, marktmäßig koordinierten Volkswirtschaften zu niemals abgeschlossenen und deshalb zu jedem Zeitpunkt unvollständigen Ergebnissen. Schon aufgrund der allgemeinen Ungewißheit können die Einzelpläne der Wirtschaftssubjekte nicht in jeder Hinsicht endgültig sein. Infolgedessen muß ihre Koordination iterativ erfolgen. Hinzu kommt, daß die Planungsperioden der Marktteilnehmer ebenso voneinander abweichen wie die Produktions- und Nutzungsperioden der zahlreichen Tauschobjekte. Die Preisreaktionen, die ausgelöst werden, wenn die einzelnen Teilnehmer ihre Pläne zu realisieren suchen, leiten einen Prozeß des Probierens und Korrigierens ein, der Zeit in Anspruch nimmt. Über diesen Suchprozeß wird die gegebenenfalls als notwendig signalisierte Umwidmung der Ressourcen (Reallokation) bewirkt. Insgesamt handelt es sich also um eine zeitlich nicht abgrenzbare, permanente Iteration.

Das Medium Geld und seine Informationsqualität

Bei der Erläuterung der Preisfunktionen und der mit der Preisbildung verbundenen Kommunikation wurde unterstellt, daß sich die Wirtschaftssubjekte des Mediums Geld bedienen können. Gesellschaftliches Wirtschaften, das auf autonomen, individuellen Entscheidungen beruht, stieße schnell auf Entwicklungsgrenzen, wenn der mit zunehmender Arbeitsteilung sich vervielfachende Tauschbedarf ohne ein möglichst allgemein akzeptiertes Tauschmittel befriedigt werden müßte. Der Nutzen eines solchen Mediums steigt in dem Maße, wie es seine Grundfunktion – die des Tauschmittels – sowie die damit verbundenen Funktionen der Recheneinheit und des Wertaufbewahrungsmittels erfüllt. Im einzelnen bedeutet das:

- Geld als Tausch- oder Zahlungsmittel: Der direkte Tausch „Gut gegen Gut" erfordert ein Höchstmaß an Übereinstimmung zwischen Tauschpartnern hinsichtlich Art, Menge und anderen Eigenschaften der zu tauschenden Güter. Mit Hilfe eines allgemeinen Tauschmittels wird indirekter Tausch in der Form von „Gut gegen Geld und Geld gegen Gut" möglich. Eine solche Aufspaltung in zwei Tauschvorgänge vermehrt zwar die Zahl der Transaktionen, erfordert aber jeweils nur die Einigung über den Wert eines Gutes. Der spezifische Informationsbedarf wird geringer. Tauschpartner lassen sich leichter finden.
- Geld als Recheneinheit: Durch den Bezug auf ein allgemeines Tauschmittel wird es erst möglich, direkt vergleichbare und addierbare Opportunitätskosten zu ermitteln. Ferner werden Tauschgebote leichter beurteilbar, wenn sie sich auf einen gemeinsamen Wertmaßstab beziehen. Ohne ein allgemeines Tauschmittel erhöht sich die Zahl möglicher Preisquotierungen durch Angabe realer Tauschverhältnisse ganz erheblich (schon bei nur jeweils einem Anbieter und n Gütern sind $0{,}5\,n \cdot (n - 1)$ reale Tauschverhältnisse als Preise angebbar, während sich diese Zahl mit dem zusätzlichen Medium Geld auf n reduziert); das Tauschgeschehen hat bei reinem Naturaltausch von vornherein eine geringere Transparenz.
- Geld als Wertaufbewahrungsmittel: Im Vergleich zum direkten Tausch erlaubt bereits ein indirekter Tausch ohne Geld eine zeitliche Verschiebung von Tauschplänen, wenn ein Zwischengut eingetauscht werden kann, von dem erwartet wird, daß es nach Lagerung gegen andere Güter eintauschbar ist. Geld wird sich als ein solcher Wertspeicher durchsetzen, wenn erwartet wird, daß es diese Funktion hinsichtlich Tauschmittelqualität, Wertbeständigkeit und direkten Lagerkosten besser als andere Zwischengüter zu erfüllen vermag.

Die extreme Komplexität marktwirtschaftlicher Koordinationsvorgänge setzt Geld als Medium voraus; denn nur mit Hilfe eines solchen Tauschmittels, das das Vertrauen der am Wirtschaftsprozeß Beteiligten genießt, läßt sich die Komplexität dieser Vorgänge so weit reduzieren, daß sie die Wirtschaftssubjekte i. d. R. nicht überfordert. Die Komplexitätsreduktion besteht darin, daß die Verwendung von Geld, das die genannten Funktionen zu erfüllen vermag, im Vergleich zum Naturaltausch beträchtliche Einsparungen an tauschbezogenem Informationsaufwand – an Transaktionskosten – erlaubt (hierzu z. B. Brunner und Meltzer, 1971).

2.2.2.3 Behelfslösungen bei zentraler Planung: Mengenrationierung, Plankennziffern und Verrechnungspreise

Grundlage der Koordination mittels Anweisungen waren in den östlichen Zentralverwaltungswirtschaften zentrale Pläne (vgl. zu ausführlicheren Darstellungen z. B. Hensel, 1972/92; Gutmann und Klein, 1984; Peters, 1987/93, S. 183–196). Sie mussten sich notwendig auf abgegrenzte, diskrete Perioden beziehen, obgleich die zeitliche Reichweite der ökonomischen Vorgänge auch bei dieser Art von Koordination sehr unterschiedlich war. Hilfsweise wurde deshalb ein System der Mehrphasenplanung verwendet, d. h., daß Jahrespläne Bestandteile eines fortzuschreibenden Mehrjahresplans waren.

Außerhalb eines Computopia (NEUBERGER, 1966), in dem die rechnerischen Grundlagen für einen allumfassenden zentralen Plan gegeben wären, blieb nur die Erstellung eines nach Produkten ebenso wie nach Vorprodukten und Produktionsfaktoren aggregierten Plangerüstes. Im Hinblick auf die zu befriedigenden Bedürfnisse bedeutete dies, daß – gemessen an ihrer sachlichen und individuellen Vielfalt – nur grobe Prioritäten formuliert werden konnten. In der Praxis zentral geplanter Volkswirtschaften entsprachen sie der mengenmäßigen Zielvorgabe für die Produktion von als vorrangig bewerteten Investitions- und Konsumgütern, ohne daß darin notwendigerweise vordringliche Wünsche der privaten Wirtschaftssubjekte zum Ausdruck kamen. Die Konsistenz dieser begrenzten und aggregierten Zielvorgaben im Hinblick auf die knappen Mittel auch nur näherungsweise herzustellen, erforderte beträchtlichen Informationsbeschaffungs- und Verarbeitungsaufwand.

Grobe Konsistenzprüfung: Mengenbilanzen

Ein wenn auch in verfeinerter Form immer noch verwendetes Instrument zur Konsistenzprüfung stellen Mengenbilanzen dar. Bilanziert wurden die mit Priorität versehenen Gütergruppen und die in sie eingehenden Vorprodukte nach Aufkommen und Verwendung. Das (festzulegende) Aufkommen bestimmte sich nach der inländischen Produktion, den Importen sowie dem möglichen Lagerabbau. Auf der Verwendungsseite konnte nach inländischen Empfängern, Exporten und möglichem Lageraufbau unterschieden werden. Die Erstellung solcher Bilanzen (in der Sowjetunion waren es Mitte der achtziger Jahre z. B. mehr als 50 000, in der DDR immerhin rund 5 000) setzte u. a. Informationen über die verfügbaren Produktionsfaktoren und Produktionsprozesse für die betrachteten Gütergruppen voraus, einschließlich der relevanten Produktionsverflechtungen (Input-Output-Beziehungen). Entsprechend diesen Verflechtungen sind die Mengenbilanzen interdependent. Wenn die (vorläufig) fixierten Bedarfsmengen der mit Priorität versehenen Güter konsistent sein sollten, durften die entsprechend aufbereiteten Mengenbilanzen keine ungeplanten (u. U. nicht realisierbaren) Bestandsveränderungen aufgrund von Abweichungen zwischen Aufkommen und Verwendung aufweisen. Ungeplante Mengen konnten zwei Ursachen haben: eine generelle Über- bzw. Unterschätzung der Produktionsmöglichkeiten der Volkswirtschaft oder partielle Engpässe bzw. Überschüsse. Die erste Ursache würde erfordern, die Bedarfsvorgaben eher generell zurückzunehmen bzw. auszuweiten. Der zweiten wäre u. U. durch substitutive Veränderungen der Bedarfsvorgaben zu begegnen gewesen.

Die Möglichkeiten reiner Mengenrechnung waren jedoch sehr begrenzt. Eine erste Begrenzung ergibt sich, wenn verschiedenartige Produkte und Faktoren aggregiert werden müssen: Dies war häufig nur unter Vernachlässigung wichtiger Eigenschaften möglich und hatte in den zentral geplanten Volkswirtschaften mit zu Fehlentwicklungen beigetragen (z. B. die sogenannte Tonnenideologie bei der gewichtsorientierten Produktionsplanung). Schon aus diesem Grund drängte sich eine Geldrechnung mit Hilfe von Verrechnungspreisen auf. Ferner erlaubte die unumgängliche Konzentration auf Prioritäten nur lückenhafte Anweisungen an die Produktions- und Verteilungs-(Handels-)Betriebe. Wenn der von ihnen zur Planrealisierung zu vereinbarende Leistungsaustausch nicht mit den Unwirtschaftlichkeiten eines Naturaltauschs belastet und noch einigermaßen zentral beeinflußt werden sollte, war auch hierfür eine Geld- und Preisrechnung erforderlich. Auf der Endverbraucherstufe waren Preise und Geldeinkommen schon dann unabdingbar, wenn den Verbrauchern auch nur die freie Wahl zwischen für sie bereitgestellten Gütern zugestanden werden sollte.

Geldrechnung: Funktionsdefizite von Verrechnungspreisen

Mit der Notwendigkeit, die Mengenplanung mit Hilfe einer Geldrechnung zu ergänzen, entstand das Problem der Verrechnungspreise. Im Grunde hätten auch sie Knappheitsindikatoren sein müssen, wenn dem Wirtschaftlichkeitspostulat entsprochen werden sollte. Als Knappheitsindikatoren mussten sie die Opportunitätskosten der jeweiligen von der Planungsinstanz angestrebten Mittelverwendung anzeigen. Diese Kosten waren jedoch nur unter Berücksichtigung der aufgrund der Verwendungskonkurrenz gegebenen Interdependenz aller Allokationsentscheidungen zu ermitteln. Die Aufgabe entsprach bei statischer Betrachtung der Ermittlung eines sozialökonomischen Optimums; die Knappheitsindikatoren wären dabei abzulesen an den Schattenpreisen, die für die einzuhaltenden Nebenbedingungen (die Ressourcen- und Faktorbestände unter Berücksichtigung ihrer produktionstechnischen Transformationsmöglichkeiten) für Millionen von Gütern zu ermitteln wären. Das Informationsbeschaffungs- und verarbeitungsproblem, das sich bei der Mengenrechnung stellte, galt auch für eine zentrale Preisrechnung. Das aus der Arbeitswertlehre von Karl MARX ableitbare Postulat, die Preise hätten sich am Wert eines Gutes und damit an der gesellschaftlich notwendigen Arbeitszeit zu orientieren, half nicht weiter; denn letztlich entscheidet auch die Nachfrage darüber, ob die aufgewendete Arbeitszeit nach Menge, Qualität und Verwendung gesellschaftlich notwendig war. Infolgedessen läßt sich argumentieren (z. B. KNAUFF, 1972, S. 221 f.), daß mit einer Definition von „gesellschaftlich notwendig" im Grunde nur Gleichgewichtspreise vereinbar sind. Sie wären aber simultan für Millionen Güter zu ermitteln, wenn das Preissystem widerspruchsfrei die relativen Knappheiten für eine Planperiode signalisieren soll.

Ergänzung durch Plankennziffern

Schon aus diesen Überlegungen ergab sich, daß Verrechnungspreise einer zentralen Planungsinstanz keine zutreffenden Knappheitssignale sein konnten; erschwerend kommt noch hinzu, daß bei den Überlegungen die wirtschaftliche Dynamik sowie der Zeitbedarf der Planung und der Planrevisionen unberücksichtigt blieben. Von den Preisfunktionen, die Marktpreise zumindest grundsätzlich zu erfüllen vermögen, ließ sich bei zentraler Planung auf der Endverbraucherstufe die Ausgleichs- und Zuteilungsfunktion mit Hilfe von Verrechnungspreisen noch am ehesten wahrnehmen. Aber selbst hier machten sich schon die enormen Schwierigkeiten bemerkbar, die Preise an die sich auch in zentral geplanten Volkswirtschaften ständig und häufig überraschend ändernden Bedingungen anzupassen; der Anpassung selbst stand in Zentralverwaltungswirtschaften das „Primat der Konstanz der Konsumgüterpreise" entgegen. Dementsprechend negativ fielen sowohl die theoretischen (z. B. HAYEK, 1935/2004, 1940) als auch die empirischen Analysen der Funktionsfähigkeit realisierter Verrechnungspreissysteme (z. B. BORNSTEIN, 1962; KNAUFF, 1972; DOBIAS, 1977) aus. Eine in Zentralverwaltungswirtschaften häufig praktizierte Behelfslösung bestand darin, daß vor allem für Engpaßfaktoren und -güter Weltmarktpreise zur Orientierung herangezogen wurden.

Darüber hinaus wurde zur Ressourcenlenkung und Kontrolle eine Vielzahl von Plankennziffern als zusätzliche „ökonomische Hebel" vorgegeben; sie bezogen sich z. B. auf den anzustrebenden produktspezifischen Energieeinsatz, die Arbeitsproduktivität, die Exportquote (vgl. z. B. CORNELSEN u. a., 1984). Allerdings konnten sie schon aus den für die Verrechnungspreise geltenden Gründen noch nicht einmal ein annähernd gleichwertiger Ersatz für eine Wirtschaftlichkeitsrechnung und -kontrolle sein. Sie waren vielmehr geeignet, weitere Inkonsistenzen zu bewirken, da es kaum möglich war, sie konsequent mit den Signalen und Anreizen abzustimmen, die von der Mengenplanung und Geldrechnung ausgingen. Eine solche Mehrfachsteuerung war aufgrund der hohen Komplexität des ökonomischen Geschehens zum Scheitern verurteilt.

Im Hinblick auf die Verwendung von Geld waren zentral geplante Volkswirtschaften keine Geldwirtschaften im strengen Sinne; denn Geld hatte dort im Vergleich zu Marktwirtschaften nur stark eingeschränkte Funktionen. Das bedeutete aber auch, daß auf die Senkung des Informationsaufwands verzichtet wurde, der mit der Verwendung des Mediums Geld in Marktwirtschaften möglich wird. Dementsprechend hoch war der Informationsaufwand, den die Organisation der volkswirtschaftlichen Leistungserstellung und -verwendung in zentral geplanten Volkswirtschaften erforderte. Ferner dürfte bereits deutlich geworden sein, daß das Verhältnis zwischen Informationsaufwand und -ertrag in diesen Volkswirtschaften denkbar ungünstig war.

Defizite von Investitionsentscheidungen und bei Neuerungen

Besondere Schwierigkeiten bereiteten bei plangemäßer Koordination die Investitionsentscheidungen und die Entwicklung von Neuerungen. Die Investitionsentscheidungen setzten voraus, daß eine konsistente Perspektive für den sektoralen und räumlichen Ausbau des Produktionsapparates in Übereinstimmung mit der für die Volkswirtschaft vorzugebenden Akkumulationsrate entwickelt werden konnte. Werden die Schwierigkeiten berücksichtigt, die bereits bei einer Einperiodenplanung mit gegebener Anfangsausstattung bestanden, so bedarf es kaum einer weiteren Begründung dafür, daß diese sich mit der Erweiterung des Planungsproblems um die Entwicklungsperspektive potenzierten. Rentabilitätsrechnungen für die bisherige Kapitalverwendung konnten schon aufgrund der Unzulänglichkeiten des Preissystems keine Hinweise auf gesellschaftlich lohnende Verwendungen zukünftigen Kapitaleinsatzes geben. Eine Selektion von Investitionsvorhaben nach ihrer erwarteten Rentabilität stieß auf kalkulatorische Schwierigkeiten, die aufgrund der unzureichenden Rechenhaftigkeit des Gesamtsystems weit über das hinausgingen, womit auch bei Investitionen in marktmäßig koordinierten Volkswirtschaften aufgrund des Phänomens der Ungewißheit zu rechnen ist. Ferner führte die Inflexibilität bürokratischer Abläufe bei den extrem groß dimensionierten Verwaltungsapparaten in einer Zentralverwaltungswirtschaft in besonderem Maße dazu, daß erkennbare Fehlplanungen nicht oder nur mit großer Verzögerung korrigiert wurden.

Die Entwicklung von Neuerungen wurde in besonderem Maße behindert. Geplante Produkt- und Prozeßinnovationen sind nicht nur ein Widerspruch in sich, da zu ihrer

Planung der Planungsgegenstand als solcher bekannt sein müßte. Vielmehr ergaben sich selbst für vorhandene Neuerungen charakteristische Probleme bei deren Diffusion. Sie musste in Zentralverwaltungswirtschaften wiederum Gegenstand der Planung sein. Eine besondere Initiative zur Einführung von Neuerungen war unabhängig von dem noch zu erläuternden Problem der Leistungsanreize von den Betrieben nicht zu erwarten; denn Neuerungen erforderten Umstellungen und Anpassungen, die nur zu leicht die Erfüllung der laufenden Planvorgaben gefährden konnten. Darüber hinaus führten Neuerungen i. d. R. zu unvorhergesehenen Beschaffungsproblemen, die ihre Einführung und damit verbundene Leistungsverpflichtungen besonders riskant erscheinen ließen. Mangelnde Planbarkeit des schöpferisch Neuen und eine planungsimmanente Orientierung am Bestehenden dürften bedeutsame Innovationshemmnisse in zentral geplanten Volkswirtschaften gewesen sein.

2.2.3 Kontrolle und Sanktion: Leistungserschließung

2.2.3.1 Leistungsanreiz und Selbstinteresse

Die knappen Mittel, mit denen zu wirtschaften ist, werden erst durch menschliche Leistung nutzbar. Wie groß die Knappheit bei gegebenen Bedürfnissen ist, hängt sowohl von der Ausstattung mit natürlichen Ressourcen als auch von der menschlichen Planungs- und Produktionsleistung ab. Menschliche Leistung ist von Leistungsanreizen abhängig. Zu diesen Anreizen dürfte bei Arbeitsteilung vor allem gehören, in welchem Umfang der einzelne für seine Leistung materielle Gegenleistungen erzielen kann, die sich für die Befriedigung seiner Bedürfnisse nutzen lassen; damit sind andere Anreize wie Lob, Achtung, Liebe oder Erfüllung von religiösen Normen (immaterielle Anreize) nicht ausgeschlossen.

All diesen Anreizen dürfte gemeinsam sein, daß die individuelle Reaktion auf sie durch das Eigen- oder Selbstinteresse des Menschen hervorgerufen wird (z. B. RECKTENWALD, 1985; Lord ROBBINS, 1976, S. 33 ff.). Wenn das Selbstinteresse als natürliche, auch empirisch überprüfbare Motivation des Menschen betrachtet wird, wie dies z. B. schon durch Adam SMITH geschah, lassen sich einige Schwierigkeiten vermeiden, die bei diesem Konzept immer wieder auftreten. Sie stellen sich ein, wenn die Motivation nicht von der moralischen Beurteilung der durch sie erklärbaren Handlungen eines Individuums in der Gesellschaft getrennt wird. Dies geschieht z. B., wenn Selbstinteresse in die Nähe von Selbstsucht (Egoismus) gerückt oder gar damit gleichgesetzt wird. Tatsächlich ist Selbstinteresse mit ungehemmter Eigenliebe ebenso vereinbar wie mit tätiger Nächstenliebe.

Ganz unabhängig davon, mit Hilfe welcher moralischer Normen menschliches Verhalten beurteilt wird, dürfte im Hinblick auf die Gesellschafts- und Wirtschaftsordnung ein Wissensproblem bedeutsam sein. Sowohl das Wissen als auch die Interessen des Menschen sind naturbedingt begrenzt. „Die eigentliche Frage ist daher nicht die, ob der Mensch von egoistischen Motiven geleitet ist oder sein soll, sondern ob es zugelassen werden soll, daß er sich in seinen Handlungen von jenen unmittelbaren Wirkungen führen läßt, die er kennen und für die er sorgen kann, oder ob er zu Handlungen gebracht werden soll, die einem anderen angemessen scheinen, von dem angenommen wird, daß er im Besitz eines tieferen Verständnisses der Bedeutung dieser Handlungen für die Gesellschaft als Ganzes ist" (HAYEK, 1948, S. 25 f.). Wird letzteres verneint, weil damit notwendig ein Verlust an individueller Freiheit verbunden wäre, müssen allerdings Mechanismen zur Verhaltenskontrolle entwickelt werden. Ihre Funktion ist es, einer kurzsichtigen Verfolgung des Selbstinteresses entgegenzuwirken, die geeignet wäre, den Bestand einer Gesellschaft zu gefährden, wenn sie zur Maxime des Handelns vieler würde; die Gefährdung beginnt in den Fällen, in denen die Wahrnehmung der Handlungsfreiheit des einen die gleiche Freiheit anderer beschränkt. Vorbeugend und korrigierend wirken in dieser Hinsicht vor allem Institutionen der Moral, Sitten, Konventionen und formales Recht, aber auch aus der Vielfalt menschlicher Regungen das Mitgefühl. Ferner ist insbesondere im Hinblick auf das gesellschaftliche Wirtschaften der Wettbewerb als Kontrollinstrument hervorzuheben.

2.2.3.2 Leistungswettbewerb

Leistung wie Gegenleistung hängen nicht nur von den Leistungsanreizen, sondern auch von den Leistungskontrollen ab. Sie sind für die beiden Koordinationsverfahren unterschiedlich. Bei Koordination durch Vereinbarung suchen sich die Tauschpartner i. d. R. gegenseitig zu kontrollieren. Ihre Kontrollmöglichkeiten hängen nicht zuletzt davon ab, in welchem Maße sie ein gemachtes Tauschangebot mit dem anderer möglicher Tauschpartner vergleichen und darauf ausweichen können. Das setzt Informationen über derartige Substitutionsmöglichkeiten voraus. Die Chance bzw. das Risiko, durch Substitutionsvorgänge begünstigt bzw. benachteiligt zu werden, kann sich zugleich als Anreiz zur Leistungssteigerung auswirken. Leistungskontrollen und Anreize zur Leistungssteigerung sind hinsichtlich der Effizienz marktmäßiger Koordination ein Problem des Leistungswettbewerbs. Wettbewerb i. d. S. besteht in dem gleichgerichteten (auf die Marktgegenseite bezogenen) Bemühen der Anbieter einerseits und der Nachfrager andererseits, ihren individuellen Vorteil zu suchen. Bei Leistungswettbewerb hängt der Erfolg eines Marktteilnehmers von dem Leistungsvorsprung ab, den er vorübergehend gegenüber seinen Mitbewerbern gewinnen kann, ehe diese ihn durch eigene Leistungssteigerungen ein- oder überholen.

Für die Produzenten als Anbieter bedeutet Leistungswettbewerb, daß Gewinn i. S. v. Leistungsprämien nur erzielen kann (GIERSCH, 1964, S. 68),

- wer flexibel genug ist, Faktoren von dort abzuziehen, wo sie nach dem erzielbaren Preis eher entbehrlich werden (verlustbringend sein können), und sie dort anbietet, wo die relativen Preise eine Verknappung signalisieren;
- wem es gelingt, Produktionsmittel bei gleicher Ausbringung einzusparen und auf diese Weise dazu beizutragen, durch Vergrößerung der Produktionsmöglichkeiten die Knappheit zu verringern;
- wem es gelingt, bessere Qualitäten oder neue Güter oder beides zu entwickeln, für die eine kaufkräftige Nachfrage besteht oder geschaffen werden kann.

Dementsprechend können zwei Arten von Wettbewerbsprozessen unterschieden werden (ARNDT, 1976, S. 19 ff.):

- Anpassungswettbewerb (charakterisiert durch die erstgenannte Möglichkeit), der auf einen Ausgleich von Knappheitsunterschieden hinwirkt;

- Entwicklungswettbewerb (charakterisiert durch die zweite und dritte Möglichkeit), der Neuerungen i. S. v. Prozeß- und Produktinnovationen hervorzubringen vermag.

Wer den beschriebenen Anforderungen des Wettbewerbs nicht gewachsen ist, erzielt keinen oder nur unzureichenden Unternehmerlohn und keinen Gewinn. Er wird auf diese Weise zum Ausscheiden veranlaßt. Hierin besteht die negative Sanktion, mit der diejenigen bedroht werden, denen die Produktionsentscheidungen übertragen sind, sowie diejenigen, die über Eigentum an sachlichen Produktionsmitteln und vermögenswerten Rechten verfügen. Knappheits- bzw. Entwicklungsgewinne dürfen aber auch nicht zu dauerhaften Renten werden; denn dann verlieren sie die Funktion, erneute Leistungssteigerungen zu bewirken. Dieser Anreiz bleibt bei Leistungswettbewerb erhalten, weil Gewinne Konkurrenzangebot anzulocken vermögen. Mit dem Konkurrenzangebot und dem daraus resultierenden Preisdruck werden die Knappheits- bzw. Entwicklungsgewinne eliminiert und können nur durch erneute Anstrengungen wieder erwirtschaftet werden. Da der Preisdruck und die damit verbesserte Versorgungsmöglichkeit den Konsumenten nützt, erfüllt der Wettbewerb hinsichtlich der Knappheits- bzw. Entwicklungsgewinne eine „Sozialisierungsfunktion" (ARNDT, 1976, S. 72).

Auch von dem Entscheidungsrecht über das eigene Arbeitsangebot kann nicht Gebrauch gemacht werden, ohne das Risiko negativer Sanktionen einzugehen. Wie die Nachfrage nach anderen Produktionsfaktoren ist auch die Nachfrage nach Arbeit eine von den Konsumentenentscheidungen abgeleitete Nachfrage und daher deren Wandel unterworfen. Hinzu kommt allerdings, daß der Anbieter von Arbeit von den Sanktionen mitbedroht wird, denen sich der Unternehmer als Produzent, Kapitaleigentümer, aber auch als Schuldner gegenübersieht. Im übrigen und ähnlich wie bei den Produzenten entscheidet auf einem unregulierten Arbeitsmarkt der Wettbewerb zwischen den Anbietern von Arbeitsleistungen über ihre individuelle Entlohnung und deren Änderung.

Für die Nachfrager nach Gütern bemißt sich deren Leistungsentgelt danach, wie sehr sie sich als Kontrolleure der Anbieter betätigen. Sie handeln als Kontrolleure, wenn sie Leistungsunterschiede zwischen Anbietern ausfindig machen und nutzen. Im Falle des Endverbrauchers besteht das Entgelt in entsprechend verbesserten Konsummöglichkeiten, wenn er unter Berücksichtigung seines Suchaufwands insgesamt für seine eigenen Leistungen (Konsumausgaben) mehr an Gegenleistungen erzielt als ohne derartigen Aufwand. Für Produzenten als Nachfrager nach Vorleistungen besteht das Entgelt in Kostensenkungseffekten und damit einer Verbesserung der Wettbewerbsposition.

Eine entscheidende Rolle kommt bei den geschilderten Wettbewerbsvorgängen den Preisen zu. An ihnen orientieren sich letztlich die Wettbewerbshandlungen, von denen wiederum die Funktionsfähigkeit des Preismechanismus abhängt. Bei solchen preisgesteuerten Wettbewerbsprozessen erfolgt die Steuerung nicht durch einfache Anpassung an Preise, die einen Zustand perfekter Koordination – ein allgemeines Gleichgewicht – signalisieren. Vielmehr werden Marktteilnehmer gerade dann mit Prämien belohnt, wenn sie Ertragschancen in den Preisen aufspüren und durch Transaktionen zu nutzen suchen. Ferner können sie durch Innovationen auch zum Entstehen völlig neuer Preise beitragen. So gesehen ist der permanente Handel zu subjektiv als „falsch" beurteilten Preisen kennzeichnend für die marktmäßige Koordination einer evolutorischen Wirtschaft. Von den Gewinnchancen und Verlustandrohungen, die die Marktteilnehmer aus den identifizierten Preisen herauslesen, geht die leistungserschließende Wirkung aus. Die Verwertung einer Gewinnchance setzt stets voraus, daß ein Gut bzw. die sich darauf beziehenden Handlungsrechte als durch den Markt unterbewertet erkannt werden. Die Unterbewertung bemißt sich entweder nach dem, was der die Chance Vermutende weiß (im Falle reiner Arbitrage), oder danach, was er erwartet, selbst mit dem Gut bzw. der Wahrnehmung der entsprechenden Handlungsrechte erzielen zu können (hierzu z. B. KIRZNER, 1986, S. 100 ff.). Infolgedessen sind preisgesteuerte Wettbewerbsprozesse grundsätzlich nicht mit Hilfe von Gleichgewichtsmodellen abbildbar oder auch nur approximierbar (hierzu z. B. RÖPKE, 1980, S. 145 ff.; STREISSLER, 1980, S. 54 ff.). Da die Koordination permanent ist und auf Transaktionen beruht, die durch ein sich ständig änderndes Wissen der Marktteilnehmer induziert werden, können die Preise auch nicht Ungleichgewichtspreise sein. Weil Ungleichgewichtspreise lediglich als Abweichungen vom Fixpunkt eines Gleichgewichts interpretierbar sind, an den sich die Marktteilnehmer probierend und korrigierend herantasten könnten, würde mit einer derartigen Betrachtung das Problem ebenfalls unzulässig vereinfacht; denn es wäre für die Marktteilnehmer nur noch erforderlich, eine stationäre ökonomische Welt kennenzulernen, die durch das einem externen Betrachter bekannte, allgemeine Gleichgewicht vorgegeben ist. Demgegenüber bewirken preisgesteuerte Wettbewerbsprozesse keine einfache Anpassung an eine gegebene ökonomische Welt, sondern sie tragen zugleich zu deren Veränderung bei, indem sie zu neuen Marktleistungen anspornen.

2.2.3.3 Leistungserschließende Planung

Bei Koordination durch Anweisung dient die Überprüfung der Weisungsempfänger auf Einhaltung von Leistungsvorgaben als Kontrollinstrument. Die Lösung dieses Prinizipal-Agentproblems setzt jedoch Informationen über das Leistungsvermögen der Weisungsempfänger (z. B. der Produktionsstätten) voraus, über die am ehesten diese selbst verfügen und nicht der Weisungsbefugte. Es handelt sich um ein Problem asymmetrischer Information. Das Problem wird eher noch größer, wenn außerdem Anreize zur Leistungssteigerung gegeben werden sollen. Als praktische Möglichkeit kommt in Betracht, an Über- bzw. Unterschreitungen der Leistungsvorgaben Prämien bzw. Abzüge für die Weisungsempfänger zu knüpfen. Soweit die Informationen über das Leistungsvermögen von den Weisungsempfängern selbst kommen müssen, dürften diese ein Interesse an relativ leicht erfüllbaren Vorgaben haben; denn auf diese Weise ist es für sie möglich, zwischen geringeren Anstrengungen und Leistungssteigerungen mit Einkommenszuwachs zu wählen. Allerdings hätten sie eher mit temporären Prämien zu rechnen, da Leistungssteigerungen von dem Entscheidungsträger als Indiz für ein Leistungsvermögen interpretiert werden kann, das bislang durch Leistungsvorgaben unausgeschöpft blieb. Für die mit derartigen Überlegungen begründbare Tendenz zu Verhaltensweisen von Weisungsempfängern, die einer Leistungssteigerung entgegenwirken, lassen sich für Volkswirtschaften, in denen die Koordination durch Anweisung vorherrscht, empirische Belege anführen (z. B. HENSEL, 1972/92, S. 133 ff.). In solchen zentral geplanten Volkswirtschaften bestand demnach neben den Schwierigkeiten konsistenter Planung das Problem einer leistungserschließenden Planung.

Dieses Problem vergrößert sich noch, wenn berücksichtigt wird, daß auch zentral geplante Volkswirtschaften ohne unternehmerische Leistungen nicht auskommen, wenn sie sich weiterentwickeln sollen. Auch in diesen Volkswirtschaften ging es nicht nur um statische Effizienz, d. h. um eine bestmögliche Nutzung gegebener Ressourcen für vorgegebene Zwecke. Vielmehr war zugleich das Entwicklungsproblem zu lösen, d. h. die Suche nach neuen Ressourcen, ressourcensparenden Transformationsmöglichkeiten und verfolgenswerten Zwecken sowie deren gütermäßige Umsetzung mußte verlustarm initiiert werden. Diese Suche und die Umsetzung ihrer Ergebnisse ist jedoch wenig planbar, da Planung die Kenntnis der zu realisierenden Handlungsergebnisse voraussetzt.

Dennoch muß der Neuerungsprozeß organisiert, Unplanbares geplant werden. In realen Zentralverwaltungswirtschaften wurde dies vor allem dadurch versucht, daß Betrieben, Betriebszusammenschlüssen (Kombinaten) und Forschungseinrichtungen (1) problemorientierte Entwicklungsaufträge entgeltlich erteilt, (2) Möglichkeiten für eigenständige Entwicklungen eingeräumt und im Erfolgsfalle prämiert sowie (3) Rationalisierung und Qualitätsverbesserung durch Vorgaben von Kennziffern auferlegt wurden (hierzu z. B. LEIPOLD, 1983, S. 118 ff.). Der Erfolg solcher Versuche wurde zunächst einmal durch die generellen Schwierigkeiten einer ökonomischen Erfolgskontrolle in Frage gestellt. Sie ergaben sich aus der unzulänglichen Rechenhaftigkeit, die für diesen Wirtschaftsordnungstyp schon für die Organisation des Bekannten charakteristisch ist. Wie sollten Neuerungen bewertet werden, wenn schon für das Bekannte keine Opportunitätskosten angebbar sind? Wonach sollten Erfolgsprämien für Neuerungen bemessen werden? Wie sollte die Vorgabe von Rationalisierungs- und Qualitätskennziffern festgelegt werden, wenn die Schwierigkeiten der bereits erörterten asymmetrischen Information bestehen und wenn die relative Dringlichkeit von Verbesserungen kaum angebbar ist? Die Schwierigkeiten bei der Beantwortung dieser Fragen verdeutlichen zugleich die Problemlösungskapazität der ordnungstheoretischen Alternative, d. h. der preisgesteuerten Wettbewerbsprozesse: Durch sie wird in einer marktmäßig koordinierten Volkswirtschaft auch ermittelt, was als ökonomisch relevante Neuerung gilt und wieviel sie den arbeitsteilig Wirtschaftenden wert ist.

In preisgesteuerten Wettbewerbsprozessen werden nicht nur Neuerungen selektiert, sondern werden auch der Zugang und das Ausscheiden unternehmerischer Persönlichkeiten geregelt. In zentral geplanten Volkswirtschaften ist die Auswahl solcher Persönlichkeiten auf allen Ebenen des volkswirtschaftlichen Leistungsprozesses zu organisieren. Würde aber mangels Auswahlmöglichkeiten unternehmerisches Handeln mit entsprechender Aussicht auf Erfolgsprämien allen erlaubt, wären die Organisation der Wirtschaftsprozesse und ihre Ziele – insbesondere die Kontrolle über die Verteilung – nicht aufrechtzuerhalten (vgl. z. B. KIRZNER, 1983, S. 218 ff.).

Schwierigkeiten der Leistungserschließung gab bzw. gibt es nicht nur aus der Sicht der Planungs- und Kontrollinstanzen. Zu fragen ist auch, wie stark deren eigene Anreize zur Aufgabenerfüllung sind. Für ihre materielle Interessiertheit dürften die handlungsrechtlichen Voraussetzungen von zentraler Bedeutung sein. Sie sind dadurch gekennzeichnet, daß den Instanzen zwar die Verfügungsrechte über das Gemeineigentum übertragen sind; dazu gehört nicht nur die Planungskompetenz, sondern auch die Plandurchsetzung einschließlich der Kontrolle und Sanktionierung. Im Hinblick auf die Nutzungsrechte gilt jedoch abweichend vom Privateigentum, daß die Planträger und Kontrollinstanzen nicht in der Lage sind, sich die Erfolge ihrer Bemühungen um Leistungserschließung in Form von Wert- und Ertragssteigerungen der von ihnen kontrollierten Produktionseinheiten anzueignen. Diese „divergente Rechtsausstattung" (LEIPOLD, 1983, S. 119, 124) bedeutet, daß dem administrativen Aufwand kein unmittelbar persönlich zurechenbarer Ertrag gegenübersteht. Vielmehr kommt dieser der breiten Öffentlichkeit z. B. in Form einer besseren Versorgung oder einer geringeren Abgabenlast zugute.

Allokationstheoretisch hat die Leistung der Planungs- und Kontrolladministratoren die für Kollektivgüter typischen Eigenschaften. Dementsprechend ist auch mit negativen Effizienzfolgen zu rechnen; dazu gehören - wie noch generell im dritten Kapitel darzulegen sein wird - Unterversorgung infolge unzureichender Aufgabenerfüllung und Schwarzfahrerverhalten in der bürokratischen Organisation. Ferner dürften mit dem eigentlichen Mandat der Administration selbstgesetzte Ziele - ihr bürokratisches Eigeninteresse - konkurrieren. Da ihre Leistung nicht bewertbar ist, kommt ihre Bedeutung oder ihr Sozialprestige auch in der Zahl der unmittelbar Untergebenen und in der Größe des verwalteten Budgets zum Ausdruck. Die für Administrationen in Staat und Unternehmen marktmäßig koordinierter Volkswirtschaften entwickelte ökonomische Theorie der Bürokratie (vgl. die Pionierarbeiten von DOWNS, 1967/94; NISKANEN, 1971/74 sowie, orientiert an der administrativen Praxis in Westeuropa, PEACOCK, 1978) läßt sich ohne weiteres anwenden. Danach kann vermutet werden, daß den Planungs- und Kontrollinstanzen viel an Aufwandssteigerung gelegen ist, die sich mit Ausweitung ihres individuellen Aufgabenbereichs legitimieren läßt, nicht jedoch an korrespondierenden Leistungssteigerungen. Der in zentral geplanten Volkswirtschaften häufig beklagte Kompetenzwirrwarr und die bürokratische Kopflastigkeit dürften sich zu einem beträchtlichen Teil auf diese Weise erklären lassen.

2.3 Typen von Wirtschaftsordnungen

2.3.1 Koordinationsbezogene Grundformen

Die Bildung von Typen von Wirtschaftsordnungen ist kein Versuch, tatsächlich vorgefundene Ordnungen vollständig zu beschreiben, sondern Ergebnis einer mehr oder weniger weitreichenden Abstraktion. Sie wird benutzt, um die Vielfalt möglicher Ordnungen zu klassifizieren. Mit zunehmender Zahl der zur Klassifikation verwendeten Merkmale nimmt der Abstraktionsgrad i. d. R. ab. Typisierung, die als analytisches Instrument vor allem von Walter EUCKEN (z. B. 1940/90) in die Ordnungstheorie eingebracht wurde, kann nützlich sein, um Zusammenhänge vorzuklären. Von ihr wird vermutet, daß sie einer Erklärung realer Phänomene dienlich ist. Eine Typisierung soll es erleichtern, die Frage zu beantworten, auf welche Weise das gesellschaftliche Wirtschaften durch die Regeln geprägt wird, die in der Wirtschaftsordnung zusammengefaßt werden. Das mit der Typisierung verknüpfte Erkenntnisinteresse gilt also letztlich der Beziehung zwischen Wirtschaftsordnung und Wirtschaftsablauf.

Die Gesamtheit von Wirtschaftsordnung und Wirtschaftsablauf, so wie dieser von den Wirtschaftssubjekten aufgrund ihrer Verhaltensweisen und Ausstattungen erzeugt wird, stellt aus der Sicht der Systemtheorie ein soziales System - ein Wirtschaftssystem - dar (vgl. hierzu z. B. LEIPOLD, 1988, S. 8 ff.). Insofern kann das mit der Typisierung verfolgte Ziel auch als systemtheoretisch charakterisiert werden. Dabei stehen für die Typisierung mögliche Antworten auf die Ordnungsfragen und ihre rechtlichen bzw. institutionellen Implikationen im Vordergrund.

Mit Hilfe der Planungsbefugnis - der Kompetenz - als Unterscheidungsmerkmal wurden bereits im ersten Kapitel zwei Extremtypen oder Elementarfälle herausgestellt: die total dezentral und die total zentral geplante Wirtschaft. Als charakteristische Koordinationsform ergab sich beim ersten Typ die marktmäßige Koordination durch Vereinbarung als Folge des notwendigen Leistungsaustauschs zwischen rechtlich selbständigen Planträgern. Beim zweiten Typ erfolgt die Koordination auf dem Wege der Anweisung durch eine Wirtschaftsverwaltung, was zwischen dieser und den Weisungsempfängern (Wirtschaftseinheiten) Subordinationsbeziehungen voraussetzt. Extremtypen sind es deshalb, weil nur ein Merkmal in seiner jeweiligen Ausprägung als gegeben unterstellt wird. Im konkreten Fall werden mit dem Koordinationsverfahren als einzigem Merkmal einander ausschließende (kontradiktorische) Typen definiert; als Koordinationsverfahren gibt es entweder nur die Vereinbarung oder die Anweisung. Auf diese Weise entstehen, losgelöst von der Realität, Grundformen. Sie stellen extreme Möglichkeiten des Denkens in Modellen dar und grenzen auf diese Weise das Typenspektrum ein.

2.3.2 Staatliche Aktivität als Ordnungsmerkmal

Bereits zu Beginn dieses Kapitels wurde dargelegt, daß auch die marktmäßige Koordination organisationsgestützt ist. Sie bedarf einer Organisation - des Staates -, die die Durchsetzung der Ordnungsregeln (Institutionen) gewährleistet. Wird die staatliche Aktivität als Ordnungsmerkmal mit herangezogen, so können zunächst einmal zwei weitere Ordnungstypen unterschieden werden:

- eine reine Marktwirtschaft, in der das Wirtschaftsgeschehen weitgehend nach privaten Wirtschaftsplänen gestaltet wird, also die staatliche Einflußnahme von untergeordneter Bedeutung ist.
- eine Zentralverwaltungswirtschaft, in der das Wirtschaftsgeschehen weitgehend nach einem zentralen Plan gestaltet wird, also die privaten Gestaltungsmöglichkeiten von untergeordneter Bedeutung sind.

Die reine Marktwirtschaft

Für die reine Marktwirtschaft ist zu klären, worin die im Vergleich zur privaten Wirtschaftsgestaltung untergeordnete Bedeutung staatlicher Einflußnahme auf das Wirtschaftsgeschehen bestehen könnte. Eine Antwort wurde bereits gegeben. Erforderlich ist zumindest ein rechtlicher Rahmen sowie staatliche Betätigung, die darauf gerichtet ist, diesem Rahmen Geltung zu verschaffen. Darüber hinaus kann staatliche Aktivität im Bereich der Wirtschaft darin bestehen, eine Versorgung mit Kollektivgütern zu gewährleisten. Ferner wäre es staatliche Aufgabe, den Wettbewerb vor Beschränkungen durch die privaten Wirtschaftssubjekte zu schützen. Entscheidend ist jedoch, daß die Beantwortung der ökonomischen Grundfragen in all den Fällen privaten Entscheidungsträgern überlassen bleibt, wo dies möglich ist. Wirtschaftspolitik gibt es lediglich insofern, als die zuvor genannten Mindestvoraussetzungen für das Funktionieren dieses Ordnungstyps zu schaffen sind. Auf keinen Fall ist wirtschaftspolitisches Handeln darauf gerichtet, durch Interventionen spezifische Marktergebnisse zu begünstigen oder gar herbeizuführen. Insofern kann die reine Marktwirtschaft auch als interventionsfrei charakterisiert werden.

Staatsrechtlich betrachtet kommt diesem Typ wohl der Rechtsstaat am nächsten. Im Extremfall würde der Staat auf die Aufgabe beschränkt, Rechtsschutz im Innern und nach außen zu gewähren. Ein solcher beschützender Minimalstaat entspräche am ehesten demjenigen, den Ferdinand LASSALLE als „Nachtwächterstaat" bezeichnete. Dieser Minimalstaat hätte jedoch beträchtlich weniger Aufgaben zu erfüllen als diejenigen, die Adam SMITH hervorhob (hierzu z. B. TUCHTFELDT, 1976; WILLE und GLÄSER, 1977). So unterscheidet SMITH (1776/2003, S. 582) drei staatliche Aufgaben: „Erstens die Pflicht, das Land gegen Gewalttätigkeit und Angriff anderer unabhängiger Staaten zu schützen; zweitens die Aufgabe, jedes Mitglied der Gesellschaft soweit wie möglich vor Ungerechtigkeit oder Unterdrückung durch einen Mitbürger in Schutz zu nehmen oder ein zuverlässiges Justizwesen einzurichten; und drittens die Pflicht, bestimmte öffentliche Anstalten und Einrichtungen zu gründen und zu unterhalten, die ein einzelner oder eine kleine Gruppe aus eigenem Interesse nicht betreiben kann, weil der Gewinn ihre Kosten niemals decken könnte, obwohl er häufig höher sein mag als die Kosten für das Gemeinwesen." Von den sonstigen staatlichen Aktivitäten in wirtschaftspolitischer Absicht, die SMITH diskutiert und befürwortet, ist vor allem die Wettbewerbspolitik zu nennen; hier dominiert seine Empfehlung, eine Politik der Marktöffnung durch Beseitigung von Zugangsbeschränkungen zu betreiben. Das bedeutete für SMITH in der damaligen historischen Situation Abschaffung der Zünfte, Aufhebung staatlicher Handelsprivilegien und Vermeidung einer Gesetzgebung mit wettbewerbsbeschränkenden Nebenwirkungen. Deshalb dürften die auch heute noch gepflegten Vorurteile gegenüber SMITH bestenfalls als Mißverständnis seiner kenntnisreichen und unerbittlichen Kritik des willkürlichen Interventionismus zu verstehen sein, wie er für den merkantilistischen Staat und seine Verwaltung typisch war.

Knapp, aber zutreffend dürfte Milton FRIEDMAN (1962/2002, S. 34) die zentralen Aufgaben eines Staates in der reinen oder interventionsfreien Marktwirtschaft definiert haben: „Ein Staat, der Recht und Ordnung aufrechterhielte, Eigentumsrechte definierte, als Medium diente, über welches wir Eigentumsrechte und andere Regeln des ökonomischen Spiels ändern könnten, Streitigkeiten über die Interpretation der Regeln entschied, die Erfüllung von Verträgen durchsetzte, den Wettbewerb förderte, eine Währungsverfassung bereitstellte, Aktivitäten entfaltete, um technischen Monopolen entgegenzuwirken und solche Nachbarschaftseffekte zu bewältigen, die weithin als hinreichend wichtig erachtet werden, um staatliche Intervention zu rechtfertigen, und der die private Wohltätigkeit ebenso ergänzte wie die private Familie bei dem Bemühen, den Unmündigen, ob geistig Behinderten oder Kind, zu schützen – solch ein Staat hätte eindeutig wichtige Funktionen zu erfüllen."

Historisch gesehen ist es schwer, Fälle zu identifizieren, die einer dem Typ der reinen Marktwirtschaft entsprechenden Wirtschaftsordnung in jeder Hinsicht hinreichend nahekommen. Am ehesten dürften diesem Typ das durch die industrielle Revolution geprägte England sowie die Vereinigten Staaten während des halben Jahrhunderts vor dem Ersten Weltkrieg entsprochen haben.

Die Zentralverwaltungswirtschaft

Während bei der reinen Marktwirtschaft die Einflußnahme des Staates in wirtschaftspolitischer Absicht minimal ist, dominiert sie in der Zentralverwaltungswirtschaft. Von dem Extremtyp der total geplanten Wirtschaft ausgehend, besteht wohl die bescheidenste Modifikation (vgl. hierzu EUCKEN, 1940/90, S. 80 ff.) darin, den Tausch zugeteilter Güter unter den Verbrauchern zuzulassen (freier Konsumtausch). Das beinhaltet eine vernachlässigbare Kompetenzabtretung für die zentrale Planungsinstanz insofern, als damit für sie kein zusätzliches Koordinationsproblem verbunden ist. Allerdings können schon in diesem Fall ungewollte Verteilungswirkungen aus dem Naturaltausch der Verbraucher resultieren.

Die Einräumung freier Konsumwahl hat im Unterschied zum erlaubten Tausch von Zugeteiltem zwischen den privaten Wirtschaftssubjekten bereits Folgen für die gesamtwirtschaftliche Koordination. Zunächst erfordert sie, daß den Privaten beliebig verwendbare Bezugsrechte eingeräumt werden müssen. Damit die Konsumenten über deren Verwendung disponieren können, wird die Auszeichnung aller Güter mit Preisen erforderlich. Soll die Produktionsstruktur auch weiterhin durch die Zentralinstanz autonom festgelegt werden, müßten bei davon abweichenden Konsumentenwünschen die Preise in einem Revisionsverfahren so variiert werden, daß weder Warteschlangen bei den privaten Nachfragern noch unfreiwillige Absatzläger bei den staatlichen Anbietern entstehen.

Soll die Versorgung im Zeitablauf völlig unter staatlicher Kontrolle bleiben, muß private Ersparnisbildung verhindert werden, indem die Gültigkeit der Bezugsrechte auf eine Periode beschränkt wird. Wird dagegen private Ersparnisbildung zugelassen, so müssen hinsichtlich Umfang, Spardauer und Anlage der Ersparnisse Vorkehrungen getroffen werden. Soll die Produktionsstruktur auch weiterhin ausschließlich Gegenstand staatlicher Entscheidungen bleiben, können lediglich Geldkapitalbildung und private Lagerhaltung (Horten) zugelassen werden. Umfang und zeitliche Struktur der Geldkapitalbildung müßten durch materielle Anreize (Zinssätze) gelenkt werden, wenn das Ausmaß unvorhersehbarer Änderungen in der Endnachfrage klein gehalten werden soll. Private Lagerhaltung könnte einerseits die intertemporale Allokation verbessern helfen, bewirkte aber andererseits auch ungeplante Veränderungen der Einkommensverteilung.

Würde die Wahl des Berufes und des Arbeitsplatzes den Individuen überlassen, wäre die geplante Produktionsstruktur nur realisierbar, wenn die Wahl durch ein System von Anreizen entsprechend den Produktionszielen beeinflußbar ist. Materielle Anreize haben aber die Nebenwirkung, daß daraus resultierende Änderungen der Einkommensverteilung hingenommen werden müssen. Ferner bliebe als Folge davon die Nachfragestruktur auf den Konsumgütermärkten wahrscheinlich nicht unverändert, was auch dort Korrekturbedarf entstehen ließe.

Schon die wenigen Beispiele legen den Schluß nahe, daß der Spielraum für Kompetenzabtretungen gering ist, wenn das Wirtschaftsgeschehen weitgehend nach einem zentralen Plan gelenkt werden soll. Kompetenzabtretungen bei der Beantwortung einzelner Grundfragen haben wegen der Interdependenz aller Grundfragen für die zentrale Planung Nebenwirkungen, die von der Planungsinstanz nicht vernachlässigt werden können. Ferner muß dort, wo auf Anweisung verzichtet wird, zu marktähnlicher Koordination übergegangen werden; diese ist jedoch ebenfalls nicht folgenlos, vor allem für die Beantwortung der Verteilungsfrage.

Staatsrechtlich dürfte der Zentralverwaltungswirtschaft der totalitäre Staat um so mehr entsprechen, je mehr die Staatsorgane versuchen, das gesellschaftliche Leben auch über das Wirtschaften hinaus zu durchdringen und zu formen. Historisch betrachtet kam ihm sowohl hinsichtlich der Wirtschaftsordnung als auch des staatlichen Zugriffs auf das gesellschaftliche Leben die Sowjetunion zur Zeit Stalins besonders nahe. Im übrigen liefert die sowjetische Wirtschaftsentwicklung auch Anschauungsmaterial für die zuvor skizzierten Probleme, die sich ergeben, sobald über die freie Konsumwahl hinaus von der Zentralinstanz Kompetenz abgetreten wird. Ähnliche Beobachtungen lassen sich in den übrigen zentralgelenkten Volkswirtschaften machen, die im Rat für Gegenseitige Wirtschaftshilfe (RGW) kooperieren wollten und für die die sowjetische Wirtschaftsordnung eine Art Prototyp wurde.

Die gelenkte Marktwirtschaft

Zwischen reiner Marktwirtschaft und Zentralverwaltungswirtschaft ist noch ein weiterer Ordnungstyp lokalisierbar, mit dem charakteristische Merkmale westlicher, industrialisierter Länder wie etwa der Bundesrepublik Deutschland oder den USA erfaßt werden können: die gelenkte Marktwirtschaft. Sie unterscheidet sich von den beiden übrigen Typen wiederum durch die Art, wie versucht wird, mit staatlicher Wirtschaftspolitik das Wirtschaftsgeschehen zu beeinflußen. Im Falle der reinen Marktwirtschaft wird das Wirtschaften nach den Zielen der privaten Wirtschaftseinheiten im wesentlichen nicht als korrekturbedürftig angesehen. Ziel staatlicher Wirtschaftspolitik ist es primär, den Ordnungsrahmen zu schaffen und zu sichern, innerhalb dessen die Wirtschaftssubjekte möglichst ungehindert ihre individuellen Interessen nach den Regeln des Privatrechts verfolgen sollen. Im Falle der Zentralverwaltungswirtschaft ist das Wirtschaftsgeschehen nahezu ausschließlich einer Gestaltung nach den Zielen der staatlichen Wirtschaftspolitik durch Wahrnehmung von Autoritäts- und Zwangsrechten unterworfen.

Die gelenkte Marktwirtschaft ist insofern zwischen diesen beiden Typen angesiedelt, als einerseits den privaten Wirtschaftseinheiten weitgehende Planungsbefugnis zugestanden wird; dementsprechend dominiert eine marktmäßige Koordination. Andererseits wird jedoch versucht, auf den marktwirtschaftlichen Prozeß lenkend Einfluß zu nehmen. Das geschieht in der Absicht, seine Ergebnisse mit Erfordernissen in Übereinstimmung zu bringen, die aus dem Prinzip der Sozialstaatlichkeit abgeleitet werden. Die Interpretation des Prinzips der Sozialstaatlichkeit erfolgt im politischen Willensbildungsprozeß und orientiert sich an Vorstellungen über den materiellen Inhalt der Grundwerte Gerechtigkeit und Sicherheit, die mit dem Adjektiv „sozial" bekräftigt werden. Ökonomisch führt dies zu einer Expansion der Staatstätigkeit. Mit wachsendem Staatsanteil gewinnt für die Volkswirtschaft insgesamt die Qualität der Koordination durch Anweisung im staatlichen Sektor an Bedeutung. Die gelenkte Marktwirtschaft ist somit hinsichtlich der Koordinationsverfahren in spezifischer Weise dualistisch. Zu der marktmäßigen Koordination der einzelwirtschaftlichen Planungseinheiten des privaten Sektors kommt die verwaltungswirtschaftliche Koordination durch Anweisung im staatlichen Sektor. Ferner sind beide Sektoren durch wirtschaftspolitische Lenkungsmaßnahmen vielfältig miteinander verknüpft.

2.3.3 Typologische Ergänzungen

Die bisher erörterten Typen können hinsichtlich ihrer Merkmale zunächst einmal um die Verteilung von Handlungs- oder Eigentumsrechten an Produktionsmitteln (Kapital und Boden) ergänzt werden. Das liegt schon deshalb nahe, weil diese Rechte häufig als Ausgangspunkt für eine andere Typenbildung gewählt werden. Je nachdem, ob privates Eigentum an Produktionsmitteln oder Kollektiveigentum dominiert, gilt die Wirtschaftsordnung als kapitalistisch oder als sozialistisch.

Abgesehen davon, daß diese Unterscheidung Kristallisationspunkt für Weltanschauungen ist, kommt ihr eine funktionale Bedeutung zu; denn mit dem Eigentum an Produktionsmitteln können – wie zuvor in diesem Kapitel dargelegt – Planungsbefugnis gekoppelt und Verantwortlichkeit definiert werden. Planungsbefugnis erfordert die Einräumung entsprechender Verfügungs- und Nutzungsrechte. Für die Marktwirtschaft impliziert dies Privateigentum und die rechtliche Möglichkeit jedes einzelnen, am Tauschverkehr durch autonom schließbare Verträge (Vertragsfreiheit) teilzunehmen. Die daraus erwachsenden Chancen und Risiken, individuelle Interessen zu verfolgen und eigenverantwortlich zu handeln, liefern einen Leistungsanreiz, der zur Milderung der Knappheit genutzt werden kann.

Der Zentralverwaltungswirtschaft entspricht es, lediglich Kollektiveigentum an Produktionsmitteln zuzulassen. Während in der Marktwirtschaft die ökonomische Grundfrage nach dem „Für wen" danach entschieden wird, was der einzelne aufgrund von Leistungsabgaben der in seinem Eigentum befindlichen Produktionsfaktoren aus Selbstverwendung und Tausch erzielt, bleibt die Verteilungsfrage in der Zentralverwaltungswirtschaft offen; sie wird nicht automatisch im Zuge des Wirtschaftsablaufs beantwortet, sondern diskretionär durch die zentrale Planungsinstanz. Offen bleibt ferner das Problem der Leistungsanreize; wird auf materielle Anreize verzichtet, muß auf ideelle Motivation gesetzt werden.

Werden Eigentumsrechte als weiteres Merkmal zur Typisierung herangezogen, so ergibt sich ein immer noch einfaches Schema von Wirtschaftsordnungstypen (Abb. 2.1).

Es enthält folgende Bereiche von Merkmalskombinationen (in Anlehnung an KLOTEN, 1955, S. 135 ff.):

- die beiden Extremtypen total dezentral und total zentral geplante Wirtschaft, in denen entweder nur Individual- oder nur Kollektiveigentum möglich ist;

- die Typen reine Marktwirtschaft, gelenkte Marktwirtschaft und Zentralverwaltungswirtschaft, bei denen die eine oder andere Eigentumsart dominiert;
- Merkmalskombinationen, die keine empirische Bedeutung haben und aus ordnungstheoretischer Sicht große Funktionsdefizite aufweisen;
- Übergangszonen, die Merkmalskombinationen enthalten, die keiner der bisher genannten Kategorien zweifelsfrei zugeordnet werden können.

Bei der Klassifikation nach den Eigentumsrechten handelt es sich immer noch um eine Vereinfachung. Das wird schon daran erkennbar, daß spezifische Formen der Ressourcenzusammenlegung wie Stiftungen und Genossenschaften ebensowenig berücksichtigt werden, wie die Möglichkeit, gemeinsamen Eigentums von Staat und Privaten. Ebenso bleibt hinsichtlich der Planungsbefugnis z. B. noch unberücksichtigt, daß sie von Eigentümern an Manager delegiert werden kann, wobei die Delegation eine weitreichende Verselbständigung der Manager vor allem durch die Konstruktion der Kapitalgesellschaft als juristische Person einschließt.

Eine Merkmalskombination, die keine empirische Bedeutung haben kann, hat dennoch die Diskussion in der ökonomischen Theorie immer wieder beschäftigt und zu wiederholten Versuchen geführt, reale Wirtschaftsordnungen analytisch mit ihr in Verbindung zu bringen: der Konkurrenzsozialismus (LANGE und TAYLOR, 1939/85; DICKINSON, 1933). Im Kern soll bei diesem Ordnungstyp Kollektiveigentum an Produktionsmitteln mit einer spezifischen Modellvorstellung von Wettbewerb - der vollkommenen Konkurrenz - als Allokationsmechanismus verknüpft werden. Die Kombination soll es erlauben, die Verteilungsfrage weitgehend getrennt von den Allokationsfragen zu beantworten, ohne sich die Effizienzprobleme einzuhandeln, die bereits bei statischer Betrachtung für eine zentral geplante Wirtschaft zu erwarten wären. Auch ohne eine intensivere Analyse (hierzu z. B. HAYEK, 1940/2004) läßt sich die empirische Bedeutungslosigkeit dieses Ordnungstyps leicht begründen. Zunächst einmal werden die Allokationsfragen ähnlich einschneidend reduziert, wie dies im Rahmen der konventionellen, im ersten Kapitel vorgestellten, wohlfahrtsökonomischen Analyse der Fall ist. Ferner muß angenommen werden, daß für das so reduzierte Allokationsproblem ein stabiles stationäres Gleichgewicht existiert. Unter diesen Bedingungen ist es zumindest denkbar, daß ein Prozeß des Probierens und Korrigierens, der von der Wirtschaftsverwaltung zu initiieren wäre, zum Gleichgewicht führt. Dazu müßten die Unternehmen wirksam verpflichtet werden, sich bei Beschaffung, Produktion und Absatz so zu verhalten, als ob sie Anbieter im Gleichgewicht bei vollkommener Konkurrenz wären (Minimierung der Durchschnittskosten, Angebotsmenge entsprechend dem Durchschnittskostenminimum). Steuerungsgrößen wären die von der Planbehörde zu setzenden Preise für Faktoren und Produktionsmittel. Die Konsumgüterpreise hätten sich als Ergebnis freier Konsumwahl bei durch Verrechnungspreise determiniertem Angebot (s. o.) zu bilden. Falls die Einhaltung der Als-ob-Regeln zu Konsumgüterpreisen führte, die zum Ende der Planperiode von den Preisen abwichen, die sich aufgrund der Preissetzungen der Wirtschaftsverwaltung ergaben, wären die Verrechnungspreise ebenso zu revidieren wie in den Fällen, in denen Engpässe und Angebotsüberschüsse bei Faktoren und Produktionsmitteln aufträten. Im Gleichgewicht bestünde nach der Allokationslogik kein Revisionsbedarf mehr bei den Verrechnungspreisen. Das reduzierte Allokationsproblem wäre effizient gelöst. Selbst wenn die Pro-

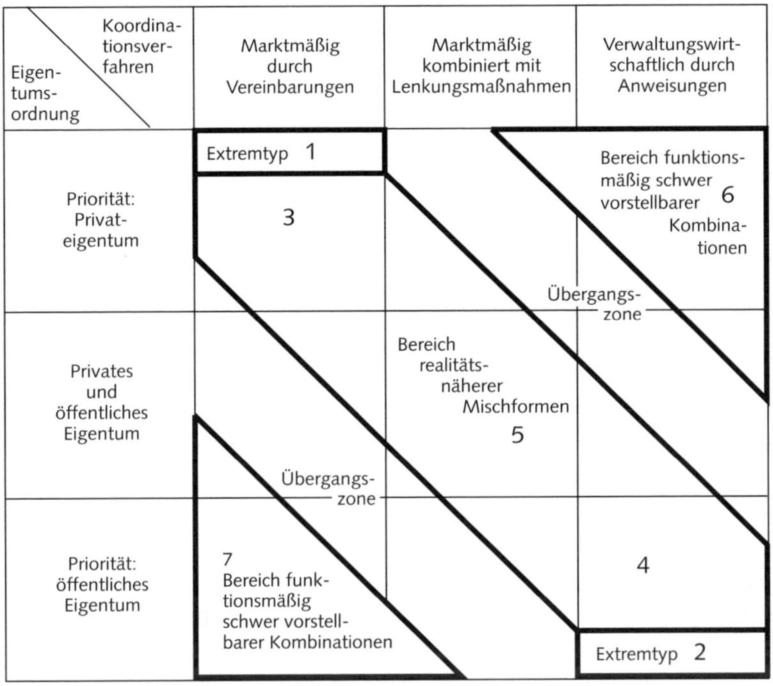

Abb. 2.1: Typen von Wirtschaftsordnungen

Bedeutung der Ziffern:
1: Total dezentral geplante Wirtschaft
2: Total zentral geplante Wirtschaft
3: Reine Marktwirtschaft
4: Zentralverwaltungswirtschaft
5: Gelenkte Marktwirtschaft
6: Staatskapitalismus
7: Konkurrenzsozialismus

blemreduktion akzeptiert werden könnte, wäre für reale Volkswirtschaften immer noch eine große Zahl von Einzelpreisen gleichgewichtssuchend zu revidieren. Dies würde bereits eine Überschätzung der Informations- und Reaktionsmöglichkeiten einer zentralen Planbürokratie beinhalten, ganz zu schweigen von den Problemen der Kontrolle der Unternehmensleiter. Entscheidend dürfte jedoch sein, daß selbst von den allokationsbezogenen ökonomischen Grundfragen zu viele entweder offenbleiben oder mit den Leerformeln der Allokationslogik beantwortet werden. Dazu zählt aufgrund des sozialistischen Prinzips des Kollektiveigentums an Kapitalgütern auch die Akkumulationsfrage. Sie allein steht schon für Veränderung und Ungewißheit und sprengt bei realitätsnäherer Betrachtung die statische Gleichgewichtsanalyse. Spätestens an dieser Stelle der Einschätzung des Ordnungstyps Konkurrenzsozialismus ist es unumgänglich, die Grenzen des Gleichgewichtskonzeptes zu beachten: „Mit dem Gleichgewicht und den Gleichgewichtspreisen hat kein Wirt etwas zu schaffen; sie gehören nicht dem Leben an; sie sind Hilfsvorstellungen der Wissenschaft, die das Nierastende des Handelns nur begreifen kann, wenn sie ihm das Bild der Ruhe gegenüberhält“ (von Mises 1940/2002, S. 642). Das gilt auch für die sozialistische Als-ob-Variante des Konkurrenzgleichgewichts. Von dieser Fiktion führt kein gangbarer Weg abnehmender Abstraktion zur Lösung realer ökonomischer Probleme, weil diese grundsätzlich anders beschaffen sind. Auch hier gelten die Einwände, die bereits im ersten Kapitel gegen den wohlfahrtsökonomischen Lösungsansatz vorgebracht wurden. Ordnungspolitische Experimente, die sich an den Grundvorstellungen des Konkurrenzsozialismus orientierten und als „sozialistische Marktwirtschaften" bezeichnet wurden, sind gescheitert (z. B. in Jugoslawien und in Ungarn). Für das Scheitern waren nicht zuletzt die Funktionsmängel ausschlaggebend, die mit dem Versuch verbunden waren, eine sozialistische Eigentumsordnung mit marktmäßiger Koordination der laufenden Produktion und zentraler Entwicklungsplanung zu kombinieren (vgl. hierzu z. B. Leipold, 1984).

Der wohlfahrtsökonomische Lösungsansatz selbst beruht auf der Vorstellung einer total dezentral geplanten Wirtschaft, in der auf allen Märkten vollkommene Konkurrenz herrscht. Wird wiederum die Eigentumsordnung als typenbildendes Merkmal betont, so kann diese Modellvorstellung als Konkurrenzkapitalismus bezeichnet werden. Die empirische Bedeutungslosigkeit dieses Ordnungstyps dürfte nach den bisherigen Ausführungen unstrittig sein.

Eine Merkmalkombination, die in Ausnahmesituationen begrenzte empirische Bedeutung haben dürfte, stellt demgegenüber der Staatskapitalismus dar. Hier bestünde zwar Individualeigentum; jedoch wären die Verfügungsrechte über das Eigentum den Privaten weitgehend entzogen und einer zentralen Planungsinstanz übertragen. Historische Parallelen hierzu lassen sich in den Kriegswirtschaften von Ländern entdecken, deren Wirtschaftsordnung in Friedenszeiten eher als gelenkte Marktwirtschaft charakterisiert werden kann. In solchen Ausnahmesituationen werden Volkswirtschaften durch Inkaufnahme von Effizienzeinbußen ganz in den Dienst der Kriegsziele gestellt. Dem Staatskapitalismus dürfte die Wirtschaftsordnung des Deutschen Reiches ab 1936 besonders nahe gekommen sein. Aufgrund des gleichen Beispiels liegt die Vermutung nahe, daß der Übergang zu einer eher staatskapitalistischen Ordnung organisatorisch um so leichter zu bewältigen ist, je mehr eine Wirtschaft zumindest in wichtigen Bereichen Züge des Monopolkapitalismus (z. B. Arndt, 1976, S. 164 ff.) trägt. Charakteristisch für diesen Ordnungstyp ist, daß durch Monopole beherrschte Märkte aufgrund der Eigentumsverhältnisse entstehen bzw. sich als Ergebnis von Zusammenschlüssen rechtlich selbständiger Unternehmen (Kartelle) bilden.

Schließlich ist ein Ordnungstyp konstruierbar, in dem die Märkte vorwiegend als bilaterale Monopole organisiert sind. Dazu müßte angenommen werden, daß die unterschiedlichen einzelwirtschaftlichen Interessen auf der Angebots-, vor allem aber auch auf der Nachfrageseite, in Korporationen gebündelt und durch Funktionäre vertreten werden. Die verschiedenartigen Interessen, z. B. Berufs- und Arbeitnehmerinteressen, Mieter- und Verbraucherinteressen, würden, jeweils zusammengefaßt, teilweise ein Nebeneinander, teilweise eine hierarchische Organisation von Interessengruppen entstehen lassen. Um eine Koordination der zwischen den Gruppen ausgehandelten Vereinbarungen zu erreichen, müßte es zumindest eine höchste organisatorische Ebene geben. Der Interessenausgleich im Bereich der Wirtschaft könnte im Rahmen eines Gruppen- oder Ständeparlaments (Wirtschaftsrat) gesucht werden. Kurzlebige Ansätze zu einer solchen Selbstverwaltungswirtschaft gab es z. B. im Deutschen Reich nach dem Ersten Weltkrieg. Nach den Erfahrungen mit diesem Experiment dürfte sehr zweifelhaft sein, ob in einer solchen korporatistischen Ordnung eine hinreichende und möglichst ressourcensparende Koordination der Wirtschaftspläne realisierbar ist. Das gilt auch für die Koordination von wirtschaftspolitischen Empfehlungen oder gar Entscheidungen durch den Wirtschaftsrat mit den Entscheidungen eines demokratisch gewählten Parlaments und der aus ihm hervorgegangenen Regierung.

2.4 Die gelenkte Marktwirtschaft

Die gelenkte Marktwirtschaft wurde bereits kurz vorgestellt. Da sich alle weiteren Ausführungen in erster Linie auf diesen Ordnungstyp beziehen, sind Zusammenhänge zwischen den verschiedenen Ordnungselementen in seinem Fall besonders klärungsbedürftig. Die umfassende Beschreibung einer konkreten Ausprägung dieses Ordnungstyps, z. B. der Wirtschaftsordnung der Bundesrepublik Deutschland, wird dabei nicht angestrebt. Lediglich die sie konstituierenden Prinzipien der Marktmäßigkeit, der Rechts- und der Sozialstaatlichkeit sollen umrissen sowie in einen Zusammenhang gebracht werden (Abb. 2.2). Auf diese Weise läßt sich auch die Beziehung zwischen politischer Ordnung und Wirtschaftsordnung und damit grundsätzlich die Interdependenz der Teilordnungen (EUCKEN, 1959/2004, S. 14 ff.) verdeutlichen.

Aus ordnungstheoretischer Sicht ist besonders bedeutsam, inwiefern sich die Stellung des Staates bei der gelenkten im Vergleich zur reinen (interventionsfreien) Marktwirtschaft ändert. In der reinen Marktwirtschaft kann, wie bereits dargelegt, das gesellschaftliche Wirtschaften als ökonomische Lebensäußerung einer „Privatrechtsgesellschaft" (BÖHM, 1966) bezeichnet werden. Das wirtschaftliche Geschehen bestimmt sich in diesem Fall im wesentlichen nach den Regeln des Privatrechts. Der Staat als Herrschaftsorganisation ist in erster Linie Ordnungsmacht und Durchsetzungsinstanz für die privat rechtlichen Institutionen, unbeschadet seiner schon von Adam SMITH erkannten Aufgabe, eine materielle Infrastruktur bereitzustellen, d. h. die Versorgung mit Kollektivgütern zu sichern. Das bedeutet zugleich, daß die Gesellschaft sich auch im Bereich des Wirtschaftens im wesentlichen selbst gestaltet. Diese Selbstgestaltung vollzieht sich durch Wahrnehmung der Rechte der Bürger, die unter dem Begriff der Privatautonomie zusammengefaßt werden können. Die Privatautonomie wird mit Hilfe des Wettbewerbs kontrolliert; der Wettbewerb selbst muß allerdings durch staatliches Handeln gesichert werden. Das Ergebnis hinsichtlich des Verhältnisses zwischen Gesellschaft und Staat ist ein ausgesprochener Dualismus (hierzu z. B. BÖCKENFÖRDE, 1976). In der politischen Verfassung werden vielfältige Vorkehrungen getroffen, die es den Bürgern erlauben sollen, das staatliche Handeln mitzubestimmen, zu kontrollieren und sich vor Übergriffen staatlicher Organe zu schützen.

Historisch gesehen entspricht diesem Verhältnis zwischen Staat und Gesellschaft die Vorstellung vom bürgerlichen Rechtsstaat des 19. Jahrhunderts. Dieses Staats- und Gesellschaftsverständnis steht am Anfang einer Entwicklung, die zum heutigen Wohlfahrtsstaat führte. Eingeleitet wurde die Entwicklung durch den Versuch, „die soziale Frage" zu beantworten, die mit dem Übergang vom Feudalsystem zum Rechtsstaat und der einsetzenden Industrialisierung aufgeworfen wurde (vgl. z. B. GRIMM, 1983). Sie führte im Bereich des gesellschaftlichen Wirtschaftens dazu, daß die Prinzipien der Marktmäßigkeit und Rechtsstaatlichkeit durch ein weiteres Prinzip ergänzt wurden,

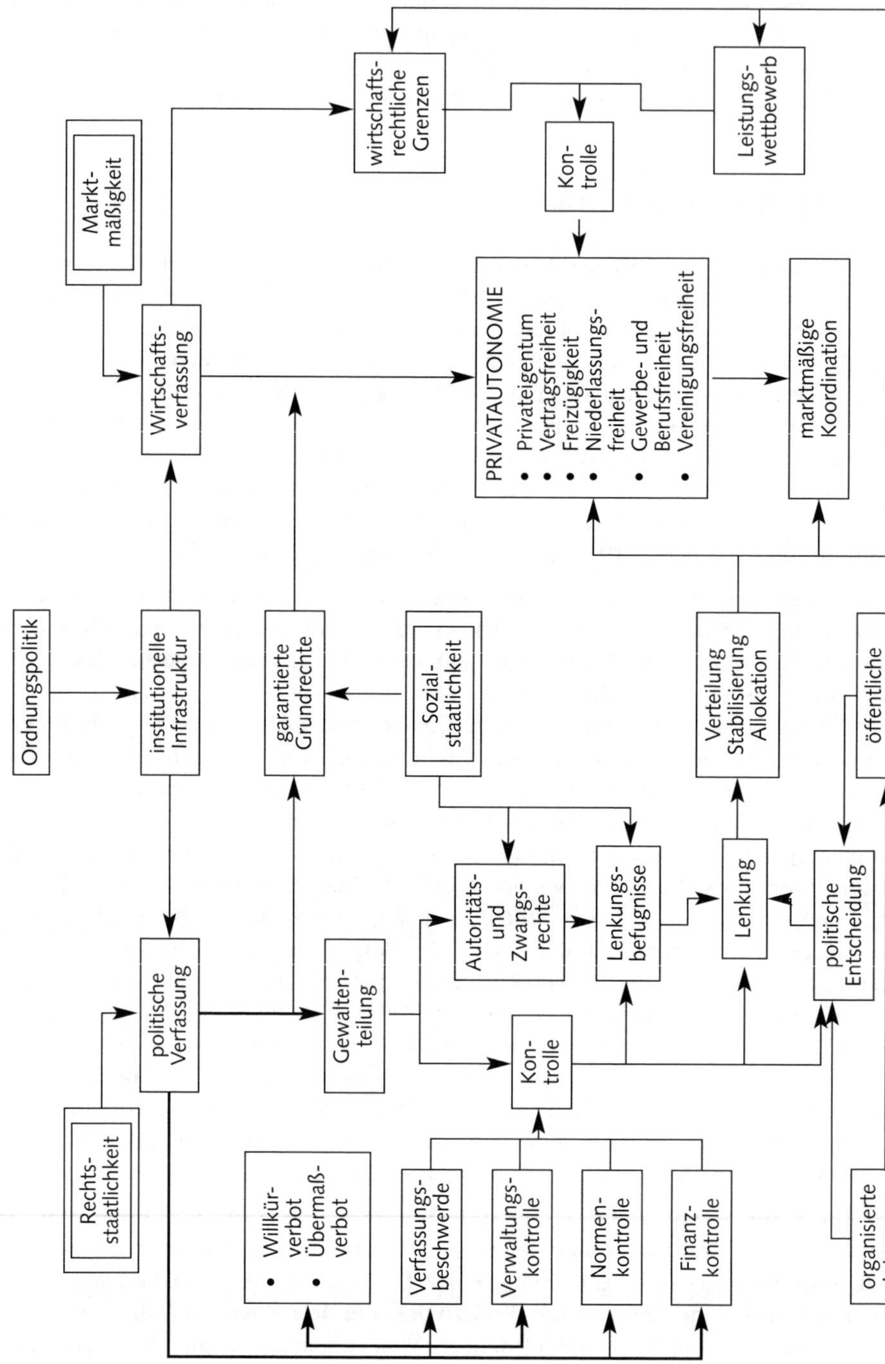

Abb. 2.2: Dimensionen der Ordnungspolitik

das zugleich den Unterschied zwischen reiner und gelenkter Marktwirtschaft ausmacht: die Sozialstaatlichkeit. Durch die Einführung dieses Prinzips gilt der Staat nunmehr „als zu sozialgestaltender Tätigkeit beauftragt" (BENDA, 1984/94, S. 510). Er wird aufgrund dieses Prinzips zum Mitgestalter der Gesellschaft, die er mit sozialstaatlich begründeten Interventionen durchdringt. Damit wird die Trennung von Staat und Gesellschaft aufgehoben. Es kommt zu einer „Verstaatlichung der Gesellschaft" (BÖHM, 1966).

2.4.1 Marktmäßigkeit

Dem Prinzip der Marktmäßigkeit entspricht im Hinblick auf die Beantwortung der in diesem Kapitel bereits diskutierten Ordnungsfragen die Entscheidung,

- die Individuen dezentral nach selbstgesetzten Zielen wirtschaften zu lassen (Privatautonomie),
- ihre Dispositionen der Koordination durch Märkte zu überlassen (Selbstkoordination) und
- die Wahrnehmung der Privatautonomie der Kontrolle durch Wettbewerb zu überantworten (Selbstkontrolle).

2.4.1.1 Kompetenzverteilung: Privatautonomie

In der gelenkten Marktwirtschaft werden zwar durch die Träger der Wirtschaftspolitik Interventionen in lenkender Absicht vorgenommen; jedoch bleibt die Kompetenz zur Beantwortung der ökonomischen Grundfragen grundsätzlich den privaten Wirtschaftssubjekten übertragen:

- Darüber, was und jeweils wieviel zu welcher Zeit (wann) zu produzieren ist, sollen letztlich die kaufkräftigen Konsumenten entscheiden.
- Der einzelne soll grundsätzlich die Chance und das Risiko haben, zu entscheiden, wie er sich in die Arbeitsteilung einfügen möchte.
- Die Produzenten sollen die Chance und das Risiko haben, zu entscheiden, wie (Produktionstechnik) und wo (Standort) produziert und in welchem Umfang Sachkapital gebildet wird.
- Die Einkommensverteilung und damit die Ausstattung der Individuen mit Kaufkraft richtet sich danach, was diese aus der Verwertung des Faktors Arbeit und der übrigen in ihrem Eigentum befindlichen Produktionsfaktoren erlösen, aber auch danach, inwieweit ihre Einkommenserzielungschancen und Einkommen durch staatliche Umverteilungsmaßnahmen verändert und gegen Veränderungen im Verlauf des marktmäßigen Entwicklungsprozesses abgesichert werden.

Die Kompetenzverteilung ist durch entsprechende private Rechte abgesichert. Nach diesen Rechten bestimmt sich der Umfang der Privatautonomie im wirtschaftlichen Bereich. Da sich die Wirtschaftsbeziehungen zwischen den Entscheidungsträgern nur durch Vereinbarungen abwickeln lassen, muß Vertragsfreiheit gewährleistet sein. Vertragsfreiheit schließt ein, daß in Verträgen eingegangene Verbindlichkeiten erfüllt werden müssen (private Schuldenhaftung). Autonome Entscheidungen über Produktion und Standort setzen Gewerbe- und Niederlassungsfreiheit voraus. Analog sind die Wirtschaftssubjekte als potentielle Anbieter von Arbeitsleistungen nur autonom, wenn sie berechtigt sind, Beruf, Aufenthalts- und Wohnort frei zu wählen (Berufsfreiheit und Freizügigkeit).

Die Entscheidungsbefugnis privater Wirtschaftseinheiten über Sachen, vor allem über Sachkapital und Boden, aber auch über vermögenswerte Rechte (z. B. Forderungen, patentierte Erfindungen), ist grundsätzlich mit dem Eigentumsrecht (Handlungsrechten) an Sachen und Forderungen verknüpft. Zwar können Verfügungsrechte von Eigentümern auf Nichteigentümer übertragen werden. Jedoch bleibt mit dem Privateigentum ein Anreiz zu effizientem Wirtschaften verknüpft. Wird das Eigentum unwirtschaftlich genutzt, hat der Eigentümer eine Einkommens- oder auch eine Vermögenseinbuße hinzunehmen; seine Nutzungsrechte erleiden Werteinbußen. Damit läßt sich ein Interesse des Eigentümers an der wirtschaftlichen Verwertung seines Eigentums begründen.

2.4.1.2 Machtkontrolle durch Wettbewerb

Mit der Kompetenz wird auch Macht verteilt. Macht eröffnet die Chance, wirtschaftliche Vorteile auch gegen Widerstreben anderer zu erzielen. Diese Chance existiert lediglich im Modell der „vollkommenen" Konkurrenz nicht. Allerdings ist in diesem Modell auch Wettbewerb in der hier betrachteten Art weder möglich noch sinnvoll. Bei dieser Art von Wettbewerb verhindern vollkommene Information und völlig unbehinderte und damit auch nicht zeitaufwendige Anpassungsmöglichkeiten, daß Unterschiede in der Leistungsfähigkeit der Anbieter und mit ihnen Substitutionsmöglichkeiten der Nachfrager überhaupt auftreten können. Das bedeutet aber auch, daß Knappheits- und Entwicklungsgewinne nicht erzielbar sind. Damit fehlt jeder Anreiz zu Wettbewerbshandlungen auf beiden Marktseiten. Das Modell ist im Ergebnis stationär: Es herrscht „Schlafmützenwettbewerb" (z. B. Hayek, 1952/2003, S. 125 ff.; Lutz, 1956).

Hingegen ist unter nicht-stationären oder evolutorischen Wirtschaftsbedingungen wirtschaftliche Macht nicht nur unvermeidlich, sondern sogar notwendig. Allerdings kommt es ordnungspolitisch darauf an, zu vermeiden, daß Machtpositionen dauerhaft usurpiert werden können. Macht muß ständig neu verteilt werden, wenn die Gefahr des Mißbrauchs klein gehalten werden soll. Ansatzpunkte hierfür bieten sowohl der entwicklungsbedingte Strukturwandel als auch Innovationsprozesse. Wettbewerb kann durch den Anreiz, den Knappheits- und Entwicklungsgewinne geben, dafür sorgen, daß alte Machtpositionen abgebaut, aber auch neue vorübergehend errungen werden.

Wettbewerb bedeutet für die Marktgegenseite, daß Wahlmöglichkeiten bestehen. Nur dort, wo diese fehlen oder stark eingeschränkt sind und eine Vermehrung von Wahlmöglichkeiten durch den Eintritt neuer Marktteilnehmer behindert ist, entsteht einseitige Abhängigkeit und damit auch ein Machtproblem. Das gilt sowohl für die Angebots- als auch für die Nachfrageseite.

Wahlmöglichkeiten werden nicht zwangsläufig geschaffen. Wettbewerb ist nicht das Ergebnis naturnotwendiger Handlungsweise. Vielmehr muß eine wettbewerbsbejahende Wirtschaftsgesinnung bei den privaten Entscheidungsträgern ebenso vorausgesetzt werden wie ihre Fähigkeit zu Wettbewerbshandlungen. Aus der Sicht des einzelnen als Wettbewerber wird aber die durch die Mitbewerber bewirkte Leistungskontrolle nicht unbedingt als Ansporn empfunden, sondern sie kann auch als Schädigung erscheinen. Deshalb bestehen – wie schon erwähnt – Anreize, den Wettbewerb auszuschalten.

Aus der Möglichkeit privater Wettbewerbsbeschränkungen läßt sich die Notwendigkeit ableiten, rechtliche Voraussetzungen zu ihrer Verhinderung und Ahndung in der Wirtschaftsverfassung zu schaffen. Im Falle der Bundesrepublik Deutschland gehören zu diesen Voraussetzungen in erster Linie das Gesetz gegen Wettbewerbsbeschränkungen (GWB), das Gesetz gegen unlauteren Wettbewerb (UWG) sowie wettbewerbsrechtliche Vorschriften der Europäischen Union. Darüber hinaus sind aber auch staatliche Wettbewerbsbeschränkungen möglich. Sie beleuchten einen zentralen Aspekt des wirtschaftspolitischen Willensbildungsprozesses und verweisen zugleich auf eine Funktion, die von Interessenverbänden dabei wahrgenommen werden kann. Dieser Funktion wird vor allem im dreizehnten Kapitel noch weiter nachzugehen sein.

2.4.2 Rechtsstaatlichkeit

Das Prinzip der Rechtsstaatlichkeit (z. B. MÖSSNER, 1977/85, Teil IV; BENDA, 1984/94) beinhaltet (1) im Hinblick auf den Staat, daß sein Handeln an das Recht gebunden, (2) die Bürger in ihrer Freiheit vor staatlichen Eingriffen geschützt und (3) alles staatliche Handeln unter das Gebot der Rechtssicherheit gestellt wird.

Nach seinem konkreten Inhalt und seinem ordnungspolitischen Stellenwert hat sich das Prinzip mit der Entwicklung vom bürgerlichen Rechtsstaat des 19. Jahrhunderts zum heutigen Wohlfahrtsstaat wandeln müssen; denn im Verlauf dieser Entwicklung änderte sich – wie bereits dargelegt – das Verhältnis zwischen Staat und Gesellschaft. Je mehr dem Staat eine gesellschaftsgestaltende Rolle übertragen wurde, desto mehr mußte die Sicherung der Gesellschaft vor staatlichen Eingriffen abgebaut werden. Die im Rechtsstaat angelegte Trennungslinie zwischen Staat und Gesellschaft mußte im Interesse der Sozialstaatlichkeit durchbrochen oder verschoben werden. Aus der Perspektive der Freiheitssicherung entstand damit die Gefahr, daß Rechtsstaatlichkeit immer mehr auf das Erfordernis reduziert wird, wonach die Verfolgung von Staatszwecken einer gesetzlichen Grundlage bedarf, aber ansonsten nicht von vornherein begrenzt ist (Bindung des Staatshandelns an das Recht). Der Rechtsstaat würde sich zu dem wandeln, was als Verfassungsstaat bezeichnet wird. Dem steht im Falle der Bundesrepublik Deutschland entgegen, daß im Grundgesetz Rechtsstaatlichkeit und Sozialstaatlichkeit nebengeordnet sind. Hieraus läßt sich schließen, daß die Unterscheidung zwischen Staat und Gesellschaft nicht als aufgehoben gelten kann, sondern zwischen Rechtsstaat und Sozialstaat „ein Verhältnis rechtlicher Verknüpfung und wechselseitiger Begrenzung“ (BÖCKENFÖRDE, 1972, S. 423) bestehen soll.

Dem Prinzip der Rechtsstaatlichkeit entsprechen im Hinblick auf die politische und die Wirtschaftsverfassung der Bundesrepublik Deutschland drei Ordnungselemente:

(1) Die Garantie eines Katalogs von Grundrechten, die als Abwehrrechte gegenüber staatlichen Eingriffen entweder allen (Menschenrechte) oder den Staatsbürgern (Bürgerrechte) zustehen.

(2) Die Teilung der staatlichen Gewalt und das garantierte Recht der Bürger, die Ausübung der Gewalt durch unabhängige Richter überprüfen zu lassen.

(3) Das Erfordernis der Rechtssicherheit, wonach alle staatlichen Handlungen für den Bürger klar, widerspruchsfrei und berechenbar zu sein haben.

Die Grundrechte als Teil der politischen Verfassung haben für das Verhältnis von Bürger und Staat folgende Bedeutung:

- Sie definieren einen vor staatlichen Eingriffen geschützten individuellen Freiheitsraum (Freiheitsrechte).
- Sie sichern die Gleichberechtigung und Gleichbehandlung aller Staatsbürger zu (Gleichheitsrechte); zu diesen Rechten gehört das gleiche Wahlrecht ebenso wie für den Gesetzgeber das Willkürverbot.
- Sie geben Verfahrensgrundsätze für die Gestaltung der Rechtsbeziehungen zwischen dem einzelnen und dem Staat vor (Verfahrensrechte); zu diesen Grundsätzen gehört der garantierte Schutz der Rechte des einzelnen Bürgers mit Hilfe der Gerichte (Rechtsschutz) ebenso wie z. B. die Rechtsgarantie bei Freiheitsentzug.
- Sie garantieren spezifische Institutionen in ihrem Bestand (institutionelle Garantien); neben der Garantie von Ehe und Familie sind für die Wirtschaftsverfassung die Garantie des Privateigentums und des Erbrechts von Bedeutung.

Dem institutionalisierten Schutz des einzelnen Bürgers vor Übergriffen des Staates dienen vor allem

- die Verteilung der Staatsgewalt auf Legislative, Exekutive und unabhängige Judikative (Gewaltenteilung); die Träger der Staatsgewalt sollen sich dabei gegenseitig kontrollieren, so daß „die Macht der Macht Schranken setzt" (MONTESQUIEU).
- ein unmittelbarer gerichtlicher Rechtsschutz des einzelnen Bürgers vor staatlichen Maßnahmen; dazu gehören die Möglichkeit einer Verfassungsbeschwerde (Verfassungsgerichtsbarkeit) ebenso wie die Abwehr diskriminierender Gesetze durch Geltendmachung des Willkürverbots und der Anspruch auf Überprüfung der Verhältnismäßigkeit von Verwaltungsakten im Hinblick auf das Übermaßverbot (Verwaltungsgerichtsbarkeit).
- spezielle institutionalisierte Kontrollen der Ausübung staatlicher Autoritäts- und Zwangsrechte; sie reichen von der Möglichkeit der Anrufung der Verfassungsgerichte durch staatliche Organe und durch Gerichte aus Anlaß eines Rechtsstreits (Normenkontrolle) bis zur Überprüfung des Finanzgebarens des Staates durch Rechnungshöfe (Finanzkontrolle).

Alle staatlichen Handlungen sind dem Gebot der Rechtssicherheit unterworfen. Angestrebt wird damit vor allem (1) die Vorhersehbarkeit des Rechts, (2) die Beständigkeit von Rechtsentscheidungen und (3) der Schutz des Vertrauens darauf, daß freiheitseinschränkende Gesetze nicht rückwirkend erlassen werden. Ferner leitet sich aus der Rechtssicherheit die Unzulässigkeit einer Bestrafung ohne vorherige gesetzliche Strafandrohung ab.

2.4.3 Sozialstaatlichkeit

Sozialstaatlichkeit beinhaltet anders als das beschränkende Prinzip der Rechtsstaatlichkeit einen unbestimmten Auftrag zu staatlichem Handeln. Der Sozialstaat gilt als „ein Staat, der den wirtschaftlichen und wirtschaftlich bedingten Verhältnissen ... wertend, sichernd und verändernd mit dem Ziel gegenübersteht, jedermann ein menschenwürdiges Dasein zu gewährleisten, Wohlstandsunterschiede zu verringern und Abhängigkeitsverhältnisse zu beseitigen oder zu kontrollieren" (ZACHER, 1977, S. 154). Die Definition macht deutlich, daß die individuellen wirtschaftlichen Verhältnisse einer vergleichenden Beurteilung durch den Staat und damit durch politische Repräsentanten unterworfen werden sollen. Je nach deren Urteil sind sozioökonomische Positionen von Individuen und Gruppen abzusichern oder mit dem Ziel einer Angleichung zu verändern. Deshalb müßten in den Urteilen über ökonomische Ausgangspositionen und Versorgungslagen vor allem Vorstellungen über die gesellschaftlichen Grundwerte Sicherheit und Gerechtigkeit (vgl. hierzu die Erläuterungen in Kap. 9) zum Ausdruck kommen. Die Interpretationen selbst sind Ergebnisse eines politischen Willensbildungsprozesses. Dabei ist von vornherein zu berücksichtigen, daß das damit angesprochene demokratische Verfahren seine Eigengesetzlichkeiten hat, die Gegenstand ökonomischer Theoriebildung sind (ökonomische Theorie der Politik).

Historisch lassen sich die Anfänge einer inhaltlichen Bestimmung des Prinzips zurückverfolgen in die Zeit der industriellen Revolution und des Übergangs zum bürgerlichen Rechtsstaat. Mit dem Übergang zum Rechtsstaat verschwanden oder verkümmerten die im Feudalsystem und in der Zunftverfassung enthaltenen sozialen Schutz- und Fürsorgeelemente ebenso wie die staatliche, kommunale und kirchliche Armenpflege (hierzu z. B. GRIMM, 1983). Die zuvor paternalistisch und karitativ zu bewältigenden Probleme blieben jedoch beim Übergang von der Agrar- zur Industriegesellschaft bestehen. Sie nahmen allerdings neue, aus heutiger Sicht und unter teilweiser Vernachlässigung vorindustrieller Verhältnisse (z. B. der Kinderarbeit und der Wohnverhältnisse auf dem Land, der Arbeitsbedingungen im Rahmen des Verlagssystems) sogar dramatische Formen an, ohne daß sich sogleich in hinreichendem Maße entsprechende institutionelle Lösungen herausbildeten. Die Arbeiterschutzgesetze (z. B. die englische Fabrikgesetzgebung von 1833, die Regelung der Kinderarbeit in Preußen 1839 und in Frankreich 1841, die preußische Gewerbeordnung von 1845) waren erste Antworten des Staates auf die „soziale Frage", der auf diese Weise neue Schutz- und Fürsorgefunktionen übernahm. Mit den Sozialversicherungsgesetzen von 1883 (Krankenversicherung), 1884 (Unfallversicherung) und 1889 (Invaliden- und Alterssicherung) sind in Deutschland – unabhängig von BISMARCKS Motiven, sie einzuführen – wesentliche institutionelle Ausprägungen des Prinzips der Sozialstaatlichkeit entstanden.

Die inhaltliche Offenheit des Sozialstaatsprinzips wurde in dem darauffolgenden Jahrhundert in allen demokratisch verfaßten, marktmäßig koordinierten Volkswirtschaften demonstriert. Es war in erster Linie sozialstaatlich begründeter, verteilungspolitischer Interventionsbedarf, dessen Befriedigung die permanente Ausweitung staatlicher Versuche bestimmte, auf die marktliche Koordination lenkend (durch Interventionen) Einfluß zu nehmen.

Mit der Expansion sozialstaatlich begründeter Lenkungsmaßnahmen ändert sich auch die Struktur der für den Bereich gesellschaftlichen Wirtschaftens geltenden Ordnungsregeln. Marktmäßige Koordination und Eigenverantwortlichkeit der arbeitsteilig Wirtschaftenden werden mit Hilfe von Ordnungsregeln begründet, die für eine unbekannte Vielzahl von Personen und Fällen gelten, unabhängig davon, welche wirtschaftlichen Ergebnisse ihre Anwendung im Einzelfall hervorbringt. Demgegenüber werden mit sozialstaatlich begründeten Gesetzen und den daraus abgeleiteten Lenkungsmaßnahmen i. d. R. spezifische Ergebnisse für bestimmte Personen und Gruppen angestrebt. Die von diesen artikulierten und die bei ihnen vermuteten Interessen gelten aufgrund der mit der Gesetzgebung verbundenen politischen Entscheidung als besonders schutz- und fürsorgebedürftig. Dementsprechend beinhalten sozialstaatlich begründete Interventionen ergebnisorientierte Ungleichbehandlungen (Diskriminierungen) zugunsten von als schutz- oder fürsorgebedürftig erklärten Personen und Gruppen. Zwar haben dann alle Bürger immer noch gleichen Zugang zum Recht. Ihre Rechte sind jedoch nicht mehr gleich. Damit sollen bestehende und erwartete materielle Ungleichheiten gemildert, beseitigt oder vermieden werden.

Das inhaltliche Auffüllen des Prinzips der Sozialstaatlichkeit hat zu einer kaum noch überschaubaren und in ihrer Gesamtwirkung nicht mehr nachvollziehbaren Vielfalt von staatlichen Verteilungskorrekturen geführt. Die wichtigsten Interventionskategorien (sie sind vor allem Gegenstand von Kap. 5) dürften sein:

- die Umverteilung erzielter Einkommen durch Besteuerung sowie durch Zuteilung von Transfereinkommen;
- die Korrektur von Einkommenserzielungschancen durch Veränderung der Vermögensverteilung, durch Bereitstellung von Bildungs- und Ausbildungsleistungen als gekorene Kollektivgüter sowie durch Manipulation der Vertragsfreiheit zugunsten der jeweils als schutzbedürftig vermuteten Vertragspartei;
- die Beeinflussung der individuellen Lebenseinkommen und ihrer Verteilung mit Hilfe kollektiver Daseinsvorsorge (soziale Sicherung);
- die Manipulation der regionalen und internationalen Einkommensverteilung mit Hilfe raumordnungspolitischer Interventionen bzw. handelspolitischer Diskriminierung sowie internationaler Einkommens- und Wissenstransfers.

2.4.4 Lenkung

2.4.4.1 Lenkungsbedarf

Gemessen an den Aufgaben des Staates in der reinen Marktwirtschaft, wie sie in den im Zusammenhang mit diesem Ordnungstyp zitierten Katalogen von SMITH und FRIEDMAN zum Ausdruck kommen, unterscheidet sich die Staatstätigkeit in einer gelenkten Marktwirtschaft sowohl nach ihrem Umfang als auch nach ihrer Orientierung. Der Umfang ist schon deshalb größer, weil zur Erfüllung der klassischen Staatsaufgaben neue hinzukommen. Die Orientierung ändert sich vor allem aufgrund der neuen Aufgaben. Für sie ist charakteristisch, daß eine staatliche Einflußnahme auf das Wirtschaftsgeschehen in der Absicht versucht wird, die Ergebnisse marktmäßiger Koordination in möglichst weitgehende Übereinstimmung mit politisch bestimmten Zielen zu bringen. Dies bedeutet für die Wirtschaftsverfassung, daß eine funktionsorientierte Mindestausstattung wie im Falle der reinen (interventionsfreien) Marktwirtschaft nicht ausreicht.

Als ein Ansatzpunkt, die Marktergebnisse zu beeinflussen, bieten sich im Rahmen der Wirtschaftsverfassung Einschränkungen der Privatautonomie an. Dazu gehören Einschränkungen des Verfügungsrechtes über Privateigentum (z. B. Produktionsauflagen), der Vertragsfreiheit (z. B. Allgemeinverbindlichkeitserklärungen von Tarifvertragsinhalten, Mieterschutzvorschriften) sowie der Berufsfreiheit und Freizügigkeit (z. B. Zugangsbeschränkungen zu Sektoren, die vom Wettbewerbsrecht ausgenommen werden, Ein- und Auswanderungsgesetze). Zusätzlicher Bedarf an solchen Einschränkungen der Privatautonomie wird politisch mit Marktversagensvermutungen sowie mit dem Sozialstaatsprinzip begründet.

Interventionen in den Wirtschaftsablauf auf Einzelmärkten und vor allem im Hinblick auf die Gesamtwirtschaft (Konjunkturpolitik, Globalsteuerung) werden mit der Vermutung einer der marktmäßigen Koordination inhärenten Instabilität und besonders mit den Folgen dieser Instabilität (z. B. Arbeitslosigkeit) begründet. Ebenso werden Marktversagensvermutungen und unerwünschte Folgen bemüht, um auf die wirtschaftliche Entwicklung i. S. v. Wachstum und Strukturwandel durch Inanspruchnahme des Sozialstaatsprinzips Einfluß zu nehmen.

Nicht zuletzt ist der Bedarf an Lenkung zu nennen, der sich damit begründen läßt, daß die Verteilungsergebnisse marktmäßiger Koordination nicht befriedigen (vgl. hierzu Kap. 5). Verteilungspolitisch begründbare Lenkungsversuche können an der Wirtschaftsverfassung (s. o.), am Koordinationsprozeß (z. B. durch erlössichernde Interventionskäufe auf Agrarmärkten) und an Koordinationsergebnissen des Marktprozesses (z. B. durch progressive Einkommensbesteuerung) ansetzen. Derartige Lenkungsversuche beinhalten i. d. R. eine Beeinträchtigung des Prinzips der Marktmäßigkeit mit negativen Allokationsfolgen. Zwischen dem mit dem Prinzip der Marktmäßigkeit geförderten Grundwert der individuellen Freiheit und den die Sozialstaatlichkeit tragenden Grundwerten der materiellen Gerechtigkeit und Sicherheit entsteht ein Zielkonflikt, der Abwägungen erforderlich macht.

2.4.4.2 Lenkungskontrolle

Lenkung in wirtschaftspolitischer Absicht setzt im Rechtsstaat Lenkungsbefugnis ebenso voraus wie eine Ausstattung des befugten Organs – eines Trägers der Wirtschaftspolitik (Kap. 13) – mit Autoritäts- und Zwangsrechten. Befugnis und öffentlichrechtliche Ausstattung beinhalten eine Zuweisung politischer Kompetenz. Dementsprechend ist die Wahrnehmung der Kompetenz grundsätzlich den in der politischen Verfassung vorgesehenen Kontrollen unterworfen (Abb. 2.2).

Die Kontrollen richten sich sowohl auf die Einhaltung der Kompetenzgrenzen als auch auf den Erfolg der Wahrnehmung von Lenkungsbefugnissen. An den Kontrollen können sich nicht nur Verfassungsorgane, sondern auch die Staatsbürger unmittelbar und mittelbar beteiligen. Unmittelbare Kontrolle auf Einhaltung von Kompetenzgrenzen üben sie z. B. aus, wenn sie glauben, den rechtlichen Schutz vor Übergriffen durch Träger der Wirtschaftspolitik und damit durch den Staat in Anspruch nehmen zu müssen. Mittelbare Kontrolle kann durch Wahl und Abwahl politischer Repräsentanten ausgeübt werden. Soweit diese wirtschaftspolitisches Handeln zu vertreten haben, werden damit Lenkungsabsichten und Lenkungsversuche, vor allem aber deren erreichte oder auch nur vermeintliche Ergebnisse, zu Objekten des demokratischen Verfahrens. Hieraus und aus dem Wettbewerb um Wählerstimmen als politischem Entdeckungs- und Kontrollverfahren lassen sich Vermutungen über Art und Umfang der

Versorgung mit Wirtschaftspolitik in einer parlamentarischen Demokratie ableiten (Kap. 6).

2.5 Ordnungspolitischer Handlungsbedarf

Ansatzpunkt für staatliches Handeln, das zur Errichtung, Sicherung und Änderung einer Wirtschaftsordnung erforderlich wird, ist in erster Linie die Rechtsordnung als Teil der institutionellen Infrastruktur. Demzufolge kann Ordnungspolitik definiert werden als die Versorgung mit institutioneller Infrastruktur in der Absicht, eine spezifische Wirtschaftsordnung einzuführen, zu sichern und weiterzuentwickeln.

2.5.1 Ordnungspolitik in der gelenkten Marktwirtschaft

Für die gelenkte Marktwirtschaft ist hinsichtlich der Ordnung des gesellschaftlichen Teilbereiches Wirtschaft von besonderer Bedeutung, daß der Staat aufgrund des Sozialstaatsprinzips aufgefordert ist, die Gesellschaft und damit nicht zuletzt das gesellschaftliche Wirtschaften mitzugestalten. Da das Prinzip inhaltlich offen ist und in einer sich weiterentwickelnden Volkswirtschaft immer neue Anlässe für sozialstaatliches Handeln identifizierbar sind, wird Sozialstaatlichkeit zu einer Verfassungsnorm mit „Ermächtigungscharakter" (BENDA, 1984, S. 510). Das hat zur Folge, daß wesentlich mehr Raum für diskretionäres, an spezifischen Ergebnissen des Wirtschaftsprozesses orientiertes staatliches Handeln durch die Verfassung gewährt werden muß, als dies beim Typ der reinen Marktwirtschaft erforderlich ist.

Grundsätzlich ist aber auch im Falle der gelenkten Marktwirtschaft zwischen der politischen Verfassung und der Wirtschaftsverfassung zu unterscheiden (Abb. 2.2); denn trotz der erweiterten Staatsaufgaben bleibt der privatrechtliche Charakter gesellschaftlichen Wirtschaftens erhalten. Bestandteile der Wirtschaftsverfassung sind:

- die Rechte, mit denen die Kompetenz der privaten Wirtschaftseinheiten zur Beantwortung der ökonomischen Grundfragen eingeräumt und die Verantwortlichkeit für deren Wahrnehmung zugewiesen wird (Privatautonomie).
- die institutionellen (rechtlichen) Vorkehrungen, mit denen ein Mißbrauch dieser Privatautonomie, vor allem zur Beschränkung des Wettbewerbs, verhindert werden soll.

Bestandteile der politischen Verfassung sind:

- die Autoritäts- und Zwangsrechte, die die Möglichkeiten staatlicher Instanzen konstituieren, aber auch begrenzen, auf das Wirtschaftsgeschehen lenkend Einfluß zu nehmen.
- die institutionellen rechtlichen Vorkehrungen, mit denen ein Mißbrauch der staatlichen Autoritäts- und Zwangsrechte verhindert oder geahndet werden soll.

Ordnungspolitik besteht in erster Linie in der Ausgestaltung dieser Rechte durch die drei staatlichen Gewalten Gesetzgebung (Legislative), Regierung und Verwaltung (Exekutive) sowie Rechtsprechung (Judikative). Ordnungspolitische Bemühungen sind stets darauf gerichtet, Verhaltensregeln (Institutionen) sowohl für die Privaten als auch für die staatlichen Instanzen zu entwickeln. Mit den Regeln werden nicht nur Handlungsmöglichkeiten definiert. Ihre Funktion ist es auch, die Vorhersehbarkeit des Verhaltens zu erhöhen und damit die dezentralisierte Planung zu erleichtern. Die verhaltensstabilisierende Wirkung kann jedoch nur eintreten, wenn die Regeln Bestand haben. Daraus ergibt sich schon, daß Ordnungspolitik auf Dauer, also langfristig angelegt sein muß, wenn sie erfolgreich sein soll. Hingegen ergibt sich daraus nicht, daß ordnungspolitische Regeln ein bestimmtes Verhalten vorschreiben sollen. Dies wäre nur sinnvoll, wenn all die Umstände bekannt bzw. vorhersehbar wären, die eine bestimmte Handlung als die dann wünschenswerte definierbar machen. Um den Entscheidungsträger in die Lage zu versetzen, in möglichst vielen unbekannten bzw. unvorhersehbaren Situationen bestmöglich entscheiden zu können, empfehlen sich – wie dargelegt – allgemeine, abstrakte Regeln, die die Grenzen der Handlungsmöglichkeiten abstecken.

Das Verhältnis zwischen Ordnungspolitik und den übrigen noch darzulegenden wirtschaftspolitischen Aufgabenbereichen (Kap. 3–6) läßt sich dadurch kennzeichnen, daß mit der Ordnungspolitik erst die Voraussetzungen für die Wahrnehmung der anderen staatlichen Aufgaben geschaffen werden (Abb. 2.2). Mit der Ausgestaltung der Wirtschaftsverfassung und der den Teilbereich Wirtschaft unmittelbar betreffenden Elemente der politischen Verfassung wird entschieden

- über das Verhältnis von privaten Rechten und staatlichen Autoritäts- und Zwangsrechten in der Wirtschaft, d. h. über das Ausmaß des wirtschaftspolitischen Lenkungsauftrags;
- über die rechtlichen Grenzen, innerhalb derer die noch zu erläuternden allokations-, stabilisierungs- und verteilungspolitischen Aufgaben wahrgenommen werden können, d. h. über die Art zulässiger Lenkungsmaßnahmen.

Mit der Ordnungspolitik wird de facto vorgegeben, wo eine gelenkte Marktwirtschaft zwischen den ordnungspolitischen Alternativen reine Marktwirtschaft und Zentralverwaltungswirtschaft plaziert sein soll.

2.5.2 Internationale Ordnungspolitik

Ordnungspolitik kann nicht auf die einzelne Volkswirtschaft beschränkt bleiben, wenn die Vorteile einer internationalen Arbeitsteilung genutzt werden sollen. Auch bei internationaler Arbeitsteilung müssen diejenigen, die sich auf sie einlassen und sich auf diese Weise in Abhängigkeit begeben, ein Mindestmaß an Vertrauen darauf haben können,

- daß Versuche, die Handlungsmöglichkeiten anderer durch restriktive Praktiken zu beschränken, unterbleiben oder ihnen wirksam begegnet werden kann;
- daß generell die möglichen ökonomischen Vorteile einer solchen Arbeitsteilung nicht von politischen Risiken dominiert werden.

Im Grunde werden mit diesen Bedingungen Konsequenzen der Prinzipien der Marktmäßigkeit und Rechtsstaatlichkeit umschrieben. Allerdings fehlt auf der internationalen Ebene das Äquivalent zu einem Staat, der eine marktmäßige Koordination im Teilbereich Wirtschaft mit Hilfe der Institutionen des Privatrechts und des Wettbewerbsrechts gewährleistet, indem er sie durchsetzt.

2.5.2.1 Internationale Privatrechtsordnung

Die Problematik internationaler Ordnungspolitik dürfte deutlicher werden, wenn in einem ersten analytischen Schritt nach den Mindestvoraussetzungen für eine arbeitsteilige Verflechtung von Volkswirtschaften gefragt wird. Besondere staatliche Vorkehrungen für einen grenzüberschreitenden Wirtschaftsverkehr könnten minimal sein, wenn es um eine Verflechtung von Volkswirtschaften vom Typ reine Marktwirtschaft ginge. In diesem Falle wäre lediglich eine privatrechtliche Gleichbehandlung von In- und Ausländern im Wirtschaftsverkehr zu gewährleisten sowie gegenseitige Rechtshilfe bei der Erfüllung privatrechtlich begründeter Verbindlichkeiten zuzusichern. Abweichend vom herrschenden internationalen Privatrecht, wäre es ausschließlich an den privaten Wirtschaftssubjekten zu vereinbaren, welches nationale Privatrecht jeweils Anwendung finden soll. Im Hinblick auf das Wettbewerbsrecht käme grundsätzlich die Anwendung des nationalen Rechts nach dem Territorialitätsprinzip in Betracht.

Neben der Gewährleistung des Privatrechts auch für Ausländer wären im Rahmen der internationalen Wirtschaftsbeziehungen noch zwei weitere Aufgaben zu erfüllen. Zwischenstaatliche Vereinbarungen wären erforderlich (1) über grenzüberschreitende Umweltnutzungsfolgen sowie (2) über die Nutzung internationaler Allmenderessourcen (Meere und Meeresböden, Ressourcen in der Antarktis, Weltraum).

Als internationales Währungssystem käme in diesem Fall einer Verflechtung von Volkswirtschaften vom Typ reine Marktwirtschaft z. B. ein System flexibler Wechselkurse bei uneingeschränkter Konvertibilität in Betracht. Für die damit konstituierte Weltwirtschaftsordnung wäre eine „Trennung der Sphären des Staates und der Wirtschaft, der Souveränität und der materiellen Güterversorgung, des Imperiums und des Dominiums" (Röpke, 1951, S. 272 f.) kennzeichnend. Ihr kam die internationale Ordnung des 19. Jahrhunderts noch am nächsten, wenngleich anstelle flexibler Wechselkurse eine durch den Goldstandard bestimmte flexible, nationale Geldversorgung herrschte; sie setzte ein entsprechend hohes Maß an binnenwirtschaftlicher Preisflexibilität voraus. Als weiteres historisches Beispiel läßt sich der Fernhandel und Kapitalverkehr Europas im 14. und 15. Jahrhundert, „die mittelalterliche Weltwirtschaft" (Rörig, 1959/71), anführen, die mit dem Vordringen der Nationalstaaten dem Merkantilismus weichen mußte.

Das zuvor skizzierte Referenzsystem einer Weltwirtschaftsordnung für Volkswirtschaften vom Ordnungstyp reine Marktwirtschaft sollte es nunmehr erlauben, die Ordnungsprobleme zu identifizieren, die sich für eine Weltwirtschaft ergeben, wenn diese Volkswirtschaften vom Typ gelenkte Marktwirtschaft ebenso umfassen soll wie solche vom Typ Zentralverwaltungswirtschaft.

2.5.2.2 Gelenkte Marktwirtschaften und Staatshandelsländer

Bereits für eine Weltwirtschaft, die lediglich Volkswirtschaften vom Typ gelenkte Marktwirtschaft umfassen würde, ergäben sich nahezu zwangsläufig Beschränkungen und Störungen des internationalen Wirtschaftsverkehrs. Es handelte sich dabei vor allem um Systemschließungseffekte, die von umverteilungsorientierten Interventionen sowie von Regelungen mit dem Ziel der Absicherung erreichter Einkommens- und Beschäftigungspositionen ausgehen. Als Haupt- oder Nebenwirkung sollen sie einzelnen Gruppen und Sektoren Kompensation für oder Schutz vor Wettbewerbs- bzw. Substitutionswirkungen geben. Neben dem unmittelbaren Schutz vor Auslandskonkurrenz, der mit Handelsbeschränkungen angestrebt wird, können solche Beschränkungen auch erforderlich sein, um interne Umverteilungs- und Sicherungsmaßnahmen gegen eine Erosion durch ausländische Wettbewerber abzusichern. So erfordern Mindestpreise als Instrument der Agrarpolitik eine Absicherung durch Handelsbeschränkungen in der Form variabler Zölle (sog. Abschöpfungen). Da die nationalen verteilungspolitischen Systeme nicht deckungsgleich sind, entsteht allseitig außenwirtschaftlicher Absicherungsbedarf und damit die Gefahr einer immer mehr um sich greifenden Protektion.

Zusätzlicher Anpassungsbedarf kann sich im internationalen Wirtschaftsverkehr ergeben, wenn Versuche einer binnenwirtschaftlichen Stabilisierung (Globalsteuerung, Konjunkturpolitik) scheitern. Dadurch ausgelöste Wechselkursänderungen stellen für sich genommen schon eine Belastung des internationalen Wirtschaftsverkehrs dar. Die Belastung steigt noch, wenn versucht wird, derartige politisch verursachte Wechselkursänderungen mit Hilfe von Beschränkungen des internationalen Kapitalverkehrs, Handelsbeschränkungen und induzierten, zahlungsbilanzorientierten Transaktionen zu vermeiden.

Beschränkungen und Störungen des internationalen Wirtschaftsverkehrs ergeben sich ferner, wenn handeltreibende Nationen versuchen, ihre internen Probleme aus der Anpassung an den Strukturwandel mit Hilfe von Wechselkursmanipulationen und Handelsbeschränkungen zu Lasten anderer Nationen zu lösen (Beschäftigungskonkurrenz, Neomerkantilismus, beggar-thy-neighbour-policy). Ein solcher Versuch ist nur erfolgreich, wenn sich die meisten übrigen Nationen weiterhin an die eingangs skizzierten Ordnungsregeln halten. Er beinhaltet ein typisches „Schwarzfahrerproblem" mit den damit verbundenen Gefahren für die Weltwirtschaftsordnung durch die von einem solchen Verhalten ausgehenden Demonstrationseffekte, aber auch durch Retorsionsmaßnahmen („Handelskrieg").

Besondere Schwierigkeiten bereitete die Integration der Zentralverwaltungswirtschaften des sog. Ostblocks in die Weltwirtschaft. Ihr Außenhandel war Staatshandel und folgte den Erfordernissen der internen planwirtschaftlichen Bemühungen. Mangels eines adäquaten Preissystems war eine Orientierung an absoluten und komparativen Kostenvorteilen nicht möglich. Die Arbeitsteilung zwischen Staatshandelsländern (hierzu z. B. Biskup, 1977) sowie zwischen diesen und gelenkten Marktwirtschaften konnte bestenfalls komplementär i. d. S. sein, daß geplante und ungeplante Überschußproduktion mit dem Ziel der Abdeckung von Engpässen gehandelt wurde. Dabei waren die Austauschbedingungen (terms of trade) politisch auszuhandeln. Die Vermeidung planwirtschaftlicher Komplikationen und die unzureichende Preisqualität der Wechselkurse machten den bilateralen Ausgleich von Handelsströmen und damit eine effizienzmindernde Segmentierung des Außenhandels erforderlich (Bilateralismus). Schwierigkeiten und besondere Risiken, die mit einem Handel zwischen Unternehmen in gelenkten Marktwirtschaften und Staatshandelsländern verbunden sind, haben dazu geführt, daß auch in den gelenkten Marktwirtschaften der Staat direkt (z. B. durch Handelsdiplomatie) und indirekt (z. B. durch Risikoübernahme) eingeschaltet wurde (hierzu z. B. Schüller, 1978). Die Anpassung der gelenkten Marktwirtschaften an die

Bedingungen der Zentralverwaltungswirtschaften reichte bis zum Naturaltausch in der Form sog. Kompensationsgeschäfte als Variante des Bilateralismus. Fehlspezialisierungen aufgrund der Verlockungen staatlich initiierter und gestützter Absatzmärkte sowie entsprechende Produktionsverzerrungen in gelenkten Marktwirtschaften waren mögliche Folgen politisch beeinflußter internationaler Wirtschaftsbeziehungen.

2.5.2.3 Die geltende internationale Wirtschaftsordnung

Aus den vorangegangenen Überlegungen ergibt sich, daß die eingangs angeführten Grundregeln für internationale Wirtschaftsbeziehungen in vielen Fällen nicht eingehalten werden oder systembedingt nicht einhaltbar sind. Weltwirtschaftliches Wohlverhalten nach diesen Grundregeln wäre – wenn überhaupt – nur mit gezielten ordnungspolitischen Bemühungen zu sichern.

Was aber im nationalen Rahmen fast selbstverständlich erscheinen mag, erweist sich international als kaum überzeugend und dauerhaft lösbar. Im nationalen Rahmen läßt sich die Wirtschaftsordnung durch negative rechtliche Sanktionen in solchen Fällen sichern, in denen gegen die Ordnung verstoßen wird. Die Unterwerfung aller unter gemeinsame Regeln kann einerseits durch Wahrnehmung von Autoritäts- und Zwangsrechten von staatlichen Instanzen gesichert werden; andererseits ist es möglich, Private vor staatlichen Übergriffen nicht nur durch parlamentarische Kontrollen, sondern auch durch Einräumung von Einspruchsrechten (z. B. Diskriminierungsverbot nach Art. 3, Abs. 1 Grundgesetz, Übermaßverbot oder Grundsatz der Verhältnismäßigkeit der Mittel) zu schützen. Eine internationale Wirtschaftsordnung, die dem entspräche, würde Verzicht auf nationale Souveränität sowohl bei der Entwicklung als auch der Durchsetzung einer solchen Ordnung in einem bislang nicht beobachtbaren Maße erfordern; denn es bedürfte einer supranationalen Regelsetzung und einer Autorität, die die Einhaltung der Regeln internationaler Arbeitsteilung durchzusetzen vermöchte, notfalls auch gegen den Willen eines Nationalstaates in dessen eigenem Einflußbereich. Rechtstechnisch würde sich das Souveränitätsproblem durch eine „internationale Ordnung mit Selbstvollzug“ (TUMLIR, 1979, S. 16 ff.) verringern lassen. Bei einem solchen Selbstvollzug („self-executing treaty provision“) würden die von einem Nationalstaat übernommenen internationalen Verpflichtungen hinsichtlich einer Nichtdiskriminierung von ausländischen Privatpersonen im Vergleich zu Inländern im Wirtschaftsverkehr so formuliert, daß diese daraus einklagbare Rechte gegen den entsprechenden Staat ableiten könnten. Auf diese Weise könnte sowohl nationalstaatliche Rechtsvielfalt bestehen bleiben als auch eine Gleichbehandlung von In- und Ausländern nach dem jeweiligen nationalen Recht gerichtlich bewirkt werden. Materiell besteht jedoch das Problem darin, daß ein solcher Selbstvollzug de facto den Verzicht auf eine diskriminatorische nationale Außenwirtschaftspolitik beinhaltete. Diese ist jedoch, wie erörtert, im Falle gelenkter Marktwirtschaften zu einem beträchtlichen Teil systemimmanent und im Falle von Staatshandelsländern war sie ohnehin mit einem Selbstvollzug nicht behebbar.

Bislang konnten sich höchstens kleinere Gruppen von Staaten zu vergleichsweise bescheidenen Souveränitätsverzichten durchringen (z. B. Wirtschaftsunionen). Unter diesen Umständen bleibt nur die zwischenstaatliche Vereinbarung von Regeln handelspolitischen Wohlverhaltens sowie von Verfahren zur Behandlung von Regelverstößen.

Das Allgemeine Zoll- und Handelsabkommen (General Agreement on Tariffs and Trade, GATT) ist ein solches Regelwerk (hierzu z. B. SENTI, 1987).

Dementsprechend stellt die geltende internationale Wirtschaftsordnung eine Kombination materiell unterschiedlicher Regelungen dar:

- Nationalstaatliche, öffentlich-rechtliche Regelungen des Außenwirtschaftsverkehrs; hierzu gehören vor allem solche, die die Freiheit des Außenwirtschaftsverkehrs unmittelbar einschränken oder staatlichen Instanzen erlauben, Einschränkungen vorzunehmen (z. B. das Außenwirtschaftsgesetz der Bundesrepublik Deutschland).
- Selbstgeschaffenes Recht der Wirtschaft; es umfaßt sowohl Einigungen zwischen Privaten darüber, in welchem Umfang welches nationale Privatrecht Geltung haben soll, als auch Normen, die von internationalen Wirtschaftsverbänden (z. B. internationale Handelskammern) entwickelt werden und die lediglich durch informelle Sanktionen absicherbar, nicht jedoch rechtlich erzwingbar sind.
- Zwischenstaatliche Vereinbarungen (hierzu Deutsche Bundesbank, 1986); sie sind aufgrund der angesprochenen nationalstaatlichen Souveränität als Instrumente der Verhaltenskoordination zwischen Staaten mit internen Ordnungen vom Typ gelenkter Marktwirtschaft von Bedeutung und ermöglichen erst den Handel zwischen diesen und Zentralverwaltungswirtschaften.

Zusammengenommen und im Hinblick auf den internationalen Handel beinhalten diese Regelungen de facto Entscheidungen darüber, wo sich die internationale Wirtschaftsordnung zwischen den Alternativen Freihandel und Staatshandel befinden soll.

2.5.2.4 Exkurs: Zur weltwirtschaftlichen Integration von Entwicklungsländern

In Entwicklungsländern stellen sich ordnungspolitische Fragen mit besonderer Dringlichkeit. Zugleich sind dort die Voraussetzungen für ihre Beantwortung in vielen Fällen nicht oder nur in bescheidenem Maße gegeben. Das gilt vor allem für die Länder, die – z. B. gemessen an der europäischen Gesellschaftsentwicklung – einen zivilisatorischen Sprung von einem Jahrtausend und mehr vollziehen müssen, wenn sie in eine den entwickelten Ländern vergleichbare politische und ökonomische Situation gelangen wollen.

Aus ökonomischer Sicht haben die Entwicklungsländer in vielen Fällen ein doppeltes Integrationsproblem zu lösen:

- eine binnenwirtschaftliche Integration, zu der auch die Grundentscheidung über die anzustrebende Wirtschaftsordnung gehört, und
- eine weltwirtschaftliche Integration, die je nach der ordnungspolitischen Grundentscheidung entweder im wesentlichen marktmäßig oder durch Partizipation als Staatshandelsland erfolgen kann.

Die binnenwirtschaftliche Integration ist Teil der politischen und gesellschaftlichen Integration. Nach dem Grad staatlicher Integration reicht das beobachtbare Spektrum von Ländern, die kaum mehr als lose Verbände von zum Teil sogar verfeindeten Stammesgesellschaften sind (z. B. eine Reihe afrikanischer Länder), bis zu solchen mit einer bereits voll entwickelten Nationalstaatlichkeit (z. B. einige Länder in Südostasien und Lateinamerika). Ähnlich breit ist das Spektrum hinsichtlich der kulturellen und zivilisatorischen Bedingungen, die auch die Werthaltungen zu Problemen gesellschaftlichen

Wirtschaftens – die Wirtschaftsgesinnung (SOMBART) – prägen. Es reicht von Ländern mit immer noch dominierender agrarischer Subsistenzwirtschaft (z. B. in Teilen Afrikas und Asiens) über Länder mit weitgehend autark wirtschaftenden Nomaden, einem teilweise marktorientierten Agrarsektor, einer mittelalterlichen Handwerkswirtschaft und einem modernen industriellen Sektor (z. B. einige nordafrikanische Staaten) bis zu weltmarktorientierten kleinen Ländern an der Schwelle zur modernen Industriegesellschaft (z. B. Hongkong, Singapur, Südkorea und Taiwan). Im Hinblick auf die ordnungspolitische Grundentscheidung sind die erkennbaren Absichten ebenfalls vielfältig. Dabei weichen die wirtschaftlichen Ergebnisse von den Absichten i. d. R. um so mehr ab, je mehr die ordnungspolitisch bedingten Anforderungen an die Staatlichkeit über den erreichten Stand staatlicher Integration hinausgehen. Diese Anforderungen dürften im Hinblick auf die wirtschaftliche Entwicklung um so höher sein, je mehr sich Länder an dem Ordnungstyp der Zentralverwaltungswirtschaft orientieren. Gerade im Falle dieses Ordnungstyps ist eine gute institutionelle Infrastruktur, vor allem eine qualifizierte und integere öffentliche Verwaltung unabdingbar. Ähnlich hohe Anforderungen sind an die politischen Entscheidungsträger zu stellen. Selbst wenn diese Vorbedingungen im wesentlichen erfüllbar sind, bleiben allerdings die grundsätzlichen, allokationstheoretisch und empirisch erhärteten immanenten Funktions- und Entwicklungsschwächen von Zentralverwaltungswirtschaften. Schließlich dürfen im Hinblick auf die mit einer Wirtschaftsordnung realisierbaren Wertvorstellungen nicht die Beschränkungen der individuellen Freiheit übersehen werden, die mit diesem Ordnungstyp notwendig verbunden sind. Aufgrund der Interdependenz von wirtschaftlicher und politischer Ordnung tendieren diese Beschränkungen dahin, weit über die wirtschaftlichen Aspekte der Freiheit hinauszugehen. Aber auch die Entscheidung zugunsten einer Orientierung an marktwirtschaftlichen Ordnungstypen stellt hohe, allerdings ganz andere Anforderungen an die politische Ordnung und damit an die Staatlichkeit. Im Hinblick auf die zur Marktwirtschaft komplementäre politische Ordnung – die Demokratie – lehrt die europäische Geschichte, wie lange es dauern kann, bis sich ein diese Ordnung tragender breiter Konsens über politische Praxis, entsprechende Werthaltungen sowie Prinzipien der Rechtsstaatlichkeit herausgebildet hat. Gleichzeitig lehrt aber auch nicht nur die europäische Wirtschaftsgeschichte, mit wie wenig staatlicher Organisation sich bereits in den Anfängen der Arbeitsteilung marktwirtschaftliche Grundmuster herausbilden und weiterentwickeln können. Gerade wenn berücksichtigt wird, in welchen Zeitspannen und wie schrittweise sich trotz Innovationsschüben wirtschaftliche Entwicklung in den entwickelten Ländern vollzogen hat, liegt es nahe, zu vermuten,

- daß sich solche evolutorische Vorgänge in Entwicklungsländern trotz des Bevölkerungsdrucks nur in begrenztem und von Land zu Land verschiedenem Umfang abkürzen lassen;
- daß Versuche, die Entwicklung durch eine radikale Umstrukturierung von Wirtschaft und Gesellschaft zu beschleunigen, mit den grundsätzlichen Schwierigkeiten ganzheitlicher Gesellschaftsplanung konfrontiert sind;
- daß über grundsätzliche Schwierigkeiten hinaus die Voraussetzungen für eine Ganzheitsplanung in Entwicklungsländern besonders ungünstig und, gestützt auf die in entwickelten Ländern gemachten Erfahrungen, nur begrenzt verbesserbar sein dürften. Was die Integration der Entwicklungsländer in die Weltwirtschaft an-

geht (hierzu z. B. DONGES, 1981; GLISMANN u. a., 1986; WILLGERODT, 1978), sind sie mit zwei Grundproblemen konfrontiert:
- der Notwendigkeit, eine eigene Außenwirtschaftspolitik zu konzipieren;
- den Entwicklungsbedingungen, die durch die außenwirtschaftspolitischen Verhaltensweisen der entwickelten gelenkten Marktwirtschaften und der Staatshandelsländer gesetzt werden bzw. wurden.

Die eigene Außenwirtschaftspolitik bestimmt sich zunächst einmal nach der ordnungspolitischen Grundentscheidung. Folgt aus ihr eine mehr oder weniger begrenzte Partizipation als Staatshandelsland, so entstehen in eher noch verschärftem Maße die bereits erläuterten Allokationsprobleme dieses Ordnungstyps. Bei einer marktwirtschaftlichen Orientierung ist nicht zuletzt die seit den nationalökonomischen Klassikern diskutierte Frage zu entscheiden, ob und gegebenenfalls in welcher Form und für welchen Zeitraum die mögliche Produktion von Importsubstituten und Exporterzeugnissen eines handelspolitischen Schutzes bedarf, um international wettbewerbsfähig zu werden. Nur die wenigsten Argumente zugunsten einer solchen Erziehungsprotektion überzeugen allokationstheoretisch. Im Grunde müssen sie sich auf vermutete Unzulänglichkeiten des Kapitalmarktes und auf die Vermutung technologischer externer Effekte stützen, die bei der Aufnahme weltmarktorientierter Produktion entstehen. Dabei könnte es sich z. B. um Kenntnisse und Erfahrungen handeln, die die heimischen Pionierunternehmen mehr oder weniger aufwendig sammeln und die von nachfolgenden Unternehmen unentgeltlich nutzbar sind. Auch wenn diese Vermutung plausibel erscheint, ist damit noch keine Wissensgrundlage für eine wohldosierte, entwicklungsfördernde Protektion gegeben. Wenn jedoch dieses Wissen vorläge, wäre eine Abschirmung des heimischen Marktes durch Protektion unangemessen; denn es genügte, die Kapitalmarktdefizite durch entsprechende Kapitalbeschaffungshilfen bzw. die Externalitäten durch Ausbildungs- und Forschungshilfen zu kompensieren. Schließlich ist auch hier mit der für staatliche Schutzmaßnahmen typischen Gefahr zu rechnen, daß sie ein politisch bedingtes Beharrungsvermögen entwickeln und so aus sinnvollen Starthilfen kostspielige, entwicklungshemmende Dauerhilfen werden.

Ebenso bedeutsam wie die internen Allokationsprobleme bei der Aufnahme weltmarktorientierter Produktion dürften die Beschränkungen sein, die durch die Außenhandelspolitik der entwickelten Länder für die Entwicklungsländer entstanden sind. Die Beschränkungen ergeben bzw. ergaben sich vor allem

- aus schwerwiegenden Störungen und Behinderungen des Weltagrarhandels infolge der marktwidrigen Agrarpolitik in den meisten gelenkten Marktwirtschaften sowie aus der extrem unstetigen Partizipation der Staatshandelsländer am Agrarhandel, i. d. R. als Folge ihrer systemimmanenten Mißwirtschaft;
- aus protektionistischen Versuchen der entwickelten Länder mit gelenkten Marktwirtschaften, die Anpassung an eine weltwirtschaftliche Arbeitsteilung zu vermeiden oder zu verzögern, die den Entwicklungsländern Beschäftigungs- und Einkommenserzielungschancen als Exporteure industrieller Erzeugnisse einräumte;
- aus der Praxis der entwickelten Staatshandelsländer, die ohnehin auf komplementären im Gegensatz zu substitutivem Handel abstellte und aufgrund der internen Allokationsmängel eher zufällige und in erster Linie politisch bestimmte bilaterale Handelsmöglichkeiten für Entwicklungsländer entstehen ließ. Die öffentliche Ent-

wicklungshilfe, die fast ausschließlich durch entwickelte Länder mit gelenkten Marktwirtschaften direkt oder durch Zahlungen an internationale Organisationen (z. B. Vereinte Nationen, Entwicklungshilfeausschuß der OECD) geleistet wird, erwies sich eher als entwicklungshemmend. Dies dürfte insbesondere darauf zurückzuführen sein (z. B. BAUER, 1981/82, Kap. 5),

- daß die unmittelbaren Empfänger der Hilfe Regierungen waren, von denen wie von anderen Regierungen nur eine Verwendung nach politischen Zielen erwartet werden konnte, die sich vor allem am Selbstinteresse der handelnden Politiker orientierten; gerade in wenig gefestigten Staatswesen tendierten die Verwendungen dahin, besonders wenig mit entwicklungspolitischen Erfordernissen übereinzustimmen, und mußten selbst von vormals überzeugten Verfechtern öffentlicher Hilfe als Ausdruck verbreiteter Korruption beklagt werden (z. B. MYRDAL, 1981);
- daß die im Vergleich zum Sozialprodukt wesentlich größere Wirkung der Hilfe auf das Budget eine Aufblähung des Staatsapparates begünstigte; von den damit ausgelösten Dirigismen wurden wiederum die privaten Entscheidungsträger angeregt, ökonomisch ertragreiche politische Privilegien zu erlangen (Rentensuche), anstatt Entwicklungsleistungen zu erbringen;
- daß die Hilfe geeignet war, ökonomische Signale und Anreize zu verstellen; hierzu zählten entwicklungshemmende Aufwertungseffekte des mit der Hilfe verbundenen Devisenzustroms ebenso wie verzerrte Knappheitssignale bei Zinssubventionen und die Gefahr einer dauerhaften Abhängigkeit anstatt eines Anreizes zur Selbsthilfe in den Fällen, in denen Hilfe die Bedürftigen auch tatsächlich erreichte.

Soweit die überwiegend restriktiven Praktiken der Entwicklungshilfe empfangenden Länder überhaupt eine Entwicklung mit Hilfe entgeltlicher privater Direkt- und Portfolioinvestitionen zuließen, war diese auf Dauer nur möglich, wenn auch das damit verbundene Ressourcentransferproblem gelöst werden konnte. Es bestand darin, daß es den Entwicklungsländern als Kapitalnehmern auch grundsätzlich möglich sein mußte, die zunächst in Form von Nettoimporten als komplementärem Güterstrom zu den Kapitalimporten von den entwickelten Ländern geliehenen Ressourcen nebst Verzinsung wieder zurücktransferieren zu können. Das setzte jedoch bei den Kapitalgeberländern voraus, daß sie sich dem Realtransfer nicht de facto durch Handelsbeschränkungen zu entziehen suchten.

Der geltenden, zumindest dem Grundsatz nach am Freihandel und unbehinderten Kapitalverkehr orientierten Weltwirtschaftsordnung begegnen viele Entwicklungsländer mit Mißtrauen oder gar Ablehnung. Unbeschadet weltanschaulicher Vorbehalte und Fehleinschätzungen können sie dabei auch auf die ungehemmte Inanspruchnahme von Ausnahmeregelungen sowie auf offene Verstöße durch die entwickelten Länder mit gelenkten Marktwirtschaften hinweisen. Bei ihrem Drängen auf eine „Neue Weltwirtschaftsordnung“ (z. B. GLISMANN u. a., 1986, S. 116 ff.; Wissenschaftlicher Beirat, 1976) ging es der Mehrheit ihrer politischen Repräsentanten jedoch nicht um eine Eindämmung des Protektionismus. Vielmehr strebten viele von ihnen eine weitere Politisierung des Handels- und Kapitalverkehrs an, trotz des wenig ermutigenden Beispiels der Außenwirtschaftsbeziehungen zwischen Staatshandelsländern.

Kapitel 3: Allokationsprobleme bei marktmäßiger Koordination

Wirtschaftspolitischer Handlungsbedarf läßt sich nicht nur aus der Beantwortung der im zweiten Kapitel diskutierten Ordnungsfragen ableiten. Vielmehr ist weiterer Bedarf begründbar, wenn ordnungspolitisch zugunsten einer marktmäßigen Koordination entschieden wurde. Es läßt sich nämlich zeigen, daß Bedarf besteht, diese Koordination zu erleichtern, zu sichern und zu ergänzen. Handlungsbedarf kann sich vor allem im Zusammenhang mit den im ersten Kapitel vorgestellten ökonomischen Grundfragen ergeben, die auf die Allokation zielen, also darauf, in welcher Weise Ressourcen konkurrierenden Verwendungen in einer sich entwickelnden (evolutorischen) Volkswirtschaft gewidmet werden.

Erleichtern läßt sich die marktmäßige Koordination u. U. im Hinblick auf die laufenden Substitutions- und Koordinationsvorgänge. Beide Vorgänge verursachen selbst Ressourcenaufwand. Die entsprechenden Kosten sind teilweise durch staatliches Handeln beeinflußbar. Substitutionskosten, z. B. in der Form von Transportkosten, werden von dem öffentlichen Transportnetz mitbestimmt. Eine Koordination durch Markthandlungen (Transaktionen) sowie innerhalb von Organisationen (z. B. Unternehmen) geschieht auf der Grundlage zahlreicher Regeln des Privat- und Wirtschaftsrechts, deren Beschaffenheit den Koordinationskostenpegel einer Volkswirtschaft beeinflußt. Vorangetrieben und kontrolliert wird der Koordinationsprozeß durch Wettbewerbshandlungen. Diese können zwar auch durch technische Faktoren behindert werden. Ausschlaggebend für Behinderungen dürften jedoch private, aber auch staatliche Wettbewerbsbeschränkungen sein. Hieraus läßt sich sowohl Bedarf an staatlichem Tun als auch Unterlassen ableiten. Ergänzungsbedarf ist in den Fällen begründbar, in denen Güter nicht oder unzureichend marktfähig sind. Angesprochen sind damit die Kollektivgüter und die mit ihnen verwandten externen Effekte.

Die Substitutions- und Koordinationsvorgänge sowie ihre Beeinflussung durch wirtschaftspolitisches Handeln prägen die wirtschaftliche Entwicklung. Aspekte dieser Entwicklung, vor allem wirtschaftliches Wachstum und Strukturwandel, geben ihrerseits wiederum Anlässe zu wirtschaftspolitischem Handeln. Dabei geht es häufig auch um die Verteilung von Anpassungslasten. Ferner kann staatliches Fehlverhalten als Mitursache von Problemen nicht ausgeschlossen werden.

Literaturhinweise

3.1: Lauschmann, 1976 (Teil II); Hoover, 1948/64 (Kap. 1, 3, 8, 11); v. Weizsäcker, 1976.

3.2: Schüller, 1983a; Schenk, 1981 (Teil 2); Leipold, 1985; Demsetz, 1964; Streit und Wegner, 1989; Wegehenkel, 1981a (Teil II).

3.3: Cox, Jens und Markert, (Hrsg.) 1981; Hayek, 1945, 1952/2003, 1968/2003, 1976/2003; Heuss, 1980; Hoppmann, 1967, 1982; Kirzner, 1989 (Kap. 2,4); Machlup, 1965/88; Schmidt 1999 (Teil 1); Schüller, 1987; Stegemann, 1964; Streit und Wegner, 1988/90; Wessels, 1963; Willeke, 1980 (Kap. 3).

3.4: Bonus, 1978; Coase, 1960; Dales, 1968/2002; Demsetz, 1964; Musgrave und Musgrave, 1973/89 (Kap. 3); Stobbe, 1983/91 (S. 467 ff.); Wegehenkel, 1981a (Teil II F).

3.5: Albert, 1986 (S. 60 ff.); Dürr, 1977 (Kap. 3); Neumann, 1983 (Teil IA); Peters, 1988 (Teil 2); Riese, 1971, 1975 (Teil 2, IV); Röpke, 1987; Walter, 1983 (Kap. 1, 4).

3.6: Siehe Hinweise zu 3.1-3.5 sowie die Quellenangaben im Text. Ferner BANKS und TUMLIR, 1986; BESTERS, 1979 (Kap. 4); RÖPKE, 1977 (S. 417 ff.); SCHMIDTCHEN, 1983; SIEBERT, 1978 (Kap. 4, 5).

3.1 Substitution

Substitutionsvorgänge werden von Veränderungen wie z. B. Einkommensanstieg, Generationenwechsel, technischem und organisatorischem Fortschritt ausgelöst. Solche Veränderungen bewirken,

- daß sich die Nachfrage von bisherigen Produktionszweigen und Standorten mehr oder weniger abwenden kann,
- daß Produkte, Produktionsanlagen und Standorte ständig von Entwertung durch Produkt- und Prozeßinnovationen bedroht sind,
- daß vorhandenes Wissen und vorhandene Fähigkeiten durch neue Erkenntnisse an Wert verlieren oder gar obsolet werden.

In allen Fällen ändern sich die Knappheiten der Leistungsabgaben der betroffenen Ressourcen und damit auch die Tauschverhältnisse zu ihren Ungunsten. Davon geht ein Anreiz zur Anpassung aus. Substitutionsvorgänge sind nicht reibungslos vollziehbar. Vielmehr verursacht die Überwindung von Substitutionshemmnissen Substitutionskosten.

3.1.1 Substitutionshemmnisse

Gemeinsam ist allen Substitutionshemmnissen, daß sie auf unterschiedliche Formen begrenzter Mobilität bzw. auf Immobilität zurückführbar sind:

- Sachlich können Mobilitätshemmnisse als Folge von Komplementaritäten und Unteilbarkeiten eine partielle Substitution behindern.
- Zeitlich ergeben sich Mobilitätshemmnisse aus der Dauerhaftigkeit, mit der Ressourcen an bestimmte Verwendungszwecke gebunden sein können.
- Persönlich können Mobilitätshemmnisse die Folge von Eigenwert sein, welcher den zu substituierenden Verwendungen und Standorten von Gütern und Faktoren beigemessen wird.
- Räumlich beziehen sich Mobilitätshemmnisse auf technische Hindernisse, die einer Ortsveränderung von Ressourcen entgegenstehen können.

Sachliche Mobilitätshemmnisse als Folge von Komplementaritäten bedeuten im Konsum, daß der erstrebte Konsumnutzen nur durch die Kombination mehrerer Güter erzielt wird. In der Produktion können mehrere Produkte im gleichen Produktionsprozeß anfallen, wobei das Ausbringungsverhältnis aus technischen Gründen mehr oder weniger starr sein kann (Kuppelproduktion; z. B. Vergaserkraftstoff, leichtes und schweres Heizöl die entstehen bei fraktionierter Rohöldestillation). Es können aber auch Produktionsmittel in einem mehr oder weniger starren Einsatzverhältnis zueinander stehen (z. B. limitationale Produktionsfunktionen, Komplementarität privater Investitionen und öffentlicher Infrastruktur). Komplementarität im Konsum (in der Produktion) hat zur Folge, daß eine Reaktion auf Veränderungen der Knappheiten (Preisrelationen) behindert wird (z. B. ist bei einer Veränderung der Preisrelationen für die genannten Raffinerieprodukte eine Anpassung der Struktur der Destillation nicht ohne weiteres möglich). Die Folge sind Engpässe und Überkapazitäten mangels Substitutierbarkeit. Bei komplementären Produktionsmitteln können besondere Schwierigkeiten auftreten, wenn, wie im Beispiel komplementärer privater und öffentlicher Investitionen, weitere Komplikationen hinzukommen, verursacht durch Unteilbarkeit, Dauerhaftigkeit (zeitliche Mobilitätshemmnisse), räumliche Mobilitätshemmnisse und Kollektivguteigenschaften. In diesem Fall sind die Investitionen in ihrer Rentabilität in hohem Maße direkt (nicht nur durch die allgemeine Interdependenz ökonomischer Entscheidungen) voneinander abhängig. Schwierigkeiten können schon deshalb entstehen, weil Investitionsentscheidungen eines Entscheidungsträgers nicht zwangsläufig dazu führen müssen, daß auch die komplementären Investitionen durch andere vorgenommen werden.

Unteilbarkeiten haben zur Folge, daß kleinere (marginale) Substitutionsschritte zur Anpassung an veränderte Knappheitsverhältnisse nicht möglich sind. So führen Unteilbarkeiten bei Produktionsanlagen dazu, daß bei einem Nachfragerückgang nur die Wahl zwischen Stillegung, Produktion auf Lager oder Unterauslastung bleibt und einer Nachfrageausweitung bestenfalls durch sprunghafte Kapazitätsanpassung entsprochen werden kann. Im Konsumbereich lassen sich z. B. Kraftfahrzeuge an eine größere Knappheit von Vergaserkraftstoff nur unvollkommen entweder durch Einschränkung oder aber Aufgabe der Nutzung anpassen.

Zeitliche Mobilitätshemmnisse liegen bei Produktionsmitteln und Konsumgütern vor, wenn ihre Leistungsabgabe über die Zeit verteilt bzw. verteilbar (dauerhaft) ist; insofern kann Dauerhaftigkeit, wenn auch nicht erschöpfend, als Unteilbarkeit aus zeitlicher Sicht angesehen werden. Dauerhaftigkeit verleiht den betroffenen Produktionsmitteln und Konsumgütern Kapitalguteigenschaften. Die in ihrem Falle erforderlichen Investitionsentscheidungen werden dadurch erschwert, daß ein Substitutions- mit einem Wissensproblem verknüpft ist: Das Substitutionsproblem besteht darin, daß die Investitionsgüter nicht oder nur sehr begrenzt anderen als den ursprünglich geplanten Verwendungszwecken zugeführt werden können. Das Wissensproblem besteht darin, daß es darüber, wie in Zukunft die Leistungsabgaben eines Investitionsgutes bewertet werden, keine sicheren Informationen, sondern nur Erwartungen geben kann. Unerwartete Änderungen der relativen Knappheiten zuungunsten der Leistungsabgaben des Investitionsgutes können zur Folge haben, daß das Gut ganz oder teilweise, vorübergehend oder dauerhaft ungenutzt bleibt; in diesem Umfang entstehen versunkene Kosten. Mobilere Ressourcen, die in der Produktion (im Konsum) mit dem Investitionsgut kombiniert waren (z. B. beim stillgelegten Kraftfahrzeug die Mittel, die zur Unterhaltung und zum Betrieb erforderlich sind), werden lohnenderen Verwendungszwecken zugeführt.

Persönliche Mobilitätshemmnisse ergeben sich, wenn diejenigen, die über Güter und Faktoren verfügen, gegenüber Substitutionsvorgängen nicht indifferent sind, sondern den zu substituierenden Verwendungen und Standorten Eigenwert beimessen. Dieses Substitutionshemmnis dürfte von besonderer Bedeutung beim Faktor Arbeit sein; neben anderen Substitutionskosten dürften mit einer Substitution verbundene Nutzeneinbußen (Eigenwertverlust) einem Wechsel des Arbeitsplatzes (z. B. wegen der

Kollegen, des Betriebsklimas), der Tätigkeit (z. B. wegen der Vertrautheit mit ihr), des Arbeitsortes (z. B. wegen einer Vorliebe für die betreffende Stadt), der Region (z. B. aufgrund der Mentalität der dort Ansässigen), der Nation (z. B. aus nationalem Zugehörigkeitsgefühl) entgegenstehen.

Räumliche Mobilitätshemmnisse von Ressourcen behindern die Substituierbarkeit von Standorten für Produktions- und Konsumzwecke. Das gilt in besonderem Maße für natürliche Faktoren wie Klima, Landschaft, Rohstoffvorkommen, schiffbare Flüsse und Bodenbeschaffenheit. Eine Ortsveränderung ist in ihrem Fall ausgeschlossen. Die Standorte ziehen mobilere Ressourcen an und prägen auf diese Weise die räumliche Verteilung ökonomischer Aktivitäten (Standortverteilung). Darüber hinaus wird die Qualität der Standorte in zunehmendem Maße durch wenig mobile Investitionen geprägt, die zudem durch Unteilbarkeiten gekennzeichnet sind. Angesprochen sind in erster Linie die standortgebundenen Infrastrukturinvestitionen (z. B. Verkehrsnetz, Energie- und Wasserversorgung, Ausstattung mit öffentlichen Ausbildungseinrichtungen). Aber auch für die Aktivitäten, bei denen sie genutzt werden, sind Investitionen erforderlich. Die so entstehenden räumlich verteilten Ressourcenbündel sind komplementär. Es ergeben sich Investitionsblöcke, deren Substitutionseigenschaften und Konzentration für die räumliche Verteilung von Entwicklungschancen von großer Bedeutung sind.

3.1.2 Substitutionskosten

Ökonomisch gesehen sind nicht die Substitutionshemmnisse als solche von Bedeutung, sondern die Kosten, die mit ihrer Überwindung im Falle einer Substitution verbunden sind. Im allgemeinen können folgende Arten von Substitutionskosten unterschieden werden:

- Kosten der Umwidmung: Ressourcen können häufig nicht ohne Aufwand anderen als den ursprünglichen Verwendungszwecken zugeführt werden.
- Kosten in Form von Nutzeneinbußen: Diejenigen, die über Ressourcen verfügen, messen bisherigen Verwendungen und Standorten Eigenwert bei.
- Kosten der Raumüberwindung: Die verschiedenen Standorte sind i. d. R. nur substituierbar, wenn dazu Ressourcen und damit Transportkosten aufgebracht werden.

3.1.2.1 Kosten der Umwidmung und in Form von Nutzeneinbußen

Die Kosten einer Anpassung an veränderte Tauschverhältnisse durch Umwidmung können im Extremfall, z. B. bei hochspezialisierten Produktionsanlagen, prohibitiv sein. Die Alternativkosten einer solchen Anlage reduzieren sich auf den Schrottwert mit entsprechenden Vermögenseinbußen des Eigentümers, aber auch für die Volkswirtschaft insgesamt; denn ein Teil des volkswirtschaftlichen Kapitalstocks ist ungenutzt abzuschreiben.

Analog zum Sachkapital läßt sich auch hinsichtlich des vorhandenen Wissens und der vorhandenen Fähigkeiten – des Humankapitals – argumentieren. Es verliert an (Ertrags-)Wert, wenn die damit ermöglichte Leistung an Knappheit einbüßt. Selbst wenn konkurrierende Verwendungsmöglichkeiten blieben, bei denen ohne Umwidmungskosten vor allem in Form von Ausbildung das gleiche oder vielleicht sogar ein höheres

Entgelt erzielt würde, stünden dem i. d. R. Kosten in Form von Nutzeneinbußen entgegen. Ferner kommt selbst in diesem noch relativ günstigen Fall häufig hinzu, daß die Wahrnehmung konkurrierender Verwendungsmöglichkeiten einen Wechsel des Arbeitsortes erfordert. Infolgedessen kumulieren sich verschiedene Arten von Substitutionskosten. Außerdem erfordert Substitution Zeit, während der die betroffenen Ressourcen häufig ungenutzt bleiben müssen. Schließlich müssen andere Beschäftigungsmöglichkeiten erst erschlossen und Vertragsverhandlungen geführt werden, ehe u. U. ein Arbeitsplatzwechsel vorgenommen werden kann. Ähnliches gilt für die Suche nach Wohnmöglichkeiten am neuen Arbeitsort, die Aushandlung entsprechender Miet- oder Kaufverträge usw. Infolgedessen fallen neben Substitutionskosten auch Transaktionskosten (s. u.) an. Für den Faktor Arbeit bedeuten diese Reibungsverluste, daß selbst bei einer zu den herrschenden Lohnsätzen ausreichenden Nachfrage nach Arbeitsleistungen (Friktions-)Arbeitslosigkeit bestehen kann.

3.1.2.2 Kosten der Raumüberwindung

Kosten der Raumüberwindung entstehen beim Transport von Personen, Gütern und Nachrichten zwischen verschiedenen Standorten. Transportkosten lassen zwei Arten von Problemen der Arbeitsteilung im Raum entstehen:

- die Standortwahl und den Standortwechsel als Probleme der Investition in Standorte,
- die Substitutionsprobleme im Zusammenhang mit laufenden ökonomischen Aktivitäten an einem gegebenen Standort.

Investitionen in Standorte bewirken eine dauerhafte Standortbindung in dem Maße, wie mit der Einrichtung eines Standorts einschließlich des Erwerbs der Eigentumsrechte an Grundstücken oder auch nur von einzelnen Verfügungs- und Nutzungsrechten (z. B. Miete) für die spezifischen individuellen Zwecke auch Ressourcen gebunden werden. Die Ressourcenbindung ist von Bedeutung, wenn bei einem Standortwechsel Kosten der Umwidmung auftreten oder bei Immobilität kein entsprechender Erlös für die Investitionen erzielbar ist. Infolgedessen käme es bei der Standortwahl darauf an, den Standort zu identifizieren, an dem der erwartete Nettoertrag aus der Produktion bzw. der Nutzen eines Haushalts für die Kalkulationsperiode der Standortinvestition am höchsten ist. Dabei wären auch alle Transportkosten als erlös- bzw. kaufkraftmindernd zu berücksichtigen, die mit den ökonomischen Aktivitäten von einem in Betracht gezogenen Standort verbunden sein würden. Das Standortkalkül wird weiter erschwert, weil die individuellen Standortentscheidungen nicht voneinander unabhängig sind. So beeinflussen Änderungen in der Nutzung angrenzender oder naher Standorte den Wert einer Standortinvestition ebenso wie Veränderungen im Verkehrsangebot und damit bei den laufenden Transportkosten. Infolgedessen ist die Standortwahl mit zahlreichen Unwägbarkeiten bis hin zu historischen Zufälligkeiten (z. B. dem Geburtsort eines Entscheidungsträgers) belastet. Dementsprechend wenig ergiebig i. S. v. generalisierbaren, gesicherten Hypothesen waren bislang z. B. Untersuchungen von Standortentscheidungen in der gewerblichen Wirtschaft. Noch heute dürfte die Feststellung von August Lösch (1940, S. 181) gelten: „Genaugenommen hängen alle Standorte miteinander zusammen, und man kann keinen Standort oder Standortfaktor als führend und den Rest als abhängig bezeichnen. Das Standortsystem schwebt sozusagen wie das Sonnensystem frei im Raum, nirgends aufgehängt, nur in sich selbst zusammengehalten."

Von einem gegebenen Standort aus schränken Kosten der Raumüberwindung die lohnenden Substitutionsmöglichkeiten ein. Bekannte Knappheitsunterschiede zwischen Standorten erlauben nur dann eine vorteilhafte Substitution, wenn der Substitutionsvorteil größer ist als die mit seiner Wahrnehmung verbundenen Transportkosten. Besonders deutlich wird dies im Fall räumlicher Arbitrage. Unter sonst gleichen Umständen wirkt sie darauf hin, Preisunterschiede für vollständig substituierbare Güter an unterschiedlichen Standorten auf den Betrag der Transportkosten zu reduzieren.

3.1.3 Allokationsfolgen von Substitutionskosten

Die allgemeine Allokationsfolge von Substitutionskosten ist bei der räumlichen Arbitrage besonders gut zu erkennen: Substitutionskosten (hier Transportkosten) verringern das Ausmaß, in dem bekannte Substitutionsmöglichkeiten auch genutzt werden. Ausgedrückt in der Sprache der Wohlfahrtsökonomik verhindern Substitutionskosten einen vollständigen Ausgleich der Substitutionsraten auch dann, wenn vollkommene Information keine Fiktion wäre.

Da Substitutionskosten die Möglichkeiten lohnender Substitution einschränken, begrenzen sie auch die möglichen Wettbewerbshandlungen; denn solche Handlungen sind - wie bereits dargelegt (Kap. 2) - auf Substitution gerichtet.

Beispiele

Im Falle von Transportkosten kann sich der durch sie bewirkte Wettbewerbsschutz in einer Differentialrente oder - konkret - einer Lagerente (THÜNEN) niederschlagen. Bei räumlich verteilten Anbietern und Nachfragern hat der einzelne Anbieter bei der Bedienung eines Teils der Nachfrager einen Transportkostenvorteil vor den Konkurrenten. Dieser Vorteil kann mit Mitteln der Preispolitik erlössteigernd ausgeschöpft werden. Die so bezogene Lagerente erhöht entweder die Nettoerlöse, oder sie erlaubt bei entsprechend höheren Kosten ein Verbleiben am Markt. Ein einfacher, aber anschaulicher Beleg für die Existenz von Lagerenten dürften Gemischtwarenläden in Wohnbezirken sein. Selbst wenn sie Kosten- und Sortimentsnachteile gegenüber Supermärkten haben, können sie diesen Nachteilen jedoch die räumliche Nähe zu Konsumenten entgegensetzen.

Kosten der Raumüberwindung begrenzen ferner die interregionale und internationale Arbeitsteilung, verglichen mit der Fiktion, in der die Güter interregional bzw. international als völlig mobil und die Faktoren als immobil gelten. Durch die anfallenden Transportkosten werden die Kostenvorteile von Produzenten der Lieferregion gegenüber Produzenten der (potentiellen) Empfangsregion gemindert. Hierin kommt im Grunde der gleiche Schutz vor Wettbewerbern für die Produzenten in der Empfangsregion zum Ausdruck, der bereits zuvor für den einzelnen Anbieter beschrieben wurde.

Kosten der Raumüberwindung begünstigen zusammen mit Unteilbarkeiten das Entstehen von Agglomerationen. Agglomerationsvorteile sind Einsparungen an Bezugs-, Produktions- und Absatzkosten, die von Produzenten gemacht werden können, weil Konsumenten sowie gleich- oder verschiedenartige Produktionen an einem Standort konzentriert sind. Kosten der Raumüberwindung spielen dabei insofern eine Rolle, als sie wegen der räumlich konzentrierten Nachfrage relativ gering sind. Wären demgegenüber die Nachfrager räumlich stärker verteilt, würden möglichen Kostensenkungseffekten größerer Produktionseinheiten steigende Kosten der Raumüberwindung entgegenstehen. Dies würde jedoch eine Vermehrung der Zahl relativ kleinerer, räumlich getrennter Produktionseinheiten begünstigen; den geringeren Kosten der Raumüberwindung stünden dann höhere Produktionskosten gegenüber. In jedem Fall wären die Gesamtkosten höher als bei stärkerer räumlicher Konzentration von Anbietern und Nachfragern. Mit dem niedrigeren Kostenniveau einer Agglomeration verbessert sich die Wettbewerbsposition der dort konzentrierten Anbieter gegenüber ihren Konkurrenten an anderen Standorten. Als originäre Quelle für das Entstehen von Agglomerationsvorteilen kommt nicht nur die Produktion einzelner Hersteller in Betracht. Agglomerationsvorteile lassen sich u. U. auch dadurch erschließen, daß kleinere, nur für den Bedarf eines einzelnen Herstellers produzierende Betriebsabteilungen durch eine Gemeinschaftsproduktion ersetzt werden, wie z. B. gemeinsam genutzte Hochöfen, Rechen- und Schulungszentren. Ebenso gehören zu derartigen Agglomerationsvorteilen diejenigen größer dimensionierter, nicht beliebig teilbarer Infrastruktureinrichtungen, wie z. B. Elektrizitäts- und Wasserwerke. Die Attraktivität von Agglomerationen richtet sich jedoch letztlich nach den privaten Nettoersparnissen, die sich unter Berücksichtigung möglicher Agglomerationsnachteile ergeben. Solche Nachteile stellen sich primär in der Form externer Kosten als Folge einer Übernutzung der lokalen Infrastruktur und Umwelt ein; Symptome dieser Übernutzung sind z. B. regelmäßige Verkehrsstaus und starke Luftverschmutzung.

Kosten der Umwidmung und Kosten in Form von Nutzeneinbußen behindern nicht nur - wie bereits dargelegt - die Anpassung an veränderte Marktbedingungen, sondern wirken sich auch wettbewerbshemmend aus. Das bedeutet im Falle des Faktors Arbeit, daß sich z. B. Unternehmen auf dem regionalen Arbeitsmarkt in einer günstigen Position befinden, weil sie vor konkurrierenden Nachfragern nach Arbeitskräften aus anderen Regionen durch die verschiedenen und sich kumulierenden Kosten eines Arbeitsplatzwechsels geschützt sind.

3.2 Koordination

Wie bereits im vorangegangenen Kapitel dargelegt, werden in einer Marktwirtschaft beide Koordinationsverfahren - Vereinbarung und Anweisung - genutzt. Die Koordination zwischen den autonomen Wirtschaftseinheiten erfolgt marktmäßig, also durch Vereinbarungen über den Austausch von Handlungsrechten oder von Komponenten dieser Rechte. Innerhalb von Organisationen (vor allem Unternehmen) setzt die Koordination grundsätzlich die Möglichkeit voraus, wirksam Anweisungen geben zu können; diese Möglichkeit muß ihrerseits wiederum vereinbart werden (z. B. im Rahmen eines Arbeitsvertrages). Zu den an Märkten operierenden Organisationen kommt die staatliche Administration als Strukturelement der gelenkten Marktwirtschaft hinzu; auf sie wird im folgenden nicht näher eingegangen.

3.2.1 Koordination und Kommunikation

Koordination erfordert, wie ebenfalls schon dargelegt, Informationen. Als Prozeß beinhaltet sie einen Informationsaustausch, genauer: eine Kommunikation. Damit soll verdeutlicht werden, daß es sich nicht nur um einen Austausch von objektivierbaren Informationseinheiten handelt, sondern um Botschaften. Botschaften erfordern aber beim Sender wie beim Empfänger subjektive Interpretationen von Wahrnehmungen sowie u. U. Rückkopplungen zwischen beiden, um einen Konsens über die Botschaft zu erzielen.

Die subjektiven Elemente jeglicher Kommunikation führen zu Problemen, die sich am Beispiel der Organisation verdeutlichen lassen. In ihrem Fall geht es um den Austausch spezifischer Botschaften innerhalb der Organisationshierarchie. Aus der Sicht der Organisationsspitze betrachtet, muß diese wegen der grundsätzlichen Kommunikationsproblematik damit rechnen,

- daß die aus Wahrnehmungen der nachgeordneten Organisationsmitglieder geformten Botschaften im Zweifel einen anderen Inhalt hätten, wenn die Organisationsspitze unmittelbar die Wahrnehmung vollzogen hätte;
- daß die entgegengenommenen Botschaften je nach Art und Zahl der zwischengeschalteten Medien (Personen, Techniken) sich im Vergleich zur ursprünglichen Botschaft verändern;
- daß die Veränderung der Botschaft um so bedeutsamer sein dürfte, je mehr Personen und damit auch persönliche Interessenlagen zwischen Sender und Empfänger geschaltet sind.

Aber auch die marktmäßige Koordination ist ein Kommunikationsprozeß. Kommuniziert werden müssen konkrete Tauschbegehren und Tauschbedingungen. Als Ergebnis bringt der Marktprozeß abstrakte, auch von Unbeteiligten verwertbare Signale in der Form von Preisen hervor. Die Preise selbst und die tauschrelevanten sonstigen Konditionen sind jedoch Gegenstand von spezifischen Kommunikationsvorgängen; diese können sehr reibungsarm ablaufen, wie etwa auf einer hochgradig organisierten Börse, sie können aber auch extrem aufwendig sein, wie etwa die Verhandlungen über den Kauf und den Einbau einer komplexen, maßgeschneiderten Produktionsanlage.

Für die weiteren Ausführungen ist zweierlei von besonderer Bedeutung: Koordination ist ein Kommunikationsprozeß; seine informative Reichweite hängt von der Beschaffenheit der dabei entstehenden Signale (spezifische Botschaften oder abstrakte Preise) ab. Kommunikation verursacht sowohl bei der Organisation als auch bei der marktmäßigen Koordination Kosten; zu den unmittelbaren Kosten kommen noch solche, die auf eine Fehlinterpretation von Signalen zurückführbar sind. Hiervon dürften Anreize ausgehen, kostensenkende Kommunikationsstrukturen zu entwickeln; das gilt für Organisationen ebenso wie für Märkte. Wie zu zeigen sein wird, handelt es sich dabei in beiden Fällen um institutionelle Vorkehrungen.

3.2.2 Koordination durch Markthandlungen

Markthandlungen beinhalten Tausch- oder Substitutionsvorgänge, von denen die Marktparteien erwarten, daß sie ihren selbstgesetzten Zielen dienlich sind. Ungeplante

Folge der Markthandlungen ist die Koordination gesellschaftlichen Wirtschaftens. Bevor die Kosten dieser Koordination identifiziert werden können, ist es erforderlich, die Gegenstände von Markthandlungen - die Handlungsrechte - zu betrachten; denn Tauschvorgänge auf Märkten beinhalten Neukombinationen von Handlungsrechten (Transaktionen).

3.2.2.1 Handlungsrechte und ihre Durchsetzung

Die Handlungsrechte wurden bereits im zweiten Kapitel kurz vorgestellt. Es handelt sich um Rechte einer (natürlichen oder juristischen) Person an einem ökonomischen Gut. Sie beinhalten für den Berechtigten Chancen, über die Verwendung des Gutes nach eigenem Willen zu verfügen (Verfügungsrechte) und die Ergebnisse der Verfügungen zu nutzen (Nutzungsrechte). Verfügungen richten sich auf Erwerb, Gebrauch, Belastung und Übertragung von Gütern. Nutzungen bestehen in der Aneignung der Ergebnisse, die Verfügungen zur Folge haben; sie schließen auch Verluste mit ein. Auf diese Weise wird zugleich Verantwortung für Verfügungen zugewiesen, also eine Internalisierung von Handlungsfolgen bewirkt.

Handlungsrechte sind i. d. R. offen definiert, d.h. sie eröffnen bekannte wie (noch) unbekannte Handlungsmöglichkeiten. Es bleibt dem Verfügungsberechtigten überlassen, ihm bekannte Handlungsmöglichkeiten wahrzunehmen, aber auch neue Handlungsmöglichkeiten zur Verfolgung selbstgesetzter Ziele zu entwickeln. Besonders deutlich kommt diese Eigenschaft von Handlungsrechten beispielsweise in den Befugnissen eines Eigentümers (§ 903 BGB) zum Ausdruck: „Der Eigentümer einer Sache kann, soweit nicht das Gesetz oder Rechte Dritter entgegenstehen, mit der Sache nach Belieben verfahren und andere von jeder Einwirkung ausschließen." Zu den Handlungsmöglichkeiten gehört auch, daß einzelne von ihnen (Rechtskomponenten) spezifiziert und anderen zur Ausübung übertragen werden, wie das z. B. bei Miete und Nießbrauch der Fall ist. Damit Verfügungen in Form von Transaktionen rechtswirksam sind, müssen allgemeine und u. U. besondere Rechtsnormen (z. B. das Vertragsrecht bzw. spezifische Vorschriften im Grundstücksverkehr) beachtet werden.

Wenn Verfügungen die dingliche Beschaffenheit des Gutes verändern, an dem solche Rechte bestehen, hat dies i. d. R. Folgen für ihren Marktwert, z. B. als Folge der Abnutzung einer Sache. Verfügungen können aber auch die Nutzungsmöglichkeiten von Gütern beeinflussen, über die andere zu verfügen berechtigt sind. Derartige konfliktträchtige Handlungsfolgen können (1) durch Fahrlässigkeit eine Schadenersatzpflicht (Haftung) des Verursachers begründen (privatrechtliche Konfliktregelung), (2) durch präventive staatliche Verfügungsbeschränkungen (Regulierung) zu vermeiden gesucht werden (öffentlich-rechtliche Vorbeugung) oder (3) ungeregelt und für den Betroffenen nicht abwehrbar sein sowie - im Falle einer Begünstigung anderer - für den Verursacher ebenfalls keinen Anspruch auf Bereicherungsausgleich entstehen lassen (externe Effekte).

Handlungsrechte stellen zugleich für Nichtberechtigte Handlungsbeschränkungen dar. Die Durchsetzbarkeit eines Handlungsrechtes bestimmt sich danach, welche Kosten damit verbunden sind, Beeinträchtigungen infolge einer Nutzung durch andere abzuwehren, also andere von Verfügungen ausschließen zu können (Durchsetzungs- oder Ausschlußkosten). Diese Kosten können bei jedem Handlungsrecht auftreten. Dementsprechend mindern erwartete Ausschlußkosten den Tauschwert dieser Rechte. Ihr Entstehen setzt jedoch keine Transaktion (Neukombination) voraus, sondern lediglich die Existenz eines Handlungsrechtes.

Verfügungsentscheidungen können auch den Tauschwert (Marktpreis) von Handlungsrechten anderer beeinträchtigen, ohne daß damit die dingliche Beschaffenheit der betroffenen Güter verändert wird (pekuniäre externe Effekte, Scitovsky, 1954). Solche Beeinträchtigungen werden i. d. R. nicht nur zugelassen. Sie zuzulassen ist vielmehr unabdingbar, wenn die Marktpreise ihre Funktionen wahrnehmen sollen; denn von den Änderungen der Tauschwertverhältnisse gehen die Signale und Anreize für eine bessere Nutzung der Ressourcen aus. Allerdings gibt es auch Versuche, mit Mitteln des Rechts Tauschwerte zu schützen. Patente gehören hierzu, aber auch andere staatliche Wettbewerbsbeschränkungen, mit denen vor allem verteilungspolitische Zielsetzungen verfolgt werden (hierzu Hayek, 1976/2003).

3.2.2.2 Transaktionskosten

Die Neukombination von Handlungsrechten mit Hilfe von Markthandlungen und damit die marktmäßige Koordination verursacht Transaktionskosten (Abb. 3.1). Das gilt sowohl für die Anbahnung, Durchführung und Kontrolle des Tausches von marktfähigen Objekten (operationsbezogene oder laufende Transaktionskosten) als auch für die Bereitstellung der institutionellen Infrastruktur, die bei Transaktionen genutzt wird (infrastrukturgebundene oder einmalige Transaktionskosten).

Laufende Transaktionskosten

In Anlehnung an Coase (1960, S. 15) können folgende Arten von operationsbezogenen oder laufenden Transaktionskosten unterschieden werden:

- Anbahnungskosten. Potentielle Transaktionspartner müssen aufgespürt und über den Transaktionswunsch sowie die angestrebten Tauschbedingungen informiert werden.
- Aushandlungskosten. Die für die Transaktionspartner konsensfähigen Vertragsbedingungen müssen ausgehandelt und rechtswirksam fixiert werden.
- Kontrollkosten. Die Erfüllung der vertraglichen Vereinbarungen muß kontrolliert und damit der Wert von Leistung und Gegenleistung gesichert werden.

Aus dieser Kurzbeschreibung wird schon ersichtlich, daß laufende Transaktionskosten in Kauf genommen werden müssen, weil es den Wirtschaftssubjekten an Wissen darüber fehlt,

- wer als Transaktionspartner in Frage kommen könnte,
- zu welchen Bedingungen eine Transaktion konsensfähig sein wird,
- ob die vertraglich zugesicherten Eigenschaften der Transaktionsgegenstände auch tatsächlich zutreffen werden.

Insofern sind Transaktionen immer Tauschhandlungen bei Ungewißheit. Laufende Transaktionskosten entstehen bei dem Versuch, Elemente des Nichtwissens durch Wissen zu ersetzen, ohne daß damit aber aus der Ungewißheit Sicherheit wird; denn das Wirtschaftssubjekt kann weder ausschließen, daß es mit zusätzlichem Aufwand noch

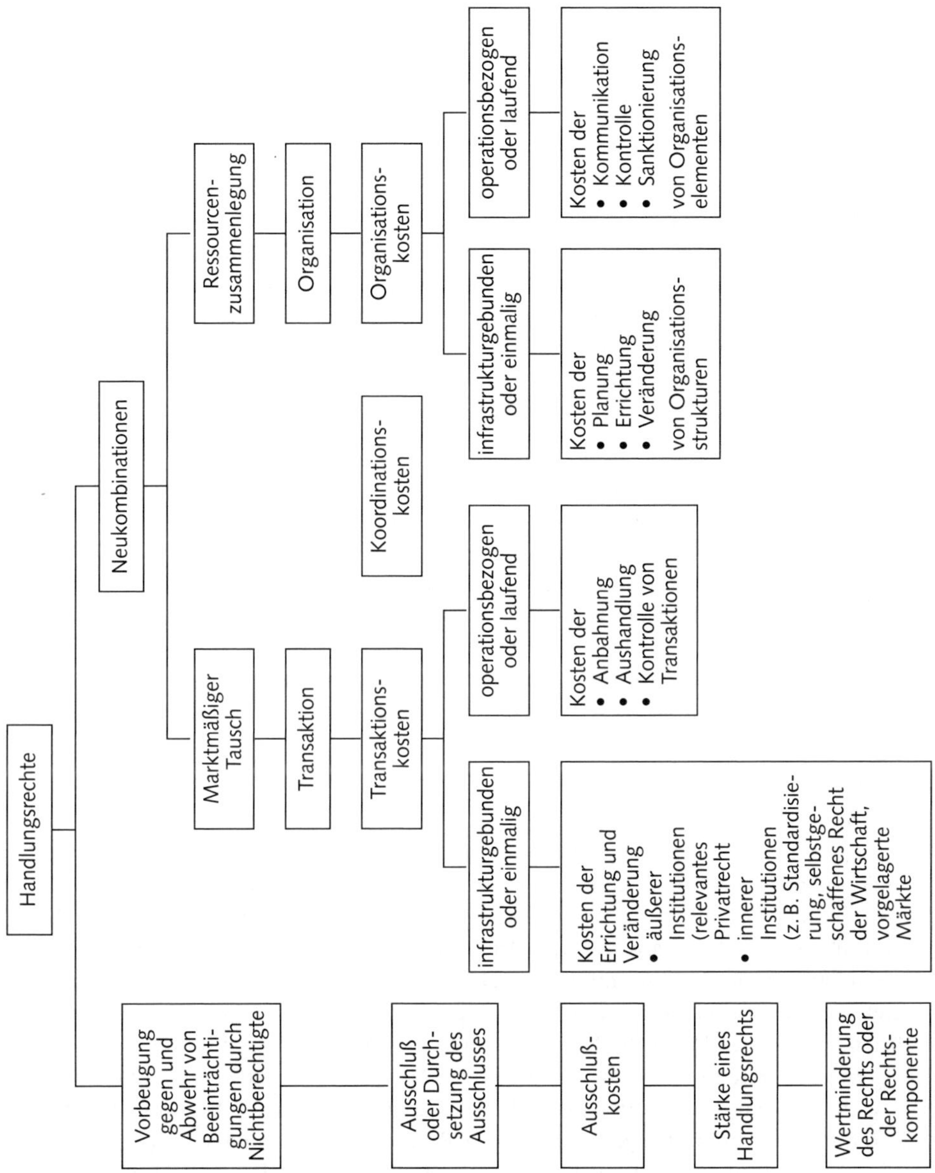

Abb. 3.1: Handlungsrechte: Ausschlußkosten und Koordinationskosten

günstigere Transaktionsmöglichkeiten erschlossen hätte, noch, daß sich zusätzlicher Aufwand im nachhinein als überflüssig erwiesen hätte. Ferner entstehen die unterschiedenen Arten laufender Transaktionskosten dadurch, daß nicht nur Wissen erworben, sondern auch Botschaften ausgetauscht werden. Infolgedessen sind laufende Transaktionskosten Kommunikationskosten.

Das Ausmaß, in dem die unterschiedenen Arten laufender Transaktionskosten anzufallen tendieren, richtet sich danach, wie kommunikationsintensiv Transaktionsarten sind (zum folgenden vgl. STREIT und WEGNER, 1989). Bei kommunikationsarmen Transaktionen entstehen vorwiegend Suchkosten als Element der Anbahnung von Transaktionen. In diesem Fall suchen sich potentielle Nachfrager über Güterarten, mögliche Substitute und deren Preise zu informieren, ohne daß ein Anbieter dieser Güter überhaupt bemerken muß, daß er zum Objekt von Informationsaktivitäten geworden ist. Die Anonymität des Marktes kommt für ihn darin zum Ausdruck, daß ihm für den Fall einer nicht zustande gekommenen Transaktion keine Gründe mitgeteilt werden.

Damit die Informationssuche der Nachfrager anonym erfolgen kann, müssen die transaktionsrelevanten Informationen öffentlich zugänglich gemacht werden. Das erfordert im Hinblick auf die Aushandlung und Kontrolle ein verbindliches Angebot von hinreichend beschriebenen Gütern zu standardisierten Verträgen, wie das z. B. in Supermärkten der Fall ist. In diesem Fall übernimmt der Anbieter (zunächst) einen beträchtlichen Teil der Transaktionskosten der Marktgegenseite und anonymisiert deren Informationssuche im eigenen Interesse. Am anderen Ende des Möglichkeitsspektrums stehen extrem spezifikationsbedürftige Transaktionsobjekte wie z. B. maßgeschneiderte Investitionsgüter. In ihrem Fall sind Aushandlung und Kontrolle kommunikationsintensiv, so daß Transaktionskosten notwendig auf beiden Marktseiten in Kauf genommen werden.

Transaktionskosten lassen sich zunächst dadurch sparen, daß auf die Beschaffung transaktionsrelevanter Informationen verzichtet wird. Kontrollkosten werden z. B. eingespart bei der Vereinbarung von Pauschal- und Festpreisen. So ist die Bereitstellung eines Frühstücksbüfetts gegen einen Pauschalpreis als ein Verfahren interpretierbar, bei dem der Hotelier bewußt mit dem Ziel der Transaktionskostenersparnis darauf verzichtet, die Inanspruchnahme durch jeden einzelnen Gast zu kontrollieren und abzurechnen. Ähnliches gilt für die Pauschale, mit der die Abschlußreinigung eines Ferienappartements abgegolten wird. Festpreise im Anlagen- und Hausbau werden vereinbart, weil die Komplexität des Tauschobjektes Ungewißheit über Art und Umfang der erforderlichen Einzelleistungen entstehen läßt. Ihre Verringerung würde in besonderem Maße Anbahnungs- und Aushandlungskosten entstehen lassen. Dafür wird allerdings in all den genannten Fällen bewußt in Kauf genommen, daß sich Leistung und Gegenleistung nicht in jedem Einzelfall (für jeden Hotelgast, jeden Mieter, jede Einzelleistung) entsprechen. Auch langfristige Verträge stellen Versuche dar, Transaktionskosten zu sparen; in diesem Fall kann grundsätzlich an allen Arten von Transaktionskosten gespart werden.

Von dem Niveau des jeweiligen Transaktionskostenpegels (WEGEHENKEL, 1981a, S. 31 ff.) können private Initiativen zu seiner dauerhaften Senkung durch wirtschaftlichere Versorgung mit Information ausgelöst werden. Wie darzulegen sein wird, führen sie im Erfolgsfalle zum Entstehen von „inneren Institutionen der Marktwirtschaft" (LACHMANN, 1963, S. 67 f.). Die Leistungsabgabe von Institutionen wie Qualitätsstandards oder allgemeine Geschäftsbedingungen besteht in ihrer transaktionskostensenkenden Wirkung. Als Teil der institutionellen Infrastruktur einer Marktwirtschaft haben sie Kapitalgutcharakter. Die Kosten ihrer Entwicklung sind versunkene Kosten, denn die zu ihrer Entwicklung in Anspruch genommenen Ressourcen können nicht mehr anderen Verwendungszwecken zugeführt werden.

Infrastrukturgebundene Transaktionskosten

Marktmäßige Koordination erfolgt durch Vereinbarungen über den Tausch von Handlungsrechten bzw. von Rechtskomponenten. Das setzt voraus, daß solche Rechte sowie deren Übertragung und Sicherung institutionell gewährleistet sind. Dies ist die Funktion von Regeln, die vor allem in der Wirtschaftsverfassung verankert sind. In erster Linie kommt es darauf an,

- durch eine Eigentumsordnung zweifelsfrei zu bestimmen, wer exklusive Verfügungsrechte über Güter geltend machen kann,
- durch ein Vertragsrecht Transaktionen zu erleichtern und die Einhaltung der in Wahrnehmung der Privatautonomie gemachten Zusagen notfalls auch erzwingbar zu machen,
- durch Verfahrensregeln (Zivilprozeßrecht) Voraussetzungen für eine Beilegung von Streitigkeiten zu schaffen, die bei der Wahrnehmung von Handlungsrechten entstehen können.

Diese Regeln und Verfahrensweisen sind im Hinblick auf das Marktgeschehen „äußere Institutionen" (LACHMANN, 1963, S. 66) bzw. externe Institutionen in unserem Sinne; denn mit ihnen wird der rechtliche Rahmen verbindlich vorgegeben, innerhalb dessen die Wirtschaftssubjekte operieren können. Dieser Rahmen kann von ihnen nicht geändert werden, selbst wenn sie sich über eine Änderung einigen würden. Änderungen sind nur als Ergebnis des politischen Willensbildungsprozesses möglich. Die Wirtschaftssubjekte können sich an diesem Prozeß als Staatsbürger beteiligen.

Zwei Arten von Änderungen externer Institutionen mit Transaktionskostenwirkung kommen grundsätzlich in Betracht:

- Änderungen von Transaktionskosten für gegebene Handlungsrechte. Beispiel für eine Erhöhung der Transaktionskosten wäre die Einführung der Verschreibungspflicht für eine spezifische Droge mit dem Ziel der Begrenzung des Drogenmißbrauchs. Eine Senkung von Transaktionskosten im Handel mit Gesellschaftsanteilen kann z. B. durch eine Ausweitung von gesetzlichen Publikationsvorschriften für Kapitalgesellschaften angestrebt werden.
- Änderungen von Handlungsrechten. Eine Einschränkung von Handlungsrechten beinhalten z. B. die meisten Regulierungen im Bereich des Umweltschutzes. Ein neues Handlungsrecht wird z. B. mit der Einführung eines Urheberrechtes auf Computer-Software geschaffen. Im Kern stellen Änderungen von Handlungsrechten i. d. R. Reaktionen auf eine veränderte Bewertung (technologischer) externer Effekte oder auf neuartige externe Effekte dar.

Die politisch wirksame Nachfrage nach Änderungen der externen Institutionen i. S. v. LACHMANN durch Individuen und Gruppen richtet sich allerdings nicht nur auf Verbesserungen der marktmäßigen Koordination. Vielmehr sind häufig auch solche Gesetzesinitiativen beobachtbar, von denen bestimmte Gruppen einen Schutz ihrer Handlungsrechte vor einer Entwertung durch preisgesteuerte Wettbewerbsprozesse erwarten. Angesprochen ist damit eine Vielzahl verteilungspolitischer Interventionen, die noch zu diskutieren sein werden (Kap. 5).

Externe Institutionen einer Marktwirtschaft haben die charakteristischen Merkmale einer öffentlichen Infrastruktur. Die mit ihrer Produktion entstandenen Kosten sind versunkene Kosten. Im Hinblick auf die damit geschaffene Infrastruktur sind es infrastrukturgebundene Transaktionskosten. Der durch diesen Aufwand entstandene Kapitalstock kann mit der Dauer seiner Nutzung sogar an Qualität gewinnen; denn je länger er die Handlungsmöglichkeiten in unveränderter Weise begrenzt, desto mehr kann er zur Verhaltensstabilisierung beitragen.

Das gilt auch für die internen Institutionen einer Marktwirtschaft. Sie sind Ergebnisse des Marktprozesses und entstehen aus dem Bemühen der Akteure, laufende Transaktionskosten zu senken. Zwei grundsätzliche Möglichkeiten sind unterscheidbar:

- Entwicklung transaktionskostensenkender Institutionen. Eine solche Funktion haben die Selbstverwaltungsorganisationen der Wirtschaft (z. B. Kammern) übernommen, als sie begannen, z. B. Qualifikationszertifikate (etwa Gesellen- und Meisterbriefe) und Ursprungszeugnisse auszustellen oder für Streitigkeiten zwischen Mitgliedern eine Schlichtung zu organisieren. Als Regelungen mit dem Ziel, die Kontrollkosten zu senken, sind beispielsweise Industrienormen und Konventionalstrafen zu nennen. Musterverträge und allgemeine Geschäftsbedingungen eignen sich für eine Senkung von Aushandlungskosten.
- Bildung von vorgelagerten Märkten mit Transaktionskostenelementen als Marktobjekten. Sie setzt voraus, daß die kostenverursachende Information durch Spezialisierung günstiger produziert und vermarktet werden kann. So erlauben vielfältige Beratungsdienste und Anzeigenmärkte offenbar eine Senkung der Such- und Informationskosten.

Ein Beispiel dafür, wie sich alle Arten laufender Transaktionskosten senken lassen, sind hochorganisierte Märkte (Börsen); hier ist die Kostensenkung das Ergebnis vielfältiger Standardisierungen hinsichtlich der handelbaren Objekte, der zum Handel zugelassenen Marktteilnehmer sowie Ort und Zeit des Handels.

Wie bei den externen Institutionen sind auch bei den internen Institutionen nicht alle Bemühungen ausschließlich auf deren Verbesserung hinsichtlich der Transaktionskostenwirkung gerichtet. Vielmehr zielen private Initiativen häufig auch darauf, interne Institutionen wettbewerbsbeschränkend zu verändern. Hierzu eignen sich z. B. Industrienormen ebenso wie Regeln der Gewerbezulassung, soweit diese durch die Selbstverwaltungsorganisationen der Wirtschaft wirksam kontrolliert werden.

3.2.3 Koordination in Organisationen

3.2.3.1 Handlungsrechte und Organisationen

Die hier vor allem interessierende Organisation Unternehmung kann aus handlungsrechtlicher Sicht betrachtet werden als (1) eine Zusammenlegung von Handlungsrechten verschiedener Art (Ressourcenzusammenlegung; z. B. VANBERG, 1982), die (2) im Zusammenwirken von Personen nach vorzugebenden Zielen eingesetzt werden, wobei (3) das Zusammenwirken auf der Grundlage unvollständiger Verträge (s. u.) hierarchisch koordiniert wird. Dies geschieht in der Erwartung, daß die Organisation eine vorteilhaftere Verwertung der Handlungsrechte erlaubt als ihre getrennte Verwertung durch Markttransaktionen.

Die zusammengelegten Handlungsrechte sind das sachliche Vermögen (die Aktiva) des Unternehmens. Das Vermögen wird von der Leitung des Unternehmens oder von mit entsprechenden Befugnissen ausgestatteten Personen mit Arbeitsleistungen kombiniert, um vorgegebene Ziele zu erreichen. Die dazu zu schließenden Arbeitsverträge sind unvollständig insofern, als sie nur Vereinbarungen über die Art der zu erbringenden Leistungen enthalten; Leistung und Gegenleistung divergieren hinsichtlich ihrer vertraglichen Präzisierung im Unterschied z. B. zu einem Werkvertrag. Letztlich ist der Unternehmensleitung die Spezifizierung der Leistung überlassen; das damit verbundene Recht zur Anweisung soll eine Anpassung an wechselnde und ungewisse Operationsbedingungen des Unternehmens erlauben. An dieser Grundkonstellation ändert sich wenig, wenn die Leitung des Unternehmens selbst zum Gegenstand eines so definierten, unvollständigen Arbeitsvertrages wird. Allerdings dehnen sich mit dem Übergang vom Eigentümer-Unternehmer zum fremdgeführten Unternehmen die Anreiz- und Kontrollprobleme (s. u.) des oder der Vermögenseigentümer auf das Management aus.

Unternehmen stehen zwar auf der Beschaffungs- und Absatzseite in Marktkontakt, nehmen am Transaktionsgeschehen teil und sind insofern auch in kontrollierende Wettbewerbsprozesse einbezogen. Für sie ist aber auch charakteristisch, daß zwischen Beschaffungs- und Absatztransaktionen mehr oder weniger viele interne Schritte der Leistungserstellung geschaltet sind. Sowohl diese Leistungserstellung als auch die Markttransaktionen des Unternehmens erfordern eine organisationsinterne Koordination. Diese wiederum muß auf ein ebenfalls zu errichtendes Informationssystem gestützt werden. Ferner ist ein Kontroll- und Anreizsystem erforderlich, das die im Unternehmen Kooperierenden dazu veranlaßt, die Unternehmensziele zu verfolgen. Infolgedessen verursacht die unternehmensinterne Koordination spezifische Organisationskosten.

3.2.3.2 Organisationskosten

Die Realisierung der Organisationsziele setzt eine sachliche und zeitliche Koordination der Verfügungen der Organisationsmitglieder über die zusammengelegten Handlungsrechte voraus. Im Extremfall würden diese Verfügungen zentral geplant und durch entsprechende Handlungsanweisungen minutiös vorgeschrieben. Aus der Perspektive der Handlungsrechte wären in diesem Fall sowohl die Verfügungs- als auch die Nutzungsrechte (die ökonomischen Folgen der Verfügungen für das Unternehmen und seine Ziele) völlig bei der Leitung konzentriert. Es läge die Fiktion einer Maschinenbefehlsorganisation (z. B. RÖPKE, 1977, S. 212 ff.) vor. Da die Anweisungen im vorhinein zu fixieren wären, würde dies nicht nur eine perfekte Voraussicht aller Handlungsumstände und -folgen voraussetzen, sondern auch eine untrügliche Kenntnis des Leistungsvermögens der Anzuweisenden sowie eine zweifelsfreie Kontrollmöglichkeit ihrer Leistungen, so daß Prinzipal-Agentprobleme nicht auftreten würden.

Da diese Bedingungen nicht erfüllbar sind, werden konkrete Anweisungen häufig durch allgemeinere Handlungsregeln und Funktionsbeschreibungen von Organisationsmitgliedern sowie Gruppen von ihnen ersetzt. Dementsprechend nimmt deren Handlungsspielraum zu und damit auch die Möglichkeit, selbstgesetzte Ziele zu verfolgen; sie können durchaus von den Organisationszielen abweichen mit der Konsequenz, daß ihre Verfolgung zu Lasten dieser Ziele geht. Aber auch die Motivation der Organisationsmitglieder, flexibel und kreativ im Interesse der Organisationsziele zu handeln, mag je nach den gegebenen Anreizen gefördert oder gehemmt werden. Es liegen die für Organisationen (geplante Ordnungen) typischen Probleme der Koordination und Leistungserschließung vor. Sie ergeben sich letztlich daraus, daß die Organisationsmitglieder in mehr oder weniger beschränktem Umfang Verfügungsrechte wahrnehmen, die damit verbundenen Nutzungsrechte aber nicht ihnen unmittelbar, sondern der Organisation zufallen.

Zu koordinieren sind sowohl die interne Leistungserstellung des Unternehmens als auch seine Transaktionen auf den Beschaffungs- und Absatzmärkten. Welche Teilaufgaben der Leistungserstellung intern und welche durch Transaktionen erfüllt werden, bestimmt sich unter Wirtschaftlichkeitsaspekten nach der Höhe der Organisations- bzw. der Transaktionskosten. Für jedes Unternehmen ergibt sich die Notwendigkeit, nichtmarktliche und marktliche Koordinationsformen effizient zu mischen.

Organisationskosten entstehen zunächst einmal als Folge der Planung, Errichtung und Veränderung einer unternehmensspezifischen, institutionalisierten Organisationsstruktur (zu den betriebswirtschaftlichen Aspekten der Organisation vgl. z. B. PICOT, 1984; KIESER und KUBICEK, 1983/92 sowie WILLIAMSON, 1975). Diese Kosten sind im Hinblick auf die Nutzung der Struktur für die unternehmensinternen Abläufe einmalige (organisationsgebundene) Kosten. Entscheidend ist dabei, daß die geschaffene Organisationsstruktur das Niveau der laufenden Kosten der internen Koordination wesentlich mitbestimmt. Zu den laufenden Organisationskosten gehören z. B. der Aufwand an Personal-, Material- und Maschinenkosten für die Information und Kontrolle der Teilbereiche des Unternehmens, aber auch Kosten als Folge von Beanstandungen, Beschwerden und internen Konflikten. Ferner zählen die Opportunitätskosten dazu, die entstehen, wenn die hier besonders interessierenden Substitutionsvorgänge verzögert oder gar nicht vollzogen werden. Ihre Bewältigung bereitet insofern besondere Koordinationsschwierigkeiten, weil sie unternehmerisches im Unterschied zu Routine-Handeln erlauben und begünstigen müssen.

Organisationskosten entstehen nicht ausschließlich als Folge autonomer Koordinationsbemühungen der in einem Unternehmen kooperierenden Individuen. Vielmehr werden die Organisationsstrukturen und -abläufe auch durch die notwendige Anpassung an rechtliche Vorgaben beeinflußt. Dabei sind z. B. in der Bundesrepublik

Deutschland das geltende Gesellschaftsrecht und das Betriebsverfassungsgesetz von der Verfolgung spezifischer wirtschaftspolitischer Zielsetzungen mitgeprägt, die durchaus mit den Unternehmenszielen in Konflikt stehen können.

3.2.4 Allokationsfolgen von Koordinationskosten

3.2.4.1 Transaktionskosten

Laufende Transaktionskosten

Laufende Transaktionskosten sind - wie dargelegt - Informations- bzw. Kommunikationskosten. Sie entstehen mit der Anbahnung, Aushandlung und Kontrolle von Transaktionen, ohne daß das durch diesen Aufwand erworbene Wissen die Ungewißheit beseitigen könnte. Das Wirtschaftssubjekt ist vielmehr mit einem zweistufigen Entscheidungsproblem konfrontiert (zum folgenden STREIT und WEGNER, 1988/1990): Zunächst kann es darüber entscheiden, wieviel es zur transaktionsorientierten Kommunikation aufwenden will. Jedoch kann es diesen Aufwand (z. B. an Suchkosten) nicht optimieren; denn das setzte voraus, daß es den Wert der zu suchenden Informationen (im vorliegenden Fall die potentiellen Tauschpartner und deren Tauschgebote) bereits kennen würde. Dann wüßte es aber bereits das, wonach es sucht. Anders als bei Gütern ist bei Informationen die Nutzenbeurteilung grundsätzlich nicht von ihrem Erwerb zu trennen. Das bedeutet: Das Wirtschaftssubjekt kann sich zwar dafür entscheiden zu suchen, jedoch kann es nicht den Umfang des Suchaufwands i. d. S. rational wählen, daß es den Informationswert seines Suchaufwands optimiert.

In einem zweiten Schritt ist nach beendeter Informationssuche eine Wahl auf der Grundlage des Bekannten möglich, mehr aber auch nicht. Es gibt keine Möglichkeit, die Rationalität dieser Entscheidung nach dem Ausmaß der herangezogenen Informationen zu qualifizieren; denn das setzte als Referenzsystem eine Entscheidung mit vollkommener Information und damit ein Nirwana voraus.

Allokationstheoretisch ist ebenfalls von Bedeutung, daß der Transaktionskostenaufwand die Transaktionsentscheidungen selbst nicht beeinflussen kann. Das wird besonders deutlich, wenn einmal unterstellt wird, lediglich Anbahnungs- und Aushandlungskosten kämen in Betracht. Selbst wenn in diesem Fall nach Abschluß der Verhandlungen der Nettoerlös aus der nunmehr möglichen Transaktion geringer wäre als die bereits aufgelaufenen Transaktionskosten, wäre es dennoch rational, die Transaktion vorzunehmen; denn sonst stellte sich das Wirtschaftssubjekt noch schlechter. Das durch die Transaktionskosten zugänglich gewordene Wissen wird also genutzt, unabhängig davon, wie teuer es war. Auch dies ist Folge der Eigenschaft von Information, daß ihre Beurteilung nicht von ihrem Erwerb getrennt werden kann.

Gerade hierin unterscheiden sich laufende Transaktionskosten grundsätzlich von Substitutionskosten. Das zentrale allokationstheoretische Ergebnis hinsichtlich der Wirkung von Substitutionskosten war: Substitutionskosten schieben sich wie ein Keil zwischen Knappheitsunterschiede und bewirken, daß solche Unterschiede auch dann ungenutzt bleiben können, wenn sie bekannt sind. Um sie und die anfallenden Substitutionskosten kennenzulernen, bedarf es des Transaktionskostenaufwands. Von den mit solchem Aufwand erschlossenen Substitutionsmöglichkeiten werden diejenigen genutzt, bei denen der Substitutionserfolg größer als die Substitutionskosten zu werden verspricht. Auf diese Entscheidung haben die angefallenen Transaktionskosten keinen Einfluß mehr; allokationstheoretisch sind sie versunkene Kosten. Die Notwendigkeit, Transaktionskosten zur Erschließung von Substitutionsmöglichkeiten aufwenden zu müssen, hat zur Folge, daß – verglichen mit dem Nirwana vollkommener Information – stets eine unbekannte Zahl von ungenutzten Knappheitsunterschieden besteht.

Infrastrukturgebundene Transaktionskosten

Infrastrukturgebundene oder einmalige Transaktionskosten sind Kosten der Entwicklung äußerer und innerer Institutionen der marktmäßigen Koordination i. S. v. LACHMANN. Der Informationsgehalt dieser Institutionen besteht in den Beschränkungen, die sie dem Verhalten von Wirtschaftssubjekten auferlegen; zu dieser Verhaltensbeschränkung können sie verpflichtet werden (externe Institutionen) oder aber sich selbst verpflichten (interne Institutionen). Die damit möglich werdende Ersparnis an laufenden Transaktionskosten dürfte besonders deutlich werden, wenn z. B. der hypothetischen Frage nachgegangen wird, wie hoch allein die für jeden Kaufvertrag durchschnittlich anfallenden Aushandlungskosten zu veranschlagen wären, wenn es das entsprechende Vertragsrecht (externe Institution) und allgemeine Geschäftsbedingungen (interne Institution) nicht gäbe. Solche Beispiele verdeutlichen auch die Kapitalguteigenschaften dieser Institutionen, die Fixkostendegression, der ihre Nutzung unterliegt, sowie die Eigenschaft dieser Kosten, versunkene Kosten zu sein. Sie entstehen bei der Schaffung der entsprechenden Infrastruktur unabhängig davon, wie häufig diese danach bei den laufenden Transaktionen genutzt würde. Der Umstand, daß sie generelle Gültigkeit haben sollen, läßt ferner ihren Kollektivgutcharakter erkennen.

Die Wirtschaftssubjekte müssen sich zumindest in dem Maße mit den externen und internen Institutionen vertraut machen, wie sie diese für ihre selbstgesetzten Ziele nutzen wollen. Insofern entstehen ihnen wiederum Transaktionskosten, die jedoch mit zunehmender Vertrautheit mit den Institutionen einer Degression unterliegen. Ferner erlaubt die mit Hilfe der Institutionen vorgenommene Standardisierung eine Herausbildung von vorgelagerten Märkten, auf denen spezialisierte Leistungen, z. B. von Rechtsberatern, Justitiaren u. a. gehandelt werden. Damit entsteht die Möglichkeit, den Erwerb eigener Kenntnisse von Institutionen durch fremde Leistungen zu substituieren. Solche Dienste können auch in Anspruch genommen werden, wenn es darum geht, Regeln externer und interner Institutionen im Hinblick auf die spezifischen Transaktionszwecke zu konkretisieren.

3.2.4.2 Organisationskosten

Laufende Transaktionskosten können die marktmäßige Koordination auch dadurch beeinflussen, daß sie die Verlagerung des Austausches in eine Organisation bewirken. Eine solche Verlagerung liegt grundsätzlich in den Fällen nahe, in denen Organisationskosten erwartet werden, die niedriger als die vermuteten Transaktionskosten sind. Umgekehrt können Änderungen dieser Kostenverhältnisse ebenso Verlagerungen aus der Organisation in Markttransaktionen auslösen. Derartige Erwägungen dürften sich z B. in der Veränderung der Fertigungstiefe von Industrieunternehmen niederschlagen. Innerhalb einer marktwirtschaftlichen Ordnung besteht also die Möglichkeit einer kostensparenden Wahl zwischen Koordination durch den Markt oder durch eine Organisation (Coase, 1937; Williamson, 1975). Zum Nulltarif ist Koordination aber nirgendwo zu haben.

Die Substitution von Transaktionen durch unternehmensinterne Leistungserstellung hat auch zur Folge, daß sich die Kontrolle der Ressourcenverwendung durch mögliche Wettbewerbshandlungen anderer Wirtschaftssubjekte verringert. Diese Folge und nicht so sehr die erwartete Kostenersparnis kann durchaus das zentrale Substitutionsziel sein. Es wird besonders plausibel, wenn berücksichtigt wird, daß Eigentümer und Management personell getrennt sein können, oder wenn - diese Betrachtungsweise erweiternd - auch Gruppierungen wie Banken, Lieferanten und Belegschaftsvertreter in eine „Koalitionentheorie der Firma“ (Schüller, 1983b) einbezogen werden. Für die verschiedenen Gruppen wird es mit der Lockerung der Kontrolle durch die Arbeits-, Kapital-, Zwischenprodukt- und Absatzmärkte möglich, abweichend von den Zielen der Eigentümer selbstgesetzte Ziele zu verfolgen. Beispielsweise lassen sich Neuerungen im Interesse bisheriger Arbeitsplätze verzögern. Ferner können Kapitalzuweisungen für Investitionen dem Vergleich mit konkurrierenden Verwendungen durch den Kapitalmarkt entzogen werden. Ebenso können unternehmensinterne Aufstiegschancen gruppenorientiert gestaltet werden. Für die Eigentümer bedeutet das, daß ihre Kontrollkosten steigen, die Prinzipal-Agentprobleme zunehmen.

3.3 Wettbewerb

Im Rahmen der ordnungspolitischen Überlegungen (Kap. 2) wurde die Ermöglichung und Sicherung von Wettbewerbsprozessen als Antwort auf die Ordnungsfrage nach Kontrolle und Sanktionen bei marktmäßiger Koordination erörtert. Als relevante Wettbewerbswirkungen ergaben sich die Tendenz zum Ausgleich von Knappheitsunterschieden, der Anreiz zu Neuerungsleistungen und die machtbegrenzende Kontrolle der Wahrnehmung der wirtschaftlichen Freiheitsrechte. Bislang unerörtert blieb, daß Wettbewerbshandlungen nicht ohne Informations- bzw. Kommunikationsleistungen möglich sind. Gerade hierin ist jedoch die Lösung des bereits im ersten Kapitel aufgeworfenen Problems der Wissensteilung als notwendiger Begleiterscheinung der Arbeitsteilung zu suchen.

3.3.1 Wettbewerb als Entdeckungsverfahren

3.3.1.1 Die individuelle Handlungssituation: konstitutioneller Wissensmangel

Zum Verständnis von Markthandlungen und von Allokationsvorgängen, die durch Wettbewerb kontrolliert werden, sind die Wissensmöglichkeiten der Handelnden von zentraler Bedeutung. Wissensmangel über die Lage und erst recht über die Zukunft ist konstitutionell, d. h. er ist als grundsätzlich nicht behebbar anzusehen. Infolgedessen sind Überlegungen, bei denen vom Nirwana vollkommener Information und erst recht vollkommener Voraussicht ausgegangen wird, eher geeignet, das Verständnis und die Erklärung realer ökonomischer Vorgänge zu erschweren (hierzu z. B. HAYEK, 1937; ALBERT, 1963a).

Wissen läßt sich zwar durch Ressourcenaufwand erwerben, jedoch sind – wie im Zusammenhang mit den laufenden Transaktionskosten dargelegt – Informationsbemühungen nicht mit der reinen Allokationslogik der Wahl analysierbar. Ein optimaler Informationsgrad, bei dem der erwartete Grenzertrag und die Grenzkosten der Information gleich zu sein hätten, ist nicht angebbar; denn dazu wäre die Kenntnis all dessen bereits erforderlich, wonach gesucht werden könnte. An diesem Informationsparadoxon (ARROW, 1962, S. 147) wird auch deutlich, daß es wenig sinnvoll ist, zumindest einen Beobachter zu unterstellen, dem bekannt sein soll, wonach gesucht werden könnte. Das geschieht jedoch, wenn z. B. Anpassungen an objektive Marktdaten analysiert werden; denn aufgrund des konstitutionellen Wissensmangels (der auch für den Beobachter gelten muß) bestimmen nicht solche Daten die Markthandlungen, sondern Tatsachen, die das Wirtschaftssubjekt für sich erschlossen hat und als entscheidungsrelevant betrachtet. Welche das sind, ist nicht mit Mitteln der Logik a priori angebbar. Vielmehr bleibt es dem Wirtschaftssubjekt überlassen, seinen Wissensstand im Hinblick auf sein jeweiliges Handlungsproblem einzuschätzen. Genügt dieser Wissensstand nicht seinem subjektiven Anspruchsniveau hinsichtlich der Handlungsvorbereitung, wird sich das Wirtschaftssubjekt zur Suche entschließen. Das Anspruchsniveau und seine mögliche Veränderung als Folge von gemachten Erfahrungen entzieht sich ebenfalls einer Erklärung im Sinne einer allgemeinen konkretisierbaren Gesetzmäßigkeit (hierzu z. B. WITT, 1987, S. 142 ff.).

Aber auch die Entscheidungen mit Hilfe des erworbenen Wissens sind mit subjektiven Elementen durchsetzt, die nicht ohne weiteres vernachlässigt werden können. Das gilt zunächst einmal für die Handlungsmöglichkeiten selbst. Gelegenheiten für eine vorteilhafte Substitution, die Markthandlungen erforderte, werden nicht unmittelbar als solche entdeckt. Oder mit den Worten von Kenneth BOULDING (1956/87, S. 84): „Alternativen haben üblicherweise nicht die Höflichkeit, sich in Reih und Glied auf dem Exerzierplatz unserer Vorstellungskraft zu präsentieren." Vielmehr müssen sie durch eine subjektive und möglicherweise schöpferische Erkenntnisleistung ermittelt werden. Die Leistung selbst ist vorstellbar als Ergebnis des Bemühens, neues Wissen zu der Vorstellung (BOULDING: das Image) oder der persönlichen Wissensstruktur in Beziehung zu setzen, die das Wirtschaftssubjekt im Hinblick auf seine ökonomische Umwelt bereits hatte.

Zu dem subjektiven Akt der Erschließung von Handlungsmöglichkeiten gehört auch und nicht zuletzt die Abschätzung der vermutlichen Handlungsfolgen. Das erfordert die Bildung von Erwartungen (hierzu z. B. LACHMANN, 1943). Sie wäre nur in einer sich nicht ändernden stationären ökonomischen Welt einigermaßen unproblematisch; denn dann wäre ein ständiger Wissenszuwachs durch Erfahrung möglich. Tatsächlich ändert sich die ökonomische Welt ständig, u. U. auch durch Neuerungen, die vom betrachteten Wirtschaftssubjekt selbst herbeigeführt werden. Eine evolutorische Umwelt bedeutet für die individuelle Erfahrung, daß diese einer ständigen Entwertung ausgesetzt ist. Deren Ausmaß kann dem Wirtschaftssubjekt niemals vollständig bekannt sein. Infolgedessen ist auch Erfahrung eine zwar nützliche, aber nicht untrügliche Grundlage der Erwartungsbildung.

Deshalb sind bei der Analyse von Markthandlungen nicht nur die subjektiven Wissensgrundlagen, sondern auch die Möglichkeiten des Irrtums zu berücksichtigen. Verschiedene Quellen des Irrtums lassen sich unterscheiden (KNIGHT, 1921, S. 202), wenn der Entscheidungsvorgang betrachtet wird:

- Die Entscheidungssituation kann im Hinblick auf die selbstgesetzten Ziele unzulänglich und falsch wahrgenommen werden (Wahrnehmungs- oder Diagnoseproblem).
- Die Lage, die sich ergeben würde, wenn es beim bisher geübten Tun oder Unterlassen des Entscheidungsträgers bliebe, kann falsch extrapoliert werden (Extrapolationsproblem oder Problem der Status-quo-Prognose).
- Die Folgen des eigenen Handelns sind nicht mit Sicherheit abzusehen (Problem der Handlungsfolgen oder der Wirkungsprognose).
- Die Handlungen werden vor allem wegen des Wahrnehmungs- und Extrapolationsproblems, aber auch zwischenzeitlicher Änderungen bei den selbstgesetzten Zielen nicht wie geplant durchgeführt (Durchführungsproblem).

Die skizzierten Folgen des konstitutionellen Wissensmangels bedeuten für die marktmäßige Koordination, daß hinsichtlich ihrer Qualität als Allokationssystem zu fragen ist:

- In welchem Maße regt es die Wirtschaftssubjekte dazu an, den konstitutionellen Wissensmangel zu begrenzen, ohne ihn optimieren zu können?
- Wie gut ist es geeignet, individuell gewonnenes Wissen über solche ökonomisch relevanten Tatsachen zu verbreiten, die auch anderen Wirtschaftssubjekten dienlich sein könnten?
- Kann es bewirken, daß die Verwertung entdeckter ökonomischer Umstände kontrolliert und unvermeidliche subjektive Fehleinschätzungen aufgedeckt sowie in ihrer Allokationswirkung begrenzt werden?

Klärungsbedürftig sind demnach der Wissenserwerb, die Wissensverbreitung und die Wissensverwertung.

3.3.1.2 Wissensteilung und Wettbewerbshandlungen

Wissenserwerb und unternehmerisches Handeln

Die erste der zuvor aufgeworfenen Fragen hat einen ökonomischen und einen soziologischen Aspekt. Der ökonomische Aspekt besteht in der Eingliederung der Wirtschaftssubjekte in die Arbeitsteilung. Sie setzt voraus, daß die Wirtschaftssubjekte marktfähige Leistungsangebote entwickeln und absetzen können. Für die Realisierung ihrer Produzenten- bzw. Anbieterrolle (Einkommenserzielung) ist Wissen über die entsprechenden Transaktionsgelegenheiten ebenso erforderlich wie für die nach der Vielfalt und Wandelbarkeit differenziertere Konsumentenrolle (Einkommensverwendung). Ein auf Dauer möglichst ertragreiches Aufgreifen beider Rollen erfordert die Suche nach vorteilhaften Möglichkeiten, bisherige Nachfrager bzw. Anbieter substituieren zu können. Diese Suche ist nicht kostenlos. Der Erwerb von Wissen über Substitutionsgelegenheiten verursacht laufende Transaktionskosten. Ein hoher Transaktionskostenpegel dürfte abschreckend auf die riskante Suche nach lohnenden Substitutionsmöglichkeiten wirken.

Wie im vorangegangenen Abschnitt ebenfalls dargelegt, bedarf die Erschließung von Substitutionsgelegenheiten darüber hinaus einer Erkenntnisleistung. Sie kann zudem kreativ sein, also zum Entstehen neuen Wissens führen. Damit ist die Fähigkeit und Bereitschaft zu unternehmerischem Handeln angesprochen. Sie manifestiert sich nicht nur in SCHUMPETERS (z. B. 1928) schöpferischem Unternehmer, dem es gelingt, völlig neue ökonomische Handlungsmöglichkeiten zu entdecken und durchzusetzen. Vielmehr bezieht sich die Fähigkeit und Bereitschaft, unternehmerisch zu handeln, auch auf weniger bahnbrechende Markthandlungen von Anbietern, aber auch von Nachfragern; dazu gehört die attraktive Werbeidee ebenso wie das sorgfältige Studium des Anzeigenteils einer Zeitung oder das geschickte Aushandeln eines Kaufvertrages. Sie setzen bei den Wirtschaftssubjekten ebenfalls das voraus, was KIRZNER (z. B. 1983) mit Findigkeit bezeichnet. Das für diese Qualifikation erforderliche Zusammenwirken von Persönlichkeitsmerkmalen wie Neugier, Kreativität, Risikobereitschaft, Erwerbsstreben und Umweltfaktoren wie Erziehung und Aufgeschlossenheit der Umwelt ihm gegenüber, ist noch wenig geklärt (hierzu z. B. WITT, 1987, Teil IV; RÖPKE, 1977, S. 107 ff.; 1983).

Zu dem Erklärungsdefizit mag in der Ökonomik beigetragen haben, daß trotz des Anstoßes von SCHUMPETER in der konventionellen, neoklassischen Theorie der Firma kein Unternehmer benötigt wird. An seiner Stelle operiert ein Ökonomisierer. Dieser hat lediglich Optimierungsaufgaben i. S. d. Allokationslogik zu lösen; denn er bewegt sich im Rahmen des ihm Bekannten und Vorgegebenen. Ähnliches gilt in der konventionellen Haushaltstheorie für den Konsumenten. Auch er optimiert anhand seiner Nutzenfunktion und des ihm vorgegebenen Einkommens sowie der als relevant definierten Preise. Für Markthandlungen im Sinne des kostenverursachenden Aufspürens günstiger Transaktionsgelegenheiten besteht auch in seinem Fall kein Raum.

Der Preismechanismus als System der Wissensverbreitung

Unbeschadet der ausstehenden Verhaltensbegründungen werden findige Anbieter und Nachfrager als Akteure benötigt, wenn der Prozeß des Wissenserwerbs und der Wissensverbreitung verständlich sein soll, der durch Markthandlungen vorangetrieben wird. Damit ist die zweite der am Ende des vorangegangenen Gliederungsabschnitts aufgeworfenen Fragen angesprochen. Die Antwort ist in der Kommunikationsleistung des marktwirtschaftlichen Preismechanismus zu suchen. Preise entstehen als Ergebnis von Transaktionen, mit denen die Wirtschaftseinheiten andere zur Kooperation bei der Realisierung ihrer Pläne gewinnen. Die Pläne werden aufgrund des Wissens der Marktteilnehmer über ihre speziellen Wirtschaftsbedingungen gemacht. Diese können niemandem in ihrer Gesamtheit bekannt sein. Das ist auch nicht erforderlich. Benötigt werden lediglich in ausreichendem Maße Signale über Knappheiten und deren Änderung sowie findige Marktteilnehmer, die bereit sind, Transaktionskosten aufzuwenden, um Substitutionsmöglichkeiten aufzuspüren und daraus persönlichen Vorteil zu ziehen. Mit ihren Transaktionen lösen sie zugleich neue Preissignale aus, die wiederum von anderen aufgegriffen und zum Anlaß von Markthandlungen gemacht werden können, wenn ihr spezielles Wissen und ihre Findigkeit ihnen dazu rät.

Ohne daß jemand das Gesamtgeschehen überblicken müßte, wird auf diese Weise Wissen verarbeitet und durch Preise und Preisänderungen in kodierter Form (HAYEK, 1976/2003, S. 117) weitergegeben; Preise signalisieren denjenigen, die sie entdecken, nicht automatisch, was sie tun sollen, sondern verlangen aus der Sicht des individuellen Wissens interpretiert zu werden. Die Vorgänge lassen sich mit einem sehr vereinfachenden Beispiel verdeutlichen (vgl. hierzu und zur gesamten Argumentation HAYEK, 1945). Angenommen, irgendwo wäre eine neue Verwendungsmöglichkeit für Zinn entstanden oder eine Zinnmine unergiebig geworden. Für die bisherigen Benutzer von Zinn sind beide Ereignisse nur insoweit von Belang, als Zinn knapper geworden ist. Ferner müssen nur wenige unmittelbar Betroffene wissen, wo die Quelle der Verknappung zu suchen ist. Wenn diese dort Zinn anbieten bzw. sich nach anderen Bezugsquellen umsehen, genügt das. Dadurch bewirken sie Preisänderungen, die - wenn sie entdeckt werden - andere veranlassen mögen, sich nach Zinnsubstituten umzusehen, wodurch wiederum Substitution dieser Substitute ausgelöst wird usw. Ebenso ist es möglich, daß an irgendeiner Stelle dieser Kettenreaktion völlig neue Substitute entwickelt werden, sich als marktgängig erweisen und ihrerseits neue Reaktionen auslösen. Das Auffallende daran ist, daß die meisten der Akteure, die in diese Kommunikation über Knappheiten und ihre Änderungen eingeschaltet sind und sie durch ihre Transaktionen vorantreiben, nichts über den Ursprung der Änderung wissen müssen. Vor allem aber wird niemand benötigt, der alle Implikationen dieser und zahlloser anderer Änderungen im vorhinein zu überdenken und dementsprechend zu handeln vermag.

Wissensverwertung und Wettbewerb

Bleibt noch die dritte der am Ende des vorangegangenen Gliederungsabschnitts aufgeworfenen Fragen zu beantworten. Es ist die Frage nach der Kontrolle der Wissensverwertung auch auf Fehleinschätzungen von ökonomisch relevanten Tatsachen und nach der Begrenzung der Allokationswirkungen, die aus solchen Fehleinschätzungen resultieren. Wie bereits im zweiten Kapitel dargelegt, wird die Beantwortung der Frage nach Kontrolle und Sanktion in marktwirtschaftlichen Systemen dem Leistungswettbewerb überlassen. Im folgenden soll lediglich noch einmal der Wissensaspekt preisgesteuerter Wettbewerbsprozesse aufgegriffen werden.

Wettbewerbsprozesse entstehen unter dem Druck tatsächlicher, aber auch potentieller Substitution. Sie lassen sich in zwei ineinandergreifende Teilprozesse zerlegen (HOPPMANN, 1967, S. 88 ff.):

- den Austauschprozeß, der die Beziehungen zwischen den beiden Marktseiten umfaßt,
- den Parallelprozeß, der die Beziehungen zwischen den Akteuren auf der gleichen Marktseite umfaßt.

Der Austauschprozeß bezieht sich auf die Transaktionen, die zu einem Markt zusammengefaßt werden können. Das setzt für die Nachfrager Leistungen der Anbieter voraus, die im Hinblick auf die gleiche oder ähnliche Verwendung substituierbar sind. Angesprochen ist damit das Problem der Abgrenzung des Marktes für Zwecke einer teilwirtschaftlichen Analyse.

Mit einer solchen verwendungsorientierten Definition enger Substitute (sogenanntes Bedarfsmarktkonzept; vgl. hierzu z. B. BARTLING, 1980, S. 92 ff.) sollen weitere Substitute bis hin zur allgemeinen Interdependenz im Totalmarkt nicht geleugnet werden. Ferner ist entsprechend der bisherigen Argumentation davon auszugehen, daß es für den Wettbewerbsprozeß letztlich darauf ankommt, was die Wirtschaftssubjekte als engere Substitute ansehen. Für einen Beobachter ist das eine empirische Frage. Sie ist zudem nicht abschließend beantwortbar; denn auch das, was als engeres Substitut gilt, ändert sich nicht zuletzt als Folge von Wettbewerbshandlungen, z. B. durch Produktinnovationen. Deshalb muß jede derartige Marktbegrenzung notwendig in einem unbekannten Ausmaß unscharf und unbeständig sein. Mehr ist analytisch nicht erreichbar. Da eine teilwirtschaftliche Betrachtungsweise aber sowohl für theoretische als auch für praktische Zwecke (z. B. im Marketing, in der Strukturforschung, in der Wettbewerbspolitik) von Nutzen sein kann, kommt es darauf an, die Grenzen des Ansatzes im Auge zu behalten, ohne sich der analytischen Möglichkeiten zu begeben.

Der Parallelprozeß umfaßt alle Handlungen von Wirtschaftssubjekten auf der gleichen Marktseite, die darauf gerichtet sind, ihre Position im Austauschprozeß zu verbessern. Aufgrund der Substituierbarkeit können solche Handlungen nachteilige Folgen für andere Wirtschaftssubjekte bzw. Unternehmen auf der gleichen Marktseite haben. Infolgedessen entstehen zwischen den Marktteilnehmern auf der gleichen Marktseite Konkurrenzbeziehungen. Dabei können für einen Marktteilnehmer Konkurrenten durchaus identifizierbar sein. Das gilt vor allem für die Anbieterseite. Aber auch der einzelne Nachfrager dürfte auf einer Reihe von Märkten andere Nachfrager identifizieren können, deren Verhalten seine Marktstellung beeinflussen kann (z. B. Großabnehmer auf der Handelsstufe).

Wettbewerbs- oder Substitutionsdruck kann durch den Austauschprozeß nur ausgeübt werden, wenn die Marktseiten über Wissen hinsichtlich der erzielbaren Preis-Leistungs-Verhältnisse verfügen. Der Wissenserwerb ist mit Transaktionskosten verbunden. Infolgedessen hängt die Intensität von Wettbewerbsprozessen von der Bereitschaft ab, Transaktionskosten aufzuwenden. Vor allem den Anbietern stehen zwei Arten von Wettbewerbshandlungen zur Verfügung: (1) die Gestaltung des Preis-Leistungs-Verhältnisses und (2) die öffentliche Kommunikation mit der Marktgegenseite über Leistung und Preis (Werbung). In welchem Maße sich die Nachfrager als Kontrolleure der Anbieter betätigen, hängt weiterhin davon ab, wieviel Transaktionskosten sie aufzuwenden bereit sind, um die Preis-Leistungs-Verhältnisse und die Kommunikation der Anbieter darüber durch Erwerb von Wissen über mögliche Substitute vergleichen zu können.

Die Dynamik (Entwicklungsstärke) des Wettbewerbs wird vor allem von dem Bemühen der Anbieter geprägt, den Substitutionsdruck und damit das Existenzrisiko zu mildern. Solche Bemühungen können erfolgreich sein, wenn Anbieter neue Möglichkeiten zu Wettbewerbshandlungen erschließen. Diese können aus Verbesserungen des Preis-Leistungs-Verhältnisses im Vergleich zu dem der Konkurrenten, aus Werbeaufwand oder auch aus neuartigen Leistungen bestehen. Der Erfolg solcher Maßnahmen hängt letztlich davon ab, ob die Nachfrager ihrerseits die Bemühungen eines Anbieters wahrnehmen und für sich nutzen. In dem Maße, wie sie das tun, üben sie wiederum Substitutionsdruck auf die übrigen Anbieter aus (Folge des Austauschprozesses). Diese werden ihrerseits zu Wettbewerbshandlungen gedrängt; das können Imitationsversuche ebenso sein wie eigene Neuerungsleistungen (Folgehandlungen im Parallelprozeß). Die Dynamik des Wettbewerbsprozesses (Abb. 3.2) besteht so gese-

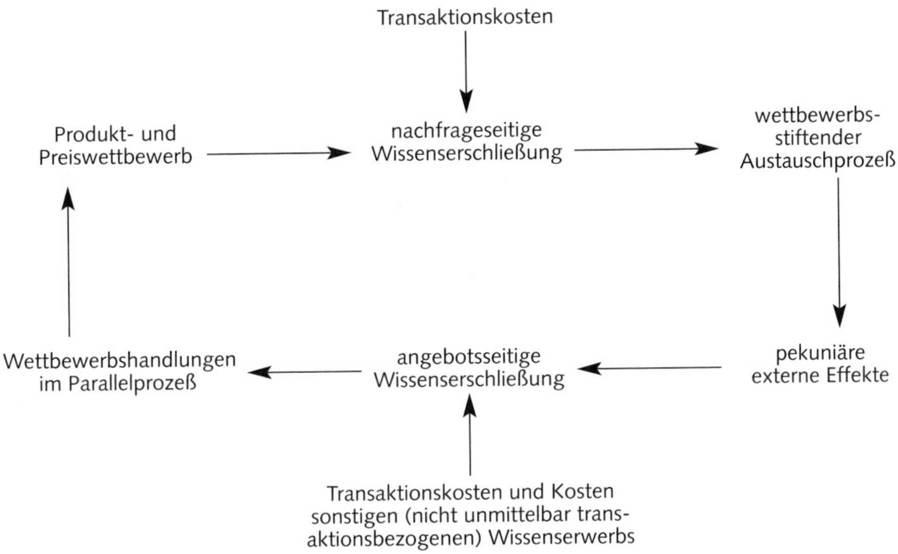

Abb. 3.2: Grundstruktur evolutorischer Marktprozesse

hen in einem Vorstoßen und Nachziehen im Parallelprozeß, der im Austauschprozeß mit Gewinnen oder Verlusten sanktioniert wird.

Aus der Wissensperspektive beinhalten Wettbewerbsprozesse eine Suche nach marktrelevantem Wissen und eine Kontrolle der Wissensverwertung im Verlauf der Preisbildung. Preisvorstellungen, die aus der spezifischen Kenntnis einzelwirtschaftlicher Umstände und der Einschätzung zukünftiger Handlungsbedingungen entwickelt werden, erweisen sich entweder als realisierbar oder müssen revidiert werden. Auf diese Weise werden ständig Antworten auf die im ersten Kapitel diskutierten Allokationsfragen entdeckt. Fehleinschätzungen sind nicht folgenlos. Sie führen bei Produzenten zu Erlöseinbußen und bei Konsumenten zu Realeinkommenseinbußen. Preisgesteuerte Wettbewerbsprozesse arbeiten aber auch als solche nicht kostenlos. Ihre Allokationsfunktion können sie nur in dem Maße wahrnehmen, wie die Marktteilnehmer bereit sind, laufende Transaktionskosten aufzuwenden. Das ist auch eine Frage der Bereitschaft und Fähigkeit zu unternehmerischem Handeln auf beiden Marktseiten. Findigkeit und Transaktionskostenaufwand entscheiden neben Geschick und Glück über den Markterfolg. Das mag den einen oder anderen befremden. Zu fragen ist jedoch aus einer wertbezogenen (normativen) Sicht, ob es ein besseres Verfahren gibt, das trotz des konstitutionellen Wissensmangels die Vorteile der Arbeitsteilung erschließen hilft und den Individuen grundsätzlich die Freiheit, aber auch die Verantwortung für die Verfolgung selbstgesetzter ökonomischer Ziele beläßt.

3.3.2 Konventionelle Wettbewerbsvorstellungen

Der zuvor beschriebene Wettbewerbsprozeß als Verfahren, in dem Wissen erworben und in seiner Verwertung kontrolliert wird, weicht beträchtlich von konventionellen

Wettbewerbsvorstellungen ab. Das gilt insbesondere für den Fall, in dem die konstruktivistische Perspektive eines externen Beobachters eingenommen wird, der davon ausgeht, (1) daß ein Rationalverhalten möglich ist, welches sich an objektiven, allgemein zugänglichen Gegebenheiten orientiert, und (2) daß der evolutorische Charakter des Geschehens ausgeblendet werden kann, um das Koordinationsproblem transparenter zu strukturieren. In besonders ausgeprägter Form geschieht dies bei der Modellierung des allgemeinen Konkurrenzgleichgewichts. Da die Preissignale Gleichgewichtspreise sind, enthalten sie alle für das stationäre Konkurrenzsystem relevanten Informationen. In diesem Fall wären gewissermaßen in der ökonomischen Umwelt der Akteure die Probleme gesellschaftlichen Wirtschaftens in einem Maße gelöst, daß für sie die Anpassung an diese Umweltsignale eine relativ einfache und im Hinblick auf das ökonomische Überleben rationale Reaktion wäre. Zugleich würde mit solchen Reaktionen in diesem Modell eine objektiv gedachte Rationalität (Effizienz) im Hinblick auf das Gesamtsystem erreicht; denn im Grenzfall bedeutete sie, daß auch die letzte noch lohnende Substitutionsmöglichkeit wahrgenommen würde.

Unter Rationalitätsaspekten läßt sich für Konkurrenzgleichgewichtsmodelle folgern, daß ihnen ein Ordnungsverständnis gemeinsam ist, welches die marktmäßige Koordination nicht in ihrer Besonderheit als Handelnsordnung, sondern analog zu einer Organisation zu betrachten erlaubt. Das Gesamtergebnis arbeitsteiligen Wirtschaftens stellt sich dann als Folge objektiv rationalen Verhaltens aller Akteure ein. Es wird nicht durch die „unsichtbare Hand“ erzeugt, sondern durch einen zweckrational denkenden, externen Beobachter konstruiert, dem grundsätzlich alles erforderliche Wissen zugänglich ist (vgl. Streit/Wegner, 1989). Insofern ist es berechtigt zu argumentieren, daß dieses analytische Vorgehen eher einer idealtypischen zentralen Planung entspricht als einer Abbildung wesentlicher Aspekte des Marktgeschehens (Loasby, 1976, S. 136).

3.3.2.1 Wettbewerbshemmnisse, Marktmacht und Wettbewerbsbeschränkungen

Sowohl in den vorangegangenen Abschnitten als auch im zweiten Kapitel wurde dargelegt, was Wettbewerb allokationstheoretisch als Entdeckungsverfahren und gesellschaftspolitisch als Regulativ der Wahrnehmung wirtschaftlicher Freiheitsrechte ordnungstheoretisch betrachtet zu leisten vermag. Für die Wettbewerber liefert Wettbewerb immer von neuem Anreize, sich dem mit ihm verbundenen Substitutionsdruck zu entziehen. Erfolgreiche Wettbewerbshandlungen beruhen gerade darin, daß es einem Wettbewerber gelingt, im Parallelprozeß vorzustoßen, d. h. Tatsachen zu entdecken, deren Verwertung es ihm erlaubt, sich zumindest vorübergehend mit gewinnträchtigen (im Austauschprozeß positiv sanktionierten) Substitutionslücken zu umgeben. Das Entstehen, aber auch der Abbau von Wettbewerbshemmnissen in Form von Substitutionslücken sind also für den Wettbewerbsprozeß charakteristisch.

Die als Wettbewerbshemmnisse wirkenden Substitutionslücken sind zugleich Quellen wirtschaftlicher Macht. Sie verbessern die Stellung gegenüber der Marktgegenseite beim Aushandeln der Tauschbedingungen, da sie deren Substitutionsmöglichkeiten verringern. „Entscheidend für alle Wettbewerbsprozesse ist ... nicht das Fehlen, sondern die Unbeständigkeit (und die dadurch gegebene Begrenzung) der Macht“ (Arndt, 1974, S. 10). Zum Problem werden solche Machtpositionen also erst, wenn sie sich verfestigen, d. h. wenn es an ihrer Kontrolle und Auflösung durch Wettbewerber fehlt. Wann eine solche Situation vorliegt, ist eine schwer zu beantwortende, empirische Frage. Das gilt erst recht für die später noch zu diskutierende wettbewerbspolitische Anschlußfrage, ob Marktmacht (eine marktbeherrschende Stellung) mißbraucht wird und was als Mißbrauch gelten soll.

Substitutionsdruck läßt sich nicht nur durch Wettbewerbsleistungen verringern, sondern auch dadurch, daß versucht wird, die Möglichkeiten anderer Marktteilnehmer zu beschränken, Wettbewerbshandlungen vornehmen zu können. Auch auf diese Weise kann Marktmacht errungen oder zuvor durch Wettbewerbshandlungen errungene Marktmacht abgesichert werden. Wenn der Wettbewerb im Interesse der beschriebenen Wirkungen gesichert werden soll, wird es unumgänglich, solche Handlungsweisen zu identifizieren und zu unterbinden, die in diesem Sinne als wettbewerbsbeschränkend einzustufen sind.

3.2.2.2 Allokationstheoretische Gründe für Wettbewerbsversagen

Bevor die Wettbewerbsbeschränkungen als solche dargestellt werden, ist es zweckmäßig, auf einige allokationstheoretische Gründe kurz einzugehen, die dafür zu sprechen scheinen, daß es Fälle gibt,

- in denen Wettbewerb als unmöglich oder aus Effizienzgründen als nicht sonderlich wünschenswert gilt („natürliche Monopole");
- in denen die gleichen oder verwandte Gründe dafür sprechen, dauerhafte marktbeherrschende Positionen (horizontale Konzentration) auch dann zu dulden, wenn sie durch Wettbewerbsbeschränkung entstehen.

Die genannten Möglichkeiten sind insofern von Bedeutung, als sie wettbewerbspolitisch als Abwägungsproblem interpretiert werden können. Abgesehen von dem Fall, in dem Wettbewerb ohnehin als unmöglich gilt, wäre zu bedenken, ob Wettbewerbsbeschränkungen wegen erwarteter Effizienzvorteile hingenommen werden sollen. Allerdings müßte dann auch die Kontrolle der entstehenden Marktmacht organisiert werden.

„Natürliche Monopole"

Der auf den ersten Blick „natürlichste" Fall einer Unmöglichkeit von Wettbewerb ist das Monopol, das sich aus den Verfügungsrechten an einer einmalig vorkommenden Ressource ableitet. Ein zweiter Blick muß empirisch sein und ergibt, daß bislang keine nennenswerten Fälle bekannt sind, in denen nicht gleiche oder ähnliche Ressourcenvorkommen an anderen Standorten existieren. Infolgedessen haben solche Monopole ihre räumlichen Grenzen, die – bei sonst unbehindertem (auch internationalem) Wettbewerb – vor allem durch die Transportkosten gezogen werden. Darüber hinaus war immer wieder zu beobachten, daß die Ausnutzung einer solchen Marktstellung erfolgreiche Bemühungen auslöste, diese Ressource zu substituieren.

Beruhte der erste Fall auf einer natürlichen Unteilbarkeit, so lassen sich die übrigen Begründungen „natürlicher Monopole" vor allem auf technische Unteilbarkeiten zurückführen. Es sind Fälle zunehmender Skalenerträge, die entweder unmittelbar in der Produktion oder mittelbar in der Bereitstellung von Produktionsfaktoren als Folge von Produktionssteigerungen auftreten können (z. B. ROWLEY und PEACOCK, 1975, S. 176 ff.; STOBBE, 1983/91, S. 252 ff.). Unteilbarkeiten in der Produktion wären letztlich die Ursache dafür, daß über große Mengenintervalle steigende Skalenerträge (sinkende Durchschnittskosten) auftreten. Das kann zur Folge haben, daß die Anbieterseite eines Marktes nicht mehr vielzahlig (polypolistisch) strukturiert sein kann; denn eine große Zahl unabhängiger Anbieter ist auf Dauer nur denkbar, wenn die verfügbaren Produktionstechniken bereits bei relativ kleinen Produktionsmengen zu steigenden Durchschnittskosten führen. Die Situation würde sich entscheidend ändern, wenn unter den gleichen Nachfrageverhältnissen die Produzenten eine Produktionstechnik zu nutzen suchten, die über große Mengenintervalle zu sinkenden Durchschnittskosten führt. Würden sie dann ihre Produktion ausweiten, so wäre das Gesamtangebot so groß und – bei gegebener Nachfrage – der Preis so niedrig, daß nur noch wenige oder gar nur einer von ihnen in der Lage wäre, kostendeckend anzubieten. Die übrigen Anbieter müßten ausscheiden. Damit hätte sich aber die Marktform vom Polypol zum Oligopol oder gar Monopol gewandelt. Ergebnis dieser einfachen partialanalytischen, komparativ-statischen Überlegung wäre demnach, daß als Folge von Unteilbarkeiten Marktmacht auf seiten der Anbieter entstehen oder vergrößert werden kann. Im Extremfall entstünde ein Monopol, das aus Gründen statischer Effizienz dem Angebot durch mehrere kleinere Anbieter vorzuziehen wäre. Allerdings beschränkt sich das Effizienzargument auf die Produktion bzw. auf die Produktionskosten. Es kann aber durchaus sein, daß die Kostenvorteile aus zunehmenden Skalenerträgen durch Organisationskostennachteile und Produktivitätseinbußen aufgewogen werden, die mit zunehmender Unternehmensgröße auftreten können. Damit dürfte jedoch die empirische Relevanz dieses produktionstheoretischen Sonderfalls abnehmen.

Das durch technische Unteilbarkeiten begründbare „natürliche Monopol" ist vor allem in den Fällen von praktischer wettbewerbspolitischer Bedeutung, in denen als letzte Ursache eine Netzgebundenheit des Leistungsvertriebs besteht (z. B. Telekommunikation, Wasser- und Energieversorgung, Eisenbahnen). In diesen Fällen hat erst die räumliche Ausweitung des Absatzes durch ein entsprechendes Leitungsnetz (durch Verringerung der Kosten der Raumüberwindung) den Zugang zu Kostenersparnissen in der Produktion erlaubt. Zwar schließt ein „natürliches Monopol" zunächst einmal Substitutionsmöglichkeiten für den Nachfrager aus. Aber auch derartige Monopole sind nicht als unabänderliche Phänomene anzusehen. Technischer Fortschritt kann die Bedeutung der Unteilbarkeit mindern oder aufheben, sei es dadurch, daß für kleinere Betriebsgrößen kostensparende Verfahren entwickelt werden (z. B. in der Elektrizitätswirtschaft), sei es, daß Substitute mit und ohne Netzbindung auftauchen (z. B. Straßentransport als Substitut für Schienentransport, drahtlose statt netzgebundene Kommunikation).

Dauer wird solchen Monopolen i. d. R. erst dadurch verliehen, daß sie wettbewerbspolitisch als solche anerkannt werden. Wie noch darzulegen sein wird, bedeutet ihre Anerkennung als wettbewerbspolitischer Ausnahmebereich, daß dem oder den Anbietern von Staats wegen Möglichkeiten eingeräumt werden, den Marktzugang zu beschränken und die Substitution dauerhaft zu erschweren.

Horizontale Konzentration

Bei der Verlagerung des Schwergewichtes der wirtschaftlichen Leistungserstellung auf große Unternehmen (Konzentration) werden üblicherweise drei Konzentrationswege unterschieden:

- Konzentrationsvorgänge auf der gleichen Produktionsstufe: horizontale Konzentration;
- Konzentration durch Eingliederung vor- und nachgelagerter Produktionsstufen: vertikale Konzentration;
- Konzentration durch Eingliederung von Produktionen, die nicht leistungsverflochten sind: diagonale oder konglomerate Konzentration.

Auf die beiden letztgenannten Konzentrationsvorgänge soll in diesem Zusammenhang nicht eingegangen werden. Das bedeutet jedoch nicht, daß sie als Machtkonzentrationen gesellschaftspolitisch unbedeutend sind. Ferner ist nicht auszuschließen, daß solche (vor allem vertikale) Konzentrationen auch unter Wettbewerbsaspekten problematisch sein können. Ihre einzelwirtschaftliche Begründung könnte im Falle der vertikalen Konzentration in der Koordinationskostenersparnis (die Organisationskosten werden geringer eingeschätzt als die Transaktionskosten) gesucht werden. Eine diagonale oder konglomerate Konzentration ließe sich einzelwirtschaftlich mit der breiteren Risikostreuung des Unternehmenskapitals begründen.

Bei der allokationstheoretischen Begründung von Konzentrationstendenzen auf einem Markt (horizontale Konzentration) wird ebenfalls häufig mit zunehmenden Skalenerträgen argumentiert. Eine solche Konzentration wäre die Folge davon, daß

- einige Unternehmen schneller als andere wachsen (sog. internes Wachstum),
- Unternehmen sich zusammenschließen (sog. externes Wachstum),
- Unternehmen endgültig ausscheiden.

Die empirische Bedeutung dieses Arguments ist jedoch in doppelter Weise beschränkt. Einmal sind die Zugangsmöglichkeiten zu solchen Skalenerträgen nach Branchen sehr verschieden. Zum anderen stützen empirische Untersuchungen in verschiedenen Ländern die Vermutung, daß die tatsächlich beobachtbare horizontale Konzentration nicht hinreichend durch zunehmende Skalenerträge erklärt werden kann. Zwar dürften mögliche Kostenvorteile größerer Unternehmen bei Beschaffung, Absatz und Finanzierung hinzukommen. Sie sind jedoch ihrerseits häufig nur die Folge einer mit der Konzentration einhergehenden verbesserten Stellung auch auf vor- und nachgelagerten Märkten und nicht das Ergebnis besonderer ökonomischer Leistungsfähigkeit. Schließlich bleibt festzuhalten, daß auch das Argument, größere Unternehmenseinheiten hätten grundsätzlich einen besseren Zugang zu Innovationen, empirisch nicht ausreichend belegt ist (vgl. zusammenfassend z. B. Ahrns und Feser, 1987, S. 59 ff.).

Den somit keineswegs überzeugenden und schon gar nicht generalisierbaren Kostenvorteilen einer horizontalen Konzentration kann außerdem wie den anderen Konzentrationsformen die Vermutung entgegengehalten werden, daß mit der Größe von Unternehmen

- generell die Organisationskosten steigen,
- materiell die Probleme interner Kontrolle und Sanktion (Prinzipal-Agentproblem) zunehmen und
- speziell die ökonomische Anpassungsfähigkeit infolge interner Verkrustung (Bürokratisierung) abnehmen können.

Selbst wenn die hier nur skizzierbaren produktions- und wettbewerbstheoretischen Vorstellungen akzeptiert würden, wäre daher ihre empirische Bedeutung zweifelhaft;

denn den (statischen) Produktionskostenvorteilen können zusätzliche Organisationskosten sowie Einbußen an Unternehmensdynamik gegenüberstehen.

3.3.2.3 Private Wettbewerbsbeschränkungen

Was für Wettbewerbshandlungen gilt, trifft auch für die Verhaltensweisen von privaten Wettbewerbern zu, die geeignet sind, Marktpositionen ohne Wettbewerbsleistungen zu erlangen oder zu verteidigen: Einer abschließenden Kategorisierung steht der menschliche Einfallsreichtum entgegen. Hinzu kommt, daß es eine Vielzahl von Verhaltensweisen gibt, die je nach den konkreten Umständen unterschiedlich beurteilbar sind. So können Preisunterbietungen Ausdruck eines intensiven Leistungswettbewerbs sein. Sie können aber auch der Verdrängung von Wettbewerbern mit dem Ziel einer Monopolisierung dienen. Ähnliches gilt für die Preisdiskriminierung, d. h. für eine Differenzierung des Preises für die gleiche Leistung nach verschiedenen Teilmärkten. Infolgedessen sollen nachstehend nur einige geläufige Arten privater Wettbewerbsbeschränkungen aufgezeigt werden (vgl. z. B. Aberle, 1980/92, Teil 3; Berg, 1985/2003, S. 253 ff.).

Wettbewerbsbeschränkungen (Abb. 3.3) lassen sich vor allem dadurch erzielen, daß Unternehmen oder Gruppen von Unternehmen

- durch vertragliche Vereinbarungen, formlose Absprachen oder stillschweigende Übereinkunft darauf verzichten, Preise, Qualitäten, Produktgestaltung, Angebotsmengen und andere Wettbewerbsmittel einzusetzen;
- durch Vertrag ihre rechtliche und wirtschaftliche Selbständigkeit aufgeben, sich zusammenschließen und auf diese Weise die Substitutionsmöglichkeiten der Marktgegenseite einschränken;
- durch Verträge mit Nachfragern auf der Absatz- und Anbietern auf der Beschaffungsseite (z. B. Alleinvertriebs- und Ausschließlichkeitsverträge), Sperrpatente, Drohung mit „ruinöser“ Preiskonkurrenz und anderen Praktiken den Marktzugang für neue Wettbewerber beschränken.

Am Beispiel des Ausschließlichkeitsvertrages mit Anbietern auf der Beschaffungsseite wird zugleich deutlich, daß auch Nachfragermacht wettbewerbsbeschränkend genutzt werden kann. Sie ist unter Allokationsgesichtspunkten genauso zu beurteilen wie Anbietermacht.

Auch von Wettbewerbshandlungen, die als unlauter gelten, kann eine wettbewerbsbeschränkende Wirkung ausgehen. Zu solchen Handlungen gehören die Täuschung und Irreführung von Nachfragern, der Boykott und Boykottaufruf, verleumderische Aussagen über Konkurrenzangebote und die Anwendung physischen Zwangs gegen Mitbewerber. Während die aufgezählten Beispiele in ihrer wettbewerbsbeschränkenden Wirkung relativ eindeutig sind, eröffnet das Kriterium der Unlauterkeit i. S. v. Sittenwidrigkeit grundsätzlich auch Chancen, den rechtlichen Schutz vor solchen Handlungen zu einem Schutz vor Wettbewerb umzufunktionieren. Das wäre erreicht, wenn es gelingt, Wettbewerbsregeln rechtliche Anerkennung zu verschaffen, die positiv definieren, was als lauter gelten soll; denn damit wird es nötig, den Lauterkeitsnachweis für neue, nicht geregelte Wettbewerbshandlungen zu erbringen.

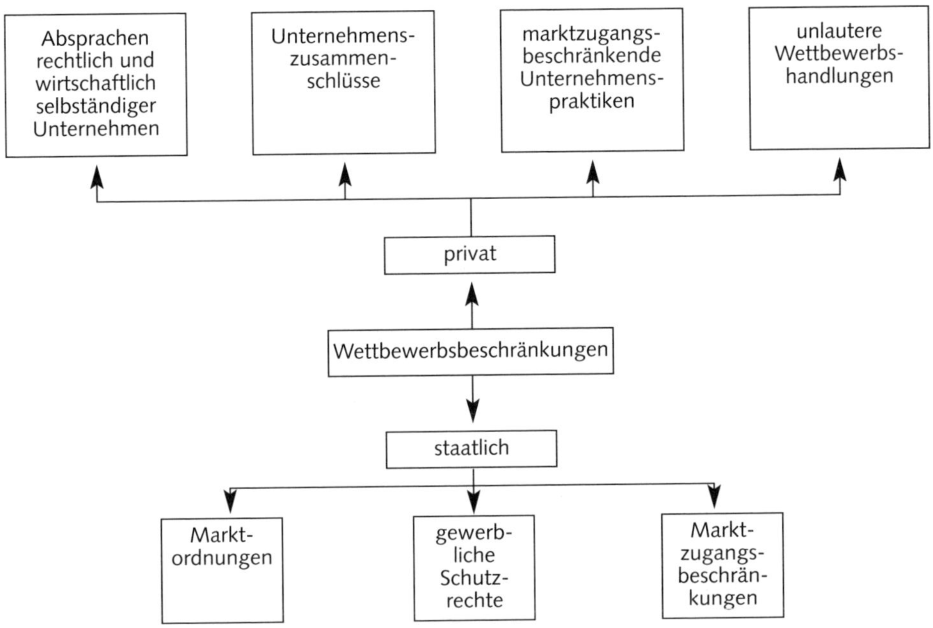

Abb. 3.3: Wettbewerbsbeschränkungen

3.3.2.4 Staatliche Wettbewerbsbeschränkungen

Neben den zuvor skizzierten privaten kommt es auch zu staatlichen Wettbewerbsbeschränkungen (Abb. 3.3). Sie sind häufig das Ergebnis von Bemühungen privater Wirtschaftssubjekte bzw. ihrer Interessenvertreter, wirtschaftspolitische Instanzen zum Schutz ihrer Interessen gegen potentielle Wettbewerber zu gewinnen. Zu dieser Form von Wettbewerbsbeschränkungen gehören nicht zuletzt staatliche Marktzugangsbeschränkungen für Gebietsfremde in Form vielfältiger Handelsbeschränkungen. Ferner lassen sich Regulierungen mit dem Ziel des Verbraucherschutzes zu Zugangsbeschränkungen nutzen. Dies um so eher, je mehr die Formulierung von Zulassungsstandards für Güter, Leistungen und Leistungserbringer den betroffenen Anbietern und ihren Organisationen überlassen bleibt. Aber auch eine unabhängige Regulierungsbehörde ist aufgrund der Informationsnotwendigkeiten nur schwer gegen eine einseitige Beeinflussung durch die Regulierten abzuschirmen (hierzu z. B. STREIT, 1983a). Auch Marktordnungen bis hin zu einem System von staatlich kontrollierten Produktionsquoten für wettbewerbspolitische Ausnahmebereiche können ein willkommener Ersatz für verbotene private Kartelle sein. Ebenso lassen sich gewerbliche Schutzrechte bei Patenten, Gebrauchs- und Geschmacksmustern nutzen, um Wettbewerber vom Markt fernzuhalten. Allerdings kann in ihrem Fall, unabhängig von der Mißbrauchsgefahr, am ehesten ein plausibles Allokationsargument geltend gemacht werden; denn solche Neuerungsleistungen wären andernfalls unmittelbar und im Unterschied zu ihrem Initiator durch Wettbewerber kostenlos nutzbar. Mangels Ausschließbarkeit kämen diese u. U. in den Genuß externer Erträge. Für den Initiator entstünde mit zunehmender Geschwindigkeit und Intensität der Imitation ein Verhältnis zwischen Entwicklungsaufwand und -ertrag, das Neuerungsbemühungen als Wettbewerbshandlung unattraktiv erscheinen ließe.

3.4 Marktfähigkeit

Bei der Überprüfung der Ergebnisse der Wohlfahrtsökonomik auf ihre Relevanz für die Wirtschaftspolitik in Marktwirtschaften wurden im ersten Kapitel vor allem zwei allokationspolitisch relevante Phänomene identifiziert, nämlich die Möglichkeit,

- daß Märkte für bestimmte Güter gar nicht entstehen können und
- daß es ökonomisch bedeutsame Beziehungen zwischen Wirtschaftseinheiten gibt, die nicht durch Markthandlungen entstehen.

Beides – Kollektivgüter und externe Effekte – sind miteinander verwandte Fälle mangelnder Marktfähigkeit.

3.4.1 Marktfähigkeit und Ausschließbarkeit

3.4.1.1 Individualgüter

Güter, die in den Prozeß der marktmäßigen Koordination einbezogen werden können, haben im Extremfall zwei Eigenschaften:

- Rivalität beim Gebrauch oder Verbrauch. Der Nutzen solcher Güter entsteht nur bei denjenigen, die sie gebrauchen oder verbrauchen; bei gegebener Menge und Verteilung von Gütern (Faktoren) hat das zur Folge, daß eine zusätzliche Inanspruchnahme durch einen Nutzer die Nutzungsmöglichkeiten aller übrigen einschränkt.
- Ausschließbarkeit. Mit der Inanspruchnahme solcher Güter durch einen Nutzer ist die gleichzeitige Nutzungsmöglichkeit durch andere praktisch ausgeschlossen; der Ausschluß wird also weder technisch noch organisatorisch wesentlich erschwert oder gar unmöglich gemacht.

Nutzungsrivalität signalisiert besonders deutlich Knappheit und gibt insofern Anreize zu Bewirtschaftung und Tausch. Ausschließbarkeit macht ein Gut marktfähig, weil eine unentgeltliche, parasitäre Nutzung durch andere vom Erwerber verhindert werden kann. Tausch wird demnach durch Rivalität nötig und bei Ausschließbarkeit möglich. Güter, die beide Eigenschaften aufweisen, sind Individualgüter.

Ausschlaggebend im Hinblick auf die Marktfähigkeit ist, daß der Ausschluß nicht wesentlich erschwert oder gar unmöglich gemacht wird. Ist diese Eigenschaft gegeben, so sind auch Güter marktfähig, die innerhalb von Kapazitätsgrenzen nichtrivalisierend genutzt werden können. Massentransportmittel wie Bus, Bahn oder Schiff sowie Massenveranstaltungen wie Theateraufführungen, Rockkonzerte oder Sportveranstaltungen verdeutlichen dies. Institutionelle Voraussetzung ist aber auch hier, daß Handlungsrechte einschließlich des Ausschlußrechtes bestehen. Unter dieser Voraussetzung ist es im Extremfall möglich, daß sowohl die Kosten der Bereitstellung von Individualgütern als auch der mit ihrer Hilfe erzielbare Ertrag (Nutzen) vollständig vom Verfügungs- und Nutzungsberechtigten internalisiert werden können.

3.4.1.2 Ausschlußkosten

Die Wahrnehmung des Ausschlußrechtes kann in unterschiedlichem Maße Kosten verursachen. Ausschluß wird deshalb selbst zum Gegenstand ökonomischer Entscheidungen. So ist z. B. der Eigentümer eines Kraftfahrzeugs zwar berechtigt, andere von der Verfügung darüber auszuschließen, indem er das bereits eingebaute (im Kaufpreis enthaltene) Zündschloß sowie die Türschlösser nutzt, ein zusätzliches Getriebeschloß und eine Alarmanlage einbauen läßt sowie einen bewachten Abstellplatz anmietet. Ferner kann er eine Diebstahlversicherungspolice zur Abdeckung des (Rest-)Risikos erwerben. Jedoch wird er – Rationalität vorausgesetzt – seine Entscheidung über die Höhe des Ausschlußaufwands abhängig machen von einem Vergleich der absehbaren Kosten einer Ausschlußhandlung mit dem davon erwarteten Wertsicherungsgewinn.

Erkennbar sollte sein,

- daß Ausschlußkosten – anders als Transaktionskosten – bereits für gegebene Kombinationen von Handlungsrechten – also nicht erst bei Neukombinationen (Transaktionen) – entstehen;
- daß bei Neukombinationen von Handlungsrechten auch der Ausschluß insofern einen Informationsbedarf entstehen läßt und deshalb Transaktionskosten verursacht, weil Wissen über die Ausschlußkosten benötigt wird, da diese den Tauschwert beeinflussen;
- daß die Produktion von Ausschluß auch arbeitsteilig erfolgen und (z. B. in Form von bewachten Parkplätzen, Diebstahlsicherungen u. ä.) marktfähig sein kann;
- daß Institutionen (z. B. anerkannte Brandzeichen) entwickelt werden können, die ebenfalls die Ausschlußkosten senken;
- daß die Risiken, die mit begrenztem Ausschluß verbunden sind, konsolidiert werden können (z. B. durch Diebstahlversicherungen);
- daß eine Beeinträchtigung von Handlungsrechten durch Unbefugte aufgrund hinreichender Ausschlußrechte durchaus verhinderbar bzw. kompensationsfähig ist, jedoch die (volle) Wahrnehmung der Ausschlußrechte mangels Wirtschaftlichkeit unterbleiben kann.

3.4.2 Kollektivgüter

3.4.2.1 Eigenschaften und Arten von Kollektivgütern

Als Kollektivgüter werden solche Güter bezeichnet, bei denen ein Ausschluß nicht vorgenommen werden kann. An der Ausschlußmöglichkeit kann es fehlen,

- weil sie nicht oder nur unter prohibitiven Kosten gewahrt werden könnte, so daß ein Ausschlußrecht nicht durchsetzbar bzw. seine Wahrnehmung unwirtschaftlich wäre: geborene Kollektivgüter;
- weil sie zwar eingeräumt und mit nicht prohibitiven Kosten wahrgenommen werden könnte, auf die Einräumung von Ausschlußrechten aber durch politische Entscheidung bewußt verzichtet wird: gekorene Kollektivgüter.

Häufig angeführte Beispiele für geborene Kollektivgüter (z. B. STOBBE, 1983/91, S. 467 f.) sind die Landesverteidigung, der Hochwasserdamm, die Straßenbeleuchtung und der Leuchtturm. In allen Fällen ist eine unentgeltliche Mitnutzung des Gutes möglich, sobald es bereitgestellt wird. Es besteht die Möglichkeit zum sogenannten Schwarzfahren (Trittbrettfahren, Free-riding).

Beispiele für politisch gewollte oder gekorene Kollektivgüter finden sich in erster Linie unter den staatlich zum Nulltarif oder nicht kostendeckend bereitgestellten Gütern. Ausbildungs- und Forschungseinrichtungen (Schulen, Hochschulen, Organisationen der Grundlagenforschung) sowie subventionierte Kunst- und Bildungseinrichtungen (Theater, Museen) gehören hierzu ebenso wie die unentgeltliche Straßennutzung und die subventionierten Sporteinrichtungen (z. B. Schwimmbäder, Eislaufhallen). In all diesen Fällen wäre die Bereitstellung als Individualgut zwar möglich und wird teilweise auch praktiziert, jedoch wird auf einen Ausschluß oder eine vollständige Internalisierung der Kosten durch die Nutzer bewußt aufgrund politischer Entscheidung verzichtet. Darüber hinaus können auch die Ausschlußrechte von privaten Eigentümern durch politischen Akt zugunsten von Nichteigentümern beschnitten und diesen begrenzte Mitnutzungsmöglichkeiten eingeräumt werden. So kann das Ausschlußrecht im Falle von Grundstücken, die an See- und Meeresufer angrenzen, zugunsten eines unbehinderten Zugangs für Nichteigentümer eingeschränkt werden; der Eigentümer hat dann diese Form der Mitnutzung zu dulden.

Die Umwelt als natürlicher Lebensraum des Menschen hat zumindest zu einem beträchtlichen Teil Kollektivgutcharakter. Selbst wenn umweltbezogene Handlungsrechte eingeräumt würden, wäre Ausschluß in vielen Nutzungsfällen nicht oder nur unter prohibitiven Kosten möglich. Genutzt wird Umwelt als Konsumgut (z. B. Atemluft, landschaftliche Schönheiten) und als Produktionsmittel (z. B. Flüsse als Transportwege, Luft für chemische Prozesse). Ferner dient sie als Aufnahmemedium für Schadstoffe, die beim Konsum und in der Produktion entstehen. Der Kollektivgutcharakter der Umwelt wird besonders in den Fällen deutlich, in denen Reinvestitionen in die Umwelt vorgenommen werden, deren Erträge nicht oder nur unvollkommen internalisierbar sind (z. B. Landschaftspflege). Zugleich läßt sich – wie noch darzulegen sein wird – an der Umwelt die Beziehung zwischen Kollektivgütern und externen Effekten besonders gut verdeutlichen.

Kollektivgüter können wie Individualgüter rivalisierend oder – innerhalb von Kapazitätsgrenzen – nichtrivalisierend nutzbar sein. Allokationstheoretisch entscheidend für ihre mangelnde Marktfähigkeit ist die fehlende Ausschlußmöglichkeit. Da sich die Ausschlußkosten als Folge der Entwicklung neuer Ausschlußtechniken ändern können, kann ein geborenes Kollektivgut durchaus zu einem Individualgut werden. Beispielsweise ist es inzwischen möglich, bei ausgestrahlten Hörfunk- und Fernsehsendungen die Ausschlußmöglichkeit herzustellen (für Tonträger und Videobänder gilt dies ohnehin), indem die Sendungen verzerrt werden und damit der Empfang von einem Entzerrgerät abhängig gemacht wird; die Finanzierung der Sendungen könnte durch Vermietung dieser Geräte erreicht werden. Auf diese Weise würden die Sendungen zu Individualgütern und anderen marktfähigen Massenveranstaltungen vergleichbar. Das Ausschlußproblem stellt sich im Falle von Hörfunk- und Fernsehsendungen für private Anbieter nicht, wenn diese ein Produkt mitanbieten, bei dem der Ausschluß unerwünscht ist; nichts anderes geschieht im Falle von durch Werbeeinnahmen finanzierten privaten Sendeanstalten (hierzu z. B. DEMSETZ, 1970).

3.4.2.2 Allokationsfolgen: Unterversorgung und Übernutzung

Unterversorgung

Die wesentlichen Schwierigkeiten einer Versorgung mit geborenen Kollektivgütern bei marktmäßig koordinierten, dezentralisierten Entscheidungen ergeben sich daraus, daß bei derartigen Gütern im Unterschied zu Individualgütern der Ausschluß anderer von der Nutzung durch den Erwerber sehr erschwert oder unmöglich ist. Wird ein Gut mit dieser Eigenschaft erworben, können es im Unterschied zum Erwerber andere zugleich zum Preis von Null mitbenutzen. Anders ausgedrückt und die Nähe zu einem weiteren Allokationsproblem kennzeichnend: Sie kommen in den Genuß von externen Erträgen. Die Zuteilungsfunktion von Preisen ist bei solchen Gütern stark beeinträchtigt oder aufgehoben. Im Zweifel werden solche Kollektivgüter nur von denen erworben, für die ihr Gebrauch oder Verbrauch als nahezu unverzichtbar gilt. Nur die konkurrierenden Versorgungsmöglichkeiten der Erwerber werden eingeschränkt, nicht die der übrigen Nutznießer; dementsprechend findet eine Einkommensumverteilung statt.

Die Versorgung mit geborenen Kollektivgütern wird besonders dann problematisch, wenn die Gesamtkosten ihrer Erstellung höher sind als der individuelle Nutzen jedes einzelnen Konsumenten. So wird ein einzelner Bauer keinen Deich errichten, wenn der geschätzte Wert dadurch gesicherter zukünftiger Erträge geringer ist als die Kosten des Deichbaus. Wenn sich alle Bauern, deren Felder durch den Deichbau geschützt werden, zusammenschließen, kann der auf jeden entfallende Kostenanteil geringer sein als der aus dieser Maßnahme erwachsende Nutzen. Allerdings ist der Versuch, ein Kollektivgut durch Organisation einer Gruppe zukünftiger Nutzer bereitzustellen, dadurch in seinem Erfolg gefährdet, daß potentielle Mitglieder die Möglichkeit der parasitären Nutzung (des Schwarzfahrens) antizipieren und sich deshalb fernhalten. Dieses Verhalten ist um so eher möglich, je größer die Zahl zukünftiger Nutzer ist. Daraus läßt sich eine Tendenz zur Unterversorgung der Gesellschaft mit geborenen Kollektivgütern bei einer marktmäßig koordinierten Allokation ableiten. Dennoch darf nicht übersehen werden, daß es eine Vielzahl von Organisationen ohne Erwerbscharakter gibt, die private Kollektivgüter bereithalten und sich durch Spenden sowie Mitgliedsbeiträge finanzieren. Dazu zählen Vereine, Kirchen und Stiftungen.

Die gekorenen Kollektivgüter stellen insofern ein anderes Problem dar, als sie erst durch den staatlichen Verzicht auf Ausschlußmöglichkeiten oder den Entzug von Ausschlußrechten entstehen. Gemeinsame Probleme ergeben sich für beide Arten von Kollektivgütern, wenn es um deren Bereitstellung durch den Staat oder in staatlichem Auftrag und die Nutzungsregulierung geht. Auf sie wird noch im Zusammenhang mit dem entsprechenden allokationspolitischen Handlungsbedarf einzugehen sein.

Übernutzung

Bei verfügbaren Kollektivgütern ist mit Übernutzung zu rechnen, da für sie auch bei rivalisierender Nutzung keine Alternativkosten durch den Preismechanismus signalisiert werden. Das gilt z. B. für Güter der Infrastruktur ebenso wie für die Umwelt in ihren verschiedenen Nutzungsformen. Bei Gütern der Infrastruktur wie dem Straßennetz wird die Übernutzung täglich demonstriert. Übernutzung bedeutet, daß die Kapazitätsgrenze nichtrivalisierenden Gebrauchs überschritten wird. Die Verkehrsteilnehmer behindern sich gegenseitig. Als Folgen stellen sich z. B. Verzögerungen, höhere Betriebskosten für Fahrzeuge und verstärkter Streß ein. Bei diesen Symptomen für Übernutzung handelt es sich – wie im folgenden Abschnitt dargelegt wird – um externe Kosten.

Auch bei der Umwelt wird die rivalisierende Nutzung durch externe Kosten (z. B. Lärm- und Abgasbelästigung, Wasserverunreinigung) signalisiert. Die ohnehin sehr begrenzten Möglichkeiten, konkurrierende Verwendungen dadurch anzeigen zu lassen, daß für einzelne Nutzungsformen der Umwelt Eigentumstitel mit Ausschlußmöglichkeiten eingerichtet werden, führen nicht weit; denn die Teilbarkeit des Gutes Umwelt ist hinsichtlich der verschiedenen Nutzungsformen sehr begrenzt. Das hat zur Folge, daß bei einer Privatisierung mit der entsprechenden Nutzung in beträchtlichem Maße externe Effekte verbunden sind. So zeigen die Preise für Grundstücke zwar den Wert ihrer baulichen Nutzung (einschließlich eines unverbaubaren Blicks) an, nicht jedoch externe Effekte, die dadurch entstehen, daß z. B. als Folge einer Bebauung der Grundwasserspiegel sinkt, die Landschaft einschneidend verändert wird und möglicherweise Nistplätze für seltene Vögel verschwinden. Andererseits ist Nichtbestehen von Privateigentum aber auch keine Garantie für die Vermeidung von Umweltschäden. Das wird durch die vielfältigen und gravierenden Umweltprobleme belegt, die gerade in Zentralverwaltungswirtschaften beobachtet werden konnten.

3.4.3 Externe Effekte

3.4.3.1 Externe Effekte und Kollektivgüter

Zum Phänomen

Aus wohlfahrtsökonomischer Sicht liegen externe Effekte vor, wenn durch die Produktion, den Verbrauch oder das Faktorangebot anderen Kosten bzw. Erträge entstehen, für die über den Preismechanismus keine Entschädigung vom Verursacher bzw. kein Entgelt vom Empfänger erzielbar ist. Wie weit diese Problematik reicht, läßt sich anhand von entsprechenden Beispielen darlegen (Bator, 1958, S. 42 ff.):

- Zwischen Produzenten: Externe Kosten würden z. B. von einem Kraftwerk am Oberlauf eines Flusses verursacht, wenn das eingeleitete und aufgewärmte Kühlwasser bei dem Kraftwerk den Kühlaufwand erhöhen würde, das einen Standort weiter unten am Fluß hat. Externe Erträge verschaffen sich Obstanbauer und Imker gegenseitig durch die Produktion von Nektar und Pollen bzw. die Befruchtung durch Bienen.
- Zwischen Produzent und Konsument: Beispiele für externe Kosten der Produktion dieser Art sind aus der Diskussion um die Nutzung der Umwelt als Aufnahmemedium für Schadstoffe hinlänglich bekannt. Externe Erträge können für Konsumenten z. B. durch Klimaverbesserungen als Folge einer Aufforstung von Ödland entstehen; sie können sich u. a. in einer Verbesserung des Gesundheitszustandes niederschlagen.

- Zwischen Konsumenten: Externe Kosten dieser Art sind z. B. in der gegenseitigen Behinderung von Urlaubsreisenden auf überfüllten Fernstraßen erkennbar. Externe Erträge hat z. B. der Besucher einer gesellschaftlichen Veranstaltung, der von dem Parfüm einer ihm fremden Nachbarin angetan ist.
- Zwischen Faktoranbietern: Die Befriedigung, die z. B. ein Arbeitsplatz vermittelt, kann auch davon abhängen, welche relative Position im Betrieb damit verbunden ist (Prestige, Status). Als das Ergebnis der Produktion externer Effekte läßt sich auch das Betriebsklima interpretieren.

Den Beispielen ist gemeinsam, daß - aus der Sicht der Wohlfahrtsökonomik - Produktions- und Nutzenfunktionen neben den Elementen, die der eigenen Kontrolle (des Produzenten, Konsumenten, Faktoranbieters) unterliegen, auch extern festgelegte Argumente enthalten.

Zur weiteren Klärung des Phänomens und zur Relativierung des Konzepts der Verursachung ist das angeführte Verkehrsbeispiel besonders geeignet. Die Verkehrsteilnehmer benutzen die Fernstraßen konkurrierend. Deshalb ist es nicht möglich, einen oder mehrere Konkurrenten als Verursacher von Behinderungen zu identifizieren. Vielmehr nutzen alle ein Gut, an dem sie keine Ausschlußrechte geltend machen können. Auch bei anderen Kollektivgütern ist im Falle konkurrierender Nutzung ein Verursacher nicht ohne zusätzliche Bewertungen - etwa der Art der Nutzung - feststellbar.

Die Ursache: Gemeinsame Nutzung von Kollektivgütern

Entscheidend ist in allen Fällen, daß die externen Effekte bei der gemeinsamen Nutzung von Kollektivgütern entstehen. Müßten etwa die erwähnten Kraftwerksbesitzer (die Verkehrsteilnehmer) Handlungsrechte an Flußwasser (an der Verkehrsfläche) erwerben, könnte für die Nutzung des Kollektivgutes ein Entgelt gefordert werden. Wären die Handlungsrechte marktfähig (d. h. böten sie hinreichende Ausschlußmöglichkeiten), so könnten ihre Preise den Nutzen konkurrierender Verwendungen anzeigen. Dementsprechend würden sich die internalisierten Kosten der Nutzer des (vormaligen) Kollektivgutes erhöhen. Eine Rationierung der Nutzung und damit verbunden eine Aufhebung bzw. Einschränkung der Nutzungsrivalität und der damit verbundenen externen Kosten wäre dann möglich. Könnten andererseits z. B. die bei möglichen Beziehungen zwischen Produzenten und Konsumenten angesprochenen Forsteigentümer die Klimawirkung veräußern, so würden die sonst unentgeltlichen Nutznießer dazu veranlaßt werden, diese Güter im Vergleich zu konkurrierenden Verwendungen ihres Einkommens zu bewerten und ihre Wertschätzung in marktwirksamer Nachfrage zum Ausdruck zu bringen. Die Entgelte, die diese Nutznießer schließlich an die Verursacher der vormalig externen Erträge zu zahlen hätten, würden deren bisherige private Erträge entsprechend erhöhen. Damit wäre z. B. im Falle der Forsteigentümer ein Anreiz verbunden, ihre Produktkombination (Baumarten) zu ändern, wenn auf diese Weise Waldarten mit der vermuteten größeren Klimawirkung rentabler würden.

Deutlich sollte geworden sein, daß die Existenz von Kollektivgütern eine notwendige Voraussetzung für das Entstehen externer Effekte ist. Externe Erträge entstehen, wenn private Aktivitäten entweder eine Kapazitätserweiterung oder eine Nutzungseinschränkung (Kapazitätsüberlassung) eines Kollektivgutes bewirken. Ein Beispiel zur ersten Kategorie wäre die Aufforstung. In die zweite Kategorie würde die Entlastung des innerstädtischen Straßennetzes gehören, die sich aus dem Überwechseln von Individual- zu Massenverkehrsmitteln ergeben kann. Im ersten Fall wird die Schwelle rivalisierender Nutzung hinausgeschoben, im zweiten die Nutzungsintensität verringert. Externe Kosten entstehen dementsprechend, wenn private Aktivitäten entweder eine Kapazitätsminderung oder eine Überschreitung der Kapazitätsgrenze nichtrivalisierender Nutzung eines Kollektivgutes bewirken. In die erste Kategorie würde der Raubbau an im Gemeineigentum befindlichen Böden oder Wäldern durch die Gemeinschaftsmitglieder gehören (sogenanntes Allmendeproblem). Ein Beispiel zur zweiten Kategorie wären häufigere Verkehrsstaus als Folge vermehrten Individualverkehrs. In beiden Fällen stellen sich Folgen rivalisierender Nutzung (schneller) ein.

3.4.3.2 Allokationsfolgen

Ausschlaggebend für die Funktionsschwierigkeiten marktmäßiger Koordination ist im Falle externer Effekte das gemeinsam genutzte Kollektivgut. Es wird wie ein freies Gut in die Wirtschaftspläne einbezogen, obwohl es knapp ist. Im Falle externer Kosten muß seine Mitnutzung bei der Produktion bzw. beim Konsum nicht abgegolten werden; im Falle externer Erträge erhält derjenige, der zu seiner Verbesserung beiträgt, kein Entgelt dafür.

Für das betroffene Kollektivgut entsprechen die Allokationsfolgen denjenigen, die grundsätzlich für solche Güter zu erwarten sind: Übernutzung bzw. Unterversorgung. Da an dem knappen Kollektivgut keine Handlungsrechte bestehen, können auch keine Opportunitätskosten ermittelt und signalisiert werden. Es besteht ein allokationswirksames Informationsdefizit als Folge fehlender Marktfähigkeit. Für die Aktivitäten, von denen die externen Effekte ausgehen, bedeutet das,

- daß durch externe Kosten bei Produktion und Konsum die Aktivitäten gefördert werden, bei denen ein Kollektivgut unentgeltlich mitgenutzt wird; denn ihre durch den Preismechanismus signalisierten Kosten können, verglichen mit dem tatsächlichen Ressourcenverbrauch, grundsätzlich um die externen Kosten niedriger sein;
- daß durch externe Erträge bei Produktion und Konsum die Aktivitäten benachteiligt werden, die die Leistungsabgabe eines Kollektivgutes verbessern; denn die Produzenten bzw. Erwerber, mit deren Aktivitäten die Erträge verbunden sind, können nicht das volle Entgelt bzw. den gesamten Nutzen der von ihnen erbrachten Versorgungsleistung internalisieren.

Externe Effekte stellen allerdings nicht in jedem Fall ein lösungsbedürftiges Problem marktmäßiger Koordination dar. Das folgt schon daraus, daß Lösungen aufwendig sind, weil die Nutzungsregulierung des betreffenden Kollektivgutes bzw. die Einräumung und Durchsetzung von Ausschlußrechten nicht kostenlos ist. Insofern handelt es sich um ein Problem, das der Wirtschaftlichkeit der Wahrnehmung von Ausschlußrechten bei Individualgütern durchaus vergleichbar ist. Allerdings müssen entsprechende Abwägungen bei externen Effekten i. d. R. dem politischen Willensbildungsprozeß überantwortet werden.

3.5 Entwicklung

In den vorangegangenen Abschnitten diese Kapitels wurden Phänomene diskutiert, die für die marktgemäße Koordination von Allokationsvorgängen bedeutsam sind und die deshalb zur Begründung von wirtschaftspolitischem Handlungsbedarf herangezogen werden können. Alle diese Phänomene prägen die Allokations- und Verteilungsergebnisse im Zeitablauf mit und damit auch das, was als wirtschaftliche Entwicklung bezeichnet wird. Da es darüber hinaus wirtschaftspolitische Versuche gibt, die Wirtschaftsentwicklung bzw. Begleiterscheinungen davon zu beeinflussen, ist es erforderlich, zunächst entwicklungstheoretische Erklärungsansätze zu betrachten.

3.5.1 Phänomen und Erklärungsversuche

3.5.1.1 Zum Phänomen

Entwicklung oder Evolution beinhaltet auch im Falle gesellschaftlichen Wirtschaftens zwei miteinander verknüpfte Vorgänge:

- einfaches Wachstum i. S. v. Vermehrung oder Ausweitung gegebener Formen (z. B. Produkte, Unternehmen) und
- Strukturwandel i. S. v. Nettozunahme der Formenvielfalt im Zeitablauf.

Darüber hinaus ist für die wirtschaftliche Entwicklung von Marktwirtschaften wie die anderen evolutorischen Systeme charakteristisch, daß sie in ihrem Verlauf durch strukturelle Ungewißheit gekennzeichnet ist. Innovationen als zentrale Elemente der Veränderung der Formenvielfalt sind nicht antizipierbar und damit auch nicht ihre positiven wie negativen Folgen für das einfache Wachstum der vorhandenen Formen. Diese Veränderung ist historisch und insofern irreversibel, als es unmöglich ist, das ökonomische (und gesellschaftliche) System wieder in einen früheren Zustand zurückzuversetzen und seine Geschichte zu wiederholen. Dem steht schon entgegen, daß die Handelnden Erfahrungen sammeln und sich ihre Vorstellungen in den für sie relevant erachteten Entscheidungsfeldern ändern. Ihr Gedächtnis läßt sich nicht einfach leeren bis zu einem beliebigen Zeitpunkt in der Vergangenheit, von dem aus sich dann die Geschichte wiederholen würde. Zusammenfassend kann wirtschaftliche Entwicklung in der Sprache der Systemtheorie gekennzeichnet werden als die in ihrem Verlauf ungewisse, in der Richtung zeitlich nicht umkehrbare Erhöhung der Komplexität ökonomischer Systeme.

Entwicklung von Marktwirtschaften bedeutet im Hinblick auf die im ersten Kapitel thematisierten ökonomischen Grundfragen, daß auf sie ständig neue und differenziertere Antworten gegeben werden. Sie kommen insbesondere zum Ausdruck

- in einer sich vergrößernden Vielfalt von Produkten und Qualitäten sowie in Verschiebungen der relativen Bedeutung der unterscheidbaren Wertschöpfungskategorien (z. B. Sektoren);
- in dem Aufkommen neuer und dem Verschwinden traditioneller Berufe und Qualifikationen sowie in neuen oder veränderten Formen der Arbeitsorganisation;
- in verbesserten oder neuen Produktionsmitteln, Produktionsverfahren und Informationstechniken;

- in interregionalen und internationalen Schwerpunktverlagerungen der ökonomischen Aktivität sowie entsprechenden Veränderungen der Handelsströme, aber auch der Faktorbewegungen;
- in Veränderungen der intertemporalen Allokationsentscheidungen, also in erster Linie in der Akkumulation von physischem Kapital und von Humankapital, sowie in der Nutzung natürlicher Ressourcen;
- in Veränderungen der Verteilung der Verbrauchsmöglichkeiten zwischen Personen, Gruppen, Regionen und Nationen.

Entwicklung kommt ferner darin zum Ausdruck, daß auch unter Beibehaltung des Ordnungstyps gelenkte Marktwirtschaft die Antworten auf die vor allem im zweiten Kapitel thematisierten Ordnungsfragen immer wieder modifiziert werden. Ob es sich z. B. um die Einführung einer betrieblichen Mitbestimmung von Arbeitnehmern, einer Kontrolle von Großfusionen, eines Umwelthaftungsrechts, einer Einwanderungsbeschränkung oder um die Abschaffung von Gewerbezulassungsprüfungen, Gesundheitsvorschriften, Publikationspflichten bei der Börsenzulassung oder des staatlichen Hörfunk- und Fernsehmonopols handelt, auch die Wirtschaftsverfassung einer gelenkten Marktwirtschaft ist kein stationäres Phänomen. Die externen Institutionen verändern sich ebenso wie die internen.

Die wirtschaftliche Entwicklung und die übrige gesellschaftliche Entwicklung prägen sich wechselseitig. So haben Veränderungen in den Formen des Zusammenlebens ökonomische Konsequenzen, z. B. im Bedarf an Wohnungen und Kindergärten sowie u. U. an Veränderungen externen Institutionen (z. B. Erbrecht). Andererseits bleiben aber auch ökonomisch bedeutsame Veränderungen wie die neuen Informations- und Kommunikationstechniken in ihren Konsequenzen nicht auf das Teilsystem Wirtschaft beschränkt, wie z. B. Probleme des Datenschutzes oder der Politikvermittlung durch Massenmedien signalisieren.

3.5.1.2 Analytische Schwierigkeiten

Versuche, das Phänomen wirtschaftliche Entwicklung zu beschreiben und erst recht zu erklären, machen es notwendig, von einigen seiner Aspekte zu abstrahieren. Eine Abstraktion besteht schon darin, daß lediglich das Teilsystem Wirtschaft betrachtet wird, also das übrige gesellschaftliche Geschehen als exogen gilt. Wie angemessen diese Abstraktion ist, muß ebenso von der genauen Fragestellung abhängig gemacht werden wie alle übrigen Abstraktionen. Die analytischen Schwierigkeiten lassen sich anhand von drei nicht nur theoriegeschichtlich, sondern auch wirtschaftspolitisch bedeutsamen Ansätzen verdeutlichen.

Gleichgewichtsorientierter Ansatz: Wachstum ohne Wandel

In extremer Weise wird die Komplexität des Entwicklungsphänomens in der konventionellen Wachstumstheorie (vgl. hierzu z. B. Hahn und Matthews, 1965; König, Hrsg., 1968; Solow, 1970/2000; Walter, 1983, Kap. II, III) reduziert. Empirisch beginnt die Reduktion damit, daß Nicholas Kaldor (1958, zit. nach Solow, 1970/2000, S. 2) das wissenschaftliche Interesse auf sechs „stilisierte Fakten" lenkte, so wie er sie sah. Von seinen makroökonomisch interpretierten statistischen Befunden, die allerdings nicht unbestritten blieben, regten in der Folge vor allem drei zur wachstumstheoretischen Modellierung an:

- das reale Sozialprodukt pro Kopf (oder pro Arbeitsstunde) – die gesamtwirtschaftliche Produktivität – wächst mit einer relativ konstanten Rate über längere Zeiträume hinweg;
- der geschätzte Realkapitalbestand in den betrachteten entwickelten Volkswirtschaften mit marktmäßiger Koordination wächst ebenfalls über längere Zeiträume hinweg mit einer konstanten Rate;
- da darüber hinaus die gesamtwirtschaftliche Produktivität und der Kapitalstock mit etwa der gleichen Rate zu wachsen tendieren, zeigt der gesamtwirtschaftliche Kapitalkoeffizient (das Verhältnis von Kapitalstock zu Produktion) keinen nennenswerten Trend.

Damit war im Grunde schon die Kernfrage der Wachstumstheorie vorgegeben: Unter welchen Bedingungen wachsen alle zentralen gesamtwirtschaftlichen Variablen mit der gleichen Rate, und welche Eigenschaften hat ein solches makroökonomisches dynamisches Gleichgewicht („steady state")? Die Modellierung geschah vor allem durch folgende Grundannahmen (Riese, 1971, S. 382 ff.):

- Es gelten die üblichen Verhaltens- und Wissensannahmen der stationären Gleichgewichtstheorie, d. h. Haushalte und Produzenten maximieren ihren Nutzen bzw. ihren Gewinn bei vollkommener Information.
- Analysiert wird das Wachstum des Sozialprodukts als anonymer Indikator des Ergebnisses gesellschaftlichen Wirtschaftens, d. h. die Produktionsstruktur steht bereits als Ergebnis der Handlungen von Haushalten und Produzenten fest.
- Die Akkumulation bestimmt sich nach den vorgegebenen Sparentscheidungen der Haushalte, d. h. die Produzenten sind lediglich Ökonomisierer und mit der Aufgabe betraut, die Faktoren bestmöglich einzusetzen.
- Soweit technischer Fortschritt einbezogen wird, wirkt er nur produktivitätserhöhend, d. h. vom bereits vorhandenen, anonymisierten Gütersortiment kann mit gegebenen Faktoren in vorhersehbarem Maße mehr produziert werden.

Unter diesen Bedingungen interessiert also das Wachstumsgleichgewicht, d. h. die Vereinbarkeit der Akkumulationsrate mit dem technischen Fortschritt und dem Wachstum des Faktors Arbeit bei Vollbeschäftigung. Die Modellierung im einzelnen (z. B. der Produktion, des technischen Fortschritts, der Sparentscheidungen) führte zu einer formallogisch teilweise aufwendigen, ökonomisch häufig nicht mehr interpretierbaren Vielfalt von Ergebnissen. An dem zentralen Defizit, das mit den Grundannahmen vorgegeben ist, änderte sich damit jedoch nichts Wesentliches: Es wird versucht, die stationäre Allokationslogik des allgemeinen Gleichgewichts mit einer Theorie der Akkumulation und des technischen Fortschritts zu verknüpfen.

Die Unangemessenheit der Abstraktionen, durch die erst eine Reduktion auf die Allokationslogik möglich wird, wurde bereits im ersten Kapitel kritisiert. Ferner wurde besonders in diesem Kapitel auf den Wettbewerb als evolutorisch bedeutsames Entdeckungsverfahren eingegangen. Im Unterschied dazu sind in der gleichgewichtsorientierten Wachstumstheorie die Handlungen von Produzenten und Haushalten evolutorisch belanglos. Möglichkeiten, Neues zu entdecken und auf seine Qualität hinsichtlich der Befriedigung wandelbarer Bedürfnisse zu prüfen, bestehen für sie nicht. Im Kern ist wiederum das Wissensproblem angesprochen: „Evolution und völlige Informiertheit schließen sich in Volkswirtschaften aus, in denen der Wachstumsprozeß von Präferenzen der Haushalte und Initiativen der Unternehmer getragen wird" (RIESE, 1971, S. 391).

SCHUMPETER: Schubweiser Wandel und Gleichgewichtstendenz

Initiativen der Unternehmer werden dagegen bereits von Joseph A. SCHUMPETER (1912/97) in das Zentrum seines Erklärungsversuchs der Entwicklung marktwirtschaftlicher Systeme gestellt. Unabhängig davon, daß es sich zugleich um einen konjunkturtheoretischen Ansatz handelt, der hier nicht diskutiert werden soll, ist seine Fragestellung genuin evolutorisch; denn er sucht ausdrücklich nach Gesetzmäßigkeiten wirtschaftlichen Wandels, den die Wirtschaft aus sich selbst erzeugt (vgl. hierzu und zum folgenden WITT, 1987, S. 35 ff.; KIRZNER, 1989, S. 60 ff.).

Die von SCHUMPETER gegebenen Antworten können zwar nicht vollständig überzeugen, werden jedoch dem Phänomen der Entwicklung eher gerecht als spätere neoklassische Bemühungen. Fasziniert von den wirtschaftlichen Umwälzungen, die Neuerungen zugeschrieben werden können, orientiert sich sein Erklärungsversuch an ihrem Auftreten und ihrer Durchdringung des ökonomischen Geschehens (ihrer Diffusion). Seine Argumentation läßt sich wie folgt skizzieren: Dem Innovationsschub geht eine quasi-stationäre Periode voraus, die ohne großen Realitätsverlust als Reproduktion eines WALRASianischen Gleichgewichts gedacht werden kann. In dieser relativ stetigen Ausgangslage gelingt es besonders fähigen Pionierunternehmern am ehesten, die Chancen und Risiken von durch Inventionen (Erfindungen) möglich gewordenen Innovationen (vermarktete Neuerungen) verläßlich genug abzuschätzen. Die Informationen, die für die Innovationen benötigt werden, gelten als bekannt und frei verfügbar. Mit der Durchsetzung „neuer Kombinationen" in Form von Produkt- und Prozeßinnovationen, neuen Organisationsweisen sowie der Erschließung neuer Absatz- und Bezugsmärkte gelingt es den Pionieren, echte Unternehmergewinne zu erzielen. Die Aussicht, aufgrund einer temporären marktlichen Sonderstellung einen solchen Gewinn zu erzielen, ermöglicht es ihnen erst, eine Vorfinanzierung durch Banken zu erreichen. Mit Hilfe dieser Produktivkredite wird es den „dynamischen Unternehmern" möglich, Produktionsfaktoren ihren traditionellen Verwendungen zu entziehen. Der „Prozeß schöpferischer Zerstörung" der traditionellen Strukturen „von innen heraus" (SCHUMPETER, 1942/93, S. 137 f.) beginnt. Nachdem der Durchbruch geschafft ist, gelingt es auch weniger qualifizierten Unternehmern, sich an dem Innovationsschub zu beteiligen und seine Verbreitung voranzutreiben. Allmählich werden die Neuerungen zur Routine, die Anpassung an die Neuerungen schreitet fort, Kapazitätseffekte von innovationsinduzierten Investitionen machen sich stärker bemerkbar, die Unternehmergewinne verschwinden allmählich, Rückzahlungen von Krediten beginnen zu überwiegen und wirken deshalb deflatorisch. Die einsetzende Depression führt zu einer Vernichtung unrentabler Kapazitäten. Das System beginnt schließlich wieder die stationären Züge eines Gleichgewichts auf höherem Entwicklungsniveau anzunehmen. Auf ihm sind keine Unternehmergewinne, sondern nur noch „Leitungslöhne" zu erzielen. Eine Entwicklungsphase ist erreicht, in der ein neuer, innovationsgetragener Konjunkturzyklus beginnen kann, den zu initiieren dynamische Unternehmer auch bereitstehen.

Aus einer entwicklungstheoretischen Perspektive läßt sich gegen den SCHUMPETERschen Entwurf vor allem einwenden,

- daß das Innovationsproblem auf die Ausnutzung von gegebenen und bekannten Handlungsmöglichkeiten reduziert wird. Der Prozeß der unternehmerischen Erschließung neuer Handlungsmöglichkeiten und damit des Wissenserwerbs unter dem Substitutionsdruck des Wettbewerbs bleibt ausgeklammert;
- daß das zyklische Muster des „scharenweisen" Auftretens von dynamischen Unternehmern den realen Wettbewerbsprozessen kaum gerecht wird. Die Vorstellung von Unternehmern, die lediglich darauf warten, daß Innovationen kalkulierbar werden, abstrahiert vom Wettbewerb als einem permanenten Prozeß, der von Innovationen als Wettbewerbshandlungen vorangetrieben wird;
- daß mit der Konzentration auf den Unternehmer als Führungspersönlichkeit mit elitären Zügen die Rolle der anderen Marktteilnehmer in der Entwicklung unterbelichtet bleibt. Verglichen mit der bereits in diesem Kapitel erörterten Vorstellung vom Wettbewerb als rückgekoppeltem Austausch- und Parallelprozeß, sind die Konsumenten passiv und in ihren Präferenzen weitgehend manipulierbar.

Die Weiterentwicklung seiner Entwicklungstheorie fand in „Kapitalismus, Sozialismus und Demokratie" (1942/93) ihren Niederschlag. Besondere Bedeutung im Rahmen der jüngeren innovationspolitischen Diskussion gewann die dort (Kap. 8) entwickelte sogenannte SCHUMPETER-Hypothese. Danach soll die Möglichkeit, Wettbewerbsbeschränkungen vornehmen und ausnutzen zu können, die Bereitschaft erhöhen, Innovationsrisiken zu übernehmen und das Innovationstempo entwicklungsfördernd zu beschleunigen. Innovationen werden somit von SCHUMPETER nicht mehr länger als Ursache, sondern nunmehr als Folge von monopolistischen Positionen gesehen. Dementsprechend wären Wettbewerbsbeschränkungen anders zu bewerten, wenn eine Beschleunigung der Innovationstätigkeit angestrebt werden soll. Allerdings stehen überzeugende empirische Belege für die Verläßlichkeit dieser Hypothese aus (hierzu z. B. KAUFER, 1980, S. 226 ff.). Hinsichtlich der theoretischen Fundierung ist sie in starkem Maße durch die bereits erörterte Vorstellung von den gegebenen und bekannten Innovationsgelegenheiten sowie dem Warten auf kalkulierbare und akzeptable Risiken geprägt, das sich bei monopolistisch bedingter, günstigerer Ertragslage verkürzen ließe.

Zwei weitere in der wettbewerbs- und innovationspolitischen Diskussion ebenfalls anzutreffende Vermutungen liefern SCHUMPETER neben soziologischen und demokratietheoretischen Überlegungen (1942/93, Kap. 11–14, 21–23) die ökonomischen Bausteine für seine geschichtsphilosophische Spekulation. Zum einen vermutet er: „Das Erfinden selbst ist zur Routinesache geworden. Der technische Fortschritt wird in zunehmendem Maße zu einer Sache von geschulten Spezialistengruppen, die das, was man von ihnen verlangt, liefern..." (1942/93, S. 215). Hinzu kommt die Hypothese einer finanziellen, produktionstechnisch und organisatorisch begründeten Überlegenheit des Großunternehmens. Damit sind die Bedingungen für eine Automatisierung des technischen Fortschritts durch die „vollkommen bürokratisierte Rieseneinheit" gegeben. Diese „verdrängt nicht nur die kleine oder mittelgroße Firma und expropriiert ihre Eigentümer, sondern verdrängt zuletzt auch den Unternehmer..." Die durch das Unternehmertum geprägte Bourgeoisie verliert jegliche Funktion in einer perfekt verwaltbaren Wirtschaft. Zu Ende gedacht, bedeutet dieser ökonomisch vorteilhafte

Konzentrationsprozeß für SCHUMPETER (ebenda): „Die wahren Schrittmacher des Sozialismus waren nicht die Intellektuellen und die Agitatoren, die ihn predigten, sondern die Vanderbilts, Carnegies und Rockefellers."

Die Geschichte hat SCHUMPETER bislang nicht bestätigt. Seine grundlegenden Hypothesen dürfen bis auf weiteres als widerlegt gelten. Auch kleine und mittlere Unternehmen erweisen sich immer wieder als innovativ. Großunternehmen stoßen nicht selten an die durch Organisationskosten gezogenen Grenzen. Sie zeichnen sich i. d. R. keineswegs durch besondere Innovationsintensität aus. Vielmehr geraten nicht wenige von ihnen durch organisationsbedingte Beharrung in Anpassungsschwierigkeiten. Diese lassen sie wegen ihrer Größe nur zu häufig zu einem politischen Problem werden. Dessen Lösung macht solche Unternehmer fast regelmäßig zum Objekt staatlicher Stützungsmaßnahmen, zu denen nicht zuletzt begünstigte oder sogar staatlich initiierte Wettbewerbsbeschränkungen gehören. Insofern ist Konzentration nicht unbedingt ein Zeichen von Überlegenheit, sondern sie kann auch politisch verdeckte Schwäche signalisieren. Eine optimale Betriebsgröße für Innovationen scheint es jedenfalls schon aufgrund der von SCHUMPETER vernachlässigten Vielfalt von Neuerungen im Detail nicht zu geben. Anzumerken bleibt, daß SCHUMPETER selbst es wohl nicht bedauern würde, seine „paradoxe Schlußfolgerung" zumindest vorläufig widerlegt zu sehen: „Der Kapitalismus wird durch seine eigenen Errungenschaften umgebracht" (ebenda, S. 12).

Stufentheorien: Wandel als historische Gesetzmäßigkeit

Wenn SCHUMPETER behauptet, der Sozialismus sei „voraussagbar" (1942/93, S. 485), allerdings aus anderen Gründen und in einer Form, wie sie sich Karl MARX nicht wünschen würde, so formuliert auch er eine vermutete geschichtliche Gesetzmäßigkeit. Er steht damit ebenfalls Stufentheorien wirtschaftlicher Entwicklung zumindest nahe.

Eine der Sozialismusvermutung entgegengesetzte Hypothese entwickelte Walt W. ROSTOW (1960) bei dem Versuch, „allgemeine Schlüsse aus dem Lauf der modernen Geschichte zu ziehen" (ebenda, S. 15). Wie MARX und auch SCHUMPETER ist er bestrebt, ökonomische Entwicklungen in einem Zusammenhang mit anderen gesellschaftlichen, insbesondere politischen Entwicklungen zu interpretieren. Danach durchläuft jede Gesellschaft im Verlauf eines Modernisierungsprozesses fünf Stadien (traditionelle Gesellschaft, Anlaufperiode, wirtschaftlicher Aufstieg, Entwicklung zur Reife, Zeitalter des Massenkonsums), die bereits historisch beobachtbar sind. Die westlichen Industrienationen befinden sich im fünften Stadium, dem „Zeitalter des Massenkonsums" bzw. an der Grenze zum nächsten Stadium, das ROSTOW als „jenseits des Massenkonsumzeitalters" bezeichnet und nur sehr vage beschreibt (ROSTOW, 1971). In ihm sollen qualitative Aspekte wirtschaftlicher Entwicklung in den Vordergrund treten.

MARX ist für ROSTOW aus der Sicht seiner geschichtsnotwendigen Stadienfolge nur jemand, der gegen die sozialen und menschlichen Kosten rebellierte, die während des (dritten) Stadiums des wirtschaftlichen Aufstiegs auftraten (1960, S. 188). In einem Punkt ist er jedoch der gleichen Ansicht: „Das Ende dieser Entwicklung ist nicht ein ständiger kumulativer Wachstumsprozeß, es liegt in dem Erlebnis, zu beobachten, was die Menschen tun können und wollen, wenn die Knappheit von ihnen genommen ist" (ebenda, S. 399). Damit teilt er mit MARX den Armutsbegriff des 19. Jahrhunderts, der auch in der gleichgewichtsorientierten Entwicklungsvorstellung enthalten ist (hierzu RIESE, 1971, S. 398 ff.). Es ist die Vorstellung, daß materieller Reichtum einmal die Knappheit aufheben könne. Das setzt im Grunde unwandelbare und nicht steigerungsfähige Ansprüche voraus, denen zunehmende Realisierungsmöglichkeiten gegenübergestellt werden. Demgegenüber kann beobachtet werden, daß sich zwar die Erscheinungsvielfalt der Knappheit, nicht jedoch notwendigerweise die Knappheit selbst verändert.

Gegen die Vermutung historischer Gesetzmäßigkeiten muß die Evolution und damit das Neue, Unvorhersehbare gesetzt werden. Diese Gegenposition zum Historizismus hat Karl R. POPPER (1957a/99, S. V f.) wie folgt zusammengefaßt:

- „Der Verlauf der menschlichen Geschichte wird durch das Wachstum menschlichen Wissens stark beeinflußt.
- Wir können mit rationalen oder wissenschaftlichen Methoden das zukünftige Wachstum unseres wissenschaftlichen Wissens nicht vorhersagen.
- Deshalb können wir den zukünftigen Verlauf der menschlichen Geschichte nicht vorhersagen.
- Das bedeutet, daß wir die Möglichkeit einer theoretischen Geschichte verwerfen müssen; d. h. einer historischen Sozialwissenschaft, die der theoretischen Physik entspräche. Es kann keine wissenschaftliche Theorie der historischen Entwicklung geben, die als Grundlage für historische Vorhersagen dient.
- Das fundamentale Ziel historizistischer Methoden ist deshalb irrig und der Historizismus zum Scheitern verurteilt."

Wirtschaftspolitisch orientierte Schlußfolgerungen

Für die zuvor erörterten Ausschnitte aus der ökonomischen Theorie dürfte gelten, daß sie charakteristisch für die Art und Weise sind, wie ein Verständnis, wenn nicht eine Erklärung des Phänomens wirtschaftliche Entwicklung in marktwirtschaftlichen Systemen in diesem Jahrhundert gesucht wurde. Wenn ferner berücksichtigt wird, daß fast alle zu Beginn dieses Abschnitts durch Rückgriff auf die ökonomischen Grundfragen aufgeführten Aspekte des Phänomens Anlaß zu wirtschaftspolitischem Handeln geben, liegt es nahe, zu fragen, inwieweit die vorgestellten Theorietypen zumindest ein Vorverständnis für das wirtschaftspolitisch notwendige Lenkungswissen geben könnten.

Für die gleichgewichtsorientierten Theorien gilt, daß sie lediglich Bedingungsanalysen für einfaches, nichtevolutorisches Wachstum eines anonymen Indikators - genannt Sozialprodukt - sind. Gesucht wird nach dem Wachstumsgleichgewicht bei gegebenem Typ der Produktionstechnik (der makroökonomischen Produktionsfunktion) sowie gegebenen Wachstumsraten der Produktionsfaktoren und des technischen Fortschritts. Die betrachteten Bestimmungsgründe des Sozialproduktwachstums - Arbeitseinsatz, Akkumulation und technischer Fortschritt - sind also exogen. Das bedeutet, daß Hypothesen über die Bestimmungsgründe des Erwerbsverhaltens und der Wanderungen, der Ersparnisbildung sowie des technischen Fortschritts nicht gebildet werden. Daran ändern z. B. auch die Verfeinerungen des Begriffs des technischen Fortschritts nichts Grundsätzliches, ganz abgesehen davon, daß technischer Fortschritt – wie betont – auf die Ressourcenersparnis reduziert wird. Die Frage, wie die betrachteten produktionstheoretischen Bestimmungsgründe des Sozialproduktwachstums in wirtschaftspolitischer Absicht beeinflußt werden könnten, kann mit Hilfe dieser Art von Theorien nicht beantwortet werden.

Die Analyse SCHUMPETERS stellt demgegenüber einen Schritt zur Endogenisierung eines Entwicklungsfaktors – des technischen Fortschritts in einem weiteren Sinne – dar. Der Fortschritt wird durch einen Wettbewerbsprozeß hervorgebracht, der allerdings nach einem neoklassischen Grundmuster abläuft: vom Gleichgewicht über die (unerklärte) Störung (das Auftreten dynamischer Unternehmer), die anschließende Reaktion (Anpassung an die innovationsbedingten Veränderungen) zum neuen Gleichgewicht. Insofern weicht er von dem hier vertretenen Verständnis des vor- und nachstoßenden Wettbewerbs als einem Prozeß permanenter Komplexitätsänderung ab. Trotz der angeführten theoretischen Grenzen erlaubt die SCHUMPETERsche Analyse, wie dargelegt, die Formulierung von grundsätzlich überprüfbaren Hypothesen. Sie haben zugleich wirtschaftspolitische – genauer: wettbewerbspolitische – Bedeutung und stehen am Beginn einer inzwischen umfangreichen, vor allem industrieökonomischen Forschung (vgl. hierzu z. B. HOFMANN, 1982). Auf diese Weise können zumindest über abgelaufene Entwicklungsvorgänge Erkenntnisse gewonnen werden, deren weitere Gültigkeit ständig zu überprüfen wäre. Vor allem für die Wettbewerbs- und Innovationspolitik könnten sich daraus grundsätzlich bedeutsame Aufschlüsse ergeben.

Der fundamentalen Kritik am Historizismus der Stufentheorien ist nichts hinzuzufügen. Ihre mögliche Bedeutung für wirtschaftspolitisches Handeln liegt auf einem anderen Feld. Hier sind in erster Linie die hergestellten Bezüge zwischen dem ökonomischen und politischen sowie dem übrigen gesellschaftlichen Geschehen zu nennen. Ferner wird die Aufmerksamkeit auf ökonomisch relevante Institutionen gelenkt, von denen in der Wachstumstheorie ebenso wie in der ihr zugrundeliegenden orthodoxen Allokationstheorie abstrahiert wird.

Wird jedoch Evolution als Phänomen so verstanden, wie dies zuvor dargelegt wurde, muß für alle theoretischen Bemühungen gelten, daß sie bestenfalls Teilerkenntnisse von begrenzter zeitlicher Gültigkeit zu liefern vermögen. Daraus ergibt sich für wirtschaftspolitisches Handeln, daß die Chancen, bestimmte Ergebnisse erzielen zu können, gerade wegen der evolutorischen Eigenschaften des Entscheidungsfeldes gering sein dürften.

3.5.2 Wirtschaftspolitisch relevante Aspekte

Entwicklung als komplexitätserhöhende Verknüpfung von einfachem Wachstum und Strukturwandel ist vor allem in dreierlei Hinsicht zum Gegenstand wirtschaftspolitischer Aktivitäten geworden:

- als Ausweitung der Produktions- und damit auch der Versorgungsmöglichkeiten (Wachstumspolitik),
- als Förderung, aber auch als Bewältigung des Strukturwandels (Strukturpolitik),
- als Anlaß, auch Vorgängen außerhalb der statistisch erfaßten Wertschöpfung wirtschaftspolitische Bedeutung beizumessen (insbesondere Umweltpolitik).

Deshalb soll nachstehend auf einige der damit berührten Aspekte der wirtschaftlichen Entwicklung zumindest exemplarisch eingegangen werden.

Folgende Determinanten der Entwicklung dürften für die beiden erstgenannten wirtschaftspolitischen Aktivitätsbereiche bedeutsam sein:

- die Bevölkerungsentwicklung als ein Bestimmungsgrund sowohl des Arbeitsangebots als auch des nachfrageinduzierten Strukturwandels;
- die Akkumulation als Vermehrung des Bestandes an privatem und kollektivem Sachkapital, aber auch als Bildung von Humankapital sowie als einer der Träger bzw. eine Quelle der Innovation;
- die Innovationstätigkeit als ein Bestimmungsgrund der Ressourcenersparnis, aber auch als eine der Ursachen des angebotsinduzierten Strukturwandels;
- die Mobilität der Produktionsfaktoren in ihren verschiedenen Ausprägungen als eine weitere Ursache des Strukturwandels, aber noch mehr als zentrale Voraussetzung für dessen Bewältigung.

3.5.2.1 Bevölkerungsbewegung

Für eine Volkswirtschaft insgesamt ist die Bevölkerungsbewegung das Ergebnis (1) der natürlichen Veränderung des Bevölkerungsbestandes aufgrund seiner Altersstruktur im Ausgangszeitpunkt, der Geburtenhäufigkeit und der Sterblichkeit sowie (2) der Migration (Ein- und Auswanderung). Innerhalb einer Volkswirtschaft kommt zu den regionalspezifischen Merkmalen der Bevölkerung deren Veränderung als Folge von Binnenwanderungen hinzu. Alle genannten Faktoren, die eine Veränderung der Bevölkerung und ihrer Struktur bewirken können, werden ihrerseits durch eine Vielzahl ökonomischer und nichtökonomischer Faktoren beeinflußt. Zwar kann die Bevölkerungsökonomik auf eine lange und wechselvolle Tradition zurückblicken, die spätestens mit den pessimistischen Thesen von Thomas R. MALTHUS (1798) beginnt. Dennoch ist der Bestand an vorläufig gesichertem Wissen, z. B. über die Bedeutung ökonomischer Faktoren für das familiale Verhalten und für die Wanderungsentscheidungen, relativ bescheiden (hierzu z. B. FELDERER, 1986). Das dürfte nicht zuletzt damit begründbar sein, daß der Einfluß nichtökonomischer Faktoren gerade auf diesem Gebiet schwer zu isolieren und von den betroffenen Nachbardisziplinen – vor allem der Soziologie – ebenfalls noch wenig geklärt ist. Erschwert wird die Klärung der Zusammenhänge schließlich dadurch, daß Entwicklung auch Präferenzänderungen oder – in einem weiteren Sinne – den Wertewandel umfaßt.

Der Befund ist von Bedeutung, wenn z. B. der engeren ökonomischen Frage nach den Bestimmungsgründen des Arbeitsangebotes nachgegangen wird. In diesem Falle kommen zu den Unwägbarkeiten der Bevölkerungsbewegung solche des Erwerbsverhaltens noch hinzu. Sie schließen mögliche Rückkopplungen zwischen Erwerbsverhalten und familialen Entscheidungen mit ein. Die Möglichkeit, daß Bevölkerungsentwicklung und ökonomisches System sich gegenseitig beeinflussen, wird besonders deutlich am veränderten Erwerbsverhalten der weiblichen Bevölkerung. Hieraus ergibt sich nicht nur Anpassungsbedarf im ökonomischen System, z. B. institutionell in Form von Teilzeitarbeit und materiell durch verstärkte Nachfrage nach Kindergärten und Ganztagsschulen. Vielmehr dürfte sich als Folge der Erwerbstätigkeit auch das generative Verhalten und damit das natürliche Bevölkerungswachstum ändern.

Inwiefern die Bevölkerungsentwicklung Ursache für einen nachfragebedingten Strukturwandel sein kann, läßt sich anhand von Folgen verdeutlichen, die von dem absehbaren Rückgang der heimischen Bevölkerung der Bundesrepublik Deutschland und der Veränderung ihrer Altersstruktur erwartet werden können (hierzu z. B. Wissenschaftlichen Beitrat, 1980). Dazu gehört einerseits eine abnehmende Nachfrage nach schulischen Einrichtungen und Ausbildungsplätzen, andererseits eine sich verstärkende Nachfrage nach Leistungen des Gesundheitswesens und nach Alteneinrichtungen. Dem steht auf der Finanzierungsseite ein sich ständig verschlechterndes Verhältnis zwischen erwerbstätiger und nicht mehr erwerbstätiger Bevölkerung gegenüber. Räumlich kann ein Bevölkerungsrückgang in den weniger dicht besiedelten ländlichen Gebieten dazu führen, daß Teile der Infrastruktur nicht mehr unterhalten werden können. Käme es zu einer kompensatorischen Einwanderung in die Bundesrepublik Deutschland, so würden davon wiederum sozioökonomische Veränderungen bewirkt. Sie sind noch weniger vorhersehbar als die in vielen Fällen ebenfalls unsicheren Folgen des Rückgangs und der durchschnittlichen Alterung der heimischen Bevölkerung.

3.5.2.2 Akkumulation und Innovation

Investitionen stellen einen wesentlichen Gestaltungsfaktor der wirtschaftlichen Entwicklung dar. Sie sind Gegenstand intertemporaler Allokationsentscheidungen, bei denen grundsätzlich Ertrag und Opportunitätskosten zeitlich auseinanderfallen. Dem Nachteil heute (Konsumverzicht) steht ein erwarteter Vorteil morgen (Investitionsertrag) gegenüber. Die umgekehrte Situation läge z. B. vor, wenn eine nicht erneuerbare natürliche Ressource heute genutzt würde.

Zur Koordination von Akkumulationsentscheidungen

Rationales Konsum- bzw. Sparverhalten über längere Perioden – idealtypisch über die Lebenszeit jedes einzelnen Konsumenten – wäre allokationslogisch gewährleistet, wenn es nicht mehr möglich wäre, den individuellen Gegenwartswert aller noch zu erwartenden Konsummengen und damit die Versorgung über die Zeit dadurch zu vergrößern, daß zu irgendeinem Zeitpunkt mehr oder weniger gespart würde. Für den einzelnen Konsumenten wird ein derartiges Verhalten nicht zuletzt dadurch unmöglich, daß er unter Ungewißheit über seine Lebensdauer, sein zukünftiges Einkommen und damit auch über seine Versorgungsmöglichkeiten entscheiden muß. Ferner dürften seine Bedürfnisse wandelbar und durch Anspruchsanpassung gekennzeichnet sein. Schließlich sind die aus Sparentscheidungen resultierenden Kreditbeziehungen mit speziellen Risiken belastet und schon deshalb transaktionskostenträchtig. Hierin ist zugleich eine der Ursachen für das Entstehen von organisierten Kapitalmärkten zu sehen.

Die individuellen Versuche, die Akkumulationsfrage zu beantworten, werden auf Kapitalmärkten mit Hilfe von Zinssätzen als relevanten Preisen koordiniert. Angebot von und Nachfrage nach Kapital können u. a. durch folgende Erwägungen bei Ungewißheit bestimmt werden:

- Als Anbieter von Kapital leisten z. B. die Sparer den entsprechenden Konsumverzicht möglicherweise nur, wenn ihnen für den Verzicht heute mehr Kaufkraft in der Zukunft geboten wird. Das gilt vor allem, wenn sie ohnehin für die Zukunft ein höheres Einkommen erwarten und damit auch größere Möglichkeiten, ihre Bedürfnisse zu befriedigen; denn dann dürfte der Nutzen des gesparten Einkommens heute größer als in der Zukunft sein. Ein Teil der Sparer mag aber auch die gegenwärtigen Bedürfnisse einfach dringlicher empfinden als die zukünftigen, womit ebenfalls ein positiver Zinssatz angebotswirksam würde. Die Ursache für eine solche „Minderbewertung zukünftiger Bedürfnisse" (Böhm-Bawerk) könnte schließlich in dem Risiko gesehen werden, daß ein Sparer durch Krankheit, Tod oder andere Umstände daran gehindert werden könnte, den aufgeschobenen Konsum zu realisieren. Umgekehrt wäre ein negativer Zinssatz plausibel, wenn die zukünftigen Versorgungsmöglichkeiten ungünstig eingeschätzt werden und/oder das Vorsichtsmotiv wirksam wird.

- Investoren, die Kapital nachfragen, erwarten, daß sie mit der Anlage von Kaufkraft in langlebigen Produktionsmitteln in der Zukunft Erlöse erwirtschaften, die durch die Verzinsung und Rückzahlung des aufgenommenen Kapitals hinaus einen Gewinn ermöglichen. Sie vertrauen auf die „Mehrergiebigkeit von Produktionsumwegen" (Böhm-Bawerk), die sich z. B. in Produktivitätssteigerungen niederschlägt, die vor allem durch den Einsatz von Sachkapital erzielbar sind. Aber ihre Entscheidung ist genauso von Ungewißheit geprägt wie die der Sparer. Auch hier können z. B. negative Erfahrungen zu pessimistischen Erwartungen führen mit den entsprechenden Konsequenzen für die Nachfrage nach Kapital und damit letztlich für die Güterversorgung in der Zeit.

Allerdings wird in realen Marktwirtschaften nur ein Teil der privaten Akkumulationsentscheidungen durch Kapitalmärkte direkt koordiniert. Hinzu kommt die Akkumulation durch Innenfinanzierung mit einbehaltenen Gewinnen, Zurückhaltung erwirtschafteter Abschreibungen und Vermögensumschichtungen in Unternehmen. Solche Entscheidungen sind zumindest einer unmittelbaren Kontrolle durch den Wettbewerb auf den Kapitalmärkten entzogen. Sie werden z. B. im Falle der Bundesrepublik Deutschland von der Unternehmensbesteuerung sogar begünstigt.

Zentrale Akkumulationsgegenstände

Im Hinblick auf die Entwicklung einer Volkswirtschaft dürften folgende Akkumulationsgegenstände von Bedeutung sein:

- die einfache Ausweitung des Produktivkapitalbestandes und die Erschließung neuer Rohstoffvorkommen,
- die Weitergabe bisherigen und die Gewinnung neuen Wissens,
- die Einführung ressourcensparender Techniken, Organisations- und Transaktionsformen sowie die Aufnahme der Produktion neuer Güter,
- der Ausbau einer die marktmäßige Versorgung stützenden und ergänzenden öffentlichen Infrastruktur,
- die Erhaltung bzw. die Verbesserung der natürlichen Umwelt als Kollektivkapitalgut.

Der erstgenannte Akkumulationsgegenstand – die einfache Vermehrung von Produktivkapital – dürfte selten sein; auch bei traditionellen Investitionsgütern sind ständig Verbesserungen mit produktivitätssteigernder Wirkung als Folge des Wettbewerbs auf den Investitionsgütermärkten beobachtbar. Insofern können Erweiterungs- von Rationalisierungsinvestitionen empirisch nicht eindeutig getrennt werden. Ferner wird hier bereits erkennbar, daß die Nutzung von Prozeßinnovationen (Ressourcenersparnis) an Produktinnovationen in Form von neuerungsträchtigen Investitionsgütern gekoppelt sein kann.

Die Weitergabe bisherigen und die Gewinnung neuen Wissens sind sowohl mit der Infrastrukturausstattung als auch mit der Innovationstätigkeit vielfältig verknüpft. Eine Beziehung zur materiellen Infrastruktur ergibt sich, wenn Humankapital mit Bildungsgütern geschaffen wird, die als (gekorene) Kollektivgüter mit Hilfe entsprechender Anlagegüter (z. B. Schul- und Hochschulbauten) und Personal bereitgestellt werden. Damit wird die Akkumulation von Humankapital zumindest auf der Angebotsseite politischen Willensbildungsprozessen überantwortet. Aber auch auf der Nachfrageseite ist sie z. B. durch den Schulzwang staatlich beeinflußt. Für eine Bereitstellung von Bildungsgütern als gekorene Kollektivgüter werden neben externen Effekten vor allem Verteilungsargumente geltend gemacht.

Neues Wissen kann das ungewisse Ergebnis von Grundlagen- oder von Zweckforschung sein. Allerdings sind die Grenzen zwischen diesen nach dem Forschungsziel gebildeten Kategorien fließend. Bei der Grundlagenforschung steht die Gewinnung neuen Wissens um seiner selbst willen – der wissenschaftliche Fortschritt als solcher – im Vordergrund. Das schließt nicht aus, daß solches Wissen mit hoher Allgemeingültigkeit Grundlagen für die Zweckforschung und damit für die Produktion von spezifischem Wissen liefert. Gerade hierin ist die Bedeutung der Grundlagenforschung für die wirtschaftliche Entwicklung zu sehen. Aus der wirtschaftlichen Verwertbarkeit dürfte sich auch das Interesse an einer staatlichen Unterstützung bzw. Trägerschaft der Produktion von Grundlagenwissen ableiten; denn stünde lediglich das Erkenntnisinteresse als solches im Vordergrund, hätte Grundlagenwissen die Eigenschaften eines Kulturgutes. Ob es als gekorenes Kollektivgut produziert würde, wäre eine reine politische Ermessensfrage. Auch bei ihrer Beantwortung wäre allerdings zu berücksichtigen, daß staatliche Initiative private Initiative verdrängen kann mit ungewissen Folgen für das insgesamt verfügbare Wissensangebot.

Wenn die wirtschaftliche Verwertbarkeit betont wird, gewinnt die Vermutung einer Unterversorgung mit Grundlagenwissen wegen unzulänglicher Ausschlußmöglichkeiten (positiven externen Effekten) im Falle einer privaten Produktion an Bedeutung (hierzu z. B. Tanghe, 1987, S. 169 ff.). Aber auch dann, wenn die Ausschlußkosten nicht extrem hoch wären, dürfte die Vereinbarung von Nutzungsentgelten für privates Grundlagenwissen dadurch sehr erschwert werden, daß die Bedeutung von Grundlagenwissen für die Zweckforschung im einzelnen schwer abzuschätzen und selbst im nachhinein schwer zurechenbar ist. Es spricht also einiges dafür, Grundlagenwissen als Kollektivgut zu betrachten und seine Produktion in der einen oder anderen Form (z. B. reine Forschungseinrichtungen, Kuppelproduktion von Forschung und Lehre) staatlich zu finanzieren (vgl. zur Theorie der Forschungspolitik z. B. Kirsch, 1975). Das schließt nicht aus, daß außerdem private Grundlagenforschung (z. B. gekoppelt mit angewandter Forschung) möglich ist und u. U. durch staatliche Initiativen auch teilweise verdrängt wird.

Zweckforschung ist ein Instrument des Wissenserwerbs im marktlichen Wettbewerbsprozeß. Erfindungen (Inventionen) als angestrebte, aber ungewisse Ergebnisse dieser

Forschung bilden die Grundlage für die Entwicklung neuer Güter sowie neuer Organisations- und Transaktionsformen (Innovationen) und damit neuer Handlungsmöglichkeiten im Wettbewerb. Gäbe es sowohl für die Invention als auch die Innovation keine Ausschlußmöglichkeiten, stünde zumindest rechtlich einer Nachahmung nichts im Wege. Eine schnelle rivalisierende Verwertung durch Wettbewerber wäre daher zu erwarten, wenn von Geheimhaltung als Möglichkeit des Ausschlusses einmal abgesehen wird. Dementsprechend gering wären die erzielbaren Pioniergewinne, die den Ausgaben für Forschung und Entwicklung gegenüberstünden. Damit wäre Entwicklungswettbewerb weniger lohnend. Dem kann grundsätzlich durch die Einräumung zeitlich befristeter Ausschlußrechte in Form von gewerblichen Schutzrechten (Patenten, Gebrauchsmustern, Warenzeichen u. a.) sowie Urheberrechten (für Werke der Kunst, Wissenschaft u. ä.) entgegengewirkt werden. Eine auf solche Handlungsrechte gestützte Lizenzvergabe erlaubt ferner die Vermarktung des neuen Wissens als weitere Möglichkeit der Internalisierung von Erträgen.

Sowohl in Anlagen gebundenes privates Sachkapital als auch die komplementäre und ergänzende materielle Infrastruktur sind räumlich weitgehend immobil. Sie ziehen deshalb mobile Faktoren an und prägen so die Standortstruktur (hierzu z. B. BIEHL u. a., 1975). Infolgedessen kann z. B. vermutet werden, daß Fälle hypertropher Ballung einerseits und der Entleerung von Regionen andererseits räumliche Fehllenkungen von privatem und öffentlichem Kapital signalisieren. Als mögliche Erklärungen kommen hierfür vor allem in Betracht:

- Externe Kosten bei Produktion und Konsum haben zur Folge, daß die volkswirtschaftlichen Kosten einer Agglomeration nur unzulänglich signalisiert werden; die Nachteile einer weiteren Expansion gehen nicht vollständig und zeitig genug in die private Kostenrechnung ein.
- Die Knappheit der als Kollektivgüter bereitgestellten lokalen Infrastruktur kann den Benutzern nur unzulänglich oder gar nicht mit der Erhebung von Finanzierungs- und Unterhaltungsbeiträgen angezeigt werden.
- Die Existenz externer Erträge begünstigt bereits bestehende Agglomerationen; denn für den einzelnen privaten Investor ist es ungewiß, ob bei Investitionen an weniger entwickelten Standorten auch die komplementären privaten und öffentlichen Investitionen vorgenommen werden, die in Agglomerationen schon längst ausgereift sind.
- Ein Teil des technischen Fortschritts wird im Zuge von Investitionsprozessen erzielt (learning by doing), ist also relativ immobil; das kann den Standorten, an denen er erzielt wird, immer wieder einen neuen Wettbewerbsvorsprung gegenüber anderen Standorten verschaffen.
- Eine Begünstigung von Agglomerationen durch die Tarifvertragsparteien, soweit sie auf eine räumliche Differenzierung der von ihnen fixierten Arbeitsentgelte verzichten, obgleich ein Produktivitätsgefälle zuungunsten agglomerationsferner Regionen bestehen mag.
- Eine Begünstigung von Agglomerationen bei zentralen öffentlichen Investitionsentscheidungen und Finanzzuweisungen durch den politischen Willensbildungsprozeß, weil sie zugleich auch Konzentrationen von Wählern darstellen.

Der letztgenannte Akkumulationsgegenstand – die natürliche Umwelt – erfordert häufig Entscheidungen, die mehrere Generationen betreffen. Wie in diesem Kapitel bereits erörtert, hat die natürliche Umwelt mit ihren vielfältigen Nutzungsmöglichkeiten ökonomisch gesehen die Eigenschaften eines Kollektivkapitalgutes mit der Tendenz zur Übernutzung. Bei einer Leistungsabgabe zum Nulltarif sind selbst Reinvestitionen nicht lohnend, wenn es zum Kapitalverbrauch kommt. Umweltkapital wird verbraucht, wenn (1) mit der Nutzung der Umwelt als Aufnahmemedium für Schadstoffe das Assimilationsvermögen der Natur verringert wird und (2) wenn Umwelt zu Konsum- und Produktionszwecken irreversibel transformiert wird; die letztgenannte Inanspruchnahme reicht von der Beeinträchtigung der Umwelt als unmittelbares Konsumgut (z. B. Zerstörung der Landschaft) über ihre Nutzung als Vorprodukt (z. B. Rohstoffvorkommen) bis hin zur direkten Existenzbedrohung des Menschen (z. B. durch Beeinträchtigung der Ozonhülle der Erde). Die Frage, welche Veränderung des Bestandes an Umweltkapital, sei er insgesamt negativ oder positiv, von einer Generation vorgenommen werden soll, kann nur mit Hilfe der politischen Willensbildung beantwortet werden. Dabei lassen sich die Interessen nachfolgender Generationen nur fürsorglich wahrnehmen. Das lädt den jeweils disponierenden Generationen eine Verantwortung auf, über deren Gewicht sie zwar selbst befinden müssen; jedoch dürfte ihre Einstellung wesentlich von ihrem Wissen über die ökologischen Zusammenhänge geprägt werden, durch die die Interdependenz zwischen den Generationen hergestellt wird.

3.5.2.3 Mobilität

Mit Strukturwandel sind Substitutionsvorgänge verschiedenster Art verbunden, z. B. Substitution von Arbeit durch Kapital, von Faktoreinsatz in der industriellen Fertigung durch solchen im Dienstleistungsgewerbe und von Fertigungsstandorten im Kern von Verdichtungsräumen durch solche an deren Peripherie. Wie zu Beginn des Kapitels dargelegt, werden solche Substitutionsvorgänge durch die begrenzte Mobilität der Faktoren gehemmt. Die Überwindung derartiger Substitutionshemmnisse verursacht Substitutionskosten.

Besondere Bedeutung dürfte der begrenzten Mobilität des Faktors Arbeit zukommen (hierzu z. B. Tuchtfeldt, 1986). Mobilitätsbedarf i. S. v. Anpassungsbedarf entsteht, wenn die Struktur des Arbeitsangebotes nach betrieblichen Arbeitsplätzen, Qualifikationen und Standorten nicht mehr mit der Arbeitsnachfrage übereinstimmt. Für Anbieter von Arbeit können sich dann im Extremfall Subsitutionskosten kumulieren, nämlich

- Kosten der Raumüberwindung bis hin zu den Kosten eines Wohnsitzwechsels,
- Kosten der Umwidmung in Form von Umschulungsaufwendungen sowie
- Kosten in Form von Nutzeneinbußen durch Lösung aus bisherigen sozialen Bindungen im Betrieb und am Wohnort.

Solche Kosten können für den einzelnen Arbeitsanbieter prohibitiv werden, z. B. bei erforderlicher Umschulung kurz vor dem Ausscheiden aus dem Erwerbsleben. Nicht übersehen werden darf ferner der Aufwand an Transaktionskosten, der mit der Erschließung neuer Beschäftigungsmöglichkeiten verbunden ist.

Der Zeitbedarf einer Anpassung von Angebots- und Nachfragestruktur beim Faktor Arbeit kann sich in struktureller Arbeitslosigkeit niederschlagen. Er dürfte um so größer sein, je mehr die Preis-(Lohn-)-Signale blockiert sowie in ihrem Informationsgehalt und ihrer Lenkungsfunktion beeinträchtigt sind. Solche Funktionsstörungen des Preismechanismus resultieren nicht zuletzt aus Substitutionshemmnissen bzw. Substitutionsbeschränkungen, die von den Arbeitsmarktparteien (Arbeitgeberverbänden und Gewerkschaften) durch Vereinbarungen geschaffen werden. Blockiert werden die Preissignale z. B. durch vereinbarte Mindestlöhne. Sie haben unabhängig von der Marktlage Gültigkeit und informieren damit nicht unbedingt über die relative Knappheit der jeweiligen Arbeitsleistung. Eine Folge kann Mindestlohnarbeitslosigkeit sein. Der Informationsgehalt von Lohnsätzen kann sich auch durch vereinbarte Nebenleistungen verringern (z. B. vergünstigte Bezugsrechte von Produkten, Anwartschaften auf eine betriebliche Pension). Schließlich können die Anpassungsmöglichkeiten auf der Arbeitsnachfrageseite (bei den Unternehmen) ebenfalls auf dem Vereinbarungswege, z. B. zugunsten der bisher Beschäftigten und zuungunsten von Arbeitssuchenden, verändert werden (etwa durch Umbesetzungssperren, Kündigungsschutzvereinbarungen). Gerade in derartigen Substitutionsbeschränkungen kommt der Eigenwert zum Ausdruck, der von den Arbeitsplatzbesitzern bisherigen Beschäftigungen, Berufen und Standorten beigemessen wird. Er bildet den Kern eines möglichen Konflikts zwischen Arbeitsplatzsicherheit und innovationsbedingtem Fortschritt.

Bei den bisher erörterten Mobilitätsproblemen des Faktors Arbeit erforderte die Anpassung an Strukturwandel eine Substitution von Arbeitsplätzen, Qualifikationen und Standorten. Erforderlich ist dabei eine horizontale Mobilität. Die Anpassungen können jedoch zugleich auch Ausdruck von vertikaler Mobilität i. S. v. sozialem Auf- oder Abstieg (Statusmobilität) sein. Die Chance, durch Mobilität und damit Aufwand von Substitutionskosten einen höheren gesellschaftlichen Status (bestimmt durch berufliches Ansehen, Einkommen u. a.) zu erlangen, dürfte ein wesentlicher Anreiz dafür sein, daß Strukturwandel aktiv unterstützt und genutzt wird. Umgekehrt stellt aber auch das Risiko, durch Strukturwandel (z. B. mit Entwertung von Qualifikationen, Dauer der Arbeitslosigkeit) einen Statusverlust zu erleiden, eine Quelle des Widerstandes gegen Neuerungen und damit Veränderungen dar.

Mobilitätshemmnisse beim Produktionsfaktor Arbeit können zumindest teilweise durch die Mobilität von Kapital und unternehmerischen Leistungen aufgefangen werden. Das geschieht vor allem,

- wenn Unternehmen oder Unternehmensteile zu den Standorten von Arbeit wandern,
- wenn Unternehmen durch interne Umwidmungen Strukturwandel vollziehen,
- wenn Neugründungen von Unternehmen Beschäftigungs- und Aufstiegschancen eröffnen.

Allerdings kann die Mobilität von Kapital und unternehmerischen Leistungen durch wirtschaftspolitisches Tun und Unterlassen eingeschränkt werden. Die räumliche Mobilität von Unternehmen und Unternehmensteilen verringert sich beispielsweise, wenn die Gebietskörperschaften in strukturschwachen Regionen dem Druck von ansässigen Unternehmen nachgeben, durch eine restriktive Standorterschließungspolitik lohntreibende Konkurrenten auf dem regionalen Arbeitsmarkt im Interesse der Sicherung bestehender Arbeitsplätze fernzuhalten. Auf diese Weise verringert sich zwar der Anpassungsdruck für die ansässigen Unternehmen auf der Kostenseite; jedoch hat die

Erfahrung in Regionen mit strukturellen Anpassungsproblemen gelehrt, daß dies mittelfristig eher problemverschärfend wirkt. Ebenso kann das Erfordernis, bei betrieblichen Umstellungen die davon betroffenen Arbeitnehmer im Rahmen eines Sozialplans zu entschädigen, dazu führen, daß solche Anpassungen verzögert werden oder ganz unterbleiben; denn mit den Abfindungen soll im Grunde ein Teil der noch ungewissen Umstellungsvorteile schon vorab verteilt werden. Auf diese Weise können nicht nur die bestehenden Arbeitsplätze gefährdet, sondern auch das Entstehen zusätzlicher Arbeitsplätze als Folge einer expansionsträchtigen Umstrukturierung verhindert werden. Neugründungen werden behindert, wenn die Beschaffung von Risikokapital durch restriktive gesellschaftsrechtliche Zulassungsbedingungen zum Markt für Beteiligungskapital erschwert wird. Damit wird zwar u. U. ein höherer Anlegerschutz erreicht; jedoch ist auch hier ein Preis in Form eines potentiell geringeren Angebots an Arbeitsplätzen zu zahlen.

3.5.2.4 Entwicklung und Wohlfahrt

Nicht alle Aspekte wirtschaftlicher Entwicklung finden breite Zustimmung. Die Kritik, die in der Betonung eines qualitativen Wachstums zum Ausdruck kommt, bedeutet, daß das Sozialprodukt nicht nur entwicklungstheoretisch als wenig befriedigendes Maß für einfaches Wachstum anzusehen ist, sondern auch als Wohlstandsindikator korrektur- und ergänzungsbedürftig erscheint.

Bereits als produktionsorientierter ökonomischer Erfolgsmaßstab ist das Sozialprodukt selbst im Rahmen der gewählten Definitionen unzulänglich,

- weil Teile davon als Produktion bzw. Konsum gelten, obgleich sie Kosten sind; dazu gehören staatliche Vorleistungen für den Unternehmenssektor (z. B. Straßennutzung, Gewährleistung von Rechtssicherheit im Geschäftsverkehr);
- weil Teile davon als Konsum gelten, obgleich sie Investitionen sind; dazu gehören die Ausgaben für das staatliche Ausbildungssystem ebenso wie die Ausgaben für langlebige Konsumgüter;
- weil Teile davon als Produktion gelten, obgleich sie einen Vermögensverzehr darstellen; hier sind in erster Linie die abgebauten nichtregenerierbaren natürlichen Ressourcen zu nennen;
- weil Teile davon überbewertet werden, da ihnen Kapitalverzehr gegenübersteht; hierzu zählt die Verringerung der Qualität des Umweltkapitals in seinen verschiedenen Nutzungsformen, da Schattenpreise für Umweltgüter fehlen.

Wird auf die gesamte in einer Periode erfolgte Wertschöpfung abgestellt, geht aus unterschiedlichen Gründen eine Vielfalt von Aktivitäten nicht in die volkswirtschaftliche Gesamtrechnung ein. Sie repräsentieren verschiedene Segmente der Schattenwirtschaft (z. B. CASSEL, 1986; STREIT, 1984a):

- Die Untergrundwirtschaft. Hierzu werden alle jene Aktivitäten gerechnet, die nach den Konventionen der volkswirtschaftlichen Gesamtrechnung sozialproduktrelevante Wertschöpfung sind, sich jedoch einer statistischen Erfassung bewußt – nicht zuletzt zur Vermeidung von Abgabelasten – entziehen.
- Die Selbstversorgungswirtschaft. Sie umfaßt die gesamte in den privaten Haushalten erbrachte Wertschöpfung, die nach den statistischen Konventionen von der Er-

fassung von vornherein ausgeschlossen sind, also vor allem die Hausarbeit und die Eigenfertigung der Heimwerker.
- Die Selbsthilfe. Sie existiert als System privater Solidarität parallel zum organisierten sozialstaatlichen, kollektiven Leistungssystem sowie parallel zur Tätigkeit von offiziell anerkannten privaten Organisationen ohne Erwerbscharakter und umfaßt eine nach den Zwecken bunte Vielfalt von Selbsthilfegruppen sowie freiwillige Sozialarbeit für andere private Haushalte.

Zwar lassen sich die genannten Unzulänglichkeiten des konventionellen Sozialprodukts grundsätzlich in der ein oder anderen Form wertend korrigieren (hierzu z. B. Basseler und Schäfer, 1974). Ein Maßstab für die Wohlfahrt einer Nation wäre damit jedoch kaum gewonnen. Sie läßt sich nicht auf eine einzige Dimension wie die der Wertschöpfung bzw. des durchschnittlichen Niveaus materieller Versorgung reduzieren. Wenn es so etwas wie eine gesellschaftliche Wohlfahrtsfunktion gäbe, könnte auch ein revidiertes Sozialprodukt nur eines von vielen Argumenten sein.

Versuche, die Entwicklung der Wohlfahrt differenzierter zu erfassen, wurden mit sozialen Indikatoren gemacht (z. B. Zapf, 1979/2002; Wille, 1980). Sie umfassen neben unternehmensbezogenen Indikatoren z. B. solche der Arbeitsbedingungen, der Bildung, der Gesundheit, der physischen Umwelt u. a. Wenn derartige Informationen zur Grundlage politischer und damit auch wirtschaftspolitischer Entscheidungen gemacht werden sollten, setzte dies zunächst Entscheidungen über ihre Auswahl und ihre Gewichtung voraus; denn hierin liegen bereits Bewertungen von Zuständen und Entwicklungen, die wissenschaftlich nicht begründbar sind. Insofern verdeutlichen Systeme von sozialen Indikatoren ebenso wie die Revision des Sozialproduktkonzepts, wie sehr die Bedeutung der Ergebnisse der volkswirtschaftlichen Gesamtrechnung auch unter Wohlfahrtsaspekten überschätzt werden kann und im politischen Prozeß überschätzt wird.

3.6 Wirtschaftspolitischer Handlungsbedarf

Zur Begründung allokationspolitischen Handlungsbedarfs ist ebenso wie für alle anderen wirtschaftspolitischen Aktivitäten eine Zielorientierung erforderlich. Vorherrschendes Beurteilungskriterium des marktwirtschaftlichen Prozesses und seiner Ergebnisse dürfte im Falle der Allokationspolitik das Ziel einer bestmöglichen Versorgung im Zeitablauf sein. Das bedeutet, daß es nicht auf die bestmögliche Nutzung gegebener Ressourcen für vorgegebene Zwecke ankommt (statische Effizienz), sondern darauf, wie sich die Versorgungsmöglichkeiten unter evolutorischen Bedingungen verändern. Unter diesen Bedingungen rückt die möglichst reibungsarme Anpassung an wirtschaftliche Veränderungen sowie die möglichst verlustarme Suche und Einführung von Neuerungen in den Vordergrund.

Nach den in diesem Kapitel dargelegten Allokationsproblemen und deren Ursachen läßt sich folgender Bedarf an wirtschaftspolitischem Tun, aber auch Unterlassen begründen:

- die Senkung des Substitutions- und Transaktionskostenpegels;

- die Sicherung und Förderung des Wettbewerbs sowie die Kontrolle von Monopolpositionen;
- die Versorgung mit Infrastruktur und Regulierung der Umweltnutzung;
- die Unterstützung des Wachstumsprozesses und des Strukturwandels.

Auf Möglichkeiten und Grenzen solcher wirtschaftspolitischer Aktivitäten soll im folgenden eingegangen werden.

3.6.1 Senkung des Substitutions- und Transaktionskostenpegels

3.6.1.1 Ausgangspunkt: die Allokationsfolgen

Die wirtschaftspolitische Bedeutung von Substitutions- und Transaktionskosten ergibt sich aus den in diesem Kapitel bereits erörterten Allokationsfolgen:

- Substitutionskosten schieben sich wie ein Keil zwischen Knappheitsunterschiede und bewirken, daß solche Unterschiede auch dann ungenutzt bleiben können, wenn sie bekannt sind.
- Transaktionskosten müssen aufgewendet werden, um Substitutionsmöglichkeiten aufzuspüren, mit der Folge, daß stets eine unbekannte Zahl von ungenutzten Knappheitsunterschieden bestehen bleibt.

Beide Kostenarten zusammen beschränken also die Möglichkeiten lohnenden Tauschs. Ferner wirken sie sich auf unterschiedliche Weise als Wettbewerbshemmnisse aus:

- Substitutionskosten gewähren einen begrenzten Wettbewerbsschutz auch dann, wenn Substitutionsmöglichkeiten erschlossen wurden.
- Transaktionskosten lassen ein Transparenzproblem entstehen, das sowohl den wettbewerbsstiftenden Austauschprozeß als auch die Wettbewerbshandlungen im Parallelprozeß behindert.

3.6.1.2 Allokationspolitische Möglichkeiten

Möglichkeiten, den Substitutions- und Transaktionskostenpegel zu senken, ergeben sich vor allem im Rahmen der Bereitstellung der materiellen und institutionellen Infrastruktur. Im Falle der materiellen Infrastruktur sind es in erster Linie Substitutionskosten in Form von Kosten der Raumüberwindung, die allokationspolitisch beeinflußbar sind. Dies kann einmal durch die staatliche Bereitstellung von Verkehrs-, Versorgungs- und Kommunikationsnetzen geschehen. Zum anderen wird der Substitutionskostenpegel aber auch von der Art und Weise beeinflußt, wie diejenigen wettbewerbspolitisch behandelt werden, die mit Hilfe der bereitgestellten Netze Leistungen anbieten. Angesprochen ist damit einmal, daß solche Netze häufig als gekorene Kollektivkapitalgüter mit entsprechenden Allokationsfolgen (insbesondere Übernutzung) bereitgestellt werden. Zum anderen werden mit Hilfe dieser Netze Leistungen durch Produktionszweige (Post, Bahn, Verkehrsgewerbe) erstellt, die im Falle der Bundesrepublik Deutschland in unterschiedlichem Maße staatlich reguliert sind und eine wettbewerbspolitische Sonderbehandlung erfahren. Sowohl auf die wettbewerbspolitischen Probleme als auch auf die Bereitstellung und Nutzungsregulierung von Kollektivgütern wird in diesem Kapitel noch eingegangen.

Hauptansatzpunkt für die Beeinflussung des Transaktionskostenpegels sind die äußeren Institutionen des Marktsystems, also vor allem – wie dargelegt – die Eigentumsordnung, das Vertragsrecht und (für Kaufleute) das Handelsrecht sowie das Zivilprozeßrecht. Die Beeinflussung der Transaktionskosten ergibt sich aus der Informationsqualität, die diese Institutionen für die Marktakteure haben. Soweit es sich um Verhaltensregeln handelt, hängt deren Informationsqualität vor allem davon ab, wie universalisierbar sie sind, also davon,

- ob sie allgemeingültig sind, d.h. ausnahmslos und unbefristet auf alle Wirtschaftssubjekte Anwendung finden;
- ob sie offen sind, d.h. nur spezifische Handlungen untersagen und damit eine unbekannte Zahl von Handlungsmöglichkeiten zulassen;
- ob sie bestimmt sind, d.h. nur solche Handlungen untersagen, die von Umständen abhängen, die zu kennen oder festzustellen vernünftigerweise von den Betroffenen erwartet werden kann.

Die konkrete Ausprägung dieser Eigenschaften bestimmt den Grad der Universalisierbarkeit von Verhaltensregeln und damit auch die Möglichkeit, generelle Verhaltenserwartungen bilden zu können. Der Erwerb von Wissen über diese Regeln verursacht zwar zunächst einmal Transaktionskosten, eröffnet aber Zugang zu Informationskostenersparnissen im Verlauf ihrer wiederholten Nutzung. Abweichungen von der Universalisierbarkeit erfordern zusätzlichen, fallbezogenen Wissenserwerb und verursachen deshalb zusätzliche laufende Transaktionskosten.

Wenn der überwiegende Teil des Privatrechts nicht aus vollständig universalisierbaren Verhaltensregeln besteht, so kann daraus allerdings transaktionskostenorientiert nicht ohne weiteres auf eine wirtschaftspolitische Fehlentwicklung geschlossen werden. So gelten z.B. für eine ganze Reihe von ökonomisch bedeutsamen Rechtsgeschäften spezifische Formvorschriften, womit fallorientiertes Verhalten vorgeschrieben wird. Dies geschieht u.a. mit dem Ziel, die Übertragung von Handlungsrechten möglichst zweifelsfrei zu machen; das dürfte aber die Aushandlungs- und Kontrollkosten, z.B. im Grundstücksverkehr eher senken. Erkennbar wird die Möglichkeit, daß mit zunehmender Universalisierbarkeit nicht alle Transaktionskostenkomponenten abnehmen müssen. Wenn im angeführten Beispiel als Folge abnehmender Universalisierbarkeit mit sinkenden Aushandlungs- und Kontrollkosten zu rechnen ist, so kommt darin die Bedeutung eines u.U. konkurrierenden Kriteriums für die Qualität von äußeren Institutionen im Hinblick auf Transaktionskostenersparnisse zum Ausdruck: ihre Angepaßtheit an spezifische Transaktionsobjekte.

Weitere Möglichkeiten, den Transaktionskostenpegel zu beeinflussen, beziehen sich auf die internen Institutionen. Ihr Entstehen kann durch wirtschaftspolitisches Handeln begünstigt, aber auch erschwert werden. Beispielsweise werden die Chancen dafür, daß Transaktionskostenelemente zum Gegenstand vorgelagerter Märkte werden, von Art und Umfang der Regulierung der Gewerbefreiheit ebenso beeinflußt wie von sonstigen Hemmnissen bei der Gründung von Unternehmen. Aber auch die Aufsicht über Selbstverwaltungsorganisationen der Wirtschaft, die sich u.a. in der Ausgestaltung interner Institutionen betätigen, kann bedeutsam sein; denn – wie bereits bei der Diskussion der Transaktionskosten dargelegt – interne Institutionen lassen sich auch zu Wettbewerbsbeschränkungen, vor allem zu Marktzugangsbeschränkungen, ausgestalten.

3.6.2 Sicherung und Förderung des Wettbewerbs, Kontrolle von Monopolpositionen

Wettbewerbssicherung ist zunächst und vornehmlich eine ordnungspolitische Aufgabe. Wenn Wettbewerb mehr als eine mögliche, aber nicht notwendige Begleiterscheinung des Gebrauchs der Handlungsfreiheit sein soll, d. h. aufgrund seiner ökonomischen und gesellschaftspolitischen Funktionalität als Struktur- oder Ordnungsprinzip (WESSELS, 1963, S. 644) einer Marktwirtschaft betrachtet wird, muß der Gebrauch der wirtschaftlichen Handlungsfreiheit auf seine Wettbewerbsfolgen geprüft werden mit dem Ziel, private Wettbewerbsbeschränkungen zu identifizieren. Sie wären dann – anders als bei einer laissezfaire-Position – als Mißbrauch der Handlungsfreiheit anzusehen. Infolgedessen ist diese Möglichkeit schon bei der rechtlichen Ausgestaltung der Privatautonomie zu berücksichtigen. Jedoch dürften wettbewerbsbeschränkende Verhaltensweisen weder jemals vollständig noch stets zweifelsfrei rechtlich faßbar sein. Ferner kann die rechtliche Grundsatzfrage unterschiedlich entschieden werden, ob dem Wettbewerb unbedingt Vorrang gebührt oder ob Wettbewerbsbeschränkungen nach gesamtwirtschaftlichen Kosten-Nutzen-Analysen fallweise beurteilt werden sollen. Einzeln, aber auch zusammengenommen bedeuten die angeführten Gründe, daß der wettbewerbsrechtliche (ordnungspolitische) Rahmen nicht nur in Abständen überprüfungsbedürftig wird. Vielmehr legt die Komplexität des Phänomens Wettbewerb und sein ständiger Wandel häufig auch die Verwendung interpretationsbedürftiger Generalklauseln und eine ständige Kontrolle auf Verstöße zumindest nahe. Das macht die Sicherung des Wettbewerbs zugleich zu einer permanenten, also auch ablaufpolitischen Aufgabe.

3.6.2.1 Ökonomische Grundsatzfragen

Wettbewerbsorientierung

Wettbewerb ist als Instrument der Machtkontrolle und als Entdeckungsverfahren nicht naturgegeben. Er setzt zunächst einmal eine wettbewerbsbejahende Haltung voraus. Sie kann lediglich gefördert werden, und zwar dadurch, daß denjenigen, die durch Wettbewerbsleistungen persönliche Vorteile erreichen möchten, möglichst viele Chancen eröffnet oder offengehalten werden; soweit solche Vorteile das Erlangen von wirtschaftlicher Macht beinhalten, ist deren Entstehen – wie dargelegt – unumgänglich und wird erst zum Problem, wenn sie sich verfestigt. Ob und inwieweit eine Leistungsorientierung Richtschnur wirtschaftspolitischer Maßnahmen sein soll, ist selbst eine Bewertungsfrage; ihre Beantwortung muß politischen Willensbildungsprozessen überlassen bleiben. Allerdings ist dabei die zentrale Rolle zu berücksichtigen, die preisgesteuerte Wettbewerbsprozesse im marktwirtschaftlichen Allokationsverfahren spielen. Leistungswettbewerb kann im Interesse anderer wirtschaftspolitischer Ziele, z. B. der sozialen Sicherheit, nicht beliebig eingeschränkt werden, ohne zugleich Einschränkungen hinsichtlich der Versorgungsmöglichkeiten (Verluste durch Einschränkung der Anpassungs- und Entwicklungsfunktion des Wettbewerbs) hinnehmen zu müssen. Es entstünde ein Abwägungsproblem als Folge von Zielkonflikten.

Wettbewerbsförderung

Möglichkeiten einer Wettbewerbsförderung im Sinne einer Verbesserung der Voraussetzungen für Wettbewerbshandlungen wurden bereits mit der Senkung des Substitutions- und Transaktionskostenpegels diskutiert. Wie betont, sind Substitutionshemmnisse nicht nur durch Verbesserungen der materiellen Infrastruktur verringerbar, sondern auch durch den Abbau institutioneller Marktzugangsschranken. Letzteres geschieht z. B. durch Vereinfachung der Gründungsvorschriften für Unternehmen, durch Erleichterungen bei der Gewerbezulassung oder durch Eröffnung von Zugangsmöglichkeiten zum Kapitalmarkt für Personalgesellschaften. Ebenso können Märkte für potentielle ausländische Wettbewerber durch den Abbau staatlicher Wettbewerbsbeschränkungen (Handelsbeschränkungen) geöffnet werden. Wie noch einmal bei der Diskussion von Ausnahmebereichen deutlich werden dürfte, kommt staatlichen Wettbewerbsbeschränkungen eine besondere Bedeutung zu. Infolgedessen ist gerade hier ein ungenutztes Potential von Möglichkeiten der Wettbewerbsförderung zu vermuten. Schließlich läßt sich u. U. die Markttransparenz durch transaktionskostensenkende Verbraucherinformation erhöhen. Auch bei Marktzugangserleichterungen tauchen Abwägungsprobleme auf. So dient der Patentschutz einerseits der Innovation, da er es erlaubt, mögliche externe Erträge dieser Tätigkeit zu internalisieren. Andererseits stellt er eine Wettbewerbsbeschränkung dar, bei deren rechtlicher Befristung zwischen Innovationsanreiz und Wettbewerbsfolgen abgewogen werden muß.

Wettbewerbssicherung

Wettbewerb entsteht aus dem Gebrauch der ökonomischen Handlungsfreiheit. Er ist zugleich Quelle und Regulativ ökonomischer Evolution. Aufgrund seiner evolutorischen Qualitäten wäre es wenig überzeugend, wenn an die transitorischen Marktergebnisse der Maßstab statischer Effizienz angelegt würde. Infolgedessen können auch die komparativ-statischen Partialanalysen der Preistheorie kein überzeugendes Referenzmodell liefern, um die Qualität realer Wettbewerbsprozesse beurteilen zu können. Das gilt vor allem für das an der statischen Effizienz orientierte wohlfahrtsökonomische Nirwana der vollkommenen Konkurrenz. Aber auch weniger restriktive Varianten davon, wie das Konzept des „vollständigen Wettbewerbs" (Eucken, z. B. 1949), sind wegen ihrer Orientierung an der statischen Effizienz vielzahligen Wettbewerbs und vor allem wegen der Unterschätzung des Wissensproblems bei wettbewerbspolitischen Eingriffen wie etwa der Monopolkontrolle sehr problematisch.

Als nicht weniger problematisch haben sich Konzepte erwiesen, bei denen auf eine deterministische Modellierung verzichtet und statt dessen z. B. versucht wurde,

- empirisch relevante Kriterien aufzuspüren, mit deren Hilfe überprüfbar sein soll, ob Marktstrukturen, Marktverhalten und Marktergebnis den Anforderungen eines „funktionsfähigen Wettbewerbs" (Clark, 1940) entsprechen;
- eine bestimmte Marktform – das „weite Oligopol" – zum Leitbild wettbewerbspolitischen Handelns zu machen, weil bei dieser Marktform eine im Hinblick auf die Wahrnehmungsmöglichkeiten von Kostenvorteilen und das Innovationsverhalten „optimale Wettbewerbsintensität" (Kantzenbach, 1966) vermutet wird.

Die Diskussion dieser Vorstellungen (zusammenfassend z. B. Schmidt, 1999, S. 11 ff.;

BARTLING, 1980, Teil A) zeigte, daß auch solche Konzepte als allgemeine Leitbilder nicht zuletzt an der Vielfalt und Evolutorik realer Wettbewerbsprozesse scheitern müssen. Von grundsätzlicher Bedeutung ist jedoch auch in ihrem Fall, daß die Vorstellungen auf komparativ-statischen Marktmodellen mit starren Strukturen basieren, die sich vom Modell der vollkommenen Konkurrenz nur durch „Unvollkommenheiten“ unterscheiden. Im Kern wird also weiterhin mit der gleichgewichtsorientierten Allokationslogik operiert und damit Wettbewerb analytisch nicht als evolutorisches Phänomen erfaßt (vgl. hierzu z. B. HOPPMANN, 1970).

Markt- und damit auch Wettbewerbsprozesse zeichnen sich durch Vielfalt und unvorhersehbaren Wandel aus. Es gibt keine generalisierbaren Kausalketten, die von spezifischen Marktstrukturen zu entsprechenden Verhaltensweisen und von da zu bestimmten Marktergebnissen führen. Daher ist es auch nicht möglich, von gewünschten Marktergebnissen auf notwendige Verhaltensweisen und Marktstrukturen zurückzuschließen. Nur das würde grundsätzlich die Möglichkeit eröffnen, wirtschaftspolitisch nach Mitteln zu suchen, mit denen die notwendigen Bedingungen für gewünschte Marktergebnisse hergestellt werden könnten. Mit anderen Worten, es ist unmöglich, einen Wettbewerbsprozeß zu identifizieren, der als wirtschaftspolitische Norm dienen könnte, um durch einen Vergleich von Norm und Realität wettbewerbspolitischen Handlungsbedarf identifizieren zu können. Infolgedessen bleibt als möglicher Ansatzpunkt nur, was ohnehin der Marktwirtschaft als einer Handelnsordnung entspricht: die Ordnungsregeln. Dementsprechend käme es darauf an, solche Handlungen zu identifizieren, die wettbewerbsbeschränkend wirken können. Weil sie in diesem Fall einen im Hinblick auf das Ordnungsprinzip Wettbewerb unerwünschten Gebrauch der Handlungsfreiheit darstellen, wären sie grundsätzlich zu untersagen.

Es kommt bei dieser wettbewerbspolitischen Orientierung also darauf an, die Freiheit zu schützen, Wettbewerbshandlungen eigenverantwortlich vornehmen zu können. Das Marktsystem bleibt dabei offen. Ausgeschlossen werden nur solche Handlungen, die erfahrungsgemäß geeignet sind, die Freiheit zu Wettbewerbshandlungen zu beschränken. Demgegenüber bedeutet die Vorgabe eines Marktprozesses als Wettbewerbsnorm notwendig die Schließung des Systems. Definiert würde damit praktisch, welches Handeln unter welchen Bedingungen als wünschenswert gelten soll.

Wird der Gebrauch der Handlungsfreiheit als Ansatzpunkt gewählt (vgl. Streit 1995, S. 218 ff), wäre zu fragen, ob sich im Hinblick auf den Wettbewerb als offenen Prozeß wettbewerbsbeschränkende Handlungen noch weiter konkretisieren lassen. Als Antwort liegt nahe, daß es Handlungen sein müssen, die eine Beschränkung der Handlungsfreiheit im Parallel- und Austauschprozeß bewirken. Zwei Möglichkeiten, die diesem Kriterium genügen, wurden in diesem Kapitel bereits vorgestellt:

- der Mißbrauch der Vertragsfreiheit zur Beschränkung dieser Freiheit; im Parallelprozeß gehört dazu z. B. der Kartellvertrag, im Austauschprozeß der Ausschließlichkeitsvertrag;
- die Behinderung von Wettbewerbern durch als unlauter gekennzeichnete Handlungen; auch hier wurden u. a. Täuschung und Boykott als Beispiele bereits genannt.

Wichtig ist bei dieser Handlungsorientierung, daß es auf die Handlung als solche ankommt und nicht darauf, wie sie sich im jeweiligen Wettbewerbsfall auswirkt. Würde ihre Beurteilung vom konkreten Handlungszusammenhang abhängig gemacht, würde grundsätzlich ihre Allgemeingültigkeit als Ordnungsregel aufgehoben. Ferner entstünde wiederum die Notwendigkeit, Normvorstellungen vom Wettbewerb als Prozeß zu entwickeln und damit seine Offenheit zu begrenzen. Offenheit bedeutet andererseits aber auch, daß – wie bereits betont – keine abschließende Liste von wettbewerbsbeschränkenden Handlungen erstellbar ist. Insofern sind auch ständig neue wettbewerbspolitische Antworten zu finden.

Kontrolle von Monopolpositionen

Erringt ein Wettbewerber als Folge des Leistungswettbewerbs eine Monopolstellung, so läßt sich geltend machen, was ein Richter in einem amerikanischen Anti-Trust-Verfahren bedachte: „Das erfolgreiche, zum Wettbewerb genötigte Unternehmen darf nicht verurteilt werden, nachdem es aus dem Wettbewerb als Sieger hervorgegangen ist" (zit. nach MESTMÄCKER, 1984a, S. 33). Das Ergebnis, d. h. eine bestimmte Marktstruktur, reicht also als Beurteilungsgrundlage nicht aus; vorauszusetzen wäre dabei ohnehin, daß sie sich als solche hinreichend verläßlich empirisch identifizieren läßt. Wie betont, ist mit dem Blick auf die Entwicklungsfunktion des Wettbewerbs nicht das Fehlen, sondern die Unbeständigkeit der Macht entscheidend. Sie kann durch Wettbewerbsförderung u. U. vergrößert werden.

Anders wäre es, wenn eine Monopolposition durch nachweislich wettbewerbsbeschränkende Handlungen erreicht worden wäre. In diesem Fall wären wettbewerbspolitische Maßnahmen nicht mit der Marktstellung als solcher, sondern mit den Handlungen zu begründen, die zu ihr führten. Als Sanktionsmöglichkeit mit abschreckender Wirkung käme dann z. B. eine zwangsweise Dekonzentration (Entflechtung durch Aufspaltung eines Unternehmens in mehrere selbständige Einheiten) in Betracht.

Monopolpositionen können aber auch politisch gewollt sein oder als „natürlich" angesehen werden. In diesem Falle ist ebenso wie bei wettbewerbspolitischen Positionen, die an Marktergebnissen orientiert sind, zu prüfen, ob ein Monopol nicht nur einem Kontrahierungszwang, sondern auch einer besonderen Kontrolle unterworfen werden soll, um einen Mißbrauch der bestehenden Marktstellung zu verhindern. Die Kontrolle bedarf zur Orientierung einer Norm, die entweder Auskunft darüber gibt,

- wie sich das Unternehmen, das eine Monopolstellung innehat, konkret verhalten soll, oder
- welche Verhaltensweisen eines solchen Unternehmens den Tatbestand des Mißbrauchs erfüllen.

Auf die erste Frage wird häufig geantwortet, das Unternehmen habe sich so zu verhalten, als ob es dem Wettbewerb ausgesetzt wäre. Damit würden lediglich neue Fragen aufgeworfen, z. B. welche Kalkulation, welcher Umfang an Forschung und Entwicklung sowie Werbung, welche Ertragsrate als wettbewerbsanalog angesehen werden soll. Auf sie gibt es aufgrund des vielseitigen und veränderlichen Phänomens Wettbewerb keine eindeutigen Antworten.

Die Frage nach dem Mißbrauch einer Monopolstellung würde nicht überzeugend beantwortet, wenn sie dazu führte, daß das Unternehmen zur Selbstverleugnung angehalten würde. Nichts anderes geschähe jedoch, wenn es aufgefordert würde, seine Marktstellung z. B. nicht preispolitisch auszunutzen. Vor allem aber müßten wiederum Normen des Wohlverhaltens entwickelt werden. Sie hätten sich letztlich auch an der Marktgegenseite zu orientieren und daran, welches Verhältnis von Leistung und Gegenleistung als Ergebnis eines Mißbrauchs von Marktmacht anzusehen wäre. Damit würde der Vielfalt der Interpretationsmöglichkeiten von Marktergebnissen Raum gegeben, die z. B. als „angemessen“ oder „leistungsgerecht“ angesehen werden können; im Grunde hieße dies, die mittelalterliche Frage nach dem „gerechten Preis“ wieder zu beleben. Antworten würden auch nicht plausibler, wenn sie aus einem spezifischen Wettbewerbsmodell abgeleitet würden. Auch Ergebnisse von als vergleichbar beurteilten Märkten sind mit den immer möglichen Zweifeln an der Vergleichbarkeit belastet.

Wenn Monopolpositionen toleriert werden, bleiben im Grunde nur zwei reale Möglichkeiten:

- die Unterwerfung unter eine staatliche Regulierung, die mangels eindeutiger Verhaltenskriterien willkürlich bleiben muß;
- der Versuch, dem Fortbestehen von Monopolpositionen durch eine marktzugangserleichternde Wettbewerbsförderung entgegenzuwirken.

3.6.2.2 Rechtliche Grundsatzfragen

Weil Wettbewerb sich nicht von selbst erhält, ist es erforderlich, wettbewerbssichernde, verhaltensregulierende Rechtsnormen zu schaffen sowie Organisationen, die die Einhaltung kontrollieren und Verstöße mit negativen Sanktionen belegen. Dabei sind zwei Grundprinzipien (vgl. hierzu z. B. BARTLING, 1980, Teil B) vertretbar:

- das Mißbrauchsprinzip, nach dem erst der Mißbrauch einer marktbeherrschenden Position und daraus erwachsender wirtschaftlicher Macht wettbewerbsrechtlich begründete Gegenmaßnahmen auslösen kann;
- das Verbotsprinzip, nach dem jede Handlung per se als unrechtmäßig gilt, die Wettbewerbsbeschränkungen ermöglichen soll oder bereits beinhaltet.

In der wettbewerbspolitischen Praxis sind beide Prinzipien kombinierbar. So enthält das bundesdeutsche Wettbewerbsrecht sowohl das Verbotsprinzip (Kartellverbot, Zusammenschlußkontrolle) als auch eine Mißbrauchsaufsicht über marktbeherrschende Unternehmen.

Zum Mißbrauchsprinzip

Das Mißbrauchsprinzip ergibt sich aus dem Versuch, neben der Wettbewerbssicherung noch weiteren Zielen Rechnung zu tragen. Zu letzteren gehört vor allem, daß auf mögliche Effizienzvorteile nicht verzichtet werden soll, von denen vermutet wird, sie seien nur durch eine Beeinträchtigung des Wettbewerbs (z. B. durch Fusionen, kartellartige Kooperation) erreichbar. Vielmehr soll Machtmißbrauch bei auf diese Weise entstandenen Marktstellungen verboten und die Einhaltung des Verbots überwacht werden.

Ein zentrales Problem der Mißbrauchskontrolle wurde schon zuvor angesprochen: Es gibt keine umfassende, empirisch überprüfbare Theorie, die es erlauben würde, verläßliche Vorhersagen darüber zu machen, wie das Marktergebnis aussähe, wenn im konkreten Fall ein als Norm anerkannter Wettbewerbsprozeß abliefe. Vielmehr gilt eher, „daß man auf ein ungeheures Schlachtfeld von Modellruinen zurückblicken kann, auf denen in erhabener Einsamkeit je ein Nationalökonom sitzt" (BÖHLER, zit. nach HOPPMANN, 1974, S. 12). Für den angestrebten Kompromiß zwischen Wettbewerbssicherung und Effizienzsteigerung bedeutet das, daß er nicht überzeugend begründet werden kann; denn weder ist es möglich, verläßlich vorherzusagen, wie der Marktprozeß und seine Ergebnisse aussähen, wenn die Wettbewerbsbeschränkung unterbliebe, noch ob es auch tatsächlich zu der vermuteten Effizienzsteigerung käme.

Dieser Einwand wiegt besonders schwer im Falle von wettbewerbspolitischen Konzepten, die sich an der bereits erwähnten Vorstellung von einer „optimalen Wettbewerbsintensität" orientieren. Danach soll die Wettbewerbsintensität so manipuliert werden, daß der Marktprozeß bestmögliche spezifische Ergebnisse liefert, und zwar vor allem hinsichtlich der Innovationstätigkeit sowie des Anpassungsvermögens der Anbieter in dem abzugrenzenden Markt. Ansatzpunkte hierfür hätten die „Zahl der Konkurrenten" und der „Grad der Marktunvollkommenheiten" zu sein. Sie wären so zu beeinflussen, daß sich die als zieladäquat betrachtete Marktform des „weiten Oligopols" einstellte. Auch ohne auf weitere Einzelheiten einzugehen (vgl. zur Kritik z. B. HOPPMANN, 1970; WILLEKE, 1980, S. 34 ff.), dürfte erkennbar sein, zu welcher Überschätzung der Steuerbarkeit von Marktprozessen eine Wettbewerbsvorstellung verleiten kann, die sich an der konventionellen, neoklassischen Modellierung von Wettbewerb orientiert.

Selbst wenn die Mißbrauchsaufsicht nicht zu einer dirigistischen Marktsteuerung genutzt wird, wie sie im Konzept der „optimalen Wettbewerbsintensität" zumindest angelegt ist, sondern lediglich zur Neutralisierung von Marktmacht Anwendung finden soll, ist sie mit grundsätzlichen Problemen behaftet. Sie ergeben sich daraus,

- daß eine Marktstellung – die Marktbeherrschung durch eines oder mehrere Unternehmen – identifiziert werden muß, die mißbraucht werden kann;
- daß dazu der „relevante" Markt rechtsverbindlich abgegrenzt werden muß;
- daß der Mißbrauch der Marktstellung konkretisiert und nachgewiesen werden muß.

Für die in der Bundesrepublik Deutschland praktizierte Mißbrauchsaufsicht erwies sich nicht nur der Mißbrauchsnachweis wegen der zuvor genannten Probleme einer Wettbewerbsnorm als schwierig. Schon die beiden übrigen Erfordernisse waren nur zu häufig nicht zweifelsfrei zu erfüllen. Aufgrund all dieser Schwierigkeiten ist die Mißbrauchsaufsicht in der Bundesrepublik Deutschland als gescheitert anzusehen.

Zum Verbotsprinzip

Das Verbotsprinzip entspricht der Intention nach den Erfordernissen einer Handelnsordnung. Die davon abgeleiteten Rechtsregeln begrenzen zwar die Handlungsfreiheit von Marktteilnehmern, überlassen es ihnen jedoch grundsätzlich, im Rahmen dieser

Grenzen ihre selbstgesetzten Ziele zu verfolgen. Das Verbotsprinzip ist von der Empfehlung „im Zweifel für die Wettbewerbsfreiheit" geprägt; denn eindeutige perse-Verbote lassen für ausgeprägte Abwägungen und für Ermessen wenig Raum. Insofern erfüllt seine Anwendung auch in besonderem Maße das rechtsstaatliche Erfordernis der Rechtssicherheit.

Nach dem Verbotsprinzip käme es darauf an, Wettbewerbsregeln in der Form von Verboten solcher Handlungen festzulegen, deren wettbewerbsbeschränkende Wirkungen erkannt wurden und die nach Auffassung des Gesetzgebers vermieden werden sollen. Wenn solche Regeln eine vorbeugende Wirkung auf das Verhalten haben sollen, kann, wie betont, nur wenig Raum für die Prüfung bleiben, ob ihre Durchsetzung im Hinblick auf Nebenwirkungen im Einzelfall vollauf gerechtfertigt erscheint; denn sonst wären sie für Betroffene eine Einladung, auf Ausnahmen zu spekulieren. Es wäre eine Entscheidung, die in erster Linie mit den Konsequenzen der Alternative zu rechtfertigen ist. Die Alternative bestünde in einer ausgewogenen Beurteilung jedes einzelnen von der Kontrollinstanz aufgegriffenen oder ihr zur Kenntnis gebrachten Falles einer möglichen Wettbewerbsbeschränkung. Eine Folge könnte sein, daß die Instanz vor der Unzahl individuell ausgestalteter Einzelfälle spätestens im Verlauf der auf ihre Entscheidungen erfolgenden Einsprüche kapitulieren müßte. Sollte das vermieden werden, müßte die Instanz mit größeren Rechtsetzungsbefugnissen ausgestattet werden. Das wiederum schlösse das Risiko mit ein, daß das Marktgeschehen von einer unüberblickbaren und im Zweifel wenig konsistenten Zahl von Einzelregelungen überzogen würde. Ferner wäre die Gleichheit vor dem Gesetz in besonderem Maße gefährdet.

Angesprochen ist damit das bereits beim Informationsgehalt von externen Institutionen und ihrer Transaktionskostenwirkung vorgestellte Kriterium der Universalisierbarkeit von Verhaltensregeln, d. h. die Erfordernisse der Allgemeingültigkeit, Offenheit und Bestimmtheit. Zu berücksichtigen ist jedoch, daß die Erfordernisse in unterschiedlichem Maße erfüllbar sein können. Infolgedessen muß zugelassen werden,

- daß sie wie andere Ordnungsregeln bei einem möglichen Verstoß der fallgerechten Anwendung durch die Rechtsprechung bedürfen;
- daß es kollidierende Schutzzwecke geben kann, die eine Auslegung der Verbotsnormen nach dem Prinzip der Verhältnismäßigkeit erfordern.

Eine fallgerechte Anwendung von Verbotsnormen gewinnt z. B. besondere Bedeutung, wenn Handlungen situationsgebunden unterschiedlich beurteilt werden können. Als Beispiel hierfür wurde bereits an früherer Stelle angeführt, daß Preisunterbietung sowohl Ausdruck eines intensiven Leistungswettbewerbs als auch Instrument zur Monopolisierung sein kann. In diesem Fall wäre das Kriterium der Bestimmtheit als Element der Universalisierbarkeit nicht zweifelsfrei zu erfüllen.

Das Prinzip der Verhältnismäßigkeit (die „rule of reason" der anglo-amerikanischen Rechtsprechung) findet beispielsweise Anwendung beim Verkauf von Unternehmen, mit dem die Verpflichtung des Verkäufers verbunden wird, sich befristet nicht als Wettbewerber zu betätigen (dem Wettbewerbsverbot). Die damit vorgenommene Wettbewerbsbeschränkung dient dem Schutz des Firmenwertes des veräußerten Unternehmens und stellt eine materielle Voraussetzung für die Handelbarkeit von Unternehmen dar. Wird Handelbarkeit als schutzwürdig erkannt, muß ein Kompromiß im Sinne der Verhältnismäßigkeit gefunden werden. Das Prinzip der Verhältnismäßigkeit anwenden bedeutet jedoch nicht, daß grundsätzlich zwischen nützlichem und schädlichem Wettbewerb unterschieden wird. Würde es so verstanden, wäre das Verbotsprinzip praktisch aufgehoben mit der Folge, daß wieder strittige Normvorstellungen von Wettbewerb einzuführen wären.

Wird die Anwendung des Prinzips der Verhältnismäßigkeit nicht überdehnt, bleibt als Differenzierungsmöglichkeit beim Verbot nur die formelle Ausnahme. Mit ihrer Einräumung entstehen allerdings Schwierigkeiten, Verbot und Ausnahme gegeneinander abzugrenzen. Besonders deutlich dürfte dies am Beispiel der Ausnahmen vom Verbot von Unternehmenszusammenschlüssen werden. Wie sollen etwa große von wettbewerbspolitisch als unbedenklich eingestuften kleinen Zusammenschlüssen allgemeingültig und hinreichend dauerhaft unterschieden werden? Falls auf den Zweck des Zusammenschlusses abgestellt würde, wäre beispielsweise bei der sogenannten Sanierungsfusion das Argument zu prüfen, sie diene der Verbesserung der Wettbewerbsbedingungen. Schließlich kann der Ausnahmetatbestand bis zur Konturlosigkeit ausgedehnt werden. Das geschieht beispielsweise im Falle der nach § 24 Abs. 3 GWB auf Antrag möglichen Ausnahmeerlaubnis für einen Zusammenschluß durch den Bundesminister für Wirtschaft. Die Ausnahmegründe – ein Überwiegen gesamtwirtschaftlicher Vorteile des Zusammenschlusses und überragendes Interesse der Allgemeinheit – sind nichts anderes als nützliche Leerformeln zur Begründung politischen Ermessens.

3.6.2.3 Freier versus geordneter Wettbewerb

Wettbewerbsregeln bedürfen also wie jede andere gesetzliche Regelung einer konkretisierenden (fallgerechten) Interpretation durch die Rechtsprechung und u. U. einer klärenden Ergänzung durch Verordnungen. Dabei ist von mitentscheidender Bedeutung, wie die wettbewerbspolitische Aufgabe nicht nur vom Gesetzgeber, sondern auch von Rechtsprechung und Verwaltung vor allem unter dem Eindruck der Argumente von Betroffenen und ihren Interessenvertretungen einschließlich der entsprechenden Verbände grundsätzlich gesehen wird (vgl. zur Gesamtproblematik Mestmäcker, 1984a).

Aus ordnungstheoretischer Sicht dient der Wettbewerb als Kontroll- und Sanktionsinstrument der Erschließung von Anpassungs- und Entwicklungsleistungen. Rechtsstaatlich gesehen wird das Verhalten mit Wettbewerbswirkung durch die Garantie der Handlungsfreiheit mitgeschützt. Zugleich dient der Wettbewerb der Kontrolle des Erwerbs und der Ausübung wirtschaftlicher Macht. Auf diese Weise trägt er zur Legitimation der Privatautonomie bei und wird zu einem elementaren Bestandteil der Wirtschaftsverfassung.

Aus dieser rechtsstaatlichen und ordnungstheoretischen Sicht ergibt sich,

- daß die Handlungsfreiheit da ihre Grenzen finden sollte, wo sie zur Beschränkung des Wettbewerbs genutzt wird,
- daß aber innerhalb dieser Grenzen die Handlungsfreiheit nicht durch positive Verhaltensregeln eingeschränkt werden sollte.

Es geht also um einen freien, gegen Beschränkungen zu schützenden Wettbewerb.

An positiven Verhaltensregeln dürfte jedoch gerade den vom Wettbewerb Betroffenen gelegen sein; denn sie erfahren ihn nicht als ökonomischen und rechtlichen Regelungszusammenhang, sondern als Quelle der Unsicherheit und Gefahr. Dies dürfte das Interesse von Unternehmen und Wirtschaftsverbänden erklären, Wettbewerbshandlungen vorhersehbar zu machen und in ihrer Vielfalt zu begrenzen. Dementsprechend liegt es für Unternehmen nahe, die Selbstverwaltungsorgane der Wirtschaft damit zu beauftragen, wettbewerbsrechtliche Verhaltensregeln zu entwickeln und mit Hilfe der Rechtsprechung durchzusetzen. Dem wurde in der Bundesrepublik Deutschland vom Gesetzgeber z. B. durch § 28 GWB entsprochen. Danach ist es Wirtschafts- und Berufsvereinigungen erlaubt, solche Regeln mit dem Ziel eines „lauteren" und „leistungsgerechten" Wettbewerbs aufzustellen und die Anerkennung durch die Kartellbehörde zu beantragen. Wenn jedoch die potentiell Betroffenen zum Regelgeber werden, dürften sie die Regeln an den für sie erwartbaren Wettbewerbsfolgen orientieren. Aufgrund des Selbstinteresses der Betroffenen kann kaum etwas anderes erwartet werden als eine wettbewerbsbeschränkende Regelgebung.

Der grundsätzlich freie Wettbewerb droht aber auch dann zum geordneten Wettbewerb zu werden, wenn sich die Rechtsprechung davon überzeugen läßt, dem Schutz von Marktteilnehmern mehr Bedeutung beizumessen als dem ökonomischen und rechtlichen Regelungszusammenhang. Diese Gefahr besteht nicht zuletzt bei der Identifikation von unlauterem Wettbewerb im Sinne von Handlungen, die nach einer Entscheidung des Bundesgerichtshofes gegen „das Anstandsgefühl des verständigen Durchschnittsgewerbetreibenden" verstoßen; denn der Schutz von Wettbewerbern und Verbrauchern, der mit dem Unlauterkeitsrecht angestrebt wird, eignet sich in besonderem Maße dafür, zum Schutz vor freiem Wettbewerb überdehnt zu werden. Die deutsche Rechtsprechung und Verordnungspraxis hat inzwischen zu einer fast minutiösen Regelung dessen geführt, was z. B. bei Zugaben und Rabatten, in der Werbung, bei Ausverkäufen und Sonderangeboten oder bei Produktbezeichnungen erlaubt ist. Dementsprechend geringer wurde der Entfaltungsspielraum für alte wie neue Wettbewerber.

Aber auch der Gesetzgeber ist den Versuchen einer Einflußnahme durch Wirtschaftsverbände ausgesetzt. Ihre Argumente zugunsten eines geordneten Wettbewerbs dürften dabei um so eher überzeugen, je weniger der Wettbewerb von Trägern der Wirtschaftspolitik als Entdeckungsverfahren mit machtbegrenzenden Folgen angesehen wird, das Handlungsfreiheit voraussetzt, und je mehr das Interesse Marktstrukturen und Marktergebnissen gilt. Aus dieser finalen statt funktionalen Perspektive überzeugen Argumente viel eher, nach denen es darauf ankommt, die Folgen ungezügelten Wettbewerbs zu vermeiden, „ruinöse Konkurrenz" zu verhindern, kleine und mittlere Unternehmen zu schützen und durch Fusionstoleranz die internationale Wettbewerbsfähigkeit zu verbessern. Derartigen Argumenten wurde in der deutschen Wettbewerbsgesetzgebung durch zahlreiche Ausnahmeregelungen, eine Mißbrauchsaufsicht und Freistellungen vom GWB durchaus Rechnung getragen. Zusammen mit der regulierenden Rechtsprechung und der Selbstregulierung durch Verbände entfernt sich der noch mögliche vom freien Wettbewerb und nähert sich einem „verwalteten Wettbewerb" (MESTMÄCKER, 1984a).

3.6.2.4 Wettbewerbspolitische Ausnahmebereiche

Ausnahmebereiche

In Volkswirtschaften vom Typ gelenkte Marktwirtschaft gibt es eine unterschiedlich große Zahl von Wirtschaftsbereichen, die von der Anwendung wettbewerbspolitischer Regelungen ganz oder teilweise ausgenommen werden (vgl. zur Gesamtproblematik z. B. HAMM, 1978; MÖSCHEL, 1981; KAUFER, 1981). An die Stelle wettbewerblicher Selbstkontrolle tritt in ihrem Fall staatliche Regulierung, d. h. die Beaufsichtigung und Lenkung der in Ausnahmebereichen tätigen Unternehmen. Die Lenkung erfolgt durch Instrumente, die von Beschränkungen des Marktzugangs und Marktaustritts, der Gestaltung der Preise, Mengen, Qualitäten und Konditionen bis zur Beschränkung der Produktionskapazitäten reichen. Zu den in der Bundesrepublik Deutschland besonders zahlreichen Ausnahmebereichen gehören

- die in unterschiedlichem Maße vom Gesetz gegen Wettbewerbsbeschränkungen (GWB) freigestellten und staatlich regulierten Bereiche Landwirtschaft, Elektrizitäts-, Gas- und Wasserversorgung, Kohlebergbau und Stahlindustrie, Banken und Versicherungen, Verwertungsgesellschaften (z. B. die GEMA), das private Verkehrsgewerbe, das Gesundheitswesen, das Branntweinmonopol, die Kreditanstalt für Wiederaufbau und die Deutsche Bundesbank;
- die Arbeitsmärkte, die von den Arbeitgebervereinigungen und Gewerkschaften als grundgesetzlich abgesicherten Marktverbänden autonom reguliert werden.

Hinzu kommen spezifische staatliche Monopole wie die Arbeitsvermittlung und Berufsberatung sowie Lotterien und Spielbanken. In anderen Bereichen, wie Hörfunk und Fernsehen oder Hochschulen und Universitäten, ist eine privatwirtschaftliche Betätigung nur sehr eingeschränkt möglich.

Begründungen

Begründet werden die Ausnahmebereiche vor allem mit den beiden Wettbewerbsversagensvermutungen „natürliches Monopol“ und Gefahr „ruinöser Konkurrenz“ (hierzu z. B. SOLTWEDEL u. a., 1986, S. 276 ff.) sowie mit politischen Argumenten, die sich i. d. R. zurückführen lassen auf einen angestrebten Schutz von Einkommens- und Vermögenspositionen spezifischer Gruppen vor den Kontroll- und Selektionswirkungen des Wettbewerbs.

Die erste Wettbewerbsversagensvermutung – das „natürliche Monopol“ – bezieht sich auf den bereits erläuterten, theoretisch möglichen Fall, daß die Zusammenfassung der Produktion in einer Unternehmung durch dann erschließbare Größenersparnisse volkswirtschaftlich am kostengünstigsten ist. Im Falle seiner Zulassung wird die Regulierung des Monopols mit dem sonst möglichen Mißbrauch der Marktmacht durch monopolistische Mengenbeschränkung begründet. Die empirische Bedeutung des Arguments „natürliches Monopol“ ist äußerst begrenzt und im konkreten Fall (z. B. bei Leitungsnetzen) nicht notwendig von Dauer. Letzteres weist darauf hin, daß mit der Konzentration auf eine Marktstruktur nur zu leicht die Verhaltenskontrolle durch potentiellen, prinzipiell nicht vorhersehbaren Wettbewerb übersehen wird. Ferner darf – wie ebenfalls schon dargelegt – allokationstheoretisch nicht vernachlässigt werden, daß möglichen Größenersparnissen in der Produktion höhere Organisationskosten gerade mangels wettbewerblicher Kostenkontrolle gegenüberstehen können. Schließlich ist beobachtbar (z. B. im Falle des Leistungsmonopols der Bundespost), daß der Umfang an ökonomischen Aktivitäten, der einem solchen Monopol zugebilligt und damit wettbewerblicher Kontrolle entzogen wird, i. d. R. wesentlich größer ausfällt als das, was mit Hilfe des Arguments des Wettbewerbsversagens begründet werden kann.

Bei der zweiten Wettbewerbsversagensvermutung, der „ruinösen Konkurrenz", wird davon ausgegangen, daß es wettbewerbliche Selektionsprozesse gibt, deren Ergebnisse allokationspolitisch nicht wünschenswert sind (hierzu z. B. WILLEKE, 1977). Obgleich mit diesem Begriff sehr unterschiedliche Sachverhalte belegt werden, dürfte gemeinsames Element die Vorstellung von einem besonders scharfen Verdrängungswettbewerb („cutthroat-competition") sein, der mit dem wirtschaftlichen Ruin eines oder mehrerer Wettbewerber endet. Gegen eine solche wettbewerbliche Auslese ist wettbewerbspolitisch nicht ohne weiteres etwas einzuwenden; denn freier Wettbewerb beinhaltet grundsätzlich neben Chancen auch Risiken für die Einkommens- und Vermögensposition von Wettbewerbern. Wenn daraus ein tragfähiges, nicht auf den Schutz von Wettbewerbern abstellendes Argument werden soll, müßte geltend gemacht werden, daß die Verdrängung zu einer dauerhaften Schädigung der Nachfrager führt. Das könnte der Fall sein, wenn es zu einem sich verfestigenden Monopol käme oder eine Negativauslese zugunsten weniger wirtschaftlich operierender Unternehmen stattfände. Aber selbst dann darf nicht übersehen werden, daß solche Endzustände für eine evolutorische Wirtschaft schon theoretisch wenig überzeugen, von empirischen Belegen ganz zu schweigen. Übersehen werden darf ebenfalls nicht, daß der Wettbewerb gerade unter evolutorischen Bedingungen ein Suchverfahren ist, mit dessen Hilfe wirtschaftliche Betriebsgrößen und Angebotskapazitäten, z. B. in von Strukturkrisen erfaßten Branchen, aufgespürt werden. Diese Anpassungsfunktion dürfte durch politische und bürokratische Verfahren kaum vorteilhaft zu ersetzen sein. Aber selbst wenn zu befürchten wäre, daß sich nachteilige Wettbewerbsfolgen zumindest vorübergehend einstellen, würde dies nicht ohne weiteres einen Ausnahmebereich und damit Regulierung statt Wettbewerb rechtfertigen. Solchen Fällen von Verdrängungswettbewerb könnte z. B. durch ein Monopolisierungsverbot mit Entflechtungsdrohung vorgebeugt werden.

Die politischen, primär verteilungsorientierten Gründe werden nicht immer als solche offengelegt. Vielmehr dient in diesen Fällen häufig der Hinweis auf Branchenbesonderheiten zur Rechtfertigung. Mit ihm werden besondere Nachteile und Gefahren des Wettbewerbs für Anbieter und/oder Nachfrager geltend gemacht und der Eindruck eines meist nicht näher begründeten Wettbewerbsversagens erweckt (hierzu z. B. HAMM, 1978, S. 157 ff.). Abgesehen davon, daß jede Branche unverwechselbare Eigenarten aufweist, läßt sich z. B. beobachten, daß der Wettbewerb in Branchen, bei denen aufgrund von Besonderheiten Wettbewerbsversagen vermutet wird, im Ausland oder auf Teilmärkten einer Branche durchaus funktioniert. Politische Gründe können auch dadurch wettbewerbsbeschränkende Regulierungen nach sich ziehen, daß staatlichen Unternehmen (z. B. der Bundesbahn) allokations- und verteilungspolitische Aufgaben zugewiesen werden. Wenn die Erfüllung solcher Aufgaben ihre Wettbewerbsposition verschlechtert, mag es zwar naheliegen, die Konkurrenz zum Schutz der staatlichen

Unternehmen mit wettbewerbsbeschränkender Regulierung zu überziehen. Jedoch gibt es auch die wettbewerbspolitisch weniger fragwürdige Möglichkeit, die Erfüllung wirtschaftspolitischer Aufgaben unmittelbar abzugelten bzw. die Nachfrager, die begünstigt werden sollen, direkt zu subventionieren.

Erklärungen

Der Umstand, daß trotz der geringen Überzeugungskraft von Wettbewerbsversagensvermutungen eine Reihe von Ausnahmebereichen existiert, läßt auf die empirische Bedeutung anderer als allokationspolitischer Gründe schließen. Eine Erklärung dürfte darin zu suchen sein, daß in Ausnahmebereichen die Herausforderung durch Wettbewerb ganz oder teilweise für eine begrenzte Gruppe von Unternehmen und die darin Beschäftigten beseitigt wird. Demgegenüber verteilen sich die daraus resultierenden Umverteilungswirkungen sowie Verluste an Allokationsqualität i. d. R. in wenig überschaubarer Weise auf viele (z. B. KAUFER, 1981, S. 168 ff.).

Damit sind Bedingungen gegeben, die zu den zentralen Erklärungselementen der ökonomischen Theorie der Politik (Kap. 6) gehören. Die Möglichkeit, begrenzten Gruppen Sondervorteile zu Lasten einer kaum abgrenzbaren großen Zahl von Außenstehenden in für diese wenig transparenter Weise zu gewähren, läßt ein für politische Unternehmer im Wettbewerb um Wählerstimmen interessantes Interventionsprodukt entstehen (vgl. z. B. STIGLER, 1975; EICKHOF, 1985).

3.6.3 Versorgung mit Infrastruktur und Regulierung der Umweltnutzung

3.6.3.1 Versorgung mit Infrastruktur

Staatliche Bereitstellung von Kollektivgütern

Eine naheliegende Antwort auf das Problem einer Tendenz zur Unterversorgung mit Kollektivgütern ist: Übernahme der Versorgung mit diesen Gütern durch den Staat oder durch Private in staatlichem Auftrag bei entsprechender Aufsicht zur Vermeidung von Machtmißbrauch. Die Antwort ist unvollständig, auch wenn davon abgesehen wird, daß die Grenzen zwischen Kollektiv- und Individualgütern fließend sind. Es müßte nämlich immer noch entschieden werden, wie viele Kollektivgüter jeweils (und gegebenenfalls an welchen Standorten) produziert, wie sie bewertet und wie die erforderlichen Ressourcen zu ihrer Produktion aufgebracht werden sollten. Eine Befragung der Haushalte dürfte kaum wahrheitsgemäße und ausreichende Informationen über die relative Dringlichkeit liefern, nach der auch entsprechende Gebühren erhoben werden könnten; denn aus individueller Sicht besteht die Chance, auch bei Verschleierung der eigenen Wertschätzung das Gut später unentgeltlich - als „Schwarzfahrer" - mit zu nutzen. Sie ist um so größer, je größer die Gruppe der Nachfrager ist. Hierin unterscheiden sich Kollektivgüter wesentlich von Individualgütern; denn im Falle von Individualgütern nimmt die Chance, die Dringlichkeit der eigenen Nachfrage zu verbergen, mit zunehmender Zahl der Nachfrager ab, weil damit für die Anbieter die Möglichkeiten zunehmen, zwischen verschiedenen Nachfragern zu wählen. Die Bereitstellung von Kollektivgütern aufgrund einfacher Abstimmungen nach dem Mehrheitsprinzip kann sich nicht an der Dringlichkeit im ökonomischen Sinn orientieren; denn dafür wäre die Nachfrage mit der individuellen Zahlungsbereitschaft zu koppeln. Hinzu kommt schließlich, daß die Bewertung solcher Güter durch die Individuen i. d. R. schwieriger ist als bei Individualgütern. Einmal werden sie weitgehend passiv konsumiert; ihr Nutzen wird nicht in dem Maße bewußt wie derjenige der Individualgüter. Zum anderen hat ihre Leistungsabgabe teilweise präventiven Charakter; sie basieren deshalb nicht auf Nutzen, der mit der Beschaffung verspürt wird. Vielmehr muß ihre Nachfrage sich, wie etwa bei äußerer Sicherheit (Verteidigungsbereitschaft), an einem erwarteten und außerdem im Hinblick auf den Bedarfsfall des äußeren Konfliktes höchst ungern erfahrenen Nutzen orientieren.

Letztlich müssen die Versorgungsentscheidungen mit Hilfe politischer Willensbildungsprozesse getroffen und die erforderlichen Ressourcen primär durch Erhebung von Zwangsbeiträgen beschafft werden. Dabei käme es unter Allokationsaspekten darauf an, zumindest eine möglichst große Übereinstimmung zwischen Nutzern eines spezifischen Kollektivgutes und Zahlern von entsprechenden Zwangsbeiträgen herzustellen (Prinzip der fiskalischen Äquivalenz). Auch wenn dies beim einzelnen Gut nicht gelingt, ist zu berücksichtigen, daß jeder einzelne ein ganzes Bündel von Kollektivgütern, wenn auch in unterschiedlichem Maße, in Anspruch nimmt. Unter diesen Umständen kann sich zumindest insgesamt eine möglichst große Übereinstimmung zwischen individuellen Beiträgen und kollektiver Nutzung ergeben. Damit sind jedoch Versuche nicht ausgeschlossen, aus Gründen der Umverteilung den Kreis der Nutzer von dem der Zahler bewußt zu trennen.

Wird mit Hilfe von politischen Willensbildungsprozessen über die Versorgung mit Infrastruktur entschieden, so schließt dies nicht aus, daß zumindest ökonomische Entscheidungshilfen in Form von Kosten-Nutzen-Analysen herangezogen werden. Solche Analysen beinhalten Versuche, die Vor- und Nachteile öffentlicher Investitionsprojekte zu ermitteln, die sich für davon direkt oder indirekt Betroffene über die Dauer der Erstellung und Nutzung eines Projekts ergeben. Ferner sind die Vor- und Nachteile in Geldeinheiten zu bewerten und mit anderen Projekten vergleichbar zu machen, indem die periodenbezogenen Nettoerträge auf einen einheitlichen Zeitpunkt abgezinst werden. Dabei entsteht vor allem eine Reihe von Bewertungsschwierigkeiten (z. B. Prest und Turvey, 1965, S. 687 ff.; Andel, 1975):

- Da die Leistungsabgaben bei Kollektivgütern nicht oder nur unvollständig vermarktet werden können, fehlt es auch an leistungsbezogenen Entgelten. Zwar lassen sich Nutzeffekte wie z. B. bei Straßen die Zeitersparnis oder die Verringerung der Unfallhäufigkeit angeben. Ihre Bewertung ist jedoch ebenfalls schwierig, und Bewertungsergebnisse sagen nichts über die Dringlichkeit der mit der Leistungsabgabe befriedigten Bedürfnisse aus.
- Die Bewertung des Erstellungs- und Unterhaltungsaufwands hätte nach Alternativkosten zu erfolgen, also nach den Erträgen konkurrierender Verwendungszwecke der durch ein Projekt gebundenen Ressourcen. Selbst wenn es sich um Kostenelemente handelt, für die Marktpreise bekannt sind, können diese korrekturbedürftig sein, wenn z. B. bei den herrschenden Lohnsätzen Unterbeschäftigung besteht. In diesem Fall signalisieren die Lohnsätze für die durch das Projekt zusätzlich Beschäftigten überhöhte Alternativkosten. Außerdem wären auf der Ertragsseite ein-

kommenssteigernde Multiplikatorwirkungen der Mehrbeschäftigung zu berücksichtigen.

- Bei externen Kosten und Erträgen sind die Bewertungsprobleme besonders offenkundig.
- Die Abzinsungsrate, die die Alternativkosten für die Kapitalüberlassung signalisiert, ist ebenfalls nicht zweifelsfrei zu ermitteln. Das Konzept einer gesellschaftlichen Zeitpräferenz als Teil einer Wohlfahrtsfunktion hilft da nicht weiter. Die Wahl des Zinssatzes erfordert letztlich ein Werturteil und ist insofern Sache des Entscheidungsträgers.
- Selbst wenn alle Schwierigkeiten der Kosten-Nutzen-Analyse befriedigend überwunden werden könnten, wäre zu berücksichtigen, daß mit dieser Entscheidungshilfe nur Allokationsgesichtspunkte zum Tragen kommen. Mit ihr werden bestenfalls Antworten auf die Frage gegeben, wie die in Anspruch genommenen Ressourcen möglichst wirtschaftlich eingesetzt werden können, ohne Rücksicht darauf, wie sich Kosten und Nutzen der Projekte auf die davon Betroffenen verteilen. Gerade Verteilungsgesichtspunkte sind es jedoch, die häufig den Ausschlag geben: Das gilt z. B. für Entscheidungen über den Ausbau des Straßennetzes unter dem Gesichtspunkt der Angleichung regionaler Lebensverhältnisse, die dann keineswegs nach der Rangfolge der Wirtschaftlichkeit der konkurrierenden Projekte gefällt werden müssen.

Nutzungsvorschriften als Preissurrogate

Im Hinblick auf ihre Nutzung ist bei Kollektivgütern der Preis als Rationierungsinstrument entweder aufgrund ihres hohen Öffentlichkeitsgrades nicht einsetzbar (geborene Kollektivgüter), oder es wird bewußt auf seinen Einsatz verzichtet (gekorene Kollektivgüter). Wenn jedoch eine Übernutzung und die damit verbundenen externen Kosten vermieden oder begrenzt werden sollen, sind andere Ausschlußmechanismen erforderlich. Als Preissurrogate fungieren z. B. im Falle öffentlicher Straßen polizeiliche Empfehlungen, Verkehrsstaus weiträumig zu umfahren, die Straßenverkehrsordnung sowie zeitlich begrenzte Durchfahrtsverbote. Beim Hochschulzugang erfüllt eine Studienplatzvergabe diesen Zweck.

Öffentliche Armut, privater Reichtum?

Was das Ausmaß der Versorgung mit Kollektivgütern in gelenkten Marktwirtschaften angeht, wird häufig eine „öffentliche Armut" (Galbraith, 1958/98, Kap. 18) behauptet. Als Begründung dient die Vermutung, daß diese Güter, verglichen mit Individualgütern, in ihrem Nutzen unterschätzt werden. Dies wird wiederum darauf zurückgeführt, daß die privaten Wirtschaftssubjekte der Präferenzmanipulation zugunsten von Individualgütern durch Werbung erlägen. Deshalb gilt ihr Steuerwiderstand als übermäßig und der Versorgung mit Kollektivgütern abträglich.

Gegen derlei Vermutungen und Schlußfolgerungen kann jedoch eine Reihe ökonomischer und institutioneller Faktoren geltend gemacht werden. Sie sprechen eher zugunsten der gegenteiligen Vermutung und erlauben es, Bestimmungsgründe der Versorgung mit Kollektivgütern aufzuzeigen. Eine Tendenz zur Überversorgung mit Kollektivgütern kann allgemein für Demokratien damit begründet werden,

- daß eher als Regel denn als Ausnahme die Übereinstimmung zwischen Nutzern und Zahlern bei Kollektivgütern mangelhaft ist, was eine vermehrte Nachfrage der Nutzer zu Lasten von nicht nutzenden Zahlern zur Folge haben dürfte;
- daß auch dann, wenn der Zusammenhang zwischen Werbung und Transaktionskosten ignoriert und in der Tradition der Wohlfahrtsökonomik argumentiert wird, der Hinweis auf die Beeinträchtigung der Konsumentensouveränität als einseitig gelten muß, solange nicht auch die Folgen intensiver Werbung für Kollektivgüter in den Kommunikationsmedien in Form von Nachrichten, politischen Sendungen und Reportagen sowie – teilweise steuerfinanzierten – Werbefeldzügen politischer Parteien berücksichtigt werden;
- daß neben der Finanzierung durch Steuern eine i. d. R. geringeren Widerstand auslösende Kreditfinanzierung von Kollektivgütern möglich, verlockend und mit guten, aber auch zweifelhaften Argumenten vertretbar ist; und außerdem, zumindest im Falle der Bundesrepublik Deutschland
- daß die politisch Verantwortlichen in den Parlamenten weitgehend davon befreit sind, Forderungen nach der Bereitstellung zusätzlicher Kollektivgüter mit Vorschlägen zur Deckung der damit verbundenen Ausgaben zwingend zu verbinden;
- daß keine Rechnungslegung existiert, die es erlaubte, die Kosten der Bereitstellung eines Kollektivgutes eindeutig zuzurechnen;
- daß infolge eines unzureichenden Rechnungswesens die Kontrolle der Verausgabung von Mitteln für die Bereitstellung von Kollektivgütern unvollständig und die Zurechnung von Fehlentscheidungen und damit Verantwortlichkeiten schon allein aus diesem Grunde schwierig und strittig ist;
- daß Finanzierungsformen für regionale und lokale Kollektivgüter, die den betroffenen nachgeordneten Gebietskörperschaften nur einen Teil der Lasten aufbürden (sogenannte Mischfinanzierung), ebenso eine Übernachfrage nach solchen Gütern bewirken können wie andere Arten mangelhafter Übereinstimmung von Nutzern und Zahlern.

Wenn dennoch öffentliche Armut beklagt wird, so kann dies darauf zurückzuführen sein,

- daß Güter, deren Opportunitätskosten nicht klar erkennbar sind und eher unterschätzt werden oder gar als zum Nulltarif bereitgestellt gelten, eine entsprechende Nachfrage und als Folge davon die Diagnose ungebührlicher Knappheit nach sich ziehen;
- daß die dem öffentlichen Sektor aufgrund von Zwangsbeiträgen und Kreditaufnahmen zugänglichen Ressourcen wegen Ineffizienz der verwaltungswirtschaftlichen Koordination und Leistungskontrolle zu relativ mageren Versorgungsergebnissen bei den bereitgestellten Kollektivgütern führen.

3.6.3.2 Regulierung der Umweltnutzung

Externe Effekte, ob durch gemeinsame Nutzung der Umwelt oder auch anderer Kollektivgüter bedingt, bedeuten zugleich, daß zwischen Wirtschaftseinheiten ökonomisch relevante Beziehungen „am Markt vorbei" entstehen. Diese Beziehungen sind nicht nur allokationswirksam, sondern können auch eine Quelle gesellschaftlicher Konflikte darstellen.

Handlungsrechtliche Lösungsmöglichkeiten

Bliebe die Bewältigung der mit externen Effekten aufgeworfenen Probleme den jeweils Betroffenen überlassen, so kämen als private Regelungsmöglichkeiten grundsätzlich in Betracht:

- die Verhandlung über Ausgleichszahlungen,
- der Rechtsweg (Klage auf Schadenersatz bzw. Bereicherungsausgleich),
- u. U. die Internalisierung durch Zusammenschluß.

Sowohl Verhandlungen als auch der Rechtsweg werden dadurch behindert, daß die externen Effekte häufig schwer meß- und zurechenbar sind (s. u.). Die mit Verhandlungen verbundenen (Transaktions-)Kosten steigen mit der Zahl der einzubeziehenden Personen und werden zunehmend durch Schwarzfahrerverhalten behindert. Der Rechtsweg bleibt i. d. R. schon mangels Vorsatz oder Fahrlässigkeit (des Verursachers externer Kosten) bzw. Leistungsverpflichtung (des Verursachers externer Ersparnisse) versperrt. Auch die Möglichkeiten einer Internalisierung dürften sehr begrenzt sein; wo dies z. B. bei Produzenten möglich wäre, entstünde außerdem u. U. ein Konzentrationsproblem.

Die Schwierigkeiten privater Regelung auf dem Rechtsweg weisen zugleich auf ein Grundproblem hin. Es besteht darin, daß ein Verursacher negativer wie positiver externer Effekte - ganz abgesehen von praktischen Zurechnungsschwierigkeiten - ohne eine zusätzliche Wertung im Sinne des Setzens von Nutzungsprioritäten gar nicht identifizierbar ist (hierzu z. B. Coase, 1960). Besonders deutlich wird dies im Falle negativer externer Effekte. Wie dargelegt, entstehen bzw. verstärken sich solche Effekte mit Überschreiten der Kapazitätsgrenze nichtrivalisierender Nutzung eines Kollektivgutes. Die auftretende bzw. sich verstärkende Nutzungsrivalität setzt immer mindestens zwei Nutzer voraus. Wessen Aktivität dabei als verursachend angesehen werden soll, ist grundsätzlich ohne zusätzliche Wertung nicht zu entscheiden; denn keiner der Nutzer kann für sich das Recht ungeschmälerten Gebrauchs eines Kollektivgutes gegen andere geltend machen, es sei denn, ihm wurde ein solches Recht zugesprochen. Dies verlangt jedoch einen wertenden, rechtssetzenden Akt. Nicht anders ist es im Falle positiver externer Effekte, also bei Aktivitäten, durch die die Nutzungsrivalität gemindert oder gar beseitigt wird. Verzichtet etwa ein Nutzer auf den Gebrauch eines Kollektivgutes, so verringert oder vermeidet er damit die Nutzungsrivalität. Jedoch handelt es sich dabei nicht um die Abtretung eines Handlungsrechts an andere, es sei denn, ein solches wurde ihm zuvor ausdrücklich zugesprochen. Dies macht noch deutlicher, daß das Beschreiten des Rechtsweges nur sinnvoll ist, wenn der Gesetzgeber spezifische Handlungsrechte eingeräumt hat, um eine Anspruchsgrundlage zu schaffen, auf die sich ein Kläger berufen kann. Zugleich können Handlungsrechte eine Grundlage für Verhandlungen zwischen rivalisierenden Nutzern bilden.

Diese handlungsrechtliche Grundlage ist u. U. bis zur Marktfähigkeit der Rechte ausbaubar. Im hier besonders interessierenden Fall der konkurrierenden Umweltnutzung wären Entgelte für Handlungsrechte z. B. durch Auktionen marktmäßig zu ermitteln. Das Angebot an solchen Rechten wäre so zu bemessen, daß die gewünschte Mindestqualität des jeweiligen Umweltmediums gesichert wäre. Welche Mindestqualität gewünscht wird, wäre politisch zu entscheiden. Die Bewertung des damit ermöglichten

Gebrauchs des Mediums bliebe dem Markt überlassen. Allerdings setzt dies die Lösung einer Reihe von Meß- und Zurechnungsproblemen voraus, auf die noch einzugehen sein wird. Ferner sind die Transaktions- und Ausschlußkosten zu berücksichtigen, die entstehen,

- wenn die umweltbezogenen Handlungsrechte spezifiziert und in Abhängigkeit von der gewünschten Umweltqualität dimensioniert werden,
- wenn der Handel mit umweltbezogenen Handlungsrechten organisiert und abgewickelt wird,
- wenn der Ausschluß von Nichtberechtigten bewirkt und gesichert wird.

Wird diesen Kosten sowie möglichen Nebenwirkungen des Einsatzes marktfähiger Handlungsrechte im einzelnen nachgegangen (z. B. in WEGEHENKEL, 1981 b), so ergibt sich, daß der Einsatz dieses besonders marktkonformen Instruments nur eine sehr begrenzte Lösungsmöglichkeit für das Problem der konkurrierenden Umweltnutzung darstellt.

Regulierungsprinzipien

Regulierung der Umweltnutzung setzt zunächst einmal voraus, daß die Nutzungskonkurrenz wie bei anderen Kollektivgütern durch Setzen von Nutzungsprioritäten entschieden wird. In der Regel geschieht dies zu Lasten derjenigen, welche die Umwelt im Rahmen ihrer ökonomischen Aktivitäten als Aufnahmemedium für Schadstoffe nutzen oder Umweltkapital verbrauchen möchten. Die Regulierung selbst kann sich dann zumindest von drei verschiedenen Prinzipien leiten lassen:

- Nach dem Verursacherprinzip käme es darauf an, bei den Verursachern zu bewirken, daß sie die Umwelt entlasten.
- Nach dem Gemeinlastprinzip wäre es Aufgabe des Staates, die Folgen der privaten Umweltbelastung zu beheben.
- Nach dem Vorsorgeprinzip käme es darauf an, zukünftigen Umweltbelastungen vorzubeugen, also vor allem das Verursacherprinzip präventiv zur Geltung zu bringen.

Meß- und Bewertungsprobleme staatlicher Regulierung

Übernutzung der Umwelt kommt in externen Kosten, ihre Qualitätsverbesserung in externen Erträgen zum Ausdruck. Daraus wäre hinsichtlich des wirtschaftspolitischen Lenkungsbedarfs zu folgern, daß es darauf ankäme, den Verursachern diese Kosten anzulasten bzw. die Erträge zu vergüten. Dazu käme in der Tradition der orthodoxen Wohlfahrtsökonomik z. B. eine entsprechende Besteuerung bzw. eine Subventionierung in Frage. Dem steht entgegen, daß die Verursachung durch zusätzliche Wertungen erst bestimmt werden muß (s. o.) und daß die Kosten und Erträge grundsätzlich unbekannt sind. Versuche, letztere zumindest abzuschätzen, werden u. a. dadurch erschwert,

- daß die Assimilationsfähigkeit der Natur sowohl nach Schadstoffen als auch nach Standorten weitgehend unbekannt ist und die für das Entstehen von Umweltverbrauch kritische Übernutzungsgrenze sehr unterschiedlich sein kann;
- daß Umweltschäden und Umweltverbesserungen physisch schwer meßbar sein können, nicht zuletzt wegen ihrer Ursachenvielfalt, der Existenz von Synergismen sowie der Verzögerungen, mit denen diese auftreten können;

- daß bei Umweltmedien in vielen Fällen interregionale oder auch großräumige Austauschbeziehungen bestehen und deshalb Schädigungen wie Verbesserungen nicht lokalisierbar sein können;
- daß entstandene Schäden und Verbesserungen, selbst wenn sie physisch meßbar und lokalisierbar wären, nur selten und häufig nicht ohne hohen Aufwand einzelnen Verursachern zugerechnet werden können;
- daß auch dann, wenn Schäden und Verbesserungen physisch gemessen und Verursachern zugerechnet werden können, immer noch das Problem ihrer Bewertung zu lösen wäre.

Regulierungsmöglichkeiten

Wegen der Meß- und Bewertungsprobleme müssen auch alle Lenkungsmaßnahmen mehr oder weniger unbefriedigend bleiben. Grundsätzlich kommen für die Regulierung der Umweltnutzung in Betracht (hierzu z. B. Siebert, 1974, S. 142 ff.; Wicke, 1993, Teil III):

- Abgaben für die Emission eines Schadstoffes,
- Auflagen in der Form von Emissionsstandards und anderen Nutzungsvorschriften,
- Öffentliche Investitionen zur Abwendung bzw. Behebung von Umweltschäden und zur Erhöhung der Assimilationsfähigkeit der Natur,
- Subventionen und Steuernachlässe für die Verursacher, um sie zur Einschränkung der Inanspruchnahme von Umwelt anzuregen,
- Intensive Aufklärung über die Umweltproblematik (Moral Suasion).

Beurteilung von Regulierungsinstrumenten

Unter Allokationsaspekten dürften eine Subventionierung ebenso wie eine direkte staatliche Ersatzvornahme mit Hilfe öffentlicher Investitionen am wenigsten befriedigen. In beiden Fällen wird zwar eine Umweltwirkung erzielt, jedoch wird die Knappheit des betroffenen Umweltgutes nicht hinreichend signalisiert. Das gilt vor allem für die staatliche Ersatzvornahme. Aber auch die Subventionierung hat den Nachteil, daß die Vermeidungskosten nicht preiswirksam werden können mit der Folge, daß das Informationsdefizit hinsichtlich der tatsächlich in Anspruch genommenen Ressourcen für die Nachfrage nach dem Gut erhalten bleibt. Ferner gehen von einer Subventionierung im Unterschied zu einer kostenwirksamen Abgabe keine dynamischen Wirkungen in dem Sinne aus, daß Anreize gegeben werden, kosten- bzw. subventionssenkende Vermeidungstechniken zu entwickeln.

Die Anwendung des Gemeinlastprinzips in der Form staatlicher Ersatzvornahme ist allerdings die einzig mögliche Reaktion in Fällen, in denen Verursacher von Umweltschäden nicht oder nicht mehr identifizierbar sind (z. B. als Folge von Synergismen und zeitlichen Verzögerungen im Auftreten von Schäden). Ebenso kommt staatliche Ersatzvornahme oder Subventionierung in Betracht, wenn möglichst schnell Abhilfe geschaffen werden soll und bei Anwendung des Verursacherprinzips abrupte Anpassungen erforderlich würden, die privatwirtschaftlich in der kurzen Frist eine existenzgefährdende Überlast bedeuteten.

In den Fällen, in denen die Verursacher belastet werden, dominieren in der wirtschaftspolitischen Praxis bei weitem Auflagen. Im Hinblick auf ihre Zielkonformität sind in ihrem Fall vor allem drei Mängel zu bedenken:

- Ein Anreiz zu schonender Umweltnutzung entsteht nur da, wo die Auflage sonst nicht erfüllt wird. Eine dezentralisierte und differenzierte Suche nach umweltschützenden Innovationen wird kaum angeregt. Ferner ist zu vermuten, daß Fortschritte bei umweltschonenden Anlagen eher verzögert werden; denn es wird erforderlich, neue technische Standards zu definieren, was i. d. R. zu einer Diskussion mit den von der Auflage Betroffenen darüber führt, welches der neueste und wirtschaftlich vertretbar zu realisierende Stand der Technik bei umweltschonenden Anlagen ist.
- Auflagen sind in den Fällen gesamtwirtschaftlich unnötig kostspielig, in denen die Kosten der Vermeidung bzw. der Beseitigung von Umweltbelastungen bei den einzelnen verursachenden Anlagen unterschiedlich hoch sind. Hier könnte die angestrebte Umweltqualität durch flexiblere Lösungen (z. B. einen Gesamthöchstwert für mehrere Anlagen in räumlicher Nähe, das sogenannte Glockenprinzip) kostengünstiger erreicht werden; denn in diesem Fall würde die Umweltentlastung (bei Einhaltung des Gesamthöchstwertes) verstärkt bei den Anlagen vorgenommen, bei denen dies kostengünstiger möglich ist.
- Wird mit der Genehmigung und dem Betrieb auflagenkonformer Anlagen die vorgegebene Umweltbelastungsgrenze erreicht, entsteht ein klassischer Rationierungsfall: Wer zuerst kam, darf verschmutzen. Soll die Belastungsgrenze nicht überschritten werden, haben nachfolgende Umweltnutzer auch mit wesentlich umweltschonenderen Anlagen keine Chance, solange keine der Altanlagen ausscheidet oder in ihrer Belastung unter den Standard sinkt.

Allerdings gibt es auch eine Reihe von Fällen (z. B. die Notwendigkeit eines Verbots von als lebensbedrohend erkannten Emissionen, Sofortmaßnahmen bei vorübergehenden Belastungen wie Inversionswetterlagen), bei denen Auflagen unvermeidlich sind. Der vorherrschende Einsatz von Auflagen dürfte jedoch vor allem damit erklärbar sein, daß Auflagenlösungen im Alltagsverständnis den auch aus der Sicht politischer Entscheidungsträger i. d. R. willkommenen Eindruck des unmittelbaren Schutzes durch einen kontrollierenden Staat wie im Polizeirecht für sich haben.

Mit der Abgabe als pretialem Regulierungsinstrument könnten die genannten Nachteile von Auflagen zumindest grundsätzlich vermieden werden. Allerdings ist ein Dosierungsproblem zu lösen: Die Sicherung einer bestimmten Umweltqualität setzt verläßliche Kenntnisse über die Abgabenelastizität der Nachfrage nach Nutzungsmöglichkeiten eines Umweltgutes voraus. Im Grunde ist dieses Wissen auch auf dem Wege des Probierens und Korrigierens nur höchst unvollkommen zu erlangen und erfordert außerdem periodische Revision. Spätestens bei diesem Vorgehen dürfte sich ferner negativ bemerkbar machen, daß Abgaben politisch bestimmte Preise sind, sich also nach den Eigengesetzlichkeiten des politischen Willensbildungsprozesses bestimmen. Für die Dosierung von Abgaben entstehen deshalb ähnliche Probleme wie für die Bemessung von Standards.

3.6.4 Entwicklungsorientierte Wirtschaftspolitik

Bereits bei der Analyse des Phänomens der wirtschaftlichen Entwicklung wurde dargelegt, daß die wirtschaftliche Entwicklung durch wirtschaftspolitisch relevante Phänomene wie Substitutions- und Koordinationskosten, Wettbewerb, Kollektivgüterversorgung und Umweltnutzung mitgeprägt wird. Insofern kann Entwicklung als komplexitätserhöhende Verknüpfung von einfachem Wachstum und Strukturwandel kein eigenständiges, wirtschaftspolitisch relevantes Phänomen sein. Hinsichtlich der Entwicklungsdeterminanten ist die Vorstellung von einer zielkonformen Lenkungsmöglichkeit der wirtschaftlichen Entwicklung weit verbreitet, obgleich sie mit der Funktionsweise einer Handelnsordnung unvereinbar ist. Drei Schwerpunkte entwicklungsorientierter Wirtschaftspolitik wurden bereits identifiziert: die Wachstums- und Strukturpolitik sowie wirtschaftspolitische Aktivitäten, die auf Problemfelder außerhalb der statistisch erfaßten Wertschöpfung ausgerichtet sind. Zu den zuletzt genannten Aktivitäten gehört vor allem die in diesem Kapitel bereits diskutierte Umweltpolitk. Daher gilt nunmehr die Hauptaufmerksamkeit den beiden übrigen Schwerpunkten.

3.6.4.1 Zur Ziel- und Gestaltungsproblematik entwicklungsorientierter Wirtschaftspolitik

Wachstum im Sinne einer Erhöhung des Sozialprodukts bzw. des Sozialprodukts pro Kopf gehört zwar zu den deklarierten wirtschaftspolitischen Zielen in der Bundesrepublik Deutschland; es wurde z. B. im Gesetz zur Förderung der Stabilität und des Wachstums der Wirtschaft sogar gesetzlich verankert und im Jahreswirtschaftsbericht der Bundesregierung so interpretiert. Auch in anderen entwickelten Ländern und erst recht in Entwicklungsländern ist es Bestandteil von offiziellen Zielkatalogen (vgl. z. B. Dürr, 1977, S. 20 ff.). Jedoch sollten sowohl die Darlegungen zum Phänomen der wirtschaftlichen Entwicklung als auch die erörterten Unzulänglichkeiten des Sozialproduktkonzeptes verdeutlicht haben, daß es sich dabei um ein inhaltlich wenig aussagefähiges Ziel handelt. Im Grunde kann das Sozialprodukt pro Kopf eher als ein – wenn auch wegen der Meß- und Bewertungsprobleme trügerisches – Symptom für die durchschnittlichen materiellen Versorgungsmöglichkeiten in einer Volkswirtschaft interpretiert werden. Mit dieser Interpretation ist zwar wenig an Operationalisierung gewonnen. Jedoch dürfte so die damit verknüpfbare Zielvorstellung besser zu erkennen sein.

Strukturpolitische Zielsetzungen orientieren sich vor allem an Konsequenzen des vielfältigen Strukturwandels, vor allem für die Beschäftigungsmöglichkeiten des Faktors Arbeit und deren regionaler Verteilung. An Beziehungen zu übergeordneten gesellschaftlichen Grundwerten liegen im Hinblick auf die durch Strukturwandel entstehenden Anpassungslasten und ihre Verteilung solche zum Grundwert der materiellen Sicherheit und Gerechtigkeit nahe. Soweit Strukturwandel Neuerungen beinhaltet, wird eine Beziehung zum Fortschrittsziel erkennbar. Immer ist jedoch im Auge zu behalten, daß Wachstum und Strukturwandel auf komplexe Weise miteinander verknüpft sind, also das eine ohne das andere nicht zu haben ist.

Wenn einmal die Operationalisierungsprobleme bei den wachstums- und strukturpolitischen Zielen als lösbar angesehen werden, ist darüber hinaus nach der zielkonformen Gestaltbarkeit der wirtschaftlichen Entwicklung zu fragen. Zielkonforme Gestaltbarkeit setzt entsprechendes wirtschaftspolitisches Lenkungswissen voraus. Die Analyse des Entwicklungsphänomens dürfte jedoch verdeutlicht haben, wie sehr das Wissen über verwertbare Kausalzusammenhänge begrenzt ist und aufgrund der Unvorhersehbarkeit der für dieses Politikfeld besonders bedeutsamen Neuerungen und des Bedürfniswandels auch bleiben muß.

Eine staatliche Gestaltung der Wachstumsbedingungen oder gar des Wachstumsprozesses und damit auch der Strukturentwicklung nach vorgegebenen Entwicklungszielen (z. B. der mittelfristigen Wachstumsrate des Sozialprodukts, einer spezifischen Veränderung der Produktionsstruktur) scheitert jedoch nicht erst aus Mangel an Lenkungswissen. Vielmehr kann sie überhaupt nur in Betracht gezogen werden, wenn das marktwirtschaftliche Geschehen nicht als ungeplante, sondern als planbare Ordnung mißverstanden wird. Eine ordnungskonforme Wachstums- und Strukturpolitik muß deshalb so angelegt sein, daß von ihr eine Verbesserung der Funktionsfähigkeit der marktmäßigen Koordination erwartet werden kann. Die Offenheit des marktwirtschaftlichen Prozesses erlaubt keine wirtschaftspolitische Gestaltung mit dem Ziel, konkrete Entwicklungsergebnisse zu erreichen.

3.6.4.2 Elemente ordnungskonformer Wachstums- und Strukturpolitik

Grundelemente

Eine Wachstums- und Strukturpolitik, mit der versucht wird, das Entwicklungspotential einer Marktwirtschaft möglichst auszunutzen, kann unmittelbar anknüpfen an die in diesem Kapitel bereits erläuterten allokationspolitischen Aufgaben. Werden ferner die erörterten Bestimmungsgründe wirtschaftlicher Entwicklung berücksichtigt, käme es vor allem darauf an,

- daß der Wettbewerb gerade wegen seiner Anpassungs- und Entwicklungsfunktion gesichert und gefördert wird;
- daß die zur privaten Kapitalausstattung komplementäre materielle Infrastruktur bereitgestellt wird;
- daß die anwendungsnahe Forschung durch rechtlichen Schutz ihrer Ergebnisse gefördert und durch die Bereitstellung von Ergebnissen der Grundlagenforschung als Kollektivgüter gestützt wird;
- daß die Leistungs- und Risikobereitschaft durch das Steuersystem begünstigt wird;
- daß die Mobilität der Produktionsfaktoren durch Verringerung der Substitutionskosten gefördert wird;
- daß hypertrophe Agglomerationsprozesse allen privaten Entscheidungsträgern besser signalisiert werden, indem die lokale Besteuerung und die Regulierung der Bodennutzung den Kosten einer weiteren Expansion Rechnung zu tragen sucht;
- daß generell auf eine Internalisierung bzw. Vermeidung von externen Effekten in den Fällen hingewirkt wird, in denen sie kritische Bedeutung erlangen.

Ordnungskonforme Unterlassungen

Die aufgezählten allokationspolitischen Möglichkeiten ordnungskonformer Wachstums- und Strukturpolitik wurden in diesem Kapitel bereits eingehend erörtert. Dennoch sollen einige weitere Konkretisierungen vorgenommen werden. Sie ergeben sich, wenn der Frage nachgegangen wird, wo wirtschaftspolitische Interventionen die Funktionsfähigkeit marktlicher Selbststeuerung eher beeinträchtigen, so daß ihre Rücknahme aus wachstums- und strukturpolitischen Gründen wünschenswert erscheint. Zu derartigen Interventionen sind beispielsweise zu rechnen:

- die Gewährung sogenannter Bereichsausnahmen im Wettbewerbsrecht; gegen Ausnahmebereiche in der sektoralen Produktionsstruktur spricht alles, was für Wettbewerb spricht, während die Begründungen für ihre Zulassung – wie dargelegt – allokationspolitisch wenig überzeugen;
- die Beschränkung des Marktzugangs als Nebenwirkung des Konsumenten- und Anlegerschutzes; nicht die Abschaffung dieses Schutzes ist dabei geboten, sondern eine sorgfältige Abwägung gegen Vorteile potentiellen Wettbewerbs statt einer Verabsolutierung des Schutzziels und einer Bevormundung der Geschützten;
- die Erschwerung des Marktzugangs durch Handelsbeschränkungen; handelspolitische Protektion ist nicht nur als staatliche Wettbewerbsbeschränkung selbstschädigend, sondern provoziert als Versuch, Anpassungslasten auf andere Länder zu überwälzen, protektionistische Gegenreaktionen und damit eine weitere Verminderung der wahrnehmbaren Vorteile internationaler Arbeitsteilung;
- die einseitige Schutzorientierung im Arbeits- und Tarifvertragsrecht; ein überzogener rechtlicher Schutz von bestehenden Arbeitsverhältnissen und Arbeitsplätzen kann Strukturwandel nicht verhindern, wohl aber Chancen verringern, ihn beschäftigungsfördernd zu nutzen;
- die unkonditionierte und unbefristete Gewährung von Erhaltungssubventionen; sie stellt eine offene Einladung dar, sich dem Strukturwandel auf Dauer zu entziehen und die steigenden Kosten dieser Verweigerung mit dem Hinweis auf die Gefährdung von Arbeitsplätzen den Steuerzahlern aufzuladen.

Verteilungspolitische Problemverengungen

Die genannten Beispiele stehen einmal für erfolgreiche Versuche von Interessengruppen, sich mit mehr oder weniger gemeinwohlorientierten Argumenten Schutz vor der wettbewerblichen Kontrolle und Selektion zu verschaffen. Zum anderen sind sie aber auch Ausdruck einer Verengung des Problems des Strukturwandels auf die Verteilung seiner Lasten. Dabei ist zu berücksichtigen,

- daß Strukturwandel und Wachstum sich gegenseitig bedingen; deshalb bedeutet – wie bereits betont – die Verhinderung des einen den Verlust des anderen und damit zukünftiger Erwerbschancen;
- daß die Übernahme von Risiken des Strukturwandels grundsätzlich zumutbar sein sollte, da zuvor auch Chancen genutzt werden können; eine Sozialisierung von Risiken und eine Privatisierung von Chancen wäre mit dem eigenverantwortlichen Gebrauch der Handlungsfreiheit unvereinbar;
- daß einzelne oder ganze Gruppen unverschuldet in Not geraten können; das sollte jedoch nicht zu sektoralen oder gar unternehmensbezogenen Erhaltungsmaßnahmen verleiten, sondern zu einer allgemeinen sozialen Absicherung, damit die Dauer der Notlage nicht durch Strukturkonservierung unnötig verlängert wird.

Politische Widerstände

Diese und andere Argumente mögen zwar ökonomisch überzeugen, im politischen Willensbildungsprozeß tun sie das weniger. Hierfür spricht nicht zuletzt (z. B. Wissenschaftlicher Beirat, 1984, S. 1302 ff.):

- daß in der Politik sichtbare, kurzfristige Erfolge zählen dürften; eine mit Subventionen vermiedene Massenentlassung verspricht deshalb selbst dann mehr Erfolg, wenn dadurch mittelfristig Anpassungsbedarf krisenverschärfend aufgestaut wird, da diese Spätfolge nur selten als solche von den Stimmbürgern erkannt und korrekt zugerechnet wird;
- daß die Vorteile einer marktwidrigen Strukturkonservierung für die unmittelbar Betroffenen (Arbeitnehmer, Unternehmer, Gläubiger, Gemeinden) gewiß, hingegen die Chancen eines Strukturwandels ungewiß sind; ferner gilt auch für die nicht unmittelbar Betroffenen, daß die persönlichen Folgelasten durch derartige Interventionen kaum abschätzbar sind, während die Befriedungswirkung bei den unmittelbar Betroffenen offenkundig ist;
- daß Anpassungsprobleme regional konzentriert auftreten können, wodurch ihnen gerade in föderativen Staaten eine besondere politische Qualität zuwachsen kann; Strukturschwächen lassen sich in diesem Falle als Herausforderungen an die föderative Solidarität auslegen, um Finanzzuweisungen zu erlangen, deren Einsatz aus den genannten Gründen eher strukturkonservierend und damit krisenverlängernd wirkt.

Konstruktivistische Ansätze

Was für die passive auf Strukturerhaltung gerichtete Politik gilt, trifft auch für die aktive strukturgestaltende Politik zu. Sie ist wenig marktkonform und zudem durch unrealistische Wissensanforderungen belastet. Als Beispiel hierfür mag die Subventionierung privater Zweckforschung und dort vor allem die direkte Projektförderung dienen (vgl. z. B. Streit; 1984b, 1987d; Donges, 1988). Anhand dieses Beispiels lassen sich zugleich einige der in diesem und in vorangegangenen Kapitel dargelegten Grundüberlegungen nochmals aufgreifen.

Die Subventionierung – auch Innovationsförderung genannt – wird zum einen mit folgenden Marktversagensargumenten begründet:

- Die private Bereitschaft, Risiken zu übernehmen, wird geringer als volkswirtschaftlich wünschenswert eingeschätzt.
- Private Forschung und Entwicklung sind mit positiven technologischen externen Effekten verbunden und fallen deshalb geringer aus als bei vollständiger Internalisierung.
- Unteilbarkeiten bei einigen Forschungs- und Entwicklungsprojekten machen Engagements erforderlich, die von einzelnen Unternehmen nicht ohne Existenzgefährdung eingegangen werden können.

Das erste Argument beinhaltet ein Werturteil und ist daher grundsätzlich unüberprüfbar. Ordnungspolitisch noch bedeutsamer ist jedoch, daß es dem Versuch entspricht, individuelles Handeln einem kollektiven Wertmaßstab zu unterwerfen. Insofern steht das Argument in der Tradition der bereits im ersten Kapitel diskutierten, wohlfahrtsökonomisch begründeten wirtschaftspolitischen Trugschlüsse.

Das zweite Argument kann nicht losgelöst von der Diffusion technischen Fortschritts im Prozeß des vor- und nachstoßenden Wettbewerbs gesehen werden. Dieser soll Pioniergewinne zulassen, aber auch verhindern, daß diese zu funktionslosen Renten werden. Den richtigen Kompromiß zwischen Innovationsanreiz und volkswirtschaftlich wünschenswerter Diffusion zu finden ist in erster Linie ein Problem der Definition und zeitlichen Dosierung gewerblicher Schutzrechte und ihrer Durchsetzung, nicht aber der Subventionierung.

Beim letzten Argument – dem Hinweis auf Unteilbarkeiten – werden die Möglichkeiten der Kooperation von Unternehmen bei Forschung und Entwicklung sowie die Möglichkeiten einer Unternehmensdiversifizierung und der Nutzung des Kapitalmarktes völlig ignoriert. Hierfür gibt es aber nicht nur genügend Beispiele im In- und Ausland. Die Beispiele lehren auch, daß die an Kooperationen beteiligten Unternehmen am besten wissen, wann sie ihre eigenen Wege im Wettbewerb gehen müssen.

Die zweite Begründungsart stützt sich auf die Vermutung einer sogenannten technologischen Lücke im Vergleich zu anderen Ländern, die nur mit Hilfe gezielter staatlicher Förderung schließbar erscheint. Schon die Diagnose entbehrt eines überprüfbaren Referenzsystems. Ein mehr oder weniger fundierter internationaler Technikvergleich hilft da wenig; denn eine allokationstheoretisch überzeugende Identifikation solcher Lücken würde testbare Hypothesen darüber erfordern, wo die Vorteile eines Landes im internationalen Handel liegen. Diese Vorteile in Ermangelung eines solchen Wissens eigenverantwortlich aufzuspürren, aber auch lohnend erscheinende Innovationen anderer aufzugreifen, ist gerade eine Hauptaufgabe von Unternehmern, deren Wahrnehmung zu Entwicklungsgewinnen berechtigt. Ebenso sorgt die Verlustandrohung dafür, daß sie bei der Wahrnehmung dieser Funktion i. d. R. die gebotene Vorsicht walten lassen. Beamte und Politiker, die Gestaltungssubventionen verwalten und verteilen, dürften trotz allen eingeholten Rats kaum komparative Vorteile als Ersatzunternehmer haben.

Zu bezweifeln ist also grundsätzlich, daß eine Forschungsförderungsbürokratie über das erforderliche Lenkungswissen überhaupt verfügen kann. Es müßte eher noch dem Informationsstand überlegen sein, den die zu Fördernden haben, die am Markt operieren. Erfahrungsgemäß ist die Bürokratie aber nicht zuletzt auch auf den Rat der zu Fördernden angewiesen. Das macht die Bürokratie jedoch ausbeutbar mit der Wirkung, daß private durch öffentliche Mittel ersetzt werden. Infolge dieses Mitnahmeeffektes fällt die Nettoförderung zumindest geringer aus als der Förderungsaufwand. Ferner kann das Defizit im Lenkungswissen durch die Forschungs- und Entwicklungsstäbe in Großunternehmen eher ausgenutzt werden als durch Mittel- und Kleinunternehmen. Die daraus resultierende Verzerrung zugunsten von Großprojekten kommt außerdem der Zentralisierungstendenz von Bürokratien entgegen. Sie kann aber nicht unbedingt als eine erfolgreiche risikostreuende Entwicklungsstrategie angesehen werden.

Besonders schwer dürfte schließlich wiegen, daß mit einer projektorientierten (direkten) Forschungsförderung ein Prozeß notwendigerweise in ein starres, verwaltungsadäquates Korsett gezwängt wird, ein Prozeß, für den Spontaneität, Versuch und Irrtum, unvorhersehbare Kostenschwankungen und Entwicklungszeiten geradezu typisch sind. Damit ist zu befürchten, daß primär und bestenfalls Weiterentwicklungen von Bekanntem unter hohem Verwaltungsaufwand begünstigt werden. Demgegenüber dürften Anstrengungen eher blockiert werden, den Durchbruch zu Unbekanntem, nicht in Projektbeschreibungen Vorwegnehmbarem spontan zu erreichen. Soweit tatsächlich Neuland zu betreten versucht wird, droht die Gefahr, daß die notwendigerweise tastenden Schritte in Prestigeprojekten erstarren. Die Entscheidungsträger werden zu Gefangenen des von ihnen aufgebauten Prestiges und sehen sich selbst dann noch zum Erfolg verurteilt, wenn das Subventionsvolumen im Grunde nicht mehr zu vertreten ist. Ein typisches Beispiel dürfte die Förderung des Überschallverkehrsflugzeugs „Concorde" durch britische und französische Politiker gewesen sein, eine Förderung, die erst mit dem Absturz eines Flugzeugs zögerlich aufgegeben wurde.

Kapitel 4: Stabilisierungsprobleme

Stabilisierungspolitik wird aus einem Bedarf an Verstetigung der laufenden Ergebnisse marktmäßiger Koordination sowohl für Einzelmärkte als auch für die gesamtwirtschaftliche Entwicklung abgeleitet, wie sie sich in statistischen Aggregaten niederschlägt. Preisschwankungen auf Rohstoffmärkten sowie Schwankungen im Beschäftigungsgrad als ein Symptom dessen, was als Konjunktur gilt, sind z. B. Ansatzpunkte für eine solche Bedarfsbegründung. Analytischer Schlüsselbegriff ist dabei die Stabilität bzw. Instabilität. Er ist eng mit dem Konzept des Gleichgewichts verknüpft. Deshalb wird es notwendig, zu prüfen, inwiefern eine gleichgewichtsorientierte Analyse solcher Schwankungen zu deren Erklärung beitragen kann. Darüber hinaus muß bei der gesamtwirtschaftlichen Entwicklung vorgeklärt werden, ob statistische Aggregate, in denen Aspekte marktwirtschaftlichen Geschehens zusammengefaßt werden, überhaupt einer Kausalanalyse zugänglich sind.

Die weiteren Schritte dienen vor allem dem Ziel, die grundlegenden Erklärungsversuche der Schwankungen auf Einzelmärkten sowie des Konjunkturphänomens zu skizzieren und aus der Perspektive des in diesem Buch präsentierten Verständnisses des Prozesses marktmäßiger Koordination zu evaluieren. Auf diese Weise soll die Grundlage für eine Beantwortung der Frage geschaffen werden, ob Stabilisierungspolitik sich auf ein Lenkungswissen stützen kann und welche wirtschaftspolitischen Handlungsmöglichkeiten daraus ableitbar sind.

Literaturhinweise

4.1: Hayek, 1937; Hoppmann, 1980a, 1980b, 1973; Röpke, 1980, Stobbe, 1983/91 (4. Kap., Teil II); Streissler, 1980.
4.2: Donges, 1981 (Teil III); Glismann u. a., 1986 (1. Buch, Teil VI).
4.3: Haberler, 1937 (Teil I); Tichy, 1982; Leijohnhufvud, 1973; Teichmann, 1988 (1. Teil, Kap. 1); Giersch, 1977 (Kap. 1); Vosgerau, 1978; Zarnowitz, 1985.
4.4: vgl. 4.2 sowie Tuchtfeldt, 1973; Streit, 1981; Schlieper, 1984; Giersch, 1977 (Kap. 4).

4.1 Stabilität, Gleichgewicht und Evolution

4.1.1 Stabilität und Gleichgewicht

Stabilität bzw. Instabilität als möglicher Anlaß für wirtschaftspolitisches Handeln ist zunächst einmal ein analytisches Kriterium. Als solches wird es auf unterschiedliche Untersuchungsebenen angewendet:

- teilwirtschaftlich auf abgrenzbare Einzelmärkte und
- gesamtwirtschaftlich auf das marktmäßig koordinierte System als Ganzes.

Das Kriterium ist der klassichen Mechanik entlehnt und orientiert sich an dem Konzept des Gleichgewichts. In der ökonomischen Analogie gilt als Gleichgewicht (z. B. Stobbe, 1983/91, S. 53 ff.) ein Zustand bestmöglicher Koordination der Wirtschaftspläne auf einem Einzelmarkt (teilwirtschaftliches Mikrogleichgewicht) oder in der Gesamtwirtschaft (gesamtwirtschaftliches Mikrogleichgewicht). Ein solcher Zustand wäre erreicht, wenn die Wirtschaftspläne so gut aufeinander abgestimmt wären, daß keine weiteren Transaktionen mehr lohnten. Darüber hinaus wird das Gleichgewichtskonzept auf Aggregate ausgedehnt, wie sie vor allem in der volkswirtschaftlichen Gesamtrechnung enthalten sind. Als Zusammenfassung von Realisierungen gleichartiger Wirtschaftspläne gedacht, werden solche Aggregate in Modellen analysierbar, die auf ein gesamtwirtschaftliches Makrogleichgewicht abstellen.

Stabilität als analytisches Kriterium beinhaltet – wiederum in Analogie zur Mechanik – Eigenschaften von Gleichgewichten (z. B. SAMUELSON, 1947/97, S. 333 ff.). Es geht dabei um die Richtung von Anpassungsprozessen, welche von Störungen ausgelöst werden, die in teil- bzw. gesamtwirtschaftliche Systeme hineingetragen werden. Kommt es – bei statischer Betrachtung – im Falle kleinerer Störungen zu einer Rückkehr zum Gleichgewicht, so gilt ein solches Modellgleichgewicht als lokal stabil. Globale Stabilität läge vor, wenn die Rückkehr zum Gleichgewicht auch bei größeren Störungen gewährleistet ist. Wird hingegen ein sich im Zeitablauf ändernder Gleichgewichtszustand unterstellt und wird die jeweils neue Lage bestmöglicher Koordination von den Wirtschaftssubjekten korrekt antizipiert, liegt ein dynamisches Gleichgewicht vor; dementsprechend gelten Situationen unvollständiger Anpassung an ein dynamisches Gleichgewicht als Ungleichgewichte.

Nun ist unbestritten, daß es sich bei dem Referenzkonzept des Gleichgewichts um eine Fiktion handelt. Als Ergebnis von Abstraktionen erlaubt es spezifische Formen der Modellbildung. Die Angemessenheit dieser Abstraktionen wird immer dann überprüfungsbedürftig, wenn beurteilt werden soll, ob und inwieweit solche Modellierungen zur Erklärung von realen Ergebnissen marktmäßiger Koordination beitragen können. Wirtschaftspolitische Bedeutung gewinnt die Frage adäquater Abstraktion bei der Analyse von Schwankungen der Ergebnisse marktmäßiger Koordination (z. B. Preise auf Einzelmärkten, Aggregate der volkswirtschaftlichen Gesamtrechnung) im Zeitablauf. Werden diese Schwankungen aufgrund von Begleiterscheinungen (z. B. Schwankungen in den Erzeugereinkommen, in der Beschäftigung) als Fehlentwicklungen bewertet, böte sich die Diagnose an, sie seien Symptome ungleichgewichtiger Prozesse.

Bei einer solchen Diagnose wäre zu prüfen, ob durch staatliche Interventionen in das Marktgeschehen Abweichungen vom dynamischen Gleichgewicht verringert oder gar vermieden werden könnten, um so den als Fehlentwicklungen beurteilten Begleiterscheinungen zu begegnen. Der Bedarf an einer solchen Intervention würde noch verstärkt, wenn die Modellanalyse Begründungen für instabile Gleichgewichte lieferte; denn dann würde wirtschaftspolitisches Handeln besonders dringlich, um Abweichungen vom Gleichgewicht nicht zu einem Dauerzustand werden zu lassen.

Bei der Beurteilung der Angemessenheit der Abstraktionen, die eine gleichgewichtsorientierte Analyse der Ergebnisse marktmäßiger Koordination erlauben sollen, werden – wie bereits im dritten Kapitel – zwei Aspekte realer ökonomischer Vorgänge zu berücksichtigen sein:

- der konstitutionelle Wissensmangel. Die Realisierbarkeit eines dynamischen Gleichgewichts setzt bei den Wirtschaftssubjekten nicht nur vollkommene Infor-

mation, sondern auch zutreffende Erwartungen (vollkommene Voraussicht) über die Gleichgewichtsbedingungen voraus. Zu berücksichtigen ist, daß ein solcher Wissensstand weder von den handelnden Wirtschaftssubjekten noch von einem außenstehenden Beobachter jemals erreicht werden kann;
- der Wettbewerb als Entdeckungsverfahren. Bei einer gleichgewichtsorientierten Analyse wird Wettbewerb als Mechanismus zur Herbeiführung des Gleichgewichts betrachtet. Der von ihm ausgehende Druck zur Anpassung an die Gleichgewichtsbedingungen steht im Vordergrund. Zu berücksichtigen ist jedoch, daß durch diese Art der Modellierung die Entwicklungsfunktion des Wettbewerbs analytisch unzugänglich wird.

Infolgedessen können Überlegungen, was wirtschaftspolitisch zu tun wäre, um Schwankungen in den Ergebnissen marktmäßiger Koordination entgegenzuwirken, die als Abweichungen von einem dynamischen Gleichgewicht interpretiert werden, nur zu leicht zu Trugschlüssen i. S. d. im ersten Kapitel beschriebenen Nirwana-Ansatzes führen; denn auch in dem nunmehr betrachteten Fall besteht die Gefahr, bei wirtschaftspolitischen Handlungsentwürfen mehr Wissen zu unterstellen, als jemals gewonnen werden kann.

Gleichgewichtsorientierte Ansätze sind also wegen der vorgenommenen Abstraktionen von zweifelhafter Bedeutung für wirtschaftspolitisches Handeln. Wie im folgenden noch darzulegen sein wird, sind sie bedingt beachtenswert, wenn den Abstraktionen im konkreten Fall weniger Gewicht beigemessen werden kann. Im übrigen können gleichgewichtsorientierte Ansätze durchaus der Entwicklung eines Vorverständnisses von ökonomischen Phänomenen dienlich sein, also heuristischen Wert haben. Das gilt auch für die Analyse von Schwankungen in Ergebnissen marktmäßiger Koordination; hierauf wird noch einzugehen sein, wenn z. B. Erwartungen und Anpassungsverzögerungen als mögliche Ursachen von Instabilitäten betrachtet werden.

4.1.2 Gleichgewicht und Evolution

Gleichgewichtskonforme Verhaltensbeschränkung

Die Vernachlässigung des Problems eines konstitutionellen Wissensmangels verliert scheinbar etwas an Bedeutung, weil mit der Fiktion des Gleichgewichts zugleich eine Verhaltensbeschränkung mit Wettbewerbsfolgen eingeführt wird. Sie schließt eine Evolution des betrachteten ökonomischen Systems aus (z. B. Röpke, 1980, S. 145 ff.):

- Die Wirtschaftssubjekte sind lediglich Ökonomisierer, d. h. sie reagieren perfekt auf Störungen oder Datenänderungen durch optimierende Anpassung.
- Anpassung im Rahmen der gegebenen Handlungsmöglichkeiten ist zugleich die Verhaltensweise, die als Wettbewerbsergebnis interpretiert wird.

Optimierende Anpassung setzt nicht nur bei den Wirtschaftssubjekten voraus, daß sie das dafür relevante Wissen haben. Vielmehr dürfen sie auch kein neues Wissen entdecken, das es ihnen erlauben würde, neue Handlungsmöglichkeiten (Produkte, Transaktions- und Organisationsformen, Techniken) zu entwickeln und zu nutzen. Würde das zugelassen, so müßte z. B. bei einer Störung des ökonomischen Systems damit gerechnet werden, daß die Wirtschaftssubjekte auch mit Neuerungen reagieren. Auf diese Weise würden sie aus einer gleichgewichtsorientierten Sicht selbst Störungen hervorrufen, die ihrerseits Reaktionen anderer bewirkten, sei es in Form des Anpassungsversuchs, sei es durch Erschließung wiederum neuer Handlungsmöglichkeiten. Erkennbar sollte bereits sein, daß spätestens mit der Zulassung von Neuerungsverhalten das ökonomische Geschehen einer gedanklichen Kontrolle mit Hilfe des Gleichgewichtskonzepts zwangsläufig entgleiten muß.

Gleichgewichtsorientierte Interventionsmodelle

Allerdings kann das Konzept bei teilwirtschaftlichen Analysen einem Vorverständnis von Marktvorgängen durchaus dienlich sein oder gar eine begrenzte empirische Bedeutung haben. Letzteres ist der Fall, wenn die zuvor genannte Verhaltensbeschränkung zur adäquaten Abstraktion wird, d. h. durch sie wird ein empirisches Phänomen analytisch handhabbar, ohne daß als wesentlich erachtete Eigenschaften des Phänomens vernachlässigt werden müßten. Als solche Fälle können gelten:

- Gleichgewichtsorientierte Deutungen von kurzfristigen Anpassungsvorgängen, die durch Änderungen von Daten wie Steuer- und Zollsätzen oder schockartige Änderungen eines bedeutenden Einzelpreises (z. B. des Rohölpreises) ausgelöst werden.
- Analysen von Einzelmärkten, in denen der Wettbewerb durch wirtschaftspolitische Eingriffe oder wettbewerbspolitische Duldung weitgehend auf Anpassungsverhalten reduziert wurde.

In beiden Fällen kann eine isolierende Betrachtungsweise (z. B. SCHLICHT, 1977, S. 36 ff.) auch empirisch aufschlußreich sein; denn die Konstellation, unter der die Wirtschaftssubjekte zu handeln haben, erlaubt ihnen im ersten Fall i. d. R. zunächst nur, das Optimum im Rahmen der bisherigen Handlungsweise neu zu bestimmen. Die Erschließung neuer Handlungsmöglichkeiten (z. B. die Suche nach rohstoffsparenden Neuerungen) erfordert meist mehr Zeit.

Der zweite Fall läßt sich besonders gut durch Märkte belegen, auf denen das Geschehen durch staatliche Höchst- oder Mindestpreise geprägt wird, wie z. B. auf Wohnungsteilmärkten, Märkten für Agrarprodukte. Hier hat sich die gleichgewichtsorientierte Deutung des Geschehens durchaus empirisch bewährt. Eine Erklärung hierfür erschließt sich, wenn den Erfolgen und Mißerfolgen staatlicher Preisfixierung nachgegangen wird. Dann wird nämlich erkennbar, daß eine solche Preispolitik durch ein immer weiter verdichtetes Netz aus Regulierungen (z. B. der Qualitäten, Konditionen, Absatzgebiete, Außenwirtschaftsbeziehungen) flankiert werden muß. Auf diese Weise werden die Handlungsmöglichkeiten der Marktteilnehmer und damit auch ihre Chancen zu Wettbewerbshandlungen immer mehr auf den Modelltyp des Anpassers an staatlich kontrollierte Daten reduziert. Auch Mißerfolge einer derartigen Politik werden gleichgewichtstheoretisch (z. B. als Angebots- bzw. Nachfrageüberschüsse) erklärbar. Wo eine Reduktion der Einflußfaktoren und Wechselwirkungen nicht gelingt (z. B. auf internationalen Währungsmärkten) bleibt auch die gleichgewichtsorientierte Analyse (in diesem Fall die konventionelle Wechselkurstheorie) empirisch bedeutungslos, also auf die Modellogik beschränkt. Das bedeutet aber, daß das Gleichgewichtskonzept am ehesten dort verwertbar ist, wo nicht die marktmäßige Selbststeuerung, sondern die Fremdsteuerung durch staatliche Interventionen vorherrscht. Ferner ist nicht auszuschließen, daß gerade die Reduktion des Marktgeschehens als Folge seiner gleichgewichtsorientierten Deutung Vorstellungen von einer weitgehenden wirtschaftspolitischen Manipulierbarkeit der marktmäßigen Koordination und damit eine Wissensillusion begünstigt.

Je mehr die Verhaltensmöglichkeiten von Marktteilnehmern durch Regulierung auf die eines Ökonomisierers reduziert werden, desto mehr wird das System der marktmäßigen Koordination bzw. ein Teil davon geschlossen. Die Entwicklung neuer Handlungsmöglichkeiten wird behindert bzw. wirtschaftlich unattraktiv. Für das System bedeutet das, daß es seine Komplexität – d. h. die Vielfalt der Zustände, die es einnehmen kann – weniger erhöhen kann, als dies ohne Verhaltensbeschränkungen möglich wäre. Es wird in eine interventionsgerechte Stationarität gezwängt. Erst sie läßt eine gleichgewichtsorientierte Deutung des Geschehens zu.

Wettbewerb und Evolution

Wie bereits im dritten Kapitel dargelegt wurde, ist es der unbehinderte oder freie Wettbewerb, der zur Suche marktrelevanter Tatsachen und zur Entwicklung neuer Handlungsmöglichkeiten anhält. In der Terminologie der Evolutionstheorie heißt das, daß der Wettbewerb als Entdeckungsverfahren

- Variationen hervorbringt; neue Handlungsmöglichkeiten werden entwickelt, um den Substitutionsdruck im Parallelprozeß zu mindern.
- Selektion bewirkt; Neuerungen werden von der Marktgegenseite unter Aufwand von Transaktionskosten identifiziert und geprüft sowie im Austauschprozeß durch Einsatz von Kaufkraft selektiert.
- Restabilisierung auslöst; von selektierten Neuerungen geht als Rückkopplung zwischen Austausch- und Parallelprozeß wiederum Substitutionsdruck aus, der die davon Betroffenen zur Anpassung i. S. v. Imitation oder zur Entwicklung eigener Neuerungen veranlaßt.

Stabilität spielt also auch in einem evolutorischen System eine Rolle, allerdings in einem völlig anderen Sinne als bei der gleichgewichtsorientierten Analyse. Restabilisierung bedeutet weder Rückkehr zu einem vorherigen noch Bewegung zu einem neuen Gleichgewichtszustand. Vielmehr ist sie aus der Sicht eines Wettbewerbers Ausdruck des Bemühens, sich gegenüber der Umwelt des Marktes zu behaupten. Auf Umweltänderungen, die aus Wettbewerbshandlungen oder sonstigen ökonomischen Veränderungen resultieren, wird auch versucht, durch eigene Verhaltensänderungen zu reagieren. Das ist unumgänglich, wenn einfache Anpassung im Rahmen des bisherigen Verhaltens das Überleben am Markt nicht zu sichern verspricht. Verhaltensänderung – „Erhöhung der Eigenkomplexität" (z. B. Röpke, 1977, S. 255) – ist dann die wettbewerbskonforme Antwort mit evolutorischen Folgen. Eine andere Möglichkeit der Überlebenssicherung wäre der Versuch, durch Verringerung der Komplexität der Umwelt den eigenen Anpassungsbedarf zu senken. Wettbewerbsbeschränkungen sind ein solches Mittel, den „Herausforderungsgehalt der Umwelt" (Röpke, ebenda, S. 165 f.) zu verringern.

Bei evolutorischer Betrachtung des Systems marktmäßiger Koordination läßt sich die Analyse nicht sinnvoll auf einen einzigen Zustand – ein Gleichgewicht – beschränken.

Einfaches Ökonomisieren reicht als ökonomische Überlebensstrategie häufig nicht aus. Jedoch gibt es darüber hinaus die Chance, Neues zu erschließen. Diese Chance besteht bei der gleichgewichtsorientierten Analyse nicht. Dort ist bei teilwirtschaftlicher Betrachtung das Ausscheiden aus dem Marktgeschehen logisch unvermeidbar. Bei gesamtwirtschaftlicher Betrachtung reduziert sich das Problem im Grunde auf die Frage, welche Preisstruktur erforderlich ist, damit sich ein Mikrogleichgewicht einstellen kann, das die Faktorbestände ausschöpft. Demgegenüber sind bei evolutorischem Marktgeschehen die möglichen Folgen nicht nur vielfältiger, sondern auch grundsätzlich unbestimmt. Das muß so sein, wenn – wie bei der Erläuterung des Wettbewerbs als Entdeckungsverfahren dargelegt – Findigkeit und Transaktionskostenaufwand neben Geschick und Glück über den Markterfolg entscheiden. „Die Stabilität marktwirtschaftlicher Ordnungen zeigt sich damit in der Veränderlichkeit des Systems, und diese ist das Ergebnis der Möglichkeit und Fähigkeit von Wirtschaftssubjekten zu autonomem Anpassungsverhalten, zur Produktion von Vielfalt" (Röpke, 1980, S. 156).

Wird Stabilität in diesem Sinne interpretiert, ändert sich auch die wirtschaftspolitische Perspektive. Gelten Begleiterscheinungen von Schwankungen in den Ergebnissen marktmäßiger Koordination weiterhin als wirtschaftspolitische Probleme, müßte sich die Aufmerksamkeit den realen Wettbewerbsprozessen zuwenden. Stabilisierungspolitik in diesem Sinne wäre in erster Linie eine Politik der Wettbewerbsförderung und Wettbewerbssicherung, wie sie im dritten Kapitel skizziert wurde.

4.1.3 Makroökonomische Gleichgewichtsanalyse

Von besonderer wirtschaftspolitischer Bedeutung ist die Ausdehnung der gleichgewichtsorientierten Analyse auf gesamtwirtschaftliche Aggregate, wie sie vor allem im volkswirtschaftlichen Rechnungswesen enthalten sind. Aufbereitet in der analytischen Form des Wirtschaftskreislaufs, kann die Komplexität des Wirtschaftsgeschehens in einer Volkswirtschaft mit Hilfe der Beziehungen zwischen diesen Aggregaten – den Makrorelationen – reduziert und dadurch nachträglich transparent gemacht werden. Bei den Aggregaten handelt es sich um Teilsummen von mikroökonomischen Größen wie z. B. den privaten Konsumausgaben, den öffentlichen Transferzahlungen, den Importausgaben einer Periode. Die Makrorelationen ergeben sich aus den definitorischen Zusammenhängen, die für zentrale Größen wie Sozialprodukt, Außenbeitrag oder gesamtwirtschaftliche Vermögensbildung gelten.

Für die weiteren Überlegungen ist zu beachten, daß die Aggregate und damit auch die Makrorelationen auf der Summierung von mikroökonomischen Größen beruhen. Durch diese Summierung erhalten sie keine neue Qualität. Dennoch verführt schon die Sprache dazu, solche Aggregate zu personifizieren. „Es mag noch angehen, von ‚den Konsumenten' oder ‚den Investoren' zu sprechen, obwohl diese Gruppen aus lauter einzelnen Menschen mit allenfalls ähnlichen Zielen, Interessen und Verhaltensweisen bestehen, wenn nur im Auge behalten wird, daß solche Zusammenfassungen Operationen des Wirtschaftswissenschaftlers oder Statistikers sind, die an der Realität nichts ändern und insbesondere nicht bedeuten, daß die sprachlich geschaffenen Aggregate nun plötzlich aus einem zentralen Willen heraus handeln" (Stobbe, 1980, S. 51 f.).

Nun finden sich die gleichen Aggregate auch in der makroökonomischen Theorie. Ihr Ziel ist es, Niveau und Veränderung dieser Aggregate zu erklären. Dementsprechend werden dort die Makrorelationen kausal-analytisch interpretiert, d. h. es werden Abhängigkeiten, z. B. des privaten Verbrauchs von der Höhe des den Haushalten insgesamt verfügbaren Einkommens, vermutet. Das wäre immer noch wenig problematisch, wenn diese Beziehung nicht als Ausdruck des durchschnittlichen oder repräsentativen Verhaltens, z. B. der privaten Haushalte, interpretiert würde. Tatsächlich geschieht das aber. „Theoretische Makroökonomik ist in vieler Hinsicht nichts anderes als Mikroökonomik in der Sprache der Makroökonomik" (RICHTER, SCHLIEPER und FRIEDMANN, 1981, S. 97).

An solchen Interpretationen wäre lediglich auch dann nichts auszusetzen, wenn die gesamtwirtschaftlichen Größen und Relationen das Ergebnis einer konsistenten Aggregation von korrespondierenden Mikrogrößen und Mikrorelationen (Kausalitäten) wären. Das ist jedoch definitiv nicht der Fall und theoretisch nur unter extremen Annahmen vorstellbar (vgl. hierzu z. B. SCHLICHT, 1977, Kap. 2). Dennoch verfährt die theoretische wie die empirische Makroökonomik nach der „Analogielösung", d. h. der Argumentation mit durchschnittlichem Verhalten von in Aggregaten zusammengefaßten mikroökonomischen Entscheidungseinheiten.

Zwar läßt sich durchaus argumentieren, daß eine derart problematische Komplexitätsreduktion, wie sie bei der makrotheoretischen Analyse vorgenommen wird, legitim ist und der Erkenntnisgewinnung dienlich sein kann, solange sie bei der Einschätzung der so erzielten Ergebnisse berücksichtigt wird (z. B. SAMUELSON, 1947/97, S. 144 f.). Das bedeutet aber z. B., daß makroökonomische Gleichgewichtskonzepte, die auf Plankonsistenz abstellen, schon aufgrund der Aggregationsproblematik nur über reine Fiktionen Aufschluß geben können; denn die Frage, wessen Pläne das im Hinblick auf die benutzten Aggregate sein sollen, ist nicht ohne unangemessene Abstraktionen beantwortbar, z. B. durch Rückgriff auf den repräsentativen, sich nur an Daten anpassenden einfallslosen Investor, Konsumenten, Exporteur.

Dem Einwand inadäquater Abstraktion wäre nur dadurch zu begegnen, daß Makrorelationen isoliert von den nicht nachvollziehbaren, komplexen und evolutorischen mikroökonomischen Vorgängen als Massenphänomene betrachtet würden. Wenn sich dann eine Regelmäßigkeit empirisch (ökonometrisch) ermitteln läßt, müßte konsequenterweise auch auf jede mikroökonomische Kausalitätsvermutung verzichtet werden. Damit bliebe aber auch jede Gleichgewichtsvorstellung unzugänglich. Ein Verzicht auf Kausalitätsvermutungen findet sich jedoch weder in der wirtschaftspolitischen Alltagsdiskussion noch bei der stabilitätspolitischen Auswertung von makroökonometrischen Modellen. Da solche Modelle zugleich das zentrale empirische Element in der Theorie quantitativer Wirtschaftspolitik darstellen, wird dieser grundsätzliche Einwand an späterer Stelle (Kap. 15) bedeutsam werden. Aber auch bei weniger anspruchsvollen Versuchen gesamtwirtschaftlicher Stabilisierung i. S. d. Globalsteuerung wird bereits in diesem Kapitel auf die auffallend engen Grenzen der makroökonomischen Theorie einzugehen sein.

4.2 Stabilitätsprobleme auf Einzelmärkten

4.2.1 Phänomene und mögliche Erklärungen

Eine Reihe von Märkten für relativ homogene landwirtschaftliche Massenprodukte (z. B. Zucker, Kaffee und Mastvieh) und mineralische Rohstoffe (z. B. Kupfer, Zinn und Silber) ist durch ausgeprägte Schwankungen der meist börslich ermittelten Preise im Zeitablauf gekennzeichnet. Ferner können unregelmäßige Ausschläge in den gehandelten Mengen beobachtet werden. Für beide Marktseiten beinhalten solche Schwankungen entsprechende Erlös- bzw. Kostenrisiken. Wirtschaftspolitisch werden diese Risiken vor allem im Zusammenhang mit den Problemen diskutiert, die Entwicklungsländer bei der Integration in die weltwirtschaftliche Arbeitsteilung haben. Ferner spielen sie im Rahmen der wirtschaftspolitischen Sonderstellung eine Rolle, die die Landwirtschaft in entwickelten Ländern innehat.

Erklären lassen sich die Preisschwankungen in einem ersten Schritt damit, daß die Nachfrage- und Angebotselastizitäten bei diesen Produkten relativ gering sind. Aufgrund der Verfassung der relevanten Märkte und der Marktstellung der Anbieter dürften die Preisreaktionen im Vergleich zu Mengenreaktionen vorherrschen. Mit Mengenreaktionen ist primär als Folge von Witterungsbedingungen, Auseinandersetzungen auf den Arbeitsmärkten sowie politischen Unwägbarkeiten zu rechnen. Auf der Nachfrageseite dürften zumindest bei industriellen Rohstoffen Schwankungen in der Industrieproduktion mitursächlich sein, die zu den Symptomen von Konjunkturschwankungen gehören. Bei landwirtschaftlichen Primärgütern sind die Dirigismen der Agrarpolitik in den westlichen Industrieländern und die Handelsfolgen von Mängeln zentralverwaltungswirtschaftlicher Planung als Störfaktoren zu berücksichtigen.

Die Erklärung derartiger Schwankungen kann durchaus mit Hilfe eines gleichgewichtsorientierten Ansatzes noch ein Stück weiter vorangetrieben werden; denn die Verfassung der Märkte (Börsen und damit relativ homogene Produkte und Konditionen) und die Aktionsmöglichkeiten der Marktteilnehmer, vor allem der Anbieter (Produzenten mit sehr begrenzten natur- und technikbedingten Handlungsmöglichkeiten), lassen einige Abstraktionen dieses Ansatzes adäquat erscheinen. Heuristischen Wert können z. B. Interpretationen der Schwankungen als Ungleichgewichte im Rahmen einer dynamischen, gleichgewichtsorientierten Marktanalyse haben: So werden im Falle des sogenannten Spinngewebe-Modells (hierzu z. B. Stobbe, 1983/91, S. 181 ff.) zeitliche Schwankungen von Preisen und Mengen mit Hilfe zweier realer Phänomene zu erklären versucht: Reaktionsverzögerungen und Ungewißheit. Bei einer Störung des Marktgleichgewichts mit der Folge einer Preisänderung können unstetige Anpassungsprozesse ausgelöst werden, die noch nicht einmal zu einem neuen Gleichgewicht führen müssen. Solche Anpassungsprozesse sind möglich, wenn

- die Anpassung des Angebots an den Marktpreis sich verzögert (hier vor allem infolge langer Ausreifungszeiten);
- die Anbieter erwarten, daß die beobachtete Preisänderung auch in der Zukunft bestehenbleibt (ein sehr einfaches Konzept homogener Erwartungsbildung, das Lerneffekte ausschließt);

- die Anbieter aus ihren Erwartungen alle die gleichen Schlüsse ziehen, ohne davon zu wissen und ohne die Konsequenzen gleichgerichteten Handelns zu überblicken (unvollkommene Information über die Lage).

Die gleichgerichteten, verzögerten Reaktionen führen zu einem Gesamtangebot, das sich bei Betrachtung der damit ausgelösten Preisreaktionen auswirkt, als überschätzten die einzelnen Anbieter die Preiselastizität der Nachfrage.

Allerdings darf vor allem mit dem Blick auf mögliche wirtschaftspolitische Schlußfolgerungen ein Wissensproblem nicht übersehen werden: Der externe Beobachter, der das Marktgeschehen zu modellieren versucht, muß seinerseits dazu mehr Wissen (z. B. über den Verlauf und die Stabilität der kurz- und langfristigen Angebotsfunktionen, den Verlauf und die Veränderung der Nachfragefunktion) unterstellen, als er im konkreten Fall tatsächlich verläßlich erwerben kann.

4.2.2 Ungewißheit und ihre Bewältigung in Marktwirtschaften

Die skizzierten Stabilitätsprobleme auf Einzelmärkten sind in erster Linie geeignet, ökonomische Risiken zu illustrieren, die grundsätzlich mit jeglichem ökonomischem Handeln aufgrund des konstitutionellen Wissensmangels verbunden sind. Ungewißheit erfordert Entscheidungen auf der Basis von Erwartungen anstatt von überprüfbaren Informationen. Erwartungen werden, wo immer möglich, auf Wissen über die Vergangenheit gestützt. Solches Wissen läßt sich zu mehr oder weniger reflektierten Versuchen nutzen, ökonomische oder sonstige für eine Entscheidung als relevant angesehene Ursache-Wirkungs-Zusammenhänge aufzudecken und in die Zukunft zu extrapolieren. So genutzte Erfahrung erlaubt jedoch nicht, Unsicherheit durch Gewißheit zu ersetzen.

Zur Verarbeitung von Ungewißheit bzw. der daraus erwachsenden Risiken sind in marktwirtschaftlichen Systemen Methoden entwickelt worden, die sich in Anlehnung an Frank H. Knight (1921, S. 238 ff.) in den Kategorien Konsolidierung, Spezialisierung und Diffusion zusammenfassen lassen (vgl. auch Blümle, 1980, S. 260 ff.):

- Konsolidierung kann bewirken, daß sich die Ungewißheit insgesamt verringert. Ein Beispiel hierfür ist die Versicherung. Gleichartige Risiken werden zusammengefaßt und dadurch mit Hilfe statistischer Wahrscheinlichkeiten verarbeitbar. Ebenso lassen sich ungewisse Erträge aus einzelnen Aktiva durch Investmentfonds konsolidieren; ähnliches geschieht bei Anwendung individueller Portfoliostrategien. Schließlich stellt die Lagerhaltung einen zeitlichen Konsolidierungsversuch von Preis- bzw. Versorgungsrisiken dar.
- Spezialisierung i. S. v. ertragsorientierter Verarbeitung von Ungewißheit liegt z. B. im Falle des professionellen Börsenspekulanten vor. Für ihn sind der Erwerb und die Verarbeitung besonderer Marktkenntnisse, die einen Informationsvorsprung gegenüber anderen Marktteilnehmern versprechen, eine wesentliche Erfolgsvoraussetzung. Die eingegangenen Risiken kann er durch Anlage eines Portfolios zu konsolidieren suchen. Von Bedeutung für das Marktgeschehen ist, daß die von ihm erworbenen Informationen durch seine Transaktionen in das Marktgeschehen einfließen und damit zur Verbesserung der Informationsqualität der Preise beitragen können.

- Diffusion beinhaltet den Versuch, die Folgen der Ungewißheit auf mehrere oder viele Risikoträger zu verteilen. So dienen Kapital-, aber auch Personengesellschaften nicht nur der Zusammenlegung begrenzter Ressourcen, sondern auch der Diffusion von Risiken aus der Verfügung über die zusammengelegten Handlungsrechte; die Diffusion läßt sich mit Hilfe von Haftungsbeschränkungen auch über die Gesellschafter hinaus ausdehnen.

An den Beispielen sollte ebenfalls erkennbar werden, daß die genannten Methoden zur Verarbeitung von Ungewißheit ihrerseits bestimmte institutionelle Formen wie Versicherungsverträge, Gesellschaftsformen und Haftungsregeln voraussetzen. Ferner sind besondere Märkte zur Ungewißheitsverarbeitung entwickelt worden wie z. B. Options-, Termin- und Terminkontraktmärkte. Auf ihnen werden Preisrisiken zwar handelbar, aber nicht beseitigt. Zu den Waren, auf die der Handel auf solchen Märkten Bezug nimmt, gehören übrigens auch die im vorangegangenen Abschnitt angesprochenen landwirtschaftlichen und mineralischen Primärgüter. Allerdings ist die Zahl dieser Märkte, verglichen mit der Zahl der insgesamt in einer Volkswirtschaft gehandelten Güter, verschwindend gering. Ferner erstrecken sich die hinreichend intensiv gehandelten Termine gerade wegen der Ungewißheit nicht sehr weit in die Zukunft; dennoch vermögen solche Märkte bedeutsame einzel- und volkswirtschaftliche Funktionen bei der Bewältigung von Ungewißheit zu erfüllen (zu Terminkontraktmärkten vgl. STREIT und GRAW, 1989).

Für reale ökonomische Prozesse ergibt sich aus dem bisher Dargelegten ein zweifacher Unterschied zum gleichgewichtsorientierten Ansatz, mit dem die Ungewißheit analytisch zugänglich gemacht werden soll (ARROW, 1970, S. 44 f.; DEBREU, 1959/87, S. 98 f.): Es gibt nicht für alle Güter und alle Bezugs- und Lieferdaten Märkte, auf denen sich markträumende Gegenwartspreise bilden können. Ebensowenig ist Ungewißheit durch verläßliche Eintrittswahrscheinlichkeiten von ansonsten bekannten Ereignissen hinreichend analytisch erfaßbar (sogenannte parametrische Ungewißheit). Aufgrund des konstitutionellen Wissensmangels und der evolutorischen Bedingungen müssen die als möglich bekannten Ereignisse als unvollständig angesehen werden. Das bedeutet aber, daß Wahrscheinlichkeiten nur durch eine künstliche Schließung des Ereignisraums und damit durch eine Abstraktion gebildet werden können, deren Angemessenheit in jedem konkreten Fall überprüft zu werden verlangt.

Gerade wegen der echten (nichtparametrischen oder strukturellen) Ungewißheit entsteht aber für unternehmerisch Handelnde eine Ertragschance und mit ihr ein Anreiz zu Anpassungs- und Entwicklungsleistungen. Demgegenüber wird in der gleichgewichtsorientierten Theorie der Firma auch in einer ARROW-DEBREU-Welt der „Ungewißheit" im Grunde lediglich ein Computer benötigt (MORGENSTERN, 1972, S. 1184), nicht jedoch ein findiger und schon gar nicht ein schöpferischer Unternehmer SCHUMPETERscher Prägung (hierzu z. B. STREISSLER, 1980, S. 42 ff.).

Eine bedeutsame Form der Anpassung an Ungewißheit stellt schließlich das Einhalten von informellen Verhaltensregeln in bestimmten, als typisch im Unterschied zu identisch erfahrenen Situationen dar (zum Grundsätzlichen z. B. HAYEK, 1967 a; ferner O'DRISCOLL und RIZZO, 1985/96, S. 119 f.). Faustregeln, z. B. bei der Aufschlagskalkulation, Handelsbräuche und ritualisierte Handlungen stellen solche Formen der Anpassung an Ungewißheit dar. Derartige in einem Prozeß des Probierens und Korrigierens entstandene Verhaltensregeln müssen von denjenigen, die sie einhalten, noch nicht einmal in ihrer Problemlösungsqualität - Anpassung an Ungewißheit - erkannt werden. Aber auch in den Fällen, in denen sie reflektiert befolgt werden, ist dies nicht die Folge eines vorangegangenen Optimierungskalküls; denn dieses würde bei dem so Handelnden so viel Wissen voraussetzen, daß er auf die Orientierung an einer Verhaltensregel - von identischen Entscheidungssituationen abgesehen - zu seinem Vorteil verzichten könnte.

4.3 Gesamtwirtschaftliche Stabilitätsprobleme

Was für die übrigen in diesem Kapitel vorgestellten Phänomene gilt, die zusammen mit allgemeinen Zielsetzungen zur Begründung wirtschaftspolitischen Handlungsbedarfs in gelenkten Marktwirtschaften führen, gilt eher noch verstärkt für gesamtwirtschaftliche Stabilitätsprobleme: Die hier gemachten Ausführungen können kein Ersatz für ein sorgfältiges und kritisches Studium der in diesem Fall relevanten Konjunkturtheorie und -politik sowie der Makroökonomik sein. Hier wie in allen übrigen Teilen des Kapitels geht es nur um die systematische Einordnung eines möglichen Politikbereichs und eine auf grundsätzliche Fragen begrenzte Beurteilung des relevanten Lenkungswissens.

4.3.1 Phänomene

Die zu betrachtenden Phänomene werden seit der Industrialisierung beobachtet und als periodische Krisen (z. B. Marx, Juglar, Aftalion), wirtschaftliche Wechsellagen (z. B. Spiethoff), industrielle Fluktuationen (z. B. Pigou), Geschäfts- oder Handelszyklen (z. B. Mitchell bzw. Harrod) sowie Konjunkturzyklen (z. B. Schumpeter) bezeichnet. Gemeint sind damit relativ regelmäßig registrierbare Schwankungen in einer Reihe güter- und geldwirtschaftlicher statistischer Aggregate. Was für die gesamtwirtschaftliche Ebene gilt, gilt auch für eine Vielzahl von Wirtschaftszweigen. In den entsprechenden statistischen Indikatoren sind ähnliche, wenn auch nicht gleich starke Schwankungen zu finden. Sie sind auch nicht notwendig synchron, sondern teilweise zeitlich versetzt, ohne daß daraus eine starre zeitliche Struktur ableitbar wäre.

Diese statistischen Beobachtungen regten schon früh dazu an, nach einem Grundmuster für die Schwankungen zu suchen. Bezogen auf die Erfahrungen in der Bundesrepublik Deutschland bis Anfang der achtziger Jahre läßt sich der Konjunkturverlauf in vier Phasen mit unterschiedlichen gesamtwirtschaftlichen Merkmalen bei einer durchschnittlichen Gesamtlänge von vier bis fünf Jahren zerlegen: Der Aufschwung war gekennzeichnet durch ein relativ kräftiges Wachstum, insbesondere der Industrieproduktion, bei vor allem zu Beginn starkem Anstieg der Arbeitsproduktivität und relativ geringen Preissteigerungen oder gar Preisniveaustabilität sowie Lohnsteigerungen, die hinter den Produktivitätssteigerungen eher zurückbleiben (Lohnlag). Anzeichen für eine einsetzende Hochkonjunktur war ein verlangsamter Produktions- und Produktivitätsanstieg, ein Rückgang der Zahl der gemeldeten Arbeitslosen bei gleichzeitigem

Anstieg der Zahl der gemeldeten offenen Stellen. Im Abschwung verlangsamten sich Produktions- und Produktivitätsanstieg weiter, die Entwicklungsrichtung der Zahl der Arbeitslosen und der offenen Stellen begann sich wieder umzukehren, während der Preisanstieg häufig noch ungebrochen anhielt. In der Rezession ging die Auslastung der Produktionskapazitäten auf breiter Front zurück, die Gesamtproduktion stagnierte oder schrumpfte. Dementsprechend stieg die Zahl der Arbeitslosen, während sich der Preisniveauanstieg in dieser Konjunkturphase verlangsamte oder gar zum Stillstand kam. Mit den Schwankungen binnenwirtschaftlicher Indikatoren gingen solche im Außenhandel und im internationalen Kapitalverkehr einher. Seit Mitte der siebziger Jahre verlor dieses Grundmuster sowohl hinsichtlich der Amplituden als auch der Phasenlängen an Ausgeprägtheit.

Ähnliches ließ sich während der vergangenen drei Jahrzehnte auch in anderen marktwirtschaftlich orientierten Industrieländern beobachten. Im Vergleich zur Periode zwischen den beiden Weltkriegen waren die Ausschläge in den verschiedenen Indikatoren ökonomischer Aktivität geringer. Das gilt jedoch allem Anschein nach nicht im Vergleich zu den 5 Jahrzehnten vor dem Ersten Weltkrieg, also für eine Periode, in der keine aktive Konjunkturpolitik betrieben wurde (vgl. hierzu BORCHARDT, 1976).

Das wirtschaftspolitische Interesse an den Konjunkturschwankungen ergibt sich aus der Beurteilung der als charakteristisch geltenden Symptome: Schwankungen im Beschäftigungsgrad, die mittelfristig inflatorische Tendenz, die sich aus der geringeren Flexibilität der Preise nach unten ergibt, sowie außenwirtschaftliche Probleme einschließlich der Folgen des internationalen Konjunkturzusammenhangs gelten als Fehlentwicklungen. Sie haben dazu geführt, daß nach dem Zweiten Weltkrieg alle marktwirtschaftlich orientierten, entwickelten Länder einen hohen Beschäftigungsstand, Preisniveaustabilität, außenwirtschaftliches Gleichgewicht und eine Verstetigung des Wirtschaftswachstums in ihren ablaufpolitischen Zielkatalog aufgenommen haben. Das geschah auch unter dem Eindruck der großen Depression in der Zwischenkriegszeit.

4.3.2 Mögliche Erklärungen

4.3.2.1 Konjunkturtheoretische Ansätze

Am Beginn jeder Konjunkturtheorie muß angesichts des schillernden und wandelbaren statistischen Erscheinungsbildes eine Grundvermutung stehen, die Paul A. SAMUELSON und William D. NORDHAUS (1987, Bd. I, S. 313) wie folgt formulieren: „Keine zwei Konjunkturzyklen gleichen einander vollkommen. Dennoch haben sie vieles gemein. Sie lassen sich zwar nicht mit eineiigen Zwillingen vergleichen, aber man sieht, daß sie zur selben Familie gehören." Das im vorangegangenen Abschnitt skizzierte Grundmuster wird also nicht als optische Illusion, als Ergebnis statistischen Zufalls angesehen, wie das z. B. SLUTZKY (1927/1937) oder MCCULLOCH (1975) vermuten. Vielmehr gilt es als ein systematischer und damit (ökonomisch) zu erklärender Prozeß.

Von einer anspruchsvollen Konjunkturtheorie wäre zu fordern, daß sie eine zusammenhängende Erklärung der Bewegung durch alle Konjunkturphasen hindurch beinhaltet. Vor allem müßten die Wendepunkte (von der Hochkonjunktur zum Abschwung sowie von der Rezession zum Aufschwung) in die Erklärung einbezogen sein. Theoretisch wie wirtschaftspolitisch ist bei den Erklärungsansätzen bedeutsam,

- ob Konjunkturschwankungen als Ausdruck der Reaktion des Wirtschaftssystems auf Störungen oder Schocks angesehen werden („exogene" Verursachung) oder
- ob Konjunkturschwankungen als Ausdruck von Bewegungsgesetzen marktwirtschaftlicher Systeme gelten („endogene" Verursachung).

Die erste Möglichkeit läßt sich mit Hilfe der mechanischen Analogie zum Schaukelstuhl verständlich machen. Ähnlich wie ein Schaukelstuhl müßte das Wirtschaftssystem in diesem Fall Bau- oder Strukturelemente enthalten, die bewirkten, daß auch unregelmäßige Anstöße von außen (exogene Ursachen) in relativ regelmäßige Schwingungen umgesetzt werden. Blieben die Anstöße aus, würden die Schwingungen – wie bei einem Schaukelstuhl – abnehmen und in eine relativ stetige Entwicklung münden. Mit dem Blick auf die modernere Diskussion kämen als Impulsgeber insbesondere politische Anstöße (geld- und fiskalpolitischer Art) in Betracht.

Die zweite Möglichkeit setzt voraus, daß das Wirtschaftssystem eine dauerhafte Grundstruktur hat, die zu sich selbst generierenden Zyklen führt. Als Elemente dieser Grundstruktur kämen z. B. gruppenspezifische Verhaltensweisen, charakteristische Formen der Erwartungsbildung sowie technisch und organisatorisch bedingte Reaktionsverzögerungen in Betracht. Durch ihr Zusammenwirken könnten sie zu regelmäßigen Schwingungen in volkswirtschaftlichen Aggregaten wie dem Sozialprodukt führen. Die statistisch beobachtbaren Unregelmäßigkeiten wären dann als Folgen von Überlagerungen des zyklischen Grundmusters durch exogene Störungen deutbar.

Schon in seiner umfassenden Studie der konjunkturtheoretischen Ansätze, die bis in die dreißiger Jahre des vergangenen Jahrhunderts vorlagen, kommt Gottfried HABERLER (1937, S. 17, 21) zu dem Ergebnis, daß ernsthafte Erklärungsversuche weder monokausal noch ausschließlich „exogen" oder „endogen" sind. Daran dürfte sich bis heute wenig geändert haben.

Ferner existiert auch heute noch keine allgemein anerkannte Konjunkturtheorie. In den gegenwärtigen Interpretationen des Konjunkturzyklus finden sich im Grunde alle die Erklärungselemente wieder, die HABERLER (1937, Kap. 2–6) bereits identifizierte:

- Konstellationen von Zinssätzen sowie Kreditvergabemöglichkeiten des Bankensystems, durch die Schwankungen der Investitions- und Konsumnachfrage ausgelöst und getragen werden können (monetäre Konjunkturtheorien);
- Disproportionalitäten zwischen der Kapazität der Investitionsgüterindustrien und dem Investitionsbedarf der Konsumgüterindustrie (bedingt z. B. durch Akzeleratorwirkungen), deren Entstehen monetäre oder güterwirtschaftliche Ursachen (z. B. Innovationen, neue Märkte) haben kann (Überinvestitionstheorien);
- Verschiebungen in der funktionalen Einkommensverteilung als Folge einer verzögerten Reaktion der Löhne auf Produktivitätsveränderungen (Lohnlag), von der Schwankungen in der Akkumulation bzw. der Absorption verursacht werden (Unterkonsumtionstheorien);
- Fehleinschätzungen zukünftiger Angebots- und Nachfragesituationen, die bei Unteilbarkeiten und zunehmender Dauerhaftigkeit von Kapitalgütern besonders ins

Gewicht fallen, da mit ihnen Substitutions- oder Anpassungshemmnisse entstehen (Kosten-, Struktur- und Verschuldungstheorien);
- Psychologische Einstellungen zu zukünftigen Entwicklungen als Elemente der Erwartungsbildung, wobei es durch gegenseitige Beeinflussung der Wirtschaftssubjekte zu Wellen des Optimismus und Pessimismus mit ökonomischen Folgen kommen kann (psychologische Theorien).

Die jüngeren Konjunkturtheorien sind in erster Linie durch die keynesianische Makroökonomik geprägt und dürften bis heute in der Tradition von SAMUELSON (1939) und vor allem HICKS (1950) stehen (davon abweichende neuere Entwicklungen erläutern z. B. GABISCH und LORENZ, 1987, Kap. 6). Nach dieser Tradition bilden Reaktionsverzögerungen und die durch die Ungewißheit erforderliche Erwartungsbildung mikroökonomisch gesehen die Hauptansatzpunkte zur Erzeugung zyklischer Grundmuster. In dem Elementarmodell von SAMUELSON und HICKS werden Schwankungen des Volkseinkommens dadurch möglich,

- daß die Entscheidungen eines repräsentativen Verbrauchers auf der Basis des in der Vorperiode erzielten Einkommens getroffen werden (der ROBERTSON-Lag als einfachste Form einer Reaktionsverzögerung);
- daß die Entscheidungen eines repräsentativen Investors sich an der Veränderung des Volkseinkommens als Nachfrageindikator orientieren, die in der Vorperiode im Vergleich zu der ihr vorangegangenen Periode beobachtet wurde (ein relativ einfaches Modell der Bildung adaptiver Erwartungen).

Die Modellierung von Verzögerungen bei einer Reihe von Variablen ist ökonomisch durchaus begründbar, aber auch mathematisch notwendig, wenn das System zyklische Eigenschaften haben soll. Als nicht unbedingt beabsichtigte weitere Folge kann sich ergeben, daß mit solchen Modellen neben der Gleichgewichtsorientierung eher eine endogene Verursachung des Konjunkturzyklus betont wird.

4.3.2.2 Stabilisierungstheoretische Verengung

Für die Zeit nach dem Zweiten Weltkrieg dürfte jedoch bemerkenswert sein, daß sowohl die Aufmerksamkeit in der makroökonomischen Theorie als auch in der Wirtschaftspolitik nicht vornehmlich einem Konjunkturzyklus galt. Vielmehr rückte die Frage in den Vordergrund, ob der private, marktmäßig koordinierte Teil der Volkswirtschaft als stabil oder instabil gelten müsse. Dies geschah vor allem,

- weil sich die Schwankungen in der ökonomischen Aktivität mit wenigen bzw. geringfügigen Ausnahmen und im Unterschied zum Konjunkturzyklus der Zeit vor dem zweiten Weltkrieg im Bereich positiver Wachstumsraten (z. B. des realen Sozialprodukts, der Industrieproduktion, der Anlageinvestitionen usw.) bewegten. Infolgedessen wurden sie als Symptome eines „Wachstumszyklus" gedeutet. Abweichungen von einem Wachstumspfad bei Vollbeschäftigung schienen die früheren Wechsellagen von Prosperität und Depression abgelöst zu haben. Sie galten häufig sogar als Beleg für den Erfolg einer staatlichen Steuerung der Gesamtnachfrage;
- weil die Interpretation dieser Erfahrungen überwiegend von einem theoretischen Vorverständnis geprägt war, bei dem eine möglichst vollständige Konjunkturerklärung überhaupt nicht im Vordergrund stand. Die Analyse von KEYNES (1936/

2002) und erst recht (wegen der komparativen Statik) die durch Hicks (1937) geprägte Synthese von Keynes und der Klassik liefern eine Erklärung für eine inhärente Instabilität des marktmäßig koordinierten Teils einer Volkswirtschaft. Immer noch unter dem Eindruck der großen Depression wird lediglich zu begründen versucht, warum länger anhaltende und aus sich heraus nicht umkehrbare Abweichungen von einem Gleichgewicht bei Unterbeschäftigung auftreten können. Ihnen kann jedoch vor allem mit Mitteln fiskalischer Steuerung der Gesamtnachfrage entgegengewirkt werden.

John M. Keynes (1936/2002, Kap. 22) sah das Verhalten der privaten Investoren und Koordinationsschwierigkeiten als Ursachen einer inhärenten Instabilität des marktwirtschaftlichen Systems an. Sein Problem war die „unkontrollierbare und unfügsame Psychologie der Geschäftswelt" (ebenda, S. 317), die die Grenzleistungsfähigkeit des Kapitals und damit die Investitionsnachfrage schwanken ließ. Solche Schwankungen wären aus makroökonomischer Sicht nur beschäftigungsneutral, wenn die Gesamtnachfrage davon unberührt bliebe. Das erforderte jedoch kompensatorische Anpassungen der Konsumnachfrage. Keynes' Vermutung war nun, daß vor allem die Kreditmärkte und der Zinsmechanismus nicht gut genug funktionieren, um eine Depressionsspirale zu verhindern. Sie käme in Gang, weil ein Rückgang der Investitionsnachfrage nicht verhindert würde, der zu Beschäftigungseinbußen führt, deren Einkommenswirkungen die gesamtwirtschaftliche Nachfragelücke vergrößern. Damit würden aber pessimistische Erwartungen der Investoren bestätigt und ein „Kollaps der Grenzleistungsfähigkeit des Kapitals" (ebenda, S. 313) begünstigt.

Die deflatorische Lücke ist also bei Keynes in erster Linie die Folge von erwartungsbedingten Schwankungen der Investitionsnachfrage, die wegen Koordinationsproblemen des Marktsystems nicht schnell genug abgefangen werden können. Die wirtschaftspolitische Konsequenz, die weniger deutlich von Keynes selbst als aus der nachgelieferten keynesianischen Makroökonomik abgeleitet wurde, bestand darin, daß durch staatliche Ausgaben direkt auf eine Schließung der Lücke hingewirkt werden müsse. Demgegenüber wurde die Bedeutung von geldpolitischen Maßnahmen relativ gering eingeschätzt, gerade weil sie erst indirekt durch den weniger leistungsfähigen Zinsmechanismus und die Kreditmärkte wirksam würden. Von den fiskalischen Maßnahmen wurde angenommen, daß sich durch sie weder die Funktionsfähigkeit der marktmäßigen Koordination noch die Verhaltensweisen der privaten Wirtschaftssubjekte verändern würden.

Die hier skizzierten Vorstellungen sind inzwischen in mehrfacher Hinsicht kritisiert und auch plausibel modifiziert worden, ohne daß sich damit aber eine verläßliche Erklärung dessen eingestellt hätte, was als Konjunkturgeschehen gilt. Die erste bedeutsame Herausforderung der keynesianischen Doktrin erfolgte durch Milton Friedman (z.B. 1967 und mit A. J. Schwartz, 1963). Sie richtete sich sowohl gegen die Instabilitätsthese als auch gegen die vermutete Hauptursache von beobachtbaren Schwankungen in gesamtwirtschaftlichen Aggregaten. Wie bei Keynes lieferte die große Depression den spezifischen wirtschaftshistorischen Ausgangspunkt. Nur wird sie völlig anders erklärt. Für Friedman erwies sich nicht die Geldpolitik als unwirksam bei der Bekämpfung der Depression. Vielmehr wurden für ihn Geldmengenveränderungen als Folge verschiedener staatlicher Maßnahmen zur Hauptursache dieser, aber auch früherer größerer Krisen der amerikanischen Volkswirtschaft (z. B. FRIEDMAN und SCHWARTZ, 1963, S. 217 ff.). Für ihn ist das marktwirtschaftliche System grundsätzlich stabil. Zyklische Schwankungen werden in erster Linie durch wirtschaftspolitische, insbesondere geldpolitische Fehlsteuerungen hervorgerufen. Hinsichtlich des Beschäftigungsniveaus vermutet er, daß es zu jedem Zeitpunkt ein Niveau gibt, das mit einer gleichgewichtigen Reallohnstruktur vereinbar ist. Die dann verbleibende „natürliche" Arbeitslosigkeit spiegelt „die jeweiligen strukturellen Eigenschaften der Arbeits- und Gütermärkte, einschließlich Marktunvollkommenheiten, stochastischer Veränderungen in Angebot und Nachfrage, der Kosten der Beschaffung von Informationen über offene Stellen sowie über die Verfügbarkeit von Arbeitskräften, der Kosten der Mobilität usw." wider (FRIEDMAN, 1967, S. 102). Die tatsächliche Arbeitslosigkeit kann nur vorübergehend von der „natürlichen" abweichen.

Wichtig ist für die weiteren Überlegungen, daß auch FRIEDMAN Grenzen marktmäßiger Koordination sieht. Im Grunde enthält seine Erläuterung der „natürlichen" Arbeitslosigkeit Beispiele für die im dritten Kapitel bereits vorgestellten Substitutions- und Transaktionskosten sowie Elemente der Ungewißheit, die bewirken, daß reale marktwirtschaftliche Systeme in ihrem Selbststeuerungsvermögen hinter dem Nirwana der vollkommenen Konkurrenz zurückbleiben müssen. Hieraus ergibt sich jedoch für FRIEDMAN im Unterschied zu KEYNES keine grundsätzliche Instabilität. Vielmehr reagiert das System auf Störungen mit der Rückkehr zu einem Gleichgewicht, das - anders als in der keynesianischen Tradition - mikroökonomisch (i. S. v. WALRAS) gedacht wird.

Aus der weiteren, teilweise auch weltanschaulich (ideologisch) geführten Diskussion zwischen den beiden Stabilitätsauffassungen (hierzu z. B. TICHY, 1982, S. 218 ff.) sind wirtschaftspolitisch vor allem noch drei Ergebnisse von besonderer Bedeutung:

- Nicht zuletzt als Folge der empirischen Bemühungen von FRIEDMAN wurde die Möglichkeit wirtschaftspolitischer Fehlsteuerung als Folge verschiedener Verzögerungen nicht nur im Hinblick auf die Geldpolitik intensiver untersucht.
- Die keynesianische Vermutung, die Verhaltensweisen der privaten Wirtschaftssubjekte blieben durch die konjunkturpolitischen Aktivitäten unbeeinflußt, wurde im Verlauf der Diskussion um die sogenannten rationalen Erwartungen (LUCAS, 1976) relativiert.
- Auch die Annahme, die Funktionsweise des marktwirtschaftlichen Systems bliebe durch Konjunkturpolitik unbeeinflußt, wurde revidiert, nicht zuletzt aufgrund der Beobachtung, daß die „keynesianische Botschaft" (SCHILLER, 1965) im politischen Prozeß ein permanentes Haushaltsdefizit begünstigte.

Auf diese Ergebnisse wird vor allem in späteren Kapiteln (12-15) noch näher eingegangen. Das gilt auch für einen Typ von Konjunkturerklärungen, bei dem wirtschaftspolitische Strategien selbst als Ursache für Schwankungen in makroökonomischen Aggregaten vermutet werden. Die wohl am häufigsten vertretene Vorstellung rückt in der Tradition von DOWNS (1957a/86) ein zyklisches Ausgabeverhalten des Staates als Ausdruck einer wahlorientierten Budgetpolitik (Wahlzyklus) in den Vordergrund (vgl. Kap. 15).

4.3.2.3 Konjunkturschwankungen als Syndrom marktwirtschaftlicher Selbststeuerung

Eine überzeugende, empirisch bewährte Erklärung dessen, was als Konjunkturgeschehen gilt, gibt es nicht; darüber herrscht relativ große Übereinstimmung. Statt dessen gibt es eine Vielzahl mehr oder weniger plausibler Erklärungselemente, deren Stellenwert nicht zweifelsfrei bestimmbar ist.

Soweit Konjunkturen makroökonomisch modelliert und als Abweichungen von einem gesamtwirtschaftlichen Gleichgewicht interpretiert werden, gelten die bereits gemachten grundsätzlichen, methodischen Einwände. Wie dargelegt, können die kreislauftheoretischen Grenzen der makroökonomischen Analyse nicht ohne äußerst fragwürdige Annahmen (inadäquate Abstraktionen) in kausalanalytischer Absicht überschritten werden. Eine aus diesem Grunde naheliegende Beschränkung auf kreislauftheoretische Überlegungen kann dennoch wertvolle ökonomische Einsichten liefern, wie z. B. KINDLEBERGERS (1973) Analyse der großen Depression im weltwirtschaftlichen Kontext eindrucksvoll belegt. Allerdings ist auf dieser Grundlage überhaupt keine Konjunkturtheorie entwickelbar. Dennoch wird wirtschaftspolitisch häufig so argumentiert, als ob es einen Konjunkturzyklus gäbe und konjunkturpolitisch geboten sei.

Soweit Konjunkturerklärungen auf ein gesamtwirtschaftliches Mikrogleichgewicht Bezug nehmen, gelten ebenfalls die bereits gemachten Einwände. Zwar wird in ihrem Fall das Aggregationsproblem vermieden. Jedoch bleibt der stationäre Charakter des Konzepts. Das evolutorische Element in der wirtschaftlichen Entwicklung muß notwendig zu kurz kommen. Damit ist zugleich die Frage nach der Beziehung zwischen dem Konjunkturphänomen und der wirtschaftlichen Entwicklung (Wachstum und Strukturwandel) aufgeworfen. Auch auf sie gibt es bislang keine befriedigenden Antworten.

Angesichts all dieser Wissenslücken und methodischen Einschränkungen sowie aufgrund des hier vertretenen Verständnisses von Vorgängen marktwirtschaftlicher Selbststeuerung liegt es nahe, an Überlegungen von LEIJOHNHUFVUD (1973, S. 104 ff.) anzuknüpfen. Zunächst gibt es eine Reihe von Gründen für die Vermutung, daß marktwirtschaftliche Systeme grundsätzlich in der Lage sind, auf von außen hereingetragene Störungen, aber auch selbsterzeugte Veränderungen mit einer Koordinationsleistung zu reagieren, die auf eine hinreichend schnelle Räumung der Märkte hinwirkt. Die Koordinations- und Anpassungsleistung dürfte nach dem bisher Dargelegten wesentlich von dem Substitutions- und Transaktionskostenpegel sowie (damit teilweise verknüpft) von der Intensität und Verbreitung von Wettbewerb abhängen. Ferner dürften die Erfahrungen, die die Wirtschaftssubjekte mit der Anpassung an Veränderungen in ihrer ökonomischen Umwelt machen konnten, eine bedeutsame Rolle spielen. Dies gilt sowohl für ihre Erwartungsbildung als auch für die Entwicklung von Verhaltensweisen und Verfahren zur Bewältigung von Ungewißheit einschließlich der Entwicklung interner Institutionen.

In Anlehnung an LEIJOHNHUFVUD (1973) läßt sich vermuten, daß marktwirtschaftliche Systeme eine (begrenzte) Kapazität zu stabiler Selbststeuerung haben. Diese Fähigkeit, Schocks bzw. Veränderungen zu verarbeiten, ist sowohl durch die Wirtschaftssubjekte und ihre Organisationen als auch durch die Wirtschaftspolitik (z B. mit internen bzw.

externen Institutionen) beeinflußbar. Innerhalb dieser Kapazitätsgrenzen kann davon ausgegangen werden, daß die stabilisierenden Wirkungen (in Form negativer Rückkopplungen) mit der Größe von Schocks bzw. Veränderungen und den von ihnen z. B. ausgelösten Preissignalen sogar zunehmen; eine Erklärung hierfür besteht z. B. in der mit der Größe von Preisveränderungen abnehmenden Bedeutung von Substitutionskosten.

Allerdings können solche Konstellationen nicht grundsätzlich ausgeschlossen werden, in denen Störungen und Veränderungen die Kapazität zu stabiler Selbststeuerung überfordern und eine Abwärtsspirale in die Depression auslösen. Die Weltwirtschaftskrise stellt sich aus dieser Perspektive als eine Konstellation dar,

- in der die Erfahrung mit nach Art und Umfang ungewohnten wirtschaftspolitischen Fehlentscheidungen gemacht werden mußte (z. B. in der Wechselkurspolitik, bei der Behandlung des Reparations- und des Kriegsschuldenproblems mit deflatorischen Geldmengenwirkungen) und
- in der zugleich die Kapazität zu stabiler Selbststeuerung wirtschaftspolitisch stark eingeschränkt wurde (z. B. durch Begünstigung, zumindest jedoch Duldung einer Kartellierung der Wirtschaft, zunehmenden Bilateralismus im Außenhandel und eskalierenden Protektion).

Es war eine Konstellation, die depressiv wirkende Prozesse psychologischer Ansteckung begünstigte. Ferner führte sie mit zunehmender Dauer der Arbeitslosigkeit zur Aufzehrung von Liquiditäts- und damit Kaufkraftreserven. Dem so ausgelösten makroökonomischen Kreislaufkollaps dürfte aufgrund der eingeschränkten Kapazität zu stabiler Selbststeuerung am ehesten mit keynesianischen (fiskalischen) Rezepturen zu begegnen gewesen sein.

Wie ist im Unterschied dazu das zu interpretieren, was i. d. R. als Konjunkturgeschehen gilt? Die beobachtbaren Schwankungen in den makroökonomischen Aggregaten dürften die extreme Komplexität der marktwirtschaftlichen Selbststeuerungsvorgänge widerspiegeln. Als eines der Verdienste konjunkturtheoretischer Bemühungen kann gelten, daß eine beträchtliche Zahl einzelner Vorgänge analysiert und teilweise miteinander verknüpft wurde. Jedoch ist daraus keine geschlossene und empirisch überzeugende Erklärung geworden. Das Konjunkturgeschehen bleibt – so gesehen – ein Syndrom, eine analytisch in ihrer Gesamtheit unzugängliche Vielfalt von Symptomen marktwirtschaftlicher Selbststeuerung, einschließlich der Reaktionen der Einzelwirtschaften auf staatliche Aktivitäten.

4.4 Stabilisierungspolitik

Bereits bei der Darlegung der Stabilitätsprobleme auf Einzelmärkten bzw. der Gesamtwirtschaft wurden Gründe für einen möglichen wirtschaftspolitischen Handlungsbedarf dargelegt. Im ersten Fall sind es die besonderen Erlös- bzw. die Kostenrisiken der Marktteilnehmer; wie bereits erwähnt, werden diese Instabilitäten vor allem weltwirtschaftlich im Hinblick auf Probleme der Entwicklungsländer und binnenwirtschaftlich im Rahmen der Agrarpolitik diskutiert. Im Falle der gesamtwirtschaftlichen Stabilisierung sind es in erster Linie Schwankungen im Beschäftigungsgrad und Veränderungen des Preisniveaus sowie deren außenwirtschaftliche Folgen, die als wirtschaftspolitisch relevante Symptome dessen angesehen werden, was als Konjunkturzyklus gilt.

Wie in anderen Fällen der Befriedigung wirtschaftspolitischen Handlungsbedarfs können auch in der Stabilisierungspolitik zwei Grundstrategien (z.B. GIERSCH, 1961/90, S. 309) unterschieden werden:

- eine Ursachentherapie, d. h. wirtschaftspolitisches Handeln, mit dem vermutete Ursachen von Instabilität verringert oder beseitigt werden sollen;
- eine Neutralisierungspolitik, d. h. wirtschaftspolitisches Handeln, mit dem Folgen der Instabilität für ökonomische Größen, die einen Bezug zu wirtschaftspolitischen Zielen haben, neutralisiert (kompensiert) werden sollen.

4.4.1 Stabilisierung auf Einzelmärkten

Eine Ursachentherapie dürfte bei den in diesem Kapitel bereits skizzierten Instabilitäten auf Einzelmärkten schwerfallen, obgleich wesentliche Ursachen bekannt sind. Die dort erwähnte geringe Angebotselastizität bei vielen agrarischen und mineralischen Rohstoffen hat vermutlich wenig beeinflußbare natürliche und technische Gründe. Das gilt ferner für die Ausreifungszeiten, die entsprechende Planungen unumgänglich machen. Auch die Ungewißheit kann nicht beseitigt werden. Sie kann jedoch - wie ebenfalls bereits dargelegt - durchaus mit Hilfe von Privatinitiative, nicht zuletzt durch Bildung interner Institutionen, besser bewältigt werden. Auf der Nachfrageseite führt die Erklärung von Schwankungen mit Hilfe des Konjunkturphänomens nicht weit, weil das Phänomen selbst als unerklärt gelten muß.

Wirtschaftspolitisch wird immer wieder eine spezifische Neutralisierungspolitik diskutiert und in einer Reihe von Fällen auch praktiziert. Sie besteht in der Organisation und dem Einsatz von staatlich kontrollierten Marktausgleichslägern (buffer stocks). Mit Hilfe solcher Läger soll ein Interventionsangebot bzw. eine Interventionsnachfrage ermöglicht werden. Als Ziel der Interventionen käme eine Verstetigung der Preisentwicklung, d. h. eine Verringerung der Preisschwankungen um den mittelfristigen Preistrend in Betracht. Zur Anwendung kam dieses Grundprinzip international z. B. bei Zinn, Kakao und Kautschuk; die Erfahrungen damit sind wenig überzeugend (z. B. DONGES, 1981, S. 76 ff.; GLISMANN u. a., 1986, S. 118 ff.).

Ökonomischer Hauptgrund für das Scheitern derartiger Versuche dürfte das Prognoseproblem sein. Hinreichend verläßliches Wissen über die mittelfristige Preisentwicklung ist durch das Management des Marktausgleichslagers ebensowenig dauerhaft erwerbbar wie von anderen Marktteilnehmern. Mit der Einrichtung eines marktwirksam einsetzbaren Ausgleichslagers findet daher lediglich eine Zentralisierung des Prognoseirrtums statt; die Chancen, daß vielseitige Irrtümer sich ausgleichen und deshalb auf ihnen fußende Markthandlungen insgesamt stabilisierend wirken, werden vermindert. Aber selbst bei erfolgreicher Stabilisierung können unerwünschte Wirkungen eintreten, wenn mit der Preisstabilisierung auch eine Erlösstabilisierung der Produzenten angestrebt werden soll, wie das häufig der Fall ist. Dieses Ziel wird immer dann gefährdet, wenn die Ursache eines abgefangenen Preisausschlags in erster Linie beim Angebot zu suchen ist; denn bei z. B. naturbedingten Angebotsschwankungen und relativ stabiler Nachfrage wird der sonst zu erwartenden gegenläufigen und deshalb automatisch erlösstabilisierenden Preisschwankung mit der mengenmäßigen Marktintervention entgegengewirkt.

Die Funktionsfähigkeit von Marktausgleichslägern wird ferner dadurch erschwert, daß es für andere Marktteilnehmer lohnend sein kann, die Stabilisierungsversuche zu antizipieren und in ihre Dispositionen einzubeziehen. Die Antizipation wird z. B. erleichtert, wenn die Interventionspreise Gegenstand internationaler Vereinbarungen sind; dann können sich u. a. relativ risikoarme Spekulationsmöglichkeiten ergeben, die denen entsprechen, die im System fester Wechselkurse immer wieder beobachtet wurden, wenn Paritätsänderungen relativ verläßlich zu erwarten waren. Von grundsätzlicher Bedeutung - auch für die gesamtwirtschaftliche Stabilisierung - ist daran, daß Stabilisierungspolitik selbst die Reaktion des zu stabilisierenden Systems ändern kann; denn die Wirtschaftseinheiten lernen aus den Interventionen und suchen sie als Teil ihrer zukünftigen Handlungsbedingungen zu antizipieren. Dazu kann auch eine Verringerung privater Lagerhaltung gehören, deren mögliche Stabilisierungswirkung dann zusätzlich vom Marktausgleichslager auszugehen hätte.

Schließlich sei auf einige Organisationsprobleme zumindest hingewiesen, die mit solchen Marktausgleichslägern vor allem dann verbunden sind, wenn sie - wie das aufgrund der Offenheit der Volkswirtschaften die Regel ist - international vereinbart werden müssen. Internationale Preisstabilisierungsabkommen dieser Art sind wirtschaftspolitische Kartelle. Wie private Kartelle sind sie sowohl von innen als auch von außen bedroht. Die Bedrohung von innen ergibt sich durch die Versuchung der Mitglieder, Sondervorteile zu erlangen (Schwarzfahrerverhalten); sie ist besonders groß, wenn das Kartell zugleich ein Mindestpreiskartell ist und sich durch Produktionsbeschränkungen abzusichern sucht. Eine Bedrohung von außen entsteht, wenn nicht alle Produzentenländer dem Abkommen beitreten bzw. neue Produzenten auftreten.

4.4.2 Gesamtwirtschaftliche Stabilisierung

Bei der Analyse des Konjunkturphänomens als Anlaß für gesamtwirtschaftliche Stabilisierungsversuche ergab sich,

- daß eine methodisch und empirisch überzeugende Erklärung des Phänomens bislang nicht gelungen und aufgrund der wechselnden Bedeutung vieler Teilerklärungen auch nicht wahrscheinlich ist;
- daß einiges für die Vermutung spricht, wonach das aus gesamtwirtschaftlichen Aggregaten ablesbare Konjunkturgeschehen nicht nur vielfältige Symptome marktwirtschaftlicher Selbststeuerung enthält, sondern auch die Verarbeitung von Veränderungen widerspiegelt, die durch die Aktivitäten des Staates bewirkt werden.

Ursachentherapie

Wenn diese Beurteilung des Konjunkturphänomens zuträfe, käme als Ursachentherapie vor allem zweierlei in Betracht:

- Verbesserung der Fähigkeit des marktwirtschaftlichen Systems zu stabiler Selbststeuerung; damit wären vor allem die bereits diskutierten Politikfelder angesprochen, die den Wettbewerb sowie den Substitutions- und Transaktionskostenpegel zum Gegenstand haben.
- Verringerung der Belastung der marktwirtschaftlichen Selbststeuerungsfähigkeit durch staatlich verursachte Schocks; hier käme es auf Vorhersehbarkeit und Stetigkeit wirtschaftspolitischer Aktivitäten an.

Ergänzend wäre noch zu erwägen, ob wirtschaftspolitische Instanzen versuchen sollten, durch Aufklärung über die Lage und die Zukunft den Informationsstand der privaten Wirtschaftssubjekte zu verbessern bzw. die Erwartungsbildung zu erleichtern. Für Informationen über staatliches Handeln gilt dies ohnehin im Interesse der Vorhersehbarkeit. Eine weiterreichende Informationspolitik - die, wie andere Instrumente, noch näher zu analysieren sein wird (Kap. 11) - könnte sinnvoll sein, (1) wenn wirtschaftspolitische Instanzen in der Lage sind, bessere Informationen als die privaten Wirtschaftssubjekte zu gewinnen und, (2) wenn es auf eine möglichst große Verbreitung von Informationen ankommt, es zweckmäßig erscheint, sie zu (gekorenen) Kollektivgütern zu machen.

Neutralisierungspolitik

Für eine Neutralisierungspolitik bestünde aufgrund der vorgenommenen Beurteilung des Konjunkturphänomens keine analytische Grundlage, wenn von dem Fall einer Depressionsspirale einmal abgesehen wird. Eine sogenannte Globalsteuerung käme also nicht in Betracht. Sie müßte - wie dargelegt - auf einer methodisch und empirisch sehr zweifelhaften makroökonomischen Theorie beruhen. Nur dann wäre es möglich, die Ursache des Konjunkturgeschehens überwiegend den Schwankungen aggregierter privater Ausgabenkategorien zuzurechnen. Eine Stabilisierung könnte dann dadurch versucht werden, daß mit Hilfe der öffentlichen Haushalte je nach Bedarf zusätzliche Nachfrage entfaltet und/oder bei den Privaten Kaufkraft als potentielle Nachfrage entzogen würde.

Selbst wenn die grundsätzliche Angemessenheit (Zielkonformität) einer solchen antizyklischen Fiskalpolitik einmal unterstellt wird, sind Vorbehalte zu machen, die im einzelnen noch Gegenstand von Ausführungen sein werden (vor allem Kap. 11-15). Vorauszusetzen wäre insbesondere,

- daß solche Interventionen nicht selbst wiederum destabilisieren, weil sie mangels ausreichenden zukunftsrelevanten Wissens sowohl zeitlich (Wirkungsverzögerungen) als auch quantitativ nicht hinreichend zieladäquat dosiert werden können;
- daß die privaten Wirtschaftssubjekte das fiskalpolitische Verhalten zu antizipieren suchen und damit eine Grundvoraussetzung der Neutralisierungspolitik - möglichst konstante und deshalb kalkulierbare Systemreaktionen - aufheben;
- daß nicht zuletzt aufgrund der Verteilungswirkungen der Fiskalpolitik das konjunkturpolitische Anliegen im politischen Willensbildungsprozeß in den Hintergrund tritt und lediglich als Vorwand für eine Expansion der Staatstätigkeit dient.

Für die Geldpolitik wäre unter den gleichen Bedingungen zu fordern, daß sie die antizyklische Fiskalpolitik zu unterstützen, zumindest aber nicht zu behindern hätte. Eine dementsprechende Steuerung der Geldmenge wird jedoch dadurch erschwert,

- daß von einer antizyklischen Fiskalpolitik selbst Geldmengeneffekte ausgehen können;
- daß Geldmengenänderungen wie andere Interventionen mit schwer abschätzbaren Verzögerungen selbst güterwirtschaftliche Wirkungen zeigen können;
- daß die Versorgung mit Liquidität aufgrund von Kreditschöpfungsmöglichkeiten der Banken, aber auch einer eher wachsenden Zahl von Nichtbanken, nur begrenzt steuerbar ist;
- daß die Geldhaltung der Privaten (und damit die Transaktionshäufigkeit des Geldes) auch kurzfristig variabel sein kann, wodurch die Wirksamkeit einer Geldmengensteuerung beeinträchtigt wäre;
- daß die Geldmengensteuerung nicht losgelöst von den außenwirtschaftlichen Bedingungen (z. B. Wechselkurssystem, Auslandskonjunktur) betrieben werden kann;
- daß auch die Geldpolitik Gegenstand von Antizipationen durch die privaten Wirtschaftssubjekte ist, womit auch hier Steuerung zu einem strategischen Problem wird.

Für die Listen an Vorbehalten gegen einen antizyklischen Einsatz von Geld- und Fiskalpolitik wird keine Vollständigkeit beansprucht. Sie dürften aber ausreichen, um zu verdeutlichen, daß die Stabilisierungsmöglichkeiten im Sinne einer Globalsteuerung selbst dann sehr bescheiden wären, wenn die Vorbehalte gegenüber der analytischen Interpretation dessen nicht zuträfen, was als Konjunkturzyklus gilt. Schließlich sind die in vielen Ländern gemachten Erfahrungen mit dieser Art von Stabilisierungspolitik weit davon entfernt, ermutigend zu sein.

Kapitel 5: Verteilungsprobleme

In den beiden vorangegangenen Kapiteln standen Allokationsprobleme sowie Eigenschaften des Ablaufs von marktwirtschaftlichen Allokationsprozessen als mögliche Begründungen wirtschaftspolitischen Handlungsbedarfs im Vordergrund. Nunmehr gilt die Aufmerksamkeit der Beantwortung der Verteilungsfrage. Bei marktmäßiger Koordination geschieht dies simultan mit der Beantwortung der Allokationsfragen. Für eine evolutorische Wirtschaft bedeutet das, daß sich mit der Allokation zugleich die Verteilung zwischen Personen, Faktoren, Regionen und Nationen ändert. Beobachtbare und vermutete Verteilungsmuster können aus unterschiedlichen Perspektiven analysiert und bewertet werden. Grundlage für solche Bewertungen ist in einer gelenkten Marktwirtschaft in erster Linie das Prinzip der Sozialstaatlichkeit (Kap. 2), d. h. vor allem eine Orientierung an den gesellschaftlichen Grundwerten der Gerechtigkeit und der Sicherheit (Kap. 9). Aus solchen Bewertungen lassen sich Korrekturwünsche hinsichtlich beobachtbarer Verteilungsmuster ableiten. Welche Ansatzpunkte es für Korrekturversuche grundsätzlich gibt, ist nunmehr darzulegen. Aufgrund der Interdependenz der Antworten auf die ökonomischen Grundfragen haben nicht nur alle Lenkungsmaßnahmen in allokations- und stabilisierungspolitischer Absicht Verteilungsfolgen. Auch alle verteilungsorientierten Lenkungsversuche haben insbesondere Allokations- sowie in vielen Fällen auch Ordnungsfolgen. Deshalb ist diesen Folgen ebenfalls nachzugehen.

Literaturhinweise

5.1: Ahrns und Feser, 1987 (Kap. 5); Recktenwald, 1986; Siebke, 1988; Watrin, 1980; Werner, 1979 (Teil 1).
5.2: Albers, 1980; Hayek, 1960 (Kap. 19); Kath, 1988; Külp, 1971; Külp und Schreiber, 1971; Liefmann-Keil, 1961 (Teil 2); Molitor, 1988 (Teil 7); Werner, 1979 (Teil 3); Windisch, 1986.
5.3: Albers, 1982; de Jasey, 1985 (Kap. 4); Olson, 1978; Vaubel, 1990; Watrin, 1977; Woll, 1992 (Kap. 6).

5.1 Dimensionen der Verteilungsfrage

5.1.1 Marktprozeß und Einkommensverteilung

Verteilungsarten

Die Verteilung des arbeitsteilig Erwirtschafteten auf die Teilnehmer am Produktionsprozeß als Ergebnis des Marktgeschehens richtet sich grundsätzlich danach, welche Preise sie für die von ihnen angebotenen Faktorleistungen erzielen (Distributionsfunktion der Preise) und welche Faktormengen sie ihr eigen nennen und einsetzen (Verteilung und Nutzung des Eigentums an Produktionsfaktoren). Entsprechend den beiden Aspekten Faktorentlohnung und Verteilung der Faktorbestände können zwei Verteilungsarten unterschieden werden:

- die funktionelle Einkommensverteilung: Sie ist an der Entstehung des Volkseinkommens orientiert, wobei nach der volkswirtschaftlichen Gesamtrechnung in

einfacher Gliederung zwischen Einkommen aus unselbständiger Arbeit sowie Einkommen aus Unternehmertätigkeit und aus Vermögen unterschieden wird;
- die personelle Einkommensverteilung: Sie ist an der Höhe der von den einzelnen Personen oder den häufig als Planungseinheiten betrachteten Haushalten erzielten Einkommen orientiert, unabhängig davon, über welche Einkommensquellen sie verfügen und welchen sozioökonomischen Gruppen (z. B. Arbeitnehmer, Selbständige) sie angehören.

Von der funktionellen Verteilung auf eine Verteilung nach sozioökonomischen Gruppen zu schließen wäre nur korrekt, wenn jeder einzelne oder jeder Haushalt nur eine Art von Faktorentgelt (bzw. nur Transfereinkommen) erzielen würde. Tatsächlich können Einzelpersonen und erst recht Haushalte aus mehreren Quellen zugleich Einkommen beziehen (Querverteilung).

Verteilungsfolgen marktmäßiger Koordination

Die wirtschaftspolitisch in erster Linie interessierende personelle Einkommensverteilung ist insoweit Marktergebnis, als die Tätigkeitsentgelte einschließlich der Vermögenserträge im Verlauf des Prozesses marktmäßiger Koordination entstehen. Erzielte Markteinkommen sowie Veränderungen seiner Vermögensbestände signalisieren einem Marktteilnehmer, mit wieviel Geschick und Glück er die ihm verfügbaren Mittel bzw. die daraus erwachsenden Einkommenserzielungschancen im marktwirtschaftlichen Such- und Entdeckungsprozeß zu nutzen verstand. Das so erzielte Einkommen wurde durch die Markthandlungen einer Vielzahl anderer Wirtschaftssubjekte mitbestimmt, die ebenfalls aus Selbstinteresse bemüht waren, den Umständen Rechnung zu tragen, die sie als für ihr Wirtschaften relevant erachteten. Die entstandenen Einkommen sind daher historische Teilergebnisse einer Handelnsordnung, die durch die marktmäßige Koordination unter wechselnden, evolutorischen Bedingungen permanent erzeugt werden. Als solche sind sie ebensowenig endgültig wie die Umstände und Markthandlungen, aus denen sie hervorgingen.

Was für die Einflüsse auf die Entstehung von Markteinkommen gilt, gilt eher noch mehr für ihre individuelle Verwendung; denn bei der Verwendung sind die erforderlichen Marktkontakte des einzelnen noch zahlreicher als bei der Entstehung. Seine Versorgungslage – sein individuelles Realeinkommen – wird wesentlich von den Wettbewerbsbedingungen mitbestimmt, unter denen er sein Einkommen erzielt und verwendet. Sie beeinflussen nicht nur die Leistungsentgelte, sondern auch die erzielbaren Konsumentenrenten.

Zu den Wettbewerbseinflüssen auf die Markteinkommen und ihre Verwertung kommen ferner die Folgen von privaten und staatlichen Handlungen, die „am Markt vorbei" vorgenommen werden; denn es ist zu berücksichtigen,

- daß die individuellen Versorgungslagen nicht nur durch Markteinkommen, sondern auch durch technologische externe Effekte verändert werden können;
- daß zu den Markteinkommen das Einkommensäquivalent der Selbstnutzung von Arbeits- und Produktivvermögen kommt;
- daß sowohl die Inanspruchnahme staatlich bereitgestellter Kollektivgüter als auch der zu ihrer Bereitstellung erforderliche Kaufkraftentzug verteilungswirksam sind.

Schließlich sind neben den sich ständig ändernden Folgen von Marktprozessen und den Vorgängen „am Markt vorbei" für die personelle Einkommensverteilung und Versorgungslage die verschiedenen geldlichen und naturalen Transferzahlungen und die Einkommenswirkungen ihrer Finanzierung einzubeziehen. Außerdem ist zu berücksichtigen, daß die Versorgungslage eines Großteils der Bevölkerung, wozu u. a. Kinder, Schüler, Studenten sowie im Haushalt Tätige gehören, überwiegend durch private Einkommensübertragungen bestimmt wird. Deutlich sollte schon damit werden, wie wandelbar, vielfältig und deshalb analytisch schwer zugänglich das empirische Bild der personellen Einkommensverteilung sein muß, an der sich Korrekturwünsche orientieren. Dementsprechend problematisch sind die in diesen Wünschen zum Ausdruck kommenden Gerechtigkeitsvorstellungen (vgl. Abschnitt 9.1.2)

5.1.2 Die Rolle des Privateigentums

Einkommenserzielungschancen und Vermögensverteilung

Markteinkommen kann nur erzielen, wer Produktionsfaktoren sein eigen nennt, deren Leistungsabgabe nachgefragt wird, wer also über Arbeitsvermögen oder Produktivvermögen oder beides verfügt. Qualität, Umfang und Ertragskraft dieser Vermögen bestimmen die Einkommenserzielungschancen. Sie hängen vor allem ab

- beim Faktor Arbeit vom physischen und geistigen Leistungsvermögen sowie den Ausbildungsinvestitionen (der Akkumulation von Humankapital);
- bei den Faktoren Kapital und Boden davon, wieviel akkumuliert und durch Übertragung (Schenkung, Erbschaft) erworben wurde, sowie hinsichtlich der Qualität des Faktors Kapital von dem darin gebundenen technischen Fortschritt;
- von der relativen Knappheit des spezifischen Faktorangebots, was die Möglichkeit einschließt, daß sich die verfügbaren Faktorbestände, auch das Humankapital, durch Wertsteigerungen und Wertminderungen verändern können.

Zu dem Arbeits- und Produktivvermögen kommt das Gebrauchsvermögen (z. B. Wohnungseinrichtungen), dessen Leistungsabgabe unmittelbar der Bedürfnisbefriedigung dient. Über wieviel von diesen Vermögensarten der einzelne verfügen kann, ist nur teilweise das Ergebnis eigener Akkumulationsentscheidungen. Daneben sind naturbedingte Zufälligkeiten (z. B. Begabung) ebenso eine mögliche Ursache wie gesellschaftliche Zufälligkeiten; letztere kommen darin zum Ausdruck, in welche Familie der einzelne „hineingeboren" wurde und wie infolgedessen u. a. seine Chancen sind, Vermögen auf dem Übertragungsweg (Erbschaft, Schenkung einschließlich einer unentgeltlich erhaltenen Ausbildung) zu erwerben. Die Höhe des bereits vorhandenen Vermögens beeinflußt wiederum durch die Vermögenseinkommen die Akkumulationsmöglichkeiten.

Eigentumsrechte, Kompetenzverteilung und Arbeitsentgelte

Wie bereits dargelegt (Kap. 2), entspricht es dem Prinzip der Marktmäßigkeit, daß die Eigentümer von Unternehmen bzw. diejenigen, die in ihrem Auftrag handeln, die Entscheidungsbefugnis hinsichtlich der Produktion, der Unternehmensstandorte und der Sachkapitalbildung im Unternehmen haben. Mit dieser Dispositionsfreiheit ist allerdings auch die Übernahme der Marktrisiken und -chancen verbunden. Die Verantwortung für die Disposition durch den Einsatz von Produktionsfaktoren kommt darin zum Ausdruck, daß die (haftenden) Unternehmenseigentümer für ihr eingesetztes Vermögen ein Residualeinkommen erzielen bzw. Verluste tragen müssen. Bei den Residualeinkommen handelt es sich um die Unternehmenserlöse, die verbleiben, wenn alle Ansprüche derjenigen befriedigt sind, die Produktionsfaktoren gegen ein fest vereinbartes Entgelt zur Verfügung gestellt haben (Kontrakteinkommen). Das gilt nicht zuletzt für Leistungen, die aufgrund von Arbeitsverträgen erbracht werden.

Für die Anbieter von Arbeitsleistungen bedeutet diese Kompetenzverteilung, daß sie mit der Nachfragemacht der Unternehmen konfrontiert sind, die in unterschiedlichem Maße durch Wettbewerb kontrolliert sein kann. Die Marktstellung der Nachfrager wiegt besonders schwer, wenn das Arbeitsentgelt die einzige Einkommensquelle eines Arbeitsanbieters ist und sich infolgedessen „Besitz und Nichtbesitz ... gegenüberstehen" (Briefs, 1926, S. 4). Diese Marktlage konnte vor allem im 19. Jahrhundert mit breiterem Geltungsanspruch diagnostiziert werden (vgl. hierzu z. B. Lampert, 2004, Kap. I). Die Diagnose dient aber im Grunde auch heute noch dazu, die Arbeitsmärkte dadurch zu reglementieren,

- daß die Organisation beider Marktseiten wettbewerbsrechtlich geduldet und den Arbeitsmarktverbänden weitreichende Autonomie bei der Gestaltung ihrer Beziehungen (Tarifvertragsverhandlungen, Streik, Aussperrung, Schlichtung) und der Aushandlung von Mindestbedingungen (Arbeitsentgelte, sonstige Arbeitsbedingungen) eingeräumt wird;
- daß die Gestaltungsmöglichkeiten individueller Arbeitsverträge durch arbeitsrechtliche Mindestnormen vor allem hinsichtlich Arbeitszeit, Gesundheitsschutz, Kündigungsschutz und Schutz von Forderungen (z. B. im Konkursfall) eingeschränkt werden.

Markttheoretisch bedeutet das, daß beide Seiten der Arbeitsmärkte kartelliert und in besonderem Maße reguliert sind. Sowohl die Verfahren als auch die Verhandlungsergebnisse der Arbeitsmarktverbände sind in der Bundesrepublik Deutschland vor staatlichen Eingriffen in besonderem Maße geschützt (Tarifautonomie). Ferner kann der Staat die Gültigkeit von Vereinbarungen der Verbände auf Nichtmitglieder ausdehnen (Erklärung der Allgemeinverbindlichkeit durch den Bundesarbeitsminister); in diesem Fall werden die Kartellvereinbarungen – wenn auch aus sozialpolitischen Gründen – gegen Außenseiterkonkurrenz staatlich abgesichert. Dementsprechend wird die Entwicklung der durchschnittlichen Arbeitsentgelte ebenso von den Arbeitsmarktverbänden mitgeprägt wie die Zahl der abgeschlossenen individuellen Arbeitsverträge, die sich an den kollektiv ausgehandelten und den arbeitsrechtlich vorgegebenen Mindestbedingungen orientieren. Infolgedessen dürften die individuellen Einkommenserzielungschancen bei Arbeitsentgelten in beträchtlichem Maße durch die Vereinbarungen zwischen den Arbeitsmarktkartellen und durch die arbeitsrechtlichen Vorgaben beeinflußt werden.

5.1.3 Weitere Dimensionen des Verteilungsproblems

Zeitliche Aspekte

Die individuellen Einkommenserzielungschancen variieren im Zeitablauf. Das gilt vor allem für die Chancen, Arbeitseinkommen zu erzielen. In der Jugend, im Alter und bei Krankheit bestehen solche Chancen nicht oder nur in sehr begrenztem Maße. Ferner sind die Chancen je nach der Art der erbrachten Leistungen (z. B. bei physischen und geistigen Leistungen) über die Lebenszeit unterschiedlich verteilt. Bliebe der intertemporale Ausgleich von individuellen Lebenseinkommen ausschließlich der Privatinitiative überlassen, so kämen als Unterhaltsgrundlagen in Betracht:

- die vorsorgliche Ersparnisbildung,
- der freiwillige Zusammenschluß in Versichertengemeinschaften,
- die Solidarität des Familienverbandes oder auch von Fremden (der private Transfer).

Dabei ist nicht ausgeschlossen, daß einzelne, aber auch Gruppen die Selbstvorsorge durch Ersparnisbildung und Versicherung vernachlässigen. Das ließe sich u. a. damit erklären, daß ein relativ geringes Gegenwartseinkommen die Gegenwartsbedürfnisse, verglichen mit zukünftigen Bedürfnissen, in den Vordergrund rücken läßt. Aus der drängenden Knappheit der Gegenwart heraus würden zukünftige Bedürfnisse und spätere, noch geringere Einkommenserzielungschancen vernachlässigt. Die Folge wäre, daß sich die Versorgungsprobleme im Alter oder in anderen Fällen der Einbuße der Erwerbsfähigkeit weiter vergrößern würden. Ganz abgesehen davon können solche Versorgungsprobleme schon dann entstehen, wenn die künftigen Versorgungsmöglichkeiten über- oder die Bedürfnisse unterschätzt werden. In den Fällen unzureichender Selbstvorsorge bliebe nur die Hoffnung auf Solidarität der Familie oder von Fremden (z. B. durch karitative Organisationen).

Ein weiterer zeitlicher Aspekt des Verteilungsproblems besteht darin, daß ökonomische Entscheidungen in ihren Wirkungen nicht auf die jeweilige Generation von Entscheidungsträgern beschränkt sein müssen. So werden mit Akkumulationsentscheidungen die Versorgungsmöglichkeiten nachfolgender Generationen beeinflußt. Das geschieht nicht nur auf dem Wege der Sachkapitalbildung, sondern auch mit der Finanzierung von Ausbildungsinvestitionen nachfolgender durch die jeweils arbeitenden Generationen. Auf der anderen Seite werden z. B. mit dem Verbrauch von Umweltkapital die Versorgungsmöglichkeiten nachfolgender Generationen eingeschränkt. Deshalb ist auch hinsichtlich der Intergenerationenverteilung zu prüfen, inwieweit es der marktmäßigen Koordination individueller Entscheidungen überlassen bleiben soll, das Schicksal zukünftiger Generationen mehr oder weniger unreflektiert mitzubestimmen.

Räumliche Aspekte

Regionale Entwicklungsunterschiede schlagen sich auch in Einkommensunterschieden nieder. Für einkommensschwache Regionen bedeutet das u. a., daß ihre Möglichkeiten, Infrastrukturkapital zu bilden, in besonderem Maße begrenzt sind. Soweit davon die Rentabilität privater Investitionen abhängt, werden diese in entwicklungsstarke Regionen gelenkt. Ferner besteht die Gefahr, daß gerade jene Arbeitskräfte und unternehmerischen Talente aus entwicklungsschwachen Regionen abwandern, die unentbehrlich sind, wenn Entwicklungsgefälle beseitigt werden sollen. Kommen zu dieser Auszehrung durch Abwanderung noch weitere ungünstige Umstände hinzu, zu denen z. B. auch eine Begünstigung vorhandener Agglomerationen als Konzentrationen von Wählerstimmen durch die politischen Willensbildungsprozesse gehören kann, so entsteht die Gefahr eines „Teufelskreises der Armut": Interregionale Einkommensunterschiede vergrößern sich über längere Zeit ständig, ehe sich in bisherigen Entwicklungszentren vor allem externe Kosten im Verhältnis zu externen Ersparnissen entwicklungshemmend auszuwirken beginnen. Nicht zuletzt deshalb können interregionale Einkommens- und Entwicklungsunterschiede regionale Separationsbestrebungen begünstigen. Als Folge ist eine Desintegration des Wirtschaftsraums durch Verringerung der räumlichen Arbeitsteilung möglich.

Was für anhaltende interregionale Entwicklungs- und Einkommensunterschiede gilt, gilt hinsichtlich der Desintegrationsgefahr eher noch verstärkt für internationale Unterschiede. Unter diesem Aspekt wirken sich Handelsbeschränkungen, die entwickelte Länder zum Schutz ihrer überkommenen Produktionsstrukturen vor dem Wettbewerb aus Entwicklungsländern vornehmen, erschwerend hinsichtlich des Problems der internationalen Einkommensverteilung aus; denn auf diese Weise werden die Entwicklungsländer daran gehindert, ihre ohnehin häufig nur mit Hilfen von entwickelten Ländern wahrnehmbaren Einkommenserzielungschancen im Rahmen einer internationalen Arbeitsteilung zu nutzen. Das aber provoziert oder begünstigt wiederum Reaktionen der Entwicklungsländer, die sich in einer weiteren Verringerung der internationalen Arbeitsteilung zum Schaden aller Beteiligten auswirken können. Durch eine Eskalation des Protektionismus dürften jedenfalls die Lösungsmöglichkeiten des internationalen Verteilungsproblems kaum verbessert werden.

Immaterielle Aspekte

Die Verteilungsfrage ist zwar unter dem Knappheitsaspekt eine Frage nach den quantitativen Versorgungsmöglichkeiten, die dem einzelnen in jeder Phase seines Lebens offenstehen. Verteilt werden aber nicht nur Einkommen und Vermögen, sondern – wenn auch damit eng verknüpft – „Lebenslagen" (WEISSER) oder die „Vitalsituation" (RÜSTOW). Angesprochen sind neben den quantitativen Versorgungsmöglichkeiten immaterielle Aspekte, die etwa zum Ausdruck kommen in

- Möglichkeiten, selbst- oder mitverantwortlich Entscheidungen treffen zu können,
- Identifikationsmöglichkeiten mit dem eigenen Beitrag zum arbeitsteiligen Wirtschaftsprozeß,
- der sozialen Stellung, also der Position im Verhältnis zu anderen Gesellschaftsmitgliedern und Chancen, sie zu verbessern (Aufstiegschancen),
- der Sicherheit vor sozialem Abstieg als Folge von Strukturwandel, politischen Veränderungen, Krankheit und Alter.

5.2 Verteilungspolitischer Lenkungsbedarf

5.2.1 Zentrale Fragen der Verteilungspolitik

Zentrale Fragen

Verteilungspolitischer Handlungsbedarf wird in einer gelenkten Marktwirtschaft mit dem Sozialstaatsprinzip begründet. Wie bereits dargelegt (Kap. 2), orientiert sich dieses Prinzip in erster Linie an den gesellschaftlichen Grundwerten der Gerechtigkeit und der Sicherheit. Dabei bleibt es dem politischen Willensbildungsprozeß überlassen, tatsächliche oder vermutete ökonomische Ausgangspositionen und Versorgungslagen von Individuen und von Gruppen mit Hilfe von Interpretationen dieser Grundwerte zu beurteilen und daraus verteilungspolitischen Handlungsbedarf abzuleiten.

Nach den aufgezeigten Dimensionen des Verteilungsproblems beinhalten verteilungspolitische Interventionen vor allem Antworten auf folgende Fragen:

- Inwieweit sollen Unterschiede in den individuellen Einkommen verringert bzw. ganz aufgehoben werden, die sich aus der Verwertung von Einkommenserzielungschancen ergeben? (Problem der Einkommensumverteilung).
- Inwieweit sollen die individuellen Einkommenserzielungschancen selbst verändert oder Unterschiede zwischen ihnen möglichst aufgehoben werden? (Problem der Chancenverteilung).
- Wie soll das Versorgungsproblem bei denjenigen gelöst werden, die noch nicht oder nicht mehr über den Produktionsprozeß Einkommen erzielen können? (Problem der intertemporalen Verteilung).
- In welchem Umfang sollen die Versorgungsmöglichkeiten zukünftiger Generationen von der gegenwärtigen Generation mitberücksichtigt werden? (Problem der Intergenerationenverteilung).
- In welchem Maße soll räumlichen Entwicklungs- und damit auch Einkommensunterschieden entgegengewirkt werden? (Problem der interregionalen und internationalen Verteilung).
- Wie stark soll über Einkommens-, Vermögens- und Chancenkorrekturen hinaus Einfluß auf die „Lebenslagen“ genommen werden? (Immaterielle Verteilungskorrekturen).

Beurteilungsschwierigkeiten

Wie aus der Darstellung von Dimensionen des Verteilungsproblems hervorgeht, ist das zu beurteilende Phänomen nicht nur vielseitig, sondern auch wandelbar und einer empirischen Analyse nur begrenzt zugänglich. Im Falle der personellen Verteilung von Markteinkommen ist außerdem zu berücksichtigen (z. B. Watrin, 1980, S. 486 ff.),

- daß der Wettbewerb seine Anpassungs- und Entwicklungsfunktion nur zu erfüllen vermag, wenn für die potentiellen Wettbewerber Chancen bestehen, Leistungsprämien und damit verbundene Einkommensvorsprünge zu erzielen;
- daß beobachtbaren Einkommens- und Vermögensunterschieden nicht anzusehen ist, ob sie aus wettbewerblichen Leistungsprämien entstanden oder ob sie auf-

grund verfestigter Monopolpositionen erzielt wurden und insofern anreizarme Renten darstellen.

Aus dem zuletzt genannten Identifikationsproblem ergibt sich, daß selbst solche Urteile, die sich lediglich an den Anreizerfordernissen eines marktmäßigen Such- und Entdeckungsprozesses orientierten, schwer zu fällen sind. Von grundsätzlicher Bedeutung ist jedoch,

- daß die Unterschiede in den personellen Verteilungen periodenbezogener Markteinkommen das unbestimmte Ergebnis evolutorischer Prozesse sind, und
- daß die Unterschiede selbst eine Steuerungsfunktion in diesem Prozeß haben, also eine für seine Funktionsfähigkeit notwendige Rückkopplung zwischen den Verteilungsergebnissen und dem weiteren Verlauf der marktmäßigen Koordination besteht.

Infolgedessen wäre es systemwidrig, zu versuchen, die transitorischen Verteilungsergebnisse mit Hilfe staatlicher Zwangsmaßnahmen in ein dauerhaftes, normativ begründetes Verteilungsprofil zu pressen. Daraus folgt jedoch nicht, daß die Marktfolgen für die personelle Einkommensverteilung unbesehen hinzunehmen wären; denn dann würde ein historisch gewachsenes System externer Institutionen, der Ordnungsrahmen, auf dem der Marktprozeß und seine Ergebnisse im konkreten Fall beruhen, zur unveränderlichen Norm erhoben. Allerdings sind mit den verschiedenen verteilungsorientierten Korrekturmöglichkeiten in unterschiedlichem Maße Nebenwirkungen im Hinblick auf die Funktionsfähigkeit der marktgemäßen Koordination verbunden.

Die vorangegangene Argumentation bezog sich ausschließlich auf marktbestimmte Einkommen. Die Argumentation ist nur möglich, wenn zunächst einmal eine reine Marktwirtschaft als Ordnungstyp unterstellt wird. Tatsächlich beziehen sich jedoch verteilungspolitische Urteile und daraus abgeleitete Lenkungsmaßnahmen auf etwas anderes. Sie setzen am kaum noch durchschaubaren Zusammenwirken von Marktprozessen mit einer Vielzahl von Interventionen an, die in gelenkten Marktwirtschaften angehäuft werden. Das erhöht nicht nur die Gefahr von Fehldiagnosen. Darüber hinaus bleibt nur zu leicht ungeprüft, ob nicht bisher geübtes wirtschaftspolitisches Tun durch Unterlassen im Interesse von Verteilungszielen korrigiert werden könnte.

5.2.2 Möglichkeiten der Verteilungskorrektur

Korrekturen der Einkommensverteilung können entweder ursachenorientiert oder neutralisierend sein. Dementsprechend kann generell zwischen einer ursachenorientierten oder aktiven Verteilungspolitik und einer neutralisierenden oder reaktiven Verteilungspolitik unterschieden werden (Abb. 5.1).

5.2.2.1 Umverteilung von erzielten Einkommen

Versuche, erzielte Markteinkommen der Wirtschaftssubjekte anzugleichen bzw. umzuverteilen, entsprechen einer Neutralisierungspolitik. Zu diesem Zweck werden i. d. R. zwei fiskalische Instrumente kombiniert:

- der Einkommensentzug mit Hilfe einer Steuer, bei der der Abzugsbetrag mit der Einkommenshöhe überproportional zunimmt (progressive Einkommenssteuer, steigender Grenzsteuersatz), und
- die Gewährung von Transfers, vorzugsweise an Bezieher niedriger Einkommen durch direkte Zahlungen (monetäre Transfers), steuerentlastende Maßnahmen (implizite Transfers), Subventionierung der Preise ausgewählter Güter (indirekte Transfers) und durch Bereitstellung von Gütern zum Nulltarif (Realtransfers).

Eine Verringerung der Unterschiede zwischen den verfügbaren Einkommen kann grundsätzlich bereits durch den Entzugseffekt der progressiven Einkommensbesteuerung entstehen. Das Ausmaß, in dem die Progression wirksam werden kann, hängt davon ab, wie gleichmäßig die Einkommensarten erfaßt werden (Breite der Bemessungsgrundlage). Darüber hinaus läßt sich die Verteilungswirkung durch Einräumung gezielter Freibeträge verändern (z. B. Grundfreibetrag, Vorsorgepauschale, Altersfreibetrag).

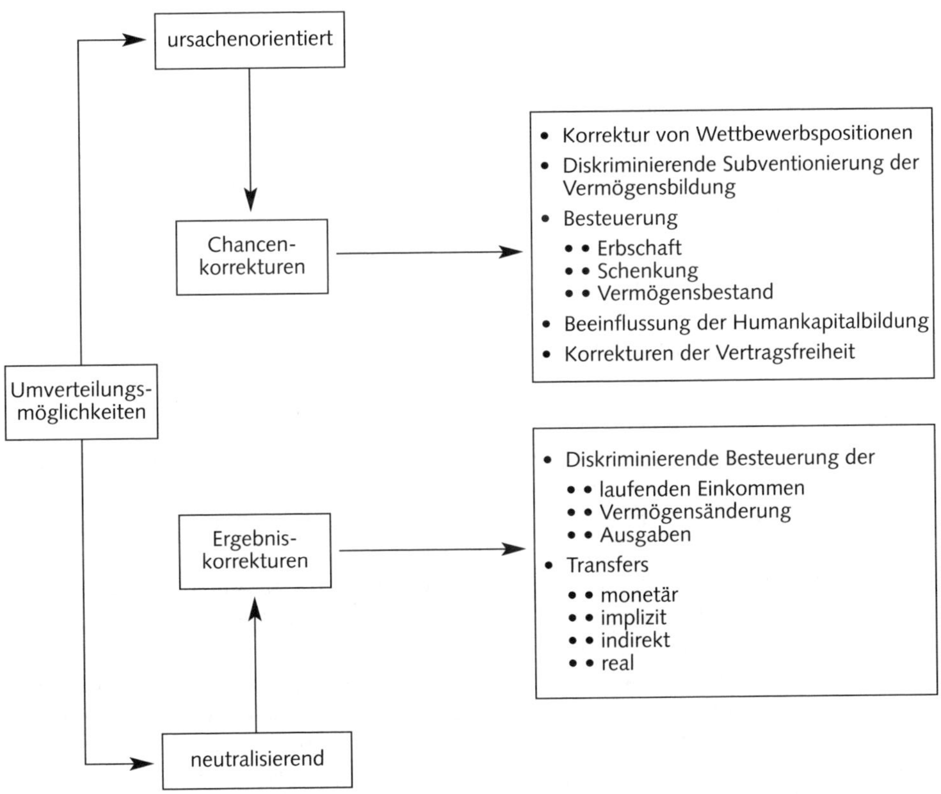

Abb. 5.1: Interpersonelle Verteilungskorrekturen

Die Marktentgelte für Faktorleistungen sind als Bemessungsgrundlage insofern unbefriedigend, als die individuelle Versorgungslage nicht nur von diesen Entgelten, sondern auch von der (konkurrierenden) Selbstverwendung der Faktorbestände abhängt. Nur in besonderen Fällen (z. B. dem Mietwert der eigenen Wohnung) ist es möglich, die Bemessungsgrundlage zielkonform zu verbreitern. Darüber hinaus bliebe nur die enteignungsgleiche Umverteilung von Faktorbeständen. Aber auch dann wäre noch mit der Reaktionsmöglichkeit des nicht umverteilbaren Arbeitsangebotes auf die Besteuerung der Marktentgelte zu rechnen. Eine Einschränkung des Faktorangebotes ist grundsätzlich zweckmäßig, wenn der Anreiz, das durch Besteuerung verminderte Einkommen durch ein Mehrangebot zu kompensieren (Einkommenseffekt, Steuereinholung), geringer ist als der Anreiz, das nach Besteuerung geringer abgegoltene Faktorangebot teilweise selbst zu verwenden (Substitutionseffekt, Steuervermeidung). In diesem Fall würde sich ein Teil der verteilungspolitischen Absichten als nicht realisierbar erweisen.

Von den Transferarten können die monetären Transfers besonders zielkonform eingesetzt werden. Das gilt sowohl für den zu begünstigenden Personenkreis als auch für die Höhe und Häufigkeit der Übertragungen. Allerdings ist dazu die Überprüfung der Anspruchsvoraussetzungen notwendig. Je nach Höhe, Häufigkeit und Ausgestaltung der Anspruchsvoraussetzungen ändert sich auch die Bedeutung eines Anreizproblems, das mit unentgeltlichen Übertragungen stets verbunden ist: die moralische Versuchung (moral hazard). Sie besteht darin,

- daß die Anspruchsvoraussetzungen von den Anspruchsberechtigten auch bewußt herbeigeführt werden können und
- daß Anspruchsberechtigte ungenügende oder keine Anstrengungen machen, den Anspruch zu verlieren, obgleich sie dazu in der Lage wären.

Monetäre Transfers ohne Verwendungsbindung wie z. B. Barleistungen nach dem Regelsatz der Sozialhilfe sind eher Ausnahmen bei der Vielfalt staatlicher Transfers. Es dominiert die Verwendungsbindung und damit auch die Bevormundung der Empfänger, unabhängig davon, welche wohlwollenden Absichten ihr zugrunde liegen mögen. Bei indirekten Transfers in Form von durch Subventionen verbilligten, ausgewählten Gütern kommen im Unterschied zu verwendungsgebundenen monetären Tranfers marktwidrige Folgen hinzu. Sie müssen in Kauf genommen werden, wenn eine Preissubvention nur der Zielgruppe zugute kommen soll, d. h. Fehlsubventionen vermieden werden sollen. Dazu müssen Zugangssperren (eine Marktspaltung) eingeführt werden, die zum Mißbrauch (z. B. Arbitrage durch Begünstigte) anreizen. Ansonsten ist mit einer Umverteilungswirkung von Preissubventionen nur in dem Maße zu rechnen, wie die betroffenen Güter von Beziehern niedriger Einkommen überdurchschnittlich nachgefragt werden. Der Realtransfer durch Bereitstellung von (gekorenen) Kollektivgütern zum Nulltarif dürfte i. d. R. die am wenigsten zielkonforme Transferform sein. Die Zielkonformität läßt sich jedoch in dem Maße erhöhen, wie Ausschlußmöglichkeiten wahrgenommen, Gebühren oder Beiträge erhoben und die Zielgruppe durch Minderung oder Befreiung von der Zahllast begünstigt wird.

5.2.2.2 Korrektur von Einkommenserzielungschancen

Der verteilungspolitischen Ursachentherapie entsprechen Korrekturen von Einkommenserzielungschancen. Als Ansatzpunkte für solche Korrekturen kommen in Betracht

- Wettbewerbspositionen,
- die Vermögensverteilung,
- die Humankapitalverteilung,
- die Vertragsfreiheit.

Korrekturen von Wettbewerbspositionen

Eine auf die Förderung und Sicherung von Wettbewerb gerichtete Politik dient zugleich der Korrektur von Einkommenserzielungschancen. Im Erfolgsfalle trägt sie zur Beseitigung oder Verhinderung von anreizarmen Renten aus marktmächtigen Positionen bei, während die Prämien für Wettbewerbsleistungen erhalten bleiben.

Allerdings werden derartige ordnungsimmanente Korrekturen für Außenstehende im Unterschied zu den davon betroffenen Wettbewerbern in ihren Wirkungen verteilungspolitisch selten gewürdigt. Das gilt auch für die damit verbundene Begünstigung der Marktgegenseite nicht zuletzt deshalb, weil die Nachfrager, vor allem die Endnachfrager, auf vielen (Teil-)Märkten agieren und zudem mit einem beträchtlichen Teil von ihnen nur unregelmäßig Kontakt aufnehmen. Daher dürften Wettbewerbsvorgänge von ihnen nur begrenzt wahrgenommen werden. Das gilt wohl auch für das Gegenteil, also für staatliche oder staatlich tolerierte private Wettbewerbsbeschränkungen. Der Umstand, daß in diesem Falle einer begrenzten Gruppe ein Privileg gewährt werden kann, ohne daß die dadurch verursachten Allokations- und Verteilungsnachteile bei einer klar abgrenzbaren Gruppe entstehen und von dieser auch identifiziert werden, macht die Attraktivität einer solchen Korrektur von Einkommenserzielungschancen im politischen Wettbewerb (Kap. 6) aus.

Korrektur der Vermögensverteilung

In Versuchen, die Verteilung von Vermögen und vermögenswerten Rechten zu verändern, kommen einmal Veränderungen der Verteilung von Vermögensbeständen in Betracht und zum anderen eine Einflußnahme auf die Vermögensbildung. Eingriffe in die Vermögenssubstanz kollidieren unmittelbar mit einer ordnungspolitischen Garantie des Privateigentums; denn sie erfordern im Grunde Enteignungen. Demgegenüber entspricht der Versuch, die Vermögenssubstanz durch eine Vermögensbesteuerung zu beeinflussen, in seiner Wirkung in erster Linie einer zusätzlichen Besteuerung der laufenden Einkommen.

Wird der Vermögenszuwachs besteuert, so hat das ebenfalls primär Konsequenzen für das verfügbare Einkommen der Besteuerten. Eine möglicherweise unbeabsichtigte Nebenwirkung könnte sich einstellen, wenn sich als Folge des zu erwartenden Einkommensentzugs die Sparneigung der Betroffenen verringerte. Solch eine Nebenwirkung kann sich auch bei Besteuerung des Vermögenszuwachses durch Erbschaft bzw. Schenkung als Folge einer Reaktion des Erblassers bzw. Schenkenden einstellen.

Dagegen ist eine Änderung der Sparneigung die angestrebte Hauptwirkung in den Fällen, in denen durch Subventionen oder Steuervorteile Anreize zur Vermögensbildung gegeben werden. Allerdings dürfte gerade bei Beziehern geringer Einkommen vor allem die Ersparnisbildung für unvorhergesehene Notlagen und das Zwecksparen für langlebige Konsumgüter dominieren. Beim Zwecksparen ist sogar zu erwarten, daß der Effekt auf die Spartätigkeit eher negativ ist, da das Sparziel nunmehr mit geringerer Eigenleistung erreichbar wird. Insgesamt ist bei diesen Einkommensschichten gerade wegen des Einkommensniveaus mit besonders hohen Mitnahmeeffekten zu rechnen, d. h. mit einer Förderung der ohnehin geplanten Ersparnisse. Den schwachen oder gar negativen Anreizwirkungen läßt sich z. B. durch Festlegungsfristen für die förderungsfähigen Ersparnisse nur unvollkommen und aufwendig begegnen (hierzu z. B. ALBERS, 1980, S. 296 ff.).

Versorgung mit Ausbildung

In der Versorgung mit Ausbildung besteht eine weitere Korrekturmöglichkeit von Einkommenserzielungschancen. Eine solche Korrektur ließe sich u. U. auch mit Allokationsargumenten rechtfertigen. Die generelle staatliche Förderung von Ausbildungsinvestitionen wäre mit externen Erträgen begründbar, die von einem höheren Ausbildungsniveau ausgehen können (z. B. in Form von Qualitätsverbesserungen bei der Partizipation an politischen Willensbildungsprozessen). Allokations- und verteilungspolitische Gründe könnten zugleich geltend gemacht werden, wenn materielle und gesellschaftliche Hemmnisse bewirkten, daß die Verteilung der Ausbildungsinvestitionen von der Verteilung des Potentials an Begabungen abwiche; denn dann ließe sich die Produktivität von Ausbildungsinvestitionen durch Umverteilung erhöhen. Allerdings würde andererseits eine gleiche Versorgung aller mit Ausbildung ebensowenig effizient sein; denn es muß davon ausgegangen werden, daß die Begabungen ungleich verteilt sind.

Auch wenn es unter Effizienzgesichtspunkten gelänge, durch Bereitstellung von Ausbildung als gekorenem Kollektivgut die Begabungsreserven besser auszuschöpfen (abstrakt: die individuellen Grenzprodukte der Ausbildungsinvestitionen besser anzunähern) als bei ausschließlich privaten Ausbildungsentscheidungen, blieben noch weitere negative Allokationswirkungen zu berücksichtigen.

Vor allem treffen bei der staatlichen Versorgung mit Ausbildung die gleichen allokationstheoretischen Einwände zu wie bei anderen indirekten bzw. Realtransfers. Auch hier gilt, daß die Versorgung selbst unter Berücksichtigung des Umverteilungsziels nicht durch staatliche Einrichtungen erfolgen muß. Die an der Chancenverteilung orientierte Zielsetzung, die zumindest auch zum Teil schon mit der allgemeinen Schulpflicht verfolgt wird, bedingt keine staatliche Bereitstellung von Ausbildung. Vielmehr wäre das Ziel ohne die Mängel von indirekten bzw. von Realtransfers realisierbar, wenn man Ausbildungsgutscheine (vouchers) mit einer staatlichen Einlösegarantie ausgäbe, die von den entsprechenden Einrichtungen des Bildungswesens (Schulen, Hochschulen u. ä.) in Zahlung genommen würden (hierzu z. B. FRIEDMAN, 1962/2002, Kap. 6; ROWLEY und PEACOCK, 1975, S. 122 ff.). Auf diese Weise könnte grundsätzlich nicht nur die Zielkonformität erhöht, sondern zugleich der dann mögliche Wettbewerb zwischen Bildungsorganisationen leistungssteigernd genutzt werden.

Korrekturen der Vertragsfreiheit

Schließlich lassen sich Einkommenserzielungschancen auch dadurch verändern, daß die Marktmacht der Eigentümer von Produktionsfaktoren im Vergleich zu der der Nachfrager durch gesetzliche Maßnahmen erweitert oder beschnitten wird. Genutzt wird dabei die Möglichkeit, die Vertragsfreiheit nach verteilungspolitischen Gesichtspunkten einzuschränken. Rechtliche Regelungen hinsichtlich vereinbarungsfähiger Arbeitsentgelte und Arbeitsbedingungen dokumentieren den Versuch, die Machtverhältnisse auf dem Arbeitsmarkt zugunsten der Anbieter von Arbeitsleistungen zu verändern; Arbeitsschutz, Arbeitszeitregelungen, Kündigungsschutz und Normierung von Tarifvertragsbestandteilen sind charakteristische Interventionsmöglichkeiten dieser Art. Als Veränderung der Machtverhältnisse auf dem Mietwohnungsmarkt zuungunsten der Anbieter aus verteilungspolitischen Gründen läßt sich andererseits der Mieterschutz interpretieren; denn mit ihm werden Dispositionsmöglichkeiten der Wohnungseigentümer eingeschränkt.

Allerdings sind auch in diesen Fällen unbeabsichtigte Nebenwirkungen nicht auszuschließen. Sie können etwa im Falle des Kündigungsschutzes darin bestehen, daß zwar die Beschäftigten geschützt werden, sich aber die Einstellungschancen Unbeschäftigter mindern; denn als Folge des Kündigungsschutzes werden Neueinstellungen weniger leicht korrigierbar und damit auch teurer. Ähnliche Konsequenzen können mit der Einführung der Verbesserung eines Mieterschutzes verbunden sein. Es ist zwar nicht auszuschließen, daß durch ihn die Haushalte geschützt werden, die eine Mietwohnung haben. Jedoch hilft der Schutz z. B. neugegründeten Haushalten wenig, wenn als Reaktion auf die Einschränkung der Verfügungsrechte der Vermieter der private Mietwohnungsbau zurückgcht.

Einer gezielten Erweiterung der Vertragsfreiheit kommt hingegen die Grundsatzentscheidung gleich, Zusammenschlüsse auf dem Arbeitsmarkt wettbewerbsrechtlich anders zu beurteilen als Zusammenschlüsse auf Gütermärkten. Was auf Gütermärkten i. d. R. untersagt ist, wird auf Arbeitsmärkten – wie dargelegt – aus verteilungspolitischen Gründen gebilligt. In der Bundesrepublik Deutschland geschieht dies sogar ausdrücklich dadurch, daß den Arbeitsmarktparteien (Gewerkschaften und Arbeitgeberverbänden) ein von staatlichen Eingriffen freies (autonomes) Aushandeln von Arbeitsbedingungen verfassungsrechtlich (Art. 9 Abs. 3 Grundgesetz) garantiert wird (Tarifautonomie). Wie bei allen Versuchen, Macht durch Gegenmacht zu kompensieren, wird damit das Risiko in Kauf genommen, daß sich die Mächtigen im Konfliktfall auch zu Lasten Unbeteiligter einigen; so lassen sich jedenfalls z. B. Lohnkostendruck mit Inflationsfolgen bzw. einseitige Wahrung von Interessen der Beschäftigten aus der Sicht derjenigen interpretieren, die sich nur unzureichend gegen Inflationsfolgen abzusichern vermögen bzw. ohne Beschäftigung sind.

5.2.2.3 Daseinsvorsorge – soziale Sicherung

Die individuelle Daseinsvorsorge (Selbstvorsorge) zum Ausgleich von intertemporal unterschiedlichen Einkommenserzielungschancen kann durch Vermögensbildung, z. B. in Form von Sparguthaben oder durch Erwerb von Versicherungsansprüchen erfolgen. Allerdings sind weder alle Risiken versicherbar (z. B. Kriegsfolgen), noch kann vorausgesetzt werden, daß alle Individuen zur Selbstvorsorge willens und in der Lage sind. Dem kann durch eine kollektive Daseinsvorsorge (soziale Sicherung) entsprochen werden. Die zu ihrer Finanzierung erforderlichen Beiträge können unterschiedlich erhoben werden und haben dementsprechend unterschiedliche Verteilungswirkungen.

Die im Rahmen der sozialen Sicherung zu gewährenden Sozialeinkommen können grundsätzlich auf dem Versicherungs- oder auf dem Versorgungsprinzip basieren. Ausschlaggebend ist dabei, wie die zu ihrer Finanzierung erforderlichen Beiträge aufgebracht werden. Danach können unterschieden werden:

- Versicherungsleistungen aus Versicherungsbeiträgen derjenigen, die einem speziellen Risiko (z. B. Arbeitslosigkeit, Krankheit, Alter) ausgesetzt sind.
- Versorgungsleistungen (Transferzahlungen) aus dem allgemeinen Steueraufkommen, gelegentlich auch aus dem Aufkommen von Sondersteuern (z. B. Lastenausgleichsabgabe).

Die Durchsetzung des Versicherungsprinzips erfordert grundsätzlich keine staatliche Versicherung mit Zwangsmitgliedschaft. Es genügt eine allgemeine Versicherungspflicht. Die Wahl des Versicherers könnte frei sein, was einen Leistungswettbewerb zwischen Versicherern ermöglichte. Allerdings wäre damit die verteilungspolitisch motivierte Manipulation der Beitragslasten und Versicherungsleistungen (s. u.) in der für die Bundesrepublik Deutschland beobachtbaren Form nicht kombinierbar.

Eine Durchbrechung des Äquivalenzprinzips (der versicherungsmathematischen Entsprechung von Beiträgen und Versicherungsleistungen) erfolgt im Falle der gesetzlichen Rentenversicherung in der Bundesrepublik Deutschland z. B. durch anrechnungsfähige Versicherungsjahre, Zurechnungszeiten bei vorzeitiger Erwerbsunfähigkeit und begünstigte Nachentrichtung auf der Beitragsseite sowie auf der Leistungsseite durch eine Mindestrente (genauer: Rente nach Mindesteinkommen), vorgezogene Altersrenten und eine lohnbezogene Dynamisierung. Bei der gesetzlichen Krankenversicherung geschieht dies z. B. dadurch, daß gleichen Leistungen bis zu einer Höchstgrenze einkommensabhängige Beiträge gegenüberstehen und Kinder sowie der Ehepartner, wenn er nicht selbst versicherungspflichig ist, beitragsfrei die Versicherungsleistungen mitbeziehen können. Die Durchbrechung des Äquivalenzprinzips soll zwar im Falle der Rentenversicherung durch Zuschüsse aus Steuereinnahmen finanziert werden. Soweit dies geschieht, entspricht es jedoch im Grunde einem verdeckten Nachschußzwang der Steuerpflichtigen, soweit sie Beitragszahler sind. Darüber hinaus werden dafür auch Steuerzahler in Anspruch genommen, die nicht rentenversichert sind, d. h. vor allem Selbständige. Ihr weitgehender Ausschluß von der kollektiven Sicherung ist im übrigen weder mit der faktischen Einkommenslage noch mit den Einkommens- und Erwerbsrisiken vieler von ihnen begründbar. Das Gleiche geschieht, wenn die Zahl der Versicherungsfälle als Folge einer Änderung der Altersstruktur der Bevölkerung (sog. Alternde Bevölkerung) zunimmt.

Das Versorgungs- oder Fürsorgeprinzip läßt sich nur mit Zwangsbeiträgen i. S. v. Steuern oder steuerähnlichen Beiträgen finanzieren. Transferzahlungen sind in den Fällen erforderlich, in denen Schäden ersetzt werden sollen, die einer begrenzten Zahl von Individuen durch Vorgänge entstanden sind, die die Allgemeinheit zu verantworten hat oder solidarisch mitzutragen gewillt ist (vor allem Kriegs- und Katastrophenfolgen).

Ferner ist die Solidarität auf solche Personen ausdehnbar, deren Versorgung aus eigener Kraft als unzureichend beurteilt wird; dabei bleibt weitgehend außer Betracht, ob die Notlage durch eigenes Verschulden entstand oder nicht. Die entsprechenden Transferzahlungen werden in der Bundesrepublik Deutschland der Sozialhilfe (z. B. Ausbildungs-, Blinden- und Rehabilitationshilfen) zugerechnet im Unterschied zu den zuvor skizzierten Versorgungsleistungen (z. B. Kriegsopferversorgung, Lastenausgleich).

Auch die Arbeitslosenhilfe hat die Eigenschaften einer Versorgungsleistung, da sie nur bei Bedürftigkeit gewährt wird, während die Arbeitslosenversicherung zumindest in stärkerem Maße versicherungswirtschaftlichen Prinzipien folgt. Die reine Versicherungslösung wird in ihrem Falle dadurch erschwert, daß es zur systematischen Unterdeckung beim Versicherungsträger kommen kann, wenn Arbeitslosigkeit durch ein Fehlverhalten der Träger der Wirtschaftspolitik, aber auch der Tarifvertragsparteien verursacht wird. Beide Verursacher können von der Versicherung nicht zu einer finanziellen Haftung im Fall eines Fehlverhaltens herangezogen werden. Unabhängig davon, daß es i. d. R. schwierig sein dürfte, die Verursachung zwingend nachzuweisen, fehlt es bei ihnen an unmittelbaren materiellen Anreizen, Schaden von der Versicherung fernzuhalten (hierzu z. B. Hayek, 1960, S. 300 ff.). Es besteht ein dem „moral hazard" vergleichbares Problem. Letzteres ergibt sich aus der Verhaltensänderung, die bei Individuen durch eine Versicherung bewirkt werden kann. Sie besteht darin, daß sich die Wahrscheinlichkeit eines Schadensfalles oder die daraus resultierenden Kosten erhöhen, wenn die Individuen versichert sind. Allerdings gibt es durchaus Beispiele, die belegen, daß die genannten Schwierigkeiten nicht nur mit der institutionellen Form bewältigt werden können, wie sie in der Bundesrepublik Deutschland gefunden wurde (z. B. Vaubel, 1990, Teil 1.4.1). So wurden vor der Monopolisierung der Arbeitslosenversicherung durch den Staat im Jahre 1927 die meisten Arbeitslosenversicherungen in Deutschland von Gewerkschaften organisiert. Auch heute werden in Schweden, Dänemark und Finnland die Arbeitslosenkassen unter staatlicher Aufsicht von Gewerkschaften verwaltet. In der Schweiz bieten bei Versicherungspflicht aller Arbeiter und Angestellten private Versicherer Schutz vor den Folgen von Arbeitslosigkeit an.

Mit der Daseinsvorsorge kann ein Problem der Intergenerationenverteilung verknüpft sein. Grundsätzlich müssen die Ansprüche an das laufende Sozialprodukt, die mit der individuellen und kollektiven Daseinsvorsorge bewirkt bzw. gesetzlich eingeräumt werden, von der jeweils erwerbstätigen Generation befriedigt werden. Zu ungewollten Veränderungen der Intergenerationenverteilung kann es kommen, wenn sich – wie erwähnt – die Altersstruktur und das Erwerbsverhalten der Bevölkerung ändern. Nimmt z. B. die Bevölkerung durch Geburtenrückgang wesentlich ab, so sind bei unverändertem Erwerbsverhalten Anpassungen im zukünftigen Rentenniveau im Vergleich zu den durchschnittlichen Erwerbseinkommen kaum zu vermeiden, wenn die arbeitenden Generationen nicht besonders belastet werden sollen. Daran ändert die Art der Rentenfinanzierung nur bedingt etwas. Zwei Grundformen sind dabei zu unterscheiden. Beim Kapitaldeckungsverfahren akkumulieren die Beitragszahler einen Deckungsstock. Bei dem z. B. in der Bundesrepublik Deutschland gewählten Umlageverfahren werden die Beitragszahlungen der arbeitenden Bevölkerung sofort wieder zu Rentenzahlungen verausgabt. Grundsätzlich würden zukünftige Generationen je nach gewähltem Verfahren unterschiedlich belastet, wenn die volkswirtschaftliche Kapitalbildung und damit ein Wachstumsfaktor vom Verfahren beeinflußt würde. Eine begründete Vermutung lautet, daß die Kapitalbildung im Falle des Umlageverfahrens geringer ist als beim Kapitaldeckungsverfahren (hierzu z. B. Boss, 1983, S. 285 ff.; Vaubel, 1983, S. 157 ff.). Begründen läßt sich die Vermutung vor allem damit, daß die Versicherten auch beim Umlageverfahren ihre durch Zwangsbeiträge erworbenen Ansprüche als Vermögensbestandteil betrachten und deshalb darüber hinaus weniger Altersvorsorge treffen. Den durch Beiträge begründeten Rentenansprüchen stehen jedoch als Folge der Beitragsverwendung keine Ersparnisse gegenüber, die durch einen entsprechenden Kapitalstock gedeckt sind. Insofern nährt das Umlageverfahren eine Vermögensillusion.

Noch bedeutsamer dürften jedoch die Folgen des Umlageverfahrens sein, mit denen bei einer politisch-ökonomischen Betrachtungsweise gerechnet werden muß. Im Falle einer staatlichen Zwangsversicherung dürfte das Verfahren politische Entscheidungen über eine Ausweitung von Versicherungsleistungen und eine vom Äquivalenzprinzip abweichende Bevorzugung einzelner Versichertengruppen in besonderem Maße begünstigen. Da eine sofortige Deckung zusätzlich eingegangener Leistungsverpflichtungen nur für einen Teil der Begünstigten erforderlich ist, sind die politischen Entscheidungsträger versucht, Leistungsverbesserungen zu beschließen, ohne ihnen zugleich die damit insgesamt eingegangenen Verbindlichkeiten gegenüberzustellen; das gilt vor allem für Perioden, in denen aus Gründen der Altersstruktur die Beitragseinnahmen größer als die laufenden Rentenzahlungen sind. Im Extremfall ist es denkbar, daß politische Entscheidungsträger für ein solches Vorgehen selbst dann mit mehrheitlicher Zustimmung rechnen können, wenn zusätzliche Leistungsversprechen sofortige Beitragserhöhungen nach sich ziehen; denn die zusätzliche Beitragslast ist um so geringer, je näher die abstimmenden Beitragszahler dem Rentenalter sind. Lediglich die jeweils am Anfang des Erwerbslebens Stehenden hätten die volle Last zu tragen. Dadurch verschärft sich noch die Anreizproblematik, die darin besteht, daß ohnehin die realen Leistungen in beträchtlichem Umfang von zukünftigen Generationen zu erbringen sind, die noch nicht den gegenwärtigen Entscheidungsprozeß beeinflussen können.

5.2.2.4 Räumlich und immateriell orientierte Verteilungskorrekturen

Interregionale Verteilung

Maßnahmen zur Verringerung regionaler Entwicklungsunterschiede implizieren i. d. R. eine Umverteilung öffentlicher Einnahmen von den entwicklungsstarken zu den entwicklungsschwachen Regionen. Eine Umverteilung kann von einer Zentralregierung direkt oder in einem föderativen System im Rahmen eines Finanzausgleichs vollzogen werden. Die Mittel lassen sich einsetzen

- zu einer Aufbesserung der regionalen konsumtiven öffentlichen Ausgaben (verglichen mit den begrenzteren Möglichkeiten, die sich aus den in der Region erzielbaren öffentlichen Einnahmen ergeben),
- zu einer Verbesserung der regionalen Infrastruktur als raumerschließende Vorleistung für komplementäre private Investitionen (z. B. Verkehrsinvestitionen, Erschließung von Industriegrundstücken, Bau von Gewerbeparks),

- zu Preiskorrekturen mit dem Ziel, eine Region kosten- bzw. preisgünstiger zu machen (z. B. Beschäftigungsprämien, Kreditaufnahmebegünstigungen, Als-ob-Tarife für die Nutzung eines Verkehrsträgers zur Vermeidung von Wettbewerbsnachteilen, die daraus entstehen können, daß in einer Region ein konkurrierender Verkehrsträger, etwa ein Kanal, fehlt).

Während die Aufbesserung der konsumtiven öffentlichen Ausgaben in erster Linie einer Neutralisierungspolitik entspricht, können die übrigen Interventionen als ursachenorientiert angesehen werden. Das gilt für Infrastrukturinvestitionen insofern, als die Ausstattung mit diesem Faktor häufig als Engpaß für eine regionale Entwicklung anzusehen ist. Ebenso sind z. B. Beschäftigungsprämien und die Zusatzbesteuerung von Ballungsräumen ursachenorientiert einsetzbar. Das wäre bei der Beschäftigungsprämie der Fall, wenn Produktivitätsunterschiede zuungunsten entwicklungsschwacher Regionen nicht hinreichend in den Lohnsätzen zum Ausdruck kämen, weil diese als Ergebnis gewerkschaftlicher Bemühungen einander angeglichen werden. Die Zusatzbesteuerung von Ballungsräumen wäre ein Versuch, externe (Netto-)Kosten der Ballung zu signalisieren.

Internationale Verteilung

Die Beziehungen zwischen entwickelten und Entwicklungsländern werden von den Einkommensunterschieden geprägt, die zwischen ihnen bestehen. Eine Lösung dieses internationalen Verteilungsproblems wird sowohl auf einzelstaatlicher als auch auf supranationaler Ebene durch öffentliche Entwicklungshilfe angestrebt. Hinzu kommt private Hilfe, vor allem durch spezielle kirchliche Hilfsorganisationen. Hinsichtlich ihrer Form kann wie bei interregionalen Entwicklungsproblemen unterschieden werden zwischen

- unentgeltlichen Übertragungen in der Form von Naturaltransfers (z. B. unentgeltliche Lieferungen von Nahrungsmitteln, Bekleidung und Medikamenten) zur Überbrückung temporärer, aber auch zur Milderung permanenter Versorgungslücken;
- Kapitalhilfe, soweit darin Übertragungselemente in Form von nicht rückzahlbaren Anteilen und sonstigen subventionierten Konditionen enthalten sind;
- technischer Hilfe durch Übertragung technischen und organisatorischen Wissens in Form von unentgeltlichen Ausbildungs- und Beratungshilfen;
- Handelshilfen mit dem Ziel einer Verbesserung der Exportchancen von Entwicklungsländern, z. B. durch Handelspräferenzen, Abbau von tarifären und nichttarifären Handelsbeschränkungen.

Ob die mit der Entwicklungshilfe vor allem angestrebten humanitären Ziele und die Verteilungsziele erreicht werden, ist letztlich wie bei anderen Interventionen eine empirische Frage. Sowohl theoretische Vorüberlegungen als auch gesammelte Erfahrungen geben eher zu Skepsis Anlaß (z. B. Bauer, 1981; Senghaas, 1987). Das gilt vor allem für die öffentliche Hilfe. Aber auch dann, wenn die Hilfe nach dem Fürsorgeprinzip wirksamer gestaltet werden könnte und die entwickelten Länder mit gelenkten Marktwirtschaften die Einkommenserzielungschancen der Entwicklungsländer durch Öffnung ihrer Märkte verbesserten, wäre es in erster Linie an den Trägern der Wirtschaftspolitik in den Entwicklungsländern, die Voraussetzungen für eine wirksame Selbsthilfe zu schaffen; denn es ist stets zu bedenken, daß Hilfe i. d. R. Hilfe von Regierung zu Regierung ist, deren Handeln politischen Willenbildungsprozessen unterworfen ist.

Immateriell orientierte Korrekturen

Einige Verteilungskorrekturen gehen über die Redistribution von Einkommen, Vermögen und Einkommenserzielungschancen hinaus. Sie sind in erster Linie durch Eingriffe in die Privatautonomie möglich. Dabei steht die Position abhängig Beschäftigter im Verhältnis zu den Unternehmenseigentümern bzw. deren Repräsentanten im Vordergrund. Die Eingriffe in Vertragsbeziehungen zwischen beiden Partnern sind vielfältig. Sie reichen von Arbeitsschutzbestimmungen (z. B. Unfallverhütungsvorschriften und Schutz des Arbeitnehmers vor fremder wie eigener Überforderung durch Regelung von Jugend- und Frauenarbeit) über betriebsverfassungsrechtliche Normen (z. B. hinsichtlich der Beteiligungsrechte eines Betriebsrates an Personalentscheidungen) bis zur Einführung einer Mitbestimmung der Arbeitnehmer im Unternehmen als Bestandteil der Unternehmensverfassung. Wie an den Beispielen erkennbar sein dürfte, schließt die immaterielle Orientierung materielle allokationspolitische Nebenwirkungen nicht aus. Ferner haben Veränderungen der Privatautonomie stets auch ordnungspolitische Bedeutung.

5.3 Allokations- und Ordnungsfolgen von Verteilungskorrekturen

Für entwickelte Volkswirtschaften vom Typ gelenkte Marktwirtschaft ist charakteristisch, daß das Sozialstaatsprinzip zum dominierenden Legitimationsgrund für Interventionen wird. Aus der Perspektive der Wirtschaftspolitik sind sie Hauptmerkmal des sogenannten Wohlfahrtsstaates. Aufgrund der Interdependenz der Antworten auf die ökonomischen Grundfragen ergibt sich zwangsläufig, daß wohlfahrtsstaatliche Korrekturen im Hinblick auf die Beantwortung der Verteilungsfrage auch Folgen für die Beantwortungsmöglichkeiten der Allokationsfragen haben. Darüber hinaus beinhalten viele Verteilungskorrekturen auch Änderungen von Ordnungsregeln, z. B. des Wettbewerbsrechts oder des allgemeinen Vertragsrechts. Das bedeutet, daß auch die Marktmäßigkeit der Ordnung unmittelbar berührt werden kann. Wegen derartig vielfältiger Nebenwirkungen von Verteilungskorrekturen sowie des damit verbundenen Aufwands stellt dieser Politikbereich ein besonders aufschlußreiches Demonstrationsobjekt für die wirtschaftspolitische Kosten-Nutzen-Analyse (Kap. 12) als Verfahren im Dienst wirtschaftspolitischer Rationalität dar.

5.3.1 Zielwirkungen von Verteilungskorrekturen

Bei den zu bewertenden Erträgen (dem Nutzen) von Verteilungskorrekturen kann wie bei allen wirtschaftspolitischen Kosten-Nutzen-Analysen unterschieden werden zwischen solchen Erträgen, die unmittelbar zu den sozialstaatlichen Zielen – also primär der Gerechtigkeit und Sicherheit – beitragen sollen, und solchen, die anderen Zielen dienlich sein könnten (positive Nebenwirkungen).

5.3.1.1 Direkte Zielwirkungen

Eine wissenschaftlich begründete Bewertung von Zielbeiträgen wirtschaftspolitischer Interventionen ist zwar nicht möglich. Die Zielbeiträge als solche lassen sich aber durchaus analysieren. Im Falle von Interventionen, die sich an Gerechtigkeitsvorstellungen orientieren, wird i. d. R. eine begünstigende Diskriminierung einzelner Gruppen zu Lasten anderer angestrebt. Das Ausmaß der zielrelevanten Diskriminierung hängt davon ab, inwieweit

- Begünstigungswirkungen von anderen als der Zielgruppe ferngehalten und
- die Lasten (Kosten) der Begünstigung auch tatsächlich anderen als der Zielgruppe aufgebürdet werden.

Je weniger dies der Fall ist, desto geringer fällt die allein relevante Nettodiskriminierung (gezielte Umverteilungswirkung) aus.

So fällt bei einer Finanzierung von Transferzahlungen aus dem Aufkommen einer allgemeinen Steuer der Nettotransfer um so geringer aus, je mehr die Transferempfänger zugleich Steuerzahler sind. Da die ständig zunehmende Zahl von Transferarten (s. u.) auf immer neue vermutete Benachteiligungen abstellt, wächst die Zahl derjenigen, die von solchen Zahlungen begünstigt werden. Hinzu kommt die Streuwirkung von Preissubventionen ohne komplementäre Marktspaltung sowie von Realtransfers. Welche Haushalte in welchem Umfang Nettoempfänger bzw. Nettozahler sind, ist im einzelnen unbekannt. Da neue Transferleistungen somit ohne solide Kenntnis der Nettodiskriminierung aller bisherigen Leistungen beschlossen werden, sind auch unerwünschte Kumulationen bei einzelnen Empfängergruppen nicht auszuschließen.

Das Ergebnis ist zumindest zum Teil eine Transferillusion. Sie beschränkt sich jedoch nicht auf die fiskalischen Transfers. Auch in der sozialen Sicherung lassen sich Beispiele hierfür finden. So gilt in der Bundesrepublik Deutschland die „beitragsfreie" Mitversicherung der Familienangehörigen in der Krankenversicherung als soziale Errungenschaft. Da jedoch der Anteil der Alleinstehenden an den Beitragszahlern im Vergleich zu den Versicherten mit Familie gering ist und viele Bezieher relativ geringer Einkommen umfaßt, müssen die Beitragszahler ihre mitversicherten Familienmitglieder durch entsprechend hohe allgemeine Beitragssätze weitgehend selbst mitfinanzieren.

Auch bei anderen Verteilungskorrekturen liegt der Verdacht auf eine Transferillusion nahe. So wird in der Regionalpolitik eine Begünstigung von als entwicklungsschwach identifizierten Regionen zu Lasten der prosperierenden Regionen angestrebt. Dem wirkt entgegen, daß die in unterschiedlichem Maße durch Bundes- und Ländermaßnahmen begünstigte Fläche durch Modifikation des Interventionskriteriums der „Entwicklungsschwäche" ständig vergrößert wurde. Ferner wurden durch andere raumwirksame Maßnahmen wie die Städtesanierung auch die entwicklungsstarken Agglomerationen begünstigt. Dementsprechend dürfte die Nettodiskriminierung zugunsten entwicklungsschwacher Regionen abgenommen haben.

5.3.1.2 Positive Nebenwirkungen

Von Verteilungskorrekturen wird häufig nicht nur ein Beitrag zum Gerechtigkeitsziel erwartet, sondern auch, daß sich damit Spannungen zwischen Gruppen, Regionen und

Nationen mildern oder vermeiden lassen. In diesem Fall würde der Umverteilung eine positive Nebenwirkung in Form der Sicherung des inneren bzw. des äußeren Friedens im Sinne einer Beschwichtigung zugeschrieben. Eine weitere positive Nebenwirkung könnte darin bestehen, daß sich der gesellschaftliche Konsens über die gemeinsamen Ordnungselemente und Institutionen erhöht, Umverteilung also auch integrierend wirkt.

Wie bedeutsam solche Einstellungen sind, die u. a. an Motiven wie denen der Mißgunst sowie an spezifischen Ursachenzurechnungen im Hinblick auf individuelle Versorgungslagen (z. B. der Gesellschaftsordnung) anknüpfen müßten, ist eine empirische Frage. Das gilt auch für die tatsächliche Einschätzung von erfahrenen Begünstigungen und Belastungen. Dabei dürfte die faktische Ausgestaltung der Verteilungskorrekturen ebenfalls bedeutsam sein. So ist mit der Vielfalt der Transferarten (in der Bundesrepublik Deutschland etwa 90) eine Vielfalt von Bezugskriterien und zuständigen Organisationen bzw. Behörden (in der Bundesrepublik Deutschland etwa 40) verknüpft. Daraus ergibt sich die Gefahr, daß zunehmend Findigkeit, Geschick und Zufall prämiert werden, anstatt Bedürftigkeit systematisch zu bedenken. Als Folge davon dürfte bei denjenigen, die sich als Nettozahler betrachten, eher mit einem Grolleffekt und bei den Bedürftigen eher mit Enttäuschung zu rechnen sein.

5.3.2 Kostenquellen von Verteilungskorrekturen

Auf der Kostenseite können die direkten Kosten von Verteilungskorrekturen i. S. v. Ressourcenverbrauch unterschieden werden von den Kosten in Form von Nutzenentgang als Folge negativer Nebenwirkungen im Hinblick auf andere Zielsetzungen, als sie für die Verteilungspolitik bedeutsam sind.

5.3.2.1 Direkte Kosten

Unmittelbare Kosten der Vorbereitung und Durchführung verteilungspolitischer Maßnahmen verursacht

- die Gesetzgebung. Die Produktion von gesetzlichen Grundlagen für Verteilungskorrekturen erfordert vielfältigen zusätzlichen staatlichen Aufwand. Er reicht von Kosten der Erarbeitung von Gesetzesvorlagen durch die Parlamentarier und deren Assistenz, der betroffenen Ministerialbürokratie, entgeltlich hinzugezogenen Experten bis hin zu den Kosten von Durchführungsverordnungen;
- die Transferbürokratie. Sowohl für die negativen Transfers durch direkte Besteuerung als auch für die positiven Transfers durch unterschiedlich konditionierte Geldleistungen und Objektsubventionen sind Verwaltungen erforderlich. Ihr Umfang wächst mit zunehmender Vielfalt der Transferaktivitäten, ganz abgesehen von der zu vermutenden Eigendynamik bürokratischer Systeme;
- die Administration des Systems der sozialen Sicherung. Dabei sind aus der Perspektive der Verteilungspolitik allerdings z. B. bei den Anwendungen des Versicherungsprinzips lediglich die Zusatzkosten relevant, die durch die Administration von Durchbrechungen des Äquivalenzprinzips verursacht werden;
- die Finanz- und Sozialgerichtsbarkeit. Soweit die Besteuerung verteilungspolitisch ausgestaltet ist, verursacht auch sie Kosten in Form von Rechtsstreitigkeiten zwi-

schen den Finanzverwaltungen und den Steuerzahlern, für deren Austragung Rechtsprechungskapazität bereitgehalten wird. Ebenso hat die „Verrechtlichung" wohlfahrtsstaatlicher Politik über das Recht der Sozialleistungen hinaus in Bereichen wie denen des Arbeits-, Miet- und Familienrechts zusätzlichen Rechtsprechungsbedarf entstehen lassen;

- der induzierte private Ressourcenverbrauch. Verteilungskorrekturen erfordern auf vielfältige Weise die Mitwirkung der Begünstigten und der Belasteten. Teilweise hat diese Mitwirkung inzwischen Märkte für zusätzliche Dienstleistungen wie die für Steuer-, Renten- und Subventionsberatung entstehen lassen und zu einer Spezialisierung der anwaltlichen Rechtsberatung geführt. Mit ihrer Inanspruchnahme kommt es zu staatlich induzierten Transaktionen und Transaktionskosten als Substitute für (noch) teurer eingeschätzte Eigenleistungen.

5.3.2.2 Negative Nebenwirkungen

Alternativkosten i. S. v. Einbußen bei anderen als den Zielen, die mit Verteilungskorrekturen angestrebt werden, lassen sich nicht zuletzt im Hinblick auf den Grundwert der individuellen Freiheit vermuten. Umverteilung setzt im günstigen Falle voraus, daß einem Teil der Bürger die selbstgeschaffenen oder im Rahmen der Familiensolidarität erworbenen materiellen Grundlagen freier Entfaltung zwangsweise geschmälert werden, um diese unter Inkaufnahme von Sickerverlusten in Form von direkten Kosten (s. o.) für andere zu verbreitern. Je geringer jedoch die Nettodiskriminierung ausfällt und je mehr Zweckbindungen bei Übertragungen dominieren, desto mehr Bürger erfahren eine unmittelbare materielle Freiheitsbeschränkung. Ihr steht ein geringerer und u. U. auch noch bevormundender Rücktransfer gegenüber.

Aus allokations- und ordnungspolitischer Sicht und damit im Hinblick auf den Ressourceneinsatz sowie die Entwicklungsdynamik sind vor allem von Bedeutung

- negative Anreizwirkungen, die sowohl bei den von Verteilungskorrekturen Belasteten als auch bei den Begünstigten auftreten können;
- Beeinträchtigungen oder gar eine teilweise Ausschaltung der wettbewerblichen Kontrolle, die den Korrekturen immanent sein kann oder aber flankierend erforderlich wird;
- Selbstverstärkungsprozesse sowohl hinsichtlich der direkten Kosten als auch des Umfangs von Verteilungskorrekturen, die sich aus individuellen Verhaltensweisen und aus dem politischen Willensbildungsprozeß ergeben können.

Anreizwirkungen

Negative Anreizwirkungen bei den durch Verteilungskorrekturen vorwiegend Belasteten können insbesondere bestehen in

- einer Verringerung der durchschnittlichen Akkumulationsrate, z. B. als Folge einer Umverteilung von Haushalten mit relativ hohem Einkommen und hoher Sparneigung zu solchen mit geringerem Einkommen und geringerer Sparneigung; damit würde zugleich eine (ungewollte) Änderung der Intergenerationenverteilung bewirkt;
- einem Verlust an unternehmerischer Initiative, z. B. als Folge einer Verteilungspolitik, die neben einer direkten finanziellen Belastung von Unternehmen bei diesen

auch beträchtlichen organisatorischen Aufwand in Folge von Überregulierung erfordert und deshalb kleine Unternehmen, vor allem Neugründungen, kritisch belasten kann; damit würde zugleich das Ausmaß an potentiellem Wettbewerb verringert;

- eine produktivitätsschmälernde Umlenkung von Ressourcen, z. B. als Folge des Ausweichens in abgabelastfreie Betätigungs- und Erwerbsformen, sei es in die Haushaltsproduktion (Abgabenvermeidung), sei es in die Schattenwirtschaft im engeren Sinne (zumindest teilweise Abgabenhinterziehung); damit wird zugleich die angestrebte Verteilungskorrektur teilweise verfehlt oder in kaum nachvollziehbarer Weise verzerrt.

Bei den Begünstigten können unerwünschte Anreizwirkungen auftreten in Form

- einer Minderung von Leistungsanreizen als Folge der Gewährung von Transfereinkommen, die sich in der Höhe wenig oder nicht von erzielbaren Erwerbseinkommen unterscheiden, wobei es sich um einzelne Transfers (z. B. an Arbeitslose) ebenso handeln kann wie um eine Kumulation verschiedener Sozialleistungen aus der mangelhaft abgestimmten Vielfalt beanspruchbarer Transfers; damit dürften Verhaltensweisen wie die des vielzitierten Sozialschnorrers gefördert werden;
- einer Förderung des Anspruchsdenkens zu Lasten der Fähigkeit zur Selbsthilfe durch Ausdehnung staatlicher Fürsorge auf immer mehr Wechselfälle des Lebens; damit dürfte privates Hilfsangebot, sei es erwerbswirtschaftlicher Art, sei es durch Selbsthilfeorganisationen, diskriminiert und darüber hinaus das Subsidiaritätsprinzip ausgehöhlt werden.

Wettbewerbswirkungen

Negative Nebenwirkungen auf die wettbewerbliche Selbstkontrolle stellen sich nicht zuletzt ein,

- wenn eine Beschäftigungssicherung für Unternehmen, Branchen und Regionen z. B. mit Hilfe von Subventionen, Steuerverzichten und Handelsbeschränkungen versucht und der Lenkungsfunktion der Preise entgegengewirkt wird; dabei erwächst aus einem temporären Schutz als Anpassungshilfe fast regelmäßig ein politischer Besitzstand, der schwer abbaubar ist, auch wenn er sich als nicht mehr erforderlich, unwirksam oder gar als kontraproduktiv erweist;
- wenn infolge von Objektsubventionen und zweckgebundenen Geldleistungen für eine Reihe von Branchen (z. B. Hersteller im Bereich des Gesundheitswesens, des sozialen Wohnungsbaus, der Schulbuchproduktion) bequeme Absatzmärkte entstehen, weil die Anreize zur Wirtschaftlichkeitsprüfung ihrer Angebote durch die Marktgegenseite gering sind bzw. fehlen oder gar zur Verschwendung angeregt wird; dabei können bei der Leistungserstellung dieser „Sozialindustrien" (JÄNICKE, 1980) noch weitere Allokationsverluste hinzukommen, da das Verfahren, Festpreise auf der Grundlage der Kostendeckung mit den Produzentenverbänden auszuhandeln, eine Aufblähung der Kosten begünstigt;
- wenn infolge einer verteilungspolitischen Sonderstellung von Produktionszweigen (z. B. Landwirtschaft, Bergbau) ein flankierender Schutz durch Handelsbeschränkungen erforderlich wird, weil die Auslandskonkurrenz solche Maßnahmen (z. B.

Mindestpreise) als marktwidrig aufdeckt; dabei entsteht zugleich die Gefahr einer immer mehr um sich greifenden Protektion, weil die nationalen verteilungspolitischen Schwerpunkte nicht deckungsgleich sind.

Selbstverstärkungsprozesse

Selbstverstärkungsprozesse mit aufblähender Wirkung auf den wohlfahrtsstaatlichen Aufwand können in den Fällen auftreten, in denen bewußt auf den Einsatz von Knappheitssignalen bei Sozialleistungen verzichtet wird. Dies gilt einmal für Zwangsversicherungen, wenn, wiederum aus verteilungspolitischen Gründen, Bemühungen unterbleiben, der moralischen Versuchung der Versicherten zumindest mit den im Versicherungswesen entwickelten Signalen entgegenzuwirken (z. B. Selbstbeteiligung und Karenztage bei der Krankenversicherung, Differenz zum Erwerbseinkommen und Zumutbarkeitsregelung bei der Arbeitslosenversicherung). Mit einem der moralischen Versuchung vergleichbaren Effekt muß bei Transferleistungen gerechnet werden, wenn Bedürftigkeitsnachweise mit dem Argument der Schonung der Selbstachtung der Begünstigten wenig restriktiv oder gar nicht eingesetzt werden. Damit werden die Begünstigten mehr oder weniger zum Richter über die eigene Bedürftigkeit. Ferner sind sie der Versuchung zur Selbstbedienung zum Nulltarif und zu Lasten einer Solidargemeinschaft ausgesetzt, die sie ohnehin nur anonym erfahren. Zu Selbstverstärkungsprozessen kann es in beiden Bereichen wohlfahrtsstaatlicher Leistungen vor allem durch deren nachahmende Inanspruchnahme (Demonstrationseffekt) kommen.

Im politischen Wettbewerb sind im Zusammenwirken von Politikern und Funktionären von wirtschaftspolitischen Interessenverbänden ebenfalls Selbstverstärkungsprozesse im Hinblick auf eine Ausweitung verteilungspolitischer Korrekturen angelegt. Eine Dienstleistung, die Funktionäre ihren Verbandsmitgliedern erbringen, kann in diesem Zusammenhang darin gesehen werden, daß es ihnen gelingt, (1) für Mitglieder Sondervorteile (z. B. Subventionen, Steuerprivilegien, Handelsbeschränkungen, vertragsrechtliche Begünstigungen) beim Gesetzgeber zu erwirken und (2) die Kosten solcher Vorteile (z. B. Bedarf an Staatseinnahmen, Effizienzeinbußen) möglichst weitgehend und unmerklich von Nichtmitgliedern tragen zu lassen. Die Chancen der Verbandsfunktionäre, Politiker für die Vergabe verteilungspolitischer Privilegien zu gewinnen, dürften um so größer sein, je mehr diese davon überzeugt werden können, daß die repräsentierte Gruppe sie im politischen Wettbewerb wirksam unterstützt. Auch den politischen Repräsentanten dürfte i. d. R. daran gelegen sein, die Kostenbelastung durch die Verteilungsprivilegien wenig transparent und fühlbar zu gestalten, um unnötige Grolleffekte zu vermeiden.

Selbstverstärkungsprozesse, die eine Expansion der verteilungspolitischen Privilegien bewirken, ergeben sich im politischen Wettbewerb daraus,

- daß gewährte Sondervorteile leicht zu Besitzständen werden, deren Wegnahme das politische Wohlwollen der betroffenen Gruppe kosten mag, deren bloße Beibehaltung aber zukünftige Unterstützung nicht sichert;
- daß es im Interesse von Politikern und Verbandsfunktionären liegt, mit immer neuen Privilegien auch neue Wähler bzw. Mitglieder anzusprechen;

- daß das inhaltlich offene Sozialstaatsprinzip es erlaubt, immer neue Felder verteilungspolitischen Korrekturbedarfs überzeugend zu begründen;
- daß auch dann, wenn es gelänge, die Versorgungslage der verschiedenen Gruppen stärker anzugleichen, eine Vermutung von Alexis de TOCQUEVILLE (1835, 1840, S. 791) bedenkenswert sein dürfte: „Sind die gesellschaftlichen Bedingungen alle ungleich, so fällt keine noch so große Ungleichheit kränkend auf; wogegen der kleinste Unterschied inmitten der allgemeinen Gleichförmigkeit Anstoß erregt; deren Anblick wird um so unerträglicher, je durchgehender die Einförmigkeit ist."

Das Zusammenwirken von politischen Unternehmern und Verbandsfunktionären läßt sich bei solchen Verteilungskorrekturen, die die wettbewerbliche Selbstkontrolle beeinträchtigen, mit dem Blick auf die Begünstigten als Rentensuche („rent-seeking"; z. B. BUCHANAN, 1980; TULLOCK, 1967, TOLLISON, 1982) charakterisieren. Aus dieser Sicht handelt es sich um Bemühungen, Einkommenserzielungschancen im Marktbereich nicht durch Wettbewerbsleistungen, sondern mit Hilfe politisch erwirkter Privilegien zu erschließen, zu sichern oder zu verbessern. Es kann sich beispielsweise lohnen, Ressourcen in die Aktivitäten eines Interessenverbandes zu investieren mit dem Ziel, einem Wirtschaftszweig den Status eines vom Wettbewerbsrecht ausgenommenen Bereichs zu verschaffen. Als Begründungen haben sich im Falle von strukturschwachen Branchen die Sicherung von Arbeitsplätzen und die Vermeidung „ruinöser Konkurrenz" politisch bewährt. In anderen Fällen läßt sich die Substitution von Wettbewerb durch Regulierung mit dringlichem Verbraucherschutz begründen. Angestrebt wird mit solchen und ähnlichen Begehren eine interventionsgestützte Quasi-Monopolrente als volkswirtschaftlich kostspieliges Gegenteil von wettbewerbsbestimmten Anpassungs- und Entwicklungsprämien.

Dementsprechend negativ fallen Gesamturteile über die Qualität der Verteilungs- bzw. Sozialpolitik nur zu häufig aus. Ein Urteil, das sich auf das Sozialleistungsprinzip der Bundesrepublik Deutschland bereits Mitte der sechziger Jahre bezieht, kann als stellvertretend gelten (BETHUSY-HUC, 1965, S. 258). In ihm wird betont:

„1. Die Unkenntnis der Masse der Staatsbürger über die Zusammenhänge zwischen Sozialleistungen und Sozialaufwand und dessen Aufbringung.
2. Der Gruppenegoismus, der gegenseitige Gruppenneid und die Anspruchshaltung der verschiedenen sozialen Gruppen, durch die das Verhältnis der Gruppen und ihrer Mitglieder zum Staat und der Gruppen untereinander gekennzeichnet ist.
3. Die Funktionen der Parteien als Drehscheibe von Interessen, die nicht eigene existentielle Interessen sind, deren Durchsetzung oder Hemmung jedoch der Machtmassierung der Parteien dienen sollte."

Kapitel 6: Versorgung mit dem Kollektivgut Wirtschaftspolitik

Der in den vorangegangenen Kapiteln (2–5) begründete Bedarf an Wirtschaftspolitik kann zu den wirtschaftspolitischen Aufgabenbereichen Ordnungspolitik, Allokations- und Stabilisierungspolitik sowie Verteilungspolitik zusammengefaßt werden. Nunmehr soll den Konsequenzen nachgegangen werden, die sich aus dem Umstand ergeben, daß wirtschaftspolitische Maßnahmen im Rahmen dieser Aufgabenbereiche als Kollektivgüter anzusehen sind. Eine Konsequenz ist, daß es zur Entscheidung über Art und Umfang der Versorgung mit Wirtschaftspolitik politischer Willensbildungsprozesse bedarf sowie einer Finanzierung durch Zwangsbeiträge, die sich die Gesellschaftsmitglieder selbst auferlegen müssen. Eine zweite Konsequenz bezieht sich auf die Koordination der Versorgungswünsche hinsichtlich des Kollektivgutes Wirtschaftspolitik und ihre Abstimmung mit den begrenzten Realisierungsmöglichkeiten. Diese Aufgaben werden in der repräsentativen Demokratie von Vertretern politischer Parteien in Parlament und Regierung übernommen. Aus ökonomischer Perspektive sind sie politische Akteure, die miteinander um Wahlchancen konkurrieren (Schumpeter, Downs, Herder-Dorneich). Hinsichtlich Art, Umfang und Kosten der Versorgung mit Kollektivgütern ist auf der Angebotsseite das Eigeninteresse der politischen Unternehmer und der staatlichen Bürokratie ebenso zu berücksichtigen wie auf der Nachfrageseite das Verhalten der Bürger als Wähler und die teilweise Vermittlung ihrer Interessen durch Verbände. Ferner sind die Wahl- ebenso wie die Entscheidungsverfahren (die verschiedenen Abstimmungsregeln) von Bedeutung. Schließlich ist zu prüfen, von welchen weltanschaulichen Grundpositionen aus Versorgungswünsche hinsichtlich Art und Umfang der Produktion von Wirtschaftspolitik formuliert werden können.

Literaturhinweise

6.1: Buchanan, 1975/2002 (Kap. 3), 1978; Head, 1962; Kindleberger, 1986; Olson, 1965/2002 (Kap. 1); Streit, 1987c; Tullock, 1971.
6.2: Buchanan, 1965/98; Downs, 1957b; Kirsch, 1974/97 (Kap. 5); Mueller, 1979/93 (Teil 1).
6.3: Dietzel, 1923; Hayek, 1948/2002; v. Mises, 1940/2002 (S. 115 ff.); Popper, 1945/95 (Kap. 6); Schmidt, 1964, 1970; Tuchtfeldt, 1979; Vanberg, 1975 (Kap. 1, 5).

6.1 Kollektivguteigenschaften wirtschaftspolitischer Aktivitäten

Nach dem bisher aufgedeckten Handlungs- bzw. Lenkungsbedarf können folgende wirtschaftspolitische Aufgabenbereiche unterschieden werden:

- die Versorgung mit einer institutionellen Infrastruktur in der Absicht, eine gewählte Wirtschaftsordnung zu etablieren und zu ihrer Sicherung beizutragen, aber auch, sie gegebenenfalls zu ändern (Ordnungspolitik);
- die Beeinflussung des Wirtschaftsablaufs in Fällen, in denen die marktmäßige Versorgung ergänzt, eine verschwendungsarme Allokation der Ressourcen gefördert und die Stabilität des Ablaufs ökonomischer Prozesse begünstigt werden könnte (Allokations- und Stabilisierungspolitik);

- die Korrektur individueller Ausgangspositionen und Versorgungslagen, die aufgrund einer verteilungsorientierten Bewertung von sozioökonomischen Zuständen und deren Veränderungen wünschenswert erscheint (Verteilungspolitik).

Aus ökonomischer Sicht läßt sich die Wahrnehmung dieser Aufgaben durch den Staat als Ergebnis politischer Willensbildungsprozesse begründen, wenn es dabei um die Bereitstellung von Kollektivgütern geht. Kollektivgüter wurden im dritten Kapitel dadurch gekennzeichnet, daß bei ihnen Ausschlußmöglichkeiten nicht bestehen bzw. bewußt nicht eingeräumt werden.

6.1.1 Kollektivguteigenschaften der Ordnungspolitik

Das Ergebnis ordnungspolitischer Aktivitäten, die institutionelle Infrastruktur, wurde bereits als Kollektivgut identifiziert. Ihre Kollektivguteigenschaften lassen sich zunächst einmal für die Ordnungsregeln (das Privat- und Wirtschaftsrecht) identifizieren, mit denen die Marktmäßigkeit der Koordination des gesellschaftlichen Wirtschaftens bewirkt und gesichert wird (hierzu z. B. Streit, 1987c, S. 2 f.):

- Sie gelten für eine unbekannte, beliebig große Zahl von Personen und Fällen; das bedeutet zugleich, daß ihre Anwendung unabhängig ist von den wirtschaftlichen Ergebnissen, die sie im Einzelfall mit herbeiführen mögen.
- Sie lassen bei demjenigen, der sich an sie hält, als Folge dieser Gesetzestreue keinen nennenswerten unmittelbaren Ertrag entstehen, wenn von einer damit verbundenen moralischen Befriedigung abgesehen wird; aus einer individualistischen Perspektive kommt Gesetzestreue unmittelbar nur anderen zugute und stellt einen reinen technologischen externen Ertrag dar.
- Sie gewinnen mit zunehmender Geltungsdauer und hinreichend stabilen Geltungsbedingungen eher noch an Qualität; der Qualitätsgewinn ergibt sich, weil Anpassung an Regeln Zeit erfordert und die dabei entstehenden Verhaltensmuster zur Stabilisierung der Erwartungen und damit zur Senkung des Transaktionskostenpegels beitragen.
- Sie verlieren bei tolerierten Verstößen an Qualität, da damit Erwartungen enttäuscht und u. U. Demonstrationseffekte ausgelöst werden; Verstöße sind als Schwarzfahren mit externen Kosten interpretierbar, und ihre Ahndung bzw. die gerichtliche Regeldurchsetzung kann als Reinvestition in die Ordnungsregeln angesehen werden, wenn davon eine vorbeugende Wirkung ausgeht.

Diese Eigenschaften machen marktwirtschaftliche Ordnungsregeln zu reinen Kollektvkapitalgütern (Buchanan, 1975/2000, S. 107 ff.), deren individueller Nutzen erst aus der gemeinsamen Befolgung erwächst. Dabei darf nicht übersehen werden, daß die Regeln institutionalisierte Wertvorstellungen sind (Kasper, Streit, 1998, Kap. 4). Sie müssen akzeptiert, wenn nicht befürwortet werden, um dauerhaft Geltung zu erlangen. Insofern ist die moralische Befriedigung, die Gesetzestreue geben kann, in ihrer Funktion, Ordnungsregeln abzusichern, nicht zu unterschätzen. In ihr kommt die sogenannte Normativität des Rechts zum Ausdruck; sie stützt sich auf Wertrationalität im Unterschied zur Zweckrationalität, die der ökonomischen Analyse der Kollektivgutproblematik zugrunde liegt.

Auch die Durchsetzung der Regeln (z. B. mit Hilfe des Zivilprozeßrechts) hat Kollektivguteigenschaften. Es liegt auf der Hand, daß der einzelne auch bei Einsicht in diese Zusammenhänge nicht die Möglichkeit hat, allein die Regeln dauerhaft zu etablieren. Selbst wenn dies möglich wäre und von allen übrigen akzeptiert würde, müßte es ihm gerade darauf ankommen, möglichst niemanden von der Geltung der Regeln auszuschließen. Ordnungsregeln und deren Durchsetzung sind Kollektivgüter sui generis.

6.1.2 Zum Kollektivgut Weltwirtschaftsordnung

Die bisherigen Überlegungen zu den Kollektivguteigenschaften der Ordnungspolitik orientierten sich an einer einzelnen Volkswirtschaft. Infolgedessen war es ohne weiteres möglich, der staatlichen Organisation die Aufgabe der Bereitstellung und Durchsetzung von Ordnungsregeln zuzuweisen. Die Situation ändert sich jedoch grundlegend, wenn neben der binnenwirtschaftlichen die internationale Arbeitsteilung und die für sie erforderlichen Ordnungsregeln betrachtet werden.

Der Bedarf an Ordnungsregeln für den grenzüberschreitenden Wirtschaftsverkehr ergibt sich aus dem Nebeneinander unterschiedlicher nationaler Wirtschaftsordnungen. Wie im zweiten Kapitel schrittweise erörtert, erhöht sich die Zahl regelungsbedürftiger Tatbestände um so mehr, je mehr die souveränen Staaten gestaltenden Einfluß auf das interne Wirtschaftsgeschehen auszuüben suchen; denn damit vermehren sich auch die Fälle, in denen sie die internen Gestaltungsbemühungen gegen außenwirtschaftliche Einflüsse absichern müssen. Die Folge davon ist, daß sie Einkommenserzielungschancen von Wirtschaftssubjekten anderer Staaten (z. B. durch Handelsbeschränkungen, interne Geldwertänderungen, Duldung grenzüberschreitender privater Wettbewerbsbeschränkungen, Errichtung eines staatlichen Außenhandelsmonopols usw.) mitverändern; denn internationale Arbeitsteilung bedeutet wie binnenwirtschaftliche Arbeitsteilung gegenseitige Abhängigkeit.

Anders als bei der binnenwirtschaftlichen Arbeitsteilung, fehlt es bei internationalen Wirtschaftsbeziehungen an einem Organisationsäquivalent zum Staat, mit dessen Hilfe entsprechende Ordnungsregeln bereitgestellt und durchgesetzt werden könnten. Wie die Überlegungen im zweiten Kapitel bereits erkennen ließen, käme es in erster Linie darauf an, staatliche Interventionsmöglichkeiten mit grenzüberschreitenden Wirkungen einzuschränken und Verfahren zur Behandlung von Regelverstößen zu entwickeln (hierzu z. B. Petersmann, 1986).

Für das Entstehen eines solchen Ordnungsrahmens dürfte der historische Befund aufschlußreich sein (z. B. Kindleberger, 1986, S. 7 ff.), wonach zwischenstaatliche Rahmenvereinbarungen, z. B. über Regeln eines Wechselkurs- und Handelssystems von einzelnen, im relevanten Zeitraum wirtschaftlich und politisch dominierenden Staaten initiiert wurden. Hierfür lassen sich sowohl das unter britischer Vorherrschaft entstandene Freihandels- und Goldwährungssystem im vergangenen Jahrhundert anführen als auch die Neuordnung der Weltwirtschaftsbeziehungen unter der Führung und mit Hilfe von Ressourcentransfers der Vereinigten Staaten nach dem Zweiten Weltkrieg. Ebenso aufschlußreich sind aber auch Perioden eines mangelnden Konsenses und vielseitigen Verstoßes gegen Regeln außenwirtschaftspolitischen Wohlverhaltens sowie des Fehlens konsensstiftender Initiativen durch eine dominante Nation. Ein Beispiel hierfür ist die Erosion der Weltwirtschaftsordnung in der Zwischenkriegszeit, die dadurch bewirkt wurde, daß die großen Handelsnationen zunehmend zu Handelsbeschränkungen und Wechselkursmanipulationen griffen, um binnenwirtschaftliche Probleme zu lösen und Beeinträchtigungen durch andere Nationen abzuwehren.

Das Problem der Initiierung und Sicherung einer Weltwirtschaftsordnung ist begrenzt vergleichbar mit dem Zustandekommen eines freiwilligen Zusammenschlusses von Individuen zur Bereitstellung eines Kollektivgutes. Mit Hilfe der „Logik kollektiven Handelns" (Olson, 1965/2002, insbes. Kap. 1) wäre der historische Befund wie folgt analog interpretierbar:

- Grundsätzlich dürfte für das Zustandekommen einer entsprechenden Ordnung die Zahl der einzubeziehenden Staaten und die Intensität ihres Interesses an einer friktionsarmen internationalen Arbeitsteilung bedeutsam sein.
- Ein freiwilliger Zusammenschluß dürfte um so schwieriger und damit weniger wahrscheinlich sein, je größer die zu organisierende Staatengruppe und je geringer der von den einzelnen Gruppenmitgliedern erwartete Anteil am Gesamtvorteil der internationalen Verflechtung ist.
- Zu einer ordnungspolitischen Initiative durch einen einzelnen Staat dürfte es am ehesten kommen, wenn der politisch umsetzbare ökonomische Gewinn, der von einer friktionsarmen Arbeitsteilung erwartet werden kann, höher als die Kosten einer solchen Initiative veranschlagt wird.
- Eine etablierte Ordnung dürfte ständig durch die Erosionsgefahr bedroht sein, die sich aus der Versuchung der Nationalstaaten ergibt, sich durch Regelverstöße (z. B. Handelsbeschränkungen, Wechselkursmanipulationen) Sondervorteile als Schwarzfahrer an den Ordnungsregeln zu verschaffen.
- Je nach Größe des erwarteten Nettovorteils dürfte es sogar vorkommen, daß die dominierende Nation bei eigener Regeldisziplin (der Emission externer Erträge) vorteilsmindernde Regelverstöße (externe Kosten) in Grenzen hinnimmt (Ausbeutung des „Großen" durch die „Kleinen").
- Der Fortbestand der Ordnung durch vorherrschende Regeldisziplin aller dürfte im Falle einer dominierenden Nation aber auch von deren Bereitschaft abhängen, allein oder in Kooperation mit einem Teil der Mitglieder selektive Anreize zur Einhaltung (z. B. durch Retorsionsdrohung) zu geben, und davon, daß zumindest ein Grundkonsens aller Gruppenmitglieder über die Vorteilhaftigkeit der Ordnung besteht.

Diese Schlußfolgerungen dürften erkennen lassen, daß eine Weltwirtschaftsordnung bzw. deren Fortbestand ohne ein hierarchisches (organisatorisches) Element (sei es ein dominierender Staat oder eine kleine Staatengruppe) als Initiator und Unterstützer wenig wahrscheinlich ist (Hegemoniehypothese).

6.1.3 Die übrigen Aufgabenbereiche

Soweit mit der Ordnungspolitik nicht nur durch eine Wirtschaftsverfassung die Beziehungen zwischen den privaten Planträgern geregelt, sondern auch Lenkungsmöglichkeiten zu allokations-, stabilisierungs- und verteilungspolitischen Zwecken eingeräumt werden, bleiben deren Kollektivguteigenschaften noch zu überprüfen. Bei der Allokationspolitik ist die Versorgung mit den zur materiellen Infrastruktur zählenden Kollektivgütern im Grunde schon Beleg genug. Auch die übrigen Aktivitäten in diesem Aufgabenbereich der Wirtschaftspolitik sind ohne Schwierigkeiten entsprechend interpretierbar. Dazu genügt es im allgemeinen bereits, den für die angestrebte Wirkung einer entsprechenden Aktivität (z. B. wachstumspolitisch orientierte Informations- und Mobilitätshilfen) notwendigen Aufwand eines einzelnen mit seinen Möglichkeiten zu vergleichen, die erzielten Ergebnisse auch hinreichend zu internalisieren. Ebenso kann bei der Stabilisierungspolitik argumentiert werden. Wenn etwa der einzelne sein Ausgabenverhalten in antizyklischer Absicht variieren würde, wären die u. U. möglichen Stabilisierungswirkungen selbst bei großen individuellen Anstrengungen für ihn praktisch nicht internalisierbar.

Auf den ersten Blick scheint die Verteilungspolitik nicht als Kollektivgut interpretierbar; denn derartige Maßnahmen sollen i. d. R. bewirken, daß einem Teil der Gesellschaft zu Lasten eines anderen Vergünstigungen eingeräumt werden. Von altruistischen Motiven einmal abgesehen, sollten die davon negativ Betroffenen eigentlich kein Interesse an einem Gut Umverteilung (Redistribution) haben. Jedoch würde bei dieser Art der Betrachtung vernachlässigt, daß Redistribution u. a. auch ein Instrument der Konfliktminderung, der Beschwichtigung, ist, also der Sicherung der Gesellschaft dienen kann. An der Sicherung der Gesellschaft dürfte ein Interesse bestehen, weil erst sie es ermöglicht, die Vorteile arbeitsteiligen Wirtschaftens zu erschließen. Ferner ist zu berücksichtigen, daß die Redistribution nur Teil eines ganzen Bündels von Kollektivgütern ist, dessen Bereitstellung durch ein funktionsfähiges Gemeinwesen möglich wird. Gerade die Tatsache, daß es neben der Redistribution um ein Bündel von Kollektivgütern geht, führt wohl mit dazu, daß selbst die von Verteilungsmaßnahmen negativ Betroffenen diesen ganz oder teilweise zustimmen können.

6.2 Versorgung mit Wirtschaftspolitik durch politische Unternehmer

6.2.1 Das Versorgungsproblem

Hinsichtlich der Versorgung mit dem Kollektivgut Wirtschaftspolitik ist zu prüfen, wie die individuellen Versorgungswünsche aufgedeckt, aufeinander abgestimmt und mit den zu ihrer Realisierung zu beschaffenden Ressourcen in Einklang gebracht werden können. Bei Kollektivgütern muß ein Substitut für die marktmäßige Koordination gefunden werden. Die Notwendigkeit, ein solches Substitut zu entwickeln, läßt sich wiederum dadurch veranschaulichen, daß das Problem der Versorgung mit Kollektivgütern zunächst für Kleingruppen und dann für Großgruppen analysiert wird (hierzu Olson, 1965/2002, Teil II; Mueller, 1979/93, S. 11 ff.).

Ausgangspunkt ist auch hier der Befund, daß bei Kollektivgütern eine Tendenz zur Unterversorgung besteht, wenn ihre Bereitstellung marktmäßig koordinierter Privatinitiative überlassen bleibt. Kann aber ein beliebiges Kollektivgut nur von einer relativ kleinen Gruppe nichtrivalisierend genutzt werden und ist es möglich, andere auszuschließen, dann steigt die Chance, daß sich die Gruppe auf die Produktion bzw. die Beschaffung dieses Gutes einigt. In der kleinen Gruppe ist die wechselseitige Abhängigkeit für alle Gruppenmitglieder offenkundig. Das gilt zunächst für den Beitrag des einzelnen zur Kostendeckung. Ferner sind die Chancen einer sanktionsfreien, parasitären Nutzung gering. Auch ist noch am ehesten zwischen den potentiellen Nutzern eine Einigung hinsichtlich der individuellen Nutzungswünsche und Nutzungsentgelte zu erzielen (Konsensfindungskosten). Schließlich dürfte in der kleinen Gruppe das einzelne Mitglied noch am ehesten in der Lage sein, die Kosten möglichst gering zu halten, die ihm dadurch entstehen können, daß es u. U. auch Entscheidungen über die Beschaffung und Finanzierung von Kollektivgütern hinnehmen muß, an denen es nicht oder wenig interessiert ist (externe Kosten kollektiver Entscheidungen, die jedoch nicht mit technologischen externen Kosten verwechselt werden dürfen).

Demgegenüber nimmt für den einzelnen mit zunehmender Gruppengröße die Möglichkeit ab, die Konsequenzen seiner Entscheidungen für die Gruppe zu überblicken. In diesem Fall kann er auch eher vermuten, sein Beitrag zur Produktion bzw. Beschaffung eines Kollektivgutes sei nicht ausschlaggebend. Ebenso dürften die Chancen steigen, das Gut unentgeltlich nutzen zu können, ohne negative Sanktionen befürchten zu müssen. Nicht zuletzt aber wird es immer schwerer, einen Konsens über die Versorgung und die dazu erforderlichen individuellen Beiträge durch Verhandlungen zwischen allen potentiellen Nutzern herbeizuführen. Die Situation wird noch schwieriger, wenn realistischerweise davon ausgegangen wird, daß permanent über die Produktion bzw. Beschaffung von unterschiedlichen Kollektivgütern entschieden werden muß und sich außerdem die personelle Zusammensetzung der Gruppen ständig ändert.

6.2.2 Die Rolle politischer Unternehmer

Die mit zunehmender Gruppengröße ansteigenden Kosten des Koordinationsprozesses bei Einschaltung aller Gruppenmitglieder, z. B. in einer direkten Demokratie, und erst recht, wenn Einstimmigkeit bei allen Entscheidungen gefordert würde, lassen eine Reorganisation lohnend erscheinen. Eine Delegation der Lösung des Versorgungsproblems, z. B. an Vertreter politischer Parteien in Parlament und Regierung im Rahmen einer repräsentativen Demokratie bei Anwendung einer Mehrheitsregel, liegt nahe. Aus ökonomischer Perspektive sind sie „politische Unternehmer" (BUCHANAN und TULLOCK, 1962/2001). An ihnen wäre es, den Bedarf der Gesellschaftsmitglieder an Kollektivgütern aufzudecken, zur Diskussion zu stellen und gegebenenfalls dessen Befriedigung zu fördern.

Zur Bereitstellung von Kollektivgütern kommt es aber nur, wenn die Gesellschaftsmitglieder sowohl die zur Produktion erforderlichen Ressourcen aufbringen als auch den politischen Unternehmern die Chance eröffnen, ein Erfolgshonorar zu erzielen, das ihren Koordinationsaufwand übersteigt. Die Aufbringung der erforderlichen Ressourcen durch freiwillige Beiträge stellt ein Versorgungsrisiko dar. Auch gegenüber politischen Unternehmern haben die potentiellen Nutznießer kaum Veranlassung, ihre tatsächlichen Präferenzen durch entsprechende Beiträge offenzulegen, zumal aus individueller Sicht die Chance unentgeltlicher Nutzung besteht. Das Risiko läßt sich i. d. R. nur dadurch einschränken, daß den politischen Unternehmern auch das Recht eingeräumt wird, Zwangsbeiträge zu beschließen und ihre Eintreibung sicherzustellen. Verminderung des Risikos einer Unterversorgung mit Kollektivgütern ist so gesehen der Ertrag einer Inkaufnahme von Zwang bei der Beitragszahlung. Zwangsbeiträge stellen zugleich einen Anreiz für den Beitragszahler dar, seinen Präferenzen Geltung zu verschaffen mit dem Ziel, den Beitragsnutzen zu maximieren. Dabei ist allerdings nicht auszuschließen, daß manchmal erst der Zwangsbeitrag Versorgungswünsche weckt.

6.2.3 Die Versorgungseffizienz

Eine Versorgung mit Kollektivgütern kann nicht so effizient erfolgen, wie dies bei Individualgütern durch marktmäßige Koordination zumindest grundsätzlich möglich ist. Dem stehen die Eigenschaften von Kollektivgütern entgegen. Sie dürften bei den Stimmbürgern dazu führen, daß diese ihre Wahl und damit ihre Sanktionsentscheidung im Hinblick auf die Aktivitäten politischer Unternehmer mit im Vergleich zur Entscheidung über Individualgüter geringerem Informationsaufwand treffen; denn der Wähler kann davon ausgehen, daß seine einzelne Stimme i. d. R. kaum ausschlaggebend sein wird. Bei den politischen Unternehmern, aber auch bei der Administration, ist ebenfalls zu vermuten, daß sie ihre persönlichen Bemühungen (privaten Kosten), möglichst fehlerfreie Entscheidungen über die Bereitstellung von Kollektivgütern zu treffen, nur unter bestimmten Bedingungen (s. u.) nicht geringer halten werden als bei der Beschaffung von Individualgütern zur eigenen Nutzung; denn sie müssen nicht in annähernd gleichem Maße wie bei Individualgütern damit rechnen, daß sie persönlich die Folgen letztlich kollektiv getroffener Fehlentscheidungen zu tragen haben werden. Dem stehen vor allem im Bereich der Wirtschaftspolitik die Schwierigkeiten einer verläßlichen Erfolgskontrolle entgegen.

Besondere Anstrengungen sind hingegen eher von politischen Unternehmern zu erwarten, wenn die Leistungsabgaben eines Kollektivgutes für Stimmbürger klar sowie – verglichen mit der kurzen Wahlperiode – schnell erkenn- und zurechenbar sind. Daraus läßt sich nicht nur eine Tendenz zur Konzentration auf vorwiegend kurzfristig erfolgversprechende Maßnahmen ableiten. Vielmehr gewinnen ferner solche Maßnahmen an Attraktivität, die abgrenzbare Wählergruppen begünstigen; denn mit ihnen läßt sich das Werben um deren Stimmen gezielt betreiben. Für den politischen Unternehmer sind solche gruppenbezogenen Maßnahmen vergleichbar einer gewinnversprechenden Segmentierungsstrategie auf Märkten für Individualgüter. Aus der Sicht der Segmentierbarkeit bedeutet dies, daß verteilungspolitische Maßnahmen besonders lohnend erscheinen müssen, ganz unabhängig von Gerechtigkeitsargumenten, die sich schon wegen der Bedeutungsvielfalt dieses Grundwertes nahezu immer zu ihren Gunsten anführen lassen.

Demgegenüber dürften Initiativen zur Sicherung und Verbesserung der marktwirtschaftlichen Ordnung i. d. R. gerade deshalb relativ unattraktiv sein, weil sie die Eigenschaften reiner Kollektivkapitalgüter haben. Soweit es sich um Ordnungsregeln handelt, gelten diese für eine unbekannte Vielzahl von Personen und Fällen, unabhängig davon, welche Ergebnisse ihre Anwendung hervorbringt. Sie erlauben lediglich die Vermutung, daß es mit ihrer Hilfe möglich wird, „für jedes zufällig herausgegriffene Mitglied der Gesellschaft die Chancen zu verbessern, die es hat, ein hohes Einkommen zu erzielen…“ (Hayek, 1967b/2003, S. 28). Demgegenüber legt eine Orientierung am

Stimmengewinn, aber auch an der Stimmensicherung, den wirtschaftspolitischen Versuch nahe, die Chancen der Zielgruppen im ökonomischen Prozeß systematisch zu verbessern. Ferner läßt sich begründen, daß auch die Bemühungen von Interessenverbänden i. d. R. auf solche Verbesserungen gerichtet sein dürften (Kap. 13). Weil sie für spezifische Gruppen gelten sollen, handelt es sich i. d. R. um Ausnahmen von marktwirtschaftlichen Ordnungsregeln und nur selten um eine Beseitigung solcher Ausnahmen. In ihrer Wirkung sollen die Ausnahmen meist Schutz vor oder Kompensation für Wettbewerbs- oder generell Substitutionswirkungen gewähren (z. B. Bernholz, 1966). Inhaltlich können sie aus staatlicher Regulierung mit dem Ziel einer Absicherung erreichter wirtschaftlicher Positionen und aus umverteilungsorientierten Interventionen bestehen (z. B. wettbewerbsrechtliche Ausnahmen, Handelsbeschränkungen, extensiver Kündigungsschutz, Erhaltungssubventionen).

Aus der Attraktivität kurzfristig orientierter, primär verteilungspolitischer Maßnahmen als Instrumente des Stimmenfangs können sich schwerwiegende Konsequenzen für die Effizienz der Versorgung mit dem Kollektivgut Wirtschaftspolitik ergeben. Wenn politische Unternehmer dieses Instrument nutzen wollen, müssen sie dafür die (parlamentarischen) Mehrheiten rekrutieren. Wollen viele von ihnen sich eine spezifische politische Klientel wohlgesonnen machen, so sind die Mehrheiten nur durch gegenseitige Unterstützung, d. h. Stimmentausch (log rolling), möglich. Die Folge davon dürfte sein, daß es nicht nur zu einer Häufung verteilungspolitischer Maßnahmen kommt, sondern auch, daß die Konsistenz der Maßnahmen im Hinblick auf ihre erwarteten Wirkungen und Nebenwirkungen kaum mehr herstellbar ist. Je mehr sich solche auf die Begünstigung unterschiedlicher Gruppen zielende Maßnahmen häufen und je größer die einzelne Gruppe ist, desto geringer dürfte der Nettovorteil – die Nettodiskriminierung – sein, der für jede einzelne von ihnen noch verbleibt. In zunehmendem Maße hätte gewissermaßen jeder die Hand in der Tasche des anderen und müßte außerdem den bürokratischen Umverteilungsapparat mitfinanzieren. Da ferner viele verteilungspolitische Maßnahmen den Begünstigten mehr oder weniger Schutz vor Selektionswirkungen von Wettbewerbsprozessen gewähren sollen, droht außerdem eine ausufernde wirtschaftspolitische Begünstigung einmal erreichter Marktpositionen. Ein die wirtschaftliche Dynamik hemmender Verkrustungsprozeß, eine institutionelle Sklerose, würde einsetzen (z. B. Olson, 1982/91; Thurow, 1980). Würden seine Ursachen verkannt oder verdrängt, könnte er zum Anlaß für kompensatorische, z. B. wachstumspolitisch begründete Interventionen genommen werden. Eine weitere Drehung der Interventionsspirale mit im Zweifel marktverdrängenden Wirkungen zeichnete sich ab.

Die vorangestellten Überlegungen sollten verdeutlichen, daß die Effizienz der Versorgung mit Kollektivgütern durch politische Unternehmer durch Eigengesetzlichkeiten des politischen Willensbildungsprozesses gefährdet sein dürfte. Dem häufig beklagten Marktversagen kann durchaus ein Politikversagen gegenübergestellt werden. Daraus den Schluß zu ziehen, das demokratische Verfahren sei zu beseitigen, wäre ebenso voreilig wie eine Abschaffung der marktmäßigen Koordination. In beiden Fällen wäre nüchtern zu prüfen, ob die Alternativen unter Verwertung bisheriger Erfahrungen mit ihnen tatsächlich mehr versprechen. Ferner wäre zu fragen, ob durch Reformen der politischen Verfassung möglichen Fehlentwicklungen des demokratischen Verfahrens vorgebeugt werden könnte.

6.3 Normative Positionen bei der Versorgung mit Wirtschaftspolitik: Individualismus versus Kollektivismus

Art und Umfang der Versorgung mit dem Kollektivgut Wirtschaftspolitik hängen entscheidend davon ab, von welchen Vorstellungen über den Zweck von Gesellschaften und die Stellung des Individuums in der Gesellschaft eine konkrete Gesellschaftsordnung und die Ordnung des Teilbereichs Wirtschaft geprägt sind. Zwei extreme sozialphilosophische Positionen können eingenommen werden. Sie sollen deshalb zumindest skizziert werden. Zunächst sind zwei Mißverständnisse auszuräumen, die im Zusammenhang mit der Analyse der Bereitstellung von Kollektivgütern häufig auftreten.

Mißverständnisse

Die Effizienz der Versorgung mit dem Kollektivgut Wirtschaftspolitik wird nicht nur durch Mängel des politischen Willensbildungsprozesses und durch die Schwierigkeiten einer nutzungsadäquaten Finanzierung durch individuelle Beiträge beeinträchtigt. Darüber hinaus besteht auch hier das Wissensproblem. Einer Aufklärung der potentiellen Nutzer sind kostenbedingte Grenzen gezogen. Ganz abgesehen davon kann die Informationsverwertung durch die Nutzer nicht sichergestellt werden. Schließlich läßt sich geltend machen, daß der Nutzen von Kollektivgütern nicht in gleichem Maße wahrgenommen wird wie der von Individualgütern und daß seine Wahrnehmung immer dann besonders erschwert wird, wenn die Leistungsabgabe von Kollektivgütern präventiven Charakter hat. Es wäre jedoch ein Mißverständnis, daraus zu folgern, daß Entscheidungen über die Versorgung mit Kollektivgütern paternalistisch oder autoritär gefällt werden sollten. Dazu bedürfte es vielmehr einer zusätzlichen Wertung. Nach ihr wären Versorgungsentscheidungen auf der Grundlage der schwer erfaßbaren Nutzeneinschätzungen der Beitragszahler abzulehnen. Dieser Wertung könnte die individualistische Norm entgegengehalten werden, daß niemand berechtigt sein sollte, ein endgültiges und verbindliches Urteil darüber zu fällen, was einer anderen Person nützt.

Ein weiteres Mißverständnis ist daran erkennbar, daß von kollektiven oder von gesellschaftlichen Bedürfnissen anstelle von Kollektivgütern die Rede ist. Die Existenz solcher Bedürfnisse würde voraussetzen, daß auch ein Kollektiv als Ganzes und nicht nur seine einzelnen Mitglieder diese empfinden könnten. Genau darin bestünde allerdings das Mißverständnis; denn „die Bedürfnisse empfindende Gemeinschaft ist ein corpus mysticum“ (Schmidt, 1964, S. 337 f.). Das gilt auch für Personifizierungen wie das „Gesamtinteresse“ oder das „Gemeinwohl“. Die Tatsache, daß sie selbst in der Rechtsprechung verwendet werden, ändert nichts an ihrem Charakter, Leeraussagen zu sein. Aus ihnen allein läßt sich keine konkrete Empfehlung ableiten, wohl aber können sie benutzt werden, nahezu jede Maßnahme zu rechtfertigen. Sie haben sich lediglich als „wohlklingende Fiktion mit Beschwichtigungsfunktion“ (Stobbe, 1987, S. 525) bewährt. Ebensowenig kann es Klassen- oder Rasseninteressen geben; bestenfalls können Kollektivmitglieder ähnliche oder gleiche Bedürfnisse haben. Daran ändern solche Gefühle wie Solidarität und Aufopferungsbereitschaft „für das Kollektiv“ nichts; denn daß Bedürfnisse nur von Individuen empfunden werden, schließt Nutzeninterdependenz nicht aus, einschließlich der Möglichkeit, daß ein Gut (z. B. ein Satz Spielkarten) u. U. erst Nutzen stiftet, wenn es gemeinsam genutzt wird. Auch dann gilt, daß der Nutzen letztlich von A und B individuell erfahren wird und nicht von einer mystischen Einheit, genannt A + B (MUSGRAVE und MUSGRAVE, 1973/89, S. 65).

Diametrale Gesellschaftsvorstellungen: Individualismus versus Kollektivismus

Die zuvor angestellten Überlegungen sind mit Gesellschaftsvorstellungen verwandt, die bedeutenden Weltanschauungen zugrunde lagen. Gesellschafts- und Wirtschaftsordnungen sowie der Staat als Organisation können von zwei diametralen Positionen des Gesellschaftsverständnisses beurteilt werden: dem Individualismus und dem Kollektivismus. Nach individualistischer Auffassung in der Tradition der schottischen Moralphilosophie ist das menschliche Handeln stets auf individuelle Ziele gerichtet. Individuelle Handlungsmotivation und die ausgelösten Handlungsfolgen sind meist nicht deckungsgleich. Dementsprechend spiegelt der gesellschaftliche Gesamtzusammenhang auch unbeabsichtigte Folgen individuellen Handelns wider. Das ändert jedoch nichts an der Verursachung durch Individuen. Die Gesellschaft erhält damit keinen eigenen Zweck, sondern entwickelt sich durch spontan aufeinander abgestimmtes Handeln, welches nicht auf die Realisierung eines Gesamtentwurfs gerichtet ist. Auch die Regeln, die ein abgestimmtes Handeln erleichtern oder überhaupt erst ermöglichen sollen, sind Folge eines kreativen Lernprozesses, in den die Erfahrungen vieler eingehen. Der Prozeß ist insofern „überindividuell“. Damit wird jedoch die Gesellschaft nicht zu einem überindividuellen Ganzen. Auch gewährleisten die Regeln keine gesellschaftliche Entwicklung hin zum „Besseren“; denn die Regeln selbst und die von ihnen mitgeprägten Ordnungen bleiben den Einschätzungen der Individuen unterworfen, die sich im Zeitablauf ändern können. Aufgrund des ständigen Wandels in Wirtschaft und Gesellschaft können Regeln – ob gewachsen oder gesetzt – nicht mehr als fehlbare Orientierungshilfen sein, welche ein aufeinander abgestimmtes Handeln mehr oder weniger gut ermöglichen und erleichtern.

Demgegenüber ist nach kollektivistischer (holistischer) Auffassung in der Tradition von Comte, Hegel, Marx und Durkheim das gesellschaftliche Ganze mehr als seine Teile, die Individuen. Es hat eine Totalität besonderer Art. Das Ganze ist nicht nur Ergebnis des Zusammenwirkens von Individuen, sondern folgt eigenen Entwicklungsgesetzen. Im Falle des historischen Materialismus ist es eine dialektische Entwicklung hin zu einem als gut beurteilten Endzustand der Gesellschaft. Das Kollektiv hat als solches und aufgrund seiner Entwicklung eine Legitimation, die von seinen jeweiligen Mitgliedern unabhängig ist. Es hat einen Selbstzweck, dem im Falle eines Konfliktes mit Individualinteressen Vorrang einzuräumen ist. Kritisch ist einer solchen Gesellschaftsvorstellung zweierlei entgegenzuhalten: (1) Die behauptete Totalität des Kollektivs kann nur mit Erfahrungen konfrontiert werden, die sich notwendig auf Motivationen und Wahrnehmungen von Individuen beziehen. Damit ist sie als sozialtheoretische Aussage einer kritischen Prüfung nicht zugänglich. (2) Das Entwicklungsgesetz des historischen Materialismus beinhaltet eine Theorie der Geschichte. Eine solche Theorie kann es aber nicht geben, wenn der Argumentation Poppers (1957) gefolgt wird. Danach wird der Verlauf der menschlichen Geschichte durch die Entwicklung menschlichen Wissens bestimmt. Diese Entwicklung ist jedoch nicht vorhersagbar. Infolgedessen können wir auch den künftigen Verlauf der menschlichen Geschichte nicht vorhersagen.

Einen anderen Stellenwert hat der Kollektivismus, wenn er als normative Aussage über das verstanden werden soll, was für eine Gesellschaft gelten soll. In dieser Form kann er mit dem Individualismus als normativer Gegenposition konfrontiert werden. Die Positionen führen zu abweichenden Bewertungen von Gesellschaftsordnungen. Das gilt auch für die Ordnung des Teilbereichs Wirtschaft. Dem individualistischen Standpunkt entspricht am ehesten eine marktmäßige Koordination derjenigen Handlungen, welche sich bei der Verfolgung individueller Interessen unter Wahrung allgemeiner Verhaltensregeln ergeben. Demgegenüber liegt es bei einer kollektivistischen Auffassung nahe, die vorrangigen Interessen des Kollektivs durch eine zentrale Planung des Wirtschaftsgeschehens zu sichern.

Die Sicherung der vorrangigen Interessen des Kollektivs setzt deren Identifikation voraus. Es ist zu entscheiden, wer letztinstanzlich wie legitimiert die übergeordneten Interessen formulieren und ihnen Geltung verschaffen soll. Bei einer konsequent individualistischen Position gibt es solche Interessen nicht, sondern lediglich das Problem einer Versorgung mit Kollektivgütern. Daraus resultiert die Notwendigkeit, Sozialtechniken zu entwickeln und zu verwenden, die es dem einzelnen erlauben, seine Interessen hinsichtlich der Versorgung mit Kollektivgütern zur Geltung zu bringen. Dem dient z. B. das demokratische Verfahren. Ferner ist sicherzustellen, daß beim Konflikt von Interessen Möglichkeiten der Konfliktbehandlung zwischen den Mitgliedern bestehen. Aus einer konsequent kollektivistischen Position läßt sich eine derartige Notwendigkeit nicht ableiten. Weil Bedürfnisse für das nicht artikulationsfähige Kollektiv formuliert werden müssen, die bei einer Kollision mit Individualinteressen als vorrangig gelten, drängt sich für den einzelnen nicht so sehr der Rückgriff auf das auf, was auch andere Gesellschaftsmitglieder als Bedürfnisse des Kollektivs identifizieren würden. Zumindest wird die Einnahme einer autoritären Haltung erleichtert; denn das, was der einzelne als im Interesse des Kollektivs ansieht, muß für ihn nicht schon durch den Widerspruch anderer als widerlegt gelten. Ferner läßt sich eine autoritäre Haltung leichter einnehmen, wenn von dem einzelnen oder einer Gruppe vermutet wird, alle Interessenkollisionen wären vermeidbar, würden erst alle übrigen ihre „wahren“ Interessen kennen, die außerdem mit denen des Kollektivs übereinstimmten. In diesem Fall wäre die autoritäre Position zugleich elitär, wenn sie mit dem Anspruch eingenommen würde, diese „wahren“ Interessen besser als andere definieren zu können. Demgegenüber kann aus individualistischer Sicht bei divergierenden Auffassungen darüber, was in welchem Umfang durch das Kollektiv für den einzelnen erreicht werden soll, nur die Notwendigkeit einer friedlichen Einigung abgeleitet werden.

Die Sicherung der vorrangigen Interessen des Kollektivs bedeutet zugleich, daß es möglich sein muß, diese Interessen notfalls auf dem Wege der Anordnung durchzusetzen. Hierfür eignet sich die staatliche Organisation. Gegenüber einer solchen staatlichen Zuweisung von konkreten Pflichten an den einzelnen bestehen jedoch Bedenken, wenn eine individualistische Position eingenommen wird. Nach ihr empfiehlt sich vielmehr eine strenge Begrenzung politischer Autoritäts- und Zwangsrechte. Vorherrschendes Prinzip ist bei dieser Position die Einräumung individueller Verantwortungsbereiche durch allgemeine Regeln, innerhalb derer der einzelne nach seinem Ermessen eigenverantwortlich handeln kann. Dort, wo seine Handlungen mit den Interessen anderer Individuen (nicht jedoch mit angeblichen „Kollektivinteressen“) kollidieren, muß allerdings gewährleistet sein, daß er diese Interessen nicht beseite schieben kann.

Die Positionen des Individualismus und des Kollektivismus sind in der uns heute geläufigen Form das Ergebnis eines langen Prozesses der Auseinandersetzung des abendländischen Menschen mit der Gesellschaft und ihren Organisationen. Eine der Hauptschwierigkeiten in dieser Auseinandersetzung entsteht aus dem möglichen Verhältnis des Menschen zum Mitmenschen. Auch hier gibt es zwei diametrale Positionen, den Egoismus, bei dem die eigenen Interessen Vorrang vor Interessen anderer haben, und den Altruismus, bei dem fremde Interessen den eigenen vorangestellt werden. Quelle vieler Kontroversen sind unzulässige Gleichsetzungen (Popper 1945/95, 100 ff.). Bereits Plato identifizierte Individualismus mit Egoismus und Kollektivismus mit Altruismus. Tatsächlich sind jedoch zwei wenig beachtete Kombinationen ebenfalls denk- und beobachtbar. Zum einen ist kollektiver Egoismus oder Gruppenegoismus, der sich in Diskriminierung bis hin zur Gewalt gegenüber Nichtmitgliedern eines Kollektivs äußert, nichts ungewöhnliches. Zum anderen kann ein ausgesprochener Individualist sich durchaus auch altruistisch verhalten, indem er z. B. Mitmenschen hilft, ohne dafür eine Gegenleistung zu erwarten. Die platonische Gleichsetzung gewinnt scheinbar an Plausibilität, wenn nicht das Verhältnis des einzelnen Menschen zum konkreten Mitmenschen, sondern zu einer abstrakten Gesellschaft betrachtet wird. In diesem Fall gerät ein Kollektivist, der die Interessen der Gesellschaft zu kennen glaubt, leicht in Konflikt mit einem Individualisten, der nur seine und bei anderen wahrgenommene Interessen kennt, nicht jedoch solche eines ihm unzugänglichen Kollektivs.

Wenn der Bezug auf kollektive Bedürfnisse unangreifbar sein soll, muß er als normative Position verstanden werden. Es wäre eine Position, die auf dem Kollektivprinzip im Gegensatz zum Individualprinzip beruhen würde. Nach dem Individualprinzip sind alle Kollektive letztlich nur Mittel, um individuelle Zwecke zu erreichen; das Kollektiv hat keinen Selbstzweck. Demgegenüber liegt dem Kollektivprinzip eine Vorstellung von Gesellschaften als organischen Gebilden zugrunde. Es ist daran erkennbar, daß einzelne Ziele (Normen) häufig kompromißlos angestrebt und zur Aufgabe des Kollektivs erklärt werden. Ihre Realisierung soll das Handeln der Individuen bestimmen. Dem Kollektiv wird ein Selbstzweck zuerkannt, dem im Falle eines Konflikts mit Individualinteressen Vorrang einzuräumen ist. Dementsprechend hat das Kollektiv eine Legitimation, die von seinen jeweiligen Mitgliedern unabhängig ist. Das wäre denkbar, wenn angenommen wird, dem Kollektiv sei eine Aufgabe jenseits individueller Erfahrungshorizonte übertragen. Eine derartige Auffassung könnte aber nur mit einer Erfahrung konfrontiert werden, welche sich notwendig auf Willensäußerungen und Wahrnehmungen von Individuen bezieht. Daran müßte sie als sozialtheoretische Aussage zwangsläufig scheitern. Auch der Hinweis auf den Handlungszusammenhang oder das Kommunikationssystem, als welche sich Gesellschaften denken lassen, macht aus diesen noch keine Organismen mit eigenen Zielsetzungen. Weder beweisbar noch widerlegbar wird das Kollektivprinzip erst als normative Position, als Aussage über das, was für eine Gesellschaft gelten soll. In dieser Form kann es mit dem Individualprinzip als normativer Gegenposition konfrontiert werden.

Beide Positionen beschreiben dann grundsätzliche Möglichkeiten menschlichen Selbstverständnisses. Auf sie lassen sich miteinander konkurrierende, wertende Aussagen darüber zurückführen, was sein soll. Wird allerdings zugunsten des Kollektivprinzips entschieden, bleibt im Unterschied zum Individualprinzip noch eine Frage offen. Es bleibt zu befinden, wer letztinstanzlich wie legitimiert die übergeordneten Zwecke des Kollektivs formulieren und ihnen Geltung verschaffen soll; denn anders als beim Individualprinzip erfordert das Kollektivprinzip nicht notwendig den Rückgriff auf die Vorstellungen der jeweiligen Mitglieder des Kollektivs.

Nun ließe sich argumentieren, daß es durchaus möglich ist, von den beiden unterschiedlichen Positionen zu gleichen praktischen Zielformulierungen, etwa im Bereich der Wirtschaftspolitik, vorzudringen. Ebenso ist es möglich, daß in einem Kollektiv beide Positionen koexistieren. Das bedeutet, daß u. U. der Konsens über praktische Ziele im Bereich der Wirtschaftspolitik größer sein kann als der über die Ausgangsposition. Aber nicht vernachlässigt oder zurückgedrängt werden sollte bei derartigen Erwägungen das Problem, das bei der kollektivistischen Position mit der Frage aufgeworfen wurde, wer denn wie legitimiert über die Bedürfnisse des Kollektivs befinden solle. Bei einer konsequent individualistischen Position ergibt sich zwangsläufig die Notwendigkeit, für ein Kollektiv Sozialtechniken zu entwickeln und zu verwenden, die es dem einzelnen erlauben, seine Interessen hinsichtlich der Versorgung mit Kollektivgütern zur Geltung zu bringen. Dem dient zum Beispiel das demokratische Verfahren. Ferner ist sicherzustellen, daß beim Konflikt von Interessen Möglichkeiten der Konfliktbehandlung zwischen den Mitgliedern bestehen.

Aus einer konsequent kollektivistischen Position lassen sich derartige Vorstellungen über Erfordernisse, die Gesellschaftsordnungen zu erfüllen haben, nicht als Notwendigkeiten des Selbstverständnisses identifizieren. Weil Bedürfnisse für das nicht artikulationsfähige Kollektiv formuliert werden müssen, die bei einer Kollision mit Individualinteressen als vorrangig gelten, drängt sich für den einzelnen nicht so sehr der Rückgriff auf das auf, was auch andere Kollektivmitglieder als Bedürfnisse des Kollektivs identifizieren würden. Zumindest wird die Einnahme einer autoritären Haltung erleichtert; denn das, was der einzelne als im Sinne de Kolletivs liegend ansieht, muß für ihn nicht schon durch den Widerspruch anderer als widerlegt gelten. Ferner läßt sich eine autoritäre Haltung leichter einnehmen, wenn von dem einzelnen oder von einer Gruppe vermutet wird, alle Interessenkollisionen wären vermeidbar, würden erst alle übrigen ihre „wahren“ Interessen kennen, die außerdem mit denen des Kollektivs übereinstimmten. In diesem Fall wäre die autoritäre Position zugleich elitär, wenn sie mit dem Anspruch eingenommen würde, diese „wahren“ Interessen besser als andere definieren zu können. Demgegenüber kann aus individualistischer Sicht bei divergierenden Auffassungen darüber, was in welchem Umfang über das Kollektiv für den einzelnen erreicht weden soll, nur die Notwendigkeit zur friedlichen Einigung abgeleitet werden.

Konsequenzen

Hinsichtlich der Versorgung mit dem Kollektivgut Wirtschaftspolitik ergibt sich aus den vorangegangenen Überlegungen, daß der Hinweis auf Unzulänglichkeiten des demokratischen Verfahrens und der Bezug auf die Leerformel des Gemeinwohls geeignet sind, autoritäre oder gar elitäre Haltungen bei der Versorgung mit Kollektivgütern zu begründen. Das bedeutet jedoch nicht, daß im Umkehrschluß nicht nach Möglichkeiten gesucht werden sollte, ein gegebenes Verfahren im Hinblick auf die Effizienz der Versorgung mit Wirtschaftspolitik zu verbessern. Verbesserungsbedarf ergibt sich vor allem dann, wenn der Einhaltung der Funktionsfähigkeit der marktwirtschaftlichen Ordnung und der Sicherung der gesellschaftlichen Grundwerte, die die Ordnungsregeln prägen, Bedeutung beigemessen wird.

Die beiden angesprochenen sozialphilosophischen Positionen des Individualismus und des Kollektivismus führen zu miteinander konkurrierenden Bewertungen von Gesellschaftsordnungen. Das gilt auch für die Ordnung des Teilbereichs Wirtschaft. Dem individualistischen Standpunkt entspricht ordnungspolitisch am ehesten eine marktmäßige Koordination der Wahrnehmung von Einzelinteressen. Demgegenüber liegt es bei einer kollektivistischen Weltanschauung nahe, die vorrangigen „Interessen des Kollektivs" durch eine zentrale Planung des Wirtschaftsgeschehens zu sichern.

Sicherung der vorrangigen „Interessen des Kollektivs" bedeutet zugleich, daß es möglich sein muß, diese Interessen gegebenenfalls auf dem Wege der Anordnung durchzusetzen. Gegenüber einer solchen (staatlichen) Zuweisung von konkreten Pflichten an den einzelnen bestehen sehr viel eher Bedenken, wenn eine individualistische Position eingenommen wird. Nach ihr empfiehlt sich vielmehr eine strenge Begrenzung politischer Autoritäts- und Zwangsrechte. Vorherrschendes Prinzip ist bei dieser Position die Einräumung individueller Veantwortungsbereiche durch allgemeine Gesetzesnormen, innerhalb derer der einzelne nach seinem Ermessen eigenverantwortlich handeln kann. Dort, wo seine Handlungen mit den Interessen anderer Individuen (nicht jedoch mit angeblichen „Kollektivinteressen") kollidieren, muß allerdings gewährleistet sein, daß er diese Interessen nicht beiseite schieben kann. Die vorzugsweise Einräumung individueller Verantwortungsbereiche setzt voraus,

- daß der einzelne tatsächlich eigenverantwortlich handeln will, und zwar auch dann, wenn das Risiko groß ist, und
- daß der einzelne ausreichende Chancen hat, seine Interessen wahrzunehmen und gegen Beeinträchtigungen durch andere zu schützen.

Teil II: Methodische, normative und institutionelle Grundlagen

Kapitel 7: Theorie der Wirtschaftspolitik als Interventionslehre

Mit der Ordnungs-, der Allokations- und Stabilisierungspolitik sowie der Verteilungspolitik wurden die Aufgabenbereiche der Wirtschaftspolitik in der gelenkten Marktwirtschaft skizziert. Zugleich wurde Bedarf an entsprechenden Lenkungsmaßnahmen begründet (Kap. 2–5). Ferner wurde dargelegt, daß Wirtschaftspolitik selbst Ressourcenaufwand erfordert. Auch hier stellt sich das Rationalitätsproblem. Das hat u. a. zur Folge, daß mit begründetem wirtschaftspolitischem Bedarf nicht schon die Befriedigung des Bedarfs gerechtfertigt ist. Praktische Wirtschaftspolitik als Versuch, einen solchen Bedarf zu befriedigen, kann in unterschiedlicher Weise Gegenstand wissenschaftlicher Bemühungen sein. Eine positive Theorie der Wirtschaftspolitik hat die Beschreibung und Erklärung der praktischen Wirtschaftspolitik sowie die Prognose des Verhaltens von Trägern der Wirtschaftspolitik zum Gegenstand. Darüber hinaus ist es aber auch möglich, mit Hilfe der Verfahrensnorm Rationalität nach Verbesserungen der Grundlagen wirtschaftspolitischer Entscheidungen zu suchen. Das Ergebnis dieser Suche kann zu einer wirtschaftspolitischen Interventionslehre umgesetzt werden. Sie zu entwickeln erfordert zunächst die Darstellung der allgemeinen Struktur wirtschaftspolitischer Probleme. In den folgenden Kapiteln wird auf diese Strukturelemente näher einzugehen sein. Allerdings muß die Interventionslehre unter ordnungstheoretisch begründete Vorbehalte gestellt werden. Sie ergeben sich daraus, daß Marktwirtschaften offene, an den Zwecken der Wirtschaftssubjekte orientierte Systeme sind. Infolgedessen sind sowohl das Lenkungswissen als auch die Lenkungsmöglichkeiten von vornherein sehr begrenzt.

Literaturhinweise

7.1: Boulding, 1958/64 (Kap. 1); Bresciani-Turroni, 1948 (Kap. 1); Brunner, 1985; Buchanan, 1987; Frey, 1981/94 (Kap. 1).
7.2: Tietzel, 1988.
7.3: Berg und Cassel, 1985/2003; Gäfgen, 1968/75; Giersch, 1961/90 (Kap. 1); Jöhr und Singer, 1955 (Teil 1, Einleitung); Schiller, 1965; Streissler, 1983; Tuchtfeldt, 1982.

7.1 Praktische Wirtschaftspolitik als Gegenstand wissenschaftlicher Bemühungen

Wirtschaftspolitik in gelenkten Marktwirtschaften wurde im ersten Kapitel definiert als Gestaltung der Wirtschaftsordnung sowie Einflußnahme auf die Struktur, den Ablauf und die Ergebnisse gesellschaftlichen Wirtschaftens durch staatliche Instanzen nach politisch bestimmten Zielen. Die Definition enthält mehrere charakteristische Merkmale:

- Wirtschaftspolitik ist ein Teilbereich praktischer Politik und setzt damit bei ihren Trägern Macht im Rahmen eines Systems sozialer Beziehungen voraus.
- Wirtschaftspolitik ist darauf gerichtet, Ziele zu erreichen, die i. d. R. (1) sich auf wirtschaftliche Sachverhalte beziehen, (2) auf umfassendere Wertungen zurückgeführt werden können und (3) von solchen der übrigen Politik nicht unabhängig sind.
- Wirtschaftspolitik basiert auf mehr oder weniger gesicherten Vermutungen über ökonomische Wirkungszusammenhänge, die zwischen Zielen und Mitteln bestehen.
- Wirtschaftspolitik ist das Ergebnis politischer Willensbildungsprozesse, die ihre Eigengesetzlichkeiten haben.

Erkenntnisgegenstand der Wirtschaftspolitik als wissenschaftliche Disziplin ist die praktische Wirtschaftspolitik. Die praktische Wirtschaftspolitik kann einmal Objekt der Beschreibung und Erklärung sein. Ferner kann versucht werden, Prognosen über das Verhalten von wirtschaftspolitischen Entscheidungsträgern zu erstellen. Derartige Bemühungen zielen auf eine positive Theorie der Wirtschaftspolitik und auf ihre empirische Absicherung. Soweit sie dabei die Anwendung und Ausdehnung der ökonomischen Theorie auf den Bereich der politischen und administrativen Willensbildung beinhalten, ist damit zugleich das Forschungsvorgehen des „Public Choice“ bzw. der ökonomischen Theorie der Politik (z. B. BUCHANAN, 1987) beschrieben. Wesentliche Aspekte dieses Vorgehens waren Gegenstand des sechsten Kapitels. Die ökonomische Theorie der Politik wird darüber hinaus noch einmal im Zusammenhang mit der quantitativen Wirtschaftspolitik (Kap. 15) aufgegriffen werden.

Schließlich kann die wissenschaftliche Analyse wirtschaftspolitischer Probleme der Vorbereitung praktischer Wirtschaftspolitik dienen (wirtschaftspolitische Beratung). Grundlagen für wirtschaftspolitische Entscheidungen werden mit Hilfe der Rationalität als Verfahrensnorm erschließbar. Allerdings kann diese Vorbereitungsaufgabe nur erfüllt werden, wenn entsprechende Erkenntnisse und Methoden vorliegen. Diese können sich beziehen

- auf die Zielsetzungen der praktischen Wirtschaftspolitik im Sinne einer inhaltlichen Klärung, aber auch ihrer Identifizierung, soweit sie undeklariert in die Darstellung von ökonomischen Zusammenhängen eingeflossen sind;
- auf die möglichen Beziehungen zwischen Zielsetzungen, vor allem hinsichtlich ihrer Vereinbarkeit miteinander aus logischen Gründen, aber auch aus Gründen der faktischen Interdependenz ökonomischen Geschehens;
- auf die aus der Funktionsweise der jeweiligen Volkswirtschaft abgeleiteten Wirkungen von Interventionen in wirtschaftspolitischer Absicht;
- auf die (entscheidungslogischen) Verfahrensweisen, mit denen rationale wirtschaftspolitische Problemlösungen angestrebt werden können.

Wie solche Erkenntnisse und Methoden grundsätzlich bei rationalem wirtschaftspolitischem Vorgehen genutzt werden können, ist die zentrale Fragestellung der wirtschaftspolitischen Interventionslehre. Ihre Anwendung auf ein konkretes wirtschaftspolitisches Problem sollte geeignet sein, die Lösung zu erleichtern. Jedoch ist damit keinesfalls der Anspruch auf eine wissenschaftlich determinierbare Politik begründbar. Auch wäre es verfehlt, wenngleich vielleicht naheliegend, als Adressaten wirtschaftspolitischen Rats einen Träger der Wirtschaftspolitik zu denken, der unabhängig vom politischen System und von möglichen eigenen Interessen entscheidet. Diese durchaus verbreitete Vorstellung enthält jedoch entweder Mißverständnisse des demokratischen Verfahrens, oder sie abstrahiert völlig vom realen wirtschaftspolitischen Willensbildungsprozeß. Nicht zuletzt deshalb sollen sowohl das demokratische Verfahren (Kap. 9) als auch die Grenzen reiner Entscheidungslogik (Kap. 15) und die Realisierungsbedingungen wirtschaftspolitischen Rats (Kap. 17) diskutiert werden.

7.2 Ordnungstheoretische Vorbehalte

Grundvoraussetzung jeder Interventionslehre ist, daß das wirtschaftliche Geschehen überhaupt zielgerichtet beeinflußt werden kann. Die Analyse der Funktionsweise eines marktwirtschaftlichen Systems und des wirtschaftspolitischen Handlungsbedarfs im ersten Teil dieses Buches sollte aber verdeutlicht haben, daß die Lenkungsmöglichkeiten aus ordnungstheoretischen Gründen sehr begrenzt sind. Das gilt vor allem für solche Lenkungsversuche, die konkrete Ergebnisse des Marktprozesses zum Ziel haben, wie dies bei der Stabilisierungs- und Verteilungspolitik der Fall ist.

Die Grenzen der Lenkungsmöglichkeiten ergeben sich aus der Beschaffenheit marktwirtschaftlicher Systeme. Diese sind – wie dargelegt – komplex, evolutorisch (offen) und basieren auf Selbstkoordination durch Markthandlungen sowie Selbstkontrolle durch Wettbewerb. Als ungeplante Ordnungen spiegeln sie das Koordinationsergebnis arbeitsteiligen Wirtschaftens von Individuen und Unternehmen nach selbstgesetzten Zwecken wider. Die Ordnungen als solche dienen jedoch keinem konkreten Zweck.

Mit dem Übergang von einer Wirtschaftsordnung vom Typ reine Marktwirtschaft zum Typ gelenkte Marktwirtschaft ist der Versuch verbunden, die ungeplante Ordnung nach politisch bestimmten Zielen mitzugestalten. Hieraus ergeben sich zwei grundsätzliche Probleme:

- Bestimmte Ziele hinsichtlich des Verlaufs und der Ergebnisse marktmäßiger Koordination mit Hilfe von Lenkungsmaßnahmen anstreben bedeutet im Grunde nichts anderes, als einer ungeplanten Ordnung Zwecke vorgeben. Das mag politisch wünschenswert sein. Da jedoch die Vorgabe von Zwecken nicht der Eigenart der Ordnung entspricht, ist von vornherein mit unbeabsichtigten und daher unvorhersehbaren Systemreaktionen zu rechnen.
- Um Lenkungsmaßnahmen zielgerecht ergreifen zu können, ist Wissen über ihre zu erwartenden Wirkungen erforderlich. Die Komplexität des evolutorischen Marktgeschehens kann nicht in einer Weise auf stringente und verläßliche Gesetzmäßigkeiten reduziert werden, wie dies in Teilen der Naturwissenschaft möglich ist. Das gilt notwendigerweise auch für Ursache-Wirkungs-Beziehungen, die Ansatzpunkte für Lenkungsmaßnahmen liefern könnten.

Aus diesen ordnungstheoretischen Vorbehalten ergibt sich begründete Skepsis gegenüber zahlreichen praktizierten Lenkungsversuchen. Um so bedeutsamer ist es,

- die logische Struktur von Lenkungsversuchen herauszuarbeiten und die Strukturelemente zu diskutieren,
- die Bedingungen bzw. Einschränkungen zu analysieren, die für die unterscheidbaren Interventionskategorien gelten, und
- die Verfahren und Kriterien zu erörtern, die bei der Vorbereitung von Entscheidungen über Lenkungsversuche genutzt werden können.

7.3 Die Struktur wirtschaftspolitischer Probleme

Wenn beobachtete Abweichungen der ökonomischen Realität (des Seins) von den wirtschaftspolitischen Zielsetzungen (dem Sein-Sollen) zum Handeln veranlassen, ist es bei rationalem Vorgehen unumgänglich zu wissen,

- wie es zu diesen Abweichungen kommt,
- welche Entwicklung ohne weiteres wirtschaftspolitisches Tun zu erwarten wäre,
- wie die Abweichungen beseitigt oder verringert werden könnten,
- ob und in welchem Maße durch die erwogenen Interventionen Abweichungen bei anderen Zielen und damit neue Probleme entstehen würden.

Die Strukturelemente wirtschaftspolitischer Probleme lassen sich wie folgt umreißen (Abb. 7.1):

Zielorientierung

Konstitutiv für ein wirtschaftspolitisches Problem ist eine als korrekturbedürftig empfundene Abweichung der Realität von einem gewünschten sozioökonomischen Zustand bzw. Ablauf. Was als wünschenswert gilt und wie im einzelnen die Abweichungen zu bewerten sind, ist eine normative Frage. Die möglichen Antworten beinhalten Werturteile. Sie müssen letztlich von den Gesellschaftsmitgliedern zumindest hingenommen werden. Andernfalls dürfte die Gesellschaft in ihrem Bestand auf Dauer gefährdet sein. Je nachdem, wie der Zweck des Kollektivs gesehen wird, kann es sich um individualistische oder um kollektivistische Bewertungsmaßstäbe handeln; kollektivistische Maßstäbe sind jedoch mit einer marktwirtschaftlichen Ordnung grundsätzlich unvereinbar (Kap. 6). Damit Bewertungen vorgenommen werden können, ist es nötig, daß die Bewertungsmaßstäbe oder Ziele möglichst operational formuliert sind.

Lenkungswissen

Zielgerichtetes Handeln erfordert über operationale Ziele hinaus möglichst verläßliche Informationen über die Funktionsweise einer Volkswirtschaft. Benötigt werden Informationen darüber, wie als Ziele oder zielrelevant angesehene ökonomische Variablen mit solchen Variablen verknüpft sind, die als Instrumente eingesetzt werden können. Es handelt sich dabei um intersubjektiv überprüfbare Informationen über die Beschaffenheit ständig ablaufender ökonomischer Prozesse. Diese Informationen werden lediglich so umgeformt, daß sie Aufschluß über zielorientierte Handlungsmöglichkeiten geben können. Das Lenkungswissen wird auch als technologische Information bezeichnet; die Bezeichnung entspricht zwar nicht der eigentlichen Bedeutung des

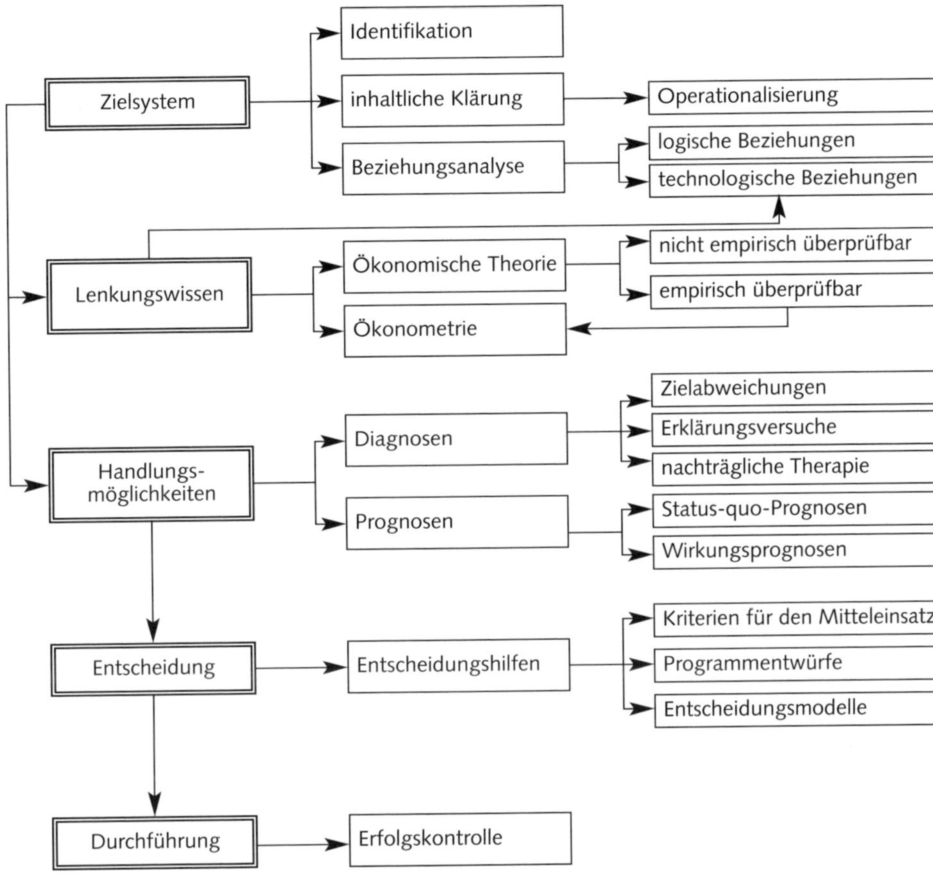

Abb. 7.1: Wirtschaftspolitische Problemstruktur und wissenschaftliche Lösungshilfen

Wortes (technologisch = die Lehre von den Produktionsverfahren betreffend), soll aber aufgrund der verbreiteten Verwendung in dem anderen, hier gemeinten Sinn benutzt werden.

Die Funktionsweise einer Volkswirtschaft zu erforschen und damit Informationen bereitzustellen, die technologische Bedeutung haben, ist Aufgabe der Wirtschaftstheorie. Wissenschaftlich und für die praktische Wirtschaftspolitik ist die Bedeutung einer Erklärung ökonomischer Zusammenhänge um so größer, je allgemeingültiger sie ist. Das ist um so eher der Fall, je mehr sie vom räumlich und zeitlich eng begrenzten Einzelfall gelöst als eine Art ökonomische Gesetzmäßigkeit angesehen werden kann. Damit wird das wirtschaftspolitische Aktionsfeld nicht nur transparenter; vielmehr erlauben erst ökonomische Gesetzmäßigkeiten, von denen vermutet werden kann, daß sie auch in absehbarer Zukunft gelten, bedingte Vorhersagen (Prognosen) über die zu erwartenden Folgen wirtschaftspolitischen Handelns.

Entscheidungstheoretischer Bezug

Wirtschaftspolitische Entscheidungen sind i. d. R. wegen der Interdependenz sozialen Geschehens in ihrer logischen Struktur sehr komplex. Die Interdependenz schlägt sich in Nah- und Fernwirkungen sowie in Nebenwirkungen wirtschaftspolitischer Aktionen nieder, die vor einer Entscheidung abgewogen werden müssen. Ferner sind alle Entscheidungen bei Ungewißheit zu fällen. Unbekannt bzw. ungewiß ist, ob die wirtschaftspolitische Ausgangssituation korrekt analysiert und die erwarteten Wirkungen erwogener Aktionen auch eintreten werden. Hinzu kommt i. d. R., daß nicht nur ein Entscheidungsträger versucht, Einfluß auf das ökonomische Geschehen zu nehmen; vielmehr besteht eine Trägervielfalt. Zu ihr kommen Personen und Organisationen ohne wirtschaftspolitische Kompetenz, aber mit wirtschaftspolitischem Einfluß hinzu. Ferner muß damit gerechnet werden, daß die privaten Wirtschaftssubjekte Entscheidungsfolgen, die sie selbst betreffen, zu antizipieren suchen. Für die wirtschaftspolitischen Entscheidungen bedeutet dies, daß es beträchtlichen Aufwands bedarf, um sie möglichst rational fällen zu können. Die logische Struktur von Entscheidungen ist Gegenstand der Entscheidungstheorie. Von ihr können daher auch Hilfen für die Beurteilung und u. U. für die Lösung wirtschaftspolitischer Entscheidungsprobleme erwartet werden.

Programmatische Orientierung

Die zuvor genannten Elemente werden beim Entwurf wirtschaftspolitischer Programme systematisch miteinander verknüpft. Programme bestehen i. d. R. aus aufeinander abgestimmten Kombinationen von Maßnahmen, die von Trägern der Wirtschaftspolitik oder deren Beratern als geeignet angesehen werden, den angestrebten Zielen näherzukommen. Eindeutige, zwingende Lösungen für wirtschaftspolitische Probleme können aus mehreren Gründen nicht erwartet werden:

- Die getestete Theorie, die überzeugendste Form positiven ökonomischen Wissens, entspricht bei weitem nicht dem wirtschaftspolitischen Bedarf. Dafür ist (1) das auswertbare Datenmaterial in einigen Bereichen noch zu begrenzt, sind (2) die meisten Bereiche der Theorie noch nicht bis zur Überprüfbarkeit vorangetrieben, gibt es (3) bei der Überprüfung von Theorien durch Konfrontation mit der Empirie schwerwiegende methodische Probleme (vor allem aufgrund der Unmöglichkeit kontrollierter Experimente) und wird (4) die Gültigkeit von empirisch überprüften Aussagen durch den ökonomischen, technischen und gesellschaftlichen Wandel ständig und häufig zu schnell wieder aufgehoben. Dabei darf nicht übersehen werden, daß in diesen bescheidenen Wissensgrundlagen auch die analytischen Grenzen zum Ausdruck kommen, die zur Begründung der ordnungstheoretischen Vorbehalte gehören.
- Die wirtschaftspolitischen Zielvorstellungen entziehen sich in vielen Fällen einer Operationalisierung. Ganz abgesehen davon kann eine ausschließlich ökonomische Betrachtungsweise eine höchst unzulässige Vereinfachung sein. Die unzureichende Operationalisierbarkeit mag an dem jeweiligen Ziel selbst liegen oder auch daran, daß der herrschende Konsens nicht so weit geht, eine eindeutige und meßbare Zieldefinition zuzulassen. Auch wäre es unrealistisch, von einer vollständigen und zeitlich einigermaßen stabilen Präferenzordnung hinsichtlich der Ziele auszu-

gehen. Vielmehr läßt sich das Normensystem und seine Ordnung nur sehr unvollkommen, z. B. aus gesetzlich verankerten Zielen, parlamentarischen und anderen öffentlichen Diskussionen und aus dem Handeln der verschiedenen Träger der Wirtschaftspolitik, ableiten. Außerdem treten selbst bei bekannten Zielen häufig Abwägungsprobleme auf, weil Ziele auf verschiedene Weise angestrebt werden können, die dazu erforderlichen Maßnahmen aber wiederum Nebenwirkungen auf andere Ziele haben, ohne daß ausreichende Informationen vorliegen, wie diese Wirkungen zu bewerten sind.

Interventionslehre als Kunstlehre

Daraus ergibt sich, daß das ohnehin begrenzte positive ökonomische Wissen nicht ohne weiteres mit den ökonomisch relevanten Normen zu Handlungsanweisungen zusammengeführt werden kann, die angeben, wie Abweichungen zwischen dem Sein und dem Sein-Sollen zu beseitigen sind. Wissensmangel, der Zeitbedarf für Reaktionen, Ungewißheit, die verengte ökonomische Perspektive, der ständige Wandel von Wirtschaft und Gesellschaft sowie die Unwägbarkeiten und Eigengesetzlichkeiten politischer Willensbildungsprozesse sind wichtige Argumente dafür, die wirtschaftspolitische Interventionslehre nicht lediglich als eine normativ befrachtete Technologie anzusehen. Die angeführten Schwierigkeiten verlangen vom Wirtschaftspolitiker und auch von seinem Berater neben ökonomischem Lenkungswissen ebenfalls eine fundierte Kenntnis des politischen und organisatorischen Handlungsrahmens. Gefordert ist mehr als handwerkliches Können. Dementsprechend müßte die Interventionslehre Ansprüchen genügen, wie sie an eine „Kunstlehre" („Art of Political Economy"; J. M. KEYNES) zu stellen sind. Dabei sind jedoch die technologischen Elemente im Sinne systematischen Ziel-Mittel-Denkens ebenso unabdingbar wie das Wissen um die Grenzen des Wissens. Die technologischen Anforderungen haben disziplinierenden Charakter und können vor Inkonsistenzen und krassen Fehlurteilen schützen. Das Wissen um den konstitutionellen Wissensmangel auch im Bereich der Wirtschaftspolitik kann zusammen mit der Einsicht in die Eigenschaften einer marktwirtschaftlichen Ordnung vor einer Überschätzung der politischen Gestaltbarkeit des ökonomischen Geschehens und damit vor systemverschlechternden Handlungsfolgen bewahren.

Kapitel 8: Die Rolle von Werturteilen

Die als änderungsbedürftig empfundene Abweichung von einem gewünschten sozioökonomischen Zustand oder einer Entwicklung läßt ein wirtschaftspolitisches Problem entstehen. Die darin zum Ausdruck kommende Wertbezogenheit wurde z. B. bei der Ableitung der Hauptaufgabenbereiche der Wirtschaftspolitik bereits erkennbar. Werturteile als Aussagen über das, was sein soll, beruhen auf subjektivem Wünschen und können, für sich genommen, nur akzeptiert oder abgelehnt werden. Ganz anders ist es mit der Beschaffenheit positiver ökonomischer Aussagen über Funktionszusammenhänge und Verhaltensweisen in einer Volkswirtschaft bestellt. Wenn sie keine Glaubensbekenntnisse sein sollen, müssen sie auch durch andere, also intersubjektiv, auf ihre Gültigkeit hin überprüfbar sein. Letztlich muß es sich um eine empirische Überprüfung handeln. Zwischen Überprüfbarkeit und Werturteilsfreiheit besteht, wie zu zeigen sein wird, eine unmittelbare Beziehung. Wird Werturteilsfreiheit zum Kriterium für Wissenschaftlichkeit (M. Weber) gemacht, könnte gefolgert werden, Wirtschaftspolitik wäre einer wissenschaftlichen Analyse nicht zugänglich; denn im Falle der Wirtschaftspolitik sind normative, d. h. Werturteile implizierende Elemente mit positiven ökonomischen Elementen eng verknüpft. Deshalb soll der Frage nachgegangen werden, ob und inwieweit Werturteile und Wissenschaftlichkeit miteinander verträglich sein können. Dabei wird aus der Position des kritischen Rationalismus argumentiert, wie sie vor allem von K. R. Popper und H. Albert vertreten wurde.

Literaturhinweise

8.1: Albert, 1963b/76; Boulding, 1966; Hayek, 1955, 1964; Hutchison, 1981; Meyer, 1979a, 1979b, Popper, 1957b/2002.

8.2: Albert, 1960; Hutchison, 1964 (Kap. 2); Myrdal, 1933, 1969/71; Popper, 1962; Streeten, 1954.

8.1 Wertungen und Wirtschaftspolitik als wissenschaftliches Problem

8.1.1 Methodische Prinzipien: Falsifizierbarkeit und Werturteilsfreiheit

8.1.1.1 Normative und positive Aussagen

Ausgangspunkt für wirtschaftspolitische Überlegungen sind stets Abweichungen zwischen dem Sein und einem Sein-Sollen. Aussagen darüber, was sein soll, können dazu benutzt werden, Beurteilungen beobachtbarer wirtschaftlicher Zustände und Entwicklungen mit Hilfe dieser Aussagen vorzunehmen. Ferner können Empfehlungen ausgesprochen werden, Abweichungen zwischen Sein und Sein-Sollen zu beseitigen. Beurteilungen und Empfehlungen sind Werturteile. Sie beinhalten Vergleiche zwischen tatsächlichem Geschehen, das grundsätzlich von jedermann nachprüfbar ist, und gewünschtem Geschehen, das sich einer solchen Nachprüfung entzieht. Bei normativen Aussagen als Ausdruck subjektiven Wünschens kann das Überprüfungsergebnis nicht „richtig“ oder „falsch“ lauten. Vielmehr können sich andere solchen Wertungen nur befürwortend anschließen oder sie für sich persönlich ablehnen.

Demgegenüber werden wirtschaftstheoretische Überlegungen immer wieder ausgelöst durch Abweichungen zwischen dem vermeintlichen Wissen darüber, wie sich wirtschaftliche Prozesse vollziehen, und den tatsächlichen Vorgängen. Da sowohl das vermeintliche Wissen als auch die tatsächlichen Vorgänge durch Aussagen über das Sein in Form von Behauptungen angebbar sind, handelt es sich um positive Aussagen. Sie können grundsätzlich durch andere nachgeprüft werden, wenn eine sprachliche Einigung über die realen Phänomene besteht, die das jeweilige Beobachtungsfeld konstituieren. Zur Überprüfung ist es erforderlich, abzuleiten, welche Ereignisse dem vermeintlichen Wissen über die Ursache-Wirkungs-Zusammenhänge, also dem theoretischen Erklärungsversuch, entsprechen würden. Das geschieht, wenn von den beobachtbaren – als ursächlich angesehenen – Ereignissen mit Hilfe der vermuteten Ursache-Wirkungs-Beziehung (der Hypothese) auf die Ereignisse geschlossen wird, die sich bei Gültigkeit dieser Beziehung ergeben müßten. Die so abgeleiteten Wenn-dann-Aussagen über Ereignisse können im Zuge der empirischen Überprüfung mit dem tatsächlichen Geschehen konfrontiert werden (Abb. 8.1).

8.1.1.2 Falsifizierbarkeit als Demarkationskriterium

Damit solche Aussagen über Ereignisse aus Erklärungsversuchen überhaupt ableitbar sind, müssen die Erklärungsversuche schlüssig und außerdem gehaltvoll i. d. S. sein, daß sie überprüfbare Behauptungen über die Realität enthalten. Ihr empirischer Gehalt ist um so größer und ihre Überprüfbarkeit um so besser, je größer die Zahl der beobachtbaren Sachverhalte (Ereignisse bzw. Häufigkeitsverteilungen von Ereignissen) ist, deren Eintreffen ausgeschlossen wird, obgleich es als Folge ursächlich angesehener Ereignisse logisch möglich wäre. Umgekehrt wird die Annäherung an eine empirisch nicht überprüfbare Leeraussage um so stärker, je mehr logisch mögliche Folgen auch als beobachtbare Sachverhalte zugelassen werden. Mit Hilfe des Ausschlusses von logisch möglichen, beobachtbaren Sachverhalten entstehen Behauptungen über Gesetzmäßigkeiten. Solche Aussagen geben gewissermaßen Spielräume an, innerhalb derer das tatsächliche ökonomische Geschehen ablaufen soll (Albert, 1963b/76, S. 177).

Empirische Widerlegbarkeit (Falsifizierbarkeit) dient zugleich als Demarkationskriterium (Popper, 1976/2002, S. 39), mit dessen Hilfe eine Real- oder Erfahrungswissenschaft von nicht empirischen Wissenschaften wie der Mathematik abgegrenzt werden kann. Als eine solche Erfahrungswissenschaft versteht sich auch die Nationalökonomie. Verglichen mit vielen naturwissenschaftlichen Disziplinen weist der Erkenntnisgegenstand der Nationalökonomie – das gesellschaftliche Wirtschaften – jedoch eine Reihe von Eigenschaften auf, die es erforderlich machen, Ansprüche an die Falsifizierbarkeit zurückzunehmen. Abstriche am empirischen Gehalt der erreichbaren Aussagen bedeuten aber nicht die faktische Aufgabe des realwissenschaftlichen Anspruchs.

Solche Abstriche an der Möglichkeit einer Falsifizierung sind unumgänglich; denn der nationalökonomische Erkenntnisgegenstand

- umfaßt das Zusammenwirken von zweckgerichteten Handlungen zahlreicher Individuen. Deren Wissensgrundlagen sind durch einen Beobachter nur sehr begrenzt zugänglich; die Vorgänge des subjektiven Wissenserwerbs und der Wissensverwer-

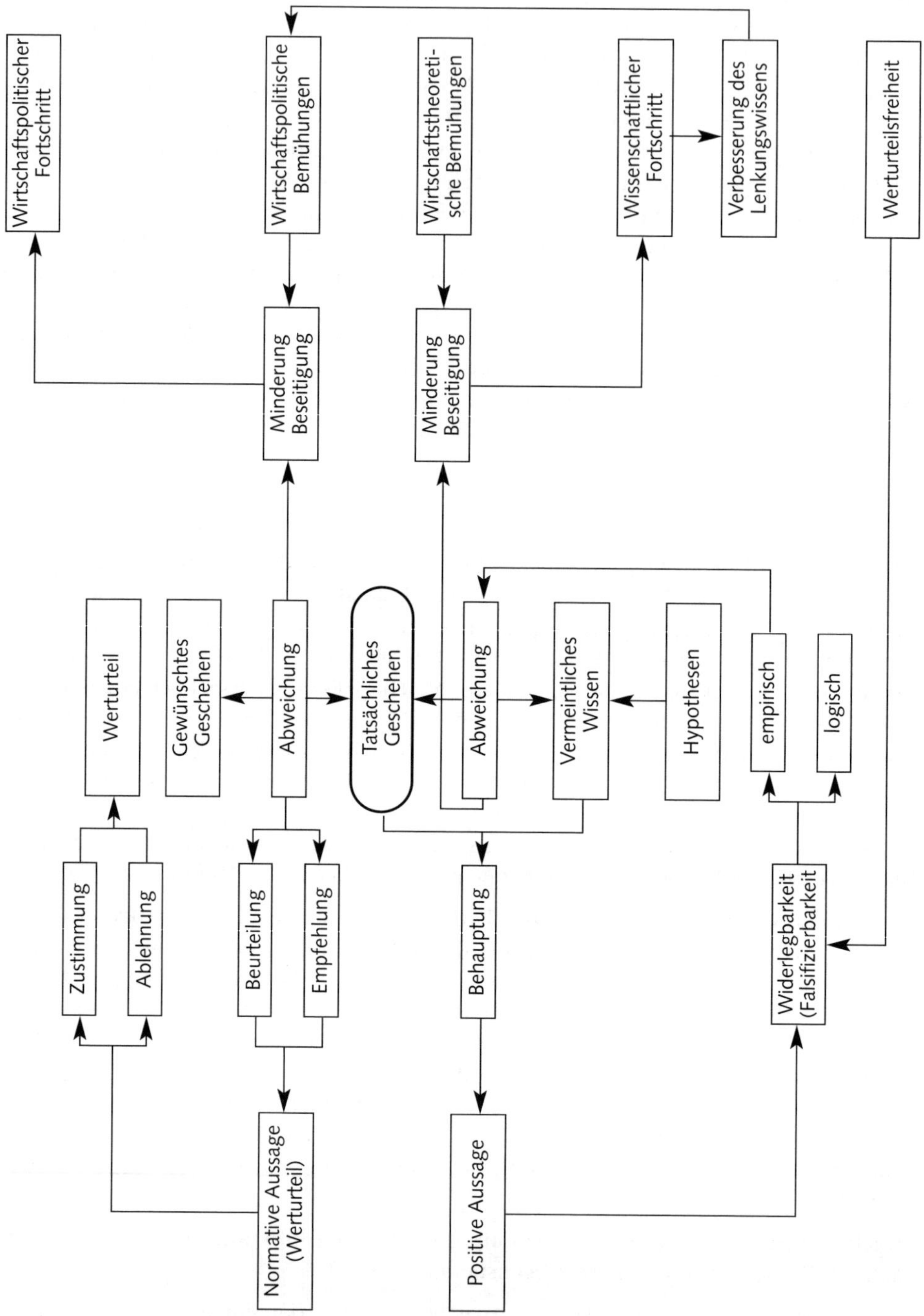

Abb. 8.1: Wirtschaftspolitik, Wirtschaftstheorie, Werturteilsfreiheit

tung sowie ihrer Verknüpfung durch Intuition erschwert die Erklärung individueller Wahlhandlungen (Entscheidungen) für einen Beobachter ganz beträchtlich;
- ist hochgradig komplex i. d. S., daß eine entsprechend den Wissensgrundlagen individuellen Handelns unbekannte Vielzahl von Einflußfaktoren zugelassen werden muß. Dies erschwert jede Reduktion auf eine überschaubare Zahl von Gesetzmäßigkeiten; denn die bekannten – und schon gar die unbekannten – Einflußfaktoren sind nicht – wie in den Naturwissenschaften vielfach möglich – als Randbedingungen durch den Beobachter kontrollierbar;
- weist nicht nur zu jedem Zeitpunkt eine hohe Komplexität auf, sondern ist nicht zuletzt innovationsbedingt als evolutorisches oder offenes System zu verstehen. Infolgedessen verändert sich die Komplexität des Systems in unvorhersehbarer Weise; das bedeutet, daß historisch „zeitlose" Gesetzmäßigkeiten mit hohem empirischem Gehalt, wie sie etwa für die klassische Physik gelten, in der Nationalökonomie nicht zu erwarten sind;
- macht bereits aus den bisher angeführten Gründen kontrollierte Experimente als Methode wissenschaftlicher Erkenntnisgewinnung praktisch unmöglich. Dieser Befund gilt unabhängig davon, daß zudem in der Nationalökonomie wesentlich mehr als in den Naturwissenschaften Beobachter und Beobachtungsgegenstand einander beeinflussen können.

Das ökonomische Geschehen wird aber auch durch Institutionen – vor allem durch Recht, Konventionen und Sitten – mitbestimmt. Sie dürften sich begrenzend und stabilisierend auf das individuelle Handeln auswirken und es deshalb begrenzt vorhersehbar machen. Als Beschränkungen der Handlungsfreiheit erlauben Institutionen zumindest häufig Aussagen darüber, mit welchen Handlungen i. d. R. nicht zu rechnen ist. Im Rahmen der verbleibenden Handlungsfreiheit ist aber immer noch eine große Vielfalt von bekannten, aber auch unbekannten, überraschenden Möglichkeiten zugelassen.

Nationalökonomische Erkenntnis und damit auch das aus ihr ableitbare wirtschaftspolitische Lenkungswissen ist also vor allem durch (1) subjektive Wissensgrundlagen der Handelnden, (2) wandelbare hochgradige Komplexität ihres Zusammenwirkens im Wirtschaftsprozeß und (3) institutionelle Begrenzung der nur unvollständig bekannten Vielfalt ihrer Handlungsmöglichkeiten gekennzeichnet. Das bedeutet im Hinblick auf falsifizierbare Erklärungsversuche,

- daß von einem Mangel an Gesetzmäßigkeiten auszugehen ist;
- daß gefundene Regelmäßigkeiten eine geringe Verläßlichkeit i. S. v. Prognosefähigkeit besitzen dürften und insofern bestenfalls als Quasi-Gesetze (ALBERT, 1957, S. 68) gelten können;
- daß infolgedessen gefundene Regelmäßigkeiten einer permanenten Überprüfung auf Fortdauer ihrer Geltung bedürfen;
- daß besonders sorgsam zwischen empirisch überprüften, noch nicht überprüften und nicht überprüfbaren Aussagen zu unterscheiden ist, wenn dogmatische und autoritäre Ansätze vermieden werden sollen.

Darüber hinaus legt der Befund aber auch nahe, daß den verhaltensstabilisierenden Institutionen und ihrem Wirkungsvergleich wesentlich mehr Bedeutung beigemessen werden sollte, als dies in der herkömmlichen ökonomischen Theorie bislang die Regel ist. An dieser Stelle ist zudem die Verbindung mit der Ordnungspolitik besonders eng.

8.1.1.3 Empirische Überprüfbarkeit und Modellbildung

Empirisch nicht überprüfbar sind neben Leeraussagen auch solche ökonomische Erklärungsversuche, die gegen eine Überprüfung immunisiert werden. Immunisierung geschieht dadurch, daß für Hypothesen (Behauptungen über Gesetzmäßigkeiten) nur Geltungsanspruch erhoben wird, wenn sich, abgesehen von den als ursächlich gekennzeichneten Ereignisarten, sonst nichts ändert (Ceteris-paribus-Klausel); dabei bleiben die unter „sonst" zusammengefaßten, möglicherweise als ursächlich anzusehenden Ereignisarten ganz oder teilweise unbenannt. Unter diesen Umständen kann bei einer ermittelten Abweichung zwischen vermeintlichem Wissen und tatsächlichem Geschehen immer der beschränkte Geltungsanspruch angeführt werden.

Die Ceteris-paribus-Klausel ist jedoch auch ein nützliches methodisches Hilfsmittel zur wirtschaftswissenschaftlichen Modellbildung; denn es ist unmöglich, alle ökonomischen Zusammenhänge einer Volkswirtschaft abzubilden. Ausschlaggebend ist, wie von dieser Klausel Gebrauch gemacht wird. Sie ist verwendbar, um die Analyse hinsichtlich der Zahl der mehr oder weniger gehaltvollen Aussagen über ökonomische Phänomene zu begrenzen. Ferner wird mit der Einführung exogener Variabler die Erklärung an diesen Stellen abgebrochen. Damit wird ein unendlicher Regreß hinsichtlich der Verursachung vermieden. Mit Hilfe der Ceteris-paribus-Klausel können Modelle hinsichtlich der vernachlässigten Variablen und Zusammenhänge künstlich geschlossen werden. Es entstehen deterministische Aussagensysteme, z. B. ein Partialmarktmodell. Sie lassen sich nutzen, um z. B. den Wirkungen der verschiedenen erklärenden Variablen, etwa einer Änderung der staatlichen Nachfrage, isoliert nachzugehen. Solche Modelle können als Instrumente zur Erforschung möglicher ökonomischer Wirkungszusammenhänge dienen. Unmittelbare wirtschaftspolitische Schlußfolgerungen lassen sich daraus nur in sehr begrenztem Maße ziehen. Die Modelle sind in dieser Form nicht empirisch überprüfbar. Die in ihnen enthaltenen Aussagen können nur mehr oder weniger plausibel sein und dementsprechend mehr oder weniger plausible Schlüsse zulassen, z. B. über Folgen wirtschaftspolitischen Handelns. Plausibilität ist jedoch kein Ersatz für Falsifizierbarkeit. Positiv betrachtet stellt sie ein uneingelöstes Versprechen dar, den Weg abnehmender Abstraktion hin zur Falsifizierbarkeit zu beschreiten. Dabei ist nicht zu fordern, daß jede einzelne in einem Modell vorhandene Aussage falsifizierbar sein muß; für Definitionsgleichungen wäre dies ohnehin unsinnig. Vielmehr muß das Modell zumindest als Aussagenverbund zu Behauptungen führen, die mit der Erfahrung konfrontierbar sind. Wenn es jedoch in einem Bereich ökonomischer Theoriebildung dauerhaft bei gedanklichen Experimenten bleibt, die gegen die Erfahrung immunisiert sind, muß der Einwand des einer Realwissenschaft unangemessenen Modell-Platonismus (ALBERT, 1963a/67) hingenommen werden. Denknotwendigkeit ist grundsätzlich weder eine Garantie noch ein Ersatz für empirische Geltung.

Empirisch überprüfbare ökonomische Modelle sind allerdings auch nur konstruierbar, wenn die Zahl der explizit beobachtbaren Einflußfaktoren und Zusammenhänge begrenzt wird. Jedoch geschieht diese künstliche Schließung (Isolierung) im Falle des ökonometrischen Modells durch eine zumindest grundsätzlich falsifizierbare Vermutung. Vermutet wird, daß die nicht explizit berücksichtigten Einflußfaktoren in ihrer Gesamtwirkung auf eine zu erklärende ökonomische Variable, z. B. die Ausgaben privater Haushalte für Nahrungsmittel, Zufallsschwankungen in den beobachteten Werten für diese Variable auslösen. Demgegenüber wird vermutet, daß die explizit berücksichtigten Einflußgrößen, z. B. das Haushaltseinkommen, systematische Veränderungen bewirken. Das Ergebnis dieses Vorgehens sind Wahrscheinlichkeitsaussagen über ökonomische Wirkungszusammenhänge. Sie basieren auf Beobachtungen des Verhaltens vieler Individuen. Für sie wird nicht Gültigkeit in jedem individuellen Fall beansprucht, sondern für den Durchschnitt aller Fälle. Die statistisch-ökonometrischen Verfahren, mit denen die Verhaltensparameter geschätzt werden, erlauben im günstigen Fall Angaben darüber, mit welcher Wahrscheinlichkeit eine Reaktion auf als ursächlich vermutete Ereignisse (wie sie z. B. durch eine Einkommenselastizität der Nachfrage beschrieben wird) innerhalb eines begrenzten zahlenmäßigen Intervalls erwartet werden kann. Das bedeutet, daß Abweichungen zwischen den tatsächlichen und den mit Hilfe eines Erklärungsversuchs abgeleiteten Ereignissen den Versuch nicht unbedingt widerlegen. Es bedarf vielmehr Konventionen darüber, welches Ausmaß an Abweichungen zulässig sein soll, ohne daß eine Widerlegung konstatiert werden muß.

Dennoch bedeutet auch die künstliche Schließung durch eine mit induktiv-statistischen bzw. ökonometrischen Methoden überprüfbare Vermutung, daß das grundsätzlich als offen erkannte System gesellschaftlichen Wirtschaftens (oder ein Teilsystem) geschlossen wird. Daran ändern die stochastischen Qualitäten (zufallsähnliche Eigenschaften), die den Wirkungen eines Bündels nicht spezifizierter Einflußfaktoren beigemessen werden, grundsätzlich nichts. Von dem stochastischen Element wird vermutet, daß es die Wirkungen explizit berücksichtigter Einflußfaktoren unsystematisch (zufallsähnlich) überlagert; die nichtexplizierten Faktoren gelten aber ebenso wie die übrigen als von Beginn an vorhanden und in ihrer individuellen Wirkung als konstant. Für Neues, Überraschendes ist weder hinsichtlich der Wirkungen noch der Einflußfaktoren Platz. Mit der Schließung wird der Erklärungsversuch von betrachteten ökonomischen Phänomenen auf ein quasi-deterministisches Aussagensystem reduziert.

Eine solche Schließung, mit der eine empirische Überprüfbarkeit von Hypothesen erreicht werden soll, stellt im Hinblick auf den Erkenntnisgegenstand eine Abstraktion dar. Wie bei allen Abstraktionen, die nötig sind, um die Vielfalt der Wahrnehmungen ursachenorientiert zu ordnen, können sie nur danach beurteilt werden, ob sie nach dem Erkenntnisziel als angemessen (adäquat) gelten können. Angemessenheit läßt sich z. B. im Hinblick auf bekannte Eigenschaften des zu erklärenden Phänomens beurteilen. Die Annahme der Quasi-Stationarität der vermuteten Struktur des Modells mag z. B. in einer sehr kurzfristigen mikroökonomischen Analyse adäquat sein; dabei sind allerdings die grundsätzlichen Vorbehalte gegenüber Gleichgewichtsmodellen zu berücksichtigen, die im vierten Kapitel dargelegt wurden. Demgegenüber wäre der Versuch, das evolutorische Phänomen der Innovation in einem deterministischen Modell abzubilden, von vornherein als unangemessen zu beurteilen. Ähnliche Bedenken lassen sich geltend machen, wenn z. B. die Preisbildung auf durch Spekulation charakterisierten Märkten (z. B. Devisen- und Aktienmärkte) im Rahmen eines Gleichgewichtsmodells mit Hilfe der Hypothese homogener Erwartungen der Marktteilnehmer über die preisbestimmenden Ereignisse erklärt werden soll; denn wenn ohnehin alle das Gleiche - den gleichen zukünftigen Preis - erwarten, entspräche die Situation einer Wette ohne Erwartungsunterschiede zwischen den Wettenden. Für eine gewinnorientierte, professionelle Spekulation bliebe ohne zusätzliche Annahmen keine Chance. Daher müßte gefragt werden, warum Handel zwischen Spekulanten überhaupt vorkommt (hierzu z. B. Streit, 1983b). Selbst wenn die empirische Überprüfung eines solchen Gleichgewichtsmodells keinen Anlaß geben würde, die Hypothese homogener Erwartungen zu verwerfen, bliebe angesichts des analysierten Phänomens und der Grenzen der ökonometrischen Analyse der begründete Verdacht einer Scheinerklärung. Zu begründen wäre er mit einer als unangemessen anzusehenden Abstraktion.

8.1.1.4 Intersubjektive Überprüfbarkeit und Werturteilsfreiheit

Unbeschadet der aufgezeigten Überprüfungsschwierigkeiten können ökonomische Theorien also nicht nur an den Gesetzen der Logik scheitern. Darüber hinaus müssen sie auch an der Empirie scheitern können, wenn mit ihnen ein realwissenschaftlicher Anspruch begründet werden soll. Ferner wird die empirische Überprüfung als Anwendung des methodischen Prinzips der Falsifizierung, d. h. als systematischer Widerlegungsversuch, konkretisiert. Damit liegt der Schwerpunkt der empirischen Überprüfung auf der Suche nach Ereignissen, deren Eintreten als mögliche Folge vermuteter Kausalitäten ausgeschlossen wurde. Hierin kommt eine Verwertung der Möglichkeit des Irrtums in kritischer Absicht zum Ausdruck. Scheitert ein Widerlegungsversuch, so gilt die entsprechende Hypothese nicht als bestätigt, sondern als vorläufig nicht widerlegt.

Denkbar wäre es auch, den Schwerpunkt der empirischen Überprüfung auf die Suche nach solchen Sachverhalten zu legen, die zu den zugelassenen Folgen vermuteter Gesetzmäßigkeiten gehören. Derartige Versuche der Bestätigung (Verifizierung) können jedoch nur zu leicht dazu führen, daß Widerlegungsmöglichkeiten übersehen werden und der Erkenntnisstand festgeschrieben wird. Abgesehen davon dürften sie eine dogmatische Haltung begünstigen. Wird dagegen die Fehlbarkeit von Kausalitätsvermutungen akzeptiert, ist wissenschaftlicher Fortschritt am ehesten zu erzielen, wenn nach Anlässen gesucht wird, bisherige Erklärungsversuche zu verbessern oder zu ersetzen. Dazu dürften sich Versuche der Falsifizierung besser eignen als solche der Verifizierung.

Beide methodischen Prinzipien - Falsifizierbarkeit und Werturteilsfreiheit - haben selbst normativen Gehalt; denn sie beinhalten Empfehlungen,

- wie realwissenschaftliche Erkenntnisse angestrebt werden sollten (empirische Widerlegung) bzw.
- welche Aussagen im Interesse intersubjektiver Überprüfbarkeit außer Betracht bleiben sollten (Werturteile).

Daraus folgt nicht, daß eine abweichende Vorgehensweise realwissenschaftliche Erkenntnis unmöglich mache. Vermutet wird lediglich, daß ihre Gewinnung mit Hilfe der beiden methodischen Prinzipien erleichtert wird. Neutralisierung von Werturteilen bedeutet auch nicht - wie zu zeigen sein wird -, daß diese sich nicht werturteilsfrei und damit wissenschaftlich analysieren lassen.

8.1.2 Einige Konsequenzen des Prinzips der Werturteilsfreiheit

Wissenschaftliches Interesse und Wertung

Das Prinzip der Werturteilsfreiheit wurde und wird gerade in den Wirtschaftswissenschaften und dort besonders in der Wirtschaftspolitik häufig mißverstanden. Ein Mißverständnis bezieht sich u.a. unmittelbar auf die Erklärungssuche. Anknüpfungspunkt ist der Umstand, daß jeder Versuch, der beobachtbaren sozioökonomischen Realität Gesetzmäßigkeiten abzuringen, schon durch die Wahl des Problems subjektiver und vom Interesse her wertender Natur ist. Auf die Frage, ob, so gesehen, Ökonomie überhaupt werturteilsfrei betrieben werden kann, sollte die Antwort von G. Myrdal (1969/ 1971, S. 13 f.) genügen: „Tatsachen verwandeln sich nicht unversehens in Begriffe und Theorien; außerhalb des Systems von Begriffen und Theorien gibt es keine wissenschaftlichen Tatsachen, nur das Chaos. Ein unabdingbares apriorisches Element findet sich in aller wissenschaftlichen Arbeit. Man muß Fragen stellen, bevor man sie beantworten kann. Alle Fragen sind Ausdruck unseres Interesses an der Welt; sie sind im Grunde Wertungen." Die notwendigerweise wertende Wahl eines zu untersuchenden Problems schließt nicht von vornherein eine wissenschaftliche, intersubjektiv überprüfbare Analyse aus. Was kritisch diskutiert werden muß, sind die erzielten Ergebnisse, nicht die persönliche Haltung des Wissenschaftlers, die seine Problemauswahl geprägt haben mag.

Wertungen als Gegenstand wissenschaftlicher Bemühungen

Ein zweites Mißverständnis ergibt sich, wenn versäumt wird, zwischen wertenden Aussagen und Aussagen über Werte zu unterscheiden. Dieses Versäumnis kann zu der Interpretation führen, Werturteilsfreiheit schlösse jegliche wissenschaftliche Beschäftigung mit Wertungen und damit auch z.B. mit wirtschaftspolitischen Zielen aus. Tatsächlich gilt das aber nur für die Formulierung wertender Aussagen als Ziel wissenschaftlicher Bemühungen. Aussagen über Wertungen können durchaus werturteilsfrei sein. Dementsprechend läßt sich das Wissenschaftsprogramm im Falle der Wirtschaftspolitik hinsichtlich der dort anzutreffenden Wertungen wie folgt konkretisieren:

- Wertungen können (1) beschrieben, (2) auf ihre Beziehungen zueinander überprüft und (3) in ihrer Kombination im Zeitablauf sowie zwischen Gruppen und Gesellschaften verglichen werden.
- Wertungen in Aussagen lassen sich durch sorgfältige Analyse aufdecken (Ideologiekritik); es ist nämlich nicht auszuschließen, daß Handlungen und Meinungen in der Absicht vorgetragen werden, beim Adressaten den Eindruck zu erwecken, als ob sie ausschließlich auf intersubjektiv überprüfbaren Grundlagen beruhen.
- Schließlich kann auch versucht werden, das wertbezogene Verhalten von Einzelpersonen und Gruppen und ihr Zusammenwirken beim wirtschaftspolitischen Willensbildungsprozeß zu beschreiben, zu erklären und zu prognostizieren.

Alle diese wissenschaftlichen Möglichkeiten beinhalten hinsichtlich der Wertungen lediglich, daß sie festgestellt und analysiert werden können sowie als Bündel auf mögliche Beziehungen zueinander überprüfbar sind. Keinesfalls soll darüber befunden werden, ob sie „richtig" oder „falsch" sind.

Damit ist das persönliche Bekenntnis eines Wissenschaftlers zu konkreten normativen Positionen nicht ausgeschlossen. Ebenfalls nicht ausgeschlossen sind Werturteile über wissenschaftlich erschlossene, gesellschaftliche Tatbestände. Wird auch dann die Norm akzeptiert, durch intersubjektiv überprüfbare Aussagen verdeckte Werturteile (Ideologien) seien zu vermeiden, so wäre zu fordern, daß der wertende Teil der Aussage deutlich erkennbar gemacht werden sollte (Postulat der Werttransparenz); allerdings ist dies schon aufgrund des häufig wertenden Gebrauchs von Sprachelementen kein leicht erfüllbares Gebot. In jedem Fall werden solche wertenden Aussagen nicht dadurch wissenschaftlich, daß sie von jemandem gemacht werden, der sich ansonsten wissenschaftlich betätigt. Das schließt allerdings Versuche durch einen Wissenschaftler selbst oder von anderen nicht aus, seinen wertenden Aussagen durch Hinweis auf die ansonsten wissenschaftliche Betätigung einen höheren Rang im Vergleich zu Wertungen anderer zu verleihen.

Naturalistischer Trugschluß

Bemühungen, Werturteile wissenschaftlich zu begründen, hat es immer wieder gegeben. Allerdings muß dazu letztlich auf die intersubjektive Überprüfbarkeit als Kriterium für Wissenschaftlichkeit verzichtet werden. Ein Begründungsversuch besteht darin, das Empfinden von Werten bereits als eine Quelle wissenschaftlicher Erkenntnis anzusehen (Intuitionismus). Zum gleichen Ergebnis gelangt, wer die Möglichkeit zuläßt, daß von der Beobachtung der gesellschaftlichen Wirklichkeit zur Erkenntnis ihres „Wesens", was immer das sein mag, und damit auch zu Wertungen vorgedrungen werden kann (Naturalismus). Hierzu zählt z. B. die Vorstellung der Physiokraten (vor allem QUESNAYS) von einer natürlichen Ordnung (ordre naturel), die für sie durchaus noch in den herrschenden Produktionsverhältnissen erkennbar schien. Daher kommt es nach ihnen darauf an, in der durch Gesetze geformten gesellschaftlichen Ordnung (ordre positif) möglichst die Grundsätze der natürlichen Ordnung zu verwirklichen. Als zweites Beispiel kann die „Einsicht" des historischen Materialismus in ein ehernes Gesetz dienen, nach dem unentrinnbar am Ende der Menschheitsgeschichte die kommunistische Gesellschaft stehen wird. Mit dieser klassenlosen Gesellschaft, die zugleich ein Absterben des Staates als Zwangsapparat der herrschenden Klasse bedeutete, wäre das Endziel gesellschaftlicher Entwicklungen erreicht. Daher sollte nicht versucht werden, den unvermeidbaren Untergang des Kapitalismus durch Milderung seiner Krisen hinauszuzögern, im Gegenteil.

Beiden Beispielen ist gemeinsam, daß die Empfehlungen (hinsichtlich des ordre positif bzw. der Milderung von Krisen des Kapitalismus) aus dem „Wesen", der „Natur der Sache" (des ordre naturel bzw. der Unausweichlichkeit der kommunistischen Zukunftsgesellschaft), scheinbar logisch abgeleitet werden. Scheinbar deshalb, weil der Versuch unternommen wird, normative Aussagen allein aus als empirisch deklarierten Aussagen abzuleiten. Das ist aber nur durch einen logischen Fehler, einen naturalistischen Trugschluß, möglich; denn eine deduzierte Aussage kann nicht mehr enthalten als das, was die Aussage beinhaltet, aus der sie gewonnen wurde. Da aber positive Aussagen keine normativen Implikationen enthalten, können aus ihnen auch keine normativen Schlüsse gezogen werden; daran ändert die Problemwahl des Beobachters grundsätzlich nichts. Die Schlüsse in den beiden Beispielen sind nur dadurch möglich, daß das

„Wesen" zugleich mit einer Wertung belegt wird, d. h., die als empirisch deklarierte Aussage hat auch normativen Gehalt; im einen Fall gilt die natürliche Ordnung als gottgewollt und daher als die beste, im anderen wird die kommunistische Zukunftsgesellschaft nicht nur als unvermeidbar, sondern auch als wünschenswert angesehen.

Exkurs zum naturalistischen Trugschluß: RAWLS' Theorie der Gerechtigkeit

Was für die Physiokraten und Marxisten gilt, trifft auch für den vieldiskutierten Versuch von John RAWLS (1971/2003) zu, eine allgemeingültige „Theorie der Gerechtigkeit" zu entwickeln. Auch er ist im Grunde bemüht, aus empirischen Tatsachen bzw. Annahmen (positiven Aussagen) normative Schlüsse – seine Prinzipien der Gerechtigkeit – abzuleiten. Die beiden Prinzipien, die hier nicht diskutiert werden sollen (zur Diskussion z. B. BARRY, 1973; MUELLER, 1979/93, Kap. 12), lauten etwas vereinfacht und unter Vernachlässigung des Generationenproblems (ebenda, S. 302):

- Priorität der Freiheit: Jeder hat ein gleiches Recht auf das umfangreichste Gesamtsystem von Grundfreiheiten, wobei einzelne Freiheiten nur im Interesse einer größtmöglichen Freiheit insgesamt eingeschränkt werden können.
- Priorität der Gerechtigkeit über Effizienz und Wohlfahrt: Gesellschaftliche und wirtschaftliche Ungleichheiten gelten nur dann als gerecht, wenn sie (1) zum größten Vorteil der am wenigsten Begünstigten sind und (2) aus solchen Positionen und Ämtern erwachsen, die grundsätzlich allen gleichermaßen zugänglich sind.

Die erste Ableitung der Prinzipien basiert auf einem Gedankenexperiment, von dem RAWLS behauptet, daß es jedes Individuum jederzeit mit den gleichen Ergebnissen (den Prinzipien) nachvollziehen kann (ebenda, S. 139). Das Gedankenexperiment ergibt sich aus einer fiktiven Konferenz, in der als „frei und gleich" charakterisierte Personen (ebenda, S. 13) zusammentreten, um Prinzipien und Institutionen für eine Gesellschaft auszuhandeln. Ihr Ziel ist, die bestmöglichen „Realisierungsbedingungen jedes individuellen Lebensplanes" (ebenda, S. 92, 93) zu gewährleisten. Dabei sollen alle davon ausgehen, daß unbekannt ist, welche sozioökonomische Position jeder einzelne von ihnen als Mitglied einer ebenfalls nicht feststehenden Generation zukünftig aufgrund der einstimmig zu wählenden Prinzipien einnehmen wird. Vor diesem „Schleier der Ungewißheit", der alle in eine Position fiktiver Gleichheit versetzt, gilt es, Prinzipien der Verteilungsgerechtigkeit zu entwickeln, die alle als rationale Wesen zur bestmöglichen Verwirklichung ihres Eigeninteresses akzeptieren könnten. Ihre Rationalität wird mit Hilfe der Axiome des methodologischen Individualismus beschrieben, wie sie in der Wohlfahrtsökonomik üblich sind (ebenda, S. 142 ff.). Eine von einer konkreten sozioökonomischen Ausgangsposition losgelöste fiktive Situation, in der die persönliche Zukunft weitgehend als vom Zufall beherrscht zu denken ist, wird also mit der Maßgabe kombiniert, nach dem Individualprinzip zu räsonieren; dabei sollen auch Gefühle wie das des Neides keine Rolle spielen. Damit dürfte bereits hinreichend deutlich sein, daß die Anordnung des Experiments genügend normative Elemente enthält, um entsprechende normative und daher nicht allgemeingültige Schlüsse ziehen zu können.

Auch mit der zweiten Ableitung ist es RAWLS nicht möglich, aus dem Sein auf ein Sollen und damit allgemeinverbindlich zu schließen. Er vermutet beim Menschen – vergleichbar einem grammatikalischen Sprachgefühl – einen „Sinn für Gerechtigkeit“ (ebenda, S. 46 ff.), der als eine Art angeborene Denkweise für alle ähnlich sein könnte. Mit Appellen an die Intuition wirbt RAWLS für die Hypothese, daß dieser Gerechtigkeitssinn in konkreten Handlungssituationen bei genügend Reflexion durchaus auch zu den experimentell ermittelten Gerechtigkeitsprinzipien führt. Die Nähe zur Denkweise, daß eine bestimmte normative Position in der Natur des Menschen liege, ist wohl unverkennbar. Unverkennbar und angestrebt ist bei RAWLS auch die Nähe zur Vernunftethik KANTS sowie zu dessen monumentalem Versuch, mit dem kategorischen Imperativ eine Verhaltensnorm abzuleiten, die auf den Menschen aufgrund seiner Natur als freies und gleiches rationales Wesen – wie RAWLS es ausdrückt (ebenda, S. 253) – Anwendung findet.

Verfehlt wäre es jedoch, aus diesem Ergebnis mehr als ein partielles, mit Hilfe der gewählten methodischen Prinzipien abgeleitetes Urteil über die Ethik von RAWLS abzuleiten. Im Falle von RAWLS' Gerechtigkeitsprinzipien kommt allerdings noch hinzu, daß seine beiden Argumentationslinien sich – anders als er vermutet – kaum gegenseitig stützen dürften; denn sein experimentelles Ergebnis basiert auf einer Art „homo ethicus rationalis“, der aufgrund seines Selbstverständnisses als nutzenmaximierendes Einzelwesen sehr viel Ähnlichkeit mit dem „homo oeconomicus“ hat. Demgegenüber soll er im zweiten Fall ein gesellschaftliches Wesen mit einem allen gemeinsamen Gerechtigkeitssinn ausgestattet sein, womit RAWLS zugleich in die Nähe von Intuitionismus gerät.

Als Ergebnis bleibt für die noch ausstehende Analyse des Grundwertes Gerechtigkeit festzuhalten: Auch die RAWLSschen Prinzipien stellen nur eine wenn auch intellektuell reizvolle Interpretation des Grundwertes dar, für die sich der einzelne wertend entscheiden kann oder auch nicht.

8.2 Zur Problematik des Zweck-Mittel-Denkens

Technologische Information und Wertung

Ein weiteres Mißverständnis der Werturteilsproblematik setzt an der technologischen Information an. Es beinhaltet im Unterschied zu den zuvor diskutierten Fällen eine Überschätzung der Möglichkeiten werturteilsfreier und – gemessen an dieser Norm – wissenschaftlicher Analyse. Ausgangspunkt sind die technologischen Informationen als Ergebnis von Bemühungen, zu ökonomischen Gesetzmäßigkeiten vorzudringen. Von solchen vermuteten Gesetzmäßigkeiten interessieren wirtschaftspolitisch vor allem diejenigen, die

- sich auf erklärende Ereignisse beziehen, die unmittelbar oder mittelbar mit wirtschaftspolitischen Zielen in Verbindung gebracht werden können und
- als ursächlich angesehene Arten von Ereignissen enthalten, die durch wirtschaftspolitisches Tun oder Unterlassen gestaltbar sind.

Solche Gesetzmäßigkeiten können Aufschluß über wirtschaftspolitische Handlungsmöglichkeiten geben. Dazu bedarf es lediglich einer tautologischen Transformation (ALBERT, 1963b/76, S. 177). Sie läßt sich durch die Frage charakterisieren, wie die wirtschaftspolitisch gestaltbaren Ereignisse aussehen müßten, damit unter Berücksichtigung aller nicht gestaltbaren Einflußfaktoren bestimmte gewünschte Ereignisse eintreten. Die gestaltbaren Ereignisse sind als Mittel nutzbar, mit denen vorzugebende Zwecke, die zu erklärenden Ereignisse, herbeigeführt werden können. Ein Verstoß gegen das Prinzip der Werturteilsfreiheit kann sich ergeben, wenn das Ergebnis der tautologischen Transformation mißdeutet wird.

Instrumentalistischer Trugschluß

Der mögliche Vorstoß gegen das methodische Prinzip beinhaltet einen instrumentalistischen (teleologischen) Trugschluß. Die dabei eingenommene Position kann wie folgt umrissen werden:

- Die Ziele und ihre Wahl sind politischer Natur und erfordern daher letztlich eine Wertung, die wissenschaftlich unzugänglich und hinzunehmen ist.
- Die zielkonforme Wahl und der Einsatz von Instrumenten (Mitteln) erfordern lediglich technologische Informationen, die wertneutral und daher wissenschaftlich zugänglich sind.

Diese Position würde folgende Argumentation erlauben: Ziele sind Wertungen und daher von der Wissenschaft als Daten hinzunehmen. Die wissenschaftliche Analyse kann er die Instrumente und ihre Wirkungen im Hinblick auf die Ziele zum Gegenstand haben. Somit fiele das teleologische Urteil, „wenn dieser Zweck verfolgt werden soll, dann ist jenes das beste Mittel“, in den Bereich werturteilsfreier, wissenschaftlicher Betätigung. Wie fragwürdig die Annahmen sind, unter denen dieser Schlußfolgerung Werturteilsfreiheit bescheinigt werden kann, hat MYRDAL (1933) zum ersten Mal dargelegt. Einer Formulierung STREETENS (1954, S. 61) folgend, der das entsprechende Argument MYRDALS (ebenda, S. 313) aufgriff, lauten diese Annahmen:

„1. Die Menschen messen den Mitteln keinen unmittelbaren, sondern nur instrumentalen Wert bei.
2. Die Menschen messen den Zielen nur unmittelbaren Wert bei und betrachten sie nie als Mittel für andere Ziele.
3. Keine anderen Ergebnisse des Mitteleinsatzes, außer den ‚vorgegebenen‘ Zielen, haben unmittelbaren Wert.“

Die gegenteiligen Vermutungen lassen sich wie folgt angeben:

- Mittel können auch Zielcharakter (Eigenwert) haben.
- Ziele können Mittelcharakter haben und deshalb nach übergeordneten Zielen hinterfragt werden (vertikale Zielbeziehungen).
- Mittel können Nebenwirkungen auf andere als die mit ihrem Einsatz angestrebten Ziele haben (horizontale Zielbeziehungen).

Die Möglichkeit, bestimmte Tatbestände als Mittel ansehen zu können, bedeutet nicht, daß ihnen diese Eigenschaft „naturgegeben“ anhaftet. Vielmehr werden sie bei der Lösung eines konkreten Handlungsproblems so angesehen. In einem anderen Zusammenhang können sie ihre Rolle durchaus ändern. So können z. B. internationale Währungsreserven einmal als eine Art Liquiditätsreserve für Zwecke des Außenhandels betrachtet werden. Das schließt aber andererseits das merkantilistische Werturteil nicht aus, nach dem Währungsreserven zugleich als Symbole nationalen Reichtums gelten sollten.

Für Ziele gilt analog das, was für Mittel geltend gemacht werden kann. Sie lassen sich nämlich hinterfragen, da sie zugleich Mittel für andere Ziele sein können. Das gilt gerade für wirtschaftspolitische Ziele. Es kann z. B. gefragt werden, warum das Ziel eines hohen Beschäftigungsstandes erstrebenswert sein soll. Eine Antwort könnte sein, daß Arbeitslosigkeit als Zielabweichung den sozialen Frieden beeinträchtigt. Dieser wiederum sei wichtig, weil das bestehende Gesellschaftssystem gewährleiste, daß die individuelle Freiheit möglichst groß sei. An der individuellen Freiheit sei gelegen, weil sie ein hohes Maß an Selbstverwirklichung erlaube. Dies wiederum sei wünschenswert, weil... Ein unendlicher Regreß infolge vertikaler Zielbeziehungen zeichnet sich ab. Soll es möglich sein, ökonomisches Wissen zur Lösung wirtschaftspolitischer Probleme zu verwerten, muß der Regreß an einer Stelle unterbrochen werden. Wo die nächsthöheren Ziele durch ein vorläufiges Urteil als Daten definiert werden, hängt von dem Handlungsspielraum ab, der im konkreten Fall als relevant angesehen werden muß. So ist es nicht immer sinnvoll, bei der wirtschaftspolitischen Beratung davon auszugehen, daß z. B. die Aufteilung der Finanzhoheit auf Bund, Länder und Gemeinden oder andere Verfassungsbestimmungen zur Disposition stünden. Im Falle des Sachverständigenrates wurde vom Gesetzgeber der Rahmen normativ abgegrenzt, innerhalb dessen sich die Analysen des Rates zu bewegen haben; nach § 2 des Gesetzes zur Bildung eines Sachverständigenrates zur Begutachtung der gesamtwirtschaftlichen Entwicklung geschah dies mit der Vorgabe der „marktwirtschaftlichen Ordnung". Allerdings ist damit dem Rat nicht grundsätzlich untersagt, mitzuteilen, daß die Ziele nur durch Antasten der Ordnung erreicht werden können, falls sich dies aus seiner Analyse ergeben sollte. Entscheidend ist in diesen und anderen Fällen, daß die durch ein vorläufiges Urteil gezogenen Grenzen für den Handlungsspielraum klar erkannt und benannt werden. Nur dann ist es möglich, zu unterscheiden zwischen Alternativen und Pseudoalternativen, die diese Grenzen sprengen und daher geeignet sind, die wirtschaftspolitische Diskussion zu erschweren. Neben dieser praktischen Konsequenz des Mittelcharakters von Zielen ist noch eine weitere Folge bedeutsam: Weil der infinite Regreß nicht ausgeschlossen werden kann, kann auch nicht zu „letzten" Zielen vorgedrungen werden. Solche Ziele können nur durch eine Konvention festgelegt werden. Das genügt jedoch nicht, um darauf eine Zielhierarchie aufzubauen; denn dazu müßte außerdem unterstellt werden, daß es nach Einigung über die „letzten" Ziele nur eine Möglichkeit gibt, von diesen ausgehend alle übrigen Ziele hierarchisch zu ordnen.

Das Problem der Nebenwirkungen des Mitteleinsatzes tauchte bereits an früherer Stelle auf, z. B. bei der Diskussion von Beziehungen zwischen Verteilungs- und Allokationspolitik, wie sie im fünften Kapitel präsentiert wurde. Ein weiteres Beispiel mag die Problematik noch einmal verdeutlichen. Wenn etwa dem Staat zugewiesene Aufgaben wie die Wahrung der äußeren und inneren Sicherheit erfüllt werden sollen, dürfte es kaum gleichgültig sein, ob die Finanzierung über eine progressive Einkommensteuer, eine allgemeine Umsatzsteuer oder durch öffentliche Anleihen sichergestellt würde. Dies schon deshalb nicht, weil die drei Finanzierungsarten unterschiedliche Verteilungswirkungen haben dürften und die Einkommensverteilung selbst wiederum eng mit dem Ziel der Gerechtigkeit verknüpft ist.

Kapitel 9: Gesellschaftliche Grundwerte und zentrale Verfahrensnormen

Nachdem die grundsätzlichen Möglichkeiten werturteilsfreier und, gemessen an dieser Norm, wissenschaftlicher Analyse aufgezeigt worden sind (Kap. 8), sollen zunächst vier gesellschaftliche Grundwerte erörtert werden, auf die in der wirtschaftspolitischen Praxis immer wieder Bezug genommen wird. Es sind dies Freiheit und Gerechtigkeit sowie Sicherheit und Fortschritt. Hinzu kommen zwei weitere Ziele, nämlich Demokratie und Rationalität. Jedoch soll verdeutlicht werden, daß diese beiden Ziele zugleich Verfahren darstellen, um andere Ziele zu erreichen. Im Hinblick auf ihren Mittelcharakter sind sie als Verfahrensnormen interpretierbar. Im einzelnen wird untersucht, (1) was unter den Grundwerten verstanden werden kann, (2) welche Instrumente zu ihrer Realisierung grundsätzlich einsetzbar sind, (3) welche Beziehungen zwischen diesen Grundwerten sich durch den Einsatz von Instrumenten ergeben können, und insbesondere, (4) welche Bedeutung konkrete Interpretationen der Grundwerte und die entsprechenden Realisierungsversuche für die Ordnung von Wirtschaft und Gesellschaft haben können. Bei den Verfahrensnormen steht im Falle der Demokratie die Frage im Vordergrund, wie sie den gesellschaftlichen Grundwerten dienlich sein kann, wenn realistischerweise der Konkurrenztheorie der Demokratie gefolgt wird. Bei der Rationalität soll vor allem geprüft werden, welche Bedeutung sie als Verfahrensnorm haben kann, wenn der konstitutionelle Wissensmangel berücksichtigt wird.

Literaturhinweise

9.1: Albert, 1986; Böckenförde, 1972; Boulding, 1958/64 (Kap. 2–5); Giersch, 1961/91 (Kap. 2); Hayek, 1960 (Kap. 1, 6), 1967b/2003, 1976/2003 (Kap. 8); Jonas, 1979/2003 (Kap. 5, Teil VI); Sartori, 1987/97 (Kap. 11, 12, 13).

9.2: Albert, 1978 (Kap. 1); Dahl, 1963 (Kap. 11, 12); Dahrendor, 1961; Downs, 1957b; Frey, 1981/94 (Kap. 5); Hayek, 1960 (Kap. 11), 1965; Herder-Dorneich und Groser, 1977 (Kap. 2); Kirsch, 1974/97 (Kap. 6); Langlois, 1986; Sartori, 1987/97 (Kap. 8); Schumpeter, 1942/93 (Kap. 21, 22); Simon, 1979, 1983; Streit (2003).

9.1 Gesellschaftliche Grundwerte

Verfassungs- und Gesetzestexte, Regierungserklärungen, Parlamentsdrucksachen, Reden und Stellungnahmen von Ministern, Parlamentariern und außerparlamentarischen Interessenvertretern sind beredte Zeugnisse dafür, daß es eine Reihe von allgemeinen, auf viele Lebensbereiche anwendbaren Normen zu geben scheint. So wurde in der Präambel der Weimarer Reichsverfassung von 1919 der Staat beauftragt, der „Freiheit und Gerechtigkeit..., dem inneren und äußeren Frieden zu dienen und den gesellschaftlichen Fortschritt zu fördern." Auch aus dem Grundgesetz lassen sich derartige Ziele ableiten, wenn danach gefragt wird, was denn z. B. die in Art. 28 angesprochenen Grundsätze „des republikanischen, demokratischen und sozialen Rechtsstaates" beinhalten. Auf derart umfassende, vielseitige und grundsätzliche Ziele wie die genannten wird auch immer wieder Bezug genommen, wenn es gilt, wirtschaftspolitische Ziele zu begründen. Eine solche Begründung ist möglich, weil wirtschaftspolitische Ziele sich lediglich auf einen Teil des gesellschaftlichen Lebens beziehen und weil sie im Hinblick auf die allgemeineren Ziele häufig Mittelcharakter haben.

Unmittelbar einzusehen bzw. nach den vorangegangenen Ausführungen (Kap. 8) festzuhalten ist ferner,

- daß derartige Wertvorstellungen sowohl nach ihrem konkreten Inhalt als auch nach ihrer relativen Dringlichkeit personell, räumlich und zeitlich variieren;
- daß zwischen Zielen und Mitteln nicht eindeutig und endgültig unterschieden werden kann;
- daß der Versuch a priori zum Scheitern verurteilt ist, zu „letzten“ Zielen vorzudringen, nicht zuletzt, weil viele Ziele instrumental und durch mehrfache Beziehungen miteinander verknüpft sind.

Ein Katalog „letzter“ Ziele oder Grundwerte läßt sich nur durch Konvention festlegen. Eine solche Konvention empfiehlt sich, wenn in diesem Bereich verwirrende und fruchtlose Diskussionen über Stellenwert und Verbindlichkeit solcher Ziele vermieden werden sollen. Soweit Grundwertkataloge Gegenstand wissenschaftlicher Bemühungen sind, kann ein relativ hohes Maß an Übereinstimmung über die gegenwärtig am häufigsten deklarierten Ziele sowie mögliche Begriffsinhalte konstatiert werden. Dabei erweist es sich als zweckmäßig, zu unterscheiden zwischen den Grundwerten

- Freiheit und Gerechtigkeit,
- Sicherheit und Fortschritt.

9.1.1 Freiheit

Der Grundwert der Freiheit kann in seiner Bedeutungsvielfalt ebensowenig ausgeschöpft werden wie die übrigen Grundwerte. Infolgedessen soll versucht werden, einige typische Interpretations- und Verständnisschwierigkeiten auszuräumen sowie – im Hinblick auf die Wirtschaftspolitik – zwei spezielle Aspekte der Freiheit zu beleuchten. Interpretationsschwierigkeiten lassen sich einmal dadurch verringern, daß zwischen der individuellen und der gesellschaftlichen Perspektive unterschieden wird. Aus der individuellen Perspektive ist es erforderlich, zwischen der Willens- und der Handlungsfreiheit zu unterscheiden. Freiheit aus einer gesellschaftlichen Perspektive erfordert eine Klärung der Phänomene Konflikt, Macht und Recht. Im übrigen hat diese Perspektive so vielfältige Aspekte wie die Gesellschaft selbst. Daher wird eine Beschränkung auf die beiden Aspekte vorgenommen, die mit dem Blick auf die Wirtschaftspolitik in einer Marktwirtschaft mit staatlichen Interventionen von besonderer Bedeutung sein dürften: die politische und die wirtschaftliche Freiheit.

9.1.1.1 Die individuelle Perspektive: Willens- und Handlungsfreiheit

Willensfreiheit

Ausgangspunkt philosophischer Betrachtungen der Freiheit ist in der Regel das Individuum und seine Willensfreiheit. Sie ist spätestens seit Kant für das Selbstverständnis der Menschen im abendländischen Kulturkreis in zweifacher Hinsicht von Bedeutung:

- Freiheit als „Vermögen, einen Zustand von selbst anzufangen, deren Kausalität also nicht nach dem Naturgesetze wiederum unter einer anderen Ursache steht, welche sie der Zeit nach bestimmte" (KANT, 1781/1993, S. 170);
- Freiheit als „Unabhängigkeit der Willkür von der Nötigung durch Antriebe der Sinnlichkeit" (KANT, 1781/1993, S. 171) und als Möglichkeit, sich selbst das Gesetz des Handelns vorzuschreiben.

Die beiden Aussagen – Verneinung der Vorherbestimmtheit menschlichen Handelns und Fähigkeit zu sittlichem Handeln – lassen sich zusammenfassen zu dem Apriori: Der Mensch kann (ist frei zu) wollen.

Handlungsfreiheit

Über dieses Grundaxiom abendländischen Selbstverständnisses hinaus ist es sinnvoll zu fragen: Kann der Mensch auch, was er will? Die Beantwortung der Frage führt zu möglichen Realisierungsbeschränkungen des Wollens, zu Grenzen der Handlungsfreiheit. Diese Grenzen können unterschiedlich bindend sein:

- Die objektiven und äußersten Grenzen des Möglichen werden durch die Naturgesetze gezogen; sie lassen sich nicht brechen, wohl aber intelligent nutzen, um den jeweiligen (historischen) Möglichkeitsbereich des Menschen zu erweitern.
- Die subjektiven Grenzen sind wesentlich enger als die naturgesetzlichen gezogen und ergeben sich aus natürlichen (physischen und psychischen) Möglichkeiten des einzelnen sowie aus seinen sich selbst auferlegten sittlichen Normen; sie sind ausschließlich im Individuum begründet und definieren seine innere Freiheit als Chance zur Selbstbestimmung (Autonomie).
- Die gesellschaftlichen Grenzen betreffen die Beziehungen des einzelnen zu anderen und werden durch Macht, Sitten und Konventionen, vor allem aber durch Recht (s. u.) gezogen; sie definieren seine äußere (zwischenmenschliche) Freiheit und damit seine Chancen, in der Gesellschaft zu handeln.

Nach den aufgezeigten Grenzen ergibt sich die individuelle Handlungsfreiheit als eine komplexe Schnittmenge aus innerer und äußerer Freiheit, die innerhalb des objektiven Möglichkeitsraums der Natur liegen muß. Das objektiv Mögliche läßt sich z. B. an dem vergeblichen Wunsch verdeutlichen, zur gleichen Zeit an zwei verschiedenen Orten zu sein oder mehrere hundert Jahre alt zu werden. Subjektive Grenzen werden erkennbar, wenn z. B. eine unüberwindbare Angst dem technisch möglichen Fliegen gegenübersteht. Aber auch der nicht von solcher Angst Geplagte kann mit seinem Wunsch zu fliegen auf materielle, sozioökonomische Grenzen stoßen, wenn es ihm z. B. unmöglich ist, den Flugpreis zu zahlen oder aber ein einschneidender Verzicht an anderer Stelle die Folge wäre. Das erste und letzte Beispiel verdeutlichen zugleich eine weitere Folge der durch Grenzen definierten Handlungsfreiheit: Im Rahmen des Möglichen besteht die Chance zu Wahlhandlungen (Entscheidungen).

9.1.1.2 Die gesellschaftliche Perspektive: Konflikt, Macht und Recht

Die Ausübung der Handlungsfreiheit wird in einer Gesellschaft erst dadurch zu einem Problem, daß individuelles Tun oder Unterlassen Konsequenzen für andere haben kann. Deshalb kann die Ausübung der Freiheit durch den einen die Freiheit des anderen beschränken. Jede Gesellschaft wird in ihrer Existenz bedroht, wenn die Individuen totale Handlungsfreiheit beanspruchen. Aus gesellschaftlicher Perspektive verlangt Freiheit daher eine Qualifikation. Mit den Worten von John Stuart MILL (1859, S. 75): „Die einzige Freiheit, die den Namen verdient, ist die des Verfolgens unseres eigenen Wohls auf unsere Weise, solange wir nicht versuchen, andere des ihren zu berauben oder ihre Bemühungen behindern, es zu erlangen."

Konflikt und Konfliktbehandlung

Aus dem Dargelegten würde sich für eine Gesellschaft im Hinblick auf das Ziel der individuellen Freiheit die Notwendigkeit ergeben sicherzustellen, daß niemand seine Interessen ohne Rücksicht auf damit verbundene Beeinträchtigungen anderer wahrnehmen kann. Mit diesem Erfordernis ist das Problem des Interessenkonflikts und seiner friedlichen Behandlung angesprochen; denn lediglich durch Appelle dürften sich Konflikte in der Regel nicht vermeiden lassen. Konflikte treten immer dann auf, wenn aus der Handlungsfreiheit ableitbare Interessensphären von Individuen sich überschneiden. Für die davon betroffenen Chancen zum Handeln bedeutet dies, daß ihre Wahrnehmung durch ein Individuum andere automatisch ausschließt. Konflikt entsteht also aus der Rivalität in der Wahrnehmung von Handlungschancen. Zwei generelle Möglichkeiten der Konfliktbehandlung sind unterscheidbar (BOULDING, 1958/64, S. 117 ff.):

- die begrenzte Vorbeugung dadurch, daß die Konfliktgefahr durch Abgrenzung von Einflußsphären durch Einräumen von Ausschlußrechten zu mindern versucht wird und
- die Regelung von dennoch auftretenden Konflikten nach vorheriger Übereinkunft, Sitte, Konvention oder geltendem Recht.

Der Konfliktvorbeugung dienen z. B. das Persönlichkeitsrecht und das Eigentumsrecht (die ökonomischen Handlungsrechte) in ihren vielfältigen Ausprägungen. Mit ihnen werden Einflußsphären abgegrenzt und Handlungsmöglichkeiten gewährt, deren Beeinträchtigung durch andere mit Mitteln des Rechts (z. B. einer Klage auf Unterlassung, auf Schadenersatz bzw. auf einen Bereicherungsausgleich) abgewehrt werden kann. Eine Konfliktregelung kann z. B. darin bestehen, daß die potentiellen Konfliktparteien (z. B. die Vertragspartner in einem Rechtsgeschäft) im vorhinein übereinkommen, wenn nötig den Schiedsspruch eines Außenstehenden einzuholen. Auf mögliche Verfahren und Ergebnisse der Konfliktregelung wird im Zusammenhang mit dem Grundwert Sicherheit noch einzugehen sein.

Einfluß, Macht und Zwang

Handlungsfreiheit eröffnet Chancen, selbstgesetzte Ziele nach eigenen Plänen anzustreben. Darüber hinaus kann es dem einzelnen auch möglich sein, auf andere in der Wahrnehmung ihrer Handlungsfreiheit so Einfluß zu nehmen, daß sie in einer Weise handeln, die als solche oder in ihren Ergebnissen auch Zielen des Einflußnehmenden entspricht. Die Chancen einer solchen Einflußnahme können z. B. in der Psyche des Beeinflußten liegen in dem Maße, wie er offen für Fremdbestimmung im Unterschied zu Selbstbestimmung ist. Ebenso können sie darauf beruhen, daß etwa durch den Einflußnehmenden Konflikte herbeigeführt werden können, aus deren Behandlung der Beeinflußte für sich eher Nachteile erwarten würde; in diesem Falle könnte er sich dazu entschließen, dem (sanften) Druck im Interesse der Konfliktvermeidung nachzugeben. In Tauschbeziehungen vermag die Chance des einen, auf Substitute ausweichen zu können, den anderen bewegen, sein Ziel - wenn auch widerstrebend - hinsichtlich der Tauschrelation zu revidieren; umgekehrt erlaubt das Fehlen von Substituten eine stärkere Interessenverfolgung durch den vor Wettbewerb geschützten Tauschpartner.

Mit dem letztgenannten Beispiel der wirtschaftlichen Macht wird deutlich, daß es sich im Grunde auch bei allen übrigen Chancen der Einflußnahme um Macht handelt. Das Wort Macht wurde zunächst lediglich vermieden, weil es mit sehr unterschiedlichen Vorstellungen verknüpft wird, die leicht den Blick für Wesentliches verstellen. Als Machtdefinition erweist sich immer noch diejenige von Max WEBER (1921/2002, S. 28) als zweckmäßig: „Macht bedeutet jede Chance, innerhalb einer sozialen Beziehung den eigenen Willen auch gegen Widerstreben durchzusetzen, gleichviel worauf diese Chance beruht." Der Hinweis auf eine soziale (gesellschaftliche) Beziehung ist - wie dargelegt - als Begrenzung der Handlungsfreiheit zu verstehen. Ferner läßt sich die Definition dahingehend interpretieren, daß unbestimmt bleibt, in welchem Maße der eigene Wille durchsetzbar ist. So gesehen wird Macht als ein Kontinuum (z. B. DAHL, 1963, S. 62 ff.) darstellbar: Am einen Ende wäre für eine gesellschaftliche Beziehung im Hinblick auf die Handlungsfreiheit eines Individuums seine uneingeschränkte Selbstbestimmung (Autonomie) - die Ohnmacht eines anderen - zu denken, am anderen Ende stünde seine totale Fremdbestimmung (Heteronomie) - die Beherrschung durch einen anderen.

Die Frage nach den Chancen, jemanden in einer gesellschaftlichen Beziehung völlig einem fremden Willen unterwerfen zu können, führt zum Zwang als Extremform von Macht. Zwang übt aus, wer eine Möglichkeit nutzt, bei anderen ein bestimmtes Verhalten dadurch herbeizuführen, daß er den Betroffenen über diese Verhaltensmöglickeit hinaus nur noch für sie ungünstige, schadensträchtige Möglichkeiten einräumt (HAYEK, 1960, S. 134 ff.). Für die Betroffenen stellt sich das erzwungene Verhalten als das kleinere Übel dar. Sie werden daher veranlaßt, Ziele eines anderen oder anderer in vorgeschriebener Weise zu verfolgen; im Geltungsbereich des Zwangs ist ihnen angesichts der ihnen noch eingeräumten, schadensträchtigen Handlungsmöglichkeiten die Handlungsfreiheit genommen.

Obgleich mit der gegebenen Definition von Zwang scheinbar eine Grenze zur sonstigen Macht gezogen wurde, darf nicht übersehen werden, daß ein Kontinuum vorliegt. Infolgedessen dürfte strittig bleiben, wo Macht in Zwang übergeht. Dies ist bedeutsam, weil die Ausübung von Zwang in einer gesellschaftlichen Beziehung (zwischen Individuen) als Unrecht gilt. Mit dem Blick auf die Macht wird damit immer wieder die Frage aufgeworfen, welche ihrer Erscheinungsformen (noch) als Rechtens gelten sollen. Im Bereich gesellschaftlichen Wirtschaftens hat Macht unterschiedliche Ursachen, die ebenso wie die damit erzielbaren Vorteile unterschiedlich bewertet werden; letzteres verdeutlichen Phänomene wie der Pioniergewinn einerseits und die Monopolrente aus einer Marktzutrittsbeschränkung andererseits. Angesprochen ist damit das Problem der wirtschaftlichen Macht und seine Behandlung im Rahmen der Wettbewerbspolitik.

Recht und Freiheit

Akte privaten Zwangs sind mit der Handlungsfreiheit in einem gesellschaftlichen Zusammenhang unvereinbar, wie sie in der Definition von Mill zuvor umrissen wurde. Funktion des Rechts wäre es, Handlungsfreiheit zu sichern. Mit den Worten Kants (1790/1993, S. 390 f.): „Das Recht ist also der Inbegriff der Bedingungen, unter denen die Willkür des einen mit der Willkür des andern nach einem allgemeinen Gesetz der Freiheit zusammen vereinigt werden kann." Aufgrund dieser Definition ist zu fragen: Welche Eigenschaften muß das Recht haben, um als Regelwerk der Freiheit gelten zu können? Zunächst ist die Willkür (im Sinne von Ausübung der Willensfreiheit ohne Rücksicht auf davon Betroffene) aller in jeder gesellschaftlichen Beziehung als gleichrangig anzusehen. Daraus ergibt sich, daß das Regelwerk für eine unbekannte Vielzahl von Personen und Fällen gleichermaßen gelten müßte. Damit ferner die Unabhängigkeit des Rechts von Personen und Fällen erreichbar wird, kann es keine bekannten Wahrnehmungen von Freiheit in Form eines Katalogs erlaubter Handlungen festschreiben. Vielmehr muß es auf solche Handlungen abstellen, die nach der bisherigen Erfahrung als unverträglich mit der gleichen Freiheit aller gelten. Das Regelwerk dürfte deshalb auf einen allgemeingültigen Katalog von untersagten Handlungen hinauslaufen.

Solches Recht kann nach Max Weber (1921/2002, S. 396 f.) als formales Recht bezeichnet werden im Unterschied zu dem, was er materiales Recht nennt. Während ersteres unabhängig von persönlichen Umständen und spezifischen Situationen gelten soll, wird mit letzterem im vorhinein versucht, solchen besonderen Umständen wertend Rechnung zu tragen. Als relevante Normen kommen „ethische Imperative oder utilitaristische oder andere Zweckmäßigkeitsregeln oder politische Maximen" (ebenda, S. 397) in Betracht. Ein ethischer Imperativ und eine politische Maxime wäre z. B. das Prinzip der Sozialstaatlichkeit; es erlaubt, auf besondere Umstände vor allem verteilungsorientiert abzustellen.

Die bisher aufgezeigten Eigenschaften des Formalrechts lassen bereits Parallelen zu den speziellen Ordnungsregeln erkennen, mit denen Marktmäßigkeit der Koordination des gesellschaftlichen Wirtschaftens bewirkt und gesichert werden soll, also vor allem das Privat- und Wirtschaftsrecht. Es muß den im dritten Kapitel beschriebenen Erfordernissen der Universalisierbarkeit entsprechen.

Wie im sechsten Kapitel schon dargelegt, handelt es sich bei derartigen Ordnungsregeln um Kollektivkapitalgüter. Ihr individueller Nutzen erwächst erst aus der gemeinsamen Befolgung durch alle. Auch die Durchsetzung der Regeln (z. B. mit Hilfe des Zivilprozeßrechts) hat Kollektivguteigenschaften. Es liegt auf der Hand, daß der einzelne auch bei Einsicht in diese Zusammenhänge kein Interesse daran hat, allein die Regeln dauerhaft zu etablieren. Selbst wenn er dies täte und die Regeln von allen übrigen akzeptiert würden, könnten die Vorteile solcher ordnungspolitischer Bemühungen eines einzelnen von allen übrigen unentgeltlich mitkonsumiert werden; denn für den Regelgeber käme es gerade darauf an, möglichst niemanden von der Befolgung der Regeln auszuschließen.

Damit wird für Gesellschaften die Frage aufgeworfen, wie ein solches Recht als Kollektivgut beschafft und in seinem Bestand gesichert werden soll. Die Antwort aus ökonomischer Sicht weist auf den Staat und damit auf die politische Verfassung.

9.1.1.3 Politische Freiheit und Rechtsstaatlichkeit

Die staatliche Anerkennung, Entwicklung und Durchsetzung von Regeln, die die Handlungsfreiheit aller gleichermaßen sichern sollen, bedeutet

- im Hinblick auf die Bürger, daß sie – mit den Worten CICEROS – zu Dienern der Gesetze werden, um frei sein zu können (legum servi sumus ut liberi esse possimus);
- im Hinblick auf den Staat, daß das Recht zu finden und zu sichern einer Herrschaftsorganisation überantwortet wird, die ihm – wenn nötig – mit Mitteln des Zwangs Geltung verschafft;
- im Hinblick auf das Verhältnis der Bürger zum Staat, daß – wiederum rechtliche – Vorkehrungen getroffen werden müssen, um einem Mißbrauch der Herrschaftsorganisation zur Beschneidung oder gar Aufhebung der individuellen Freiheit vorzubeugen.

Es geht also darum, den Staat als Herrschaftsorganisation im Dienste der Freiheit zu nutzen und ihn zugleich zum Schutze der Freiheit zu zähmen. Der Nutzen läßt sich im Hinblick auf die Freiheit im günstigen Fall aus der Unterwerfung aller unter allgemeine, gleiche, staatlich gesicherte Regeln erzielen. Er läßt sich ökonomisch als Abrüstungsvorteil (BUCHANAN, 1975/98, S. 58 f.) interpretieren. Der Abrüstungsvorteil wird sichtbar, wenn nach den individuellen Kosten gefragt wird, die ohne ein staatlich gesichertes Regelwerk der Freiheit entstünden, wenn also jedes Gesellschaftsmitglied ständig selbst seine Handlungsfreiheit zu sichern und Konflikte mit anderen ohne anerkanntes Verfahren zu behandeln hätte. Wird nicht zu einer Gesellschaftsutopie vollkommener Harmonie oder zu einem sehr optimistischen Menschenbild Zuflucht genommen, so ist ohne einen Staat als Ordnungs- oder Schutzmacht (protektiver Staat) mit hohen und ständig anfallenden Kosten der Freiheitssicherung zu rechnen. Der „Naturzustand", wie ihn Thomas HOBBES (1651/2003) kennzeichnete und in dem jeder jedermanns Feind wäre, müßte zumindest als ernsthafte Gefahr gelten mit der möglichen Folge, daß „das Leben des Menschen einsam, arm, häßlich, grausam und kurz" (ebenda, S. 186) wäre.

Regeln des Zusammenlebens in Freiheit hätten ohne den Staat kaum eine Chance, sich in einer Gesellschaft verhaltenswirksam zu verfestigen. Ihr Bestand wäre ständig dadurch gefährdet, daß sich alle der moralischen Versuchung ausgesetzt sähen, die in dem für sie normalerweise sanktionsarmen Regelverstoß zum eigenen Vorteil läge. Wird infolgedessen die Bereitstellung und Sicherung des Kollektivkapitalgutes Formalrecht einer Herrschaftsorganisation übertragen, so folgt daraus allerdings keinesfalls automatisch, daß die Organisation dies auch leistet. Vielmehr bedarf es besonderer Vorkehrungen, damit die Befehlsgewalt der Herrschaftsorganisation nicht für andere Zwecke mißbraucht wird. Mißbrauch kann nicht nur Formen von Despotie annehmen, sondern auch in einer Herrschaft durch Gesetze bestehen, die zunehmend die Freiheit einschränken. Die Gefahren einer schrankenlosen Willkürherrschaft für die individuelle Freiheit sind offenkundig und nur durch die Wunschvorstellung vom weisen Diktator zu verdrängen. Demokratie als Verfahren zur Hervorbringung von Gesetzen ist zwar grundsätzlich geeignet, die Spannung zwischen individueller Freiheit und unumgänglicher politischer Herrschaft zu mildern. Jedoch darf nicht übersehen werden, daß eine schrankenlose (totale) Demokratie durch die Produktion einer Gesetzesflut freiheitsgefährdend sein kann. Dies mußte zum ersten Mal in der Demokratie Athens erfahren werden. Wenn PLATON, angewidert von dem Verfall der politischen Kultur, als Problemlösung mit der Politeia eine Variante des Regimes eines weisen Diktators empfahl, so zeigte er damit ungewollt einen Teufelskreis der Unfreiheit auf. In ihn kann eine schrankenlose Demokratie auch heute noch trotz aller Unterschiede in die Nähe der griechischen Demokratie geraten.

Infolgedessen verlangt die individuelle Freiheit im Hinblick auf den Staat als potentiellen Garanten dieser Freiheit „doppelt genäht" zu werden: „Zur politischen Freiheit der Mitwirkung und Mitbeteiligung aller an den Entscheidungen der Staatsgewalt tritt hinzu die bürgerliche Freiheit der einzelnen und der Gesellschaft vor bestimmten Zugriffen der Staatsgewalt überhaupt" (BÖCKENFÖRDE, 1972, S. 412). Damit sind zugleich die Strukturmerkmale des freiheitlichen Rechtsstaates angegeben. In seiner politischen Verfassung werden vielfältige Vorkehrungen getroffen, die es den Bürgern erlauben sollen, das staatliche Handeln mitzubestimmen und zu kontrollieren. Sie sollen es ihnen aber auch ermöglichen, sich vor Übergriffen des Staates zu schützen, und zwar unter Umständen selbst dann, wenn diese demokratisch legitimiert wurden. Mit der politischen Freiheit allein ist also die individuelle Freiheit nicht notwendig gesichert. Rechtsstaatlichkeit im freiheitlichen Sinne erfordert, daß die (positive) Freiheit zur Mitwirkung im Staat mit der (negativen) Freiheit von staatlicher Herrschaft verbunden wird.

9.1.1.4 Wirtschaftliche Freiheit und marktwirtschaftliche Ordnung

Wirtschaftliche Freiheit erfordert, daß alle Vorkehrungen getroffen werden, damit die ökonomischen Dispositionen von den Bürgern frei, aber auch eigenverantwortlich vorgenommen werden können. Das führt hinsichtlich der Koordination und Kontrolle der einzelwirtschaftlichen Entscheidungen in letzter Konsequenz dazu, daß auf zwei Elemente wirtschaftlicher Selbststeuerung vertraut wird:

- die Selbstkoordination der eigenverantwortlich Wirtschaftenden durch Markttransaktionen und
- die Selbstkontrolle unter dem Druck wirksamen Wettbewerbs mit anpassungs- und entwicklungsfördernden sowie machtbegrenzenden Folgen.

Die zentrale Aufgabe des Staates bei der Gewährleistung der wirtschaftlichen Freiheit ist wiederum die einer Ordnungsmacht. An der staatlichen Organisation ist es, die rechtlichen Bedingungen für die Selbststeuerung zu schaffen und zu sichern. Wie im zweiten Kapitel dargelegt, geschieht dies mit Hilfe der externen Institutionen, die die Wirtschaftsverfassung eines marktwirtschaftlichen Systems konstituieren (z. B. MESTMÄCKER, 1975):

- durch Gewährleistung der Privatautonomie, d. h. durch die Anerkennung des Privateigentums und die Einräumung wirtschaftlicher Freiheitsrechte sowie die Sicherung ihrer Wahrnehmungsmöglichkeiten mit Hilfe des Privatrechts; die rechtlich gleichgeordneten Bürger oder juristischen Personen werden so veranlaßt, ihr Wirtschaften mit anderen durch freiwillige Vereinbarungen und deren Vollzug (Tausch) in den Fällen zu koordinieren, in denen sie eine Kooperation mit anderen zur Realisierung ihrer selbstgesetzten Ziele benötigen;

- durch rechtliche Vorkehrungen, mit denen der Mißbrauch der Privatautonomie zu Lasten anderer vermieden oder geahndet werden soll; dem dient vor allem die Sicherung des Wettbewerbs als Mittel der Kontrolle wirtschaftlicher Macht und zugleich als Anreizsystem zur Erbringung wirtschaftlicher Anpassungs- und Entwicklungsleistungen.

Der „soziale Kosmos", zu dem sich „ein Nebeneinander freier, gleichberechtigter und autonom planender Individuen von selbst zusammenfügt" und von dem die so verfaßte Wirtschaft ein Teil wäre, kann aufgrund des vorherrschenden Rechtstyps als „Privatrechtsgesellschaft" (Böhm, 1966, S. 80) bezeichnet werden.

9.1.2 Gerechtigkeit

Es gibt wohl keine Norm, die so viele Emotionen, Kontroversen und gesellschaftliche Konflikte auszulösen vermag und die Anlaß für so viele Gesellschaftsutopien war, wie der Grundwert der Gerechtigkeit. Verlangen nach mehr Gerechtigkeit

- gehen häufig aus bewertenden Vergleichen von tatsächlichen oder vermuteten Lebenslagen von Individuen oder Gruppen hervor, wobei so unterschiedliche Indikatoren wie Einkommen, Konsumniveau, Bedürftigkeit oder gesellschaftliche Stellung herangezogen werden;
- beruhen i. d. R. auf nicht näher konkretisierten Vorstellungen von einer Gleichheit der Menschen als Mitglieder einer Gesellschaft;
- sind überwiegend stationär insofern, als bei genauerer Analyse der Wertvorstellungen und im Gegensatz zur evolutorischen Realität als wünschenswert angesehene gesellschaftliche (End-) Zustände gedacht werden;
- gehen nur zu häufig von einer weitgehenden Gestaltbarkeit gesellschaftlicher Verhältnisse aus und beinhalten dementsprechend eine Verweigerung gegenüber Glück, Geschick sowie anderen Begünstigungen und Benachteiligungen, die aus den individuellen Lebensumständen erwachsen können.

Insofern ist Gerechtigkeit ein Protestideal par excellence (Sartori, 1987/97, S. 337). Das Ideal scheint zwar aufgrund wahrgenommener Abweichungen von ihm leicht faßlich. Jedoch entzieht es sich einem ähnlich leichten Zugang, wenn der Protest in konstruktive (operationale), mit anderen Grundwerten verträgliche und realisierbare Vorschläge zur Gesellschaftsgestaltung umgesetzt werden soll.

9.1.2.1 Gleichheit und Gerechtigkeit

Verhaltens- und Verteilungsgerechtigkeit

Hinsichtlich der Orientierung von Aussagen über Gerechtigkeit können zwei Richtungen unterschieden werden, von denen die zweite die gesellschafts- und wirtschaftspolitische Diskussion im Sozial- oder Wohlfahrtsstaat dominiert:

- Gerechtigkeit als eine Norm zur Beurteilung des Verhaltens gegenüber anderen. In diesem Fall ist Gerechtigkeit auf das Individuum bezogen und darauf, ob es dem Recht entsprechend seine gesellschaftlichen Beziehungen gestaltet (Verhaltensgerechtigkeit).

- Gerechtigkeit als eine Norm zur Beurteilung von gesellschaftlichen Stellungen sowie von Ergebnissen des Zusammenwirkens von Individuen und Gruppen. Nunmehr ist Gerechtigkeit auf die Verteilung von Positionen und von Handlungsergebnissen zwischen Personen und Gruppen bezogen (Verteilungsgerechtigkeit).

Schwierigkeiten entstehen bei der Verfolgung des Gerechtigkeitsziels immer dann, wenn beides - Verhaltens- und Verteilungsgerechtigkeit - mit Hilfe des Rechts angestrebt werden soll. Für ARISTOTELES als einen in dieser Sache vielzitierten Denker stellten sie sich nicht ein, als er in der Nikomachischen Ethik (1963, S. 251) definierte: „Ungerecht ist offenbar, wer die Gesetze übertritt, wer mehr haben will als andere und wer ein Feind der Gleichheit ist. Daraus ergibt sich, daß gerecht ist, wer die Gesetze einhält und wer sich mit der Gleichheit zufriedengibt. Gerecht ist also, was den Gesetzen und der Gleichheit entspricht, ungerecht, was mit den Gesetzen und der Gleichheit in Widerspruch steht."

Als gesellschaftliches Steuerungsproblem definiert, geht es darum, mit Hilfe eines Instruments - des Rechts - ein Ziel mit zwei Dimensionen (Merkmalen) - Verhalten und Verteilung - anzustreben. Das Vorgehen wäre unter Verwendung grundsätzlicher Ergebnisse aus der Analyse von empirischen Zielbeziehungen unproblematisch, wenn die beiden Merkmale komplementär wären (harmonierten). Dies würde voraussetzen, daß die Orientierung des Instrumenteneinsatzes (des Rechts) an einem Merkmal (z. B. dem Verhalten) zugleich dem anderen Merkmal (der Verteilung) - gemessen an einem Gerechtigkeitskriterium - förderlich wäre. Probleme entstehen, wenn die Orientierung an einem Merkmal zu Einbußen bei dem anderen führen würde und deshalb Kompromisse erforderte. Noch problematischer wäre es, wenn empirisch begründeter Anlaß zur Vermutung bestünde, daß solche Kompromisse nicht von Dauer sein können und deshalb mit dem praktischen Verzicht auf die Verfolgung eines der beiden Merkmale des Gerechtigkeitsziels endeten; in diesem Fall würde aus dem durch Kompromisse zu bewältigenden Konflikt ein Dilemma. Alle drei Möglichkeiten - Harmonie, kompromißzugänglicher Konflikt und Dilemma - sind immer wieder Gegenstand gesellschaftspolitischer Diskussionen und lassen sich auf das Verhältnis zwischen Freiheit und Gerechtigkeit reduzieren.

Gleichbehandlung - prozedurale Gerechtigkeit

Aus der Perspektive des Rechts als einem gesellschaftlichen Steuerungsinstrument kann im Hinblick auf die Verhaltensgerechtigkeit gefragt werden: Wie muß das Recht beschaffen sein, damit die erlaubten und zugesicherten individuellen Verhaltensmöglichkeiten von den Gesellschaftsmitgliedern als gerecht akzeptiert werden? Recht in diesem Sinne ist also zunächst einmal kein beliebig handhabbares Steuerungsinstrument, sondern in seiner Qualität von der Akzeptanz durch die Betroffenen abhängig. Es dürfte um so eher und länger Bestand haben, je mehr die darin fixierten unantastbaren Ausgangschancen und die unüberschreitbaren individuellen Entfaltungsgrenzen von einem allgemeinen Konsens getragen werden.

Unter Gerechtigkeitsaspekten gilt im abendländischen Kulturkreis wohl die Forderung an das Recht nach Gleichbehandlung oder nach Gleichheit vor dem Gesetz - die Isonomie - fast als Selbstverständlichkeit, obgleich sie unter großen Opfern errungen werden mußte. Besonders klar kommt dieses Gerechtigkeitspostulat in Artikel 6 der 1789 von der französischen Nationalversammlung beschlossenen und noch vom König genehmigten Erklärung der Rechte des Menschen und des Bürgers zum Ausdruck: „Das Gesetz ist Ausdruck des allgemeinen Willens; alle Bürger haben das Recht, persönlich oder durch ihre Vertreter an seiner Schaffung mitzuwirken. Es muß für alle das gleiche sein, mag es nun beschützen oder bestrafen. Alle Bürger sind vor seinen Augen gleich. Sie sind in der gleichen Weise zu allen Würden, Stellungen und öffentlichen Ämtern zugelassen, je nach ihrer Fähigkeit und ohne andere Unterschiede als ihre Tüchtigkeit und Begabung."

Die prozedurale oder formale Gerechtigkeit läßt sich wie folgt weiter konkretisieren (z. B. POPPER, 1945/95, S. 89):

- gleiche Verteilung der Vorteile, aber auch der Lasten der Staatsbürgerschaft;
- gleiche Behandlung der Bürger durch ein für alle gleiches Recht;
- gleiche Behandlung der Bürger durch eine (unparteiische) Rechtsprechung.

Was damit garantiert wird, ist die „Gleichheit des staatsbürgerlichen Status" (DAHRENDOR, 1972, S. 267). Sie schließt jegliche Diskriminierung (vor allem nach Herkunft, Rasse, Religion und Geschlecht) aus. Damit ist zugleich die Voraussetzung für eine grundsätzlich gleiche Handlungsfreiheit aller gegeben; dieser Sachverhalt kann deshalb auch als gleiche formale Freiheit bezeichnet werden. Auf das gesellschaftliche Wirtschaften angewendet, bedeutet Gleichbehandlung durch das Recht eine Gleichordnung aller. Daraus ergibt sich die Notwendigkeit für den einzelnen, andere auf dem Wege vertraglicher Vereinbarungen zur Kooperation mit dem Ziel zu gewinnen, selbstgesetzte Ziele des Wirtschaftens eigenverantwortlich anzustreben. Kern des hierfür relevanten Privatrechts ist das, was David HUME (1786, S. 293) die drei fundamentalen Naturrechte nannte: die Unverletzlichkeit des Eigentums, seine Übertragbarkeit durch Vertrag und die Einhaltung gemachter Zusagen.

Angleichung – Verteilungsgerechtigkeit

Mit der Gleichbehandlung durch das Recht wird sichergestellt, daß die rechtlichen Möglichkeiten und Grenzen, eigenverantwortlich zu handeln, für alle gleich sind. Das bedeutet jedoch nicht, daß die Wahrnehmung der für alle gleichen Rechte zu gleichen oder auch nur ähnlichen ökonomischen Ergebnissen und sozioökonomischen Positionen führt. Diese Positionen und Ergebnisse werden auch mit Hilfe des Begriffs der materialen Freiheit umschrieben (z. B. GIERSCH, 1961/90, S. 73). In einer Privatrechtsgesellschaft signalisieren die einem Marktteilnehmer in einer Periode zufließenden Entgelte und die Wertänderungen seiner Vermögensbestände diesem, mit wieviel Geschick und Glück er im marktwirtschaftlichen Such- und Entdeckungsprozeß die ihm verfügbaren Mittel – seine Einkommenserzielungschancen – genutzt hat (HAYEK, z. B. 1976/2003, S. 70). Wie bereits im fünften Kapitel ausgeführt, wird das von einem Marktteilnehmer in einer Periode erzielbare Einkommen von den Markthandlungen einer Vielzahl von Personen mitbestimmt, die ihm weitgehend unbekannt sind. Diese versuchen ihrerseits, aus Selbstinteresse einer Vielzahl von Umständen Rechnung zu tragen, die sie als für ihr Wirtschaften relevant erachten. Die so entstandenen Einkommen sind daher historische Teilergebnisse einer Handelnsordnung, die durch die marktmäßige Koordination permanent unter evolutorischen Bedingungen erzeugt wird. Als solche sind die Einkommens- und Vermögenspositionen ebensowenig endgültig wie die Umstände und Markthandlungen, aus denen sie hervorgingen.

Forderungen nach sozialer Gerechtigkeit setzen an den ungeplanten und transitorischen Verteilungen an, die im Prozeß der Selbststeuerung durch Märkte erzeugt werden. Das führt zunächst einmal zu konzeptionellen Schwierigkeiten:

- Ein ungeplantes, evolutorisches Phänomen muß aus der Perspektive zielgerichteten staatlichen Handelns, also der Planbarkeit, betrachtet und deshalb nichtevolutorisch gedacht werden.
- Ergebnisse, die durch gerechtes Verhalten erreicht wurden, müssen entweder als ungerecht bezeichnet oder aber durch einen Appell an die Solidarität für eine Umverteilung zugänglich gemacht werden.

Instrumentell ist die Konsequenz von Bedeutung, die Angleichungsversuche für eine Gleichbehandlung haben müssen: Wenn Gleichbehandlung zu ungleichen Ergebnissen führt, dann erfordert Angleichung, daß von einer Gleichbehandlung abgewichen werden muß. Angleichung macht Diskriminierung unumgänglich, wie geringfügig diese auch immer im Vergleich zu wahrgenommenen oder sonst erwarteten sozialen Ungleichheiten sein mag. Der durch den Instrumentgebrauch hervorgerufene Konflikt zwischen prozeduraler Gerechtigkeit - der gleichen formalen Freiheit - und der sozialen Gerechtigkeit - der Angleichung von materialer Freiheit - ist offenkundig.

Als Instrument zur Diskriminierung mit dem Ziel der Angleichung sozialer Positionen dient wiederum das Recht. Anders als bei seinem Einsatz zur Gleichbehandlung (als formales Recht) soll es nunmehr für bestimmte Personen (Gruppen) und Fälle systematische Ergebnisse - eine Angleichung - herbeiführen, indem es die davon Betroffenen gegenüber Nichtbetroffenen begünstigt oder benachteiligt. Nach den beiden WEBERschen Rechtskategorien handelt es sich um materiales Recht. Es kann aus entsprechenden Korrekturen des Privatrechts (z. B. des Vertrags- und des Eigentumsrechts) hervorgehen oder durch öffentliches Recht (z. B. Besteuerung) gesetzt werden. Mit seiner Hilfe ist es grundsätzlich möglich, Ungleichheiten im sozialen Status ursachenorientiert oder neutralisierend mit Korrekturversuchen zu begegnen.

9.1.2.2 Gerechtigkeitskriterien

Gerechtigkeitskriterien beinhalten Antworten auf die Frage, woran sich eine Förderung der Gerechtigkeit als Grundwert orientieren soll. Dies erfordert Aussagen darüber, was gleich oder weniger ungleich sein soll. Die erste bereits dargelegte Antwort zielt auf den staatsbürgerlichen Status. Wie in dem zitierten Artikel 6 der Erklärung der französischen Nationalversammlung von 1789 erkennbar wird, schließt diese Antwort die politische Gleichheit ebenso mit ein wie die Gleichheit des Zugangs zu Ämtern und sonstigen sozioökonomischen Positionen, allerdings nach dem fähigkeitsbezogenen Grundsatz „la carrière ouverte aux talents“. Dieser Grundsatz beinhaltet den Auftrag an den Staat, alle durch Menschen errichtete Zugangsbarrieren (Privilegien) zu beseitigen, nicht jedoch dafür Sorge zu tragen, daß jedermann die gleiche Chance hat, eine beliebige Position unabhängig von seinen Fähigkeiten zu erlangen.

Chancengleichheit – Startgerechtigkeit

Während das Gerechtigkeitskriterium des gleichen Zugangs eine Gleichbehandlung beinhaltet, ist dies bei Schritten in Richtung Chancengleichheit bereits nicht mehr in jedem Fall gewährleistet. Ansatzpunkte, diesem Kriterium zu entsprechen, liegen primär im Bereich des Erbrechts (Übertragung von Besitzmacht) sowie im Erziehungs- und Ausbildungswesen (Beeinflussung der Persönlichkeitsmacht). Darüber hinaus könnte versucht werden, mehr Startgerechtigkeit z. B. auch dadurch zu erreichen, daß eine Angleichung schon im vorschulischen Alter angestrebt würde. Damit verbundene Eingriffe in die familiäre Sphäre werden in einigen Ländern praktiziert. Ungewiß dürfte dabei sein, ob die Milieukorrekturen eine Angleichung der individuellen Leistungsmöglichkeiten nach oben oder unten bewirken. Mit einem Herauslösen aus der Familie würde nicht nur der dort möglichen Talentunterdrückung entgegengewirkt, sondern auch einer Talentförderung. Die so angestrebte Gleichbehandlung ließe sich wie folgt kommentieren: „Was irgendein Kind erhält, sollen alle haben; und niemand soll haben, was nicht allen gegeben werden kann" (HAYEK, 1958, S. 16).

Generell ist zur Startgerechtigkeit oder Chancengleichheit festzuhalten: Auch gleiche Startbedingungen (Chancen) führen nicht zwangsläufig zu gleichen Ergebnissen. Demgegenüber würden gar keine Chancen gewährt, wenn es gelänge, die Startbedingungen so zu fixieren, daß die Ergebnisse vorherbestimmt wären. Damit wird zugleich die Gefahr für die Freiheit erkennbar, die entsteht, wenn die Chancen von den Ergebnissen her beurteilt und manipuliert werden (z. B. SARTORI, 1987/97, S. 351 f.).

Das Kriterium der Startgerechtigkeit kann im Hinblick auf ökonomische Positionen (Einkommens- und Vermögenserzielungschancen) als ursachenorientiert gekennzeichnet werden. Demgegenüber wird bei den übrigen Kriterien sozialer Gerechtigkeit darauf abgestellt, wie die Ergebnisse arbeitsteiligen Bemühens der Mitglieder einer Gesellschaft verteilt bzw. umverteilt werden sollen. Zwei grundsätzliche Antworten haben eine lange Tradition: Verteilung nach dem subjektiven Verdienst und Verteilung nach dem individuellen Bedarf (hierzu z. B. HAYEK, 1958).

Subjektives Verdienst

Das Verdienst, interpretiert als Beitrag zum arbeitsteilig Erwirtschafteten, könnte zunächst entsprechend der aufgewendeten subjektiven Mühe bemessen werden. Als Gerechtigkeitsnorm entspräche dem die Forderung: Gleiches Entgelt für gleiche Mühe. Ausschlaggebend wäre in ökonomischer Terminologie das Arbeitsleid. Dem einzelnen würde nur dann Gerechtigkeit widerfahren können, wenn es befriedigende Möglichkeiten des interpersonellen Vergleichs subjektiver Mühe gäbe. Dazu müßte in Erfahrung gebracht werden, in welchem Maße das Ergebnis der Bemühungen durch individuelles Leistungsvermögen und günstige Umstände gefördert wurde. Das dürfte kaum in befriedigender Weise möglich sein. Aber auch im Erfolgsfalle müßten die in ihrer Art unterschiedlichen individuellen Begünstigungen darüber hinaus mit Hilfe eines ebenfalls nicht zweifelsfrei fixierbaren Wägungsschemas zusammengefaßt werden, um interpersonell vergleichbar zu sein. Erst dann wäre es möglich, die individuellen Bemühungen zu relativieren.

Selbst wenn individuelles Bemühen interpersonell vergleichbar wäre, könnte nicht ohne weiteres vernachlässigt werden, worauf dieses Bemühen gerichtet ist. Aufgrund der Arbeitsteilung ist das individuelle Bemühen erst von Belang, wenn auch andere der erbrachten Leistung einen Wert beimessen, indem sie sie als Tauschobjekt nachfragen. Das ist aber, wenn auf die individuelle Mühe abgestellt wird, nicht notwendig der Fall. Mit dem Versuch, nach der individuellen Mühe zuzuteilen, werden Entgelt und (Tausch-)Wert der erbrachten Leistung völlig voneinander getrennt. Aber selbst wenn die Leistung von anderen nachgefragt würde, wäre ferner zu berücksichtigen, daß der materielle Erfolg der Arbeitsteilung davon abhängt, wie sehr der einzelne seine komparativen Vorteile wahrnimmt. Eine besondere Veranlassung, diese Vorteile zu nutzen, bestünde bei diesem Verteilungsprinzip jedoch nicht. Vielmehr wäre eher ein Anreiz gegeben, die Mühe zu maximieren, sich also gerade nicht an den komparativen Vorteilen zu orientieren.

Marktbewertete Leistung

Der Notwendigkeit, bei arbeitsteiliger Produktion das individuelle Bemühen so zu lenken, daß die Ergebnisse auch für andere Wert haben, entspricht ein Entgelt, das sich am Tauschwert der erbrachten Leistung orientiert. Was der einzelne dann erhält, richtet sich nach der relativen Knappheit der von ihm erbrachten Leistungen und der Menge von Produktionsfaktoren sowie der Produktionstechnik, die er zur Leistungserstellung einsetzen konnte. Mit Verdienst hat diese Entlohnung insoweit etwas zu tun, als sie einen Anreiz für den Eigentümer von Faktoren beinhaltet, sich um den Faktoreinsatz zu bemühen, der am besten entlohnt wird. Da sich die relative Knappheit von Faktoren von der Knappheit der damit produzierbaren Güter ableitet, tragen die Bemühungen des einzelnen dazu bei, die Knappheit an Gütern zu mindern. Neben Bemühung und Fähigkeit entscheiden bei dieser Vorgehensweise jedoch die natürlichen und gesellschaftlichen Zufälligkeiten der Verteilung der Produktionsfaktoren nach Menge und Qualität auf die verschiedenen Individuen über die Verteilung des arbeitsteilig Erwirtschafteten mit. Hinsichtlich des Tauschwerts der erbrachten Leistungen läßt sich zwar im Falle einer marktmäßigen Abwicklung der Tauschvorgänge geltend machen, daß zumindest bei funktionierendem Wettbewerb eine Tendenz besteht, gleiche Leistungen auch gleich zu bewerten. Eine solche Leistungsgerechtigkeit trifft allerdings kaum den Kern des Anliegens derjenigen, die für distributive oder soziale Gerechtigkeit plädieren.

Individueller Bedarf

Bedarf ist als Kriterium schon deshalb in Erwägung zu ziehen, weil es individuelle und gesellschaftliche Situationen gibt (z. B. Erwerbsunfähigkeit bzw. Katastrophen), in denen der Tauschwert einer erbrachten Leistung als Ansatzpunkt nicht in Betracht kommen kann. Allerdings entstehen bereits bei der Anwendung des Bedarfskriteriums auf eine begrenzte Gruppe bzw. für eine begrenzte Zeit wohlbekannte Schwierigkeiten (z. B. Gäfgen, 1972, S. 20 ff.). Sie werden erkennbar, wenn aus der Perspektive der Gerechtigkeit gefragt wird: Gleicher Grad der Bedürfnisbefriedigung, gleiche Naturalzuteilung oder gleiche Kaufkraftzuteilung für alle, auf die das Kriterium Anwendung finden soll? Mangels einer Meß- und Vergleichbarkeit des Nutzens ist ein gleicher Grad der Bedürfnisbefriedigung, der im Zweifel ungleiche Zuteilungen erforderte, nicht erreichbar. Es bleibt eine aus diesem Grund unbefriedigende Natural- oder Kaufkraftzuteilung. Differenzierungen in der Zuteilung ändern nichts an einer grundsätzlichen Schwierigkeit: Eine nur subjektiv beurteilbare Versorgungslage muß von anderen und damit fremdbestimmt werden.

In Wohlfahrtsstaaten ist beobachtbar, daß die Zahl der Anwendungsfälle des Bedarfsprinzips ausgedehnt wird. Das bedeutet aber auch, daß die wohl generell unerwünschten Nebenwirkungen seiner Anwendung unter diesen Umständen zunehmen. Sie bestehen bei den Individuen darin,

- daß sich für sie die Gelegenheiten häufen, in denen sie der Versuchung ausgesetzt sind, dem Eintreten des Anwendungsfalles für das Bedarfsprinzip weniger vorzubeugen oder ihn sogar (fahrlässig) herbeizuführen (moral hazard);
- daß von vermeintlich oder tatsächlich beobachteten Fällen, in denen dieser Versuchung nachgegeben wurde, Demonstrationseffekte, also Anreize zur Nachahmung, ausgehen.

Gesamtwirtschaftlich betrachtet hat eine zunehmende Anwendung des Bedarfsprinzips zwei bedeutsame Konsequenzen:

- Es mehren sich entsprechend die Fälle, in denen Organisationen, welche mit der Anwendung des Prinzips betraut sind, nicht zuletzt wegen des moral hazard und der Demonstrationseffekte, Kostenexplosionen registrieren müssen.
- Mit der Zahl der Anwendungsfälle und den damit verbundenen Kosten nimmt auch die Wahrscheinlichkeit dafür zu, daß sich – wie im fünften Kapitel dargelegt – eine Transferillusion zu verbreiten beginnt; denn mit der Ausweitung des Bedarfsprinzips dürfte nicht nur die Zahl der Begünstigten wachsen, sondern auch die Wahrscheinlichkeit, daß Begünstigte zur Kostendeckung für die selbst empfangenen oder für Transferleistungen an andere Gruppen durch Abgaben herangezogen werden.

Zwischenergebnis

Die kurze Prüfung, wie sich subjektives Verdienst und Bedarf als Kriterien sozialer Gerechtigkeit umsetzen lassen, dürfte zweierlei verdeutlicht haben: Die Kriterien sind nicht überzeugend zu operationalisieren, und selbst wenn sie es wären, müßte mit fragwürdigen Anreizwirkungen gerechnet werden. Dennoch werden beide Kriterien in der Gerechtigkeitsdiskussion in der einen oder anderen Form immer wieder bemüht. Ferner gibt es durchaus Fälle, in denen zumindest die Anwendung des Bedarfsprinzips überzeugend begründet werden kann. Deshalb ist es sinnvoll zu fragen, unter welchen Bedingungen die identifizierten Mängel an Bedeutung verlieren könnten. Historisch betrachtet dürfte dies am ehesten in überschaubar kleinen Gemeinschaften wie der bäuerlichen Familienwirtschaft vor der Industrialisierung der Fall gewesen sein. Mühe wie Bedarf ließen sich unter den Bedingungen der dauerhaften, inhaltlich wenig veränderlichen Kooperation in der Kleingruppe noch einigermaßen identifizieren. Ebenso konnte auf die Vielfalt von Leistungsanreizen und Leistungskontrollen nichtmarktlicher Art vertraut werden, wie sie in solchen Lebens- und Wirtschaftsformen wirksam sind. Deshalb liegt die Vermutung nahe, daß der Zuspruch, den

Verdienst und Bedarf als Kriterium auch in der anonymen, hochgradig arbeitsteiligen und evolutorischen Volkswirtschaft noch finden, von Assoziationen mitgeprägt wird, die an vergangene Wirtschaftsformen oder die in der Familie wohl heute noch übliche Praxis anknüpfen (hierzu z. B. HEUSS, 1987, S. 4 ff.).

Nun kann – wie dargelegt – durchaus geltend gemacht werden, daß es Situationen oder Lebenslagen gibt, in denen vor allem Bedarf als Gerechtigkeitskriterium auch in modernen Volkswirtschaften trotz aller Unzulänglichkeiten bei der Anwendung überzeugen kann. Damit ist jedoch eine wachsende Zahl der Anwendungsfälle kaum zu erklären. Die Gründe hierfür sind vielmehr im Willensbildungsprozeß der Konkurrenzdemokratie zu suchen (Kap. 6). Aber auch unabhängig von dessen Eigengesetzlichkeiten wird bei der Diagnose von Fällen, die verdienst- oder bedarfsorientierte Interventionen nahelegen, nur zu häufig eine vorschnelle Ursachenzurechnung vorgenommen. Wenn in der Gegenwart aus der Sicht eines Verständnisses von sozialer Gerechtigkeit Benachteiligungen vermutet werden, so ist – wie bereits im fünften Kapitel dargelegt – erst einmal zu prüfen, ob damit ein Ergebnis marktmäßiger Selbststeuerung beurteilt wird oder ob das Urteil sich auf Folgen von in der Vergangenheit angehäuften staatlichen Interventionen bezieht, die selbst nicht zuletzt mit verteilungspolitischer Absicht vorgenommen wurden.

9.1.2.3 Soziale Gerechtigkeit und Sozialstaatlichkeit

Durch die Ausdehnung staatlichen Handelns über eine Gleichbehandlung hinaus mit dem Ziel, Chancen, aber auch Ergebnisse anzugleichen, ändert sich das Verhältnis zwischen Staat und Gesellschaft. Vor dieser Ausdehnung ist der Staat als Herrschaftsorganisation in erster Linie Ordnungsmacht, Garant einer sich mit Hilfe des Privatrechts im wesentlichen selbst gestaltenden Gesellschaft; das schließt nicht aus, daß ihm auch eine Mindestsicherung der Gesellschaftsmitglieder übertragen wird. Angleichung ist demgegenüber der Kern des Prinzips der Sozialstaatlichkeit und ein Hauptanliegen staatlicher Lenkungsversuche in realen, marktwirtschaftlich orientierten Wirtschaftsordnungen.

Ein Kriterium, das nur zu häufig für politische Zwecke genutzt wird, ist das der „sozialen Gerechtigkeit“. Das Engagement für „soziale Gerechtigkeit“ ist inzwischen tatsächlich Hauptbeschäftigungsfeld für moralisches Empfinden, Erkennungsmerkmal des guten Menschen und Aushängeschild für moralisches Gewissen. Obwohl es den Leuten mitunter schwer fallen mag, zu sagen, welche der unter diesem Banner verfochtenen widersprüchlichen Forderungen gelten sollen, bezweifelt doch kaum jemand, daß der Ausdruck eine ganz bestimmte Bedeutung hat, ein hohes Ideal bezeichnet und auf schwere Mängel der bestehenden Gesellschaftsordnung hinweist, die dringend nach Korrektur verlangen (HAYEK 2003, S. 217). Wegen seiner inhaltlichen Unbestimmtheit läßt sich mit diesem Gerechtigkeitskriterium nahezu jedes wirtschaftspolitische Begehren begründen und moralisierend mit einem Tabu belegen, welches das Begehren unstrittig macht. Deshalb ist es besonders gut geeignet, um Gruppenprivilegien oder Renten einzuwerben, die auf staatlichen Wettbewerbsbeschränkungen (Abschnitt 3.3.2.4) beruhen. Daher wurde es zum festen Bestandteil des Vokabulars von Funktionären von Interessengruppen.

Durch das Prinzip der Sozialstaatlichkeit, das im Falle der Bundesrepublik Deutschland zugleich Verfassungsnorm mit „Ermächtigungscharakter" ist, gilt der Staat „als zu sozialgestaltender Tätigkeit beauftragt" (BENDA, 1984/94, S. 510), ohne daß der Inhalt dieses Auftrags definiert wird. Die Bestellung des Staates zum Mitgestalter muß für die marktwirtschaftliche Ordnung einen Bedeutungsschwund der sie konstituierenden privatrechtlichen Regeln zur Folge haben. Das Formalrecht wird im Interesse von als schutz- oder fürsorgebedürftig beurteilten Gruppen materialisiert oder „sozial gebunden", indem Handlungsrechte eingeschränkt (reguliert) und generell die Vertragsfreiheit (z. B. im Miet-, Arbeits- und Gewerberecht) zugunsten solcher Gruppen korrigiert wird. Ferner werden mit Hilfe des öffentlichen Rechts den begünstigten Gruppen Ansprüche auf staatliche Leistungen (z. B. durch das Sozialrecht) zugesprochen, deren Finanzierung – wenn sie eine echte Nettodiskriminierung beinhalten sollen – von anderen z. B. durch Besteuerung erzwungen werden muß.

Das Ordnungsproblem, das mit dem sozialstaatlichen Auftrag verbunden ist, ergibt sich daraus,

- daß er eine nicht zwingend eingrenzbare Bedeutungsvielfalt hat, die schon aufgrund des permanenten Wandels der materiellen gesellschaftlichen Bedingungen ständig neue Gestaltungsaufträge zu rechtfertigen erlaubt;
- daß gerade seine Erfüllung ein für politische Unternehmer besonders nützliches Instrument im politischen Wettbewerb darstellt, nicht zuletzt im Zusammenwirken mit Vertretern von Interessengruppen;
- daß die als auftragskonform angesehenen Maßnahmen häufig nur schwer oder gar nicht mit den Funktionsbedingungen der Marktwirtschaft vereinbar sind.

Das Ordnungsproblem läßt sich in der Frage zusammenfassen, ob eine marktwirtschaftliche Ordnung und die sie bestimmende Privatautonomie überhaupt auf Dauer Bestand haben können oder ob das Sozialstaatsprinzip nicht einen unbeabsichtigten, aber systemisch bedingten „Weg zur Knechtschaft" (HAYEK, 2004) begünstigt.

9.1.2.4 Freiheit und Gerechtigkeit

Deutlich sollte geworden sein, daß die Grundwerte der Freiheit und Gerechtigkeit immer dann nicht konfliktfrei mit Hilfe des Rechts als Instrument angestrebt werden können, wenn es um die Erfüllung von Kriterien sozialer Gerechtigkeit geht. Die Bedeutung des Konflikts wird häufig dadurch zu bestreiten oder abzuschwächen versucht, daß der prozeduralen oder formalen Gerechtigkeit und der durch sie gewährleisteten Handlungsfreiheit beobachtbare Unterschiede in den materiellen Verwertungsmöglichkeiten der Freiheit entgegengehalten werden. Auf diese Weise scheint es möglich, die formale Gerechtigkeit (und Freiheit) als juristisch, formalistisch oder gar als schönen Schein im Unterschied zu realen Phänomenen und zur sozialen Gerechtigkeit abzutun.

Die Argumentation beinhaltet einen methodisch zweifelhaften Vergleich zwischen einem Verfahren – der Gleichbehandlung – einerseits und den durch dieses Verfahren zugelassenen oder ermöglichten Ergebnissen andererseits, d. h. Unterschieden in den beobachtbaren sozioökonomischen Positionen. Wird vermutet, daß diese Unterschiede ganz oder teilweise das Ergebnis der Gleichbehandlung sind, so muß bei einem Plädoyer für Angleichung dieser Positionen im Hinblick auf näher zu bestimmende Kriterien sozialer Gerechtigkeit auch die Konsequenz des dazu erforderlichen Verfahrens mit berücksichtigt werden. Sie besteht nicht nur in einer Einschränkung der formalen Freiheit durch Ungleichbehandlung oder Diskriminierung, sondern materiell in einer durch staatliche Zwangsmöglichkeiten abgesicherten Umverteilung.

Ob und in welchem Maße dafür plädiert wird, die Gleichbehandlung um der sozialen Gerechtigkeit willen einzuschränken, hängt nicht zuletzt davon ab,

- inwieweit die Ursachen von wahrgenommenen Unterschieden in sozioökonomischen Positionen systematischen gesellschaftlichen Einflüssen zugerechnet werden;
- wie groß das Vertrauen in die Möglichkeiten rationaler verteilungsorientierter gesellschaftlicher Steuerung ist.

Die Marxsche Extremposition

Ein Extremfall wäre die Vermutung, daß ökonomische Ungleichheiten in erster Linie die Folge der Existenz von Privateigentum an den Produktionsmitteln ist. Soziale Gerechtigkeit würde bei dieser einfachen Diagnose die Abschaffung des Privateigentums und die gesellschaftliche Organisation der Produktion voraussetzen. Damit bliebe aber soziale Gerechtigkeit unzureichend definiert. Diesseits der kommunistischen Utopie sind die von Karl Marx (1875/1972, S. 21) für eine Welt ohne ökonomische Knappheit propagierten Gerechtigkeitskriterien jedenfalls völlig unzureichend: „Jeder nach seinen Fähigkeiten, jedem nach seinen Bedürfnissen."

Im Hinblick auf die Freiheit sind die Folgen gesellschaftlicher Organisation der Produktion relativ eindeutig, wie die Theorie und erst recht die Praxis von Zentralverwaltungswirtschaften lehrt: Eine Gewährung selbst geringer wirtschaftlicher Freiheitsrechte kollidiert nur zu schnell sowohl mit den Erfordernissen der gesellschaftlichen Organisation der Produktion als auch mit den geplanten Antworten auf die Verteilungsfrage. Die Gefahr für die Freiheit, die von einer im Vergleich zum Kapitalismus extremen Konzentration von Besitzmacht in den Händen der Staatsorgane ausgeht, ist jedoch noch größer. Alexander Hamilton (Hamilton, Madison und Jay 1788, S. 472) hat sie auf die kurze Formel gebracht: „Macht über eines Menschen Lebensunterhalt bedeutet Macht über seinen Willen." Jedenfalls ist es keineswegs sicher, daß ein alles besitzender Staat auch ein dem Ziel der sozialen Gerechtigkeit dienender Staat sein wird, zumal schon das Ziel selbst aufgrund seiner Bedeutungsvielfalt und Wandelbarkeit der Willkür keine Grenzen setzt.

Die liberale Extremposition

Ein zweiter Extremfall wäre die liberale Vermutung (z. B. Hayek, 1976/2003, Kap. 9), daß ökonomische Ungleichheiten nicht mehr als das Ergebnis von Glück und Geschick sein müßten. Solche materiellen Folgen wären jedenfalls zu erwarten, wenn – wie dargelegt – eine Privatrechtsgesellschaft und damit eine von staatlichen Lenkungsversuchen freie Marktwirtschaft realisiert würde. Das auf dem Prinzip der Rechtsstaatlichkeit und auf marktmäßiger Koordination basierende ökonomische Geschehen entspräche gewissermaßen einem fairen Spiel. Seine jeweiligen Ergebnisse könnten weder als gerecht noch als ungerecht gelten. Das wäre lediglich für die Verhaltensweisen der am Spiel Beteiligten möglich. Daher müßte es Aufgabe des Rechts sein, gerechtes Verhalten zu gewährleisten. In diesem Falle wären die Ergebnisse zwar als rechtmäßig, aber nicht als gerecht anzusehen. Ihre gesellschaftliche Legitimation würde auf der formalen Gerechtigkeit beruhen, nach der die Regeln des Spiels zu gestalten und zu sichern wären. Nicht ausgeschlossen wäre damit, daß außerhalb des Marktsystems allen ein Schutz gegen schwere Notlagen in Form eines Mindesteinkommens zugesichert würde. Eine solche Sicherung könnte sehr wohl im Interesse aller sein oder als moralische Pflicht gelten (Hayek, 1976/2003, S. 87).

Auch diese Position kann letztlich nur wertend befürwortet oder abgelehnt werden, so systematisch und überzeugend sie auch begründet sein mag. Wie jedes andere Ordnungskonzept beinhaltet sie institutionalisierte Wertvorstellungen (über Freiheit und Gerechtigkeit) sowie Vermutungen über die Funktionsweise eines mit den Institutionen erzeugten ökonomischen Systems. Die Wertvorstellungen werden in diesem Fall vor allem durch das Recht als Steuerungsinstrument institutionalisiert. An der Wertgebundenheit der Ordnungsvorstellung ändert sich nichts, wenn auf die Unbestimmtheit und Wandelbarkeit der Norm sozialer Gerechtigkeit hingewiesen wird.

Absicherbarer Kompromiß oder Dilemma?

In den westlichen Wohlfahrtsstaaten wird ein Kompromiß zwischen Freiheit und sozialer Gerechtigkeit angestrebt. Im Falle der Bundesrepublik Deutschland wird er mit dem Begriffspaar „Sozialer Rechtsstaat" angezeigt, unter dem vieles und sehr Unterschiedliches verstanden werden kann (Benda, 1984/94, S. 511). Wird dieses unbestimmte Ziel akzeptiert, so ist von Belang, ob erwartet werden kann, daß ein Kompromiß auch dauerhaft zu gewährleisten ist. Hier sind es die Eigengesetzlichkeiten des politischen Willensbildungsprozesses mit Hilfe des demokratischen Verfahrens, die die Vermutung stützen, daß ein solcher dauerhafter Kompromiß wenig wahrscheinlich ist. Vielmehr spricht die Eignung sozialstaatlich begründbarer Verteilungsprivilegien als Instrument im politischen Wettbewerb für die Vermutung, daß das materiale das formale Recht auf Dauer auszuhöhlen droht.

Zugleich führt die Abhängigkeit einer funktionsfähigen marktmäßigen Koordination von den formalrechtlichen Rahmenbedingungen dazu, daß mit der Verdrängung des Formalrechts eine Art kollektive Selbstschädigung durch Schwächung des ökonomischen Allokationsverfahrens als Folge der Aushöhlung der Privatautonomie fortschreitet; im Hinblick auf das Allokationsverfahren trifft die Hypothese von Mancur Olson (1965/2002) von einer „institutionellen Sklerose" (ebenda S. 103) durchaus den Kern des Problems aus der Sicht des politischen Prozesses in der pluralistischen Demokratie. Ein Kompromiß zwischen Freiheit und sozialer Gerechtigkeit scheint nicht ohne weiteres haltbar. Ein Dilemma ist zumindest nicht auszuschließen.

Allerdings bliebe noch zu prüfen, ob die institutionellen Bedingungen, unter denen der politische Willensbildungsprozeß operiert, nicht so geändert werden könnten, daß ein dauerhafter Kompromiß möglich erscheint. Eine solche Prüfung müßte die politische Verfassung zum Gegenstand haben; dabei wäre eine zentrale Vermutung, daß die

Freiheit in einer nahezu unbeschränkten Demokratie nicht hinreichend gesichert werden kann (HAYEK, z. B. 1979/2003, S. 128 ff.). Die Praxis der Realisierung des Sozialstaatsprinzips verdeutlicht, daß diese Vermutung auch und erst recht für einen Kompromiß zwischen Freiheit und sozialer Gerechtigkeit gilt. Wenn nicht lediglich darauf vertraut werden soll, daß die Aushöhlung der Freiheit doch einmal politisch wirksamen Widerstand hervorruft, wäre zu prüfen, ob und wie ein Kompromiß unter Umständen durch institutionelle Reformen gesichert werden könnte.

9.1.3 Sicherheit

Sicherheit läßt sich auch umschreiben als „Freiheit von der Angst um die Freiheit" (GIERSCH, 1961/90, S. 83). So gesehen liegt die Frage nahe, wodurch denn die Sicherheit bedroht und dadurch Angst ausgelöst werden kann. Die Möglichkeit der Bedrohung einer Gesellschaft von außen muß kaum besonders erläutert werden. Durch sie wird aber bereits deutlich, daß Sicherheit den Frieden als ein weiteres, häufig herausgestelltes gesellschaftliches Ziel mit einschließt. Dies gilt auch für den Frieden innerhalb einer Gesellschaft; der Hinweis auf den Bürgerkrieg als die wohl schrecklichste Form einer Abweichung vom Ziel der inneren Sicherheit dürfte ein hinreichender Beleg sein.

9.1.3.1 Konfliktregelung als Sicherheitsfaktor

Diesen extremen Formen der Bedrohung der Sicherheit gewissermaßen vorgelagert ist der konfliktreiche Alltag. Die alltäglichen Konflikte entstehen dadurch,

- daß allein schon der Versuch der Selbstverwirklichung aufgrund der gesellschaftlichen Interdependenz die Freiheit anderer i. d. R. tangiert;
- daß die Wertvorstellungen der Individuen sowohl nach dem Inhalt als auch nach der Rangfolge der Einzelnormen divergieren;
- daß im Zeitablauf immer wieder Abweichungen von den durch die individuellen Wertvorstellungen geprägten Zielen auftreten und zum Handeln Anlaß geben, wobei dieses Handeln wiederum konfliktträchtig sein kann.

Vorgelagert sind diese begrenzten Konflikte insofern, als ihre reibungsarme Regelung vor den extremen Konfliktformen bewahren kann. Zur Konfliktregelung kommen folgende Verfahrensweisen in Betracht:

- die Verhandlung ausschließlich zwischen den Konfliktparteien,
- die Hinzuziehung von einem oder mehreren Außenstehenden.

Dem oder den hinzugezogenen „Dritten" können folgende im Hinblick auf das Regelungsergebnis unterschiedlich starke Einwirkungsmöglichkeiten eingeräumt werden (z. B. DAHRENDOR, 1972, S. 42 f.): (1) Die Vermittlung durch Erörterung der Konfliktlage mit den Parteien und durch Entwicklung von Einigungsvorschlägen als formal unverbindliches, aber materiell häufig wirksames Verfahren. (2) Die Schlichtung, bei der sich die Konfliktparteien i. d. R. schon im vorhinein darauf einigen, den Vorschlag eines Schlichters einzuholen, falls die Verhandlungen für eine oder beide Parteien als gescheitert gelten. (3) Das Schiedsgerichtsverfahren, wiederum kraft privater Vereinbarung, das mit einem für die Parteien rechtsverbindlichen Vergleich (Schiedsspruch) endet. (4) Die Inanspruchnahme staatlicher Gerichte (der Rechtsweg) durch zumindest eine der Parteien, wobei allerdings das angerufene Gericht zunächst von Amts wegen zu prüfen hat, ob der Rechtsweg überhaupt gegeben ist. (5) Die Zwangsschlichtung, bei der die Anrufung eines Schlichters beim Scheitern von Verhandlungen den Vertragsparteien ebenso öffentlich-rechtlich vorgeschrieben wird wie die Annahme seiner Entscheidung; sie eröffnet die Möglichkeit zur Konfliktunterdrückung im Unterschied zur Konfliktregelung. Ein naheliegendes Beispiel für einen Konflikt und seine Regelungsmöglichkeiten dürfte der Konflikt zwischen den Tarifvertragsparteien auf dem Arbeitsmarkt sein. Allerdings wäre von den Verfahrensweisen zur Konfliktregelung eine Zwangsschlichtung in der Bundesrepublik Deutschland verfassungswidrig, da sie mit der in Art. 9 Abs. 3 Grundgesetz garantierten Tarifautonomie kollidierte.

Als Ergebnisse einer Konfliktregelung kommen in Betracht (z. B. TUCHTFELDT, 1971a, S. 32 ff.):

- die friedfertige Überzeugung in Fällen, in denen eine Chance nutzbar ist, Wert- bzw. Interessenkollisionen zugunsten der einen oder anderen Position aufzulösen;
- der Kompromiß in Fällen, in denen die in dem Konflikt kollidierenden Ziele teilbar sind im Sinne einer stärkeren oder schwächeren Zielannäherung;
- die Kompensation in Fällen unteilbarer Ziele, wobei die wechselseitige Förderung bei der Verfolgung unterschiedlicher Ziele simultan oder sukzessiv erfolgen kann.

Konflikte verlieren häufig an Schärfe und sind dementsprechend weniger bedrohlich für die Sicherheit, wenn es gelingt, sie zu entpersonalisieren. Eine Sozialtechnik, mit der dies in der ökonomischen Sphäre bewerkstelligt werden kann, ist der Wettbewerb. Hier kommt seine bereits erörterte gesellschaftspolitische Funktion zum Zuge. Als Instrument der Machtkontrolle kann durch ihn einmal Machtmißbrauch zur Bedrohung der Freiheit anderer verhindert werden. Zum anderen funktioniert Wettbewerb aber auch als Prozeß der Leistungskontrolle. Denjenigen, deren Leistung dabei nicht oder gar negativ honoriert wird, erscheint die damit einhergehende Beschneidung ihrer materiellen Möglichkeiten nicht als das böse Werk einzelner Mitbewerber, sondern als „Diktat des Marktes“. Allerdings kann diese Form der Entpersonalisierung von Konflikten nur funktionieren,

- wenn der Wettbewerb als Ordnungsprinzip einschließlich seiner Konsequenzen für den einzelnen allgemein akzeptiert wird und
- wenn sichergestellt ist, daß weder Bemühungen der Wettbewerber (z. B. Kartellierungsbestrebungen) noch des Staates (z. B. Handelsbeschränkungen) seine gesellschaftliche Funktion aushöhlen.

9.1.3.2 Sicherheitsrisiken bei marktmäßiger Koordination

Die Funktionsweise der marktmäßigen Koordination kann durchaus auch Folgen für die individuelle Sicherheit haben. Die unstetige Entwicklung auf Einzelmärkten, das Phänomen der Konjunktur sowie die wirtschaftliche Entwicklung (Wachstum und Strukturwandel) bringen Risiken für die wirtschaftliche Sicherheit von Marktteilnehmern mit sich. Das Sicherheitsrisiko liegt in diesen Fällen in erster Linie begründet in

- konjunkturellen und strukturellen Beschäftigungsrisiken,
- Einkommens- und Vermögensrisiken als Folge möglicher Veränderungen des Preisniveaus und einer möglichen Minderung von Einkommenserzielungschancen.

Als weiteres Sicherheitsrisiko kommt vor allem der Einkommensausfall durch krankheits- und altersbedingte Erwerbsunfähigkeit hinzu. Aber auch Existenzprobleme als Folge von gesellschaftlichen Auseinandersetzungen über die Einkommensverteilung mit Gefahren für Beschäftigung und Geldwertstabilität gehören hierher. Solche Sicherheitsrisiken lassen über private Risikobewältigung hinaus Bedarf an spezifischen verteilungspolitischen Aktivitäten entstehen.

9.1.3.3 Marktgemäße Koordination und Tauschwertrisiken von Handlungsrechten

Die marktmäßige Koordination setzt Handlungsrechte voraus, mit denen die Einflußsphären der potentiellen Marktteilnehmer abgegrenzt und ihre Gestaltungsspielräume vor Entscheidungsfolgen anderer geschützt werden. Der Schutz ist jedoch nur dinglicher Art. Nicht geschützt wird der Tausch- oder Marktwert der Rechte (hierzu BOULDING, 1956/87, S. 123 f.; HAYEK, 1976/2003, S. 123 ff.). Beispielsweise wird der Eigentümer einer Maschine oder einer patentierten Erfindung geschützt gegen Zerstörung bzw. unerlaubte Nachahmung. Die ihm so gewährte Sicherheit bezieht sich auf den Fortbestand der mit den Handlungsrechten gewährten Gestaltungsspielräume (seine Autonomie). Ungeschützt bleibt jedoch der Tausch- oder Marktwert dieser Rechte bzw. ihrer Verwertungsergebnisse; er kann sich verringern etwa als Folge des Übergangs von der Einzel- zur Massenanfertigung des Maschinentyps bzw. der Patentierung einer besser nutzbaren Erfindung. Kurz: Pekuniäre externe Effekte werden nicht nur zugelassen, sondern sie sind für die marktmäßige Koordination notwendig.

Tauschwertänderungen sind das Ergebnis von Substitutionsvorgängen. Diese werden durch die knappheitsbedingte Verwendungskonkurrenz von Handlungsrechten bewirkt. Derjenige, der sich z. B. durch Tausch Rechte an einer Maschine verschafft oder eigene Arbeitskraft und sonstige Rechte nutzt, um eine Erfindung patentfähig zu machen, kann sicher sein, daß auch die Verwertungsergebnisse dieser Rechte dinglich geschützt sind (rechtliche Sicherheit). Ihr Marktwert und der davon abgeleitete Marktwert eines Handlungsrechts hängen jedoch davon ab, welchen Nutzen ein Erwerb von Verwertungsergebnissen dieser Rechte anderen stiften kann. Im Hinblick auf den Marktwert der Rechte sind neben den eigenen die Gestaltungsspielräume sowohl derjenigen betroffen, die als Tauschpartner für Verwertungsergebnisse in Frage kommen, als auch derjenigen, die über substitutionsfähige Verwertungsergebnisse verfügen.

Die Gestaltungsspielräume sind also interdependent. Daraus folgt, daß jeder Versuch einer Wertsicherung für ein Handlungsrecht durch staatliche oder staatlich geduldete private Behinderung oder Verhinderung der Substitution zwei Konsequenzen hat:

- Wertsicherung ist nur auf Kosten der Gestaltungsspielräume möglich, die alle anderen direkt und indirekt davon betroffenen Handlungsrechte gewähren, und somit auf Kosten der individuellen Freiheit anderer.
- Wertsicherung bedeutet eine Behinderung oder Verhinderung von Veränderung und damit auch von möglichem Fortschritt (s. u.).

Die erste Konsequenz beinhaltet eine Entscheidung gegen die individuelle Freiheit in der Hoffnung, den Eigentümern überkommener Handlungsrechte mehr Sicherheit gewähren zu können. Wertminderungen von Handlungsrechten signalisieren dem Eigentümer, daß es ihm nicht gelungen ist, sich durch entsprechenden Gebrauch dieses

Rechts an veränderte Umstände anzupassen. Wertsteigerungen sind nicht nur Glückssache, sondern auch Prämien für eine Anpassung an unvermeidbare und veränderliche Knappheiten, d. h. für einen erfolgreichen Gebrauch der individuellen Freiheit. Der Schutz vor Wertminderungen bestünde darin, daß anderen der Erfolg verwehrt würde, der sich aus einer an veränderte Umstände besser angepaßten Verwertung ihrer Handlungsrechte ergäbe. Daher wäre der Gebrauch der Freiheit für sie wertlos, selbst wenn er zugestanden würde.

Behinderung oder Verhinderung von Substitution bedeutet zugleich Behinderung oder gar Verhinderung von Wettbewerb. Ein dem einzelnen Wettbewerber gewährter Schutz wäre nicht nur ein solcher vor unlauteren Handlungen der Mitbewerber (z. B. Boykott, Irreführung der Marktgegenseite, physischer Zwang), sondern auch vor einer Verdrängung durch als besser beurteilte Leistungen anderer. Chancen, neue oder auch nur günstigere Tauschmöglichkeiten anzubieten, würden wegen ihrer Substitutionswirkung auf tradierte Handlungsrechte verringert oder beseitigt werden müssen. Im Extremfall wäre Wettbewerb als Prozeß schöpferischer Zerstörung durch Umwertung von Handlungsrechten nicht mehr möglich. Daran änderte sich auch nichts, wenn zwar Substitution nicht verhindert, aber dafür gesorgt würde, daß sie sich nicht mehr lohnt, indem Wettbewerbsvorteile auf dem Interventionswege (z. B. durch Besteuerung bzw. Subventionierung) eliminiert würden; denn es wäre der Anreiz genommen, nach vorteilhaften Substitutionsmöglichkeiten zu suchen. Auch wenn der Versuch, jegliche Substitution zu verhindern, absurd sein dürfte, stellt die Forderung nach Ausgleich von „Wettbewerbsnachteilen", z. B. im Außenhandel, aus dieser Sicht kein ungewöhnliches Schutzbegehren dar.

Totale Sicherheit als Extremform

Aus den Sicherheitsrisiken marktmäßiger Koordination lassen sich mehr oder weniger weitgehende Forderungen nach Sicherheit erheben. Die dabei auftretenden Konflikte mit anderen Zielen werden besonders offenkundig, wenn totale Sicherheit durch Ausschaltung aller individuellen Einkommens- und Vermögensrisiken angestrebt werden soll. Dies läßt sich noch am ehesten in einem völlig starren System realisieren. Es müßte jedoch in seiner Erstarrung auch von nachwachsenden Generationen akzeptiert werden. Obwohl sie den organisatorischen Anforderungen eines Systems totaler Sicherheit in besonders starkem Maße entsprachen bzw. entsprechen, sind weder die mittelalterliche Zunftwirtschaft noch die zentralistisch-bürokratischen Ausprägungen des Sozialismus überzeugende Belege für konfliktfreie Wirtschaftssysteme. Auch ohne dieses konkrete Anschauungsmaterial dürfte leicht einzusehen sein, daß Sicherheit ihren Preis in Form von mehr oder weniger weitgehendem Verzicht auf die Realisierung anderer Ziele hat. Totale Sicherheit bedeutet Persistenz des sozialen Status: Niemand darf in seiner Position gefährdet werden. Auf die Beschäftigung bezogen, entspricht dies einer uneingeschränkten Arbeitsplatzgarantie. Soll sie Bestand haben, darf ein einmal erhaltener Arbeitsplatz weder durch Mitbewerber noch durch unternehmerische Dispositionen gefährdet werden. Totale Sicherheit und die Wahrnehmung wirtschaftlicher Freiheitsrechte sind miteinander unvereinbar.

9.1.4 Fortschritt

9.1.4.1 Interpretationen

Fortschritt gilt in einem doppelten Sinn für viele als erstrebenswert:

- als Wertschätzung des Erkenntnisgewinns und der Neuerung sowie
- als Annäherung an vorgegebene Ziele im Zeitablauf.

Im letztgenannten Sinn bedarf die Verwendung des Begriffs Fortschritt keiner weiteren Erläuterung; denn in diesem Fall bezieht die Wertung ihre Rechtfertigung aus dem angestrebten Ziel. Im erstgenannten Sinn wäre Fortschritt als Vorstoß in zuvor Unbekanntes zu verstehen. Dem Menschen geht es in diesem Fall - wertrational - um die Freude an seiner Intelligenz und Kreativität, die ihm aus dem Prozeß erwächst, etwas Neues zu entdecken. Diese Freude ist unabhängig davon, ob sich - zweckrational - aus dem Entdeckten Nutzen im Hinblick auf die Annäherung an sonstige Ziele erreichen läßt. Gleichwohl vermag das die Freude zu verstärken (Hayek, 1960, S. 40 ff.); ausschlaggebend ist jedoch die Wissensvermehrung und nicht die Wissensverwendung.

9.1.4.2 Fortschrittsskepsis

Dem Fortschritt wird aus beiden Wissensperspektiven aber auch mit Skepsis begegnet und seine Wünschbarkeit bezweifelt. Eine kritische Haltung kann vor allem erkenntnistheoretisch, wissenssoziologisch und ethisch begründet sein.

Die erkenntnistheoretisch orientierte Kritik richtet sich genauer betrachtet nicht gegen den Fortschritt als solchen, sondern gegen die Überschätzung der Möglichkeiten eines fortschrittsorientierten Gebrauchs der Vernunft. Es ist im Kern eine Kritik am konstruktivistischen Rationalismus in der erkenntnistheoretischen Tradition von René Descartes und Francis Bacon im Unterschied zum kritischen Rationalismus in der Tradition von David Hume (hierzu z. B. Popper, 1960/2002). Die erste Tradition geht davon aus, daß es möglich ist, der Natur die Wahrheit mit Hilfe der Vernunft und der Beobachtung endgültig zu entreißen. Demgegenüber betont der kritische Rationalismus das Evolutorische in der menschlichen Erkenntnis und (damit auch) die Möglichkeit des Irrtums; außerhalb der reinen Logik sind Überraschung und Irrtum möglich, weshalb Erklärungen mit empirischem Gehalt auch nur als vorläufig nicht widerlegt gelten können.

Für den konstruktivistischen Rationalismus war es aufgrund der erkenntnistheoretischen Grundposition auch viel leichter zu behaupten, daß der Mensch so viel vermag, wie er weiß (tantum possumus quantum scimus, Bacon). Der beeindruckende wissenschaftliche Fortschritt, den Forscher, die in dieser Tradition standen, schon in deren erster Phase im 18. und 19. Jahrhundert erzielten, schien die mit dem Wissen wachsende Macht des Menschen über die Natur stets von neuem zu bestätigen. Auch der Optimismus, Fortschritt wäre durch den Gebrauch der Vernunft stets ein Fortschritt zum Besseren, fand genügend Unterstützung. Von da bis zu einer Überschätzung der Vernunft, auch hinsichtlich der Gestaltbarkeit von Gesellschaft und Wirtschaft, war nur ein kleiner Schritt (hierzu z. B. Hayek, 1959/2004). Erkenntnistheoretische Vorbehalte gegenüber dem unbedingten Fortschrittsoptimismus in der Tradition des konstruktivistischen Rationalismus münden in den berechtigten Vorwurf einer Hybris der

Vernunft (z. B. Röpke, 1944, 1.Teil; Hennis, 1984). Daraus folgt jedoch nicht, daß deshalb das Gegenteil - eine extreme Fortschrittsskepsis - gerechtfertigt ist.

Die wissenssoziologisch erklärbare Fortschrittsskepsis ist eine Reaktion auf Folgen wissenschaftlicher Arbeitsteilung. Wie bei wirtschaftlicher Arbeitsteilung ist sie mit zunehmender Spezialisierung verbunden. Selbst die am Forschungsprozeß Beteiligten überschauen i. d. R. nur noch einen abnehmenden Teil ihrer eigenen Disziplin. Für Außenstehende wird der Zugang zu diesem fragmentierten Wissen, das zugleich durch seine Anwendungen den Alltag auffallend mitprägt, immer schwieriger. Diese größer werdende Kluft läßt einerseits Raum für Vorurteile und neuen Aberglauben entstehen (z. B. Jonas, 1979/2003, S. 294). Andererseits waren wohl noch nie zuvor die Marktchancen für kompetente Wissenschaftspublizisten und sogenannte Generalisten so groß wie heute (hierzu z. B. Boulding, 1962).

Eine erfolgreiche Verwertung dieser Chancen verringert die Vorbehalte, die sonst gegenüber einer arbeitsteiligen Wissensvermehrung bestünden. Die vielfältigen Formen der Wissenschaftskommunikation können als spontane Reaktionen einer offenen Gesellschaft auf eine unerwünschte Begleiterscheinung wissenschaftlichen Fortschritts angesehen werden.

Am schwersten dürfte der ethisch begründeten Fortschrittsskepsis zu begegnen sein. Sie läßt sich auf das Argument reduzieren, daß die sittliche Entwicklung der Zivilisation nicht mit dem wissensbedingten Fortschritt menschlichen Könnens Schritt gehalten hat. Im Grunde wird geltend gemacht, es fehle bei der menschlichen Neugier und dem Wunsch, die Natur zu beherrschen, eine wirksame sittliche Beschränkung. Als Beispiel dient häufig das Experimentieren mit der menschlichen Konstitution (gentechnische Manipulation). Positiv gewendet wird daraus von dem Philosophen Hans Jonas die sittliche Forderung einer „Hütung des Ebenbildes“ abgeleitet. Geboten sei „die Ehrfurcht für das, was der Mensch war und ist, aus dem Zurückschaudern vor dem, was er werden könnte und uns als diese Möglichkeit aus der vorgedachten Zukunft anstarrt“ (Jonas, 1979/2003, S. 393).

Die Entscheidung darüber, ob diese sittliche Forderung Handlungsmaxime sein soll, muß nach dem hier vertretenen Selbstverständnis des Menschen den Individuen überlassen bleiben. Allerdings besteht in einer offenen Gesellschaft die Chance, andere für diese Maxime zu gewinnen. Gerade die „vorgedachte Zukunft“ könnte jedoch zur Versuchung werden, dafür einzutreten, der „Hütung des Ebenbildes“ notfalls mit diktatorischen Mitteln Geltung zu verschaffen. Im Falle einer solchen freiheitsbedrohenden Radikalität wäre die Frage zu beantworten, wie die Maxime von wem ohne Mißbrauch der einzuräumenden Machtstellung konkret durchgesetzt werden soll. Ferner läßt sich geltend machen, daß es gerade die freiheitlichen, offenen Gesellschaften sind, in denen Bedrohungen der Menschheit, die aus einer Wissensverwendung erwachsen können, am schnellsten aufgegriffen und politisch wirksam vermittelt werden. Belege hierfür dürften die Umweltdebatte, die Diskussion um Grenzen des s und die Bemühungen um eine präventive Abschätzung von Technikfolgen und ihre Institutionalisierung sein. Insofern ist es durchaus angemessen zu argumentieren, daß in offenen Gesellschaften auch negative Aspekte des Fortschritts Beachtung finden und zu politischem Handeln Anlaß geben. Dem in der Sache Engagierten mag das häufig nicht genügen oder nicht schnell genug gehen. Zu bedenken ist jedoch von ihm, daß er nicht nur in seiner Skepsis irren kann, sondern auch, daß die Fixierung auf ein als dominant beurteiltes Problem blind machen kann für weniger radikale, aber dafür freiheitsschonende Problemlösungsverfahren.

9.1.4.3 Beziehungen zu anderen Grundwerten

Eine Beziehung zwischen Fortschritt und Handlungsfreiheit wurde bereits aufgezeigt. Naturgesetze als objektive Grenzen des Möglichen lassen sich zwar nicht brechen, wohl aber wissensgestützt nutzen, um u. U. die bisherigen Handlungsmöglichkeiten des Menschen zu erweitern. Ökonomisch ist Fortschritt eng mit dem Phänomen der Innovation verknüpft, für die sich ein Markt erschließen läßt (Produktinnovation) bzw. mit deren Hilfe sich eine Marktstellung verbessern läßt (Prozeßinnovation). Aus der Perspektive der Nachfrager bedeutet beides eine Verbesserung der Versorgungsmöglichkeiten.

Konflikte zwischen ökonomischem Fortschritt und Verteilungsgerechtigkeit können – wie im fünften Kapitel dargelegt – aus einem Mißverständnis des Wettbewerbs als Entdeckungsverfahren entstehen. Aus der Perspektive der Verteilungsgerechtigkeit könnten Entwicklungsgewinne im Sinne einer Angleichung von Einkommenspositionen korrekturbedürftig erscheinen. Mit einer solchen Korrektur würde jedoch ein Anreiz zur Innovationstätigkeit gemindert oder genommen. Die Gesellschaft wäre in diesem Falle ärmer, als sie sein müßte, zumal eine solche Vorgehensweise die „Sozialisierungstendenz“ bei Entwicklungsgewinnen außer acht ließe, die durch den nachstoßenden Wettbewerb bewirkt bzw. verstärkt wird.

Fortschritt, wie er durch Innovation in das ökonomische System hineingetragen wird, ist eine Quelle des Strukturwandels. Er schafft nicht nur neue, sondern gefährdet auch bisherige Einkommenserzielungschancen. Für die negativ Betroffenen bedeutet das eine Gefährdung ihrer ökonomischen Sicherheit und eine Herausforderung ihrer Mobilität. Kann der Herausforderung nicht entsprochen werden, ist strukturelle Arbeitslosigkeit bzw. sozialer Abstieg (unfreiwillige Statusmobilität) die Folge.

Allgemein betrachtet beinhaltet Fortschritt Veränderung. Da jedoch Veränderung i. d. R. auch Umorientierung und Anpassung verlangt und ferner Anpassungsverzögerungen unvermeidbar sind, entstehen Friktionen. Die ökonomischen Konsequenzen bestehen aus Kollisionsmöglichkeiten

- mit dem Ziel der Sicherheit, wie dargelegt,
- mit dem Ziel der sozialen Gerechtigkeit, da die Anpassungslasten ungleich verteilt sein müssen, ganz abgesehen von der Verteilung der Früchte des Fortschritts.

Fortschritt in diesem Sinne kann also besondere wirtschaftspolitische Abwägungsprobleme entstehen lassen. Wo er Anpassungslasten verursacht, kann seine Durchsetzung ergänzende Maßnahmen, wie z. B. Anpassungshilfen, nahelegen, um Widerstände abzubauen. Die Schwierigkeiten, die solche Maßnahmen mit sich bringen können, liegen vor allem in der Eigengesetzlichkeit der zu ihrem Einsatz erforderlichen politischen Willensbildungsprozesse. Hilfe droht auch in den Fällen, in denen sie mögliche und zumutbare Selbsthilfe fördern soll, nur zu leicht zu einer Dauerbegünstigung, zu einem irreversiblen verteilungspolitischen Besitzstand zu werden.

9.2 Verfahrensnormen: Demokratie und Rationalität

Demokratie und Rationalität sollen unbeschadet ihres möglichen Eigenwertes (Zielcharakters) als Verfahren (Mittel) betrachtet werden, mit denen andere Ziele gefördert werden können. Sie können deshalb auch als formale Ziele (GÄFGEN, 1968/1974, S. 14) oder als Verfahrensnormen bezeichnet werden. Im Falle des demokratischen Verfahrens kann zum Teil an Überlegungen angeknüpft werden, die Gegenstand des sechsten Kapitels waren. Bei der Diskussion der Rationalität muß auf die Wissensproblematik eingegangen werden, die in den vorangegangenen Kapiteln immer wieder in unterschiedlichen Zusammenhängen thematisiert wurde.

9.2.1 Demokratie

9.2.1.1 Demokratie als politisches Verfahren

Die menschliche Gesellschaft kommt ohne eine staatliche Organisation und damit ohne die Sozialbeziehungen Herrschaft und Unterordnung nicht aus. Das gilt auch für das gesellschaftliche Wirtschaften. Auch die marktwirtschaftliche Ordnung, die auf Selbststeuerung beruht, wird hinsichtlich der Ordnungsregeln durch die staatliche Organisation gestützt. Darüber hinaus gibt es eine Reihe von Gründen für (wirtschafts-) politisches Handeln. Politisches Handeln setzt bei den Handelnden voraus, daß sie für andere entscheiden und ihren Entscheidungen Geltung verschaffen können. Das ist nur möglich, wenn sich die von den Entscheidungen Betroffenen diesen unterwerfen.

Eine Methode, Träger politischer Entscheidungen hervorzubringen, ist die repräsentative Demokratie. Mit den Worten Joseph SCHUMPETERS (1942/93, S. 428) ist sie „diejenige Ordnung der Institutionen zur Erreichung politischer Entscheidungen, bei welcher einzelne die Entscheidungsbefugnis vermittels eines Konkurrenzkampfes um die Stimmen des Volkes erwerben." Entschieden wird mit Hilfe von Mehrheitsregeln. Dies gilt sowohl für die Wahl der Entscheidungsbefugten (Wahlverfahren) als auch für deren Entscheidungen über die Versorgung mit politischen Gütern (Abstimmungsverfahren).

Als politisches Verfahren sagt Demokratie nichts über die damit verfolgten Ziele aus. Nur wenn dem Verfahren als solchem positiver Eigenwert beigemessen wird, ist es möglich, daraus auch Werturteile über die damit erzielten Ergebnisse abzuleiten; denn erst dann kann gefolgert werden, daß nicht nur gilt, was die Mehrheit entscheidet, sondern auch, daß der Inhalt einer auf diese Weise zustande gekommenen Entscheidung positiv zu bewerten ist (vgl. z. B. HAYEK, 1960, S. 103 ff.). Zu dieser Schlußfolgerung könnte gelangen, wer eine normative Theorie der Demokratie auch als gesicherte positive Theorie ansieht. Eine solche Theorie wäre die von SCHUMPETER (1942/93, S. 397) als „klassische Lehre der Demokratie" kritisierte Vorstellung: „Die demokratische Methode ist jene institutionelle Ordnung zur Erzielung politischer Entscheide, die das Gemeinwohl dadurch verwirklicht, daß sie das Volk selbst die Streitfragen entscheiden läßt, und zwar auch die Wahl von Personen, die zusammenzutreten haben, um seinen Willen auszuführen."

In dieser Vertretertheorie der Demokratie (HERDER-DORNEICH und GROSER, 1977, S. 60 ff.) wird unterstellt,

- daß das Verfahren auch eine wünschenswerte Motivation der politischen Entscheidungsträger gewährleistet, d. h., sie verstehen sich und handeln nur als Stellvertreter der Wähler;
- daß die politischen Entscheidungsträger außerdem ihre „vikarische Funktion" (KIRSCH, 1974/97, S. 106) wahrnehmen können, d. h., sie vermögen den Wählerwillen zu erkennen und zum „Gemeinwohl" umzusetzen.

Dieser idealisierenden Vorstellung von politischem Handeln wird aus der Sicht des methodischen Individualismus seit SCHUMPETER mit Skepsis begegnet. Demokratie gilt danach zwar als Verfahren zur Bereitstellung politischer Güter. „Aber um zu verstehen, wie die demokratische Politik diesem sozialen Ziele dient, müssen wir vom Konkurrenzkampf um Macht und Amt ausgehen und uns klar werden, daß die soziale Funktion, so wie die Dinge nun einmal liegen, nur nebenher erfüllt wird – im gleichen Sinne wie die Produktion eine Nebenerscheinung beim Erzielen von Profiten ist" (SCHUMPETER, 1942/93, S. 448). Die Wahrnehmung der vikarischen Funktion durch die politischen Unternehmer ist aus der Perspektive dieser Konkurrenztheorie der Demokratie in erster Linie das Ergebnis der „List der Demokratie" (HERDER-DORNEICH) als Verfahren und nicht der Motivation der politisch Handelnden. Das schließt nicht aus, daß diese auch i. S. d. Vertretertheorie motiviert sein können. Jedoch ist das Verfahren insofern anreizverträglich, als bei den politischen Unternehmern lediglich die Verfolgung ihres Eigeninteresses vorausgesetzt wird, um eine Versorgung mit politischen Gütern zu ermöglichen.

Die Versorgungsqualität kann aus der Sicht der Demokratie als Verfahren nur durch institutionelle Veränderungen beeinflußt werden. Diese müssen an der politischen Verfassung ansetzen und damit z. B. am Umfang des Mandats der politischen Entscheidungsträger, der Struktur der Gewaltenteilung, der Stellung von Parteien und Verbänden sowie der Ausgestaltung der Wahl- und Abstimmungsverfahren. Mit anderen Worten: Die Versorgungsqualität ist auch bei politischen Gütern in erster Linie ein ordnungspolitisches Problem. Die besondere Schwierigkeit besteht darin, daß dieses Problem in bestehenden Demokratien gegebenenfalls von den Betroffenen (den politischen Unternehmern) selbst gelöst werden muß. Diese nehmen in solchen ordnungspolitischen Fragen nicht nur zugleich die Rolle des Regelgebers und Spielers ein, sondern bestimmen außerdem die Handlungsmöglichkeiten des Schiedsrichters (der verfassungsbezogenen Rechtsprechung).

9.2.1.2 Demokratie als Verfahrensnorm

Wird Demokratie als politisches Verfahren verstanden, ist zu klären, auf welche Weise sie den Grundwerten dienlich sein kann und sich damit rechtfertigen (legitimieren) läßt. Hinsichtlich des Spannungsverhältnisses zwischen individueller Freiheit und unumgänglicher politischer Herrschaft kann einmal geltend gemacht werden: „In dem Maße, in dem die Chance der Herrschaft und die Wirklichkeit der Legitimität durch Zustimmung (politisch: das passive und das aktive Wahlrecht) allgemein sind, verliert das Herrschen und Dienen seinen willkürlichen Zwangscharakter und wird vereinbar mit der gleichen Freiheitschance aller" (Dahrendor, 1972, S. 276 f.). Zum anderen bedeutet das demokratische Verfahren Herrschaft auf Zeit und Abruf. Wer sie wie lange ausüben soll, entscheiden grundsätzlich die Beherrschten. Das bedeutet jedoch nicht, daß Demokratie hinsichtlich der Freiheit ein risikoloses Verfahren ist; denn es kann nicht ausgeschlossen werden, daß Herrschaft dauerhaft und ohne Zustimmung usurpiert wird. Ebensowenig ist sichergestellt, daß Rechte von Minderheiten durch die Mehrheit unangetastet bleiben; dem vorzubeugen ist eine zentrale Funktion der Grundrechte und ihrer Sicherung im Rechtsstaat.

Der formalen Gerechtigkeit könnte mit dem demokratischen Verfahren entsprochen werden, wenn der Gleichheit aller vor dem Gesetz ein gleicher Anteil an der Gesetzgebung entsprechen würde (Hayek, 1960, S. 103). In der repräsentativen Demokratie impliziert dies ein allgemeines, gleiches, freies, geheimes und direktes Wahlrecht als Ausdruck politischer Gleichheit. Damit sind allerdings unterschiedliche politische Einflußmöglichkeiten vor allem aufgrund von Besitz- und Organisationsmacht nicht ausgeschlossen.

Dem Grundwert Sicherheit kann Demokratie als Verfahren zur Konfliktregelung dienlich sein. Das Verfahren erlaubt, Interessenkollisionen durch Mehrheitsentscheidungen und nicht durch Gewaltanwendung zu regeln. Das wird nicht immer alle Beteiligten befriedigen. Als Instrument friedlicher Konfliktbehandlung wäre demokratische Entscheidung aber nur entbehrlich, wenn die beobachtbare, konfliktgeladene und daher entscheidungsheischende Gesellschaft durch die utopische Vorstellung einer konfliktfreien, freiwilligen Gemeinschaft der Gleichgesinnten ersetzt wird.

Hinsichtlich des Grundwertes Fortschritt läßt sich Demokratie als ein marktähnliches Entdeckungsverfahren interpretieren. Sie ist ein Konsensbildungsprozeß, mit dessen Hilfe eine Versorgung mit Kollektivgütern bzw. deren Verbesserung erzielbar ist. Die Chance für solche Verbesserungen liegt in der möglichen direkten und indirekten Partizipation vieler an der politischen Willensbildung. Allerdings dürfte die indirekte Partizipation dominieren; denn zwischen die Wähler als Nachfrager und die politischen Unternehmer als Anbieter sind Parteien und Interessenverbände geschaltet. Sie nehmen einerseits Funktionen der Integration der Wähler und der Vermittlung (Mediatisierung) zwischen Wählern und Entscheidungsträgern wahr. Dies hat zur Folge, daß der politische Willensbildungsprozeß zu einem vielstufigen Kommunikationsprozeß wird (z. B. Kirsch, 1974/97, S. 113 ff.), in dem sich weder die politischen Unternehmer einer gegebenen Nachfrage der zahlreichen Wähler noch die Wähler einem gegebenen Angebot an politischen Gütern gegenübersehen. Andererseits entfernt sich das Verfahren aber auch von der einfachen Konkurrenzanalogie und nimmt Züge einer Herrschaft von Wenigen (Oligarchie) an; denn mit der Zwischenschaltung von Parteien und Verbänden dürften politische Entscheidungen in beträchtlichem Maße durch das Zusammenwirken von relativ wenigen Partei- und Verbandsfunktionären vorgeformt, wenn nicht sogar bestimmt werden. Die oligarchischen Elemente lassen sich zwar als Ergebnis einer Arbeitsteilung in der Bereitstellung politischer Güter erklären. Normativ stellen sie aber eine Beeinträchtigung der politischen Gleichheit dar. Diese dürfte um so größer sein,

- je geringer die Kontrollmöglichkeiten der Funktionäre durch die von ihnen Vertretenen sind;
- je weniger alle politischen Interessen gleichermaßen organisierbar und damit vertretbar sind.

Wie gut im übrigen die mit dem demokratischen Verfahren erzielbaren Ergebnisse sind, hängt nicht zuletzt von den Qualitäten der politischen Akteure ab. Daß es sich bei ihnen nicht notwendig oder vielleicht sogar i. d. R. nicht um diejenigen handelt, die vielleicht in den Augen vieler als die Weisesten und am besten Informierten gelten, ist ebenso einzuräumen wie andere Schwächen der in der Realität vorfindbaren Formen von Demokratie. Jedoch ist kein anderes Verfahren bekannt, das besser geeignet ist, gesellschaftliche Experimente, notfalls durch Ablösung politischer Entscheidungsträger, möglichst konfliktarm abzubrechen. Daß politisches Handeln stets Experimentcharakter hat, beruht auf der begrenzten menschlichen Problemlösungskapazität. Sie läßt sich nur unzulässig verdrängen durch die utopische Vorstellung von Herrschenden, die das Wohl aller im Auge haben, die außerdem stets wissen, was alle Gesellschaftsmitglieder wollen, ferner in der Lage sind, bestmögliche Kompromisse für die divergierenden Interessen zu finden, und schließlich auch wissen, wie diese Kompromisse am besten realisiert werden können.

9.2.2 Rationalität

9.2.2.1 Zum Rationalitätsbegriff

Bereits zu Beginn diese Buches wurde zugunsten der Rationalität als zentralem Kriterium entschieden. Das bedeutet jedoch nicht, daß vernunftgeleitete Handlungen aufgrund dieser Eigenschaft automatisch positiv zu bewerten sind. Mit Hilfe der Verfahrensnorm Rationalität lassen sich auch Handlungen begehen, die als extremes Unrecht gelten. Mit den Worten von Herbert A. Simon (1983, S. 12 f.): „... Vernunft ist instrumental. Sie kann uns nicht sagen, wohin wir gehen sollen; bestenfalls kann sie uns sagen, wie wir dorthin gelangen.“

Zweckrationalität

Nach diesem Grundverständnis ist Rationalität mit beliebigen Zielen verknüpfbar. Allerdings muß gefordert werden, daß sich diese Ziele inhaltlich nicht widersprechen. Im Hinblick auf ein beliebiges Ziel erfordert Rationalität stets ein sorgfältiges Abwägen von Mittelaufwand zum Erreichen dieses Ziels, gemessen in entgangenem Nutzen im Hinblick auf die Förderung anderer Ziele, und Ertrag, gemessen in aufwandbedingtem Nutzen. Nichts anderes beinhaltet das ökonomische Prinzip. Für Versuche, die zuvor erörterten Grundwerte zu realisieren, bedeutet das z. B., daß mögliche Konflikte zwischen individueller Freiheit und sozialer Gerechtigkeit oder zwischen Sicherheit und Fortschritt Abwägungen verlangen.

Das auf diese Weise vorbereitete Handeln entspricht der Zweckrationalität i. S. v. Max Weber (1921/2002, S. 13). In diesem Sinne handelt zweckrational, „wer sein Handeln nach Zweck, Mitteln und Nebenfolgen orientiert und dabei sowohl die Mittel gegen die Zwecke, wie die Zwecke gegen die Nebenfolgen, wie endlich auch die verschiedenen möglichen Zwecke gegeneinander rational abwägt." Bei genauerer Betrachtung trägt diese Definition allen methodologisch bedeutsamen Ziel-Mittel-Beziehungen Rechnung. Sie liegt auch Definitionen wirtschaftspolitischer Rationalität zugrunde.

Wertrationalität und Traditionalität

Von der Zweckrationalität zu unterscheiden ist die Wertrationalität. In ihrem Falle kommt es nicht zu den vielfältigen Abwägungen, wie sie für zweckrationales Handeln charakteristisch sind. Vielmehr ist der Eigenwert, der einem bestimmten Verhalten beigemessen wird, ausschlaggebend, unabhängig davon, welche Ergebnisse damit erzielt werden. Der Eigenwert leitet sich davon ab, daß der so Handelnde bestimmte Forderungen, z. B. ethischer oder religiöser Art, an sich gestellt sieht, denen er vorrangig nachkommen will.

Ohne zweckrationale Abwägungen kommt auch aus, wer sich einer Gewohnheit entsprechend – traditional – verhält. Das bedeutet jedoch nicht, daß solches Verhalten vernunftwidrig sein muß. Vielmehr können Gewohnheiten bzw. Traditionen Ausdruck von zur Routine gewordenem Problemlösungsverhalten sein. Ihre Rationalität erhalten sie in diesem Fall dadurch,

- daß sie in ähnlich erkannten Situationen Entscheidungskosten gegenüber einer erneuten, umfassenden Handlungsvorbereitung einsparen;
- daß sie durch die Kontinuität des Verhaltens gegenüber anderen zur Verhaltensstabilisierung und damit zur Verringerung von Ungewißheit beitragen.

Der Vernunft nicht zugänglich sind schließlich Handlungen, die nur vom Affekt, insbesondere von der Emotion, geleitet werden. Daraus darf nicht gefolgert werden, daß Emotionslosigkeit eine Vorbedingung für Zweckrationalität ist. Vielmehr kann gerade emotionales Engagement die Aufmerksamkeit steigern und Einfälle bei Problemlösungen begünstigen (SIMON, 1983, S. 29 ff.).

9.2.2.2 Objektive versus subjektive Zweckrationalität

Objektive Zweckrationalität: das olympische Modell

Der höchste Grad der Zweckrationalität könnte darin gesehen werden, daß in Entscheidungssituationen leidenschaftslos der subjektive Erwartungsnutzen maximiert wird, und zwar auf der Grundlage einer kardinalen Nutzenfunktion, einem vollständigen Satz von Handlungsmöglichkeiten sowie einem entsprechenden Satz von Wahrscheinlichkeitsverteilungen für die erwartbaren, vollständig definierten Handlungsergebnisse. Wiederholbarkeit der Entscheidung vorausgesetzt, würde damit einem „olympischen Modell" von objektiver Rationalität (SIMON, 1983, S. 23) entsprochen; olympisch deshalb, weil es nur durch Bewohner des Götterberges realisierbar wäre.

Die irdischen Möglichkeiten rationalen Verhaltens sind wesentlich bescheidener als die olympischen, nicht zuletzt,

- weil eine Entscheidungssituation nicht vorgegeben ist, sondern als solche erst einmal von einem Entscheidungsträger wahrgenommen werden muß (Kognitionsproblem);

- weil die Qualität der Entscheidungsgrundlagen nicht gegeben ist, sondern von den Bemühungen des Entscheidungsträgers abhängt, sie zu verbessern (Motivationsproblem);
- weil die Beschaffung von entscheidungsrelevanten Informationen Ressourcen beansprucht und daher selbst eine vorgelagerte Entscheidung erfordert (Suchproblem);
- weil die Zahl der Handlungsmöglichkeiten sich im Verlauf des Entscheidungsprozesses aufgrund des Einfallsreichtums der Menschen erhöhen kann (Inventionsproblem);
- weil die Bewertungskriterien nicht vollständig gegeben sind, sondern teilweise erst im Verlaufe des Entscheidungsprozesses entwickelt oder verändert werden (Evaluationsproblem);
- weil alle Entscheidungen im Grunde bei Ungewißheit gefällt werden müssen und die Bildung von (subjektiven) Wahrscheinlichkeiten eine im Hinblick auf die Möglichkeiten der Überraschung und Entdeckung mehr oder weniger große Problemreduktion beinhaltet (Ungewißheitsproblem);
- weil die Entscheidungen häufig einmalig sind und selbst im Wiederholungsfall unter evolutorischen Bedingungen gefällt werden müssen, womit Erwartungswerte ebenfalls kritische Problemvereinfachungen beinhalten können (Singularitätsproblem);
- weil die menschliche Problemlösungskapazität trotz technischer Hilfen begrenzt bleibt und deshalb einer umfassenden Analyse und Abwägung entgegenwirkt (Komplexitätsproblem).

Subjektive oder begrenzte Rationalität

Wenn aber umfassende (objektive) Zweckrationalität aus den genannten Gründen unerreichbar ist, kann sie – so verstanden – auch nicht als Verfahrensnorm dienen. Vielmehr sind lediglich Formen begrenzter (Simon, 1955, 1959) oder – allgemeiner – subjektiver Rationalität möglich. Sie entstehen, indem die Komplexität von Entscheidungsproblemen reduziert wird. Dies geschieht u. a.

- durch die Definition von Anspruchsniveaus, an denen Problemlösungen gemessen werden;
- durch erfahrungsgestützte Regeln, nach denen die Informationssuche abgebrochen wird;
- durch Anpassung von Anspruchsniveaus und Handlungsmöglichkeiten an veränderte Entscheidungsbedingungen;
- durch Einräumung von Freiräumen für Intuition ohne Verletzung logischer Ansprüche an Problemlösungen.

Es wäre jedoch ein Trugschluß, der dem im ersten Kapitel vorgestellten Nirwana-Ansatz entspräche, wenn die Möglichkeiten subjektiver Rationalität an dem olympischen Modell gemessen würden und aus dem Ergebnis ein Verhaltensdefizit abgeleitet würde; denn es kann nicht als fehlerhaft oder gar irrational gelten, wenn Wirtschaftssubjekte unter Verwertung des von ihnen erschlossenen Wissens konsistent entscheiden und danach handeln. Abwägungen im Rahmen des Möglichen können nicht sinnvoll an solchen im Rahmen des Unmöglichen gemessen werden. Wird der Trugschluß vermieden, so beschränkt sich Rationalität als Verfahrensnorm auf die Befolgung von Regeln der Logik, ohne daß darüber hinaus ein Maßstab gewonnen wäre, Handlungen von Entscheidungsträgern etwa nach Rationalitätsgraden a priori zu ordnen. Ebensowenig lassen sich mit Hilfe der Annahme objektiver Rationalität unmittelbar empirisch zwingende Aussagen über richtige Verhaltensweisen ableiten. Das schließt nicht aus, daß mit Hilfe dieser Annahme entsprechende Hypothesen gebildet werden. Hier gilt jedoch, was für alle Formen der Hypothesengewinnung zutrifft: Nicht auf die Art, wie Hypothesen gewonnen werden, kommt es an, sondern darauf, ob sie sich empirisch (vorläufig) bewähren.

Da für Wahlhandlungen auch Informationen über eine wandelbare Umwelt (also ein offenes System) erforderlich sind, gilt für die Rationalität das gleiche wie für die Informiertheit: Zusätzlich in Betracht gezogene Entscheidungselemente können im günstigen Fall – jedoch nicht notwendig – eine bessere Entscheidungsqualität im Hinblick auf die Folgen gewährter Handlungen erwarten lassen. Mehr läßt sich aufgrund der unbekannten Konsequenzen der nicht verfügbaren Elemente für die Wahlhandlung nicht sagen; denn sonst müßte die unüberprüfbare Konvergenzvermutung aufgestellt werden, daß jede Verbreiterung der Entscheidungsgrundlagen eine monotone Annäherung an das Ergebnis des olympischen Modells – die objektive Rationalität – erlaubt. Das bedeutet nicht, daß Entscheidungsvorbereitungen, die sich an den Erfordernissen objektiver Rationalität orientieren, nutzlos sind. Ihre Funktion ist jedoch nicht, eine Wissensillusion zu nähren. Vielmehr können solche Erfordernisse herangezogen werden, um im konkreten Entscheidungsfall die Suche nach entscheidungsrelevantem Wissen zu erleichtern und Grenzen des Wissens zu identifizieren, damit diese besser berücksichtigt werden können.

9.2.2.3 Subjektive Rationalität und gesellschaftliches Wirtschaften

Wird vom olympischen Rationalitätsmodell abgerückt und davon ausgegangen, daß ökonomische Entscheidungen bestenfalls eine rationale Antwort auf der Grundlage einer subjektiv handhabbaren Teilkenntnis des ökonomischen Universums darstellen, ergibt sich im Hinblick auf die Qualität der Entscheidungen eine neue Frage: Wieso erweist sich die notwendigerweise sehr begrenzte Teilkenntnis der Wirtschaftssubjekte dennoch als hinreichend, um eine erfolgreiche laufende Koordination ihrer Handlungen herbeizuführen? Ein Teil der Antwort ist in der Orientierungsleistung der institutionellen Beschränkungen zu suchen, unter denen entschieden werden muß (hierzu z. B. LANGLOIS, 1986, S. 235 ff.). Wie bereits im zweiten Kapitel ausgeführt, gehören zu diesen Beschränkungen in einem marktwirtschaftlichen System die privaten Handlungsrechte. Durch sie werden Spielräume für eigenverantwortliches Handeln abgegrenzt. Das bedeutet, daß für Berechtigte wie Nichtberechtigte gerade die Grenzen der einem Handlungsrecht zugeordneten Verfügungs- und Nutzungsrechte Informationswert haben. Die Tauschwerte der Handlungsrechte entstehen durch Transaktionen, die ihrerseits – wie im dritten Kapitel erläutert – von zahlreichen externen und internen Institutionen begrenzt bzw. erleichtert werden. Aus einer Wissensperspektive ist diese institutionelle Orientierungsmöglichkeit die Folge von versunkenen infrastrukturgebundenen Transaktionskosten. Infolgedessen lautet der erste Teil der Antwort auf die Frage, daß die Institutionen das Wissen reduzieren, dessen Erwerb sonst bedeutsam sein könnte, um individuelle Pläne zu realisieren. Darüber hinaus erlaubt ein relativ stabiler institutioneller Rahmen den routinemäßigen Umgang mit demselben. Diese unreflektierte Nutzung geht so weit, daß die Wirtschaftssubjekte in diesen Rahmen gewissermaßen hineinwachsen, indem sie das institutionengeprägte Verhalten anderer durch Erfahrung lernen, ohne selbst die Ursache der Verhaltensstabilisierung zu kennen. So dürfte der größte Teil der alltäglichen Transaktionen ohne Reflexion der institutionellen Handlungsgrundlagen abgewickelt werden.

Der zweite Teil der Antwort ist darin zu suchen, daß der Prozeß, in dem Tauschwerte (Preise) entstehen, selbst einen Informationsaustausch beinhaltet. Wie im dritten Kapitel ausgeführt, funktioniert der Preismechanismus als Kommunikationssystem. Ausgetauscht werden jedoch i. d. R. keine konkreten Informationen über die spezifischen Umstände, die die einzelnen Wirtschaftssubjekte zu Marktkontakten bewegen. Vielmehr sind diese Informationen in den Transaktionsgeboten kodiert und werden im Falle einer zustande gekommenen Transaktion in dem damit verbundenen Preis und den sonstigen Konditionen verschmolzen. Für den einzelnen Entscheidungsträger genügt es jedoch i. d. R., zu prüfen, ob ein signalisierter Preis im Hinblick auf seine Transaktionspläne vorteilhaft ist. Das heißt aber, daß er den Gesamtzusammenhang, in dem ein Preis steht, weder kennt noch kennen muß. Auch die zweite Teilantwort kann dahin zugespitzt werden, daß die Leistungsfähigkeit des marktwirtschaftlichen Systems darin beruht, die Wissensanforderungen gering zu halten. Von Bedeutung ist gerade, „wie wenig die einzelnen Teilnehmer zu wissen brauchen, um die richtige Handlung vorzunehmen" (HAYEK, 1945, S. 527).

Während institutionelle Infrastruktur und Preismechanismus geeignet sind, das Problem des konstitutionellen Wissensmangels zu mildern und auf diese Weise die subjektiv rationalen Entscheidungen zu erleichtern, gibt es auch ein gegenläufiges Phänomen. Durch eine Neuerung eröffnet sich das Wirtschaftssubjekt nicht nur im vorhinein unkalkulierbare Chancen, mit einer wandelbaren ökonomischen Umwelt besser zurechtzukommen. Die Neuerung ist auch eine Quelle konstitutionellen Wissensmangels für andere und insoweit von Belang, wie sie Handlungsmöglichkeiten eröffnet, die nicht durch externe Institutionen ausgeschlossen werden.

Hinsichtlich der Rationalität als Verfahrensnorm bedeutet all dies,

- daß – gemessen am olympischen Modell – nicht nur die Fähigkeiten, sondern auch die Möglichkeiten zu rationalem Handeln begrenzt sind;
- daß über den individuellen ökonomischen Erfolg nicht nur rationales Kalkül, sondern auch Intuition, Innovation und Glück entscheiden;
- daß es für eine funktionsfähige Wirtschaftsordnung wegen des konstitutionellen Wissensmangels darauf ankommt, die Wissensanforderungen für die Handelnden möglichst gering zu halten;
- daß für den ökonomischen Erfolg einer Gesellschaft mitentscheidend ist, in welchem Maße die entwickelten Institutionen dazu beitragen, jene individuellen Wahlhandlungen zu selektieren, die eine besonders gute Anpassung an die spezifischen und veränderlichen ökonomischen Bedingungen darstellen.

Rationales Vorgehen auf der Grundlage einer Teilkenntnis des ökonomischen Universums ist also für den einzelnen Entscheidungsträger weder eine hinreichende noch eine notwendige Bedingung für wirtschaftlichen Erfolg. Daraus folgt nicht, daß das Gegenteil - jeglicher Verzicht auf vernunftgeleitetes Handeln - ein Erfolgsrezept wäre. Aber auch zugunsten der Rationalität kann nicht mehr gesagt werden, als daß sie eine Verfahrenshilfe von ungewissem Nutzen ist. Das bedeutet, daß Rationalität in diesem subjektiven Sinn nicht als Notwendigkeit, sondern nur als Verhaltenshypothese in Analysen eingeführt werden kann.

Für den Prozeß gesellschaftlichen Wirtschaftens hat dies die bedeutsame Folge, daß er sich nicht als das Aggregationsergebnis rationalen Handelns der individuellen Entscheidungsträger realitätsnah abbilden läßt. Vielmehr stellt er sich als ein durch die jeweiligen institutionellen Strukturen vermitteltes Interaktionsergebnis, als eine Handelnsordnung dar. Das Ergebnis entsteht als „unbeabsichtigte Folge absichtsvoller menschlicher Handlungen", wie Karl Raimund Popper (1948b/2002, S. 342) dies in Anlehnung an Friedrich August von Hayek und in der Tradition der „unsichtbaren Hand" Adam Smiths formulierte.

Der Unterschied zu Vorstellungen von gesellschaftlichem Wirtschaften, wie sie nicht zuletzt in Modelle des allgemeinen Konkurrenzgleichgewichts eingehen, könnte größer kaum sein. In einem solchen Modell ist z. B. das einzelne „Unternehmen" mit ihm kostenlos verfügbaren, als Daten aufzufassenden Preisen auf der Absatz- wie der Beschaffungsseite konfrontiert. Sie stellen harte, vollständige und gewisse Beschränkungen dar, so daß im Grunde ein Computer genügt, um alle „Entscheidungen" zu treffen. Da die Daten Gleichgewichtspreise sind, enthalten sie alle für das stationäre Konkurrenzsystem relevanten Informationen. In diesem Fall hätte gewissermaßen die ökonomische Umwelt des „Unternehmens" die Probleme gesellschaftlichen Wirtschaftens in einem Maße gelöst, daß für den betrachteten „Entscheidungsträger" die Anpassung an die Umweltsignale eine relativ einfache und im Hinblick auf das ökonomische Überleben höchst rationale Reaktion wäre. Zugleich würde mit seiner Reaktion in diesem Modell eine objektiv gedachte Rationalität im Hinblick auf das Gesamtsystem erreicht; denn im Grenzfall bedeutete sie, daß mir ihr die letzte noch lohnende Substitutionsmöglichkeit (der Ausgleich aller Grenzraten der Substitution) wahrgenommen würde.

Unter Rationalitätsaspekten läßt sich für Konkurrenzgleichgewichtsmodelle folgern, daß ihnen ein Ordnungsverständnis gemeinsam ist, das die marktmäßige Koordination nicht in ihrer Besonderheit als Handelnsordnung, sondern analog zu einer Organisation zu betrachten erlaubt. Das Gesamtergebnis gesellschaftlichen Wirtschaftens stellt sich als Folge des objektiv rationalen Verhaltens aller Entscheidungseinheiten ein. Es wird nicht durch die „unsichtbare Hand", sondern durch den objektive Rationalität exekutierenden Walrasianischen Auktionator erzeugt. Im Grunde ließe dieser sich leicht durch eine entsprechend (olympisch) qualifizierte Planbehörde ersetzen.

Bleibt schließlich noch zu prüfen, welche Konsequenzen sich bei marktmäßiger Koordination begrenzt rationaler Entscheidungseinheiten für Versuche ergeben, das gesellschaftliche Wirtschaften in wirtschaftspolitischer Absicht zu lenken. Wenn solche Lenkungsversuche bei den einzelwirtschaftlichen Entscheidungsträgern ansetzen sollen, dann können sie dies nur, indem auf deren subjektiv rationales Verhalten spekuliert wird; dazu bieten sich vor allem institutionelle Beschränkungen als Instrumente an.

Nur solches Verhalten ist zumindest grundsätzlich in Hypothesen formulierbar. Jedoch können nach den vorangegangenen Überlegungen aus der subjektiven Rationalität der Individuen bestenfalls Verhaltensweisen mit Eigenschaften von Quasi-Gesetzen entstehen, die u. U. in wirtschaftspolitisches Lenkungswissen umsetzbar sind. Wie bereits aus methodologischer Sicht geschehen, sind auch aus der Perspektive der Rationalität als Verfahrensnorm beträchtliche Einschränkungen hinsichtlich der zu erwartenden Qualität des erwerbbaren Lenkungswissens zu machen.

Kapitel 10: Wirtschaftspolitische Ziele und Zielbeziehungen

Nach der Diskussion von gesellschaftlichen Grundwerten soll zunächst anhand von wirtschaftspolitischen Zielen, die in den meisten westlichen Industrieländern zu den gesamtwirtschaftlichen (makroökonomischen) Zielsetzungen gehören, demonstriert werden, daß Beziehungen zwischen diesen und den Grundwerten herstellbar sind. Ferner dienen die konkreten wirtschaftspolitischen Ziele dazu, Probleme zu erläutern, die mit ihrer Operationalisierbarkeit verbunden sind. Diese Probleme sind zu lösen, wenn die Ziele Vorgaben für die praktische Wirtschaftspolitik und deren Erfolgskontrolle sein sollen. Schließlich sollen die gleichen Ziele auch dazu dienen, das Problem der Zielbeziehungen, insbesondere den Zielkonflikt, zu erörtern. Da es sich in erster Linie um makroökonomische Ziele handelt, gelten die theoretischen Vorbehalte, die vor allem im vierten Kapitel hinsichtlich der Makroökonomik gemacht wurden. Auf sie wird an dieser Stelle nicht noch einmal eingegangen.

Literaturhinweise

GÄFGEN, 1968/1975; JÖHR und SINGER, 1955 (1. Teil); STERN, MÜNCH und HANSMEYER, 1967 (1. Teil); TUCHTFELDT 1983, (S. 163–253).

10.1 Wirtschaftspolitische Ziele und ihre Beziehungen zu Grundwerten

10.1.1 Typische Ziele praktischer Wirtschaftspolitik

Als ein Merkmal der Wirtschaftspolitik wurde angeführt, daß sie darauf gerichtet ist, Ziele zu erreichen, die sich i. d. R. auf ökonomische Sachverhalte beziehen und die auf umfassendere normative Positionen (Grundwerte) zurückgeführt werden können. Im Hinblick auf solche Grundwerte haben sie Mittelcharakter. Bei einer Reihe von Zielen, an denen sich die praktische Wirtschaftspolitik in den meisten westlichen Industrieländern orientieren soll, besteht hinsichtlich der damit angesprochenen ökonomischen Phänomene relativ große Übereinstimmung. So werden in Regierungserklärungen oder gar Gesetzen z. B. immer wieder genannt:

- das Wirtschaftswachstum, z. B. als stetiges und angemessenes Wirtschaftswachstum;
- der Beschäftigungsgrad des Faktors Arbeit, z. B. als hoher Beschäftigungsstand;
- die Entwicklung des inneren Geldwertes, z. B. als Stabilität des Preisniveaus;
- die Außenwirtschaftsbeziehungen, z. B. als außenwirtschaftliches Gleichgewicht;
- die Verteilung von Einkommen und Vermögen, z. B. als gerechtere Einkommens- und Vermögensverteilung.

Dieser Katalog ist bei weitem nicht vollständig (eine umfassendere Übersicht findet sich z. B. bei KIRSCHEN u. a., 1964, S. 5 f.). Der Katalog genügt jedoch, um den Mittelcharakter derartiger Ziele im Hinblick auf umfassendere Normen zu verdeutlichen.

10.1.2 Wirtschaftspolitische Ziele und gesellschaftliche Grundwerte

Die Beziehungen der genannten wirtschaftspolitischen Ziele zu Grundwerten lassen sich wie folgt skizzieren:

- Wirtschaftswachstum läßt sich instrumental mit dem Fortschritt in Verbindung bringen. Durch eine Erhöhung des Sozialprodukts je Einwohner soll die durchschnittliche Güterversorgung verbessert werden. Wird dies als Verringerung der Knappheit interpretiert, so entspricht dem ein Gewinn an materialer Freiheit. Fortschritt bedeutet hier also Verbesserung, gemessen an einem anderen Ziel. Soweit sich der Freiheitsgewinn ungleich verteilt, kann darin ein Gerechtigkeitsproblem gesehen werden.
- Anstelle des Beschäftigungsgrades läßt sich auch der Negativtatbestand verwenden, der Grad an unfreiwilliger Arbeitslosigkeit. Soweit durch sie mögliches Sozialprodukt verlorengeht, wird die materiale Freiheit verringert. Ebenso ist die Gefährdung der Sicherheit im Sinne des Fortbestands der materialen Freiheit evident. Da die Beschäftigung bei unfreiwilliger Arbeitslosigkeit ungleich verteilt ist, kann darin wiederum ein Gerechtigkeitsproblem gesehen werden.
- Veränderungen des Geldwertes beeinträchtigen die Allokationsqualität, da Geld hinsichtlich güterwirtschaftlicher Dispositionen u. U. nicht neutral ist. Effizienzverluste mindern den möglichen Versorgungsgrad und beeinträchtigen damit einen Aspekt der materialen Freiheit. Geldwertveränderungen können Veränderungen der Einkommens- und Vermögensverteilung bewirken, die nicht den Vorstellungen über Gerechtigkeit entsprechen müssen, und beinhalten für die negativ Betroffenen ein Sicherheitsrisiko.
- Außenwirtschaftsbeziehungen entstehen im Zuge weltwirtschaftlicher Arbeitsteilung. Die damit erschließbaren Vorteile vergrößern die materiale Freiheit. Wie in der Binnenwirtschaft bedeutet Arbeitsteilung aber auch mehr Abhängigkeit und damit ein Sicherheitsrisiko mit einem wesentlichen Unterschied: Entwicklungen im Ausland entziehen sich i. d. R. einer wirtschaftspolitischen Korrektur durch inländische Träger der Wirtschaftspolitik. Binnenwirtschaftliche Zielsetzungen können durch die Außenwirtschaftsbeziehungen begünstigt, aber auch gefährdet werden.
- Die Beziehung zwischen der Verteilung von Einkommen und Vermögen und dem Gerechtigkeitsziel wurde bereits eingehend erörtert. Ebenso wurde auf die Konfliktträchtigkeit von Verteilungen hingewiesen, die als extrem ungerecht angesehen werden, und darauf, daß auf diese Weise der soziale Frieden und damit die Sicherheit gefährdet werden können.

10.2 Zur Operationalisierung von Zielen

10.2.1 Operationalisierbarkeit

Die Identifikation wirtschaftspolitischer Probleme setzt ebenso wie derLösungsversuch und die Erfolgskontrolle Bestimmtheit (Operationalisierbarkeit) der Ziele voraus. Operationalisierbarkeit ist dann gegeben,

- wenn es gelingt, reale ökonomische Phänomene festzulegen, die als Definitionsmerkmale eines Zieles gelten und in dieser Eigenschaft den Zielinhalt wiedergeben (Konkretisierbarkeit),
- wenn die als Definitionsmerkmale geltenden Phänomene (statistisch) gemessen werden können (Meßbarkeit) und
- wenn bei mehreren Definitionsmerkmalen für ein Ziel eine durchführbare Aggregationsvorschrift festgelegt ist (Aggregierbarkeit).

Nur wenn die Ziele in diesem Sinne operationalisiert sind, können Zielerreichungsgrade angegeben werden. Erst eine solche Wertigkeit (Valenz) erlaubt konkrete Lösungsversuche sowie Erfolgskontrollen.

Erläuterungen

Die zuletzt angesprochene Möglichkeit, daß Ziele nach ihren Definitionsmerkmalen mehrdimensional sein können, wurde z. B. als eine der Schwierigkeiten identifiziert, die mit dem Ziel des Wachstums verbunden sind. Selbst wenn die einzelnen Merkmale der Zieldefinition in Form von meßbaren Bezügen zu den verschiedenen, mit dem Ziel berührten Grundwerten vorgegeben wären, wäre Operationalisierbarkeit noch nicht sichergestellt. Die Merkmale müßten ferner in gleicher Weise meßbar und damit aggregierbar sein. Schließlich müßte festgelegt sein, welche relative Bedeutung (Gewichtung) ihnen bei der Aggregation beizumessen ist.

Nach der Meßbarkeit der Phänomene, die als Definitionselemente wirtschaftspolitischer Ziele dienen mögen, kann unterschieden werden zwischen

- kardinaler und
- ordinaler Meßbarkeit.

Bei kardinaler Meßbarkeit sind die Abstände zwischen unterschiedlichen Zuständen einer Zielvariablen angebbar, und zwar entweder nach dem Ausmaß der Abstände oder aber zumindest dadurch, daß die Abstände in eine Rangordnung gebracht werden können. Kardinale Meßbarkeit im erstgenannten Sinne läge z. B. vor, wenn als entwicklungspolitisches Ziel ein möglichst kräftiges Wirtschaftswachstum gelten solle und als Meßvorschrift die durchschnittliche jährliche Wachstumsrate des Nettosozialproduktes je Einwohner zu konstanten Marktpreisen über Fünfjahresperioden akzeptiert wäre. In diesem Fall könnten Unterschiede zwischen Fünfjahresperioden nicht nur dem Rang nach geordnet, sondern in Prozentpunkten angegeben werden. Allerdings könnten im genannten Beispiel Ungenauigkeiten in der Sozialproduktmessung dazu veranlassen, sich mit der schwächeren Form kardinaler Messung zu begnügen.

Bei ordinaler Meßbarkeit können unterschiedlichen Zuständen einer Zielvariablen nur Zahlen zugeordnet werden, die eine Rangordnung konsistent anzeigen. Als Beispiel mag ein regionalpolitisches Ziel dienen, das eine Verringerung in den interregionalen Unterschieden im regionalen Bruttoinlandsprodukt je Einwohner beinhalten soll. Wäre als Meßvorschrift die Streuung (Standardabweichung) der regionalen Pro-Kopf-Einkommen um den Landesdurchschnitt akzeptiert, so könnten z. B. unterschiedliche Beobachtungsjahre in eine Rangordnung gebracht und geprüft werden, ob sich im Zeitablauf die Streuung verringert hat und ob eine Verringerung wirtschaftspolitischen Aktivitäten zurechenbar ist.

Ein Sonderfall ordinaler Meßbarkeit ergibt sich, wenn die Zahl möglicher Zustände der Zielvariablen auf zwei schrumpft, nämlich „erreicht" oder „nicht erreicht": die möglichen Meßergebnisse sind in diesem Fall dual (binär). Beispielsweise mag als außenwirtschaftspolitisches Ziel vollständige Konvertierbarkeit einer Währung gelten. Es wird also auf jede Abstufung, z. B. nach Konvertierbarkeit für Inländer und Ausländer oder für Handels- und Finanztransaktionen, verzichtet. Das Beispiel sollte zugleich verdeutlichen, daß die Meßbarkeit sich nicht unbedingt ausschließlich nach der Beschaffenheit eines Definitionsmerkmals richtet, sondern durch die Zielformulierung eingeschränkt werden kann. Die daraus resultierenden geringeren Differenzierungsmöglichkeiten bei wirtschaftspolitischen Urteilen dürften jedoch nicht uneingeschränkt etwa im Interesse politischer Unternehmer sein, wie gerade das Beispiel verdeutlichen sollte.

Größtmögliche Operationalisierbarkeit erforderte es im Hinblick auf die zuerst genannte Bedingung (die Konkretisierbarkeit), daß die meßbaren und - bei mehrdimensionalen Zielen - aggregierbaren Definitionsmerkmale wirtschaftspolitischer Ziele den Zielinhalt möglichst vollständig wiedergeben; dem entspricht, daß der Unterschied zwischen Zielinhalt und Meßvorschrift - die metrische Diskrepanz - minimal sein sollte.

Als Ursachen für eine metrische Diskrepanz kommen in Betracht:

- die Mehrdeutigkeit des Zielinhaltes, die dementsprechend unterschiedliche Meßvorschriften zuläßt;
- Schwierigkeiten bei der Entwicklung von Meßvorschriften, mit denen Definitionsmerkmale von Zielen zweifelsfrei aufgegriffen werden.

Eine Kombination beider Ursachen ist nicht nur denkbar, sondern eher die Regel. Metrische Diskrepanzen können auch bewußt von denjenigen zugelassen werden, die für die jeweiligen Ziele werben oder die ihr Handeln daran ausrichten sollen. Das liegt vor allem nahe,

- wenn Ziele den Charakter allgemeiner, dauerhafter Grundsätze im Rahmen wirtschaftspolitischer Konzeptionen haben und in erster Linie Grenzen abstecken sollen, innerhalb derer sich die praktische Politik bewegen soll;
- wenn ein Kompromiß zwischen miteinander konkurrierenden Zielen im vorhinein nicht uneingeschränkt formulierbar erscheint;
- wenn eine vollständige Einigung über den Zielinhalt nicht erreicht werden kann.

10.2.2 Operationalisierungsprobleme

Die zuletzt aufgezeigten Operationalisierungsprobleme lassen sich anhand der genannten Ziele praktischer Wirtschaftspolitik verdeutlichen. Nach dem Zielinhalt mehrdeutig ist typischerweise eine „gerechtere Einkommens- und Vermögensverteilung". Die Mehrdeutigkeit kommt bereits hinreichend in den diskutierten Alternativen Gerechtigkeit nach Verdienst oder Bedarf (Kap. 9) zum Ausdruck. Beobachtungen über die Verteilung von Einkommen und Vermögen können dementsprechend zu unterschiedlichen zielbezogenen Urteilen führen. Das erwähnte praktische Ziel, „gerechtere Verteilung", läßt sich als Verringerung von bestehenden interpersonellen Einkommens- und Vermögensunterschieden interpretieren. Von welcher Gerechtigkeit auf diese Weise mehr angestrebt wird, ist allerdings aufgrund der Beschaffenheit der möglichen Beobachtungen über die Verteilung von Einkommen und Vermögen nicht zu entscheiden. Es bleibt nur die Vermutung, weniger ungleich sei auf jeden Fall gerechter.

Schwierigkeiten bei der Entwicklung von Meßvorschriften gibt es auch bei den übrigen genannten Zielen. Soll etwa die „Stabilität des Preisniveaus" an einem für die Entwicklung möglichst vieler Preise repräsentativ geltenden Preisniveau gemessen werden, dann impliziert dies alle Ungenauigkeiten, die mit der Berechnung von Preisindizes und ihrer Aussagekraft im Zeitablauf verknüpft sind. Ein weiteres Beispiel liefert das Ziel „außenwirtschaftliches Gleichgewicht". Unbeschadet aller Vorbehalte gegenüber einer solchen Verwendung des Gleichgewichtskonzeptes kann „außenwirtschaftliches Gleichgewicht" nur durch Angabe von Bedingungen beschrieben werden, die erfüllt sein müssen, wenn es vorliegen soll. Hierzu würde bei fixierten Wechselkursen vor allem gehören müssen, daß die Währungsreserven eines Landes – von kurzfristigen Schwankungen abgesehen – konstant sind. Allerdings dürfte diese Konstanz nicht durch induzierte staatliche Transaktionen und Manipulationen herbeigeführt werden; Beispiele für letztere wären bei anhaltender Tendenz zu (Netto-)Devisenzuflüssen kompensatorische staatliche Importe bzw. eine steuerliche Diskriminierung privater Kapitalimporte (z. B. durch eine Kuponsteuer). Die Messung erforderte in diesem Fall eine Identifikation und Beurteilung aller zahlungsbilanzrelevanten staatlichen Aktivitäten.

Ungewißheit darüber, was überhaupt erreichbar ist, kann z. B. dazu führen, das Beschäftigungsziel mit „hohem Beschäftigungsstand" zu umschreiben. Die genaue Angabe eines anzustrebenden Beschäftigungsgrades setzte voraus, daß die im günstigsten Fall erreichbare Funktionsfähigkeit der Arbeitsmärkte und damit ihre Belastbarkeit vor allem mit Strukturwandel ebenso bekannt sind wie die zukünftige tatsächliche Belastung. Hier wie bei anderen Zielen kann die Erfahrung täuschen. Wäre in der Bundesrepublik Deutschland, aber auch anderswo, das Beschäftigungsziel mit Hilfe des groben Maßes Arbeitslosenquote und in Anlehnung an Sir William Beveridges „magische" Grenze mit 3 v. H. quantifiziert worden, so wäre dies zumindest für eine Reihe von Jahren anspruchslos erschienen; demgegenüber dürfte es zur Zeit wiederum als anspruchsvoll gelten.

Auf einen nicht im vorhinein uneingeschränkt formulierbaren Kompromiß zwischen konkurrierenden Zielen deutet z. B. das Ziel eines „stetigen und angemessenen Wirtschaftswachstums" hin. Die Angemessenheit kann sich auf möglicherweise nötige Kompromisse zwischen Wachstum und anderen Zielen beziehen, die mit zur Beurteilung der „Qualität" des Wachstums herangezogen werden. Einbußen bei diesen anderen Zielen sind dann die Alternativkosten des Wirtschaftswachstums. Die Zieldefinition liefe auf die Entscheidung hinaus, den notwendigen Kompromiß ständig neu zu finden. Da mit Zielkonflikten i. d. R. auch Interessenkonflikte verbunden sind, erfordert eine derartige Definition auch ein geringeres Maß an bindender Einigung über den Zielinhalt.

Grundsätzlich können Operationalisierungsprobleme auch aus der Einstellung eines politischen Entscheidungsträgers zur Möglichkeit einer Gestaltung von Wirtschaft und Gesellschaft erwachsen. Als diametrale Position sind denkbar (z. B. Kirsch, 1977, S. 612):

- Eine aktive Gestaltung nach dem Wollen und Wissen des Entscheidungsträgers erfordert operationalisierte Ziele (alloplastische Politik).
- Eine reaktive Anpassung an wirtschaftliche und gesellschaftliche Änderungen legt offene und damit wenig operationalisierte Zielformulierungen nahe (autoplastische Politik).

Wo eine rationale Wirtschaftspolitik zwischen den beiden Extremen der Allo- bzw. Autoplastizität angesiedelt ist, dürfte im konkreten Fall nicht zuletzt davon abhängen,

- wie ein Entscheidungsträger das verfüg- bzw. erwerbbare Lenkungswissen im Hinblick auf die Möglichkeiten einer gedanklichen Vorwegnahme zukünftigen Handelns (Planung) einschätzt;
- in welchem Maße ein Entscheidungsträger glaubt, Überraschungen selbst oder durch andere reaktiv so begegnen zu können, daß sie sich zumindest nicht negativ auf die erklärten Ziele auswirken;
- mit welchen Konsequenzen ein Entscheidungsträger rechnen muß für den Fall, daß seine Gestaltungsbemühungen ohne Kompensationsmöglichkeit fehlschlagen.

10.3 Zielbeziehungen

10.3.1 Mögliche Beziehungen

Bislang wurde bereits eine Art von Zielbeziehungen diskutiert: Die Fälle, in denen Ziele auch Mittelcharakter haben, also nach anderen Zielen hinterfragbar sind, lassen sich als vertikale Zielbeziehungen klassifizieren. Horizontale Zielbeziehungen (Abb. 10.1) können entweder ausschließlich logischer Art sein oder sie sind die Folge von Nebenwirkungen des Mitteleinsatzes, also technologischer der empirischer Art. Als ausschließlich logische Beziehungen kommen in Betracht:

- die Identität,
- die Vereinbarkeit bzw.
- die Unvereinbarkeit (Antinomie).

Technologischen Charakter haben

- die Komplementarität (Harmonie),
- die Unabhängigkeit (Neutralität),
- die Konkurrenz (der Konflikt).

Die logische Analyse von Zielbeziehungen setzt bei den Aussagen an, mit denen Ziele inhaltlich beschrieben werden. Identität als erste Denkmöglichkeit liegt vor, wenn sich zwei oder mehrere Ziele bei genauerer Analyse inhaltlich nicht unterscheiden. Sie sind dann auf ein einziges Ziel zurückführbar. So können Vermeidung von unfreiwilliger Arbeitslosigkeit und Vollbeschäftigung als identische Ziele angesehen werden, die sich nur durch die Wahl der Perspektive unterscheiden. Ebenso besteht nach den vorherrschenden Operationalisierungen kein inhaltlicher Unterschied zwischen den beiden im GATT genannten Zielen „Erhöhung des Lebensstandards" und „hohes und ständig steigendes Niveau der Realeinkommen". Der tautologische Charakter derartiger Beziehungen kann in der wirtschaftspolitischen Diskussion verwischt werden. Zum

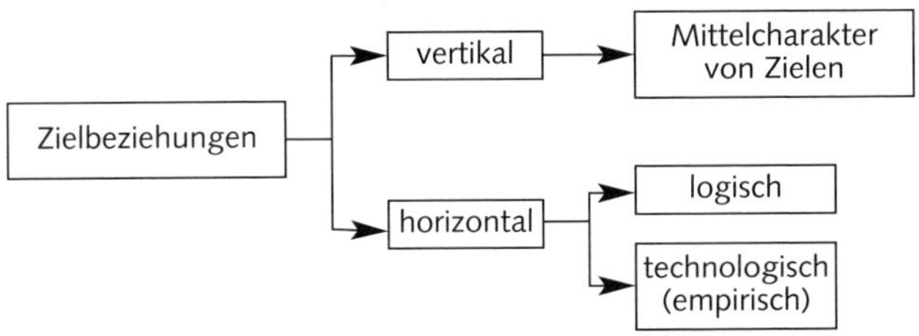

horizontale Zielbeziehungen:

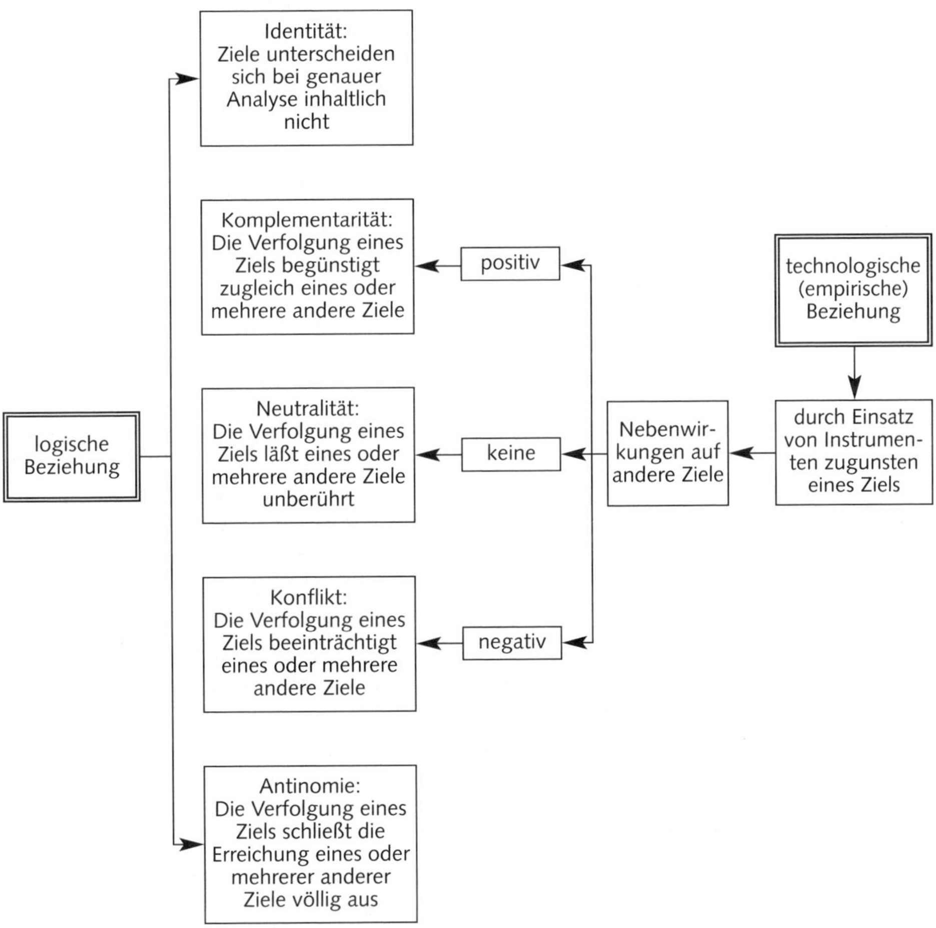

Abb. 10.1: Zielbeziehungen in der Wirtschaftspolitik

Beispiel dürften sich „Geldwertstabilität" und „Vermeidung von Inflation und Deflation" inhaltlich nicht unterscheiden. Je nach den Assoziationen, die etwa historisch bedingt mit den Vokabeln verbunden werden, können aber die unterschiedlichen Formulierungen dazu dienen, in der politischen Diskussion Standpunkte zumindest taktisch zu differenzieren.

Vereinbarkeit bedeutet, daß die mit Zielformulierungen gemachten Aussagen widerspruchsfrei sind. Das gilt z. B. für die geläufigen Definitionen von Preisniveaustabilität und hohem Beschäftigungsstand. Demgegenüber liegt Unvereinbarkeit (Antinomie) vor, wenn ein Ziel die Negation eines anderen beinhaltet. Die praktische Konsequenz ist, daß in diesem Fall darauf verzichtet werden muß, eines der beiden Ziele zu realisieren. So schließen sich Autarkie zur Vermeidung außenwirtschaftlicher Abhängigkeit und Wahrnehmung der Vorteile internationaler Arbeitsteilung logisch aus. Das gleiche gilt für den Versuch, sowohl den Anteil der Einkünfte aus unselbständiger Tätigkeit als auch den der Einkünfte aus Unternehmertätigkeit und Vermögen am Volkseinkommen zu erhöhen. Voraussetzung dafür, daß mehrere Ziele überhaupt zugleich angestrebt werden können, ist also ihre logische Vereinbarkeit. Ist sie gewährleistet, so schließt das jedoch nicht aus, daß der Versuch scheitert, derartige Ziele durch den Einsatz konkreter Mittel gleichermaßen zu realisieren. Die Annäherung an ein Ziel kann dann zu Einbußen bei einem oder mehreren anderen Zielen (Konkurrenz, Zielkonflikt) führen. Das gilt, wie noch darzulegen sein wird, z. B. für die beiden Ziele Preisniveaustabilität und hoher Beschäftigungsstand. Dabei wird sich zeigen, daß der Zielkonflikt die Folge von technologischen Beziehungen ist, die bei makroökonomischer Betrachtung zwischen den beiden Zielen und den in Betracht gezogenen Mitteln vermutet werden.

Von den beiden verbleibenden technologischen Beziehungen dürfte sich Unabhängigkeit (Neutralität) höchstens bei isolierter Betrachtung von wenigen Zielen ergeben; denn ihr steht die Interdependenz des ökonomischen Geschehens entgegen. Je größer das Zielbündel und die Zahl der damit verknüpfbaren Ursache-Wirkungs-Zusammenhänge, desto wahrscheinlicher sind nichtneutrale Beziehungen als Folge von Nebenwirkungen des Mitteleinsatzes. Die letzte Möglichkeit, die Komplementarität, liegt vor, wenn mit der Verfolgung eines Ziels ein anderes oder mehrere andere Ziele begünstigt werden. Gelingt es etwa, Arbeitslosigkeit abzubauen, und steigt dabei zugleich das Produktionsvolumen, dann erweisen sich Beschäftigungs- und Wachstumsziel als komplementär. Von Komplementarität kann jedoch nur gesprochen werden, wenn ein Ziel nicht überwiegend als Mittel angesehen wird, ein anderes zu erreichen.

10.3.2 Zielkonflikte als Realisierungsprobleme

Konkurrenzbeziehungen zwischen Zielen lassen Abwägungsprobleme entstehen und erschweren deshalb wirtschaftspolitische Entscheidungen. Soll z. B. bei zwei Zielen keines aufgrund des bestehenden Konfliktes vollständig aufgegeben werden, käme es darauf an, den bestmöglichen Kompromiß zu finden. Wird einmal von den Kosten abgesehen, die unmittelbar mit dem Einsatz von Instrumenten verbunden sein können, wäre als bestmöglich jene Kombination von Realisierungsgraden anzusehen, bei der der Nutzen einer weiteren Annäherung an eines der beiden Ziele als geringer beurteilt wird als der damit verbundene Nutzenentgang (die Alternativkosten) bei dem jeweils anderen Ziel.

Als Beispiel für einen derartigen Zielkonflikt wurde bereits die Vermutung angeführt, nach der eine gegenläufige Beziehung zwischen den Zielen der Preisniveaustabilität und des hohen Beschäftigungsstandes besteht, wenn die konventionellen Instrumente der makroökonomischen Stabilisierungspolitik in Betracht gezogen werden (SAMUELSON und SOLOW, 1960). An den Zielabweichungen gemessen, müßte für eine Verringerung eines Preisniveauanstiegs ein Anstieg der Arbeitslosenquote in Kauf genommen werden. Zugleich ist dieser vermutete Zielkonflikt in umfassenderen Zielkombinationen enthalten. So werden z. B. hoher Beschäftigungsstand, Preisniveaustabilität und außenwirtschaftliches Gleichgewicht bei fixierten Wechselkursen mit dem Schlagwort „magisches Dreieck" belegt, weil bestenfalls zwei dieser Ziele jeweils gleichzeitig als realisierbar erscheinen.

Ursachen solcher Konkurrenzbeziehungen werden erkennbar, wenn geprüft wird,

- wie viele Instrumente zur Realisierung der Ziele eingesetzt werden können,
- wie sich der Instrumenteneinsatz auf einen Zielkomplex nach dem verfügbaren Lenkungswissen vermutlich auswirkt,
- unter welchen Nebenbedingungen die Ziele angestrebt werden sollen.

Als erste Ursache für einen Zielkonflikt ist ein zahlenmäßiges Mißverhältnis zwischen angestrebten Zielen und verfügbaren Instrumenten denkbar. Das gilt z. B. für zwei Ziele und ein Instrument, wenn von dem Einsatz des Instruments auf eines der beiden Ziele negative Nebenwirkungen ausgehen; in diesem Fall müßten die Nebenwirkungen durch den Einsatz eines weiteren Instruments kompensiert oder gar überkompensiert werden können. Daraus folgt jedoch nicht, daß die zahlenmäßige Gleichheit von angestrebten Zielen und verfügbaren Instrumenten eine hinreichende Bedingung für wirtschaftspolitischen Erfolg wäre. Dem stehen vor allem die häufig begrenzte Dosierbarkeit von Instrumenten sowie Dosierungsprobleme bei Ungewißheit über die genaue Wirkung eines Instrumenteinsatzes, aber auch von anderen zielrelevanten Einflüssen, entgegen.

Zielkonflikte aufgrund der spezifischen Wirkungsweise der verfügbaren Instrumente sind selbst dann möglich, wenn die zahlenmäßige Gleichheit von Zielen und Instrumenten gewährleistet ist; denn es ist nicht von vornherein sichergestellt, daß ein Entscheidungsträger mit dem Einsatz der Instrumente aufgrund ihrer vermuteten Wirkungsweise auch den Realisierungsgrad aller von ihm angestrebten Ziele tatsächlich kontrollieren kann. Das Problem läßt sich anhand der vermuteten Beziehung zwischen hohem Beschäftigungsstand und Preisniveaustabilität verdeutlichen, wenn zur Realisierung der beiden Ziele die Instrumente der Geld- und Fiskalpolitik vorgesehen sind. Nach ihrer Wirkungsweise werden beide Instrumente zur Steuerung der gesamtwirtschaftlichen Nachfrage im Sinne der makroökonomischen Theorie eingesetzt. Die theoretische Vorstellung, auf der ihr Einsatz beruht, ist im Grunde einfach: Angebot von und Nachfrage nach Arbeitsleistungen bestimmen die Lohnentwicklung. Diese beeinflußt aufgrund des Kostencharakters von Löhnen die Preisentwicklung sowie aufgrund der Einkommenswirkungen die gesamtwirtschaftliche Nachfrage. Die Nachfrage nach Arbeitsleistungen ist wiederum von der nach Gütern und Diensten abgeleitet. Demnach gilt es, die Nachfrage nach Gütern und Diensten mit Hilfe der Geld- und Fiskalpolitik so zu bemessen, daß die davon abgeleitete Arbeitsmarktsituation zu einer Lohnentwicklung führt, die mit Preisniveaustabilität vereinbar ist. Gleichzeitig soll die so dosierte Endnachfrage die Anbieter von Gütern und Diensten in ihrer Preispolitik disziplinieren. Es wird also versucht, Preisniveau und Beschäftigung de facto nur über Veränderungen der gesamtwirtschaftlichen Nachfrage zu steuern. Eine Steuerung der Angebotsbedingungen unterbleibt. Das bedeutet im Rahmen dieser Betrachtungsweise, daß auch ohne andere störende Einflüsse, etwa aus den Außenwirtschaftsbeziehungen, der Zielkonflikt vorprogrammiert ist, wenn die Ursache eines Preisniveauanstiegs nicht oder nicht ausschließlich in der Nachfrageentwicklung beruht, sondern in den Dispositionen der Anbieter von Arbeit sowie von Gütern und Diensten. In diesem Fall kann stabilitätskonforme Nachfragedosierung, gemessen an den Nominalforderungen beider Anbietergruppen, deflatorischen Druck bedeuten und Mengenreaktionen (Arbeitslosigkeit bzw. ungenutzte Kapazitäten) auslösen; der wohl tiefer liegende, mögliche Konflikt zwischen Reallohnhöhe (einschließlich der Lohnnebenkosten sowie der Kosten von Einstellung und Kündigung) und Beschäftigung wird dabei erkennbar. Ferner dürfte es sich als unmöglich erweisen, einen dauerhaften Kompromiß zwischen beiden Zielen anzusteuern, wenn die Anbietergruppen die tolerierte Inflationsrate in ihre Nominalforderungen einzubeziehen versuchen.

Warum als dritte Möglichkeit Konkurrenzbeziehungen aufgrund von Nebenbedingungen entstehen können, unter denen Ziele angestrebt werden sollen, läßt sich ebenfalls anhand der Ziele hoher Beschäftigungsstand und Preisniveaustabilität erörtern. Die Konfliktmöglichkeit resultiert – wie dargelegt – letztlich daraus, daß die beiden Instrumente nachfragewirksam eingesetzt werden, während die Angebotsdispositionen den Privaten überlassen bleiben. Die Anbieter von Gütern und von Arbeitsleistungen werden nicht unmittelbar daran gehindert, stabilitätswidrige Preis- und Lohnerhöhungen im Rahmen ihrer Verteilungskonflikte durchzusetzen. Vielmehr wird praktisch versucht, die Marktmacht der Kontrahenten durch Nachfrageentzug um der Preisniveaustabilität willen zu schwächen. Das Vorgehen kann dahin gehend gedeutet werden, daß auf diese Weise als Nebenbedingungen die freie Preisbildung und die Tarifautonomie erfüllt bleiben. Sie nicht aufzuheben und dennoch die Zielkonkurrenz zu mindern oder zu beseitigen ist nur möglich, wenn ein weiteres, die Anbieter einbeziehendes Instrument eingesetzt wird. Nichts anderes bedeuten Versuche, eine Einkommenspolitik, sei es durch Informationspolitik, sei es durch freiwillige Übereinkunft, wirksam zu machen. Letztlich laufen derartige Bemühungen darauf hinaus, die Anbieter auf den Güter- und Arbeitsmärkten, die offensichtlich selbst in der Lage sind, wirtschaftspolitisch relevante Daten zu setzen, zur Kooperation zu bewegen.

Kapitel 11: Mittel und Ziel-Mittel-Systeme

Nach der Diskussion von Zielen, Operationalisierungsproblemen sowie logischen und technologischen Beziehungen zwischen Zielen (Kap. 10) gilt nunmehr das Interesse der instrumentalen Seite wirtschaftspolitischer Probleme. Die Vielfalt der in gelenkten Marktwirtschaften eingesetzten Mittel läßt sich durch Bildung von Mittel-(Instrument-) Kategorien überschaubar machen. Dabei wird danach unterschieden, auf welche Weise lenkend auf das Wirtschaftsgeschehen Einfluß genommen wird und nicht z. B. danach, welche wirtschaftspolitische Aufgabe mit einem Instrumenteinsatz wahrgenommen werden soll. Wenn das so erhaltene Spektrum an Lenkungsmöglichkeiten konkretisiert und systematisch mit einem Katalog wirtschaftspolitischer Ziele in Verbindung gebracht wird, entstehen Ziel-Mittel-Systeme. Sie können mehr oder weniger konsistent, umfassend und dauerhaft sein. Von besonderem Interesse sind dabei solche Systeme, die die Funktion haben, als Orientierungsrahmen, Richtschnur oder Generallinie für alle wirtschaftspolitischen Aktivitäten zu dienen: die wirtschaftspolitischen Konzeptionen. In ihrem Fall gilt die besondere Aufmerksamkeit der Konzeption, die für die Wirtschaftspolitik in der Bundesrepublik Deutschland immer wieder als verbindlich erklärt wurde, der Sozialen Marktwirtschaft.

Literaturhinweise

11.1: Dahl und Lindblom, 1953 (S. 93–126); Gäfgen, 1975; Tuchtfeldt, 1957, 1971b.

11.2: Borchardt, 1981; Dahrendor, 1958; Erhard, 1956; Engelhardt, 1969; Hutchison, 1979; Kateb, 1968; Kloten, 1967, 1986; Kromphardt, 1980/2004 (Kap. 4); Molitor, 1958; Müller-Armack, 1948, 1956; Popper; 1948a/2002; Pütz, 1960; Rüstow, 1953; Schlecht, 1981; Sohmen, 1959; Streit, 2003; Tuchtfeldt, 1973; Watrin, 1979.

11.1 Wirtschaftspolitische Instrumentkategorien

Der Bestand dessen, was als wirtschaftspolitisches Instrumentarium in einer gelenkten Marktwirtschaft klassifiziert werden kann, läßt sich auf sehr verschiedene Arten systematisieren (z. B. Tuchtfeldt, 1957). Besonders nahe liegt es, entsprechend den hier unterschiedenen wirtschaftspolitischen Aufgabenbereichen funktional zu unterscheiden zwischen ordnungspolitischen, allokations- und stabilisierungspolitischen sowie verteilungspolitischen Instrumenten. Dagegen spricht die Interdependenz der drei Bereiche. Sie hat zur Folge, daß bei dem Versuch, eine Aufteilung nach Aufgabenbereichen vorzunehmen, eine wertende Vorentscheidung über Haupt- und Nebenwirkungen von Instrumenten getroffen werden müßte.

Die hier vorgenommene Einteilung ist in erster Linie verhaltensorientiert. Ein solches Vorgehen liegt nahe, wenn dem Umstand Rechnung getragen wird, daß alle sozioökonomischen Steuerungstechniken letztlich bei den Reaktionen der wirtschaftenden Menschen ansetzen müssen (Dahl und Lindblom, 1953, S. 97 f.). Hieraus resultiert zugleich die Unsicherheit über Wirkungsverlauf und -ausmaß des wirtschaftspolitischen Instrumenteinsatzes. An sie soll mit der Einteilung erinnert werden, um von vornherein den Eindruck zu vermeiden, ökonomische Steuerungsprobleme harrten lediglich einer mechanischen Lösung.

Als allgemeine Instrumentkategorien (Abb. 11.1) können unterschieden werden (GIERSCH, 1961/90, S. 312 ff.; DAHL und LINDBLOM, 1953, S. 99 ff.):

- Instrumente mit direkter Zielwirkung und
- Instrumente zur Verhaltensbeeinflussung (mit indirekter Zielwirkung).

Beim Einsatz von Instrumenten mit direkter Zielwirkung wird als deren unmittelbare Folge unter sonst gleichen Umständen eine Wirkung auf das angestrebte Ziel erwartet. Jedoch kann bzw. muß darüber hinaus mit induzierten Reaktionen der privaten Wirtschaftseinheiten gerechnet werden, die die unmittelbare Zielwirkung verstärken, aber auch mindern können. Demgegenüber lassen sich mit Instrumenten zur Verhaltensbeeinflussung Zielwirkungen grundsätzlich nur indirekt dadurch erreichen, daß mit ihrem Einsatz zielkonforme Reaktionen privater Wirtschaftseinheiten induziert werden; derartige Instrumentvariationen stellen also lediglich mehr oder weniger wirksame Anreize dar, private Wirtschaftspläne im günstigen Fall zielkonform zu ändern.

11.1.1 Instrumente mit direkter Zielwirkung

Eine direkte Zielwirkung kann erwartet werden,

- wenn die marktmäßige Versorgung unmittelbar durch staatliche Leistungen ergänzt wird;
- wenn Einkommen und Einkommenserzielungschancen unmittelbar durch Belastungen oder Begünstigungen verändert werden;
- wenn wirtschaftspolitische Instanzen sich wie mächtige Marktteilnehmer verhalten und Marktergebnisse als Zielgrößen unmittelbar zu beeinflussen suchen;
- wenn das Verhalten von Marktteilnehmern kontrolliert und im Hinblick auf angestrebte Marktergebnisse unmittelbar festgelegt wird.

Beispiele

Ergänzt wird die marktmäßige Versorgung, wenn Kollektivgüter von staatlichen Instanzen oder im staatlichen Auftrag bereitgestellt werden; von der Ergänzung wird eine direkte Wirkung, z. B. auf das Wohlstandsziel, erwartet. Darüber hinaus ist es auch möglich, daß mit einem solchen Angebot an Kollektivgütern die Bedingungen für das Angebot von marktfähigen Gütern verbessert werden. Eine solche Komplementaritätsbeziehung besteht vor allem für die materielle Infrastruktur. Deshalb läßt sie sich auch als Instrument zur Verhaltensbeeinflussung einsetzen; dies geschieht z. B., wenn regionalpolitische Entwicklungsziele durch Vorleistungen bei der materiellen Infrastruktur angestrebt werden in der Hoffnung, private Investoren für die so besser ausgestatteten Standorte zu gewinnen.

Der Veränderung von Einkommen und Einkommenserzielungschancen dient eine Reihe fiskalischer Instrumente. Auch bei diesen Instrumenten sind Reaktionen der Privaten (Anreizprobleme) wie die verschiedenen Formen der Steuervermeidung oder eine Substitution von Arbeits- durch Transfereinkommen zu berücksichtigen.

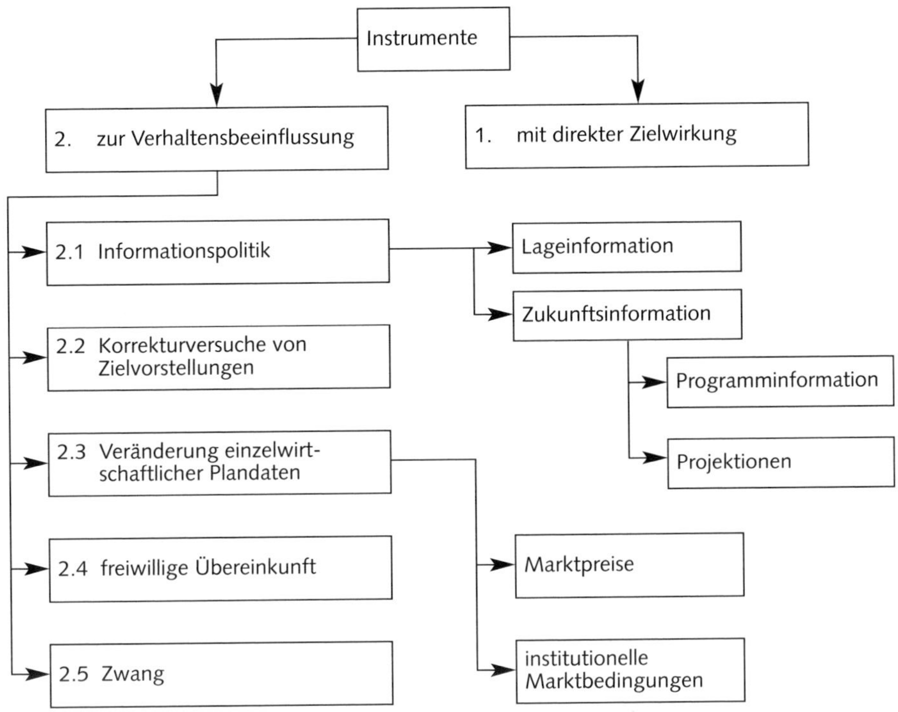

	Beispiele aus der		
zu	Konjunkturpolitik	Verteilungspolitik	Regionalpolitik
1	öffentliche Investitionsmehrausgaben zur Konjunkturbelebung	progressive Einkommensbesteuerung	Begünstigung zurückgebliebener Regionen bei der Vergabe öffentlicher Aufträge
2.1	Jahreswirtschaftsbericht	Subventionsbericht	Raumordnungsbericht
2.2	Maßhalteappelle an die Tarifvertragsparteien	unverbindliche Lohnleitlinien	Landesentwicklungspläne
2.3	Diskontsatzänderung	Sparprämien bis zu einer Einkommensobergrenze	regionale Beschäftigungsprämien
2.4	konzertierte Aktion	konzertierte Aktion	regionale Investitionsabstimmung
2.5	Preis- und Lohnstopp	Enteignung	Einwanderungsstopp für Gastarbeiter

Abb. 11.1: Wirtschaftspolitische Instrumentkategorien

Als potente Marktteilnehmer fungieren wirtschaftspolitische Instanzen, wenn sie durch Interventionsangebot bzw. -nachfrage Ergebnisse (Preise) auf Einzelmärkten als Zielgrößen direkt zu stabilisieren (verstetigen) suchen. Die staatlichen Stabilisierungsbemühungen können jedoch zur Folge haben, daß private Initiativen zur Absicherung gegen Instabilitäten mit stabilisierender Wirkung unterbleiben; zu diesen Initiativen gehören z. B. die private Lagerhaltung und die Absicherung durch Inanspruchnahme von Terminmärkten. Als Beispiel für induzierte private Initiativen läßt sich anführen, daß nach der Aufgabe des in Bretton Woods (1944) vereinbarten Systems fixierter Währungsparitäten und damit verbundener Interventionspflichten der Zentralbanken im Jahre 1971 das Marktvolumen von Währungstermin- und Terminkontraktmärkten auffallend zunahm und sich die zeitliche Tiefe dieser Märkte vergrößerte.

Eine direkte Zielwirkung geht unter sonst gleichen Umständen z. B. auch von Veränderungen der staatlichen Investitionstätigkeit aus, wenn damit die gesamtwirtschaftliche Nachfrage verändert werden soll. Dabei wird i. d. R. gehofft, daß mit der staatlichen Nachfrageänderung private Reaktionen (Multiplikator- und Akzeleratorwirkungen) induziert werden, die die Zielwirkung verstärken. Für eine Abgrenzung gegenüber Instrumenten zur Verhaltensbeeinflussung, insbesondere zur Kontrolle einzelwirtschaftlicher Plandaten, ist auch hier bedeutsam, daß die erhoffte indirekte Zielwirkung erst durch den Einsatz des Instruments mit direkter Zielwirkung möglich wird.

Versuche, landwirtschaftliche Erzeugerpreise marktwidrig zu manipulieren (Mindestpreise zu sichern), erfordern u. a. auch das Auftreten staatlicher Instanzen als potente Nachfrager. Ihr Ziel ist es in diesem Fall, durch eine Stützung der Stückerlöse die Produzenteneinkommen zu verbessern. Dabei handelt es sich im Grunde um verdeckte Subventionen mit zweifelhaftem Erfolg; denn zur Einkommensverbesserung kann es bei gegebenen Kosten nur kommen, wenn die Verbesserung der Stückerlöse nicht durch eine gegenläufige Nachfragereaktion kompensiert wird. Das muß notfalls durch staatliche Abnahmegarantien verhindert werden. Von den so gestützten Preisen können jedoch wiederum positive Produktionsanreize ausgehen, die sich in weiter zunehmenden Überschüssen bei den Interventionsstellen niederschlagen. Die einkommenspolitisch motivierte Preismanipulation ist also in ihrem Erfolg ständig durch die nach der direkten Zielwirkung (der Preisanhebung) einsetzenden Reaktionen der Privaten gefährdet; deshalb ist es notwendig, durch eine kostspielige Akkumulation von Überschüssen und deren anderweitigen Abbau mit neuen unerwünschten Folgen (z. B. Störung der Weltagrarmärkte) bzw. durch staatlich kontrollierte (und subventionierte) Produktionseinschränkungen abzufangen. Eine ähnliche Kettenreaktion von Interventionen stellt sich z. B. ein, wenn die Stabilisierung von Wechselkursen bei marktwidrigen Paritäten versucht wird.

Wird das Verhalten von Marktteilnehmern (i. d. R. Produzenten) kontrolliert und im Hinblick auf angestrebte Marktergebnisse unmittelbar festgelegt, so liegt eine besonders weitgehende Form staatlicher Regulierung vor. Ein Beispiel hierfür wäre neben der bereits erwähnten staatlichen Kontrolle landwirtschaftlicher Produktionsmengen die der Kalkulations- und Preiskontrolle unterworfene Versicherungswirtschaft.

11.1.2 Instrumente zur Verhaltensbeeinflussung

Die Instrumente zur Verhaltensbeeinflussung lassen sich wie folgt aufgliedern:

- Informationspolitik durch
  Aufklärung über die Lage,
  Aufklärung über die Zukunft,
- Korrekturversuche von Zielvorstellungen (Moral Suasion),
- Veränderung von einzelwirtschaftlichen Plandaten,
  Marktpreise,
  institutionelle Marktbedingungen,
- Freiwillige Übereinkunft (Reziprozität),
- Zwang.

11.1.2.1 Informationspolitik

Mit Aufklärung über die Lage wird von Trägern der Wirtschaftspolitik versucht, die Informationsgrundlage für die Entscheidungen der privaten Wirtschaftssubjekte zu verbessern; das schließt die Korrektur von als falsch beurteilten Vorstellungen über die ökonomische Situation mit ein. Grund für Fehleinschätzungen kann z. B. sein, daß das Kommunikationssystem Markt zu viel Zeit benötigt, um eine Lageänderung zu signalisieren. Das an früherer Stelle angeführte Beispiel zur Instabilität von Einzelmärkten verdeutlicht zugleich den möglichen Nutzen derartiger Aufklärung. Eine Aufklärungsfunktion können bei makroökonomischen Stabilisierungsversuchen die diagnostischen Teile des von der Bundesregierung zu Jahresanfang zu erstellenden Jahreswirtschaftsberichtes erfüllen (§ 2 des Gesetzes zur Förderung der Stabilität und des Wachstums der Wirtschaft). Auch die Verbesserung der Markttransparenz durch Publikation von Warentestergebnissen kann der Aufklärung über die Lage dienen. Voraussetzung für einen Erfolg ist bereits in diesem Fall der Informationspolitik, daß die Informationslage der Träger der Wirtschaftspolitik auch tatsächlich derjenigen der privaten Wirtschaftssubjekte überlegen ist.

Aufklärung über die Zukunft kann immer dann sinnvoll sein, wenn Träger der Wirtschaftspolitik zukunftsrelevante Informationen haben oder gewinnen können, die (1) einzelwirtschaftlichen Entscheidungsträgern nicht zugänglich sind oder die (2) vom einzelnen mit unverhältnismäßig hohen Kosten erworben werden müßten, während sich die Informationsbeschaffung für die Gesamtheit durchaus lohnt (Unterversorgung wegen externer Ersparnisse bei der Informationsbeschaffung durch Individuen). Immer, wenn die Koordination durch den Markt ergänzungsbedürftig und auch tatsächlich möglich erscheint, kann sich solche Aufklärung auszahlen. Als Beispiel läßt sich die Orientierungsfunktion anführen, die Bedarfsanalysen für die Berufswahl und regionale Strukturprojektionen für die Standortwahl grundsätzlich haben können. Allerdings dürften gerade in ihrem Fall auch die Grenzen dieser Form von Informationspolitik erkennbar geworden sein. Das gilt auch für eine Aufklärung über die Zukunft mit dem Ziel, sozialpsychologisch begründbare, destabilisierende Wellen des Optimismus und Pessimismus zu dämpfen oder gar zu vermeiden.

Zur Aufklärung über die Zukunft gehört auch die Information über beabsichtigte wirtschaftspolitische Maßnahmen (Programminformation). Sie kann nützlich sein, um Mißverständnisse über Ziel und Inhalt von geplanten wirtschaftspolitischen Datenveränderungen zu vermeiden oder auszuräumen. Insofern hat dieses Instrument komplementären Charakter zu anderen Maßnahmen. Mit seinem Einsatz können ferner Wirkungsverzögerungen anderer Maßnahmen verkürzt werden; sie dürften jedoch im vorhinein kaum abschätzbar sein. Nicht nur der Lage-, sondern auch der Programminformation dient z. B. der Jahreswirtschaftsbericht. Eine ähnliche Funktion können auf dem Gebiet der regionalen Struktur- und Wachstumspolitik die Landesentwicklungspläne erfüllen. Ein Beispiel für den Mißbrauch dieses Instruments stellen die Dementis dar, mit denen in einem System fixierter (genauer: stufenflexibler) Wechselkurse geplante Kurskorrekturen in Abrede gestellt werden (müssen).

11.1.2.2 Korrekturversuche von Zielvorstellungen

Korrekturversuche von Zielvorstellungen oder Moral Suasion (z. B. Tuchtfeldt, 1971b) sind am wenigsten durch objektiven Gehalt der Information gekennzeichnet. Statt dessen beinhalten sie werbende Aufforderungen, aber auch kritische Mahnungen, die individuellen oder für Gruppen definierten Zielvorstellungen im Interesse wirtschaftspolitischer Ziele zu korrigieren. Hierzu gehören z. B. unverbindliche Lohnleitlinien, die in der Absicht formuliert werden, die Ziele der Tarifvertragsparteien mit den Erfordernissen einer an Preisniveaustabilität orientierten Wirtschaftspolitik in Übereinstimmung zu bringen, so wie sie von den wirtschaftspolitischen Instanzen gesehen werden. Auch Aufforderungen, heimische Erzeugnisse zu kaufen, gehören dazu; sie laufen darauf hinaus, sonstige Handelsbeschränkungen durch Präferenzbeeinflussung zu ersetzen oder zu ergänzen. Wie bei jedem Versuch, zu überzeugen oder auch nur zu überreden, hängt der Erfolg wesentlich davon ab, wie geschickt die wirtschaftspolitische Position präsentiert wird. Das kann auch bedeuten, daß eine ursprünglich ausgewogene Argumentation zu Schlagworten vereinfacht oder gar verzerrt wird. Dementsprechend verringert sich der Gehalt an positiver Information; die Meinungsmanipulation rückt dagegen in den Vordergrund.

11.1.2.3 Veränderung von einzelwirtschaftlichen Plandaten

Einzelwirtschaftliche Plandaten werden in der Erwartung verändert, daß sie bei den privaten Wirtschaftssubjekten solche Verhaltensänderungen als Folge rationalen ökonomischen Kalküls bewirken, die zum wirtschaftspolitisch angestrebten Ergebnis führen. Die Zielwirkung der Datenänderung wird also von der Reaktion der privaten Planungsträger und nicht direkt von der Intervention erwartet. Als Plandaten sind wirtschaftspolitisch variierbar

- Marktpreise und
- institutionelle Marktbedingungen.

Marktpreismanipulationen

Herausragendes Beispiel für indirekte Lenkungsversuche durch Veränderung von Marktpreisen sind geld- und kreditpolitische Interventionen. In diesem Fall wird das

Notenbankmonopol zu Versuchen genutzt, durch Änderungen des Zentralbankgeldangebotes letztlich die Güternachfrage sowie damit verknüpft das Preisniveau und die Beschäftigung zu lenken. Die relevanten Marktpreise sind die Zinssätze, sei es in ihrer Eigenschaft als Preise für die Überlassung von Geldkapital mit unterschiedlicher Fristigkeit, sei es als Opportunitätskosten der Geldhaltung. Allerdings sind die Beziehungen zwischen den Angebotsbedingungen für Zentralbankgeld, wie sie z. B. in den Konditionen der Diskont-, Offenmarkt- und Mindestreservepolitik der Deutschen Bundesbank zum Ausdruck kommen, auf der einen Seite und der Verwendung von Zentralbank- bzw. Giralgeld bei güterwirtschaftlichen Dispositionen, Preisniveau und Beschäftigung – die sogenannte Transmission – auf der anderen Seite sehr komplex und theoretisch umstritten (hierzu z. B. Issing, 1996, Teil C). Dementsprechend wurden die Größen, an denen etwa die Deutsche Bundesbank ihr Zentralbankgeldangebot zu orientieren suchte (sogenannte Indikatoren und Zwischenziele), des öfteren geändert.

In ihrer vermuteten Wirkungsweise (der Kausalkette) dürften beispielsweise Zinssubventionen für Exportkredite, Importzölle, Abgaben auf umweltgefährdende Düngemittel oder die Subventionierung der durch zusätzlich eingestelltes Forschungspersonal verursachten Kosten schon aufgrund des Ansatzpunktes etwas einfacher abzuschätzen sein. Auch in diesen Fällen werden Preissignale durch Lenkungsmaßnahmen verändert in der Hoffnung, zielkonforme Reaktionen privater Entscheidungsträger auszulösen. Sicher ist die angestrebte Reaktion allerdings keineswegs; so kann bei einer Subventionierung zusätzlich eingestellten Forschungspersonals nicht ausgeschlossen werden, daß dieses, wenn auch vielleicht zu einem etwas späteren Zeitpunkt, ohnehin eingestellt worden wäre (sogenannter Mitnahmeeffekt).

Institutionelle Marktbedingungen

Solche Bedingungen werden zunächst einmal durch Ordnungspolitik geschaffen. Erst die externen Institutionen der Eigentumsordnung, des Vertragsrechts und des relevanten Zivilprozeßrechts ermöglichen eine dauerhafte, marktmäßige Koordination. Ferner werden die Marktbedingungen mit Hilfe des Wettbewerbsrechts verändert. Zu derartigen Rechtssetzungen in wettbewerbsfördernder Absicht gehören z. B. das Gesetz gegen Wettbewerbsbeschränkungen sowie die Art. 85, 86 des EWG-Vertrages.

Allerdings wird diese Absicht in ihr Gegenteil verkehrt, wenn statt des Wettbewerbs die Wettbewerber geschützt werden. Dies ist z. B. für die Regulierung des Preiswettbewerbs im Einzelhandel etwa durch die Zugabeverordnung oder das Rabattgesetz sowie die Regulierung des Ladenschlusses zu vermuten. Zahlreiche andere Regulierungen, die nicht zuletzt mit dem Argument des Verbraucherschutzes begründet werden, dürften ebenfalls problematische Wettbewerbswirkungen haben. Hierzu zählt z. B. die Regulierung des Marktzugangs bei freien Berufen (z. B. Architekten, Apotheker) oder der Befähigungsnachweis im Handwerk, der durch die Kammern vorgenommen wird.

Institutionelle Marktbedingungen können schließlich aus außenwirtschaftspolitischer Sicht zu nicht-tarifären Handelsbeschränkungen werden. So lassen sich Hygienevorschriften, technische Normen oder einfach behördliche Förmlichkeiten und Erfordernisse bei der Ein- und Ausfuhr gezielt dazu mißbrauchen, den Marktzugang zu erschweren. Die Wirkung solcher institutioneller Marktbedingungen hängt jedoch wiederum davon ab, wie flexibel und kostengünstig die betroffenen privaten Wirtschaftseinheiten darauf zu reagieren vermögen.

11.1.2.4 Freiwillige Übereinkunft (Reziprozität)

Begründungsmöglichkeiten

Wirtschaftspolitisches Tun oder Unterlassen kann zum Gegenstand einer freiwilligen Übereinkunft (Reziprozität; DAHL und LINDBLOM, 1953, S. 109) zwischen Trägern der Wirtschaftspolitik und Interessenverbänden gemacht werden. Eine Übereinkunft wird von der Exekutive i. d. R. angestrebt, wenn Interessenkollisionen zwischen gesellschaftlichen Gruppen im Ergebnis Einbußen bei wirtschaftspolitischen Zielen zu bewirken drohen. Der Charakter dieses Instruments kann am Beispiel des vom Sachverständigenrat zur Begutachtung der gesamtwirtschaftlichen Entwicklung 1967 vorgeschlagenen „Rahmenpakts für Expansion und Stabilität" verdeutlicht werden. Der Rat regte u. a. eine Übereinkunft zwischen Staat und Arbeitsmarktparteien an. Auf staatlicher Seite sollte die Zusage einer gezielten Konjunkturbelebung stehen und auf der Seite der Arbeitsmarktparteien stabilitätspolitisches Wohlverhalten, so wie der Rat es verstand. Als institutionelle Plattform für eine solche Vereinbarung bot sich die mit dem Gesetz zur Förderung der Stabilität und des Wachstums der Wirtschaft (StWG) geschaffene Konzertierte Aktion an, d. h. ein „gleichzeitiges, aufeinander abgestimmtes Verhalten der Gebietskörperschaften, Gewerkschaften und Unternehmerverbände zur Erreichung der Ziele" des Gesetzes (§ 3 StWG).

Wenn eine solche Übereinkunft nicht überflüssig sein soll, muß davon ausgegangen werden, daß Träger der Wirtschaftspolitik ohne Berücksichtigung der Interessenverbände ein unbefriedigendes Ergebnis erzielen würden. Mit anderen Worten, die Interessenverbände müssen über wirtschaftspolitisch relevante Macht verfügen, die es ihnen ermöglicht, die staatliche Politik gewollt oder ungewollt zu durchkreuzen. Dementsprechend gilt die Autonomie von Trägern der Wirtschaftspolitik als gemindert. Wenn davon ausgegangen wird, daß die Macht von Interessenverbänden hingenommen oder nicht beschnitten werden soll, bleibt für Träger der Wirtschaftspolitik nur die Wahl zwischen folgenden Alternativen:

- Sie können die wirtschaftspolitischen Ziele mit den ihnen verbliebenen Einflußmöglichkeiten anzustreben suchen und sich gleichzeitig bemühen, deutlich zu machen, in welchem Maße Interessenverbände Verantwortung für Einbußen am Realisierungsgrad wirtschaftspolitischer Ziele tragen.
- Sie können eine Übereinkunft mit Interessenverbänden suchen, vor allem weil von den sonst drohenden Zieleinbußen nicht nur die Mitglieder dieser Verbände betroffen werden.

Auf den möglichen Zielkonflikt zwischen Preisniveaustabilität und hohem Beschäftigungsstand bezogen, entspräche der ersten Möglichkeit, daß die Träger der Wirtschaftspolitik die Mitverantwortung der Anbieter von Gütern und von Arbeit für den Beschäftigungsgrad bei Preisniveaustabilität herausstellen. An den Trägern der Wirtschaftspolitik wäre es, ihre Lenkungsmöglichkeiten zur Stabilisierung des Preisniveaus zu nutzen und darüber aufzuklären, welche Konsequenzen eine stabilitätswidrige Fixierung von Angebotsbedingungen als Folge von Verteilungskonflikten für die Beschäftigung und Kapazitätsauslastung haben würde. Praktische Schwierigkeiten resultieren bei einer solchen wirtschaftspolitischen Position vor allem daraus, daß auftretende Beschäftigungsprobleme kaum ihren verschiedenen möglichen Ursachen, einschließlich stabilitätswidrigem Anbieterverhalten, zweifelsfrei und überzeugend zurechenbar sind. Insgesamt ist dieses Instrument kritisch zu beurteilen (Streit, 2003).

Ordnungspolitische Vorbehalte

Die zweite Möglichkeit, die Übereinkunft, scheint sich als Gebot der praktischen Vernunft aufzudrängen. Verfassungspolitisch kann sie jedoch sehr unterschiedlich beurteilt werden. Der wohl kaum bestreitbare ständestaatliche Aspekt mag dem einen begrüßenswert sein. Auf die Konzertierte Aktion als mögliche Ausprägung bezogen, kann diese Position zu folgendem Urteil führen: „Diese Aktion bejaht die Existenz der organisierten Gruppen in unserer freiheitlichen Gesellschaft. Ja, genauer besehen haben wir mit der Konzertierten Aktion eine flexible Methode gefunden, um den autonomen Gruppen in der Gesellschaft eine Mitwirkung an der Vorformung der Wirtschaftspolitik zu ermöglichen" (Schiller, 1968, S. 71). Von Vertretern der Gegenposition wird die Legitimation für eine solche Vorformung der Wirtschaftspolitik sowohl für die Exekutive, die eine Übereinkunft sucht, als auch für die einbezogenen Verbände bezweifelt. Als dubios gilt die Legitimation der Exekutive, weil durch den Versuch, mit Interessenverbänden zu einem Einvernehmen zu gelangen, die sonst ausschließlich demokratisch-verfassungsrechtlich legitimierten Instanzen vorbehaltene Zuständigkeit für politische und damit auch wirtschaftspolitische Entscheidungen angetastet wird. Die Legitimation der beteiligten Verbände erscheint einmal fragwürdig, weil sie organisationsintern nicht wie Parteien an demokratische Grundsätze gebunden sind. Zum anderen können sie und ihre Repräsentanten auch zusammengenommen nicht für sich in Anspruch nehmen, alle Stimmbürger einigermaßen zuverlässig zu repräsentieren. Vor allem aber fehlt ihnen das allgemeine politische Mandat, das jedoch schon im Hinblick auf die Interdependenz zwischen Wirtschaftspolitik und übriger Politik erforderlich wäre. Für Vertreter dieser Position gilt: „Die Wirtschaftspolitik der staatlichen Gemeinschaft ist keine Domäne eines Konsortiums einiger Staatsorgane mit mächtigen Gruppen, sondern betrifft jeden einzelnen Bürger als Mitsouverän und Betroffenen, der als Steuerzahler und Wirtschaftssubjekt ohnedies die Zeche zu bezahlen hat" (Rupp, 1971, S. 15).

Gegen solche Kollektivverhandlungen in der Wirtschaftspolitik, wie sie für den Ordnungstyp des Korporatismus charakteristisch sind (vgl. hierzu z. B. B. Gäfgen, 1987b; Streit, 2003), sprechen nicht nur verfassungspolitische Gründe. Auch die zu erwartenden wirtschaftspolitischen Ergebnisse dürften von zweifelhafter Qualität sein, wenn die Ausgangslage und die Interessen der Beteiligten berücksichtigt werden. Wie bereits dargelegt, ist es im Grunde der Autonomieverlust staatlicher Träger der Wirtschaftspolitik, der den politischen Tausch mit organisierten Interessen nahelegt. Aus der Perspektive der politischen Ökonomie geht es den politischen Entscheidungsträgern gewissermaßen darum, die Produktionsbedingungen und Absatzchancen von politischen Gütern zu verbessern, die bereitzustellen sie sich im Wettbewerb um Wahlchancen verpflichtet haben. Reziprozität liegt dann nahe, wenn sie vermuten, daß die Bedingungen bzw. Chancen durch organisierte Interessen aufgrund der diesen zugewachsenen Macht merklich beeinflußt werden können. Um eine Verbesserung der Produktionsbedingungen geht es bei den genannten Zielen der Globalsteuerung. Bei Reformzielen wie jenen, die z. B. mit der Kostensenkung im Gesundheitswesen angestrebt werden sollen, dürften sowohl Produktionsbedingungen als auch Absatzchancen relevant sein. Demgegenüber sind es im Falle von Steuerreformzielen wohl vor allem die Absatzchancen, die von Verbänden beeinflußt werden können.

Der Anreiz für die Verbände, sich auf einen politischen Tausch einzulassen, geht aus dieser Perspektive in erster Linie von ihren Interessen als „Verteilungskoalitionen" (Olson, 1991, S. 56 ff.) aus. Ob es sich wie im Beispiel der Globalsteuerung um lohn- und preispolitisches Wohlverhalten aus der Steuerungssicht politischer Entscheidungsträger handelt oder um Einkommenserzielungschancen bzw. verfügbare Einkommen wie in den beiden genannten Reformprojekten, i. d. R. werden Verteilungsinteressen von organisierten Gruppen berührt. Damit steht aus der Sicht der Verbände das Tauschobjekt für ihre Kooperation und für ihren Verzicht auf Machtgebrauch mit den von politischen Entscheidungsträgern erwarteten Nachteilen fest. Es muß Verteilungsinteressen der Verbände auf andere Weise befriedigen. Außerdem mag für die Verbandsführung das Prestige und u. U. von Mitgliedern der höhere Verbandszugehörigkeitswert geschätzt werden, den sie direkt bzw. indirekt aus der Einbeziehung in politische Willensbildungsprozesse beziehen.

Der Umstand, daß Verteilungspositionen in der einen oder anderen Form Gegenstand des politischen Tauschs sein müssen, erlaubt weitere Schlußfolgerungen sowohl im Hinblick auf den Verhandlungsprozeß als auch auf die ordnungspolitisch relevanten Verhandlungsergebnisse. Was den Verhandlungsprozeß angeht, läßt er sich theoretisch in die Kategorie der kooperativen Verteilungsspiele einordnen. Solche Spiele haben unter realistischen Bedingungen keine eindeutige Lösung (Kern). Charakteristisch sind vielmehr für derartige Spiele strategisch bestimmte Verzerrungen hineingegebener Informationen, Täuschung und Drohung, nicht technisch bedingte, sondern zum Ritual gehörende Entscheidungsverzögerungen, die notorisch aufgeblähten Stäbe und Bürokratien sowie nur zu häufig Unvorhersehbarkeiten beim Ergebnis (vgl. hierzu z. B. Johansen, 1979, Streit, 2003, S. 181f.).

Was das Tauschergebnis angeht, sind als politische Gegenleistung aufgrund der Verhandlungsposition politischer Entscheidungsträger und aufgrund der Interessenlage der beteiligten Verbände nach diesen Überlegungen für sie Sondervorteile in der einen oder anderen Form zu erwarten. Anderenfalls wären z. B. sogenannte Stabilisierungspakte, die den Gewerkschaften lohnpolitische und den Arbeitgebern entsprechend preispolitische Zurückhaltung abverlangen, von vornherein instabil. Die politische Gegenleistung mag durchaus auf anderen Politikfeldern liegen (z. B. im Bereich des Arbeitsrechts), auch aus unterlassenen politischen Initiativen bestehen und nicht simultan, sondern sukzessiv erfolgen. Ordnungspolitisch relevant ist dabei, daß ökonomische Sondervorteile nur zu häufig einen Verkrustungsprozeß des Marktsystems fördern dürften.

11.1.2.5 Zwang

Beispiele für staatlichen Zwang in wirtschaftspolitischer Absicht sind der Preis- und Lohnstopp, die Devisenzwangswirtschaft und scheinbar harmlose Formen wie der agrarpolitisch motivierte Beimischungszwang bei Futtermitteln. In derartigen Fällen kollidiert Zwang in besonderem Maße mit dem Grundwert der individuellen Freiheit.

Zwang eröffnet bei den Betroffenen nur die Aussicht auf Bestrafung im Falle des Ungehorsams und keine Chance, im Falle des Gehorsams selbstgesetzte Ziele verfolgen zu können. Darin liegt seine instrumentale Schwäche (z. B. DAHL und LINDBLOM, 1953, S. 107 f.):

- Weil Zwang nur die Aussicht auf Strafe enthält, kann von den Betroffenen bestenfalls Gehorsam, keinesfalls jedoch zielkonforme Initiative erwartet werden; sie zu wecken ist nicht möglich, ohne ihnen Chancen zur Realisierung selbstgesetzter Zwecke einzuräumen. Dafür ist STALINS Stachanow-Kampagne von 1935 mit extremen Erhöhungen von Produktionsnormen und drakonischen Strafen bei Nichteinhaltung nur ein besonders drastisches Beispiel.
- Weil Zwang bei den Betroffenen Chancen zur Realisierung selbstgesetzter Zwecke ausschließt, lohnt es sich für sie, Zeit und Einfallsreichtum darauf zu verwenden, dem Zwang zu entgehen und zugleich die Strafe zu vermeiden. Nichts anderes lehrt die schier unerschöpfliche Vielfalt von Versuchen, Vorschriften einer Devisenzwangswirtschaft sowie der Besteuerung zu umgehen.
- Weil Zwang nicht auf Einsicht und schon gar nicht auf Zustimmung bei den Betroffenen abstellt, kann Gehorsam i. d. R. nur mit einem aufwendigen System der Kontrolle und Bestrafung wirksam gemacht werden. So zeichneten sich z. B. die bisher in verschiedenen Ländern beobachtbaren Versuche, einen Preis- und Lohnstopp durchzusetzen, durch hohen Administrationsaufwand und geringe Wirksamkeit aus.
- Weil Zwang nur erfolgreich sein kann, wenn sich die Betroffenen ihm nicht entziehen können, ist er nur begrenzt anwendbar, wenn die Betroffenen nicht gewaltsam daran gehindert werden sollen zu fliehen. Das lehrt nur zu eindeutig die Geschichte Deutschlands von 1933 bis 1989.

Für das Verhältnis von Zwang zu gesetzlicher Einschränkung der Handlungsfreiheit auch in wirtschaftspolitischer Absicht gilt vor allem:

- Einschränkung von Handlungsmöglichkeiten ist kein Zwang, solange Chancen für die Verfolgung selbstgesetzter Ziele verbleiben. Das gilt z. B. für eine Vielzahl von Gesetzen und Verordnungen, mit denen in der gelenkten Marktwirtschaft wirtschaftliches Handeln eingeschränkt wird. Einschränkung der wirtschaftlichen Freiheit, wie auch immer sie beurteilt wird, darf nicht mit Freiheitsentzug zugunsten von Zwangswirtschaft verwechselt werden.
- Gesetzlicher Zwang in Einzelfällen kann schließlich der Erhaltung von Handlungsfreiheit im allgemeinen dienen. Diese Funktion erfüllt eine Reihe von Gesetzen, die den Schutz des einzelnen vor möglichem Zwang durch andere sicherstellen soll. Ein Beispiel hierfür ist der Kontrahierungszwang, dem Monopolisten unterworfen werden können.

11.2 Ziel-Mittel-Systeme

Instrumente können mit Zielen unter Verwendung von Lenkungswissen systematisch in Verbindung gebracht werden,

- um konkrete wirtschaftspolitische Probleme zu lösen (wirtschaftspolitisches Programm; vgl. hierzu Kap. 14),
- um als Orientierungsrahmen für die Lösung auch zukünftiger konkreter Probleme zu dienen (wirtschaftspolitische Konzeption).

In beiden Fällen liegen Ziel-Mittel-Systeme vor. Eine mögliche Beziehung zwischen beiden besteht darin, daß ein wirtschaftspolitisches Programm zur Lösung konkreter Probleme aus der Verwertung einer Konzeption entstanden sein kann. Es wird darzulegen sein, warum es sich für ein rationales wirtschaftspolitisches Vorgehen empfiehlt, diese Möglichkeit zu nutzen.

11.2.1 Wirtschaftspolitische Konzeptionen

Inhalt und Funktion

Die wirtschaftspolitische Konzeption kann als eine Art Orientierungsrahmen, Richtschnur oder Generallinie für wirtschaftspolitische Aktivitäten angesehen werden. Wenn sie dem Rationalitätsprinzip entspricht, stellt die Konzeption ein umsichtig angelegtes und konsistentes System von allgemeinen und langfristig bedeutsamen Zielen, ordnungspolitischen Grundsätzen und damit verträglichen zielkonformen Instrumenten für den Teilbereich Wirtschaft in Abhängigkeit von den weiterreichenden gesellschaftlichen Zielvorstellungen dar. Mit Hilfe der Konzeption sollen rationale wirtschaftspolitische Einzelentscheidungen erleichtert werden. Ohne eine derartige Generallinie wären die vielen Einzelentscheidungen des wirtschaftspolitischen Alltags nur rational zu treffen, wenn ständig möglichst viele Implikationen der jeweiligen Handlungsmöglichkeiten für das gesamte Zielsystem bis hin zu Grundwerten aufgedeckt und abgewogen würden. Funktion der Konzeption ist es, eine Vorauswahl unter den erkannten Handlungsmöglichkeiten zu erlauben. Sie läßt sich als Kriterium für den Mitteleinsatz, als Interventionsregel (Tuchtfeldt, 1982, S. 202) nutzen. Mit Hilfe der Konzeption sollen wirtschaftspolitische Einzelentscheidungen auch ohne direkte Überprüfung möglichst vieler Implikationen so gefällt werden können, daß sie mit den umfassenderen gesellschaftlichen Zielen verträglich sind bzw. deren Realisierung begünstigen.

Wenn Rationalität als Verfahrensnorm gelten soll, muß die Konzeption selbst das Ergebnis kritischer Reflexion sein und danach beurteilt werden, ob sie widerspruchsfrei formuliert ist. Da sie dauerhafte Richtschnur wirtschaftspolitischen Handelns sein soll, kommt es bei ihrer Formulierung nicht darauf an, kurzfristige Veränderungen der wirtschaftlichen Lage sowie wirtschaftspolitische Sonder- und Ausnahmefälle zu antizipieren. Daher wird im Zweifel bei den die Konzeption prägenden Zielen ein geringeres Maß an Operationalisierbarkeit in Kauf genommen. Auch bei dem Lenkungswissen, mit dem die Verbindung zwischen Zielen und Instrumenten herzustellen ist, kommt es nicht darauf an, daß möglichst genau quantifizierte ökonomische Gesetzmäßigkeiten verwertet werden können. Solche Gesetzmäßigkeiten eignen sich insofern nicht, als für sie aufgrund des ständigen Wandels von Wirtschaft und Gesellschaft nur eng begrenzte zeitliche Gültigkeit beansprucht werden kann. Für Konzeptionen kommt es jedoch auf längerfristig gültige Ziel-Mittel-Beziehungen an. Daher genügen i. d. R. gesicherte Aussagen über die Wirkungsbreite der Instrumente hinsichtlich der in der Konzeption enthaltenen wirtschaftspolitischen Ziele und über ihre Verträglichkeit mit ordnungspolitischen Grundsätzen.

Ordnungspolitischer Bezug

Der Bezug der wirtschaftspolitischen Konzeption zur Ordnungspolitik ist an den zugelassenen Instrumenten und den Grundsätzen erkennbar, zu denen nicht zuletzt Festlegungen hinsichtlich des vorherrschenden Koordinationsverfahrens gehören. Wenn die Konzeption konsistent sein soll, müssen die Instrumente und die übrigen Grundsätze mit der Entscheidung für ein Koordinationsverfahren im Einklang stehen. So ist eine marktmäßige Koordination mit einer Eigentumsgarantie, mit einer Kontrolle privater Aktivitäten durch Wettbewerb und mit einer wirtschaftspolitischen Lenkung durch Informationspolitik und Veränderung einzelwirtschaftlicher Plandaten vereinbar. Unvereinbar wäre demgegenüber der Versuch, diese Koordinationsform z. B. mit durch Zwangsmöglichkeiten abgesicherter direkter staatlicher Lenkung privater wirtschaftlicher Aktivitäten zu verknüpfen. Hieraus ergibt sich generell die praktische Konsequenz, daß Handlungsmöglichkeiten vor allem im Hinblick auf ihre Folgen für die Funktionsfähigkeit des davon berührten Koordinationsprinzips – ihre Systemkonformität – überprüft werden sollten.

Die ordnungspolitischen Elemente der Konzeption reflektieren zugleich in besonderem Maße den Einfluß weiterreichender gesellschaftlicher Ziele und ihre konkrete Interpretation. Die der Konzeption zugrundeliegende Wirtschaftsordnung ist nicht Selbstzweck, sondern soll grundlegenden Gesellschaftsvorstellungen entsprechen. In diesem Sinne ist in der gelenkten Marktwirtschaft auch die Aufspaltung in einen marktmäßig und einen verwaltungswirtschaftlich koordinierten Bereich sowie die damit verbundene Entscheidung über das Ausmaß wirtschaftspolitischer Lenkungsmöglichkeiten zu interpretieren. Wo eine konkrete Wirtschaftsordnung vom Typ gelenkte Marktwirtschaft zwischen den ordnungspolitischen Alternativen Marktwirtschaft und Zentralverwaltungswirtschaft plaziert sein soll, hängt vor allem davon ab, wie die Ziele der individuellen Freiheit und der Gerechtigkeit im Hinblick auf ökonomische Konsequenzen interpretiert und gewichtet werden. So impliziert eine Betonung des Bedarfs bei Gerechtigkeitsvorstellungen und der Sicherheit eines einmal erreichten sozialen Status, daß die marktmäßige Koordination und die sie konstituierende Privatautonomie beschnitten und in ihren Folgen korrigiert werden muß. Liegt hingegen die Betonung auf Leistung und Anpassung an fortschrittsbedingte Veränderungen, so dürfte dies ein hohes Maß an Privatautonomie und Marktsteuerung erfordern sowie damit verbundene materielle Anreize, deren Verteilungswirkungen toleriert werden müssen.

Wissenschaftliche Qualität

Eine wirtschaftspolitische Konzeption ist nicht wissenschaftlich begründbar, wenn das Prinzip der Werturteilsfreiheit als Kriterium für Wissenschaftlichkeit akzeptiert wird; denn eine Begründung müßte sich auch auf die Ziele und Mittel selbst erstrecken, würde also wertende Aussagen und nicht nur Aussagen über Wertungen erfordern. Wissenschaftlich zugänglich sind lediglich

- die Ziele hinsichtlich ihrer Operationalisierbarkeit,
- die Zielbeziehungen nach ihrer logischen und empirischen Beschaffenheit und
- die Ziel-Mittel-Beziehungen, soweit hierzu Lenkungswissen vorhanden ist.

Wissenschaftliche Bemühungen können hinsichtlich wirtschaftspolitischer Konzeptionen darauf gerichtet sein,

- sie als Ziel-Mittel-Systeme zu beschreiben,
- sie auf Widerspruchsfreiheit zu überprüfen,
- die Funktionsfähigkeit des vorherrschenden Koordinationsverfahrens in Abhängigkeit von den zugelassenen Mitteln zu überprüfen (Systemkonformität) und damit auch die grundsätzliche Realisierbarkeit der Ziele (Zielkonformität) zu beurteilen,
- die Durchsetzbarkeit unter Berücksichtigung der politischen Willensbildungsprozesse abzuschätzen.

Ein Ergebnis solcher Bemühungen dürfte sein, daß den politisch diskutierten Konzeptionen kaum Widerspruchsfreiheit und vorurteilsfreie Verwertung von Lenkungswissen bescheinigt werden kann. Dies festzustellen und mögliche ideologische Elemente aufzudecken gehört zu den Aufgaben der Wirtschaftspolitik als wissenschaftlicher Disziplin. Derartige Bemühungen unterscheiden sich aber auch von Versuchen, Typen bzw. Modelle von Wirtschaftsordnungen zu entwickeln. Bei derartigen Abstraktionen ist die Widerspruchsfreiheit ausschlaggebend. Als Generallinie für wirtschaftspolitisches Handeln kommen sie zumindest nach dem vorherrschenden Abstraktionsniveau nicht in Betracht; denn dazu fehlt es ihnen vor allem an empirischem Gehalt sowie an der Ausrichtung nach konkreten wirtschaftspolitischen Zielen unter Berücksichtigung der institutionellen Gegebenheiten. Besonders offenkundig wird dies im Falle der Extremtypen von Wirtschaftsordnungen. Das wird allerdings gern übersehen, wenn z. B. die vollkommene Konkurrenz als Referenzsystem in wirtschaftspolitische Empfehlungen einfließt, unbeschadet ihres für praktische Ziele unhaltbaren Abstraktionsgrades.

Politische Qualität

Wenn die Konzeption ihren Zweck erfüllen soll, über einen längeren Zeitraum als Generallinie für wirtschaftspolitisches Handeln zu dienen, muß sie durch einen entsprechend dauerhaften politischen Konsens abgesichert sein. Der Konsens muß sich letztlich auf Stellenwert und Ausgestaltung des Teilbereichs Wirtschaft in Abhängigkeit von umfassenderen gesellschaftlichen Zielen beziehen. Bei dem Versuch, eine Konzeption zu realisieren, ist vor allem zu berücksichtigen, daß praktische Schritte

- Zeit erfordern,
- in ihren Folgen nur begrenzt abschätzbar sind,
- entsprechend ihren Haupt- und Neben-, Nah- und Fernwirkungen unerwartete Zielkonflikte entstehen lassen können, für die Lösungen erst zu finden sind,
- u. U. umgelenkt werden müssen, weil sich zwischenzeitlich die Wertvorstellungen geändert haben können, womit dem ursprünglich erzielten Konsens die politische Grundlage teilweise oder ganz entzogen wäre.

Daraus ergibt sich bereits, daß wirtschaftspolitische Konzeptionen ständig überprüft und u. U. in Abständen auch korrigiert werden müssen. Ganz abgesehen davon können die konkreten Umstände bewirken, daß Konzeption und tatsächliche Politik auch bei bestem Bemühen der Träger der Wirtschaftspolitik voneinander abweichen. Damit wird die Konzeption als Orientierungshilfe für praktische Zwecke nicht wertlos. Würde nämlich auf sie verzichtet, wäre zu fragen, was an ihre Stelle gesetzt werden soll, um der Gefahr eines wenig durchdachten Interventionismus zu begegnen. Andererseits fehlt es nicht an Leitbildern, die dadurch faszinieren, daß sie, losgelöst von den jeweils erkennbaren technologischen Möglichkeiten, endgültige Idealzustände menschlichen Zusammenlebens beschreiben. Gerade derartige Utopien haben sich im Verlauf der Geschichte häufig als Auslöser und Motor für tiefgreifende gesellschaftliche Veränderungen erwiesen.

11.2.2 Konzeption und Utopie

Kompromißcharakter von Konzeptionen

Ausgangspunkte für den Entwurf wirtschaftspolitischer Konzeptionen sind wie bei jedem wirtschaftspolitischen Problem Abweichungen zwischen tatsächlichen und als erstrebenswert angesehenen ökonomischen Zuständen und Entwicklungen. Wenn Konzeptionen in der repräsentativen Demokratie eine Realisierungschance haben sollen, müssen für sie Mehrheiten gewonnen werden. Ihre Mehrheitsfähigkeit hängt nicht nur von der Attraktivität der benannten Ziele, sondern auch von den vorgeschlagenen Mitteln ab, wie bei der Diskussion teleologischer Urteile deutlich geworden sein sollte. Da davon ausgegangen werden muß, daß die individuellen Bewertungen von Zielen und Mitteln divergieren, sind Interessenkonflikte unvermeidlich. Wenn eine Konzeption dennoch Mehrheiten finden soll, müssen in sie in hinreichendem Maße Kompromisse und Kompensationen eingebracht werden. Das schließt nicht aus, daß diejenigen, die für eine Konzeption werben, von einer Kombination gesellschaftlicher Zielsetzungen, ordnungspolitischer Grundsätze und damit verträglicher, zielkonformer Mittel ausgegangen sind, die nach ihren Wertvorstellungen und ihrem Lenkungswissen einer Idealkonzeption gleichkäme. Gemessen daran mag die mehrheitsfähige Konzeption selbst dann noch als ärmlicher Kompromiß erscheinen, wenn sie wissenschaftlichen Überprüfungsversuchen standhält.

Kompromißlosigkeit von Utopien

Gesellschaftsbezogene Utopien unterscheiden sich von wirtschaftspolitischen Konzeptionen nicht zuletzt durch ihre Kompromißlosigkeit und dadurch, daß sie einer wissenschaftlichen Überprüfung entzogen sind. Ob es sich um PLATONS „Staat“ (um 390 v. Chr), Thomas MORUS' „Utopia“ (1516), Tommaso CAMPANELLAS „Sonnenstaat“ (1602), Karl MARX' und Friedrich ENGELS' klassenlose, kommunistische Zukunftsgesellschaft, für die z. B. im „Kommunistischen Manifest“ (1848) geworben wird, oder um andere Beschreibungen von Idealzuständen menschlichen Zusammenlebens handelt, alle zeichnen sich durch ihre „soziale Harmonie“ (DAHRENDOR, 1958, S. 88) aus. Sie ist erkennbar an der Uneingeschränktheit, an der Kompromißlosigkeit, mit der gesellschaftliche Grundwerte als realisierbar angesehen werden: Es werden Zustände vollkommenen Friedens, vollständiger Befriedigung menschlicher Bedürfnisse, völliger Gleichheit oder unangefochtener und unanfechtbarer Ungleichheit, der Abwesenheit jeglicher Herrschaft und Unterordnung oder der unbestrittenen und unbestreitbaren Herrschaft eines einzelnen oder einer Gruppe beschrieben.

Mit der Präsentation einer derartigen Harmonie wird geleugnet, daß es notwendig ist, das Zusammenleben durch die Bewältigung von Interessenkonflikten stets von neuem zu ermöglichen. Bei Utopien muß es sich um Gesellschaften handeln, bei denen die individuellen Anschauungen dauerhaft harmonieren. Andersdenkende gibt es nicht, es sei denn i. S. v. pathologischen Fällen oder von äußeren Feinden. Ihrer weiß sich die Gesellschaft wohl zu erwehren, bzw. es gelingt ihr, die Abweichler umzuerziehen. Schon PLATON erscheint es in seinem Werk „Gesetze" (10. Buch) durchaus gerechtfertigt, Andersdenkende (z. B. Atheisten) auf Zeit in Haft zu nehmen und umzuerziehen sowie für den Wiederholungsfall mit der Todesstrafe zu bedrohen. Wie es im übrigen dazu kommen soll, daß die individuellen Anschauungen dauerhaft harmonieren, bleibt meist ungeklärt. Soweit das Fehlen von Interessenkonflikten erklärt wird, dienen als Erklärungsgründe vor allem die drastisch veränderten gesellschaftlichen Bedingungen. Dazu genügt z. B. bei einigen utopischen Sozialisten die Abschaffung des Privateigentums und die Einführung einer neuen, zur Selbstlosigkeit anhaltenden Religion (bei Schülern des Grafen SAINT-SIMON) bzw. die Einführung genossenschaftlicher Wirtschaftsformen (bei Louis BLANC und Robert OWEN). Für einen doktrinären Liberalen wie Frédéric BASTIAT steht fest, daß Interessengegensätze zwischen gesellschaftlichen Gruppen sich auf Dauer in einer Harmonie auflösen würden, wenn alle Beschränkungen der wirtschaftlichen Freiheiten aufgehoben würden, so daß die „natürlichen" Gesetze des Wirtschaftslebens ungehindert wirken könnten (Laissez-faire-Prinzip). Die gesellschaftlichen Bedingungen sollen also bewirken, daß sich ein utopiekonformer Mensch entwickelt bzw. sich ein utopiekonformes Verhalten einstellt. Als weitere Erklärungsgründe für die Abwesenheit von Interessenkonflikten gelten entsprechend wirksame Erziehungsmethoden und Steuerungsmechanismen. In ihrer unerbittlichen Konsequenz bis hin zur genetischen Manipulation und totalen Überwachung des einzelnen sind sie wohl besonderes eindringlich in Anti-Utopien wie Aldous HUXLEYS „Schöne neue Welt" (1932/2003) und George ORWELLS „Neunzehnhundertvierundachtzig" (1949) dargestellt worden. Wie nahe dieser geistigen und physischen Vergewaltigung z. B. der real existierende Kommunismus gekommen war, läßt Arthur KOESTLERS „Sonnenfinsternis" (1940/2000) mehr als erahnen.

Technologiedefizit von Utopien

In den Fällen, in denen Utopien als Leitbild für gesellschaftliche Veränderungen dienen sollen, ergibt sich eine zentrale Schwierigkeit. Sie besteht in dem Technologiedefizit solcher Zukunftsgesellschaften. Utopien sind Versuche, die Fesseln der Erfahrung zu sprengen, das bisher nicht Realisierte in großem Stil zu denken. Das sagt schon ihr Name (griech. ou, d. h. nicht, und topos, d. h. Ort, also ein Nirgendwo). In ihrer Funktionsfähigkeit sind sie auch dann nicht überprüfbar, wenn sie Angaben darüber enthalten, von welchen Steuerungs- und Koordinationsverfahren Gebrauch gemacht werden soll. Das gilt selbst für solche Teilaussagen über menschliche Verhaltensweisen und deren Zusammenwirken, für die bereits Erfahrungen vorliegen. Weichen solche Erfahrungen von für die Utopie vermuteten Ergebnissen ab, muß dies nicht als Widerlegung gelten; denn es bleibt immer noch das Argument, daß sich ja die gesamten Lebensumstände der Menschen ändern werden, womit der größere Teil des Verursachungskomplexes, dem die Erfahrung entstammt, irrelevant würde. Ganz abgesehen davon zeichnen sich aber Utopien ohnehin selten durch Funktionsbeschreibungen aus, die, gemessen an der Komplexität realer Gesellschaften, als ausführlich gelten könnten. Die klassenlose, kommunistische Zukunftsgesellschaft ist nur ein besonders bedeutendes Beispiel für fehlende Funktionsbeschreibungen.

Das Technologiedefizit ist jedoch nicht auf den utopischen Gesellschaftsentwurf selbst beschränkt. Es bezieht sich auch darauf, wie der Übergang von historischen Gesellschaften zu einer derartigen Zukunftsgesellschaft konkret vollzogen werden soll. So waren z. B. die Bemühungen Lenins wenig erfolgreich, Schritte zu konkretisieren, die von der proletarischen Revolution zum Kommunismus führen sollten. Nicht anders erging es Platon. Als er den „Staat" entwarf, vertraute er noch darauf, daß seine aristokratische Ordnung sich schlagartig mit der Abschaffung der von ihm kritisierten athenischen Demokratie einrichten ließ. Später stellten sich bei ihm zunehmend Zweifel an der Vorhersehbarkeit der Ergebnisse von Revolutionen ein; dabei dürfte die tiefe Enttäuschung wirksam gewesen sein, die er bei dem Versuch erleben mußte, in Syrakus seine Staatsgedanken zu realisieren. In den „Gesetzen" (3. Buch) suchte er schließlich diese Unwägbarkeiten dadurch zu vermeiden, daß er seinen neuen Staat in einer bislang abgeschiedenen und unbewohnten Gegend entstehen ließ. Die Bürger für diesen Staat sollten aus den Hellenen nach von ihm undefinierten Kriterien vermutlich so ausgewählt werden, daß sie zu der angestrebten kastenartigen Gesellschaft paßten. Durch die Annahme weitgehender Autarkie sollten auch ökonomische Einflüsse von außen möglichst ausgeschaltet werden. Hier wie bei anderen Utopien ist die Harmonie nur in einer „geschlossenen Gesellschaft" (Popper) herstellbar. Wenn Utopien Idealzustände menschlichen Zusammenlebens sind, können Veränderungen des gesellschaftlichen Zusammenlebens das Ideal nur gefährden. Utopien müssen also stationären Charakter haben. Sie verlangen, gegen Einflüsse von außen abgeschirmt, aber auch im Innern gegen potentielle Abweichler gesichert zu werden. Gerade weil eine solche Gesellschaft als so wünschenswert gilt, dürfte ihr bewußt oder unbewußt letztlich ein Selbstzweck zugemessen werden. Verglichen mit den Wünschen einzelner, wären die durch die Utopie verkörperten Ziele vorrangig. So gesehen implizieren Gesellschaftsutopien unabhängig von dem mit ihnen verkündeten Anspruch eine kollektivistische Weltanschauung.

Utopie und Rationalität

Die Bedeutung von Utopien kann vor allem darin gesehen werden,

- daß sie i. d. R. in unübersehbarem Widerspruch zu bestehenden gesellschaftlichen Verhältnissen stehen und auf diese Weise Gesellschaftskritik zum Ausdruck bringen; das gilt für Platons und Morus' Vorstellungen nicht weniger als z. B. für die sozialistischer Utopisten;
- daß ihnen „explorativer Charakter" (Engelhardt, 1969, S. 666) in solchen Fällen zugebilligt werden muß, wo versucht wird, vermutete Entwicklungstendenzen in

ihren Implikationen für die Zukunft weiterzudenken; besonders deutlich dürfte dies bei der modernen Science-fiction sein;
- daß sie i. d. R. programmatischen Charakter haben; sie beinhalten als erstrebenswert angesehene Zielkombinationen, die vor allem dadurch bestechen, daß sie in ihrer Unverrückbarkeit eine dauerhafte Richtschnur für das Handeln zu liefern versprechen.

Gerade der letztgenannte Aspekt ist insofern von Bedeutung, als er eine besonders rationale Vorgehensweise zu implizieren scheint (zum nachfolgenden Räsonnement Popper, 1948a/2002, S. 358 ff.); denn es liegt nahe, sich vor jeglichem Handeln erst über die endgültigen Ziele möglichst klar zu werden. Auf gesellschaftliche Probleme bezogen, erforderte dies eine konkrete Vorstellung von unumstößlichen Zielen einer Gesellschaft. Was aber, wenn sich die Ziele während der Bemühungen, ihnen näherzukommen, ändern? Was, wenn andere Zeitgenossen andere Ideale haben? Was, wenn mit dem ständigen Generationenwechsel neue Ideale auftauchen? Bezweifelt wird also, daß es solche unumstößlichen Zielinhalte gibt. Bestritten wird, daß sich derartige Ziele wissenschaftlich ableiten und begründen lassen, um Anspruch auf Allgemeingültigkeit erheben zu können. Nicht bestritten wird, daß manche Ziele, die einmal als unerreichbar galten, später doch realisiert werden konnten. Nicht bestritten wird ferner, daß Urteile hinsichtlich der Rationalität von Handlungen nur möglich sind, wenn die Ziele und die mit ihnen verbundenen Bewertungen im vorhinein klar benannt wurden. Befürchtet wird aber, daß mit einer Orientierung des politischen Handelns an unverrückbaren Zielen eines Gesellschaftsideals Konsequenzen verbunden sind, die als Gefahren beurteilbar sind. Die Gefahren bestehen darin,

- daß das ferne Ideal in beträchtlichem Maße materielle wie geistige Ressourcen für Überzeugungsversuche binden und den Blick für die direkte, pragmatische Behebung konkreter Mißstände verstellen kann;
- daß bei dem Versuch, die neue Gesellschaft zu schaffen, das mögliche Ungemach der Generationen, die den Übergang ertragen sollen, gering geschätzt und gar aufgerechnet wird gegen das erhoffte Glück für diejenigen, die die neue Gesellschaft erleben sollen;
- daß die gewaltsame Bekehrung und die Unterdrückung Andersdenkender legitim erscheinen kann, weil bei der Verfolgung einer Gesellschaftsutopie konkurrierende Ideen auf Dauer untolerierbare Hindernisse darstellen.

Zu diesen möglichen Gefahren kommen Unwägbarkeiten hinzu, die sich aus dem Technologiedefizit von Utopien ergeben; denn wenn z. B. keine hinreichenden Angaben darüber gemacht werden, welche notwendigerweise weitreichenden und vielschichtigen Veränderungen bisheriger gesellschaftlicher Verhältnisse zugunsten des Ideals vorgenommen werden sollen, ist eine Überprüfung auf Rationalität nicht möglich. So gesehen sind an Utopien orientierte Programme pseudorational. Der Anwendungsbereich für Sozialtechniken, die dem Rationalitätsprinzip genügen, ist kleiner (vgl. Kap. 16).

Auch für den Bereich der Wirtschaftspolitik sollte es aus dieser Sicht nur darum gehen, konkrete Mißstände nach sorgfältiger Diagnose Schritt für Schritt zu beseitigen und aus den dabei gemachten Erfahrungen für nachfolgende Schritte möglichst zu lernen. Plädiert wird, wie noch ausführlicher zu begründen ist, für eine Sozialtechnik schrittweiser Reformen. Wenn solche Reformen angesichts der allein im Bereich der Wirtschaftspolitik auftretenden, interdependenten Probleme rational sein sollen, müssen die verschiedenen Schritte aufeinander abgestimmt werden und umfassenderen, aber nicht unumstößlichen Bewertungen gesellschaftlicher Zustände und Entwicklungen entsprechen. Dem dient die wirtschaftspolitische Konzeption als Orientierungsrahmen. Entsprechend dem Wandel der Wertvorstellungen und der Veränderung des technologischen Wissens muß eine Konzeption in Abständen revidiert werden.

11.2.3 Beispiel für eine Konzeption: die Soziale Marktwirtschaft

Historisch gesehen kann die mit Soziale Marktwirtschaft (MÜLLER-ARMACK) bezeichnete Konzeption verstanden werden als Reaktion auf

- den in westlichen Industrieländern zwischen den beiden Weltkriegen zunehmenden, orientierungslosen Interventionismus,
- die sich in Deutschland daran anschließende nationalsozialistische Zwangswirtschaft,
- die zwischenzeitlich gesammelten Erfahrungen mit Zentralverwaltungswirtschaften, die die theoretisch begründeten Vorbehalte vollauf bestätigten,
- die wirtschaftsbürokratische Verwaltung des Elends in den ersten Jahren nach dem Zweiten Weltkrieg.

Als ihre geistigen Väter sind vor allem liberal gesinnte Wissenschaftler der sogenannten Freiburger Schule wie Franz BÖHM, Walter EUCKEN, Fritz W. MEYER, Alfred MÜLLER-ARMACK, Wilhelm RÖPKE und Alexander RÜSTOW zu nennen. Der Versuch, die konzeptionellen Vorschläge in praktische Politik umzusetzen, ist wohl in erster Linie Ludwig ERHARD zuzurechnen, dem Direktor der Wirtschaftsverwaltung der amerikanischen und britischen Besatzungszone Deutschlands (Bizone) und späteren Bundeswirtschaftsminister, sowie Alfred MÜLLER-ARMACK als Staatssekretär im Bundesministerium für Wirtschaft.

Ziele und Mittel

Ordnungspolitisch ist die Konzeption Soziale Marktwirtschaft als Versuch einer konkreten Ausformung des Typs der gelenkten Marktwirtschaft anzusehen. Mit dieser Konzeption wird angestrebt, „das Prinzip der Freiheit auf dem Markte mit dem des sozialen Ausgleichs zu verbinden" (MÜLLER-ARMACK, 1956, S. 390). Angesprochen sind damit die Ziele der individuellen Freiheit und der Gerechtigkeit. Der Inhalt dieser und anderer in der Konzeption enthaltener Ziele ist zumindest teilweise beschreibbar, wenn die in der Konzeption enthaltenen Grundsätze und Mittel berücksichtigt werden. Im einzelnen lassen sich die Beziehungen der Konzeption zu gesellschaftlichen Grundwerten wie folgt skizzieren:

- Die individuelle Freiheit soll durch weitgehende Übertragung der Entscheidungsbefugnisse im Bereich des Wirtschaftens auf die Privaten in Übereinstimmung mit der durch die Verfassung (Grundgesetz) gewährten Garantie von Privatautonomie und Privateigentum gefördert werden. Dem Mißbrauch wirtschaftlicher Freiheiten ist vor allem durch die Ausgestaltung und Durchsetzung des Wettbewerbsrechts zu begegnen. Der Gebrauch des Eigentums soll entsprechend der Verfassung sozialpflichtig sein. Eigentumsrechte können deshalb im Interesse der Wahrung von Rechten anderer nichtdiskriminierend eingeschränkt werden.

- Der Gerechtigkeit i. S. v. Leistungsgerechtigkeit sollen zunächst einmal die Leistungskontrollen dienen, die von einem freien Wettbewerb erwartet werden. Korrekturen der Marktergebnisse im Sinne einer ausgleichenden Gerechtigkeit sollen vor allem durch eine progressive Einkommensbesteuerung sowie Transferzahlungen erreicht werden. Eine Besteuerung von Vermögen und Vermögensübertragungen, eine diskriminierende Förderung der Vermögensbildung, Ausbildungssubventionen und andere staatliche Lenkungsmaßnahmen sollen dazu beitragen, vor allem die Chancenverteilung i. S. v. mehr Startgerechtigkeit zu korrigieren. Auf diese Weise würde dem Verfassungsprinzip der Sozialstaatlichkeit Rechnung getragen.
- Der wirtschaftlichen Sicherheit soll durch die Förderung der individuellen Daseinsvorsorge einschließlich der Vermögensbildung sowie durch ein System kollektiver Daseinsvorsorge (soziale Sicherung) gedient werden. Sozialstaatliche Institutionen sollen in ihrem Verhältnis zur privaten Sicherung subsidiär sein und im Interesse einer Begrenzung staatlicher Macht sich selbst verwalten. Der Sicherheit dienen auch wirtschaftspolitische Bemühungen, Konjunkturschwankungen sowie Friktionen bei Wachstum und Strukturwandel zu mildern; bei letzteren geht es darum, Anpassungen zu erleichtern, nicht aber überkommene Strukturen zu erhalten.
- Dem Fortschritt soll gerade eine marktmäßige Koordination durch preisgesteuerte Wettbewerbsprozesse dienen. Anpassungs- und Entwicklungsfunktion des Wettbewerbs würden in den Dienst der Förderung der materialen Freiheit durch Ausweitung der Versorgungsmöglichkeiten gestellt. Damit wären zugleich Voraussetzungen für Maßnahmen zu schaffen, die auf mehr Verteilungsgerechtigkeit und mehr soziale Sicherung gerichtet sind; denn es wird vermutet, daß mögliche Konflikte zwischen Freiheit und Gerechtigkeit sowie Sicherheit und Fortschritt bei kräftigem Wirtschaftswachstum eher zu bewältigen sind als z. B. bei Stagnation.

Der Realisierung der Grundwerte soll die Verfolgung entsprechender wirtschaftspolitischer Ziele dienen. Formulierungen wie „eine bewußte Politik des wirtschaftlichen Wachstums", „hoher Beschäftigungsgrad", „gesicherte Geldordnung" (MÜLLER-ARMACK, 1956, S. 391) entsprechen inhaltlich durchaus dem Zielkatalog des späteren (1967) Gesetzes zur Förderung der Stabilität und des Wachstums der Wirtschaft (§ 1 StWG). Hinzu kommt das „regulative Prinzip sozialer Intervention" (MÜLLER-ARMACK, ebenda), mit dem inhaltlich in erster Linie die Ziele gerechte Einkommens- und Vermögensverteilung sowie soziale Sicherung angesprochen sind.

Grundsätze und Institutionen

Zwei elementare Grundsätze kennzeichnen die Konzeption Soziale Marktwirtschaft:

- Vorherrschendes Koordinationsverfahren soll die marktmäßige Koordination über preisgesteuerte Wettbewerbsprozesse sein. Da Wettbewerb sich nicht von selbst erhält, muß er institutionell gesichert werden. Es kommt darauf an, „Wettbewerbsbeschränkungen unmöglich zu machen, Monopole, Oligopole und Kartelle unter

Kontrolle zu nehmen und dadurch den Wettbewerb zu größter Wirksamkeit im Interesse des Verbrauchers zu bringen" (MÜLLER-ARMACK, ebenda).

- Wirtschaftspolitische Lenkungsmaßnahmen sollten „den sozialen Zweck sichern, ohne störend in die Marktapparatur einzugreifen" (MÜLLER-ARMACK, ebenda). Angesprochen ist damit ein generelles Einsatzkriterium für Instrumente, die Systemkonformität; danach sollten potentielle Maßnahmen darauf überprüft werden, wie durch sie die Funktionsfähigkeit der in diesem Fall dominierenden marktmäßigen Koordination beeinflußt wird.

Für die Konzeption ist auch charakteristisch, daß zwei besondere Institutionen mit der Verfolgung eines Teils der wirtschaftspolitischen Aufgaben betraut werden. Dem Kartellamt wurden wettbewerbssichernde Aufgaben übertragen, wie sie im GWB vorgegeben sind. Eine zweite besondere Organisation ist die unabhängige Zentralbank (Deutsche Bundesbank). Die Kontrolle der Geldversorgung der Regierung zu entziehen läßt sich als Versuch interpretieren, einer inflatorischen Fiskalpolitik vorzubeugen. Dem entspricht auch der Grundsatz der „Stabilität des Haushalts" (MÜLLER-ARMACK, ebenda). Allerdings wird der Grundsatz wenig konkretisiert. Vor allem bleibt unklar, wie er konjunkturpolitisch zu deuten ist. Eine gezielte antizyklische Fiskalpolitik wurde jedenfalls von den Ökonomen, die für die Konzeption warben, nicht befürwortet. Schließlich ist neben dem bereits genannten „regulativen Prinzip sozialer Interventionen" vor allem noch der Grundsatz der „Betriebssolidarität" (RÜSTOW, 1953, S. 102) zu nennen. Verstanden wird darunter „der Ausbau des Arbeitsrechtes, die Gestaltung einer aktiven Beteiligung des Arbeiters am Betriebsleben", „die Schaffung persönlicher, auf Mitbestimmung begründeter Betriebsbeziehungen" (MÜLLER-ARMACK, 1948, S. 149 bzw. 153). Dementsprechend wurde z. B. das Betriebsverfassungsgesetz von 1952 von Ökonomen, die die Konzeption unterstützten (z. B. RÜSTOW, ebenda), als praktischer Schritt in die richtige Richtung begrüßt.

Konzeption und Realität

Als wirtschaftspolitischer Kern der Düsseldorfer Leitsätze der Christlich-Demokratischen Union (CDU) gewannen die Vorschläge für die Konzeption Soziale Marktwirtschaft 1949 an politischem Gewicht. Danach wurden sie von den verschiedenen von der CDU geführten Nachkriegsregierungen zur Grundlage der offiziellen Wirtschaftspolitik gemacht. Auch die sozialdemokratische Opposition machte sich die Konzeption schrittweise zu eigen, wenn auch mit Einschränkungen und abweichender Akzentuierung.

Zwar wurden die Vorschläge für diese Konzeption von den dafür werbenden Ökonomen keineswegs so hinreichend klar und vollständig formuliert, daß Fehlinterpretationen ausgeschlossen sind. Auch der Umstand, der diese wirtschaftspolitischen Vorstellungen erst zur Konzeption werden ließ, nämlich die Übernahme für Zwecke praktischer Politik, hat nicht dazu geführt, daß sie an Präzision gewannen. Dennoch ist die Konzeption hinreichend konkretisiert, um Vergleiche zwischen ihr und der Realität zu erlauben. Drei Beispiele dürften für die ersten beiden Jahrzehnte (1949–1969), in denen die Konzeption Richtschnur wirtschaftspolitischen Handelns sein sollte, genügen, um Abweichungen zwischen Konzeption und Realität zu illustrieren:

- Die Sicherung des Wettbewerbs wurde nur zögernd in Angriff genommen. Es dauerte bis 1957, ehe ein entsprechendes Wettbewerbsrecht verabschiedet war (Gesetz gegen Wettbewerbsbeschränkungen). Weitere 8 bzw. 16 Jahre dauerte es, bis kaum bestreitbare Mängel des Gesetzes wenigstens teilweise behoben wurden, die schon vor der Verabschiedung erkannt worden waren. Auch nach diesen Korrekturen ist das Gesetz noch nicht so ausgestaltet, daß die bekannten rechtlichen Möglichkeiten annähernd ausgeschöpft sind, um „den Wettbewerb zu größter Wirksamkeit im Interesse des Verbrauchers zu bringen" (Müller-Armack, s. o.).
- Auf Maßnahmen, die geeignet sind, die Funktionsfähigkeit marktmäßiger Koordination zu beeinträchtigen, wurde keineswegs verzichtet. Vielmehr dienten solche Maßnahmen gerade dazu, ganze Bereiche, allen voran die Landwirtschaft, weitgehend aus dieser Koordination herauszulösen. Auch nach zwei Jahrzehnten war es nicht gelungen, „die noch gebundenen Bereiche bei Wahrung sozialer Gesichtspunkte voll in die Marktwirtschaft einzugliedern" (Müller-Armack, 1956, S. 392). An dieser Situation hat sich bis heute nichts geändert.
- Hinsichtlich des Ziels der „gesicherten Geldordnung" gibt die vor allem im letzten der beiden betrachteten Jahrzehnte beobachtbare Verschlechterung des Geldwertes Anlaß, eine Abweichung von der Konzeption zu vermuten. Eine der Ursachen für den Geldwertschwund beruhte auf einer mit der Konzeption kaum zu vereinbarenden staatlichen Preisfixierung: Der Wechselkurs der Mark wurde unter weitgehendem Verzicht auf Korrekturen fixiert. Die daraus resultierende Ohnmacht der Zentralbank hinsichtlich der Kontrolle der Geldmengenexpansion war nicht zu leugnen. Anstelle von Wechselkurskorrekturen wurde jedoch eine Flucht in weitere, wenig systemkonforme Maßnahmen angetreten, wie z. B. die Diskriminierung ausländischer Geldanlagen im Inland (etwa durch Kuponsteuer und Bardepot) und de facto eine vorübergehende Spaltung des Wechselkurses durch Diskriminierung des Außenhandels mit Mitteln des Umsatzsteuerrechts.
- Eine grundlegende Abweichung zwischen Konzeption und wirtschaftspolitischer Realität kann in der Aufnahme der Globalsteuerung gesehen werden (z. B. Tuchtfeldt, 1973). Die mit dem Gesetz zur Förderung der Stabilität und des Wachstums der Wirtschaft (1967) angestrebte „aufgeklärte Marktwirtschaft" stellt wesentlich höhere Ansprüche an die Konjunkturpolitik und damit auch an das erforderliche Lenkungswissen (und damit die „Machbarkeit"), als sie von den Initiatoren der Konzeption vorgesehen waren. Globalsteuerung beruht ordnungstheoretisch zudem auf einem Verständnis der marktmäßigen Koordination, das sich eher an einem Organisationsphänomen als an einer Handelnsordnung orientiert (vgl. hierzu Kap. 4). Darüber hinaus bleiben die Eigengesetzlichkeiten der Politik als Hinderungsgrund für eine konsequente Anwendung dieses Steuerungskonzeptes außer Betracht. So verwundert es kaum, daß der Globalsteuerung bislang kein – gemessen an den Ansprüchen – überzeugender Erfolg beschert war (hierzu z. B. Streit, 1981).
- Bei der sozialstaatlichen Komponente der Konzeption stellte die Einführung der sogenannten dynamischen Rente (1957) für einige der Initiatoren bereits einen einschneidenden „Stilbruch" dar. Röpke sah in ihr einen „Riesenschritt zum Wohlfahrtsstaat, der die Verstaatlichung des Menschen zu vollenden" drohte (zit. nach

MOLITOR, 1958, S. 66). Ein wesentlicher Schritt zur vollständigen „Fremdvorsorge“ war damit zweifellos getan. Weitere Schritte (davon beträchtliche bei anstehenden Bundestagswahlen) folgten. Materiell wurde die Selbständigkeit der institutionellen Träger der sozialen Sicherung zunehmend ausgehöhlt; ihre Politisierung war Folge der Befrachtung mit Regeln, die auf eine Umverteilung zwischen den Versicherten zielen. Die inhaltliche Offenheit des Sozialstaatsprinzips begünstigt eine fortschreitende Verdrängung des Subsidiaritätsprinzips als Folge des politischen Wettbewerbs. Belastet und von Aushöhlung bedroht ist die Konzeption durch ein dauerhaftes Problem der vorherrschenden wohlfahrtsstaatlichen Form von Demokratie. Dieses Problem droht durch die Inanspruchnahme der Ethik sogar verschleiert, wenn nicht tabuisiert zu werden. Es handelt sich um die politische Resignation vor und die opportunistische Reaktion auf Interessengruppen. Beides wird durch eine personelle und finanzielle Verflechtung von Interessengruppen und politischen Akteuren noch verschärft (vgl. STREIT, 2003).

Die beispielhaft aufgezeigten Abweichungen zwischen Konzeption und praktischer Politik verdeutlichen noch einmal die grundsätzlichen Realisierungsprobleme, die sich für eine marktwirtschaftliche Ordnungspolitik aus ihren Kollektivguteigenschaften im politischen Prozeß ergeben. Im Rückblick liegt folgendes Urteil nahe (KLOTEN, 1986, S. 78): „Das institutionelle Rahmenwerk der Sozialen Marktwirtschaft hat sich als nicht stark genug erwiesen, um den Tendenzen zur Politisierung der Teilordnungen wie zu einer opportunen Nutzung der sich aus ihnen ergebenden Möglichkeiten Einhalt zu gebieten.“

Allgemein können Hindernisse für die Realisierung einer wirtschaftspolitischen Konzeption sowohl im ökonomischen als auch im politischen Bereich bestehen. Wenn Abweichungen zwischen Konzeption und Realität möglichst klein gehalten werden sollen, käme es darauf an, solche Hindernisse zu identifizieren und wenn möglich auszuräumen. Erforderlich könnte sein

- eine Verbesserung des technologischen Wissens sowohl hinsichtlich ökonomischer Wirkungszusammenhänge als auch politischer Willensbildungsprozesse;
- eine Verbesserung sowohl des wirtschaftspolitischen Instrumentariums als auch des politischen Verfahrens.

Konkret wäre u. a. zu prüfen,

- wie die unumgängliche Koordination wirtschaftspolitischer Aktivitäten verbessert werden könnte, vor allem wenn es mehrere Träger der Wirtschaftspolitik gibt;
- wie der Einfluß von Interessenverbänden auf den wirtschaftspolitischen Willensbildungsprozeß begrenzt werden könnte;
- wie mit einer Erfolgskontrolle wirtschaftspolitischer Maßnahmen das Lenkungswissen von Entscheidungsträgern verbessert sowie politische Verantwortlichkeiten leichter identifiziert und damit auch eher mit negativen Sanktionen belegt werden könnten.

Zentrale Voraussetzung für die Realisierung und unumgängliche Weiterentwicklung einer wirtschaftspolitischen Konzeption sowie der Ordnungsvorstellungen von Wirtschaft und Gesellschaft, die in ihr enthalten sind, dürfte jedoch sein, daß ein hinreichend breiter Konsens über Inhalt und Rang der mit ihr angestrebten gesellschaftlichen Grundwerte besteht. Ihn herbeizuführen und durch praktisches Handeln zu bestätigen, ist eine politische Aufgabe, deren Erfüllung unter dem Druck politischen Wettbewerbs nur zu häufig auf unverbindliche Deklarationen und symbolische Handlungen reduziert zu werden tendiert.

Kapitel 12: Kriterien für den Mitteleinsatz

Nach der Diskussion von Zielen und Zielbeziehungen, der Mittelkategorien sowie von Ziel-Mittel-Systemen als Orientierungsrahmen für wirtschaftspolitisches Handeln (wirtschaftspolitische Konzeption) soll nunmehr dargelegt werden, welche Kriterien für die Wahl einzelner Mittel in konkreten Entscheidungssituationen in Frage kommen könnten. Wenn der Mitteleinsatz möglichst rational erfolgen soll, kommen drei Interventionsregeln (Abb. 12.1) in Betracht: die Zielkonformität, die Konzeptionskonformität und die Systemkonformität. Bei ihrer Anwendung empfiehlt sich ein schrittweises Vorgehen. Zunächst kommt es darauf an, Mittel danach zu beurteilen, ob sie überhaupt geeignet sind, ein angestrebtes Ziel zu fördern. Solche Mittel gelten im Sinne eines vorläufigen teleologischen Urteils als zielkonform. Danach soll eine Prüfung auf Konzeptions- bzw. Systemkonformität erlauben, zielkonforme Maßnahmen im Hinblick auf ihre Verträglichkeit mit der jeweiligen wirtschaftspolitischen Konzeption zu beurteilen. Auf diese Weise soll eine Vorauswahl ermöglicht werden. Eine abschließende Beurteilung der Maßnahmen erforderte im Grunde eine komparative wirtschaftspolitische Kosten-Nutzen-Analyse. Dazu müßten die Haupt- und Nebenwirkungen, Nah- und Fernwirkungen sowie die direkten Kosten des Mitteleinsatzes berücksichtigt und hinsichtlich der erwogenen Maßnahmen verglichen werden. Dabei ergibt sich eine Reihe von Einzelproblemen des Mitteleinsatzes.

Literaturhinweise

12.1: Giersch, 1961/90 (Kap. 6, Teil 2); Jöhr und Singer, 1955 (Teil 5); Thalheim, 1955; Tuchtfeldt, 1960.

12.2: Blum, 1977; Dobias, 1980 (Teil 2.1); Giersch, 1977 (Kap. 5); Pütz, 1979 (Teil 9); Teichmann, 1973; Tuchtfeldt, 1970a, b; Wissenschaftlicher Beirat, 1978 (S. 895–962).

12.3: Gäfgen, 1988; Wissenschaftlicher Beirat, 1971 (S. 597–618).

12.1 Zielkonformität, Konzeptionskonformität, Systemkonformität

12.1.1 Zweckmäßigkeit: Zielkonformität

Bei der Suche nach wirtschaftspolitischen Maßnahmen, mit denen Zielabweichungen begegnet werden kann, kommt es zunächst darauf an, verfügbare, aber auch weitere denkbare Mittel nach ihrer erwarteten Wirkung auf die unmittelbar problemrelevanten wirtschaftspolitischen Ziele zu prüfen. Als zielkonform gelten zunächst alle Maßnahmen, die nach dieser Prüfung grundsätzlich geeignet erscheinen, zur Lösung eines wirtschaftspolitischen Problems beizutragen, also Maßnahmen, die zweckmäßig sind.

Die mit dieser ersten Prüfung erzielbaren Ergebnisse sind teleologische Urteile. Es bleibt hier noch außer Betracht, ob ein erwogenes Mittel Eigenwert hat und mit welchen Nebenwirkungen hinsichtlich anderer wirtschaftspolitischer Ziele gerechnet werden muß. Auch die Folgen des Mitteleinsatzes für umfassendere gesellschaftliche Ziele sind noch zu analysieren und zu bewerten. Wenn es etwa darum ginge, eine Inflation zu bekämpfen, könnten u. a. sowohl eine Drosselung der Geldmengenexpansion als auch

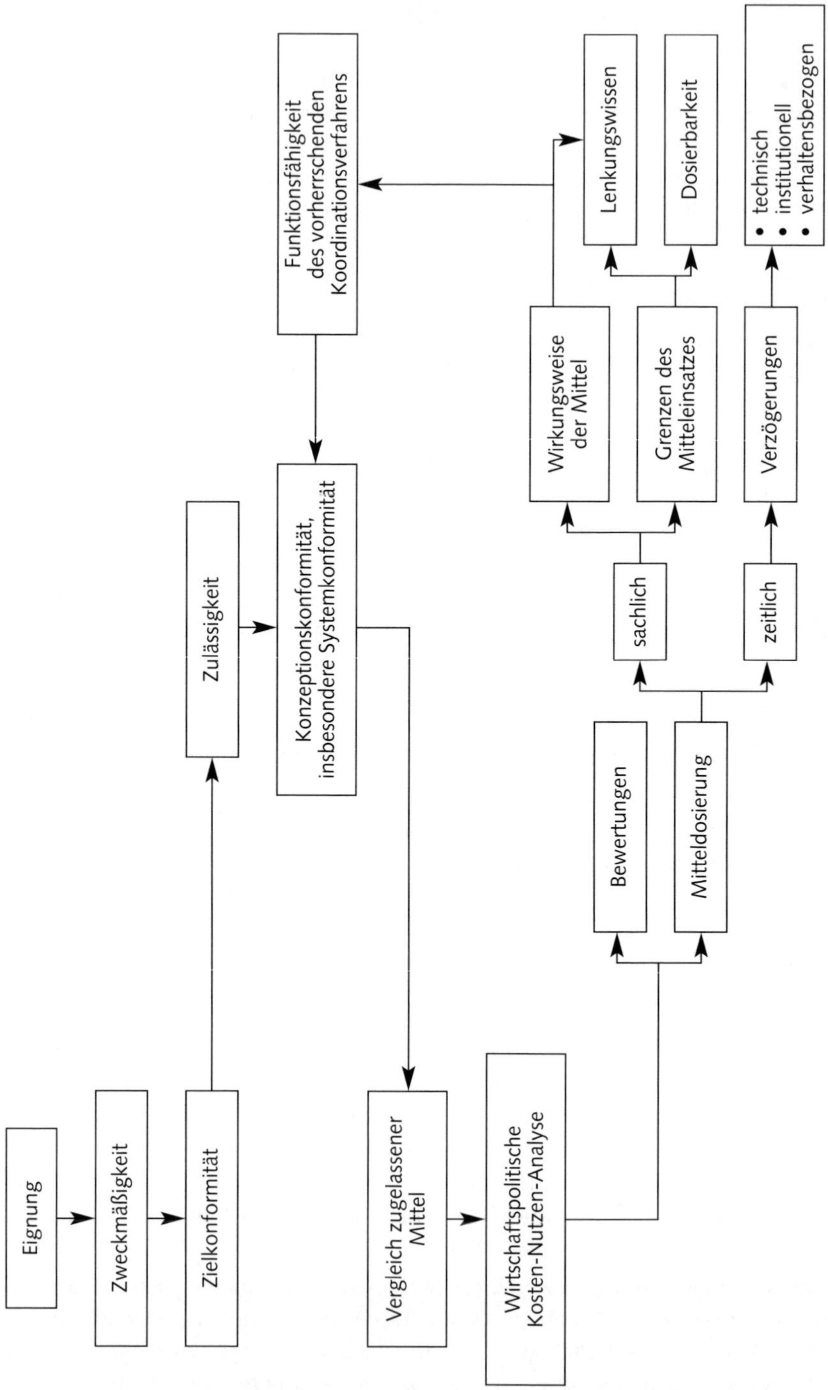

Abb. 12.1: Kriterien des Mitteleinsatzes (Interventionsregeln)

ein möglichst dichtes Netz von Preis- und Lohnkontrollen in Betracht kommen. Beide Maßnahmen wären daher u. U. zielkonform. Jedoch wären sie wohl unterschiedlich zu beurteilen, z. B. hinsichtlich ihrer Allokationswirkungen und damit auch hinsichtlich des Wirtschaftswachstums als weiteres wirtschaftspolitisches Ziel. Auch dürften die Folgen für umfassendere gesellschaftliche Ziele wie das der individuellen Freiheit in beiden Fällen unterschiedlich beurteilt werden. Derartigen Problemen des Mitteleinsatzes müssen die weitergehenden Beurteilungskriterien gerecht werden.

12.1.2 Zulässigkeit

12.1.2.1 Konzeptions- und Systemkonformität

Rationale wirtschaftspolitische Einzelentscheidungen erforderten im Grunde, daß möglichst alle zielkonformen Maßnahmen auf ihre Implikationen für das gesamte Zielsystem bis hin zu Zielen geprüft und abgewogen werden, die als Grundwerte gelten. Zur Verringerung von Entscheidungskosten bedarf es eines Kriteriums, das in dieser Hinsicht eine Beurteilung zumindest erleichtert. Es ist zu prüfen, „welche Mittel unter dem Aspekt der wertenden Vorentscheidung über die wirtschaftspolitische Generallinie zur Lösung bestimmter Probleme zugelassen werden können" (TUCHTFELDT, 1960, S. 207). Einer solchen Generallinie entspricht die wirtschaftspolitische Konzeption. Im günstigen Fall gibt sie hinreichend und widerspruchsfrei Auskunft über den geltenden, politisch tragfähigen Konsens hinsichtlich Stellenwert und Ausgestaltung des Teilbereichs Wirtschaft in Abhängigkeit von umfassenderen gesellschaftlichen Zielen. Unter diesen Umständen wird die Beurteilung von Mitteln durch ihre Überprüfung auf Konzeptionskonformität erleichtert.

Ein Kriterium, das sich auf ein zentrales Element wirtschaftspolitischer Konzeptionen bezieht, ist die Systemkonformität. Bezugspunkt ist dabei das Koordinationsverfahren für den Teilbereich Wirtschaft. Es liegt nahe, diesen Bezugspunkt zu wählen, weil das Geschehen in diesem Teilbereich in erster Linie von der Funktionsfähigkeit des eingesetzten Koordinationsverfahrens abhängt. Wirtschaftliche Zustände und Entwicklungen haben aber nicht nur Eigenwert, sondern auch Mittelcharakter im Hinblick auf umfassendere gesellschaftliche Ziele.

Die gelenkte Marktwirtschaft ist im Hinblick auf das Koordinationsverfahren in spezifischer Weise dualistisch: Es dominiert entsprechend der Kompetenzverteilung bei der Beantwortung wirtschaftlicher Grundfragen der marktmäßig koordinierte private Sektor. Daneben gibt es jedoch je nach der Position, die eine konkrete Wirtschaft dieses Typs zwischen reiner Marktwirtschaft und Zentralverwaltungswirtschaft einnimmt, einen unterschiedlich großen staatlichen Sektor. Die dort vorgenommene Versorgung mit Kollektivgütern wird verwaltungswirtschaftlich koordiniert. Der marktmäßig und der verwaltungswirtschaftlich koordinierte Sektor sind durch die verschiedenen Lenkungsmaßnahmen in wirtschaftspolitischer Absicht miteinander verflochten. Die Funktionsfähigkeit dieses dualistischen Systems hängt vor allem davon ab,

- wie gut die Koordination innerhalb der beiden Sektoren funktioniert und
- wie die Funktionsfähigkeit des marktmäßig koordinierten Sektors durch staatliche Lenkungsmaßnahmen beeinflußt wird.

Für die gelenkte Marktwirtschaft bedeutet das Kriterium der Systemkonformität, daß vor allem die Qualität von Lenkungsmaßnahmen im Hinblick auf die Funktionsfähigkeit marktmäßiger Koordination zu beurteilen ist. Verbesserungen oder Minderungen der Funktionsfähigkeit dieses Koordinationsverfahrens bedeuten zugleich, daß einige der mit dem konkreten dualistischen System angestrebten Ziele positiv, andere dagegen negativ beeinflußt werden können. Damit entstehen Abwägungsprobleme. Für ein konkretes Wirtschaftssystem vom Typ gelenkte Marktwirtschaft wäre z. B. zu prüfen, ob als Folge einer erwogenen Maßnahme eine Beeinträchtigung der marktmäßigen Koordination und damit nicht zuletzt Minderungen der Allokationsqualität hingenommen werden sollen, etwa zugunsten von Verteilungszielen.

Mit der Anwendung des Kriteriums der Konzeptions- bzw. der Systemkonformität soll in der gelenkten Marktwirtschaft einem orientierungslosen Interventionismus vorgebeugt werden. Ein solcher Interventionismus wird vor allem durch zwei Faktoren begünstigt:

- durch die mögliche Verengung des Blickfeldes bei denjenigen, die sich vornehmlich mit speziellen Problemen des Teilbereichs Wirtschaft beschäftigen und Einfluß nehmen, sei es direkt in politischer Funktion (z. B. als zuständige Minister, Mitglieder von entsprechenden Parlamentsausschüssen), sei es als Wahrer von Gruppeninteressen (Verbandsfunktionäre);
- durch den Erfolgsdruck, dem politisch Handelnde ausgesetzt sind und aus dem heraus solche Maßnahmen günstig erscheinen, die angesichts der Kürze von Legislaturperioden möglichst schnell und leicht zurechenbar Zielwirkungen zeigen, auch wenn mit negativen Fernwirkungen zu rechnen ist.

Eine Gefahr erwächst aus diesem Interventionismus vor allem, weil er zu ungewollten Summationseffekten führen kann. Es häufen sich dann Situationen, die das Urteil nahelegen, das System sei funktionsunfähig und daher zu ändern. Das kann ein grobes Fehlurteil sein, wenn die Möglichkeit unberücksichtigt bleibt, daß bisher getroffene Maßnahmen überprüft und gegebenenfalls korrigiert werden können; denn dann bliebe die Frage offen, ob nicht durch eine Korrektur solcher Maßnahmen die Funktionsfähigkeit wieder hergestellt werden könnte. Es ist nämlich nicht von vornherein auszuschließen, daß nach einer solchen Korrektur Zielannäherungen möglich werden, die sich zuvor als schwierig erwiesen und die das Urteil der Funktionsunfähigkeit nahelegten.

12.1.2.2 Grade der Systemkonformität

Zur Beurteilung der Systemkonformität wirtschaftspolitischer Maßnahmen ist es zweckmäßig, von der Beschaffenheit der Institutionen auszugehen, die im Falle einer marktwirtschaftlichen Ordnung das System im wesentlichen prägen, d. h. von der Universalisierbarkeit. Gemessen an den damit angesprochenen Kriterien der Allgemeingültigkeit, Offenheit und Bestimmtheit ist für Interventionen charakteristisch, daß sie gerade nicht offen und allgemeingültig sind. Vielmehr sollen mit ihnen konkrete wirtschaftliche Ergebnisse und diese häufig für spezifische Gruppen erzielt werden. Erfahrungsgemäß ist diese wirtschaftspolitische Absicht um so schwerer zu realisieren, und die Funktionsfähigkeit der marktmäßigen Selbststeuerung wird um so mehr beeinträchtigt, je mehr die entsprechenden Regulierungen von der Universalisierbarkeit abweichen.

Einer Einteilung TUCHTFELDTS (1960) folgend, lassen sich fünf Konformitätsgrade unterscheiden: Wirtschaftspolitische Maßnahmen können systemnotwendig, -fördernd, -adäquat, -verschlechternd und -zerstörend sein. Vorweg ist anzumerken, daß – wie i. d. R. bei der Bildung von Kategorien – die Grenzen zwischen den Konformitätsgraden fließend sind. Deshalb sind sie eher als Orientierungspunkte auf einer Skala zu denken, an deren Enden die Systemnotwendigkeit bzw. die Systemzerstörung angesiedelt sind.

Konformitätsgrade

Systemnotwendig sind alle Maßnahmen, mit denen die spezifischen Koordinationsverfahren konstituiert werden. Bei vorwiegend marktmäßiger Koordination geht es darum, die Kompetenzverteilung sowie ihre Kontrolle und die Art der Leistungsanreize rechtlich auszugestalten. Das betrifft einmal vor allem die Rechte, welche Privatautonomie und ihre Wahrnehmung konstituieren und regeln. Von den wirtschaftspolitischen Aufgabenbereichen ist damit in erster Linie die Ordnungspolitik angesprochen.

Systemfördernd sind solche Maßnahmen, die dazu beitragen, die Funktionsfähigkeit eines Systems zu sichern. Dazu gehören im Falle der marktgemäßen Koordination vor allem Maßnahmen, wie sie im Zusammenhang mit Allokationsproblemen angesprochen wurden, also z B. solche der Wettbewerbsförderung.

Systemadäquat sind solche Maßnahmen, die die Funktionsfähigkeit des Systems nicht oder nur unwesentlich beeinträchtigen. In diesem Zusammenhang sind vor allem Maßnahmen zu nennen, mit denen Einkommenserzielungschancen angeglichen werden sollen. Am Beispiel der Umverteilung erzielter Einkommen wird besonders deutlich, daß ihre Beurteilung im Hinblick auf Systemkonformität vor allem von der Ausgestaltung und Dosierung abhängt.

Systemverschlechternde Maßnahmen mindern die Funktionsfähigkeit des Systems, ohne es jedoch zu zerstören. Das gilt z. B. für gesetzliche Marktzugangsbeschränkungen (etwa eine begrenzte Vergabe nicht handelbarer Konzessionen für spezifische Produktionen), Mobilitätshemmnisse durch gesetzliche Einschränkungen des Kündigungsrechts und Förderungsmaßnahmen für die Landwirtschaft, die die Lenkungsfunktion der Preise außer Kraft setzen. Die denkbare und auch realisierte Vielfalt solcher Maßnahmen kann aber über die jeweilige Partialwirkung hinaus zu systemzerstörenden Summationseffekten führen.

Systemzerstörende Maßnahmen bewirken, daß das vorherrschende Koordinationsverfahren in beträchtlichem Maße behindert oder außer Kraft gesetzt wird. Devisenbewirtschaftung, Herausnahme ganzer Sektoren aus der marktmäßigen Koordination, Preis- und Lohnkontrollen, gebietende staatliche Investitionslenkung gehören in diese Kategorie. Hinzu kommt, daß einzelne solcher Maßnahmen häufig durch weitere systemzerstörende Maßnahmen abgesichert werden müssen, wenn sie Erfolg haben sollen. Hierzu lassen sich die möglichen Eingriffe zur Kontrolle des internationalen Kapitalverkehrs nach dem Außenwirtschaftsgesetz für die Bundesrepublik Deutschland anführen. Sie reichen bei Kapitalimporten vom Bardepot über die Kuponsteuer bis zur Genehmigungspflicht von Wertpapierverkäufen an Gebietsfremde und lassen die Kettenreaktion von Beschränkungen erkennen, die mit einer einzelnen Maßnahme ausgelöst werden kann, wenn Ausweichversuche verhindert werden sollen.

Einstufungsschwierigkeiten

Einstufungsschwierigkeiten ergeben sich schon deshalb, weil es sehr auf die Ausgestaltung und Dosierung einer Maßnahme ankommt, sowie darauf, mit welchen anderen Maßnahmen sie kombiniert wird. Ferner entstehen Einstufungsschwierigkeiten um so eher, je unbestimmter eine wirtschaftspolitische Konzeption ist.

Bei Einstufungen, die mit diesem Kriterium möglich sind, wird davon ausgegangen, daß der in der Konzeption zum Ausdruck kommende politische Konsens über die Ordnung des Teilbereichs Wirtschaft weiterhin Gültigkeit hat. Mit dieser Voraussetzung wird z. B. im Falle einer als systemverschlechternd beurteilten Maßnahme auf negative Nebenwirkungen aufmerksam gemacht. Würde dennoch zu ihren Gunsten entschieden, so müßte die in erster Linie mit einer solchen Maßnahme angestrebte Wirkung höher bewertet werden als die damit einhergehende Beeinträchtigung der Funktionsfähigkeit des Koordinationsverfahrens und die damit verbundenen Folgen.

Systemkonformität ist – angewendet auf eine gelenkte Marktwirtschaft – nicht identisch mit dem, was zumindest zum Teil unter Marktkonformität verstanden wird. Nach der Marktkonformität käme es darauf an, daß Maßnahmen „die Preismechanik und die dadurch bewirkte Selbststeuerung des Marktes nicht aufheben, sondern sich ihr als neue ‚Daten' einordnen und von ihr assimiliert werden" (W. Röpke, zit. nach Thalheim, 1955, S. 578). Im Hinblick auf die Preismechanik als marktkonform beurteilbare Maßnahmen können durchaus die Funktionsfähigkeit marktmäßiger Koordination beeinträchtigen, also systemverschlechternd oder gar systemzerstörend sein. Das kann einmal die Folge eines Dosierungsproblems und zum anderen die von Neben- und Fernwirkungen des Mitteleinsatzes sein. Klassisches Beispiel für das Dosierungsproblem ist ein Prohibitivzoll. Vordergründig betrachtet bleibt mit der Maßnahme die Preismechanik unangetastet, verglichen etwa mit einer Kontingentierung. Die Maßnahme ist marktkonform. Tatsächlich wird die wettbewerbliche Kontrolle aber im betroffenen Teil des Außenhandels durch die prohibitive Wirkung des Zolls außer Kraft gesetzt. Die Maßnahme ist systemverschlechternd. Die zweite Möglicheit läßt sich anhand von Preisstützungsmaßnahmen für landwirtschaftliche Erzeugnisse mit Hilfe von Interventionsnachfrage erläutern. Solche Käufe würden die Preismechanik unangetastet lassen, wären also i. d. S marktkonform. Sie könnten auch als systemkonform gelten, wenn es durch Interventionsnachfrage (-angebot) gelänge, Preisschwankungen auf Agrarmärkten zu reduzieren. Häufen sich jedoch auf mittlere Sicht ungeplante Überschüsse bei den staatlichen Interventionsstellen an, so ist dies ein untrügliches Zeichen dafür, daß die Funktionsfähigkeit der marktmäßigen Koordination negativ beeinträchtigt wurde; denn es liegt offensichtlich eine Verschwendung von Ressourcen vor. Die Maßnahme wäre systemverschlechternd. Rationalität vorausgesetzt, wäre sie unter Berücksichtigung des Kriteriums der Zielkonformität nur dann vertretbar, wenn (1) andere Maßnahmen, mit denen die angestrebte Begünstigung der Landwirtschaft ebenfalls erreichbar wäre, nicht zur Verfügung stünden und die Ressourcenverschwendung, gemessen an dem Begünstigungsziel, geringer bewertet würde oder (2) andere Maßnahmen wegen der damit erwarteten Nutzen und Kosten ungünstiger beurteilt würden.

12.2 Vergleich zugelassener Mittel

Hinsichtlich der Selektionsmöglichkeiten mit Hilfe der erörterten Interventionsregeln (Tuchtfeldt, 1982) ist festzuhalten,

- daß die Anwendung des Kriteriums der Zielkonformität nur undifferenzierte Urteile über die grundsätzliche Eignung von Maßnahmen erlaubt und
- daß mit dem Kriterium der Konzeptions- bzw. der Systemkonformität nur vorläufige Urteile gefällt werden können, die daher höchstens eine Vorauswahl aus den zielkonformen Maßnahmen erlauben.

Eine eindeutige Selektion von Maßnahmen macht es erforderlich, sie noch differenzierter zu beurteilen. Deshalb empfiehlt es sich, die Bewertung des Mitteleinsatzes weiter voranzutreiben.

12.2.1 Beurteilungsgrundlage: Wirtschaftspolitische Kosten-Nutzen-Analyse

Differenzierte Beurteilungen wären grundsätzlich möglich, wenn für erwogene, konkrete Maßnahmen der jeweils erwartete wirtschaftspolitische Nutzen den mit deren Einsatz erwarteten Kosten gegenübergestellt werden könnte. Die Strukturelemente solcher wirtschaftspolitischer Kosten-Nutzen-Analysen wurden bereits am Beispiel der Verteilungskorrekturen (Kap. 5) vorgestellt.

Auf der Nutzenseite sind zu berücksichtigen

- der direkte Nutzen als Folge der mit dem Mitteleinsatz verbundenen Wirkung auf das angestrebte Ziel und
- der indirekte Nutzen als Folge möglicher positiver Nebenwirkungen auf andere Ziele, die sich aus mit dem Mitteleinsatz entstehenden Komplementaritätsbeziehungen ergeben.

Auf der Kostenseite sind zu berücksichtigen

- direkte Kosten, die durch eine Maßnahme bei dem Entscheidungsträger, aber auch bei den durch sie betroffenen privaten Planungseinheiten verursacht werden, und
- indirekte Kosten als Folge von möglichen negativen Nebenwirkungen auf andere Ziele, die sich aus durch den Mitteleinsatz entstehenden Konkurrenzbeziehungen ergeben.

Im Hinblick auf die Lösung eines konkreten wirtschaftspolitischen Problems käme es darauf an, die Maßnahme zu identifizieren, für die die Abwägung von erwarteten Nutzen und Kosten den höchsten Nettonutzen, verglichen mit allen übrigen in Betracht gezogenen Maßnahmen, verspricht.

12.2.2 Wissens- und Bewertungsprobleme

Wirtschaftspolitische Kosten-Nutzen-Analysen werden möglich, wenn zwei Probleme wenigstens annähernd lösbar sind:

- die Einschätzung der Haupt- und Nebenwirkungen setzt entsprechendes Lenkungswissen voraus (das Wissensproblem);
- die erwarteten Wirkungen verlangen von der Entscheidungsinstanz bewertet zu werden (das Bewertungsproblem).

Dem Wissensproblem vorgelagert ist die Klärung des wirtschaftspolitischen Entscheidungsproblems, dessen Lösung mit Hilfe der Kosten-Nutzen-Analyse erleichtert werden soll. Damit sind vor allem Fragen der Operationalisierung angesprochen. Erst nach der Konkretisierung der Ziele kann der Frage nach ziel- und konzeptionskonformen Mitteln, ihrer Wirkungsweise und den mit ihrem Einsatz verursachten direkten Kosten nachgegangen werden. Ebenso ist es erst dann möglich, mittelspezifischen Lenkungsproblemen nachzugehen. Dazu gehört die Prüfung der Dosierbarkeit der erwogenen Mittel ebenso wie die Analyse möglicher Gefahren einer Fehldosierung.

Annäherungen an das angestrebte Ziel erfordern ebenso Bewertungen wie positive und negative Nebenwirkungen auf andere Ziele. Bewertungen entziehen sich einer wissenschaftlichen Analyse. Wissenschaftlich begründbar sind lediglich Aussagen darüber, ob und in welchem Ausmaß eine konkrete Maßnahme dazu führt, daß sich der Realisierungsgrad des angestrebten sowie der durch Nebenwirkungen des Mitteleinsatzes tangierten Ziele erhöht oder verringert; denn dazu kann Wissen über die Wirkungsweise der Mittel eingesetzt werden. Im übrigen kommen für den Entscheidungsträger Bewertungen häufig auch in politischen Widerständen und Präferenzen vor allem von Parteien und Interessenverbänden zum Ausdruck. So haben KIRSCHEN u. a. (1964, S. 87 f., 129 f., 146 f.) in einer international vergleichenden Studie bei einer groben Aufspaltung des politischen Spektrums in Konservative, Zentrum und Sozialisten teilweise stark divergierende Präferenzen im Hinblick auf wirtschaftspolitische Instrumente beobachten können. Danach haben Konservative eine Präferenz für die Anwendung von Variationen einzelwirtschaftlicher Plandaten gegenüber Instrumenten mit direkter Zielwirkung. Sie ziehen monetäre Maßnahmen den fiskalischen vor und indirekte gegenüber direkten Steuern. Eine Erhöhung des Staatsanteils lehnen sie ab. Demgegenüber befürworten Sozialisten eine Ausweitung der Staatstätigkeit und „deficit-spending" in der Konjunkturpolitik. Die Präferenzen von Interessengruppen (z. B. Arbeitgeber, Gewerkschaften, Landwirte) zeigen – wie nicht anders zu erwarten – Gemeinsamkeiten mit den Parteien, denen sie i. d. R. nahestehen. Derartige Widerstände bedeuten auch, daß der Einsatz von Maßnahmen verzögert werden kann, wenn wirtschaftspolitische Instanzen um parlamentarische Zustimmung werben müssen. Verzögerungen im wirtschaftspolitischen Entscheidungsprozeß lassen jedoch die Wirkungsweise von Maßnahmen i. d. R. nicht unbeeinflußt.

Die angesprochenen Wissens- und Bewertungsprobleme dürften bereits verdeutlichen, daß wirtschaftspolitische Kosten-Nutzen-Analysen bestenfalls unvollständig durchführbar sind. Als Entscheidungshilfe kommt ihnen jedoch selbst dann zumindest heuristische und pragmatische Bedeutung zu: Sie liefern eine methodische Hilfe, Lenkungsprobleme im konkreten Fall zu identifizieren und Abwägungen so umsichtig wie möglich vorzunehmen.

12.2.3 Dosierung des Mitteleinsatzes

Notwendige Bedingung für die Beurteilung einer konkreten Maßnahme ist die Kenntnis ihrer Wirkungsweise in Abhängigkeit von der Dosierung. Erst auf dieser Grundlage können die Haupt- und Nebenwirkungen, die Nah- und Fernwirkungen ermittelt und bewertet werden. Ferner dürften die direkten Kosten des Mitteleinsatzes häufig auch von der Dosierung abhängen.

12.2.3.1 Wirkungsweise der Mittel

Mit der Wirkungsweise von Mitteln sind technologische Beziehungen zwischen Zielen und Mitteln angesprochen. Durch diese Beziehungen wird das Feld rationaler wirtschaftspolitischer Handlungsmöglichkeiten begrenzt. Werden sie vernachlässigt, muß mit wirtschaftspolitisch unerwünschten Ergebnissen gerechnet werden. Unerwünschte Ergebnisse können aber auch die Folge des begrenzten Wissens über relevante Ziel-Mittel-Beziehungen sein. Die Ziel-Mittel-Beziehungen können vor allem dadurch an Überschaubarkeit verlieren,

- daß zwischen Mittel und Ziel mehr oder weniger zahlreiche ökonomische Prozesse „geschaltet" sind;
- daß die ursprüngliche Zielwirkung eines Mittels durch Wirkungen verändert wird, die von Reaktionen der Privaten als Folge des Mitteleinsatzes ausgehen können;
- daß Zeit vergeht, ehe die Zielwirkungen einschließlich aller möglichen Wirkungen der Reaktionen von Privaten abgeschlossen sind.

Derartige Komplikationen sind für Interventionen in stabilisierungspolitischer Absicht von besonderer Bedeutung. Sie können anhand des geläufigen keynesianischen Modells hinreichend verdeutlicht werden, wenn einmal die grundsätzlichen Einwände, die im vierten Kapitel gegen solche makroökonomischen Modelle vorgetragen wurden, außer Betracht bleiben: Gilt etwa das Volkseinkommen als Zielgröße und wird eine Erhöhung der Staatsausgaben erwogen, so sind neben einer direkten Zielwirkung auch die vermuteten Vorgänge auf dem Geld- und Gütermarkt einschließlich des Außenhandels zu berücksichtigen. Sie haben eine gedämpfte Verstärkungswirkung (Multiplikatoreffekt) zur Folge. Bei gegebener Geldmenge besteht sie aus der Ausgabensteigerung der Privaten, die von der Einkommenssteigerung als direkter Folge der Erhöhung der Staatsausgaben ausgelöst wird. Gedämpft wird die mit dieser Ausgabensteigerung verbundene zusätzliche Einkommenswirkung z. B. durch Sickerverluste in Form von Ersparnis, Entzugseffekten einer einkommensabhängigen Steuer und einkommensinduzierten Importen. Hinzu kommen u. U. negative Multiplikatorwirkungen eines Rückgangs der Investitionsausgaben als Folge einer Zinssteigerung, die durch die einkommensinduzierte Erhöhung der Nachfrage nach Transaktionsgeld ausgelöst werden kann. Selbst wenn nur eine der Verhaltensgleichungen (z. B. die Konsumfunktion) verzögerte Reaktionen impliziert, kommt damit die dritte Komplikation hinzu. Mit einer Einperioden-Analyse könnte nur noch ein Teil der ökonomischen Prozesse erfaßt werden; denn über Reaktionsverzögerungen werden Wirkungen einer Instrumentvariation in die folgenden Perioden hineingetragen. Würde dann die wirtschaftspolitische Maßnahme so dosiert, als ob nur die laufende Periode relevant wäre, könnte Überdosierung auf mittlere Frist die Folge sein.

12.2.3.2 Dosierbarkeit der Mittel

Beim Mitteleinsatz sind neben den unumgänglichen Bewertungen Grenzen der Dosierbarkeit zu berücksichtigen. Solche Grenzen können zunächst technisch bedingt sein. Nicht alle Mittel sind beliebig fein dosierbar. Das gilt i. d. R. für qualitative Mittel wie Arbeitsschutzgesetze, generelle Ausnahmen von einem Kartellverbot oder Gesetze gegen unlauteren Wettbewerb im Unterschied zu quantitativen Mitteln wie Steuer- und Zinssätze, staatliche Investitionsausgaben oder Rediskontkontingente.

Von besonderer Bedeutung sind vor allem Grenzen der Dosierbarkeit, die durch nationale Gesetze oder internationale Verträge entstehen; denn sie dienen i. d. R. dazu, den Handlungsspielraum von Trägern der Wirtschaftspolitik einzuschränken. So sind der Deutschen Bundesbank durch § 16 Bundesbankgesetz Höchstgrenzen für die Mindestreservesätze auf Einlagen der Nichtbanken bei Kreditinstituten vorgeschrieben. Nach dem gleichen Gesetz (§ 20) können öffentlichen Stellen kurzfristige Kredite in Form von Buch- und Schatzwechselkrediten (Kassenkredite) nur bis zu im Gesetz festgelegten Höchstgrenzen gewährt werden. Auch die Einschränkung der fiskalpolitischen Möglichkeiten der Exekutive durch Bindung an ein Haushaltsgesetz, wie dies durch Art. 110 Grundgesetz geschehen ist, läßt sich als eine solche Grenze interpretieren. Mit dem Gesetz zur Förderung der Stabilität und des Wachstums der Wirtschaft (StWG) wurde diese insofern etwas flexibler gestaltet, als der Bundesregierung in begrenztem Maße sowohl auf der Einnahmenseite (z. B. durch vorübergehende, begrenzte Anhebung der Einkommensteuerschuld, § 26 StWG) als auch auf der Ausgabenseite (z. B. durch Bildung von Ausgabenüberschüssen in begrenztem Umfang, §§ 2, 6 StWG) eine Interventionsmöglichkeit in konjunkturpolitischen Notfällen eingeräumt wurde. Als Beispiel dafür, wie die Dosierbarkeit von Instrumenten auch durch internationale Verträge begrenzt werden kann, läßt sich das „Allgemeine Zoll- und Handelsabkommen" (General Agreement on Tariffs and Trade, GATT) anführen, nach dem der Einsatz von Zöllen und anderen Handelsbeschränkungen für die Mitgliedsstaaten begrenzt wird. Als Beispiel dafür, daß Systemkonformität mit Hilfe gesetzlicher Vorschriften hinsichtlich der Dosierbarkeit von Mitteln vorgegeben werden kann, läßt sich Art. 15 Grundgesetz anführen, wenn er zusammen mit der Eigentumsgarantie nach Art. 14 Grundgesetz betrachtet wird. In diesem Fall sind einer Überführung in Gemeineigentum Grenzen gesetzt. Das entspricht auch der herrschenden Rechtsauffassung, wonach die Sozialisierungsermächtigung nach dem Grundgesetz auf Ausnahmefälle beschränkt bleiben soll.

12.2.3.3 Lenkungsgefahren: Fehldosierungen

Kategoriale Orientierungshilfe: die optimale Dosierung

Für den- oder diejenigen, die zu einer wirtschaftspolitisch verbindlichen Bewertung der Mittelwirkungen legitimiert sind, ist das Bewertungsproblem zugleich ein Dosierungsproblem. Dieses Problem läßt sich veranschaulichen, wenn zunächst unterstellt wird, daß (1) das zu beurteilende Mittel beliebig fein dosiert werden kann, (2) die Zielwirkungen wie die Nebenwirkungen mit der Dosierung variieren und auch nach Nah- und Fernwirkungen bekannt sowie bewertet sind, (3) die direkten Kosten des Mitteleinsatzes nicht nur aus Fixkosten bestehen, sondern darüber hinaus mit der Dosierung variieren und insgesamt bekannt sind. Unter diesen extrem vereinfachenden Voraussetzungen können folgende Dosierungsgrade unterschieden werden (TUCHTFELDT, 1970a, S. 728 ff.):

- Optimal dosiert ist ein Mittel, wenn keine andere Dosierung einen größeren Nettonutzen verspricht.
- Absolut unterdosiert ist ein Mittel, wenn die Kosten des Mitteleinsatzes seinen Nutzen übersteigen, ein positiver Nettonutzen jedoch durch stärkere Dosierung erzielbar erscheint.
- Relativ unterdosiert bzw. überdosiert ist ein Mittel, wenn der Gesamtnutzen zwar die Gesamtkosten des Mitteleinsatzes übersteigt, jedoch ein höherer Nettonutzen durch eine stärkere bzw. schwächere Dosierung erzielbar erscheint.
- Absolut überdosiert ist schließlich ein Mittel, wenn die Gesamtkosten den Gesamtnutzen übersteigen und ein positiver Nettonutzen durch geringere Dosierung erzielbar erscheint.

Den Dosierungsgrad konkreter wirtschaftspolitischer Mittel zu bestimmen dürfte unmöglich sein. Die gedanklich ableitbare optimale Dosierung liefert jedoch eine Orientierungshilfe zur Bildung von Kategorien möglicher Fehldosierungen.

Fehldosierungen

Absolute Unterdosierung läge einerseits vor, wenn der Mitteleinsatz keine Zielwirkung hat, weil eine Minimaldosierung unterschritten wird, so daß zwar Kosten des Mitteleinsatzes entstehen, aber kein Nutzen gestiftet wird. Eine Minimaldosierung ist nötig, wenn Reaktionsschwellen bei den von einer Maßnahme betroffenen Wirtschaftseinheiten zu überwinden sind. Für die Existenz solcher Reaktionsschwellen spricht die Vermutung, daß die Kosten einzelwirtschaftlicher Umdispositionen als Reaktion auf eine wirtschaftspolitische Plandatenänderung, gemessen am damit erzielbaren Erfolg bzw. an vermeidbaren anderen Kosten, zu groß sein können. Materiell entsteht die Reaktionsschwelle also als Folge eines Vergleichs des erwarteten Nutzens einer Reaktion mit den damit verbundenen Substitutionskosten. Derartige Schwellen können z. B. für Steuer- und Zinssatzvariationen vermutet werden. Andererseits kann es auch sein, daß die direkten Kosten einer relativ geringen Dosierung von Mitteln ihren Nutzen übersteigen. Ein Beispiel hierfür sind die sogenannten Bagatellsteuern, wenn zu ihrer Beurteilung lediglich einerseits der damit verbundene Aufwand von Legislative, Verwaltung und Privaten sowie andererseits die erzielbaren Steuereinnahmen zu berücksichtigen wären.

Zu einer relativen oder auch absoluten Überdosierung kann es kommen, wenn Widerstände der privaten Planungseinheiten gegen wirtschaftspolitische Maßnahmen unterschätzt oder vernachlässigt werden. Das „Gesetz vom wachsenden Steuerwiderstand" (GERLOFF) verdeutlicht diese Möglichkeit. Aktiver Widerstand in Form der Steuervermeidung (durch Auswanderung), der Steuertäuschung (Steuerhinterziehung) und der Steuerverweigerung (durch Steuerstreik) müssen ebenso wie der passive Widerstand durch Leistungsminderung als Kosten der Intrumentvariation mit in die Überprüfung der Zielkonformität eingehen, wenn es zu keiner Fehldosierung kommen soll. Als eine Folge der Fehldosierung von Abgabenlasten gilt z. B. die Untergrundwirtschaft als Teil der Schattenwirtschaft.

Eine relative bzw. absolute Überdosierung ist auch möglich, wenn z. B. die Fernwirkungen des Mitteleinsatzes vernachlässigt werden. In diesem Fall kann sich für ein Mittel das kurzfristig positive Nutzen-Kosten-Verhältnis langfristig in sein Gegenteil verkehren; es erweist sich als kontraproduktiv. Ein solcher „Bumerangeffekt" (Giersch, 1961/90, S. 328) kann z. B. bei dem Versuch entstehen, Entwicklungsländern als Rohstoffproduzenten einen Erlösvorteil dadurch zu verschaffen, daß für ihre Produkte Preise fixiert werden, die über den von zyklischen Schwankungen bereinigten Weltmarktpreisen liegen. Kurzfristig kann auf diese Weise durchaus eine Verbesserung der Nettoerlöse der Produzenten erreicht werden, wenn die Preiselastizität der Rohstoffnachfrage relativ gering ist. Langfristig droht jedoch ein Bumerangeffekt in Form eines Verfalls der Nettoerlöse der Rohstoffproduzenten. Er ergibt sich einmal, wenn auf der Angebotsseite mit einer langfristig größeren Preiselastizität des Angebots gerechnet werden muß. Zum anderen ist auf der Nachfrageseite nicht auszuschließen, daß mit dem höheren Preis Substitutions- und Rückgewinnungsprozesse begünstigt werden und daher auch die Preiselastizität der Nachfrage langfristig zunimmt.

Ein weiterer Fall relativer oder gar absoluter Überdosierung kann sich ergeben, wenn die beobachtbaren Nahwirkungen im Extremfall als Gesamtwirkung gedeutet werden und daraufhin die Dosierung erhöht wird, was sich in der Folgezeit als kontraproduktiv erweist. Wenn sich z. B. kurzfristig auf die Durchführung eines Programms zur Konjunkturbelebung keine merkliche Wirkung einstellt, ist die Versuchung groß, mit einem zweiten Programm „nachzubessern". War eine Wirkungsverzögerung die Ursache für die kurzfristig schwache Reaktion, so besteht wie in allen mit Trägheiten behafteten kybernetischen Systemen die Gefahr des Übersteuerns.

Mit der zuletzt genannten Möglichkeit verwandt ist das Problem der „Summationseffekte" (Tuchtfeldt, 1970a, S. 732). Gemeint ist damit, daß wirtschaftspolitische Mittel i. d. R. nicht in einer interventionsfreien Situation eingesetzt werden, sondern in ihren Wirkungen mit denen bereits früher ergriffenen Maßnahmen zusammentreffen. So ist es denkbar, daß im Laufe der Zeit den verschiedensten Branchen Hilfen zuteil werden, primär mit dem erklärten oder versteckten Ziel der Strukturerhaltung und in geringerem Maße zur Strukturanpassung und -gestaltung. Hinzu kann eine Vielzahl verteilungspolitischer Maßnahmen mit mobilitätshemmender Nebenwirkung kommen (z. B. Ausbau des Kündigungsschutzes), ergänzt durch ähnlich wirkende Absprachen von Arbeitsmarktparteien (z. B. innerbetriebliche Umbesetzungssperren). Des weiteren können Versäumnisse in der Wettbewerbspolitik (z. B. beim Abbau von Handelsbeschränkungen) die Anpassungs- und Entwicklungsfunktion des Wettbewerbs zunehmend beeinträchtigen. Die Summationseffekte derartiger Maßnahmen bestehen u. a. darin, daß durch sie die Möglichkeiten eines störungsarm vollziehbaren Strukturwandels eingeschränkt werden. Strukturwandel äußert sich dann zunächst eher in Betriebsschließungen und struktureller Arbeitslosigkeit, bevor es zur Umwidmung der sektoralen und regionalen Ressourcen kommt. Die marktmäßige Koordination scheint für denjenigen zu versagen und möglicherweise einen Systemwechsel nahezulegen, der die Summationseffekte der Interventionen der Vergangenheit übersieht. Infolgedessen sieht er auch keinen Anlaß dafür, zu prüfen, ob nicht nach erneutem Abwägen von Kosten und Nutzen einzelne Maßnahmen durch andere ersetzt oder ersatzlos zurückgenommen werden könnten.

Fehldosierungen können schließlich eine Folge häufiger wirtschaftspolitischer Datenänderungen sein, wenn damit die Anpassungsfähigkeit einzelwirtschaftlicher Planungseinheiten überfordert wird. Das bedeutet nämlich, daß bisher verläßliches Wissen über einzelwirtschaftliche Anpassungsreaktionen entwertet wird. Werden dennoch weiterhin mit Hilfe dieses Lenkungswissens Maßnahmen erwogen, sind Fehldosierungen zu erwarten.

Abwägung wirtschaftspolitischer Programme

Die unterschiedenen Dosierungsgrade beziehen sich jeweils nur auf ein einzelnes Mittel. Damit ist also auch bei einer optimalen Dosierung noch nichts über den Vergleich der verschiedenen Mittel gesagt, mit denen das gleiche Ziel grundsätzlich angestrebt werden könnte. Ein Vergleich ist aber erst zweckmäßig, wenn die konkurrierenden Maßnahmen nach dem Nettonutzen eingestuft werden, der jeweils bei optimaler Dosierung erzielbar erscheint. Auch dann führt er immer noch zu einer sehr partiellen Beurteilung; denn es bleibt die Möglichkeit unberücksichtigt, daß nicht nur einzelne Mittel zur Verfolgung eines Ziels einsetzbar sind, sondern auch Mittelkombinationen. Auf solche Mittelkombinationen ausgedehnt, wäre jene Kombination vorzuziehen, die insgesamt den höchsten Nettonutzen verspricht. Wird dann ein einzelnes Mittel einer Kombination auf seinen Dosierungsgrad isoliert überprüft, kann sich ergeben, daß es als nicht optimal dosiert gelten müßte. Bei einer solchen Betrachtung würde aber z. B. vernachlässigt, daß Mittel im Hinblick auf ein Ziel auch komplementär sein können. An dem Beispiel wird zugleich deutlich, daß sich die Anforderungen hinsichtlich des Lenkungswissens und der unumgänglichen Bewertungen wesentlich erhöhen, wenn anstelle einer partiellen Beurteilung einzelner Mittel miteinander konkurrierende, mehr oder weniger umfangreiche Ziel-Mittel-Systeme i. S. v. wirtschaftspolitischen Programmen gegeneinander abzuwägen sind. Vom Anspruch gesehen, rücken solche Vorhaben in die Nähe wirtschaftspolitischer Entscheidungsmodelle. Zugleich stellt sich damit verschärft die Frage der wirtschaftspolitischen Gestaltbarkeit einer Handelnsordnung, die nach den bisherigen Ausführungen mit Skepsis zu beantworten ist.

12.2.3.4 Zeitliche Lenkungsprobleme: Verzögerungen

Ein besonderes Dosierungsproblem kann sich daraus ergeben, daß sowohl beim Einsatz als auch bei der Wirkung wirtschaftspolitischer Mittel Verzögerungen auftreten. Ökonomisch betrachtet sind Verzögerungen die Folge technischer, institutioneller und verhaltensbezogener Friktionen. Primär technisch bedingt dürfte z. B. die Zeit sein, die bei Investitionen vergeht, ehe der Kapazitätseffekt einsetzt. Als Beispiel für institutionelle Friktionen mag der Hinweis auf den Zeitbedarf von Gesetzgebungsverfahren genügen. Zu einem großen Teil verhaltensbezogen begründen lassen sich Reaktionsverzögerungen bei privaten und wirtschaftspolitischen Entscheidungsträgern dadurch, daß Entscheidungen vorbereitet, getroffen und durchgeführt werden müssen.

Für wirtschaftspolitische Instanzen stellt sich das Problem der Verzögerungen sowohl im eigenen Einflußbereich (Innenverzögerung) als auch in fremden Einflußbereichen (Außenverzögerungen) dar. Die Gesamtverzögerung, die von dem Entstehen eines wirtschaftspolitischen Problems bis zum Auslaufen der Wirkungen eines Mittels entstehen kann, läßt sich in Form eines groben Rasters von Vorgängen verdeutlichen (Abb. 12.2): Am Beginn der Gesamtverzögerung steht aus der Perspektive einer wirtschaftspolitischen Instanz eine Erkennungsverzögerung. Sie ist häufig eine Außenverzögerung und besteht aus

- einer Erfassungsverzögerung als Folge des Umstandes, daß wirtschaftspolitisch relevante Störungen i. d. R. erst verzögert beobachtet werden;
- einer Kommunikationsverzögerung, die sich aus dem Zeitbedarf der Aufbereitung und Weiterleitung von Informationen über derartige Störungen ergibt.

Die zweite Gruppe von Vorgängen, die zu Verzögerungen führt, betrifft die wirtschaftspolitische Instanz selbst, stellt also eine Innen- oder Instanzenverzögerung dar:

- Eine Diagnoseverzögerung ergibt sich aus dem Zeitbedarf für die Auswertung der empfangenen Informationen, die Analyse von Art und Umfang der Störung.
- Eine Planungsverzögerung kann daraus abgeleitet werden, daß der Entwurf wirtschaftspolitischer Programme zeitaufwendig ist.
- Eine Entscheidungsverzögerung ergibt sich aus dem Zeitbedarf für das Abwägen der Handlungsmöglichkeiten.
- Eine Durchführungsverzögerung entsteht i. d. R. bei der Ausführung des beschlossenen Programms, z. B., weil rechtliche Voraussetzungen dafür zunächst geschaffen werden müssen.

Soweit der Mitteleinsatz nicht bereits von den Privaten bei ihren Dispositionen vorweggenommen und entsprechend reagiert wird, z. B. als Folge einer Ankündigung konkreter Maßnahmen (Ankündigungseffekt), muß schließlich mit einer Wirkungsverzögerung (Außenverzögerung) gerechnet werden, die u. U. aus zwei Elementen bestehen kann:

- einer Anlaufverzögerung (Totzeit), die nach der Durchführung der Maßnahme und vor ersten Zielwirkungen auftreten kann,
- einer Verlaufverzögerung, weil die Zielwirkung selbst nach einer Anlaufsverzögerung nicht sogleich vollständig eintritt, sondern Zeit vergeht, bis die Gesamtwirkung auf das Ziel erreicht ist.

Was aus der Sicht wirtschaftspolitischer Instanzen als Wirkungsverzögerung gilt, bezieht sich nicht zuletzt auf Elemente von Verzögerungen im privatwirtschaftlichen Bereich, die denen der Erkennungs- und der Instanzenverzögerung analog sind. Es geht bei den Privaten um Reaktionen auf wirtschaftspolitisch veränderte ökonomische Bedingungen (z. B. eine Steuersatzänderung), die nur mit Verzögerungen möglich sind.

Für die wirtschaftspolitischen Instanzen bedeuten Erkennungs-, Instanzen- und Wirkungsverzögerungen, daß sich Zielabweichungen bis zum Beginn der Wirkungen des Mitteleinsatzes noch weiter entwickeln können. Infolgedessen ist eine Prognose erforderlich, die Aufschluß darüber gibt, wie sich das erkannte und analysierte wirtschaftspolitische Problem zu dem Zeitpunkt darstellt, zu dem mit Wirkungen des Mitteleinsatzes gerechnet werden kann. Fehleinschätzungen oder eine Vernachlässigung dieser Schwierigkeit kann z. B. im Bereich der Konjunkturpolitik bedeuten, daß eine in stabilisierender Absicht vorgenommene Maßnahme sich in ihr Gegenteil verkehrt.

Ablauf der Ereignisse	**Verzögerung**	
1. Störung im Wirtschaftsablauf	Erfassungsverzögerung	
2. Auswirkung auf statistisch erfaßbare Größen, die – aufbereitet – zur Diagnose herangezogen werden können.	Kommunikationsverzögerung	Erkennungsverzögerung (häufig Außenverzögerung
3. Analyse der erkannten Störung (Diagnose)	Diagnoseverzögerung	
4. Entwurf wirtschaftspolitischer Programme	Planungsverzögerung	
5. Entscheidung über wirtschaftspolitisches Handeln	Entscheidungsverzögerung	Instanzverzögerung (Innenverzögerung)
6. Durchführung des beschlossenen Programms	Durchführungsverzögerung	
7. Einsetzen der ersten Wirkungen des Programms	Anlaufverzögerung	
8. Gesamtwirkung hinsichtlich der angesetzten Ziele ist erreicht.	Verlaufsverzögerung	Wirkungsverzögerung (Außenverzögerung)

Abb. 12.2: Verzögerungen bei wirtschaftspolitischen Maßnahmen

12.3 Diskretionärer versus regelgebundener Mitteleinsatz

Nach der Handlungsfreiheit, die Trägern der Wirtschaftspolitik eingeräumt ist, können unterschieden werden:

- der diskretionäre Mitteleinsatz, bei dem es grundsätzlich im Ermessen eines Trägers der Wirtschaftspolitik steht, ob und in welcher Situation er von einem Mittel auf welche Weise Gebrauch macht;
- der regelgebundene Mitteleinsatz, bei dem das Ermessen eines Trägers der Wirtschaftspolitik dadurch eingeschränkt wird, daß im vorhinein mehr oder weniger zwingende rechtliche Regelungen getroffen werden, unter welchen Bedingungen welche Mittel in welcher Dosierung mit welcher Dauer einzusetzen sind.

Zwischen dem diskretionären Mitteleinsatz, der auch als fallweise Intervention bezeichnet wird, und der Regelbindung, die auch als Formelflexibilität bezeichnet wird, gibt es fließende Übergänge. Regelbindungen sind in erster Linie bei Mitteln anzutreffen, die in stabilisierungspolitischer Absicht eingesetzt werden sollen.

12.3.1 Zur Problematik von Ermessensspielräumen

Ermessensspielräume und damit mehr oder weniger diskretionärer Mitteleinsatz scheinen schon deshalb geboten, weil sie einen flexiblen, in der jeweiligen wirtschaftspolitischen Situation möglichst zielkonformen Mitteleinsatz erlauben. Dem stehen jedoch einige Hindernisse entgegen. Gerade die Verzögerungen und die damit u. a. verbundene Gefahr, daß z. B. eine in stabilisierender Absicht vorgenommene Maßnahme sich in ihr Gegenteil verkehrt, hat zu Überlegungen geführt, wie zumindest einige der Verzögerungselemente vermieden und andere in ihrer Dauer verkürzt werden könnten. Vor allem Instanzenverzögerungen ließen sich vermeiden bzw. verkürzen, wenn es gelänge, wirksame Regelbindungen zu konzipieren. Das erforderte exante-Diagnosen i. d. S., daß gleiche konkrete Ereignisse (z. B. ein Anstieg der Arbeitslosenquote) auch in Zukunft zum gleichen wirtschaftspolitischen Diagnoseergebnis führen (z. B. konjunkturelle Arbeitslosigkeit) und daher eine gleiche Therapie (z. B. Senkung der Einkommensteuerschuld) naheliegt.

Fallweisen Interventionen können aber nicht nur die Gefahren von Verzögerungen entgegengehalten werden. Vielmehr wird vor allem im Hinblick auf die Praxis des wirtschaftspolitischen Willensbildungsprozesses bezweifelt, ob die Exekutive willens und in der Lage ist, die ihr von der Legislative eingeräumten Ermessensspielräume zur Lösung wirtschaftspolitischer Probleme auch entsprechend zu nutzen. Gegen Ermessensspielräume und damit gegen fallweise zu entscheidende Maßnahmen läßt sich eine Reihe von Einwänden vorbringen, die jedoch nicht notwendigerweise in gleichem Maße für eine Regelbindung sprechen:

- Ermessensspielräume können zu unerwünschtem wirtschaftspolitischem Aktivismus verleiten. Ähnlich wie Parlamente die Zahl der produzierten Gesetze als Ausdruck ihrer Leistung mißdeuten können, besteht bei der Exekutive die Gefahr, daß Ermessensspielräume von ihr mißbraucht werden, um Tatkraft zu demonstrieren.

- Ermessensspielräume erleichtern wirtschaftspolitisches Lavieren um des kurzfristigen Erfolges willen mit der Gefahr negativer Summationseffekte. Kommt es im Zuge des Lavierens zur Häufung von Interventionen, dann häufen sich auch Nah- und Fernwirkungen nur zu leicht in einer Weise, die eine parlamentarische Erfolgskontrolle erschwert oder gar unmöglich macht, womit dieses Lavieren zugleich wiederum begünstigt wird.
- Ermessensspielräume machen die Exekutive für Wünsche und Pressionen von Interessenverbänden zugänglicher. Partikularinteressen können einmal leichter berücksichtigt werden, wenn dies die Exekutive will; zum anderen können Pressionen in geringerem Maße mit dem Hinweis auf gesetzliche Bindungen abgewehrt werden.
- Fallweise getroffene Maßnahmen erschweren die einzelwirtschaftliche Planung und Plankoordination. Einmal sind sie weniger leicht vorhersehbar als regelgebundene Interventionen; zum anderen können tendenziell häufigere, fallweise Interventionen Reibungsverluste und Fehlsteuerungen schon allein deshalb erzeugen, weil zur Revision und Koordination einzelwirtschaftlicher Pläne Zeit benötigt wird.
- Die Erfolgsvoraussetzung, das Lenkungswissen für fallweise Interventionen, ist in vielen Fällen nicht gegeben. Ungenügende Kenntnis der Wirkungszusammenhänge und eine Überforderung der Prognosemöglichkeiten bei unbekannten oder veränderlichen Wirkungsverzögerungen stellen häufig ein unüberschaubares wirtschaftspolitisches Risiko dar.

12.3.2 Regelbindungen (Formelflexibilität)

12.3.2.1 Grundsätzliche Möglichkeiten

Die verschiedenen Formen der Regelbindung haben eines oder mehrere der folgenden Strukturelemente gemeinsam (Abb. 12.3):

- Die Handlungsweise einer wirtschaftspolitischen Instanz muß entweder genau vorgeschrieben oder die Zahl der Handlungsmöglichkeiten zumindest eingeschränkt sein.
- Es müssen auslösende Tatbestände (Indikatoren) definiert sein, die die Instanz dazu verpflichten oder berechtigen, die vorgeschriebene Handlung vorzunehmen bzw. im Rahmen des eingegrenzten Handlungsspielraums tätig zu werden.

Wenn den Regelbindungen Geltung verschafft werden soll, müssen Abweichungen von dem regelgebundenen Verhalten mit negativen Sanktionen belegt werden können. Das aber erfordert es, die Einhaltung der Regeln zu kontrollieren.

Erläuterungen

Bevor konkrete Beispiele angeführt werden, soll mit Hilfe einer Fiktion eine Form strenger Regelbindung verdeutlicht werden. Als Regelbindung könnte folgende, in ihrer Wirkung antizyklisch geplante Variation der Einkommensteuerschuld vorgeschrieben sein:

- Eine Minderung (Erhöhung) der Einkommensteuerschuld muß von der Zentralregierung auf dem Verordnungswege immer dann vorgenommen werden, wenn die vom statistischen Amt festgestellte saisonbereinigte Arbeitslosenquote für drei aufeinanderfolgende Monate höher (niedriger) als 3 v. H. (2 v. H.) war.
- Die Minderung (Erhöhung) der Einkommensteuerschuld beträgt 5 v. H. und ist 9 Monate lang wirksam, beginnend mit dem ersten Monat, der auf die drei Monate folgt, in denen die Arbeitslosenquote die kritische Grenze über-(unter-)schritt.
- Die Dauer der Minderung (Erhöhung) der Einkommensteuerschuld ist einmal um weitere 6 Monate zu verlängern, wenn in den drei Monaten, die vor dem letzten Monat der Periode liegen, für die die ursprüngliche Minderung (Erhöhung) der Steuerschuld galt, die saisonbereinigte Arbeitslosenquote jeweils höher (niedriger) als 3 v. H. (2 v. H.) war.

In der Fiktion ist der auslösende Tatbestand (Indikator) genau definiert und die Handlungsweise ebenso wie die Dosierung der Maßnahme, ihr Beginn und ihre zeitliche Dauer zwingend vorgeschrieben. Die in der Realität auffindbaren Formen von Regelbindungen sind wesentlich weniger streng, nicht zuletzt aus Gründen, die noch darzulegen sein werden (vor allem diagnostische Treffsicherheit des gewählten Indikators in der Zukunft, Zielkonformität der ausgelösten Maßnahme im Einzelfall). Hierzu folgende Beispiele:

Eine Regelbindung stellte die Interventionsverpflichtung der Länder dar, die dem Abkommen von Bretton Woods beitraten. Abweichungen von der Parität waren durch Stützungskäufe bzw. -verkäufe auf den Devisenmärkten in vorgegebenen Grenzen zu halten. Die Vornahme von Paritätsänderungen sollte nur im Falle eines „fundamentalen Ungleichgewichts" nach Beratungen mit dem internationalen Währungsfonds möglich sein. Ein vorangekündigter Paritätsanstieg (crawling peg), den einzuhalten sich eine Regierung verpflichten würde, ist ein ähnlicher Fall.

Als weiteres Beispiel kann die im Gesetz zur Förderung der Stabilität und des Wachstums der Wirtschaft enthaltene Ermächtigung der Bundesregierung gelten, die Einkommensteuer zu variieren (§ 26 Nr. 3b StWG). Danach ist eine Variation von maximal 10 v. H. der Steuerschuld nach oben oder unten für längstens ein Jahr möglich. Die Vollmacht hierzu ist an eine interpretationsfähige Bedingung geknüpft. So ist eine Herabsetzung möglich, „wenn eine Störung des gesamtwirtschaftlichen Gleichgewichts eingetreten ist oder sich abzeichnet, die eine nachhaltige Verringerung der Umsätze oder der Beschäftigung zur Folge hatte oder erwarten läßt, insbesondere bei einem erheblichen Rückgang der Nachfrage nach Investitionsgütern oder Bauleistungen". Die Bundesregierung kann nur mit ausdrücklicher Zustimmung von Bundestag und Bundesrat handeln. Anders als bei der Verordnung einer Investitionssteuer (§ 26 Nr. 3a StWG) und der Aussetzung der degressiven Abschreibung sowie von Sonderabschreibungen (§ 26 Nr. 3b StWG) gilt das Schweigen des Bundestages und Bundesrates nicht als Zustimmung.

Im Fall der Interventionsverpflichtung nach dem Abkommen von Bretton Woods war die Beziehung zwischen der Handlungsweise und dem sie auslösenden Tatbestand vom Wirkungszusammenhang her besonders leicht überschaubar. Deshalb konnte die Regelbindung relativ eindeutig ausfallen. Andererseits war das „fundamentale Un-

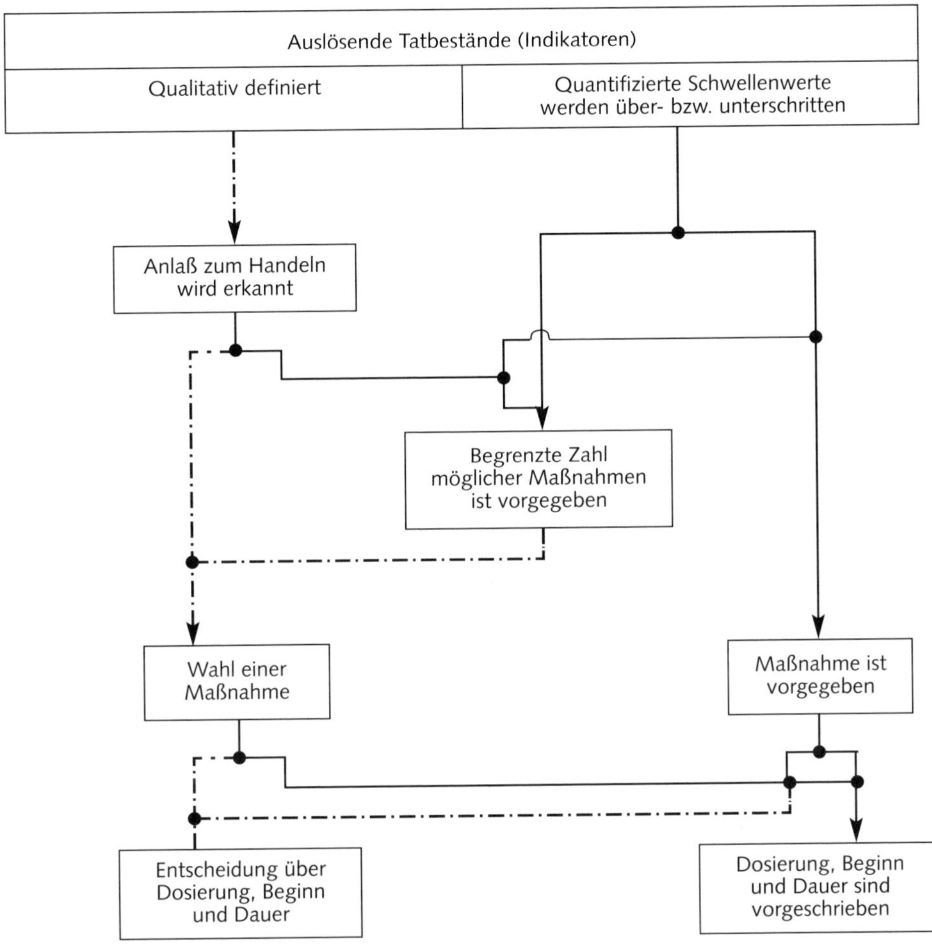

Abb. 12.3: Möglichkeiten einer Regelbildung

Erläuterung: Ausgehend von der Art, wie der Indikator als Regel für wirtschaftspolitisches Handeln vorgegeben wird, kann bis hin zum Handeln Ermessen (— · —) eingeräumt oder Regelbindung (—) vorgenommen oder auch Ermessen und Regelbindung kombiniert werden.

gleichgewicht" als Bedingung für Paritätsänderungen nicht nur ein ökonomisch fragwürdiger und juristisch unbestimmter Begriff, sondern auch Symptom für die Schwierigkeit, Regeln dauerhaft zu formulieren bzw. Abweichungen davon an ebenfalls eindeutige Kriterien zu knüpfen.

Das Beispiel, das dem Stabilitäts- und Wachstumsgesetz entnommen ist, zeichnet sich durch eine vage Beschreibung des interventionsauslösenden Tatbestands aus. Beim „gesamtwirtschaftlichen Gleichgewicht" handelt es sich wiederum um einen unbestimmten Rechtsbegriff, der ebenfalls methodisch äußerst fragwürdig ist, wie im vierten Kapitel dargelegt wurde. Eine Störung des „gesamtwirtschaftlichen Gleichgewichts" festzustellen, liegt außerdem im Ermessen der Exekutive. Ferner werden Abstufungen in der Zustimmung der Legislative vorgenommen. Damit werden zugleich mögliche Bestimmungsgründe für die Dauer von Entscheidungsverzögerungen erkennbar.

12.3.2.2 Grenzen und Vorzüge

Kontrollprobleme

Die Beispiele werfen in teilweise unterschiedlicher Form die Probleme der Kontrolle des regelgebundenen Verhaltens und der Sanktionen für Fehlverhalten der wirtschaftspolitischen Instanzen auf. Eine Kontrolle mit dem Ziel, festzustellen, ob eine Regel korrekt eingehalten wurde, kann vor allem aus folgenden Umständen problematisch sein:

- Auch wenn der Tatbestand, der ein bestimmtes wirtschaftspolitisches Handeln auslösen soll, eindeutig definiert ist, können immer noch Ausweichmöglichkeiten in Form von Manipulationen bestehen, die keine Sanktionen nach sich ziehen; gerade im Währungssystem von Bretton Woods blieben zahlreiche Möglichkeiten offen, durch zahlungsbilanzorientierte Transaktionen und Manipulationen der Außenwirtschaftsbeziehungen sowohl die Interventionskäufe bzw. -verkäufe auf den Devisenmärkten zu ersetzen oder zu ergänzen als auch unumgängliche Paritätsänderungen zu verschleppen.
- Ermessensspielräume, die der Instanz entweder explizit oder durch einen interpretationsfähigen, handlungsauslösenden Tatbestand eingeräumt werden, erlauben nur selten einen überzeugenden Nachweis des Fehlverhaltens; das gilt typischerweise für einen unbestimmten Rechtsbegriff wie den des gesamtwirtschaftlichen Gleichgewichts und erst recht für solche Fälle, in denen es der Instanz auch dann überlassen bleibt zu handeln, wenn die gesetzliche Handlungsgrundlage gegeben ist.
- Wenn das Mittel, dessen Einsatz an einen handlungsauslösenden Tatbestand geknüpft ist, in der Dosierung nicht eindeutig feststeht, wird diese i. d. R. zum Bewertungsproblem; denn zum einen ist nur zu häufig nicht nur die Wirkungsweise einer Maßnahme umstritten, vor allem wenn die Wirkungsbeziehung zur Zielgröße nur eine mittelbare ist, und zum anderen können mit dem Hinweis auf Nebenwirkungen des Mitteleinsatzes unterschiedliche Dosierungen als zielkonform vertreten werden.

Welche Kontrollinstanzen, Kontrollverfahren und Sanktionen möglich und zweckmäßig sind, ist nicht unabhängig von der Art der Regelbindung:

- Je eindeutiger eine Regelbindung ist, desto eher kann ihre Einhaltung einer Prüfung durch Gerichte oder eigens dafür geschaffener Organe (z. B. Rechnungshöfe) zugänglich gemacht werden; dabei kommt neben negativen politischen Sanktionen, die an das Prüfungsergebnis anknüpfen können, u. U. auch die Einräumung von Rechtsansprüchen an diejenigen in Betracht, die sich durch ein gerichtlich bestätigtes Fehlverhalten der wirtschaftspolitischen Instanz als geschädigt betrachten (Privatklage).
- Eine ausschließlich politische Kontrolle durch das Parlament und demzufolge auch politische Sanktionen sind die einzig mögliche Konsequenz bei sehr unpräzisen Regelbindungen.

- Parlamentarische Kontrollen lassen sich dadurch ergänzen oder teilweise ersetzen, daß als unabhängig und sachverständig geltende Dritte das Verhalten wirtschaftspolitischer Instanzen gutachtlich prüfen, wobei z. B. gehofft werden könnte, durch Publikation der Prüfungsergebnisse Anreize zur Einhaltung der Regeln zu geben. Allerdings wurde z. B. mit Berichten des Bundesrechnungshofes keine überzeugende Erfahrung gemacht. Dies auch dann nicht, wenn Fehlverhalten von Verwaltungen überzeugend nachgewiesen wurde.

Steuerungsprobleme

Was für die Erfolgsvoraussetzungen diskretionärer Politik hinsichtlich des Lenkungswissens gilt, gilt zumindest für Regelbindungen mit relativ eng begrenztem Ermessensspielraum eher noch in verstärktem Maße. Das relevante Wissen über einen konkreten Problembereich dürfte i. d. R. so begrenzt sein, daß es unmöglich ist, im voraus und darüber hinaus dauerhaft harte Bedingungen zu formulieren, die wirtschaftspolitisches Handeln auslösen bzw. beschränken sollen. Damit entsteht ein Dilemma: Eine im Hinblick auf die Probleme von Ermessensspielräumen wünschenswerte Regelbindung scheitert i. d. R. bereits am unzureichenden Lenkungswissen. Aber auch bei diskretionärem Mitteleinsatz besteht neben den politischen Problemen ein Wissensproblem. Wenn unter diesen Umständen fallweise Interventionen möglich sein und dennoch in unmittelbarer Kontrolle der Legislative verbleiben sollen, wäre das ebenfalls mehr als bedenklich; denn auf diese Weise würde die Instanzenverzögerung noch verlängert. Vor allem aber bedeutete das einen Umfang an kurzatmiger Gesetzgebung, der in hohem Maße die Rechtssicherheit als Voraussetzung staatsbürgerlichen und damit auch wirtschaftlichen Handelns gefährden und die Autorität der Legislative mindern dürfte. Ohnehin läßt sich in vielen Demokratien eine Tendenz zu derartiger ephemerer Gesetzgebung beobachten. Das wirft aber auch zugleich Licht auf eine entscheidende Annahme bei jeder Argumentation zugunsten einer Regelbindung. Es muß vorausgesetzt werden, daß der Gesetzgeber selbst willens ist, die Wirtschaftspolitik durch Regeln zu gestalten und diesen Regeln durch ständige Abwehr kurzfristiger Opportunitätsargumente Dauerhaftigkeit zu verleihen.

Mögliche Vorzüge

In den Fällen, in denen Regelbindungen möglich sind und auch tatsächlich realisiert würden, wäre zugleich mit weniger wirtschaftspolitischen Eingriffen zu rechnen, wenn tatsächlich die möglichen Nachteile fallweiser Interventionen vermieden werden sollen. Dieses Weniger kann aus folgenden Gründen vorteilhaft sein:

- Soweit ein Weniger an Interventionen auch ein Mehr an „Konstanz der Wirtschaftspolitik" (Eucken, 1959/2004, S. 285 ff.) bedeutet, werden einerseits weniger wirtschaftspolitische Chancen i. S. v. besserer Zielrealisierung wahrgenommen, aber auch weniger Risiken eingegangen, die mit einer wirtschaftspolitischen Feinsteuerung verbunden sind; andererseits können die geringere Häufigkeit und größere Vorhersehbarkeit von wirtschaftspolitischem Handeln durchaus dem Zeitbedarf marktmäßiger Koordination entsprechen.
- Je größer die Fähigkeit des marktmäßig koordinierten Bereichs zur Selbststeuerung eingeschätzt wird, um so mehr empfiehlt sich ein Verzicht auf fallweise Inter-

ventionen. Vorzuziehen sind stetige und dauerhafte wirtschaftspolitische Vorkehrungen, die primär auf die Gestaltung von Rahmenbedingungen einschließlich des Versuchs, die Fähigkeit zur Selbststeuerung zu verbessern, abzielen.

- Wo Regelbindungen möglich sind, können sie einer Politik fallweiser Interventionen überlegen sein, selbst dann, wenn mit dieser eine bessere Feinsteuerung zumindest grundsätzlich möglich ist; denn Regelbindungen beinhalten, wie dargelegt, eine exante-Diagnose ebenso wie eine einmalige Entscheidung über wirtschaftspolitisches Handeln mit der Folge, daß sich die Instanzenverzögerung verkürzen kann, je nachdem, wie zwingend und eindeutig die Regelbindung ist.

Kapitel 13: Träger der Wirtschaftspolitik

In den vorangegangenen Kapiteln wurden das wirtschaftspolitische Instrumentarium (Kap. 11) sowie Kriterien für den Einsatz von Instrumenten (Kap. 12) erörtert. Nunmehr gilt die Aufmerksamkeit denjenigen, die über den Mitteleinsatz zu entscheiden haben oder auf andere Weise Einfluß auf das wirtschaftspolitische Geschehen zu nehmen suchen. Dabei soll zwischen Trägern der Wirtschaftspolitik sowie Personen und Gruppen unterschieden werden, die zwar über wirtschaftspolitisch relevante Macht, nicht jedoch wie die Träger der Wirtschaftspolitik über entsprechende Befugnis zur Produktion des Kollektivgutes Wirtschaftspolitik verfügen. Aufgrund der beobachtbaren Vielfalt von Trägern der Wirtschaftspolitik ergeben sich, verglichen mit einer völlig zentralisierten Wirtschaftspolitik, spezifische Koordinationsprobleme. Bei den übrigen Akteuren im Bereich der Wirtschaftspolitik gilt die Aufmerksamkeit den Interessenverbänden. Geprüft werden soll, (1) wie sie auf wirtschaftspolitische Entscheidungen Einfluß nehmen können, (2) inwiefern ihre Einflußnahme problematisch sein kann, (3) inwiefern sie eine für den wirtschaftspolitischen Willensbildungsprozeß nützliche Funktion wahrnehmen können, und (4) welche Möglichkeiten es gibt, ihren Einfluß auf die Wahrnehmung dieser Funktion zu beschränken.

Literaturhinweise

13.1: Berg und Cassel, 1985/2003 (Teil 4.4); Frey, 1981/94 (Kap. 3); Giersch, 1961/90 (Kap. 5); Issing, 1982; Kirsch, 1982; Lampert, 2001 (Teil VII); Pütz, 1979 (Teil 10).

13.2: Bernholz und Breyer, 1993 (Kap. 12); Böckenförde, 1976; Dettling, 1976 (Teil I); Hayek, 1979/2003, (Kap. 12-16); Nienhaus, 1982; Rupp, 1973; Streit, 2004, Tollison, 1982; Tuchtfeldt, 1956; Watrin, 1973.

13.1 Kompetenzverteilung

13.1.1 Kompetenz und Macht

13.1.1.1 Kompetenz und Legitimation

Da Wirtschaftspolitik nach ihren Aufgaben und der Art und Weise, wie diese erfüllt werden können, selbst ein Kollektivgut ist, erfordern Entscheidungen über die Versorgung mit diesem Gut eine politische Willensbildung. Den Bedarf an diesem Gut aufzudecken, zur Diskussion zu stellen und gegebenenfalls seine Befriedigung zu fördern, ist in einer repräsentativen Demokratie Aufgabe politischer Unternehmer. Wenn dem Grundsatz der politischen Gleichheit aller Bürger als einem Aspekt des Gerechtigkeitsziels entsprochen werden soll, wäre die Herrschaft auf die politischen Akteure zu beschränken, die aufgrund der Wahrnehmung eines allgemeinen und gleichen Wahlrechts durch die Bürger auf Zeit dazu legitimiert wurden. Dementsprechend können grundsätzlich in einer repräsentativen Demokratie lediglich als legitimiert gelten

- die Exekutive und Legislative in ihrer u. U. mehrstufigen Gliederung entsprechend der staatlichen Organisationsstruktur,
- von diesen mit einem spezifischen Auftrag betraute und von ihnen kontrollierte Verwaltungsorgane,
- die Judikative im Rahmen ihrer Befugnisse zur Rechtsfindung und Rechtsfortschreibung sowie zur Kontrolle der Rechtmäßigkeit des Handelns von Legislative und Exekutive,
- internationale Organisationen, soweit ihnen Kompetenz rechtmäßig übertragen wird.

Träger der Wirtschaftspolitik sind nach dieser Kompetenzbestimmung grundsätzlich nur staatliche Instanzen einschließlich der an ihre Weisungen gebundenen und von ihnen kontrollierten Einrichtungen. Nicht als Träger gelten vor allem die in Verbänden organisierten Interessengruppen.

Die vorgenommene Abgrenzung wirtschaftspolitischer Instanzen ist wertend. Sie läßt sich damit begründen,

- daß die politische Gleichheit aller Bürger im Grunde ausschließt, einzelnen Bürgern oder auch Gruppen neben dem Staat Herrschaftsrechte zu übertragen;
- daß die individuelle Freiheit gesichert zu werden verlangt, indem die Wahrnehmung von Herrschaftsrechten den vielfältigen Kontrollen und Beschränkungen unterworfen wird, die die Rechtsstaatlichkeit ausmachen.

Nicht übersehen wird dabei,

- daß die politische Gleichheit in der repräsentativen Demokratie aufgrund deren Struktur und Funktionsweise nur in begrenztem Umfang gewahrt werden kann;
- daß das wirtschaftliche Geschehen in Systemen vom Typ gelenkte Marktwirtschaft zunehmend politisiert und damit zu einer öffentlichen Angelegenheit zu werden tendiert;
- daß (auch) die Wirtschaftspolitik das Ergebnis einer wechselseitigen Beeinflussung von Anbietern und Nachfragern ist, wobei auf beiden Seiten der Einfluß von Funktionseliten (z. B. Wildenmann, 1971, S. 48 ff.) eine große Rolle spielt.

Um so bedeutsamer ist es jedoch, einer Aneignung von Herrschaftsrechten durch Personen (Funktionäre) und Gruppen mit Hilfe einer sorgfältigen Abgrenzung staatlichen Handelns vorzubeugen und die Freiheitssicherung institutionell zu verbessern.

13.1.1.2 Macht ohne Kompetenz

Mit der Einräumung wirtschaftspolitischer Kompetenz kann nicht sichergestellt werden, daß auch die wirtschaftspolitisch relevante Macht auf die Inhaber der Kompetenz, die Träger der Wirtschaftspolitik, beschränkt bleibt. Wirtschaftspolitisch relevante Macht ohne Kompetenz besteht aus Chancen, auf die Versorgung mit dem Kollektivgut Wirtschaftspolitik zugunsten selbstgesetzter Ziele auch gegen Widerstreben legitimierter Instanzen dadurch Einfluß zu nehmen,

- daß auf die wirtschaftspolitische Willensbildung unmittelbar, z. B. durch Kontaktaufnahme mit wirtschaftspolitischen Entscheidungsträgern, oder mittelbar, z. B. durch Mobilisierung der „Öffentlichkeit“, eingewirkt wird;

- daß wirtschaftspolitische Maßnahmen in ihren angestrebten Wirkungen durch eigene Aktionen spürbar verändert werden, was von den Trägern der Wirtschaftspolitik bei rationalen Entscheidungen zu berücksichtigen wäre.

Die Möglichkeit wirtschaftspolitischer Einflußnahme kann auf Persönlichkeits-, Besitz- und Organisationsmacht sowie Kombinationen dieser Machtfaktoren beruhen. Der Eigentümer eines Presseunternehmens, der das Publikationsorgan zu seiner wirtschaftspolitischen Plattform macht; die Leitung eines Großunternehmens, der es gelingt, ein Fusionsbegehren mit Hilfe der Ministererlaubnis durchzusetzen und damit u. U. einen wirtschaftspolitischen Präzedenzfall zu schaffen; die Gewerkschaft, der es gelingt, ihre Forderung eines staatlichen Beschäftigungsprogramms durchzusetzen, obgleich es von Trägern der Politik als Gefährdung der Preisniveaustabilität eingeschätzt wird: Sie alle haben zwar wirtschaftspolitisch relevante Macht, aber keine Kompetenz im zuvor dargelegten Sinne.

Die Ausübung der Macht ist i. d. S. legitim, als sie sich auf wohlerworbene Eigentumsrechte oder auf das Vereinigungsrecht (Verbandsautonomie) stützen kann. Jedoch kann aus dem Umstand, daß Individuen und Gruppen über wirtschaftspolitisch relevante Macht verfügen, keineswegs gefolgert werden, ihnen sollte auch entsprechende Kompetenz übertragen werden. Vielmehr würde dies eine Entscheidung zugunsten einer Änderung der Wirtschaftsordnung beinhalten. Empfohlen würde praktisch ein Übergang vom Ordnungstyp gelenkte Marktwirtschaft zur Selbstverwaltungswirtschaft oder korporatistischen Varianten davon, genannt „Pakte", Bündnisse, „runde Tische" (z. B. Streit, 2004, S. 180ff.).

13.1.2 Trägervielfalt

13.1.2.1 Die Träger im einzelnen

Exekutive, Legislative, Administration

Die Vielfalt an Trägern der Wirtschaftspolitik und deren Beziehungen zueinander ist in erster Linie durch die jeweilige Staatsverfassung bestimmt. In besonders starkem Maße dezentralisiert ist die Wirtschaftspolitik bei einer föderativen Staatsverfassung. Dementsprechend können z. B. im Falle der Bundesrepublik Deutschland folgende Träger der Wirtschaftspolitik identifiziert werden (Abb. 13.1):

- die Parlamente für Bund, Länder und Gemeinden,
- die entsprechenden Exekutiven einschließlich ihrer Verwaltungen

und ferner

- die Zentralbank (Deutsche Bundesbank) sowie
- internationale Organisationen.

Als eine der Ursachen für die Dezentralisierung der wirtschaftspolitischen Kompetenz kann wohl die sachliche und räumliche Vielfalt der Aufgaben angesehen werden. Sie legen eine Kompetenzaufteilung nahe. Zwischen Legislative und Exekutive ergibt sich eine Aufteilung, sobald die Legislative der Exekutive wirtschaftspolitische Ermessensspielräume zubilligt. Dies ist zweckmäßig, weil die Legislative häufig nicht in der Lage ist, auch nur einigermaßen dauerhafte, detaillierte und angemessene Regelungen für das Handeln der Exekutive zu fixieren. Den Verwaltungen wächst dabei wirtschaftspolitische Macht zu, da sie am ehesten über das notwendige Detailwissen verfügen dürften bzw. die Verfügung über dieses Wissen für sich in Anspruch nehmen.

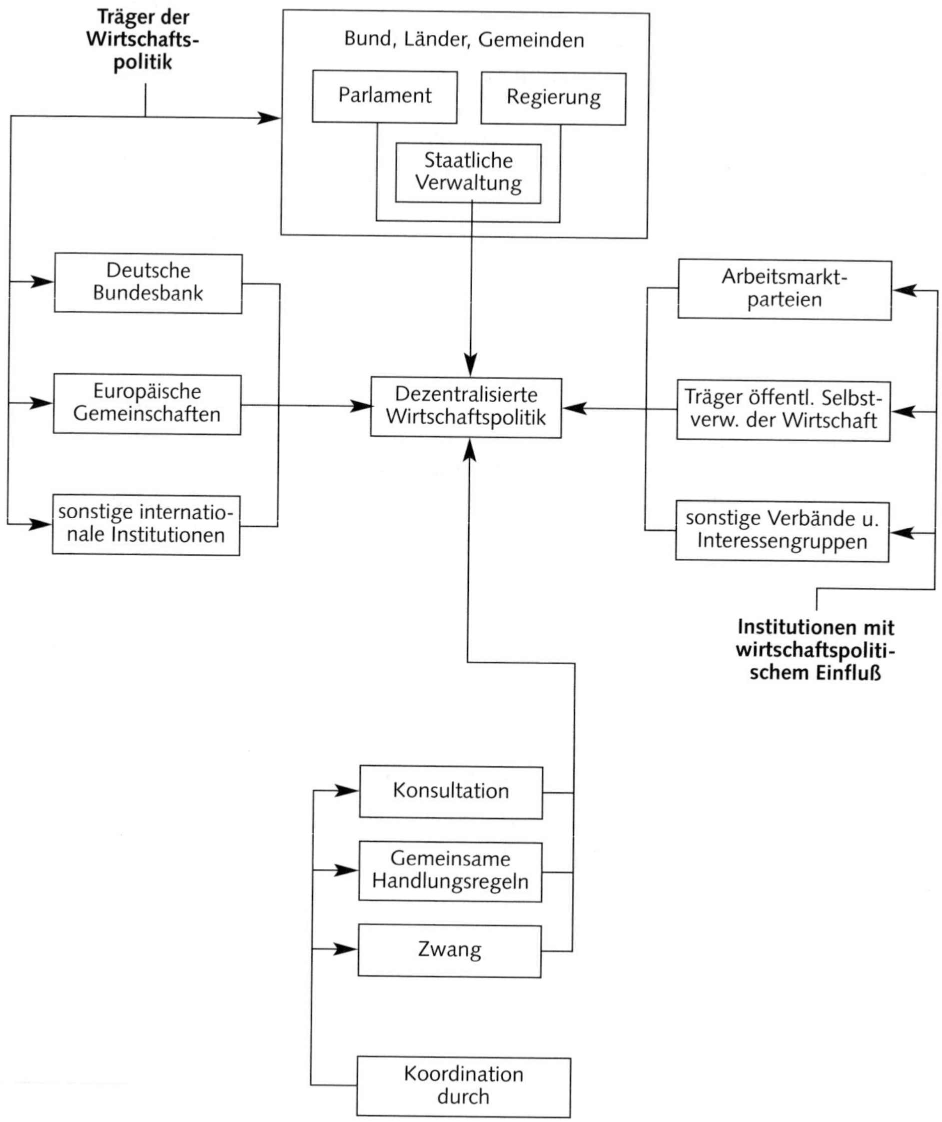

Abb. 13.1: Träger der Wirtschaftspolitik und Institutionen mit wirtschaftspolitischem Einfluß

Zugunsten einer Übertragung wirtschaftspolitischer Kompetenzen von der zentralen Ebene auf nachgeordnete Gebietskörperschaften spricht nicht nur das allgemeine Motiv eines Schutzes vor (wirtschafts-)politischer Machtkonzentration. Allokationstheoretisch läßt sich für einen föderalen Aufbau anführen (z. B. ZIMMERMANN und HENKE, 1985/2001, S. 92 ff.),

- daß regionalen Präferenzunterschieden hinsichtlich staatlich bereitgestellter Güter besser entsprochen werden kann;
- daß bei regional begrenzt wirksamen Kollektivgütern die Kostenträger auch die Nutznießer sein können (fiskalische Äquivalenz);
- daß räumliche Differenzierung einen Wettbewerb zwischen den Gebietskörperschaften ermöglichen kann, von dem Leistungskontrollen staatlicher Anbieter von Gütern und Leistungen sowie Innovationsanreize auf das staatliche Angebot ausgehen können.

Eine zentrale staatliche Aufgabenerfüllung liegt eher nahe

- aus allokationstheoretischen Gründen, wenn auf diese Weise zunehmende Skalenerträge zugänglich (z. B. Wetterbeobachtung durch Satellit) oder Transaktionskosten eingespart werden (z. B. durch ein einheitliches Währungsgebiet) oder Kollektivgüter als unteilbar anzusehen sind (z. B. Verteidigung);
- aus stabilisierungspolitischen Gründen, wenn dem Umstand Rechnung getragen wird, daß ökonomische Verflechtung der Teilräume sowie die Einheitlichkeit des Währungsgebiets auch eine hochgradige Interdependenz regionalen wirtschaftlichen Handelns auf diesem Gebiet bedeutet;
- aus verteilungspolitischen und integrativen Gründen, wenn es z. B. darum geht, eine Mindestversorgung mit Kollektivgütern in allen Teilräumen zu gewährleisten.

Dementsprechend geht im Falle der Bundesrepublik Deutschland mit der Kompetenzaufteilung eine unterschiedliche Verteilung wirtschaftspolitischer Aktivität einher. Nach den Aufgabenbereichen liegt die Kompetenz für die Ordnungspolitik primär bei der zentralen Legislative, also bei Bundestag und Bundesrat. Das läßt sich damit begründen, daß schon aufgrund der induzierten Transaktionskosten in einem Bundesstaat die Einheitlichkeit ordnungspolitischer Regelungen (z. B. ein einheitliches Wirtschaftsrecht) angestrebt wird; ähnlich kann für wesentliche Bereiche der Besteuerung argumentiert werden, vor allem wenn damit zugleich verteilungspolitische Absichten verfolgt werden. Demgegenüber sind allokationspolitische Aufgaben auf alle Gebietskörperschaften verteilt. Für die gesamtwirtschaftliche Stabilisierung (Konjunkturpolitik, Globalsteuerung) sind die Verantwortlichkeiten auf die Bundesebene (Regierung, Parlament, Bundesbank) konzentriert; allerdings erfordern die stabilisierungspolitischen Nebenwirkungen der Haushaltspolitik von Ländern und Gemeinden eine Koordination mit der Bundesebene.

Zur Autonomie der Zentralbank

In allen Wirtschaftsordnungen vom Typ gelenkte Marktwirtschaft läßt sich beobachten, daß der Gesetzgeber für sich das Privileg beansprucht, die Ausgabe von Geld zu regulieren. Die damit beauftragte Notenbank verfügt über ein gesetzliches Monopol.

Weder privates Geld noch Geld anderer Nationalstaaten wird als allgemeines Tausch- oder Zahlungsmittel zugelassen; die private Geldemission ist unter Strafe gestellt.

Nicht in allen beobachtbaren gelenkten Marktwirtschaften ist die Zentralbank autonom. In der Bundesrepublik Deutschland wird der Deutschen Bundesbank diese Autonomie (vor allem aufgrund der §§ 3, 12, 13 des Gesetzes über die Deutsche Bundesbank, 1957) gewährt und ihr die Aufgabe der Sicherung des Geldwertes übertragen. Ähnliches gilt z. B. für die Europäische Zentralbank (EZB). Die Autonomie der EZB nach dem Vorbild der Deutschen Bundesbank war von großer Bedeutung für die Europäische Wirtschafts- und Währungsunion, wie sie im Vertrag von Maastricht (1992) vereinbart wurde. Die gesetzliche Vorgabe eines Ziels für einen Träger der Wirtschaftspolitik und die gewährte Unabhängigkeit in der Verfolgung dieses Ziels stellen eine Form wirtschaftspolitischer Selbstbindung dar. Sie soll verhindern, daß das Ziel (die Geldwertstabilität) bei der Verfolgung anderer Ziele (mit Gefährdung des Geldwertes) zurückgedrängt wird.

Die Delegation währungspolitischer Kompetenz an eine weisungsunabhängige, parlamentarisch nicht kontrollierte Zentralbank ist im Falle der Bundesrepublik Deutschland vor dem historischen Hintergrund zweier Hyperinflationen in diesem Jahrhundert zu sehen. Generell kann argumentiert werden, daß Geldwertstabilität eine für die Funktionsfähigkeit des Tauschmittels Geld zentrale Eigenschaft ist. Sie zu sichern dürfte jedoch für politische Unternehmer – verglichen mit anderen politischen Aktivitäten – besonders unattraktiv sein (z. B. KIRSCH, 1982). Geldwertstabilität

- stellt ein relativ abstraktes Ziel dar, verglichen mit den unmittelbaren ökonomischen Interessen der Bürger (z. B. Einkommen, Beschäftigung);
- wird am Beginn inflatorischer Prozesse von den einen noch nicht vermißt (Geldillusion), von den anderen nicht gewünscht, da für letztere (inflationsbedingt) günstigere Einkommenserzielungschancen entstehen;
- ist infolgedessen am Beginn inflatorischer Prozesse kein stimmenträchtiges Ziel, während bei fortschreitender Inflation das Ziel zwar begrüßt wird, die mit einer Inflationsbekämpfung anfallenden Kosten jedoch unpopulär sind.

Das Ziel der Geldwertstabilität hat infolgedessen für politische Unternehmer häufig primär deklaratorischen Wert. Es würde im politischen Wettbewerb am ehesten beiseite geschoben, wenn es der Befriedigung konkreter Partikularinteressen entgegenstünde (hierzu z. B. GORDON, 1975). Insofern ist es verwandt mit der Rechtsprechung. Deren Einheitlichkeit wäre bedroht, wenn sie politischen Opportunismen ausgesetzt würde. Wie bei der Unabhängigkeit der Gerichte schlägt sich in der Unabhängigkeit der Notenbank ein Mißtrauen der parlamentarischen Organe gegen sich selbst nieder. Für die Repräsentanten einer unabhängigen, nur der Geldwertstabilität verpflichteten Zentralbank besteht dagegen jeder Anreiz, dieses Ziel auch zu verfolgen; denn ihr Ansehen und Einfluß sind ausschließlich daran gebunden. Insofern läßt sich durchaus in Anlehnung an grundsätzliche Reflexionen David HUMES folgern (KIRSCH, 1982, S. 47): „Es ist wichtig, die Umstände so zu gestalten, daß es wenigstens für einige (die Repräsentanten der Notenbank, MES) nutzbringend ist, das Rechte zu tun (für Geldwertstabilität zu sorgen, MES), und wenigstens ohne Interesse, das Unrechte zu tun."

Neben dem Versuch, die Gefahr eines Mißbrauchs des staatlichen Geldversorgungsmonopols dadurch zu verringern, daß der Notenbank eine auf Geldwertstabilität verpflichtete Autonomie verliehen wird, besteht noch die Möglichkeit einer Verhaltenskontrolle der Geldemittenten durch Währungswettbewerb. Sie beinhaltet allerdings zugleich den Verzicht auf Geldpolitik als ein Instrument, das auch zur gesamtwirtschaftlichen Stabilisierung (Globalsteuerung) einsetzbar ist. Während es bei einem staatlichen Geldversorgungsmonopol privaten Wirtschaftssubjekten nicht erlaubt ist, in eine von ihnen präferierte, möglicherweise stabiler eingeschätzte Währung bei Inlandsgeschäften zu wechseln, würden ihnen nunmehr solche Substitutionsmöglichkeiten bewußt eröffnet. Dazu genügte es, den Zwang zur Annahme und Verwendung nationalen Geldes im Inland aufzuheben. Von dem so ermöglichten Wettbewerb zwischen Währungen würde erwartet, daß er die Geldemittenten zu größerer monetärer Disziplin anhielte (hierzu vor allem HAYEK, z. B. 1977, und VAUBEL, z. B. 1985).

Internationale Institutionen

Internationalen Organisationen kann wirtschaftspolitische Kompetenz durch zwischenstaatliche Vereinbarungen zuwachsen, mit denen Nationalstaaten Souveränitätsrechte abtreten. Solche Organisationen sind im Rahmen der Europäischen Union der Rat der Vertreter der Mitgliedsstaaten als zentrales Entscheidungsgremium und die Kommission als Exekutive mit Ermessensspielräumen, z. B. bei außenwirtschaftlichen Protektionsmaßnahmen (zu Einzelheiten vgl. z. B. HARBRECHT, 1984, Teil 3). Die institutionelle Anordnung läßt Zweifel an der Möglichkeit einer legitimationsstützenden, parlamentarischen Kontrolle der Exekutivorgane der EG zu: Das Europäische Parlament ist dazu nicht befugt und die nationalen Parlamente sind dazu nur begrenzt in der Lage; denn sie werden mit Kollektivbeschlüssen supranationaler Organe konfrontiert, an deren Zustandekommen nationale Vertreter zwar beteiligt waren, jedoch - mangels Öffentlichkeit - in einer für die nationalen Parlamente kaum nachvollziehbaren und schon gar nicht zurechenbaren Weise (VAUBEL, 1994).

Von derartigen Übertragungen nationalstaatlicher Souveränität sind zwischenstaatliche Vereinbarungen zu unterscheiden, mit denen die Vertragspartner ihre Kompetenz nutzen, um sich zu bestimmtem wirtschaftspolitischem Tun oder Unterlassen zu verpflichten. So beinhaltet der Beitritt zum „Allgemeinen Zoll- und Handelsabkommen" (GATT) u. a., daß sich das beitretende Land verpflichtet, Handelsvergünstigungen, die es einem beliebigen Land gewährt, allen Beitrittsländern gleichermaßen zu gewähren (unbedingte Meistbegünstigung) und erlaubte Ausnahmen vom Verbot mengenmäßiger Beschränkungen auf alle Beitrittsländer anzuwenden (Nichtdiskriminierung).

13.1.2.2 Koordination bei Trägervielfalt

Koordination ist bei Trägervielfalt erforderlich, wenn sich die Folgen der Handlungen von verschiedenen Trägern bedingen. Dies kann der Fall sein, wenn

- einige der verfolgten Ziele nicht miteinander vereinbar sind,
- gleiche oder ähnliche Ziele von verschiedenen Trägern angestrebt werden mit der Gefahr einer intensitätsmäßigen und zeitlichen Fehldosierung des Mitteleinsatzes,

- Nebenwirkungen des Mitteleinsatzes unterschiedlich beurteilt werden und als Folge davon wirtschaftspolitische Probleme von den Trägern selbst erst geschaffen werden.

Eine Koordination zwischen Trägern der Wirtschaftspolitik läßt sich mit Hilfe folgender Instrumente anstreben:

- durch Konsultation,
- durch Bindung an gemeinsame Handlungsregeln,
- durch Übertragung wirtschaftspolitischer Kompetenz auf eine übergeordnete Institution.

Konsultationen sind die unverbindlichste Koordinationsform. Dies wird besonders deutlich bei den Versuchen, nationale Wirtschaftspolitiken innerhalb der Europäischen Union und darüber hinaus, z. B. im Rahmen der Organisation für wirtschaftliche Zusammenarbeit und Entwicklung (Organization for Economic Cooperation and Development, OECD), aufeinander abzustimmen. Die gesetzliche Einrichtung eines Konsultationsverfahrens liegt im Falle des Konjunkturrates (§ 18 des Gesetzes zur Förderung der Stabilität und des Wachstums der Wirtschaft) vor; in ihm beraten die Bundesminister für Wirtschaft und der Finanzen sowie Vertreter der Länder und der Gemeinden und Gemeindeverbände über konjunkturpolitische Maßnahmen und die Verschuldungsmöglichkeiten der öffentlichen Haushalte, wobei der Bundesbank ein Teilnahmerecht eingeräumt ist. Das Ergebnis von Konsultationen sind im günstigen Fall Kompromisse und Kompensationen bei konfligierenden Zielsetzungen. Für eine Konfliktregelung lassen sich institutionelle Vorkehrungen treffen; in der Bundesrepublik Deutschland gehört hierzu der Vermittlungsausschuß nach Art. 77 Abs. 2 Grundgesetz, der bei von Bundestagsentscheidungen abweichender Beurteilung von Bundesgesetzen vom Bundesrat und bei zustimmungspflichtigen Gesetzen von Bundestag und Bundesregierung angerufen werden kann. Wesentlich zwingender sind vereinbarte oder gesetzlich vorgeschriebene gemeinsame Handlungsregeln. Als solche lassen sich z. B. die Regeln für Interventionen auf Devisenmärkten interpretieren, wie sie im Abkommen von Bretton Woods für die zuständigen nationalen Währungsbehörden vereinbart worden waren. Eine übergeordnete wirtschaftspolitische Kompetenz kann einmal vom Gesetzgeber eingeräumt sein, wie das etwa bei der Berechtigung des Bundes nach Art. 75 Grundgesetz der Fall ist, wonach dieser für die übrigen Gebietskörperschaften verbindliche Rahmenvorschriften, u. a. über Bodenverteilung, Raumordnung und Wasserhaushalt, erlassen kann. Zum anderen ist auch eine freiwillige Kompetenzübertragung möglich; die Vereinbarung gemeinsamer Wettbewerbsregeln im Handel zwischen den Mitgliedsländern der Europäischen Gemeinschaft und ihre Kontrolle durch die Kommission der Gemeinschaft bzw. der EU nach Art. 85, 86 und 89 des Vertrages zur Gründung der Europäischen Wirtschaftsgemeinschaft (1957) ist hierfür ein Beispiel.

Koordinationsprobleme kann es aber bereits innerhalb der Organisation eines wirtschaftspolitischen Entscheidungsträgers geben. Da hier Subordinationsbeziehungen bestehen, kommt die Wahrnehmung von Weisungsbefugnissen in Betracht. Dies gilt z. B. für die Koordination innerhalb eines Bundesministeriums, aber auch für die Koordination zwischen Bundesministern, da dem Bundeskanzler die Richtlinienkompetenz

(Art. 65 Grundgesetz) zugewiesen ist. Schließlich kann bei der Einrichtung von speziellen Behörden die Koordination durch Weisungsrechte gesichert werden, wie dies z. B. für selbständige Bundesoberbehörden wie das Bundeskartellamt oder das Bundesversicherungsamt gilt.

13.2 Wirtschaftspolitische Interessenvertretung durch Verbände

13.2.1 Wirtschaftspolitisch bedeutsame Verbände

Von der Vielzahl der nach dem Verbandszweck unterscheidbaren Gruppierungen (z. B. WEBER, 1981, Kap. 5) sollen lediglich diejenigen mit ausgeprägtem wirtschaftspolitischem Bezug (Abb. 13.2) vorgestellt werden. Dabei ist es vor allem im Hinblick auf die Gegebenheiten in der Bundesrepublik Deutschland zweckmäßig, eine Unterscheidung aufgrund zweier Merkmale vorzunehmen, die in unterschiedlicher Weise bei den verschiedenen Verbänden miteinander verknüpft sind:

- rechtlich zwischen Verbänden nach öffentlichem und nach privatem Recht sowie
- funktional zwischen Marktverbänden und wirtschaftspolitischen Interessenverbänden (Wirtschaftsverbänden).

Öffentlich-rechtlichen Charakter haben die verschiedenen Kammern (z. B. Industrie- und Handelskammern, Handwerkskammern). Als Mitglieder gehören ihnen Gewerbetreibende, Handwerker, Landwirte und freiberuflich Tätige kraft Gesetzes an, wenn sie den jeweiligen Beruf berechtigt ausüben (Zwangsmitgliedschaft). Im Unterschied zu privatrechtlich organisierten Verbänden sind die Kammern mit Hoheitsbefugnissen gegenüber ihren Mitgliedern, teils auch mit Rechtssetzungsbefugnissen ausgestattet. Zu ihren Aufgaben gehören u. a. Ehrengerichtsbarkeit, Berufsausbildung und Abnahme von Prüfungen, aber auch die Vertretung wirtschaftspolitischer Interessen ihrer Mitglieder. Insofern haben sie auch Aufgaben eines wirtschaftspolitischen Interessenverbandes (s. u.) übernommen. Ferner gestalten sie den konkreten Inhalt von wirtschaftlichen Freiheitsrechten (der Gewerbe- und Niederlassungsfreiheit sowie der freien Berufswahl) durch Regulierung; mit Bedarfsprüfungen, Berufsordnungen u. a. wirken sie nicht nur konkretisierend, sondern auch freiheitsbeschränkend. Damit definieren sie z. B. Marktzugangsschranken und übernehmen praktisch Funktionen eines Marktverbandes (s. u.). Die Kammern unterstehen zwar der Aufsicht staatlicher Behörden, jedoch sind sie wirtschaftspolitisch gesehen nicht lediglich ausführende Organe des Staates; das wird schon daran erkennbar, daß sich die staatliche Aufsicht meist darauf beschränkt, die Ordnungsmäßigkeit der Aufgabenerfüllung zu prüfen (Rechtsaufsicht).

Privatrechtlich organisierte Interessenverbände entstehen durch freiwilligen Zusammenschluß von privaten Wirtschaftseinheiten im Unterschied zur gesetzlichen Zwangsmitgliedschaft bei Kammern. Sie haben keine behördlichen Funktionen i. S. d. Verwaltungsrechts wie die Kammern. Ihre Befugnis erstreckt sich darauf, im Rahmen der Verbandsautonomie (Vereinigungsfreiheit, Art. 9 Abs. 1 Grundgesetz) wirtschaftliche Interessen ihrer Mitglieder wahrzunehmen. Eine erste Gruppe solcher Verbände sind die Marktverbände. Sie agieren als organisierte Marktparteien. Ihr Ziel ist es, die

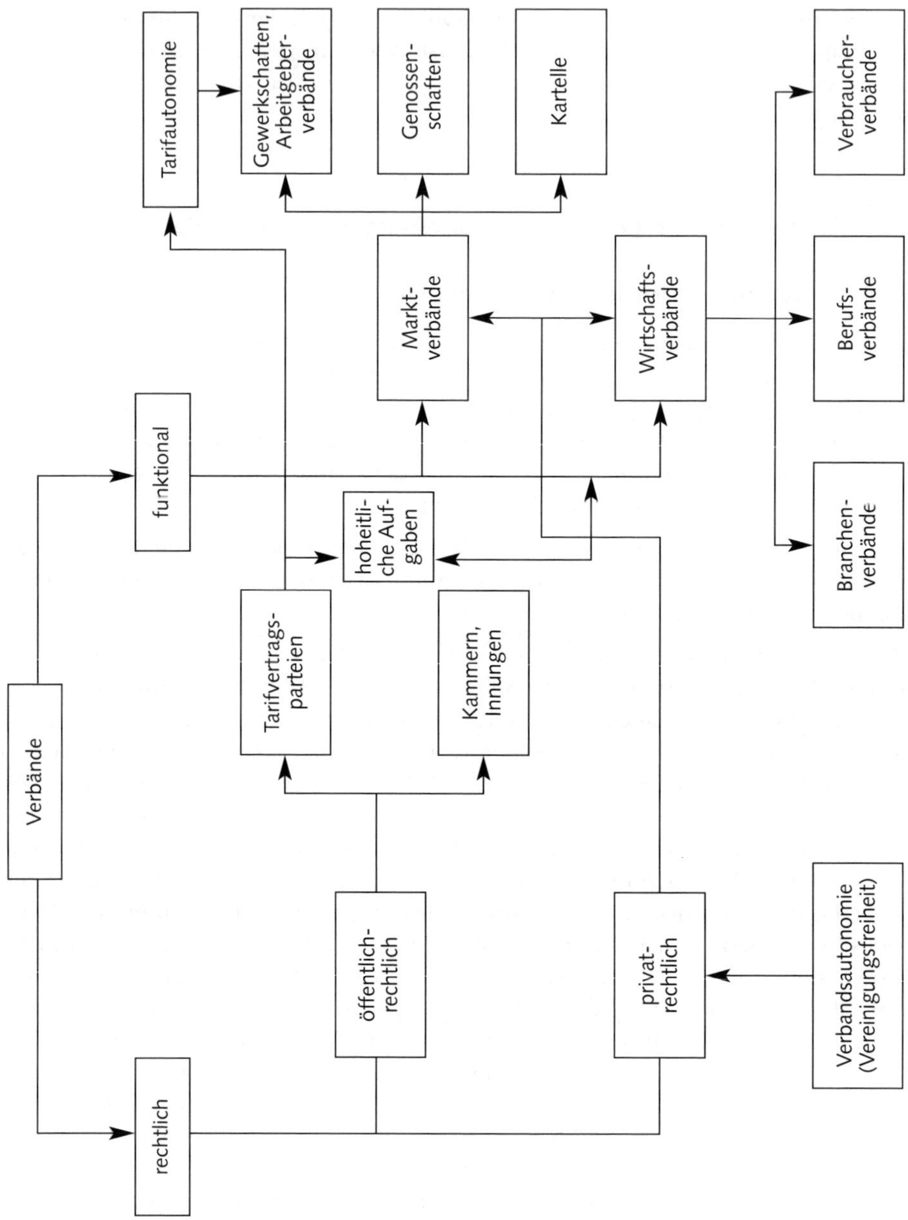

Abb. 13.2: Wirtschaftspolitisch relevante Verbände in der Bundesrepublik Deutschland

durch Organisationsmacht verbesserte Marktposition der Mitglieder zu nutzen, um deren Interessen zu fördern, d. h. die Marktpreise und andere Marktbedingungen zu beeinflussen. Typische Beispiele für Marktverbände sind Kartelle, Genossenschaften, Gewerkschaften und Arbeitgeberverbände.

Allerdings nehmen die zuletzt genannten Tarifvertragsparteien in mehrfacher Hinsicht eine Sonderstellung ein. Zunächst sind sie (wie die Genossenschaften) nicht dem Wettbewerbsrecht unterworfen. Ferner sind sie zwar wie Marktverbände privatrechtlich organisiert, aber wie Kammern auch mit hoheitlichen, öffentlich-rechtlichen Befugnissen ausgestattet. Solche Befugnisse werden ihnen zugestanden, wenn sie als Vereinigungen i. S. d. Art. 9 Abs. 3 Grundgesetz (Koalitionsfreiheit) das ihnen zugestandene Recht zur Wahrung und Förderung der Arbeits- und Wirtschaftsbedingungen durch den Abschluß von Tarifverträgen ausüben. Hierfür ist ihnen das von staatlichen Eingriffen freie (autonome) Aushandeln solcher Verträge auch unter Einsatz von Mitteln des Arbeitskampfes verfassungsrechtlich garantiert (Tarifautonomie). Darüber hinaus sind ihnen weitere Privilegien eingeräumt worden, wie z. B. Anhörungsrechte im Gesetzgebungsverfahren, Vorschlags- und Entsendungsrechte für Arbeits- und Sozialgerichte, für die Bundesanstalt für Arbeit und für die Sozialversicherungsträger.

Eine zweite Gruppe der privatrechtlich organisierten Verbände sind die wirtschaftspolitischen Interessenverbände (Wirtschaftsverbände). Auch mit ihnen haben die Tarifvertragsparteien einiges gemeinsam. Wie die Wirtschaftsverbände suchen sie Partikularinteressen ihrer Mitglieder, zu deren Wahrnehmung sie befugt sind, gegenüber Regierung, Verwaltung, Parlament, politischen Parteien und Öffentlichkeit werbend zu vertreten und durchzusetzen. Zu den Wirtschaftsverbänden gehören Unternehmensverbände wie der „Bundesverband der Deutschen Industrie“, der „Deutsche Bauernverband“ und die „Hauptgemeinschaft des Deutschen Einzelhandels“ ebenso wie der „Bund der Steuerzahler“, der „Haus- und Grundbesitzerverein“ und die „Arbeitsgemeinschaft der Verbraucherverbände“, um nur einige Dachorganisationen zu nennen, zu denen sich regional und fachlich gegliederte Einzelverbände zusammengeschlossen haben.

13.2.2 Zur Rationalität korporativer Interessenvertretung

Aus zweckrationaler Perspektive stellt sich das ökonomische Kalkül für die Mitglieder eines Verbandes wie folgt dar: Der Ertrag der Verbandsaktivität entspricht dem Nutzen, der für die vom Verband Vertretenen entsteht, wenn ihre Interessen durch Träger der Wirtschaftspolitik stärker berücksichtigt werden. Er ist dadurch erzielbar, daß die entsprechenden mitgliederorientierten Informationen und Meinungen den wirtschaftspolitischen Instanzen, aber auch der Öffentlichkeit, kostenlos zur Verfügung gestellt werden. Die Kosten der Beschaffung, Verarbeitung und Vermittlung von Informationen und Meinungen werden wegen des erzielbaren Ertrags von den Verbandsmitgliedern übernommen. Über diese Art der Repräsentanz hinaus lassen sich u. U. auch weitere Elemente von Organisationsmacht einsetzen, die eine Mitgliedschaft lohnend erscheinen lassen können.

Allerdings ist aus dieser Perspektive zu berücksichtigen, daß es sich bei den Erträgen der Verbandsaktivität um Kollektivgüter handelt; denn die gruppenspezifischen wirtschaftspolitischen Vorteile oder vermiedenen Nachteile können Nichtmitgliedern eines Verbandes mit gleichen Interessen i. d. R. nicht vorenthalten werden. Aus dieser grundsätzlichen Möglichkeit unentgeltlicher Teilhabe an den Erträgen von Verbandsbemühungen (Schwarzfahren) ergibt sich (Olson, 1965/2002, S. 11 ff.), daß zumindest die Existenz großer, auf freiwillige Mitgliedschaft gestützter Verbände wie z. B. Gewerkschaften oder Wirtschaftsverbände allein mit zweckrationalem und eigennützigem Verhalten ihrer Mitglieder nicht erklärbar ist. Das Schwarzfahrerproblem suchen Verbände dadurch zu mildern, daß sie zusätzliche, an die Mitgliedschaft gebundene wirtschaftliche und soziale Anreize bieten. Zu den wirtschaftlichen, selektiven Anreizen zählen zum Nulltarif oder unter Marktpreis abgegebene Leistungen wie Beratungen, Rechtsschutz oder Reiseangebote. Soziale Anreize können in dem Sozialprestige bestehen, das zumindest einige Mitglieder etwa durch Übernahme von Verbandsämtern nach innen wie nach außen gewinnen können.

Dennoch läßt sich bezweifeln, ob mit Hilfe selektiver Anreize die zuvor beschriebene Rationalitätsfalle vermieden werden kann. Sie ergibt sich daraus, daß zwar einerseits das individuelle Beitrittskalkül, das die Existenz der Interessenvertretung voraussetzt, zum Schwarzfahren rät, aber andererseits die Interessenvertretung gefährdet wird, wenn viele nach dem individuellen Beitrittskalkül handelten (Organisationsdilemma, Olson, op.cit.). Als weitere Erklärungsgründe für das Bestehen großer Verbände auf der Grundlage freiwilliger Mitgliedschaft kommen zwei Formen nicht zweckrationalen Handelns ergänzend oder auch ersatzweise in Betracht: Wertrationalität und Traditionalität. Im Falle von Wertrationalität stellt Mitgliedschaft in einem Verband als solche einen Wert für das Mitglied dar, unabhängig von zweckorientierten Nutzen-Kosten-Erwägungen. Erklärbar dürfte dies vor allem mit politisch-ideologischen Gründen sein. Traditionalität wiederum kann z. B. Ausdruck der Bindung an innerhalb einer sozioökonomischen Schicht vorherrschendes Verhalten sein. Sowohl Wertrationalität als auch Traditionalität dürften nicht zuletzt für die Organisierbarkeit von Arbeitnehmern bedeutsam gewesen sein.

Für die Verbandsvertreter (korporative Akteure) entstehen aus wertrationaler und traditionaler Bindung von Verbandsmitgliedern Spielräume für ein Verhalten, das von den geoffenbarten Mitgliederinteressen unabhängig ist. Autonomes Verhalten wird ohnehin ermöglicht aufgrund der asymmetrischen Informationsgrundlage, die den Funktionär gegenüber dem einzelnen Mitglied begünstigt. Die Spielräume für autonomes Verhalten lassen sich von Verbandsvertretern zur Verfolgung eigener Wertvorstellungen (Ideologien) und zur Begünstigung von einzelnen Fraktionen der Interessengruppe (z. B. der Großbauern im Bauernverband) sanktionsarm nutzen.

13.2.3 Interessenwettbewerb als politisches Ordnungselement

13.2.3.1 Mögliche Funktionen von Verbänden

Als Element der politischen Ordnung ist eine Vermittlung unterschiedener politischer und damit auch wirtschaftspolitischer Meinungen durch Verbände sowohl normativ zulässig als auch funktional begründbar. Normativ lassen sich zugunsten der Zulassung von Verbänden vor allem die Grundrechte der Meinungs- und Vereinigungsfreiheit anführen. In einer offenen Gesellschaft mit einer freiheitlich-demokratischen Ordnung gilt die Interessenvertretung durch einen Verband als zulässig, solange dies ohne Freiheitsbeschränkung der Vertreter abweichender Meinungen und Interessen, z. B. durch Nötigung, Drohung oder gar Gewaltanwendung, geschieht.

Funktional läßt sich die organisierte Interessenvertretung mit einer durch sie wahrnehmbaren Wissensvermittlungsfunktion im Prozeß der politischen Willensbildung begründen. Verbände können als Informationsstellen fungieren, die sich zwischen die relativ wenigen politischen Entscheidungsinstanzen und die Millionen Bürger schalten und zu einer Vorformung von politischem Willen (Konsensfindung) beitragen. Die ökonomische Existenzvoraussetzung der Verbände ist in dem Ressourcenaufwand zu suchen, den Informationsvermittlung und Konsensfindung erfordern. Die Knappheit von Information und Konsens äußert sich darin (Downs, 1957b, S. 566),

- daß politische Parteien und Regierung nicht immer wissen, was die Stimmbürger mehrheitlich wollen,
- daß die Bürger selbst nicht immer wissen, was Parteien und Regierung getan haben, gerade tun oder tun sollten, um ihren Interessen zu dienen,
- daß Parteien und Regierung nicht oder nicht genau wissen, wie ihr Handeln Interessen von Stimmbürgern dient oder dienen könnte.

Verbände zielen in diese Wissenslücke, wenn sie entscheidungsrelevantes Wissen beschaffen, verarbeiten und vermitteln. Solche Informationen und Meinungen können für den Empfänger nützlich sein,

- weil Partikularinteressen zumindest insoweit für die politische Willensbildung relevant sein sollten, wie sie die Auffassungen eines Teils der Stimmbürger repräsentieren; dies gilt unabhängig davon, daß es Ziel des Verbandes sein muß, diesen Stimmen besonderes Gewicht zu verleihen;
- weil das vermittelte Wissen auf fundierter Kenntnis der Verhältnisse und Interessen der jeweils vertretenen Gruppen beruhen kann; jedenfalls besteht zumindest die Gefahr, daß Fehlinformationen einen Verband auf Dauer diskreditieren und ihn dann seiner Einflußmöglichkeiten berauben.

Schließlich ist zu berücksichtigen, daß die verschiedenen Verbände unterschiedliche, häufig widerstreitende Interessen vertreten; daraus kann ein Interessenwettbewerb im politischen Willensbildungsprozeß erwachsen. Im günstigen Fall könnte er als marktähnliches Entdeckungsverfahren funktionieren. Er liefe dann auf eine möglichst gute Nutzung des dezentralen Wissens über politische Bewertungen, Lösungsmöglichkeiten und Lösungsqualitäten hinaus (z. B. Watrin, 1973, S. 74) und schmälerte so die zuvor skizzierte Wissenslücke. Die Qualität des Verfahrens hängt von einer Reihe von Faktoren ab, die erläuterungsbedürftig sind.

13.2.3.2 Verbandsmacht und Machtkontrolle

Machtquellen

Die Macht von Verbänden i. S. v. Chancen, auf die Gestaltung der staatlichen Wirtschaftspolitik zugunsten partikulärer, selbstgesetzter Ziele auch gegen Widerstreben von politischen Entscheidungsträgern Einfluß zu nehmen, ist im wesentlichen auf drei Quellen zurückführbar (z. B. Bernholz und Breyer, 1993, S. 354 ff.):

- Meinungsführung: Die Bedeutung der von einem Verband vermittelten Informationen und Meinungen dürfte für sich genommen im politischen Willensbildungsprozeß um so größer sein, je stärker seine politisch relevante Meinungsführerschaft (z. B. aufgrund von Mitgliederzahl, Organisationsgrad, beobachtbarer Mobilisierbarkeit von Mitgliedern) von politischen Unternehmern eingeschätzt wird.
- Konfliktfähigkeit: Sie ergibt sich in dem Maße, wie ein Verband direkt (z. B. als Marktverband) oder indirekt (durch die von ihm vertretenen Mitglieder) über Möglichkeiten verfügt, durch eigene Entscheidungen entweder die Realisierungschancen von Zielsetzungen staatlicher Politik (z. B. solchen der Globalsteuerung) unmittelbar zu beeinflussen oder aber die Interessen Dritter (z. B. durch Streik, Blockade) zu beeinträchtigen mit der Gefahr, daß diese die Beeinträchtigung politischen Unternehmern anlasten.
- Finanzkraft: Aufgrund von finanziellen Zuwendungen, aber auch aufgrund von Aufwendungen für unmittelbare Öffentlichkeitsarbeit, kann ein Verband in der Lage sein, die politischen Chancen von Parteien und Einzelpersonen zu beeinflussen.

Grenzen eines Interessenwettbewerbs

Eine marktähnliche gegenseitige Kontrolle der Verbände in ihrer Machtentfaltung als Folge eines wirksamen Wettbewerbs um politisches Gehör – die idealtypische Vorstellung der pluralistischen Demokratietheorie (z. B. Dahl, 1975) – ist nur begrenzt möglich,

- weil nicht jede organisierte Interessengruppe auf potentielle Wettbewerber stößt, da konkurrierende Interessen unterschiedlich leicht und dauerhaft organisierbar sind; so lassen sich auf dem Gebiet der Wirtschaftspolitik Produzenteninteressen im Vergleich zu Konsumenteninteressen eher organisieren, da sie inhaltlich weniger heterogen und wechselhaft sind (Downs, 1957b, S. 580);
- weil es häufig an Transparenz der Folgen einer Begünstigung von organisierten Interessen fehlt, da das Wissen über die (Verteilungs-)Wirkungen wirtschaftspolitischer Interventionen höchst unvollkommen und nur zu häufig strittig ist; deshalb werden Interessenkonflikte als Folge einer Intervention zugunsten von Sonderinteressen nicht notwendig erkannt, Abwägungen unterbleiben, und der Interessenwettbewerb wird mangels Transparenz nur begrenzt wirksam;
- weil potentieller Wettbewerb von davon betroffenen Verbänden dadurch vermieden werden kann, daß sie versuchen, die Transparenz ihres Anliegens und seiner Folgen zu verringern; dies wird nicht zuletzt dadurch möglich, daß sie ihre Ziele im politisch-administrativen Prozeß segmentiert (z. B. bei verschiedenen zuständigen Ministerien) und fragmentiert (z. B. schrittweise im Verlauf von Gesetzesnovellierungen) durchzusetzen suchen;
- weil der Wettbewerb von davon betroffenen Verbänden beschränkt werden kann, wenn sie Möglichkeiten aufspüren, ihre Interessen gemeinsam und zu Lasten weniger mächtiger Gruppen zu vertreten; als Interessenkoalition dürften sie die Durchsetzungschancen erhöhen, wenn sie damit politischen Unternehmern konfliktarme Möglichkeiten des Stimmentauschs (log-rolling) aufzeigen.

Kontrollmöglichkeiten

Wenn die Wissensvermittlungsfunktion von Verbänden genutzt, aber ihre Einflußnahme kontrolliert werden soll, kann versucht werden,

- den Wettbewerb zwischen konkurrierenden Partikularinteressen und damit die gegenseitige Informations- und Machtkontrolle zu fördern; dem entspricht es, Startschwierigkeiten bei der Formierung von Gegenverbänden zu mindern;
- die interessenbezogenen Informationen nach ihren Quellen für die Öffentlichkeit erkennbar zu machen; dazu gehört nicht nur die Offenlegung der Verbandszugehörigkeit in Parlament, Regierung und Ministerialbürokratie, sondern auch des Finanzgebarens der Parteien ebenso wie der Verbände;
- der einseitigen Einflußnahme auf die wirtschaftspolitischen Instanzen vorzubeugen; dies kann durch offizielle Anhörungen aller Verbände geschehen, deren vertretene Interessen durch konkrete wirtschaftspolitische Vorhaben tangiert werden.
- die Verwaltung an einer einseitigen Kontaktaufnahme mit bestimmten Interessengruppen zu hindern; dazu können entsprechende Dienstvorschriften und eine stichprobenartige Überprüfung ihrer Einhaltung nützlich sein;
- das von Verbänden bereitgestellte Wissen in seinem wirtschaftspolitischen Wert zu steigern; dem kann die Hinzuziehung von Experten zur Kontrolle bei Anhörungsverfahren dienlich sein;
- die Legislative und Exekutive weniger abhängig von Verbandsinformationen zu machen; der Ausbau der wissenschaftlichen Beratung kommt hierfür in Betracht.

Von den meisten dieser Möglichkeiten wurde auch in der Bundesrepublik Deutschland Gebrauch gemacht, ohne daß das Ergebnis befriedigt (Streit, 2004). Das Problem, daß die grundgesetzlich gewährte Vereinigungsfreiheit das Entstehen von Verbandsmacht ermöglicht, die im demokratischen Interesse nachträglich nur schwer begrenzbar ist (Grimm, 1984, S. 388), bleibt weitgehend ungelöst.

13.2.4 Verbandsinteressen und marktwirtschaftliche Ordnung

Charakteristisch ist für die externen Institutionen, mit denen der auf Selbstkoordination und Selbstkontrolle beruhende marktwirtschaftliche Prozeß gewährleistet wird, daß sie für eine unbekannte Vielzahl von Personen und Fällen gelten, unabhängig davon, welche Ergebnisse ihre Anwendung im Einzelfall hervorbringt. Auf diese Weise ist es möglich, „für jedes zufällig herausgegriffene Mitglied der Gesellschaft die Chancen zu verbessern, die es hat, ein hohes Einkommen zu erzielen..." (Hayek, 1967b/2003, S. 28). Demgegenüber ist es Ziel wirtschaftspolitisch relevanter Verbände, für die von ihnen vertretene Gruppe die Chancen im ökonomischen Prozeß systematisch zu verbessern. Daher beinhalten ihre wirtschaftspolitischen Begehren i. d. R. Ausnahmen von den marktwirtschaftlichen Ordnungsregeln. In ihrer Wirkung sollen die Ausnahmen meist Schutz vor oder Kompensation für Wettbewerbs- bzw. generell Substitutionswirkungen gewähren. Inhaltlich bestehen sie aus staatlicher Regulierung mit dem Ziel einer Absicherung erreichter wirtschaftlicher Positionen und aus umverteilungsorientierten Interventionen (z. B. wettbewerbsrechtliche Ausnahmen, Handelsbeschränkungen, extensiver Kündigungsschutz, Erhaltungssubventionen).

Begründen lassen sich die Interventionsbegehren von Verbänden nur zu leicht und zu häufig mit dem Sozialstaatsprinzip. Seine inhaltliche Offenheit ermöglicht die Befürwortung immer neuer Interventionen. Der positive Tabucharakter des Attributs „sozial" erleichtert es den politischen Repräsentanten, Verbandsforderungen auch dann zu realisieren, wenn davon erkennbar ungünstige Wirkungen auf das marktliche Allokationssystem ausgehen. Diese bestehen in einer Verringerung der wirtschaftlichen Anpassungs- und Entwicklungsfähigkeit. Ihr steht jedoch eine entsprechende Minderung des Anpassungs- und Entwicklungsdrucks nicht gegenüber; denn z. B. Präferenzänderungen, Ressourcenbestandsänderungen, Änderungen in der internationalen Arbeitsteilung, demographische Entwicklungen lassen sich nicht entsprechend zurückdrängen. Als Folge der fortgesetzten Durchbrechung marktwirtschaftlicher Ordnungsregeln ist eine beschäftigungs- und entwicklungsgefährdende Verkrustung („institutionelle Sklerose"; OLSON, 1991) zu fürchten.

Verbände müssen jedoch nicht notwendig diese Verkrustung vorantreiben. Es gibt durchaus auch Fälle, in denen sie im Interesse ihrer Mitglieder für marktverbessernde Maßnahmen werben. Historisch beinhalteten die wohl ersten beiden Initiativen von Verbänden, ein wirtschaftspolitisches Handeln des Parlaments zu erwirken, eine Marktverbesserung: die Initiative des deutschen Handels- und Gewerbevereins, für den Friedrich LIST 1819 eine Eingabe zugunsten der Beseitigung von Binnenzöllen formulierte, und das Plädoyer für Freihandel der 1839 von COBDEN gegründeten Anti Corn Law League (hierzu HAUENSTEIN, 1957, S. 44 f.). Auch gegenwärtig gehören Groß- und Außenhandelsverbände zu den Wirtschaftsverbänden, die marktverbessernde Maßnahmen unterstützen. Das hindert sie andererseits aber nicht daran, z. B. Exportkartelle als Ausnahmen vom GWB zu befürworten. Zu beobachten ist ferner, daß Zentralverbände schon aufgrund der zum Teil divergierenden Interessen ihrer Mitgliedsverbände häufig weniger interventionistische Positionen als diese vertreten. An der Gesamtwirkung des verbandlichen Bemühens um Sondervorteile und des auf Stimmenfang bedachten Entgegenkommens der politischen Akteure im Prozeß der „rent-seeking" (TOLLISON 1982) dürfte sich damit allerdings nur wenig ändern.

13.2.5 Verbände und politische Verfassung

Werden die zuvor aufgezeigten Möglichkeiten wahrgenommen, den Einfluß von Verbänden unter Wahrung ihrer Wissensvermittlungs- und Konsensfindungsfunktion einzuschränken, so ist dies allerdings nur ein Versuch der Symptomkorrektur. Von der Verursachung her wäre zu fragen, wie den Verbänden überhaupt der wirtschaftspolitische Einfluß zuwächst. Die Antwort dürfte in erster Linie in der speziellen Organisationsform heutiger Demokratien sowie in dem Gestaltungsauftrag zu suchen sein, den der Staat in gelenkten Marktwirtschaften hat. Das damit angesprochene Verfassungsproblem kann nur angedeutet werden. Es geht um das Zusammenwirken von politischen Akteuren und Funktionären von Interessenverbänden in einem politischen Tauschgeschäft: Renten oder Sondervorteile werden gegen Unterstützung im Wettbewerb um Mehrheiten und Wiederwahl getauscht. „Eine derartige Schacherdemokratie hat nichts zu tun mit den Vorstellungen, die man zu Rechtfertigung des demokratischen Prinzips heranzieht" (HAYEK 2003, S. 405).

Den institutionellen Kern des Problems bilden die Gewaltenteilung, die Zuweisung der Gewalten an voneinander unabhängige Verfassungsorgane sowie - damit verbunden - deren Mandatsbegrenzung. In modernen Demokratien ist die klassische Dreiteilung der Gewalten (Legislative, Exekutive, Judikative) de facto zur Zweiteilung geworden. Hier ist die Legislative, das Parlament, primär damit beschäftigt, die Regierung zu stellen, deren Politik zu beeinflussen und durch gezielte rechtsetzende Maßnahmen zu ermöglichen. Die Regierung wäre - so gesehen - eher ein ausführendes Organ des Parlaments. Ihre Kontrolle durch das Parlament beschränkt sich im wesentlichen auf die Prüfung, ob ihr Handeln in konkreten Fällen den Vorstellungen von Parlamentsmehrheiten und von ihnen für diese Zwecke erlassenen Rechtsvorschriften entspricht. Das Parlament hat damit im Grunde die Doppelfunktion von Legislative und Exekutive übernommen. Eine Begrenzung der Regierung durch das Gesetz, wie sie durch das Prinzip der Gewaltenteilung sichergestellt werden soll, kann es insofern nicht mehr geben, als sich das Parlament für seine Regierungswünsche - wenn nötig - die rechtlichen Voraussetzungen selbst schaffen kann. Lediglich an einige interpretationsfähige und außerdem von ihm änderbare Verfassungsgrundsätze gebunden, kommt das Parlament so gesehen einem unbeschränkten Souverän nahe.

Der Besitz demokratisch legitimierter, weitreichender wirtschaftspolitischer Kompetenz bedeutet jedoch nicht, daß diese auch weitgehend autonom wahrgenommen wird. Vielmehr entspricht der Macht der Interessenverbände ein Verlust an Autonomie bei Exekutive und Legislative. Der Verlust ergibt sich daraus (HAYEK, 1979/2003, S. 15 ff.),

- daß die Parlamentsmehrheit und die sie tragenden Parteien in Konkurrenz mit der Minderheit ständig versucht sind, die Unterstützung durch Interessengruppen mittels Gewährung von Privilegien zu erhalten bzw. zu gewinnen, und
- daß politische Entscheidungsträger auf kein demokratisch legitimiertes Verfassungsorgan oder Verfahren verweisen können, das das Parlament daran hindern könnte, dem Drängen von Interessengruppen auf Privilegien nachzugeben.

Die zunehmende Einflußnahme von Interessengruppen auf die politische Willensbildung ist somit keineswegs ein Mißbrauch des Systems, sondern die Folge der weitreichenden Kompetenz des Parlaments zur Gesellschaftsgestaltung.

Die Doppelfunktion des Parlaments und damit seine Kompetenzfülle resultiert letztlich daraus, daß seine Rechtsetzungsbefugnis anders verstanden wird als die der Gesetzgebung im klassischen Sinne (z. B. LOCKE, MONTESQUIEU). Ausschließliche Aufgabe der Legislative war es danach, Gesetze i. S. v. Regeln zu machen, die dem Prinzip der Universalisierbarkeit entsprachen. Auf dem Gebiet der Wirtschaftspolitik wären hierzu in erster Linie die die Wirtschaftsordnung konstituierenden und sichernden Rechtsvorschriften zu nennen. Vorschriften, mit denen spezielle Personen und Zwecke berührt werden, wie etwa rechtliche Voraussetzungen für die Vergabe von gezielten Subventionen oder für Beschränkungen im internationalen Handel (Maßnahmegesetze), lägen außerhalb der Kompetenz der Legislative. Hingegen wäre es ihre Aufgabe, zu prüfen, ob gezielte Maßnahmen der Regierung im Einklang mit den Gesetzen im obigen Sinne stehen.

Wirtschaftspolitisch gesehen ist ein derartiges Verständnis der Rechtsetzungsbefugnis der Legislative mit dem Ordnungstyp der gelenkten Marktwirtschaft und dem damit verbundenen Maß an Interventionsbereitschaft schwer in Einklang zu bringen; denn die Interventionsbereitschaft des Staates leitet sich in diesem Wirtschaftssystem vor allem aus der von ihm erwarteten und seine Legitimation stützenden Ausfüllung des inhaltlich offenen Sozialstaatsprinzips ab.

Damit wird auch der materielle Kern des Verbandsproblems deutlich: Lenkungsmaßnahmen, vor allem solche verteilungspolitischer Art, bedeuten immer, daß einzelne Gruppen begünstigt bzw. benachteiligt werden. Sie wecken deshalb deren Begehrlichkeit bzw. Widerstand und erlauben erst eine dauerhafte wirtschaftspolitische Interessenorganisation. Ursachentherapie würde daher materiell bedeuten, daß die fast unbeschränkte Lenkungsbefugnis von Legislative und Exekutive durch Verfassungsregeln beschnitten, zumindest aber in ihrer Wahrnehmung erschwert werden müßte; letzteres wäre z. B. erreichbar durch die Vorgabe von Parlamentsentscheidungen (etwa zur Besteuerung und Schuldenaufnahme), die einer zusätzlichen Billigung durch ein Referendum bedürften (vgl. z. B. STREIT, 1987c). Hierzu könnte die bisherige Erfahrung mit der Wahrnehmung der Lenkungsbefugnis Anlaß geben, aber auch ein Werturteil, mit dem der individuellen Freiheit besonderer Rang verliehen wird und damit dem Schutz vor staatlicher Willkür, wie sie bei unzureichender Bindung von Herrschaftsorganen an Regeln der Herrschaftsausübung droht.

Teil III: Probleme wirtschaftspolitischer Entscheidung und Beratung

Kapitel 14: Grundlagen wirtschaftspolitischer Planung

Nachdem die Zielproblematik erörtert (Kap. 10), die wirtschaftspolitischen Instrumentkategorien vorgestellt (Kap. 11), Kriterien für den Instrumenteinsatz entwickelt (Kap. 12) und strategische Positionen eines einzelnen wirtschaftspolitischen Entscheidungsträgers erörtert worden sind (Kap. 13), kann die wirtschaftspolitische Entscheidung selbst ins Auge gefaßt werden. Sie wird für weitere Überlegungen im Sinne einer Interventionslehre zugänglich, wenn auch in ihrem Falle Rationalität als Verfahrensnorm vorgegeben wird. Unter dieser Voraussetzung erscheint es zweckmäßig, zunächst zu konkretisieren, was unter rationaler Wirtschaftspolitik verstanden werden könnte. Die nähere Betrachtung eines Modells objektiver wirtschaftspolitischer Rationalität erlaubt trotz der notwendigen kritischen Distanz einen Rückblick auf Ergebnisse des Teils II. Ferner eröffnet sich die Möglichkeit zur Darstellung von Elementen wirtschaftspolitischer Planung. Angesprochen sind Probleme der Diagnose, der Prognose, des Programmentwurfs und der Erfolgskontrolle.

Literaturhinweise

14.1: Albert, 1960; Aldrup, 1985; Gäfgen, 1987a; Giersch, 1961/90 (Kap. 1); Möller, 1942; Morgenstern, 1934 (Kap. 4, 5); Pütz, 1983; Watrin, 1967.

14.2: Albert, 1957; Bombach, 1962; Gäfgen, 1986; Giersch, 1961/90 (Kap. 6); Giersch und Borchardt, 1962; Jöhr und Singer, 1955 (Teil I, Abschnitte 4, 6); Rothschild, 1969; TOBIN, 1980/88 (Teil II); Tuchtfeldt, 1967.

14.1 Rationalität in der Wirtschaftspolitik

14.1.1 Ausgangspunkt: ein Konzept objektiver Rationalität

Angewendet auf die Wirtschaftspolitik, verlangt Zweckrationalität als Verfahrensnorm die kritische Reflexion der angestrebten Ziele und Handlungsmöglichkeiten unter Nutzung der zwischen Zielen und Mitteln vermuteten Wirkungszusammenhänge. Kritische Reflexion ändert nichts daran, daß es sich letztlich um normative Probleme handelt. Das gilt, wie dargelegt, sowohl für die Wahl der Ziele als auch für die Wahl der Handlungen (den Instrumenteinsatz). Deshalb kann mit Hilfe der Ergebnisse, die eine wissenschaftliche Beschäftigung mit Wirtschaftspolitik zu liefern vermag, politisch Handelnden weder die Entscheidung über die Ziele noch über den Instrumenteinsatz abgenommen werden. Eine wissenschaftliche Wirtschaftspolitik ist schon aus methodologischen Gründen (Kap. 7) ebensowenig möglich wie eine wissenschaftliche Unternehmenspolitik oder Haushaltsführung.

Jedoch kann im Falle der Wirtschaftspolitik ein wissenschaftlicher Problemlösungsbeitrag darin bestehen, daß Erkenntnisse darüber angestrebt werden,

- welcher Art die Beziehungen zwischen den angestrebten Zielen sind,
- welche instrumentalen Möglichkeiten es gibt, die Ziele zu erreichen,
- welche Nebenwirkungen vom Einsatz der einzelnen Instrumente ausgehen und
- welche entscheidungslogischen Hilfsmittel einsetzbar sein könnten.

Soweit derartige Erkenntnisse für den Politiker als unmittelbar Verantwortlichen einen befriedigenden Grad von Verläßlichkeit haben, sind sie für ihn bei der Vorbereitung rationaler Aktionen verwertbar. Ob allerdings solche Erkenntnisse beschafft und verwertet werden, ist für ihn ein zusätzliches Entscheidungsproblem. Von dem letztgenannten Problem vorläufig einmal abgesehen, ist es nützlich, mit einem olympischen Modell wirtschaftspolitischer Rationalität zu beginnen. Von Herbert GIERSCH (1961/90, S. 22) wurde das „Ideal" einer rationalen Wirtschaftspolitik umrissen als „eine Politik, die planmäßig auf die Verwirklichung eines umfassenden, wohldurchdachten und in sich ausgewogenen Zielsystems gerichtet ist und dabei den höchsten Erfolgsgrad erreicht, der unter den jeweiligen Umständen möglich ist".

Die herangezogene Definition beschreibt die wirtschaftspolitische Entscheidung in der entscheidungslogischen Tradition der ökonomischen Theorie. Es werden Eigenschaften angegeben, die von der objektiv rationalen Lösung eines komplexen Entscheidungsproblems zu fordern wären. Die Analyse der Definitionselemente und der Vergleich mit den realen Möglichkeiten erlauben es zunächst einmal, die Erörterungen in Teil II zusammenfassend einzuordnen. Ferner können die nächsten Schritte skizziert werden.

Ein Konzept zu wählen, das sich an der objektiven Rationalität orientiert, heißt nicht, daß die Interventionsregeln und die noch zu erörternden Planungsschritte als Mittel zur Annäherung an dieses „Ideal" betrachtet werden können. Das wäre grundsätzlich nur mit Hilfe einer Vermutung möglich, die nicht überprüfbar ist. Es müßte vermutet werden, daß jede Verbreiterung der Entscheidungsgrundlagen notwendig eine Verbesserung der Entscheidung i. S. v. Annäherung an das „Ideal" ermöglicht. Das ist schon aufgrund der Ungewißheit nicht zwingend der Fall. Eine Orientierung an den Erfordernissen objektiver Rationalität kann genutzt werden,

- um die Grenzen wissensgestützter wirtschaftspolitischer Problemlösungsmöglichkeiten besser identifizieren zu können;
- um systematisch nach Hilfsmitteln für Entscheidungen zu suchen, die wegen der nicht aufhebbaren Begrenzungen nur subjektiv rational sein können.

14.1.2 Das Rationalitätskonzept im einzelnen

„Umfassend" im Sinne der zitierten Rationalitätsdefinition müßte das Zielsystem sein, weil zwischen den wirtschafts- und gesellschaftspolitischen Zielen vielfältige vertikale und horizontale Zielbeziehungen bestehen dürften. Würde diesem Erfordernis nicht entsprochen, wären Fehleinschätzungen aufgrund unbedachter Handlungsfolgen vorprogrammiert. Bedacht werden kann jedoch nur, was bekannt ist. Daher besteht in realen Situationen immer das Risiko, daß mögliche Handlungsfolgen übersehen werden.

Ferner wäre der Versuch, jede wirtschaftspolitische Einzelentscheidung an möglichst allen erkennbaren Zielwirkungen zu orientieren, entsprechend langwierig und kostspielig. Ein möglicher Entlastungsschritt besteht darin, das Entscheidungsverfahren mehrstufig zu machen. Dazu bedarf es eines dauerhaft anwendbaren Kriteriums, das eine Vorauswahl aus den Handlungsmöglichkeiten erlaubt. Nichts anderes stellt die Konzeptionskonformität dar. Sie setzt voraus, daß eine wirtschaftspolitische Konzeption entwickelt wurde, die auf einem hinreichend dauerhaften politischen Konsens über Stellenwert und Ausgestaltung des Teilbereichs Wirtschaft in Abhängigkeit von den umfassenderen gesellschaftlichen Zielen beruht. Die Konzeption, deren Entwicklung und Fortschreibung eine ordnungspolitische Aufgabe ist, muß wiederum Erfordernisse der Rationalität erfüllen.

Mit den Definitionselementen „wohldurchdacht" und „in sich ausgewogen" wird vorgeschrieben, wie Zielbeziehungen berücksichtigt werden sollen. Eine wohldurchdachte (konsistente) Wirtschaftspolitik zu treiben erfordert vor allem, daß Zielkonflikte wertend berücksichtigt und Antinomien vermieden werden. Ausgewogen ist sie, wenn im Fall konkurrierender Ziele bestmögliche Kompromisse gefunden wurden. Das erfordert, daß Einzelziele nur bis zu einem Grade realisiert werden, bei dem der Ertrag einer weiteren Zielannäherung einschließlich möglicher positiver Nebenwirkungen nicht durch die zusätzlichen Kosten übertroffen wird, die mit dem Mitteleinsatz in Form von Ressourcenaufwand (direkte Kosten) und möglichen negativen Nebenwirkungen auf konkurrierende Ziele (indirekte Kosten) verbunden sind. Ferner ist von verschiedenen möglichen Mittelkombinationen diejenige auszuwählen, die hinsichtlich der angestrebten Ziele den höchsten Nettonutzen verspricht. Eine solche abwägende Entscheidung setzt jedoch neben Operationalisierbarkeit der Ziele die Kenntnis der Wirkungen und Nebenwirkungen voraus. Über sie zu informieren ist im Unterschied zum Abwägen kein Problem des Wertens, sondern des positiven Wissens und der Prognose und damit eine wissenschaftliche Aufgabe. Sie läßt sich schon aufgrund der Beschaffenheit des Erkenntnisgegenstandes nur in begrenztem Umfang und ohne Anspruch auf Dauerhaftigkeit der Ergebnisse lösen. Zu diesem Wissensproblem kommen die Bewertungsprobleme, die mit wirtschaftspolitischen Kosten-Nutzen-Analysen verbunden sind, wenn Vergleiche von Mitteln oder Mittelkombinationen angestrebt werden sollen.

Den „höchstmöglichen Erfolgsgrad" wirtschaftspolitischer Maßnahmen ermitteln bedeutet zunächst einmal, daß auch im Idealfall nicht von sicheren, sondern von wahrscheinlichen Politikergebnissen ausgegangen wird. Ob tatsächlich zumindest subjektive Wahrscheinlichkeiten ohne inadäquate Problemvereinfachungen angebbar sind, ist eine Frage der Art der wirtschaftspolitischen Entscheidung. Für Fälle wirtschaftspolitischer Routine dürfte dies noch am ehesten möglich sein. Ökonometrische Ergebnisse von Wirkungsanalysen können sich ohnehin nur auf häufiger wiederholtes, ähnliches Handeln beziehen. Sie stellen im günstigen Fall quantifizierte Lenkungserfahrung dar.

Der Erfolgsgrad hängt aber nicht nur von der Qualität der benutzten Theorien ab, sondern auch von der strategischen Situation des jeweiligen Trägers der Wirtschaftspolitik. Angesprochen sind damit

- das Koordinationsproblem bei Trägervielfalt,
- der Einfluß von Individuen und Gruppen, die über wirtschaftspolitisch relevante Macht verfügen, und
- die Möglichkeit, daß die Wirtschaftssubjekte, deren Verhalten es zu beeinflussen gilt, selbst aufgrund von Erwartungen über wirtschaftspolitische Aktionen handeln.

Den höchstmöglichen Erfolgsgrad zu fordern stellt allerdings nur eine von zwei grundsätzlichen Möglichkeiten dar, Ansprüche an die Lösung des wirtschaftspolitischen Problems – an den Grad der Zielerreichung – zu formulieren: Neben der mit dem höchstmöglichen Erfolgsgrad angesprochenen Zieloptimierung läßt sich eine bloße Zielbereichsvorgabe aufgrund der realen Möglichkeiten sogar eher mit dem Rationalitätsprinzp in Einklang bringen. Während bei der Zieloptimierung eine Bestlösung angestrebt wird, gilt bei der Bereichsvorgabe eine Lösung bereits als befriedigend, bei der die Zielvariable in einem Bereich liegt, der durch ein Mindest- oder Höchstniveau abgegrenzt ist. Auch eine Kombination von Mindest- und Höchstniveaus ist als Bereichsabgrenzung denkbar. Mit dem Rationalitätsprinzip können befriedigende im Unterschied zu bestmöglichen Ergebnissen vereinbar sein; denn gerade die Einsicht in die Begrenzungen, denen rationales Handeln unterworfen ist, kann eine solche Minderung des Anspruchs an die Lösung nahelegen. Je geringer im konkreten Fall die treffsichere Gestaltbarkeit des Entscheidungsfeldes nach Zielen des Entscheidungsträgers eingeschätzt wird, um so eher empfehlen sich schließlich offene und damit anpassungsfähige Zielformulierungen (autoplastische im Unterschied zu alloplastischer Politik).

Das Definitionselement „Planen" als gedankliches Vorwegnehmen zukünftigen Handelns kann sich sowohl auf ein Tun als auch auf ein Unterlassen richten. Dabei ist es zweckmäßig, folgende Schritte planerischen Vorgehens zu unterscheiden:

- die zielorientierte Beschreibung und Analyse der Lage: die Diagnose;
- die Vorhersage der zukünftigen Entwicklung bei unveränderter Wirtschaftspolitik: die Status-quo-Prognose;
- die Überprüfung möglicher Maßnahmen und Maßnahmenkombinationen in der Absicht, Haupt- und Nebenwirkungen, Nah- und Fernwirkungen im Hinblick auf das Zielsystem zu ermitteln: die Wirkungsprognosen;
- das Aufstellen von Plänen, in denen Ziele und Mittel durch bedingte Vorhersagen verknüpft sind: die Programmentwürfe;
- die vergleichende Analyse von entworfenen und durchgeführten Programmen mit dem Ziel, die Entscheidungsgrundlagen für die Zukunft zu verbessern: die Erfolgskontrolle.

Die Erläuterungen der Definitionselemente dürften noch einmal die Schlüsselrolle verdeutlicht haben, die dem Lenkungswissen zukommt. Dabei ergibt sich die doppelte Schwierigkeit,

- daß das grundsätzlich verfügbare Lenkungswissen nur sehr beschränkt ist und
- daß die Beschaffung und Verwertung dieses Wissens durch den Entscheidungsträger auch in diesem Fall selbst ein vorgelagertes, subjektiv rational zu lösendes Entscheidungsproblem darstellt.

Unter diesen Umständen und unter Berücksichtigung des methodologischen Zweck-Mittel-Problems kann wie folgt zusammengefaßt werden: „Wenn man eine rationale Politik dahin gehend charakterisiert, daß sie keine (nach dem gegebenen Stande der Information) inkompatiblen Ziele verfolgt und ihre Ziele mit den (nach der eigenen Wertposition zugelassenen) Mitteln anstrebt, die mit der betreffenden Kombination von Zielen vereinbar sind und (nach dem vorauszusetzenden Informationsstand) die größtmögliche Realisierungsaussicht verbürgen, dann setzt eine solche Politik nur informative Systeme (im Sinne von Ziel-Mittel-Systemen, MES) voraus. Insofern ist rationale Politik ‚die Kunst des Möglichen'" (Albert, 1960, S. 226). Im übrigen gilt für wirtschaftspolitische Rationalität im Grunde das gleiche wie für einzelwirtschaftliche Rationalität: Sie ist eine Verfahrenshilfe von ungewissem Nutzen. Als Alternative käme jedoch nur ein Verzicht auf systematisches, vernunftgeleitetes Handeln in Betracht.

14.2 Elemente wirtschaftspolitischer Planung

Abraham Lincoln wird ein Zitat zugeschrieben, das die Ratio planerischen Vorgehens knapp, aber zutreffend begründet: „Wenn wir zunächst wissen könnten, wo wir sind und wohin wir treiben, könnten wir besser beurteilen, was zu tun ist und wie es zu tun ist." Es enthält im Kern die Fragestellung von Diagnose („wo wir sind"), Status-quo-Prognose („wohin wir treiben") und Programmentwürfen („was zu tun ist und wie es zu tun ist").

14.2.1 Diagnose

Mit der Diagnose sind in erster Linie Antworten auf folgende Fragen zu finden:

- Wie weicht die ökonomische Situation von den angestrebten Zielen ab?
- Wie lassen sich die Zielabweichungen aus der beobachtbaren wirtschaftlichen Entwicklung erklären?
- Wie hätten möglicherweise die Zielabweichungen durch wirtschaftspolitisches Tun oder Unterlassen verringert oder gar vermieden werden können?

14.2.1.1 Zielabweichungen

Eine Antwort auf die Frage nach den Zielabweichungen verlangt konkrete Informationen sowohl über das, was sein soll (die Ziele), als auch über das, was ist (die wirtschaftspolitische Realität). Es geht also einmal darum, die Ziele operational zu definieren, und zum anderen darum, die Realität laufend zu beobachten und statistisch festzuhalten. Beide Aufgaben sind nicht voneinander unabhängig. Vielmehr bestimmen letztlich die Ziele zusammen mit den Kosten der Informationsbeschaffung das, was primär beobachtet wird. Das bedeutet notwendigerweise eine wertende Auswahl aus dem Wahrnehmbaren, die sich jedoch nicht allein schon deshalb einer wissenschaftlichen Auswertung entzieht. Allerdings werden die für Diagnosen heranziehbaren statistischen Informationen bislang häufig nicht unter dem Aspekt einer konkreten wirtschaftspolitischen Fragestellung ermittelt. Das tatsächlich zugängliche Beobachtungsmaterial kann deshalb von demjenigen abweichen, das eigentlich erforderlich wäre,

Versuche empirisch zu überprüfen, die darauf gerichtet sind, wirtschaftspolitisch relevante Ereignisse zu erklären. Daraus ergeben sich zusätzliche Probleme nicht nur für die Diagnose, sondern auch für die wirtschaftspolitische Planung insgesamt.

14.2.1.2 Erklärungsversuche

Es zählt mit zu den Aufgaben der ökonomischen Theorie, Voraussetzungen für die Erklärung von Zielabweichungen zu schaffen, also Antworten auf die zweite im Rahmen der Diagnose zu beantwortende Frage zu ermöglichen. Diese Aufgabe gilt als um so besser erfüllt, je weniger die gefundenen Erklärungen für die wirtschaftspolitisch relevanten Tatbestände (in erster Linie repräsentiert durch Zielvariablen) räumlich und zeitlich (z. B. eine konkrete Volkswirtschaft in einem eingegrenzten Zeitraum) eingeschränkt sind und je eindeutiger die Beziehung zwischen Ursache und Wirkung angegeben wird. Die Beziehung zwischen den beiden als Ursache und als Wirkung gekennzeichneten Arten von Ereignissen wird durch eine Hypothese hergestellt (Abb. 14.1). Mt ihr wird behauptet, daß immer dann, wenn die räumlichen und zeitlichen Bedingungen sowie als ursächlich angesehenen Ereignisse (die Anwendungsbedingungen) gegeben sind, bestimmte andere Ereignisse eintreten (Quasi-Gesetz). Bewährt sich eine Hypothese bei der Erklärung wirtschaftspolitischer Zielgrößen, so bedeutet dies nur in Ausnahmefällen zugleich eine eindeutige Erklärung von Zielabweichungen. Für eine eindeutige Erklärung müßte die Hypothese einen monokausalen Zusammenhang postulieren im Unterschied zu Erklärungsversuchen, die mehrere Ursachen enthalten; denn dann könnte unmittelbar gefragt werden, welchen Wert die einzige erklärende Variable hätte annehmen müssen, um das Ziel zu erreichen.

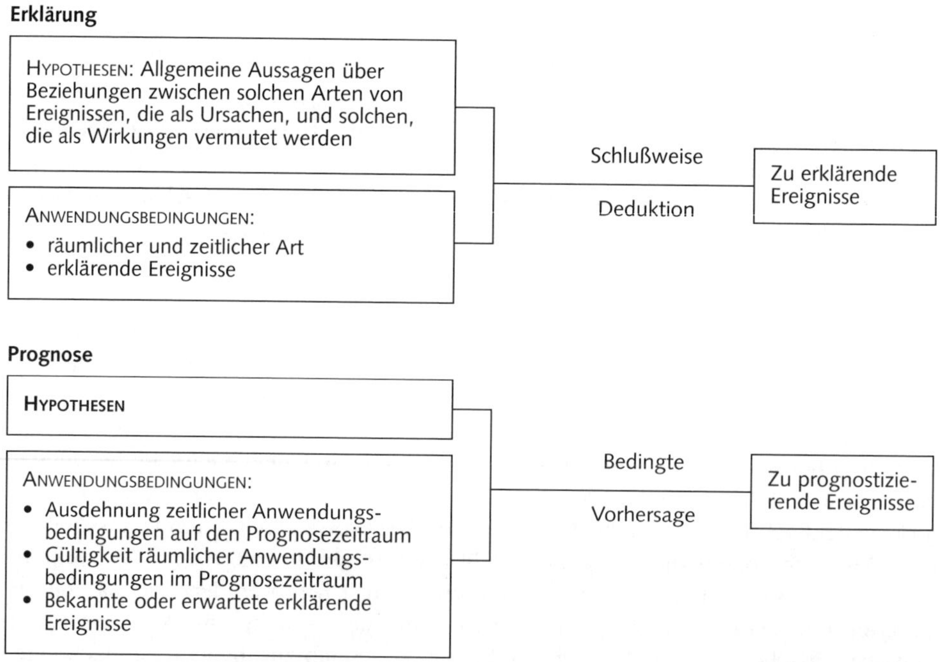

Abb. 14.1: Erklärung und Prognose

Auf die gesamtwirtschaftliche Stabilisierungspolitik als Beispiel bezogen, wäre es zunächst Aufgabe der Theorie, eine Konjunkturerklärung zu finden. Unter wirtschaftspolitischen Gesichtspunkten stünde das Bestreben im Vordergrund, den zeitlichen Verlauf von solchen makroökonomischen Variablen zu beschreiben, die für die stabilisierungspolitischen Ziele unmittelbar oder mittelbar relevant erscheinen. Im Ergebnis käme es darauf an, ein dynamisches makroökonomisches Modell zu entwickeln.

Der nächste Schritt würde zum makroökonometrischen Modell führen müssen, d. h. der einigermaßen verläßlichen Quantifizierung (Schätzung) der die theoretischen Beziehungen kennzeichnenden Parameter. Die Erklärung für den zeitlichen Verlauf der als zielrelevant angesehenen Variablen wäre dann einmal im tatsächlichen Verlauf der Variablen zu suchen, die Instrumentcharakter haben oder durch Instrumenteinsatz manipuliert werden können, und zum anderen bei solchen Variablen, die als unbeeinflußbar – als Daten – gelten müssen.

Allerdings dürfte – wie gerade die in Kap. 4 erörterten Fehlschläge bei einer Konjunkturerklärung verdeutlichen – ein derart geschlossener Erklärungsansatz die Ausnahme und nicht die Regel sein. Das läßt sich vor allem damit begründen,

- daß auch von den ökonomischen Theorien, die wirklichkeitsnah scheinen, viele durch unerfüllbare Anwendungsbedingungen oder durch wenig strenge Aussagen gekennzeichnet sind, weshalb sie nicht oder nur schwer überprüfbar und damit falsifizierbar sind; deshalb können sie auch nicht zu vorläufig brauchbaren Erklärungsversuchen herangezogen werden.
- daß die Mehrzahl wirtschaftspolitischer Probleme nur durch Abstraktion von Problembestandteilen im dem Maße quantifiziert werden kann, wie dies die bisher verfügbaren quantitativen Erklärungs- und Überprüfungsmethoden erforderlich machen.

Hieraus wiederum ergibt sich die Gefahr bzw. das diagnostische Problem,

- daß um der Quantifizierbarkeit willen bewußt oder unbewußt Substanzverluste bei der theoretischen Formulierung wirtschaftspolitischer Probleme in Kauf genommen werden bzw.
- daß bei miteinander konkurrierenden Hypothesen, nach denen durchaus unterschiedliche Therapien naheliegen mögen, als Ergebnis von Falsifizierungsversuchen nicht zwingend zugunsten der einen oder anderen entschieden werden kann, die Hypothesen folglich koexistieren und je nach Interessenlage oder auch nur Informationsstand verwendet werden können oder nicht.

Wie begrenzt die diagnostischen Möglichkeiten sind, sich formal strenger Ursache-Wirkungs-Beziehungen zu bedienen, verdeutlicht ein Blick auf konjunktur- und strukturpolitische Diagnosen, wie sie etwa vom Sachverständigenrat zur Begutachtung der gesamtwirtschaftlichen Entwicklung in seinen Jahresgutachten, von den wissenschaftlichen Forschungsinstituten und von internationalen Institutionen laufend erstellt werden:

- Anstelle geschlossener quantitativer Totalmodelle werden häufig Partialmodelle in unterschiedlicher Form, z. B. Regressions- und Korrelationsanalysen, in die primär verbale Argumentation einbezogen.

- Meist muß eine Präsentation von Fakten, die mit mehr oder weniger empirisch gehaltvollen Theorien kompatibel sind, eine in allen Elementen quantifizierte und getestete Argumentation ersetzen.
- Historische Vergleiche mit Situationen, in denen die angestrebten Ziele besser oder schlechter als im Diagnosezeitraum realisiert waren, sollen Licht auf ursächliche Zusammenhänge werfen.
- Mit internationalen Vergleichen werden u. a. Aufschlüsse über die Wirkungsweise und Wirksamkeit bislang nicht oder wenig genutzter Instrumente gesucht.

14.2.1.3 Nachträgliche Therapie

Wenn allerdings der Erklärungsversuch so weit vorangetrieben werden kann wie zuvor skizziert, wird besonders deutlich erkennbar, welche Art von Antwort auf die (dritte) Frage nach den verpaßten wirtschaftspolitischen Gelegenheiten angestrebt wird. Die Beantwortung verlangt, den Erklärungsversuch so zu transformieren, daß (1) die tatsächlich beobachteten Werte durch die anzustrebenden Zielwerte ersetzt und (2) nach den Instrumentwerten gefragt wird, mit denen diese Zielwerte unter sonst gleichen Bedingungen hätten erreicht werden können. So gesehen ist dieser Teil der Diagnose eine nachträgliche Therapie. Sie soll Aufschlüsse über zukünftige wirtschaftspolitische Handlungsmöglichkeiten geben.

Die Diagnose zur nachträglichen Therapie voranzutreiben ist problematisch. Nur zu leicht ergibt sich daraus eine Orientierung an den im Erklärungsansatz enthaltenen Mitteln und Mittelkombinationen. Demgegenüber verlangt eine rationale Planung, daß auch bislang unerprobte Programme in Erwägung gezogen werden, die geeignet erscheinen, den Zielen nahezukommen. Würde dies übersehen oder gar verdrängt, entspräche die Orientierung an den Ergebnissen des nachträglichen Therapieversuchs einem konservativen Werturteil zugunsten der bisherigen wirtschaftspolitischen Praxis.

14.2.2 Status-quo-Prognose

14.2.2.1 Erklärung und Prognose

Mit LINCOLNS Frage nach dem „wohin wir treiben" ist die Status-quo-Prognose angesprochen. Es geht um eine bedingte Vorhersage darüber, wie etwa im Falle des Stabilisierungsproblems der gesamtwirtschaftliche Prozeß verlaufen würde, wenn die wirtschaftspolitischen Instanzen es völlig bei dem in der Vergangenheit geübten Tun oder Unterlassen beließen. Formal bedeutet dieser wirtschaftspolitische Status quo: Es wird nicht versucht, durch Veränderung von Instrumentvariablen die Zielvariablen zu beeinflussen. Das Ergebnis, die im Prognosezeitraum zu erwartende Abweichung von den Zielen, soll über die Größe und Beschaffenheit des zu lösenden wirtschaftspolitischen Problems informieren. Die Information vermag Antworten auf zwei für die Therapie bedeutsame Fragen zu geben:

- Erledigt sich ein wirtschaftspolitisches Problem vielleicht ohne weiteres Zutun in absehbarer Zeit von selbst?
- Wie groß wären die zu erwartenden Zielabweichungen zu der Zeit, in der ein Mitteleinsatz unter Berücksichtigung der mit ihm verbundenen Verzögerungen zu Wirkungen führen würde?

Eine Beantwortung dieser Fragen ist erforderlich, wenn Fehldosierungen des Mitteleinsatzes vermieden werden sollen.

Auch die Programmentwürfe setzen Prognosen voraus. Dabei handelt es sich um Versuche, die Wirkungen von Instrumentvariationen abzuschätzen. Dementsprechend werden sie im Unterschied zu Status-quo-Prognosen als Wirkungsprognosen bezeichnet.

Analytisch besonders anspruchsvolle Prognosen basieren auf den für die Vergangenheit ermittelten und quantifizierten Wirkungszusammenhängen, also auf Resultaten des Erklärungsversuchs im Rahmen der Diagnose. Wenn keine gegenteiligen Informationen oder Anhaltspunkte vorliegen, wird davon ausgegangen, daß sich diese Zusammenhänge im Prognosezeitraum nicht entscheidend ändern; d. h., auch die quantitativen Beziehungen zwischen Ursache und Wirkung werden weiterhin als gültig angenommen. In diesem Fall unterscheiden sich Erklärung und Prognose nicht wesentlich (Abb. 14.1). Bei der Erklärung ist das zu erklärende Ereignis gegeben und es wird nach einer Hypothese gesucht, die als allgemeine Vermutung unter den übrigen Anwendungsbedingungen auch dieses Ereignis aus den als ursächlich angesehenen Ereignissen zu erklären vermag. Im Unterschied dazu ist der Sachverhalt bei der Prognose umgekehrt: Nachdem die Hypothese als unwiderlegt gilt, wird nunmehr gefragt, welche Ereignisse bei den wiederum gegebenen Anwendungsbedingungen einschließlich der als ursächlich geltenden Ereignisse aufgrund der Hypothese erwartet werden können. Bei der Status-quo-Prognose kommt hinzu, daß wirtschaftspolitisches Handeln, soweit es zu den ursächlichen Ereignissen gehört, gegenüber dem Diagnosezeitraum als unverändert angenommen wird.

Soweit Prognosen auf Erklärungsversuche im Rahmen von Diagnosen aufbauen, beziehen sie sich auf Ursache-Wirkungs-Zusammenhänge; sie sind kausalanalytisch. Voraussetzung für derartige prognostische Aussagen ist wie bei den Diagnosen, daß die wirtschaftspolitisch relevanten Ereignisse nicht nur Züge der Einmaligkeit haben, die sie zu Kuriosa machen würden. Vielmehr wird davon ausgegangen, daß sich unter ähnlichen Umständen ähnliche Ereignisse als Ergebnis wirtschaftlich orientierten Handelns einstellen. Nur wenn es derartige Quasi-Gesetze gibt, wird das Verhalten von Wirtschaftseinheiten in Grenzen reproduzierbar und damit auch vorhersehbar.

14.2.2.2 Informationsprobleme – Bedingtheit von Vorhersagen

Sogar bei kausalanalytisch strengen Erklärungsversuchen wird jedoch der Übergang zur Prognose bereits durch ein zentrales Informationsproblem erschwert: die Kenntnis der Ereignisse, die im Prognosezeitraum ein Verhalten entsprechend den bislang als bewährt geltenden Hypothesen auslösen sollen. Nur wenn über diese Ereignisse Informationen leichter zu gewinnen sind als über die zu prognostizierenden Ereignisse, kann der mit dem Erstellen der Prognose verbundene Aufwand zweckmäßig sein. Andernfalls wäre der mögliche Eindruck gerechtfertigt, als ob das Nichtwissen über die Zukunft bestenfalls um eine Stufe zurückverlagert würde, nämlich von den zu prognostizierenden auf die zukünftigen erklärenden Ereignisse.

Bei Prognosen wird aber einmal der Umstand genutzt, daß zum Zeitpunkt einer Prognose schon Ereignisse bekannt sein können, die erst in der Zukunft Wirkungen auslösen; angesprochen sind damit die verschiedensten Verzögerungen. Ferner muß wirtschaftspolitische Planung auch in konkrete Entscheidungen im politischen Willensbildungsprozeß umsetzbar sein. Wenn also derartige zukunftsrelevante Informationen verfügbar sind, kann es rational sein, die Rückverlagerung von den zu prognostizierenden auf die zukünftig erklärenden Ereignisse vorzunehmen. Auf diese Weise wird es möglich, Bedingungen für das Eintreten bestimmter Ereignisse anzugeben. Schon bei wenigen zukunftsrelevanten Informationen über erklärende Ereignisse können nicht mehr alle Bedingungskonstellationen als gleich wahrscheinlich gelten und damit auch nicht mehr alle mit Hilfe der Kausalbeziehungen (Hypothesen) ableitbaren zukünftigen Ereignisse.

Für Prognosen ergibt sich daraus, daß sie in mehrfacher Hinsicht bedingte Vorhersagen sind: Soweit sie auf Hypothesen basieren, muß deren Gültigkeit auch für die Zukunft postuliert werden, d. h., zeitliche Anwendungsbedingungen müssen auf die Zukunft ausgedehnt werden. Ferner muß hinichtlich räumlicher Anwendungsbedingungen vorausgesetzt werden, daß sie auch in Zukunft erfüllt sind. Darüber hinaus müssen viele der zukünftigen gemäß den Hypothesen als ursächlich anzusehende Ereignisse auf mehr oder weniger begründeten Vermutungen beruhen; damit nehmen diese ebenfalls Bedingungscharakter an. Die exante-Qualität von Prognosen ist unter diesen Umständen um so größer, je weniger sie durch derartige Bedingungen eingeschränkt werden müssen. Abgrenzend formuliert sind Prognosen zukunftsbezogene Aussagen, die nach ihrem bedingten Charakter zwischen Leeraussagen, wie z. B. „wenn der Hahn kräht auf dem Mist, ändert sich das Wetter, oder es bleibt, wie es ist", und uneingeschränkten, kaum überprüfbaren Vorhersagen (Prophetien) eingeordnet werden müssen.

14.2.2.3 Hilfsweise herangezogene Prognosetechniken

Die kausalanalytische Strenge von Prognosen kann zumindest nicht größer sein als die der Erklärungsversuche, auf denen sie basieren. Wird noch der Mangel an zukunftsrelevanten Informationen hinzugenommen, so erklärt dies hinreichend, warum auch analytisch weniger anpruchsvolle Prognosetechniken entwickelt und genutzt werden. Dabei handelt es sich im wesentlichen um

- Extrapolationsmethoden,
- Gebrauch von Frühindikatoren,
- Auswertung der Ergebnisse von Befragungen einzelwirtschaftlicher Planungseinheiten.

Extrapolationsmethoden basieren in erster Linie darauf, Zeitreihen von wirtschaftspolitisch relevanten Größen mit statistischen Methoden auf zyklische Schwankungen und Trends zu überprüfen. Entwicklungsmuster der Vergangenheit werden teilweise mechanisch, teilweise unter Plausibilitätgesichtspunkten in die Zukunft verlängert. Selbst bei der kurzfristigen Konjunkturprognose, bei der kausalanalytische Prognoseverfahren noch am ehesten angewendet werden können, sind Extrapolationsmethoden immer noch die Regel. Dabei müssen weitere Plausibilitätsüberlegungen hinzukommen, um die Konsistenz der Extrapolationen der einzelnen makroökonomischen Zeitreihen herzustellen. Die Konsistenz läßt sich anhand der definitorischen Beziehungen überprüfen, wie sie im Rahmen der volkswirtschaftlichen Gesamtrechnung verwendet werden. Zum Beispiel müssen isolierte Schätzungen der Verwendungsseite des Sozialprodukts mit denen der Entstehungsseite letztlich kompatibel sein. Im Rahmen langfristiger Prognosen oder Projektionen und dort vor allem bei Branchenprojektionen können die aus Input-Output-Tabellen gewonnenen Informationen über intersektorale Verflechtungsbeziehungen zu derartigen Konsistenzprüfungen herangezogen werden.

Bei Indikatormethoden wird von der Beobachtung ausgegangen, daß einige Zeitreihen anderen „vorauseilen". So können Änderungen in der Investitionstätigkeit zunächst im Auftragseingang der Investitionsgüterindustrie erkennbar werden, ehe es zu tatsächlichen Änderungen in den Investitionsausgaben kommt. Ebenso gibt es Vermutungen, daß Änderungen der Konjunkturlage relativ frühzeitig antizipiert werden und zu Dispositionen auf den Wertpapiermärkten führen, sich also in der Entwicklung des Kursniveaus ankündigen. Der wohl berühmteste Versuch, durch eine Kombination verschiedener Frühindikatoren Aufschluß über die voraussichtliche Konjunkturentwicklung zu erhalten, war das „Konjunkturbarometer" des Harvard Committee on Economic Research. Hier wie auch bei anderen Indikatorexperimenten blieb jedoch ein dauerhafter diagnostischer und prognostischer Erfolg aus.

Befragungen von Investoren und Konsumenten über ihre Lageeinschätzungen, Erwartungen und Ausgabenpläne haben sich nur für sehr kurze Fristen als aufschlußreich erwiesen. Mehr kann jedoch nicht erwartet werden, da Beurteilungen und selbst Pläne leicht korrigierbar sind. Immerhin können Befragungsergebnisse über tatsächliches Verhalten einzelwirtschaftlicher Planungsträger einen diagnostisch wertvollen Zeitvorsprung gegenüber den amtlichen Statistiken verschaffen bzw. diese ergänzen. Ferner können Ergebnisse von Tendenzbefragungen dazu genutzt werden, die Bestimmung subjektiver Wahrscheinlichkeiten für das Eintreten der entsprechenden Ereignisse abzustützen.

14.2.2.4 Prognosen als Wahrscheinlichkeitsaussagen

Bei Prognosen handelt es sich schon deshalb um Wahrscheinlichkeitsaussagen, weil die Bedingungen, an die sie geknüpft sind, nicht mit Gewißheit eintreten. Dabei dominieren subjektive, mehr oder weniger auf Intuition begründete Wahrscheinlichkeiten. Von den objektiven Wahrscheinlichkeiten spielen a priori-Wahrscheinlichkeiten, wie sie etwa für Glücksspiele im vorhinein deduziert werden können, bei ökonomischen Phänomenen praktisch keine Rolle. Demgegenüber sind Aposteriori-Wahrscheinlichkeiten in begrenztem Umfang zu gewinnen. Als solche Wahrscheinlichkeiten lassen sich ökonometrische Schätzergebnisse zumindest interpretieren. Sie beinhalten aus den empirischen Beobachtungen abgeleitete Aussagen darüber, mit welcher Wahrscheinlichkeit Verhaltensparameter, z. B. marginale Konsumquoten, in einem vorgegebenen Wertebereich vermutet werden können. Allerdings sind derartige a posteriori-Wahrscheinlichkeiten an die Bedingung gebunden, daß der Verursachungskomplex, der zu den empirischen Beobachtungen geführt hat, im Beobachtungszeitraum konstant war. Im Rahmen von Prognosen verwertet, muß gefordert werden, daß der Verursachungskomplex auch im Prognosezeitraum unverändert bleibt. Sowohl die erste als auch die zweite Bedingung sind jedoch im ökonomischen Bereich kaum erfüllt. Dementsprechend sind die ökonometrischen Schätzergebnisse vorsichtig zu verwerten, ganz unabhängig davon, daß gegen derartige makroökonomische Hypothesen weiterreichende methodische Einwände möglich sind (Kap. 4).

Das Vorherrschen subjektiver Wahrscheinlichkeiten bei Wirtschaftsprognosen hat vor allem drei Gründe:

- Zunächst sind viele relevante Ereignisse, auch wirtschaftspolitische Maßnahmen, nicht in dem Maße quantifizierbar, wie dies etwa ökonometrische Analysen und sich daran anschließende Prognosen erforderten; dementsprechend sind für solche Fälle a posteriori-Wahrscheinlichkeiten nicht begründbar.
- Bereits erwähnt wurde ferner, daß auch quantifizierte Zusammenhänge vom Verursachungskomplex her nicht so dauerhaft determiniert sein dürften, wie das etwa für eine Reihe naturwissenschaftlicher Phänomene zu vermuten ist.
- Aber auch, wenn sich an den Ursachen selbst nichts änderte, bliebe zu berücksichtigen, daß ökonomische Systeme in besonderem Maße offen sind; d. h., die Zahl der Faktoren, die ein bestimmtes wirtschaftliches Ereignis herbeiführen oder verhindern, ist unbekannt. Die Systeme lassen sich zwar künstlich schließen, indem davon ausgegangen wird, daß die Gesamtentwicklung nicht explizit erfaßter Faktoren zu zufallsähnlichen Abweichungen von den prognostizierten Ereignissen führt; für sie lassen sich im günstigen (ökonometrischen) Fall sogar Grenzen angeben. Jedoch wird daraus ersichtlich, daß Prognosen auch dann falsch sein können, wenn zwar die explizit aufgenommenen Verhaltensweisen richtig eingeschätzt wurden, aber zuvor unbekannte oder als unbedeutend erachtete Faktoren das Ergebnis nunmehr systematisch beeinflussen.

Prognosen werden schließlich generell dadurch erschwert, daß die prognostizierten Ereignisse von den Prognosen selbst beeinflußt werden können. Bei wirtschafts- und sozialwissenschaftlichen Prognosen sind nämlich Rückkopplungseffekte nicht auszuschließen, wenn die Prognoseergebnisse denen bekannt werden, deren Verhalten u. a. mitprognostiziert wurde. Sie könnten nämlich versuchen, die Ergebnisse in ihren Planungen vorwegzunehmen. Die Folge wäre, daß Prognosen dazu tendierten, sich selbst zu widerlegen oder zu bestätigen, ob nun in wirtschaftspolitisch erwünschter oder in unerwünschter Weise. Dieser Umstand wiederum ließe sich zu Zweckprognosen nutzen. Sie hätten gerade den Zweck, das Prognoseergebnis zu bewirken bzw. zu vermeiden. Allerdings setzte ein solches strategisches Vorgehen voraus, daß die zu manipulierenden Planungseinheiten das Manöver nicht durchschauen bzw. sich bei den dann notwendigerweise notorischen Fehlprognosen auch weiterhin an diesen orientieren. In jedem Fall dürften derartige Rückkopplungseffekte die Unsicherheiten, mit der Prognosen behaftet sind, eher vergrößern.

14.2.2.5 Sichere Prognosen und Prophetien

Ungewißheit und Bedingtheit wissenschaftlicher Prognosen könnten dazu verleiten, sie als unzuverlässig beiseite zu schieben. Es wäre jedoch zu fragen, ob etwas – und gegebenenfalls was – an ihre Stelle treten soll. Auch wirtschaftspolitisches Handeln muß wie jedes andere planmäßige Handeln auf Antizipationen zukünftigen Geschehens basieren; das ergibt sich aus seiner Zukunftsbezogenheit.

Sichere Prognosen zu wünschen ist wegen folgender Überlegung unsinnig. Könnte nämlich genau erforscht werden, was in Zukunft geschieht, wäre am Lauf der Dinge nichts zu ändern. In diesem Fall hätten auch die heutigen Handlungen mit Gewißheit vorhergesagt werden können. Wissen über die Zukunft wäre insofern ohne Bedeutung, weil keine frei wählbaren Handlungsmöglichkeiten mehr bestünden. Die hier interessierenden Prognosen beziehen sich aber auf Handlungsmöglichkeiten. Sie beschreiben Spielräume bei der Gestaltung der Zukunft.

Unbedingte Vorhersagen zu fordern kann einmal bedeuten, daß Prophetien zur Handlungsgrundlage gemacht werden sollen. Prophetien erklären nicht, warum etwas geschehen wird, sondern behaupten nur, daß etwas geschehen wird. Der zweite Weg zur unbedingten Vorhersage besteht darin, auf Informationen über die Bedingungen zu verzichten, an die eine Prognose geknüpft ist. Ihre Kenntnis kann es aber dem Nutzer der Prognose u. U. erlauben, eigene Wahrscheinlichkeiten abzuleiten. Ferner sind es gerade unterschiedliche Bedingungen, die dazu führen, daß Prognosen zum gleichen wirtschaftspolitischen Problem voneinander abweichen. Sie zu kennen ist erforderlich, um zu entscheiden, welche der Prognosen gegebenenfalls zur Handlungsgrundlage gemacht werden soll.

Prognosen haben die Funktion, die Ungewißheit einzugrenzen, unter der wirtschaftspolitische Entscheidungen gefällt werden müssen. Dem entspricht es, das Möglichkeitsspektrum subjektiver Wahrscheinlichkeiten durch die Angabe von Intervallen abzustecken, innerhalb derer die zukünftigen Ereignisse erwartet werden. Die gleiche Absicht wird mit sogenannten optimistischen, mittleren und pessimistischen Prognosevarianten verfolgt; sie ergeben sich durch entsprechende Variation der als relevant vermuteten Bedingungen.

14.2.3 Wirkungsprognosen und Programmentwürfe

Ebenfalls prognostischen Charakter haben Aussagen darüber, was in Zukunft sein könnte, wenn die wirtschaftspolitischen Instanzen diese oder jene Instrumente variieren bzw. überhaupt einsetzen würden. Im Unterschied zu Status-quo-Prognosen handelt es sich, wie bereits dargelegt, um Aussagen darüber, was sein könnte, wenn sich das Verhalten wirtschaftspolitischer Instanzen änderte (Wirkungsprognosen). Dabei geht es jedoch nicht darum, zukünftiges wirtschaftspolitisches Tun oder Unterlassen zu prognostizieren. Vielmehr werden Aussagen darüber angestrebt, wie durch den Einsatz bzw. die Variation von Instrumenten wirtschaftspolitische Ziele erreicht werden können.

Wirkungsprognosen dienen dazu, Programmentwürfe zu ermöglichen, die zur Grundlage wirtschaftspolitischer Entscheidungen gemacht werden können. Wenn außerdem die Regel feststünde, nach der wirtschaftspolitisch rational und kompetent zu entscheiden wäre, könnte ein wirtschaftspolitisches Entscheidungskalkül durchgeführt werden.

14.2.3.1 Wirkungsprognosen

Wie bei Status-quo-Prognosen wird bei Wirkungsprognosen vorausgesetzt, daß die wirtschaftspolitischen Zielsetzungen zumindest vorläufig bekannt und operationalisierbar sind; denn ohne Zielsetzung fehlte jegliche Orientierung für die Prognose. Als vorläufig sind Zielsetzungen deshalb anzusehen, weil sie sich im Verlauf und als Ergebnis der wirtschaftspolitischen Planung ändern können. Soweit die Planung Gegenstand wirtschaftspolitischer Beratung ist, wird hier bereits eine mögliche Beziehung zwischen Berater und Beratenem erkennbar.

Die Prognosetechniken, die für die Wirkungsprognosen eingesetzt werden können, sind im Vergleich zu Status-quo-Prognosen weniger vielfältig. Extrapolations- und Indikatormethoden müssen zwangsläufig versagen; denn es geht gerade darum, zu prüfen, ob und in welchem Maße erkennbare Tendenzen sich ändern lassen. Das setzt aber Kenntnisse oder zumindest begründete Vermutungen über Wirkungszusammenhänge und damit ein kausalanalytisches Vorgehen voraus. In diesem Fall sind jedoch die Schwierigkeiten bei nicht ausreichend quantifizierbaren wirtschaftspolitischen Problemen und Maßnahmen besonders groß.

Eine weitere Schwierigkeit entsteht bei der Wirkungsanalyse von Maßnahmen, die bislang unerprobt sind. In diesem Fall kommt neben empirisch unüberprüften Vermutungen bestenfalls die Auswertung einschlägiger wirtschaftspolitischer Erfahrungen anderer Länder in Betracht.

Je nachdem, wie das zahlenmäßige Verhältnis zwischen Zielen und verfügbaren Instrumenten ist und wie diese Instrumente dosierbar sind, ergeben sich unterschiedlich viele Handlungsmöglichkeiten. Sie unterscheiden sich im Ergebnis vor allem durch die mit ihnen verbundenen Haupt- und Neben- sowie Nah- und Fernwirkungen und die mit dem Einsatz bzw. der Variation der Instrumente entstehenden direkten Kosten. Mit derartigen Analysen werden Voraussetzungen für die Beurteilung der Kosten-Nutzen-Analyse von Mitteln und Mittelkombinationen geschaffen. Dabei handelt es sich um gedankliche Experimente mit den in die Betrachtung einbezogenen Instrumenten. Wenn die betreffende Volkswirtschaft im Hinblik auf den wirtschaftspolitischen Problembereich ökonometrisch abbildbar ist, können diese Experimente zumindest für bereits erprobte und daher in ihren Wirkungen abschätzbare Instrumente verfeinert werden. Aber nicht nur die Wirkung unerprobter Instrumente bleibt noch zu analysieren. Aus der Sicht einer bestimmten wirtschaftspolitischen Instanz kommt es auch darauf an, die Aktionen und Reaktionen anderer Instanzen oder auch von Personen und Gruppen mit wirtschaftspolitischem Einfluß mit zu berücksichtigen. Unter diesen Umständen wird Wirtschaftspolitik aus der Sicht eines Trägers zu einem strategischen Spiel mit allen Komplikationen und Unwägbarkeiten, die in einer derartigen Handlungssituation angelegt sind.

14.2.3.2 Wirkungsprognosen und rationale Erwartungen

Das Erstellen von Wirkungsprognosen wird noch schwieriger, wenn berücksichtigt wird, daß auch die privaten Wirtschaftssubjekte auf der Grundlage von informationsgestützten Erwartungen über ihre zukünftige Handlungssituation entscheiden. Ihre erwartungsgeleiteten Handlungen sind aus der Perspektive von Wirkungsprognosen um so bedeutsamer, je mehr es bei einem wirtschaftspolitischen Lenkungsversuch auf ihre Reaktionen ankommt, also auf die indirekten Zielwirkungen des Mitteleinsatzes.

Wenn aber davon auszugehen ist, daß die privaten Wirtschaftssubjekte Veränderungen in den für ihre Handlungsergebnisse als wichtig erachteten Umständen vorwegzunehmen trachten, gilt dies auch für die aus ihrer Sicht bedeutsamen Folgen wirtschaftspolitischer Lenkungsversuche. Dazu werden sie ihnen zugängliche Informationen über die Politikformulierung (das Politikregime) ebenso nutzen wie gemachte Erfahrungen mit dem Verhalten der Träger der Wirtschaftspolitik und den Folgen, die Interventionen zugerechnet werden.

Soweit die Wirtschaftssubjekte Lenkungsversuche und ihre Wirkungen antizipieren, wird das wirtschaftspolitische Geschehen zu einem endogenen Element des Wirtschaftsgeschehens: Lenkungsversuche werden durch dieses Geschehen – als Reaktionen der Politik – nicht nur ausgelöst, sondern als Teil des Geschehens von den Wirtschaftssubjekten vorweggenommen. Bei Wirkungsprognosen kann dann nicht mehr davon ausgegangen werden, daß die Wirtschaftssubjekte auf Lenkungsversuche lediglich nach historischen Mustern mechanisch reagieren. Vielmehr ändern sich nunmehr mit der praktizierten Wirtschaftspolitik auch die bisherigen Verhaltensweisen. Dies ist zugleich der Kern der Vorbehalte gegenüber einer Verwertung solcher Reaktionsmuster in wirtschaftspolitischen Entscheidungsmodellen, die aus der Theorie rationaler Erwartungen (LUCAS, 1976) abgeleitet werden.

Die Vorbehalte richten sich vor allem gegen die Verwendung konventioneller makroökonometrischer Modelle zu Wirkungsprognosen im Rahmen der Vorbereitung gesamtwirtschaftlicher Stabilisierungsversuche. Da solche Versuche zumindest in den letzten Jahrzehnten in die Nähe wirtschaftspolitischer Routine rückten, waren die Chancen für die privaten Wirtschaftssubjekte besonders groß, Erfahrungen mit der praktizierten Politik und ihren Folgen zu sammeln und auf deren Grundlage zumindest tendenziell rationale Erwartungen zu bilden (GÄFGEN, 1986, S. 5 ff.). Soweit sie dabei z. B. lernten, daß Konjunkturbelebungsmaßnahmen inflatorische Folgewirkungen zeitigten, konnten sie versuchen, diese schon zu Beginn konjunkturpolitischer Initiativen vorwegzunehmen, etwa in entsprechend offensiven Lohn-, Zins- und Preisforderungen. Das bedeutet jedoch, daß eine staatlich initiierte Mehrnachfrage in ihren güterwirtschaftlichen und – davon abgeleitet – Arbeitsmarktwirkungen abgeschwächt, wenn nicht neutralisiert wurde. Ebenso konnte die mit dem Einsetzen eines Abschwungs zu erwartende konjunkturpolitische Aktivität zu Attentismus von Investoren führen und so den Abschwung verstärken; dies ist vorstellbar, wenn z. B. steuerliche Investitionsanreize in diesen Phasen zur Regel werden. Stabilisierungspolitik droht unter solchen tendenziell rationalen Erwartungen begünstigenden Umständen unwirksam oder gar kontraproduktiv zu werden.

Allerdings ist die empirische Tragweite der Hypothese rationaler bzw. tendenziell rationaler Erwartungen umstritten, zumindest jedoch noch weitgehend ungeklärt (hierzu z. B. SHILLER, 1978; KIRCHGÄSSNER, 1985; GÄFGEN, 1986). Von kritischer Bedeutung für ihre Tragweite sind dabei die Verbreitung von Lenkungswissen unter den privaten Wirtschaftssubjekten, ihre Einschätzungsfähigkeit der Politikformulierung sowie ihre Möglichkeiten, antizipativ zu reagieren. Diese Vorbedingungen sind nicht für alle wirtschaftspolitischen Aufgabenbereiche in gleichem Maße erfüllt. Ferner ist die Erwartungsbildung bei erstmaligen, aber auch bei gelegentlich erfolgenden Interventionen erschwert. Dennoch hat das Argument rationaler Erwartungen selbst in diesen Fällen eine Bedeutung. Sobald in Betracht gezogen wird, daß die privaten Wirtschaftssubjekte zumindest versuchen, Politikentscheidungen und deren Folgen zu antizipieren, ist die Stabilität ihres Verhaltens in Frage gestellt. Für die Wirtschaftspolitik bedeutet das, daß ihre Wissensgrundlage, die bei erstmaligen oder unregelmäßigen Lenkungsversuchen im Vergleich zu Routinehandeln ohnehin schon schmal ist, noch weiter schrumpft.

14.2.3.3 Programmentwürfe

Analysen von Handlungsmöglichkeiten liefern nur in Ausnahmefällen zugleich aufeinander abgestimmte Kombinationen von Maßnahmen (Programmentwürfe); eine solche Ausnahme kann das Auswertungergebnis von vollständig quantifizierten und geschlossenen Entscheidungsmodellen darstellen. Gerade gegen sie wird jedoch der Einwand rationaler Erwartungen geltend gemacht. Im übrigen dürften Programmentwürfe durch den Versuch gekennzeichnet sein, Ergebnisse empirischer Partialanalysen und aus ungetesteten Theorien deduzierte Wirkungsvermutungen sowie durch Plausibilitätsargumente abgestützte Wahrscheinlichkeitsaussagen über nicht kontrollierbare Einflußgrößen zu möglichst konsistenten Handlungsmöglichkeiten zusammenzufassen.

Programmentwürfe implizieren i. d. R. eine wertende Vorauswahl aus dem mit Wirkungsprognosen aufgedeckten wirtschaftspolitischen Möglichkeitsspektrum. Wertungen sind nötig, um die Haupt- und Neben- sowie Nah- und Fernwirkungen der erwogenen Maßnahmen gleichermaßen kalkulierbar zu machen und so Anhaltspunkte über ihren wirtschaftspolitischen Nettonutzen zu gewinnen. Soweit die wirtschaftspolitische Planung von dem Entscheidungsträger delegiert ist, wird er an dieser Stelle in sie eingeschaltet werden müssen, sei es durch Rücksprache, sei es durch Antizipation seines Urteils. Andernfalls müssen vorläufige Urteile des Beraters an seine Stelle treten. Auch hier wird eine Problematik wirtschaftspolitischer Beratung (Kap. 17) erkennbar. Die Vorauswahl kann sich allerdings erübrigen, wenn nur sehr wenige wirtschaftspolitische Optionen offenstehen. Das mag z. B. bei ordnungspolitischen Grundsatzentscheidungen ausnahmsweise der Fall sein.

14.2.4 Erfolgskontrollen

Aus Erfolgen und noch mehr aus Mißerfolgen zu lernen erscheint im allgemeinen nahezu als selbstverständlich. Auch hinsichtlich der wirtschaftspolitischen Planung ist es rational, positive ebenso wie negative Erfahrungen bei neuerlichen Handlungsvorbereitungen mit zu berücksichtigen. Das setzt jedoch eine kritische Analyse der wirtschaftspolitischen Vergangenheit voraus. Nur auf diese Weise läßt sich herausfinden,

- ob bzw. in welchem Ausmaß angestrebte Ziele tatsächlich erreicht wurden,
- ob angestrebte Ziele sich nachträglich als bis auf weiteres unerreichbar erweisen,
- ob Programme bislang ganz oder teilweise auf falschen theoretischen Vorstellungen basierten,
- welche direkten und indirekten Kosten die Realisierung von Programmen tatsächlich verursachte,
- warum Programme eventuell nur teilweise realisiert wurden,

- inwiefern wirtschaftspolitische Absichten durch Aktionen oder Reaktionen anderer beeinträchtigt wurden.

Derartiges systematisch und vorurteilsfrei festzustellen erfordert unabhängige Prüfungsinstanzen. Den Entscheidungsträgern ist nämlich schon aus politischen Gründen wenig an Mißerfolgsberichten gelegen, vor allem, wenn mit ihrer Publikation zu rechnen ist. Der parlamentarisch-demokratische Wechsel der Entscheidungsträger unterbricht außerdem immer wieder Erfahrungsprozesse. Von der jeweils zur Kontrolle aufgerufenen Opposition kann ebensowenig eine politisch ungefärbte Analyse erhofft werden. Auch die Verwaltung hat selten ein Interesse, sich als ausführendes und beträchtlich mitgestaltendes Organ wirtschaftspolitischer Irrtümer zu offenbaren. Daran dürfte ein Appell zu – durchaus achtenswerter – Selbstkritik kaum etwas ändern. Hier ist vielmehr ein Bedarf an institutionalisierter Kritik erkennbar, die die praktische Wirtschaftspolitik ständig begleiten sollte. Wiederum ist eine mögliche Funktion wirtschaftspolitischer Beratung angesprochen.

Im Hinblick auf den Inhalt einer Erfolgskontrolle sollten die eingangs gestellten Fragen bereits erkennen lassen, daß vor allem zwei Teilbereiche unterschieden werden können:

- die nachträgliche Analyse der Durchführung wirtschaftspolitischer Maßnahmen und
- die nachträgliche wirtschaftspolitische Kosten-Nutzen-Analyse.

Im ersten Teilbereich ist zu fragen, was erreicht wurde, und vor allem, wie es erreicht wurde. Zentrale Frage des zweiten Teilbereichs ist, ob der wirtschaftspolitische Ertrag den Aufwand rechtfertigte. Die Antwort auf diese Frage dürfte wesentlich erleichtert werden, wenn an eine sorgfältige, der Maßnahme vorausgegangene wirtschaftspolitische Kosten-Nutzen-Analyse angeknüpft werden kann.

Zwar treten bei der nachträglichen Kosten-Nutzen-Analyse wiederum die gleichen Bewertungsprobleme hinsichtlich der mit einer Maßnahme angestrebten bzw. aufgrund von Nebenwirkungen berührten Ziele auf. Die Schwierigkeiten beginnen jedoch schon bei der a priori etwas weniger problematischen Kategorie der direkten Kosten, und zwar derjenigen, die bei den staatlichen Instanzen anfallen. Ihre Erfassung setzt ein zur Kostenkontrolle geeignetes staatliches Rechnungswesen voraus. Hier zeigt sich nicht nur im Falle der Bundesrepublik Deutschland, daß das größte „Unternehmen" der Volkswirtschaft, der Staat als Produzent und Verteiler von Kollektivgütern, über die schlechtesten Instrumente der Unternehmensführung verfügt. Er beschränkt sich fast ausschließlich auf eine vorausschauende Einnahmen-Ausgaben-Rechnung, das Budget. Die Vollzugskontrolle des Budgets auf dem Wege der Haushaltsrechnung hat aufgrund der häufig jahrelangen Verzögerungen bestenfalls noch historischen Wert. Aber selbst wenn die staatliche Bilanz in der Form einer Haushaltsrechnung mit der Pünktlichkeit erfolgte, wie dies von privaten Unternehmen gesetzlich gefordert und bei Zuwiderhandlung geahndet wird, wäre sie zusammen mit der übrigen staatlichen Rechnungslegung zur Kostenkontrolle ungeeignet. Dazu fehlt es schon an einer haushaltsrechtlich gebotenen Kostenstellenrechnung, ganz zu schweigen von einer Kostenträgerrechnung, d. h. dem Versuch, zumindest den größten Staatsaktivitäten und damit auch vielen wirtschaftspolitischen Programmen alle staatlichen Aufwendungen möglichst vollständig zuzurechnen, die sie verursachen.

Allerdings wäre bei Einführung einer solchen Kostenträgerrechnung mit beträchtlichen organisatorischen Schwierigkeiten zu rechnen. So wären nicht nur Ressortgrenzen zu überwinden, sondern auch die Kosten zusammenzufassen, die u. U. bei verschiedenen Gebietskörperschaften im Zuge der Programmdurchführung anfallen. Ferner wäre die Jährlichkeit des Budgets zu durchbrechen, etwa, um auch Folgekosten Rechnung zu tragen; die aufgrund des Gesetzes zur Förderung der Stabilität und des Wachstums der Wirtschaft (§§ 9, 10 und 14 StWG) und des Haushaltsgrundsätzegesetzes (HGrG) für Bund und Länder eingeführte mehrjährige Finanzplanung hat bislang nur wenig zur Lösung des Folgekostenproblems beigetragen bzw. sie dürfte fast in Vergessenheit geraten sein. Diese Schwierigkeiten können jedoch nicht ohne weiteres rechtfertigen, eine Verbesserung der staatlichen Rechnungslegung erst gar nicht weiter zu versuchen. Dafür dürfte auch der Rechtfertigungsdruck zu groß sein, der aus dem Umstand erwächst, daß vom staatlichen Sektor immer mehr Ressourcen beansprucht werden.

Kapitel 15: Wirtschaftspolitische Entscheidungsmodelle

Die zuvor erläuterten Elemente wirtschaftspolitischer Planung sind im Zusammenhang mit der Entscheidungsvorbereitung zu sehen. Die Entscheidung selbst kann auf zweifache Weise Gegenstand theoretischer Bemühungen sein. Einmal kann versucht werden, wirtschaftspolitische Entscheidungen zu beschreiben und zu erklären mit dem Ziel, auch hier zu Quasigesetzen vorzudringen (deskriptive oder positive Entscheidungstheorie). Zum anderen kann versucht werden, die logische Struktur von wirtschaftspolitischen Entscheidungsproblemen herauszuarbeiten mit dem Ziel, die Implikationen des Rationalitätspostulats zu präzisieren und zu Empfehlungen für konkrete Problemsituationen zu gelangen (präskriptive oder normative Entscheidungstheorie). Beiden Möglichkeiten soll nunmehr nachgegangen werden. Allerdings steht die normative Theorie im Vordergrund. Es werden zu erläutern sein (1) die Grundstruktur solcher Theorien rationaler Wahlhandlungen, (2) eine Umsetzung der Theorien in Entscheidungskalküle, bezogen auf wirtschaftspolitische Probleme, (3) Implikationen konkurrierender Entscheidungsregeln und (4) Komplikationen bei Entscheidungen unter Ungewißheit. Dabei sollte erkennbar werden, wie extrem einerseits die Komplexität von Entscheidungsproblemen mit abnehmender Abstraktion zunimmt und wie andererseits die Erwartungen hinsichtlich verfügbarer Information sowie praktikabler Problemlösungsmöglichkeiten hinter der zunehmenden Komplexität zurückbleiben müssen. Auf diese Weise dürften die Grenzen einer Planung rationaler wirtschaftspolitischer Lenkungsmaßnahmen besonders deutlich werden. Es kommt darauf an, auszuloten, wie gering das vermutlich verfügbare, verglichen mit dem im Grunde erforderlichen Wissen, ist. Erst das Wissen um das Nichtwissen ermöglicht eine nüchterne Beurteilung wirtschaftspolitischer Handlungsmöglichkeiten. Daran dürfte auch eine Analyse von Modellen von eher dogmenhistorischem Wert zu Demonstrationszwecken wenig ändern.

Literaturhinweise

15.1: Bamberg und Coenenberg, 1980; Boulding, 1956/87; W. Kirsch, 1970; Menges, 1969; Simon, 1957/87.

15.2: Fromm und Taubmann, 1968; Gäfgen, 1971, 1986; Klein, 1947; Kleinwefers und Jans, 1983 (Kap. 9, 10); Münnich, 1977/82 (Kap. 2.7); Theil, 1954, 1965; Tinbergen, 1952/70.

15.3: Frey, 1970, 1975; Kirchgässner, 1974; Locksley, 1980; Mueller, 1979/93 (Kap. 8); Nordhaus, 1975.

15.1 Theoretische Ausgangspunkte

15.1.1 Normative Theorie wirtschaftspolitischer Entscheidungen

Theorien rationaler Wahlhandlungen (Entscheidungstheorien), die sich für normative Zwecke eignen, haben eine gemeinsame Struktur. Auch wirtschaftspolitische Entscheidungsprobleme bestehen aus

- einem Entscheidungsträger bzw. kollektiven Entscheidungsorganen, die als ein Akteur aufgefaßt werden,
- den Zielen des Entscheidungsträgers,
- den Instrumenten und damit den Handlungsmöglichkeiten des Entscheidungsträgers,
- den Handlungsfolgen, die den Handlungsmöglichkeiten zugeordnet sind,
- einer Entscheidungsregel, die es erlaubt, nach einer Bewertung der Handlungsfolgen die Handlung auszuwählen.

Solche Entscheidungstheorien lassen sich zunächst zu rein logischen Operationen einsetzen. Das ist der Fall, wenn die Grundstruktur nicht durch erfahrungswissenschaftliche Tatbestände inhaltlich aufgefüllt wird, sondern durch Annahmen. Aus einem solchen Aussagesystem können lediglich logisch selbstverständliche Implikationen abgeleitet werden. Nichts anderes geschieht z. B. bei der Deduktion der optimalen Produktionsstruktur im wohlfahrtsökonomischen Allokationskalkül; als Entscheidungsproblem ist sie vielleicht besser erkennbar, wenn eine zentrale Planungsinstanz als Entscheidungsträger hinzugedacht wird. Das Beispiel verdeutlicht zugleich den Sinn solcher logischer Operationen; er besteht darin, die keineswegs leicht überschaubaren Implikationen rationalen Handelns aufzudecken.

Wenn es gelingt, das Grundmodell empirisch aufzufüllen, läßt sich mit Hilfe der Entscheidungsregel ableiten, wie eine rationale Aktion auszusehen hätte. Dies kann ohne Rücksicht darauf geschehen, ob der Entscheidungsträger auch tatsächlich so handelt. Ausschlaggebend ist die Absicht, empfehlende (normative) Sätze für verschiedene, empirisch relevante Problemsituationen abzuleiten. In diesem Fall wird der Weg einer normativen Entscheidungstheorie beschritten.

Die Ratschläge, die mit Hilfe der normativen Entscheidungstheorie ableitbar sind, beziehen sich auf eine Situation, in der die Informationen über das Entscheidungsfeld, die Bewertungen der Handlungsfolgen und die Entscheidungsregel als vorgegeben gelten. Selbst wenn die Empfehlungen vom Entscheidungsträger genutzt werden, können sie lediglich seine subjektive Rationalität begünstigen. Objektive Rationalität würde erfordern, bei der Entscheidung alles Wissen über die Beschaffenheit des Entscheidungsfeldes und die Einwirkungsmöglichkeiten zu erwerben und zu nutzen. Zum anderen wäre davon auszugehen, daß dem analytischen Aufwand, der mit der Entscheidungsvorbereitung verbunden ist (z. B. Ermittlung der Bewertungsfunktion, der relevanten Wahrscheinlichkeiten, Durchführung des Entscheidungskalküls), keinerlei Alternativkosten beizumessen sind. Nun sind aber schon die Informationen über das Entscheidungsfeld i. d. R. nicht ohne Kosten und nur bei Ungewißheit über ihre Bedeutung für eine Entscheidung beschaffbar. Wieviel Information gesammelt wird, ist auch hier ein vorgelagertes Entscheidungsproblem, das nicht unabhängig vom Entscheidungsträger gelöst werden kann; denn sowohl die erwarteten Erträge der Informationsbeschaffung als auch die dafür aufzuwendenden Kosten einschließlich damit verbundener Entscheidungsverzögerungen erfordern Bewertungen. Für den hier interessierenden wirtschaftspolitischen Entscheidungsträger stellen sich also grundsätzlich die gleichen Informationsbeschaffungsprobleme, wie sie bereits für einzelwirtschaftliche Entscheidungen skizziert wurden. Das bedeutet u. a., daß es auch bei wirtschaftspolitischen Entscheidungen Informationsverzicht geben muß. Ebenso läßt sich im Hinblick auf die Informationsverarbeitungskosten argumentieren.

Subjektive Rationalität bedeutet aber nicht, daß sich damit alle Handlungen einer Überprüfung auf Rationalität entzögen. Allerdings ist sowohl eine Selbstkontrolle als auch eine Überprüfung auf Rationalität durch andere nur möglich, wenn die Entscheidungsregel im vorhinein feststeht.

15.1.2 Positive Theorien

Im Rahmen der normativen Entscheidungstheorie wird den Implikationen rationalen Handelns in Abhängigkeit von der Entscheidungssituation nachgegangen, um zu empfehlenden Sätzen zu gelangen. Demgegenüber haben deskriptive (positive) theoretische Bemühungen zum Ziel, Gesetzmäßigkeiten aufzudecken, nach denen Entscheidungen tatsächlich gefällt werden. Dabei muß sich die Betrachtungsweise ändern: Bei dem normativen Entwurf von Handlungsmöglichkeiten kann die Entscheidungssituation entsprechend der vorgegebenen Struktur nach Lösungsmöglichkeiten überprüft werden, ohne daß der Lösungsaufwand auch in Form von Zeitaufwand eine Rolle spielen würde. Mit der Vorgabe des Entscheidungsfeldes, das auch Aufschluß über die Handlungsmöglichkeiten und deren bewertete Folgen gibt, sowie der Entscheidungsregel ist das Problem hinlänglich definiert.

Demgegenüber steht bei den positiven Theorien das tatsächliche Entscheidungsverhalten im Vordergrund. Zwei Betrachtungsebenen sind denkbar:

- eine mikrotheoretische Ebene, auf der das Entscheidungsverhalten von individuellen Akteuren Erklärungsgegenstand ist;
- eine makrotheoretische Ebene, auf der das Entscheidungsverhalten von kollektiven Akteuren betrachtet wird.

Zur mikrotheoretischen Betrachtungsweise gehört einmal die Analyse des individuellen Vorgehens bei Entscheidungen. Sie erstreckt sich z. B. darauf, wie und in welchem Maße

- Handlungsprobleme wahrgenommen und Erklärungen hierfür gesucht,
- Handlungsmöglichkeiten aufgespürt und entwickelt,
- Entscheidungen getroffen oder auch aufgeschoben,
- gewählte Handlungen durchgeführt, im Handlungsprozeß modifiziert und nachträglich gerechtfertigt werden.

Für derartige psychologisch orientierte Theorien (z. B. BOULDING, 1956; FESTINGER, 1957; SIMON, 1957/87, 1959) sind wirtschaftliche bzw. wirtschaftspolitische Entscheidungen nur mögliche Anwendungsfälle (z. B. CYERT und MARCH 1963/2001 in der Unternehmenstheorie). Das gilt im Grunde auch für die zweite Art der mikrotheoretischen Analyse. Sie beschäftigt sich mit dem Verhalten des Individuums in bzw. gegenüber Kollektiven. Allerdings ist diese in erster Linie mikrosoziologische Fragestellung in besonderem Maße auch mit Hilfe ökonomisch orientierter Ansätze (z. B. BUCHANAN, 1965/98; OLSON, 1965) entwickelt worden. Einige Ergebnisse mikrotheoretischer Fragestellungen werden genutzt, um Abstraktionselemente der normativen Entscheidungsmodelle aufzuzeigen. Das ist insofern zweckmäßig, als die mikrotheoretisch orientierten Theorien nicht zuletzt die Probleme theoretisch und empirisch thematisieren, die der objektiven Zweckrationalität entgegenstehen, die ihrerseits als Postulat die Entscheidungslogik in beträchtlichem Maße prägt.

Das noch zu diskutierende Beispiel für ein deskriptives wirtschaftspolitisches Entscheidungsmodell ist hingegen makrotheoretischer Art und der ökonomischen Theorie der Politik entnommen. Erklärt werden soll dabei das Handeln von kollektiven Trägern der Wirtschaftspolitik (z.B. der Regierung), wobei makroökonomische Zielsetzungen im Vordergrund stehen.

15.2 Wirtschaftspolitische Entscheidungskalküle

Die Anwendung der normativen Entscheidungstheorie auf wirtschaftspolitische Situationen konnte mit der Entwicklung ökonometrischer Modelle zum quantifizierbaren Entscheidungskalkül vorangetrieben werden. Das geschätzte makroökonometrische Modell ließ sich als Abbildung des Entscheidungsfeldes eines Trägers der Wirtschaftspolitik interpretieren. Mit Hilfe von Annahmen über die Entscheidungsregel wurde zumindest in einigen Fällen der zielgerechte Einsatz von solchen Instrumentvariablen kalkulierbar, die im Modell enthalten waren. Aus den Anfängen, die vor allem durch Arbeiten von Klein (1947), Frisch (1950), Tinbergen (1952/70, 1964) und Theil (1954) gekennzeichnet sind, hatte sich inzwischen eine Theorie der quantitativen Wirtschaftspolitik als Teildisziplin entwickelt. Sie soll zumindest in ihren Grundzügen im folgenden dargestellt werden. Das geschieht anhand linearer Modelle und durch eine komparativ-statische Betrachtungsweise. Die dynamische Betrachtungsweise (Optimierung) ist methodisch zumindest grundsätzlich möglich (z.B. Pindyck, 1975). Jedoch werden die engen Grenzen, die derartigen Entscheidungskalkülen gezogen sind, bereits bei der hier gewählten Beschränkung hinreichend deutlich.

15.2.1 Elemente des Entscheidungskalküls

Das Entscheidungskalkül läßt sich in drei größere Problemfelder (Abb. 15.1) zerlegen:

- die Entscheidungstechnologie (das Lenkungswissen) als Abbildung des Entscheidungsfeldes einschließlich der Ziele und Instrumente des Entscheidungsträgers in einem erfahrungswissenschaftlichen Modell;
- das eigentliche Entscheidungskalkül, bei dem die mit Hilfe der Technologie erzielten Prognoseergebnisse mittels einer Bewertungs- oder Präferenzfunktion geordnet und anschließend aufgrund einer Entscheidungsregel eine Handlungsmöglichkeit ausgewählt wird;
- die Durchführung der Entscheidung, die Erfolgskontrolle und die erfahrungsbedingte Revision von Elementen, die die vorangegangene Entscheidung mitbestimmten.

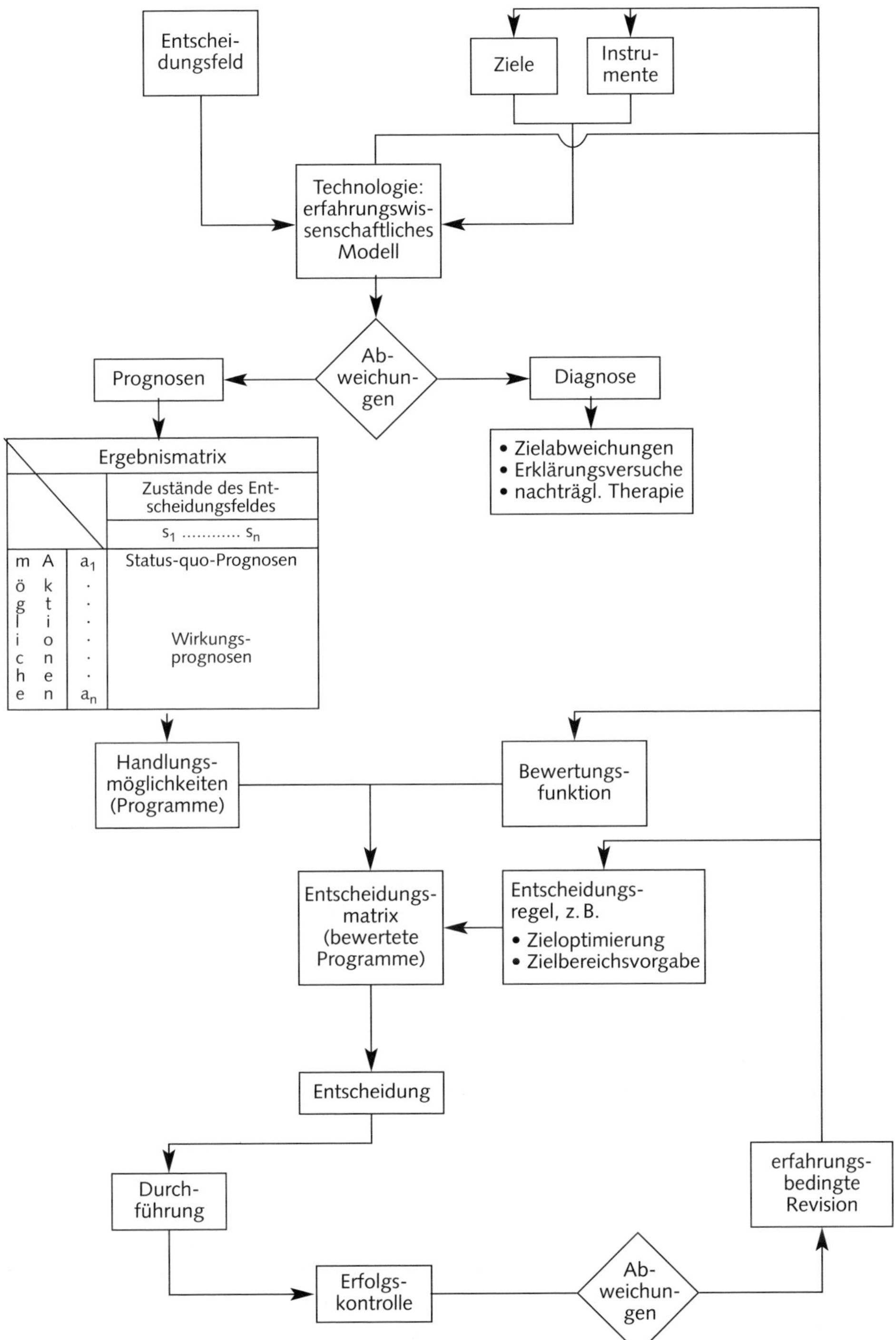

Abb. 15.1: Strukturelemente des Entscheidungskalküls

15.2.1.1 Zur Entscheidungstechnologie

Als Entscheidungstechnologie gilt die mathematische Abbildung von direkten und indirekten Beziehungen zwischen den Instrumenten des Entscheidungsträgers und seinen Zielen. Instrumente und Ziele sind miteinander durch die vielfältigen Wirkungszusammenhänge verknüpft, die das Entscheidungsfeld kennzeichnen; dazu gehören grundsätzlich auch die Einflußmöglichkeiten anderer wirtschaftspolitischer Akteure. Derartige Wirkungszusammenhänge konnten erst quantifiziert werden, nachdem die ökonometrischen Voraussetzungen dafür geschaffen waren. Daher entspricht die Terminologie bei der Entscheidungstechnologie weitgehend der der Ökonometrie. Abweichungen reflektieren vor allem Unterschiede zwischen dem primär erklärenden ökonometrischen Modell und der zielgerichteten Technologie.

Wie in der Ökonometrie wurden zunächst zwei Gruppen von Variablen unterschieden (Abb. 15.2):

- abhängige (endogene) Variablen, die durch ökonomische Wirkungszusammenhänge erklärt werden, sowie
- unabhängige (exogene) Variablen, die die endogenen Variablen erklären, ohne daß sie selbst durch Wirkungszusammenhänge erklärt werden oder einander erklären.

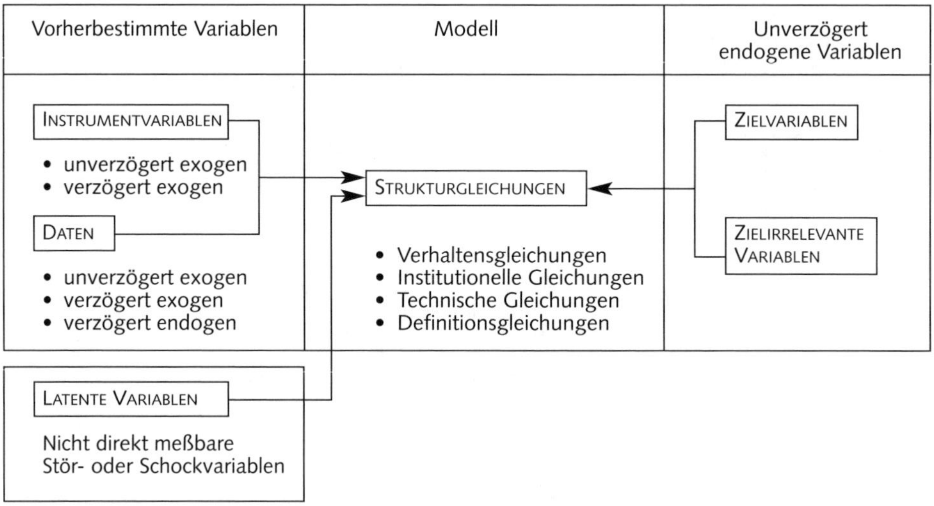

Abb. 15.2: Bestandteile eines erfahrungswissenschaftlichen Modells

Von den endogenen Variablen sind diejenigen von besonderem Interesse, die solche Zustände bzw. Veränderungen im Entscheidungsfeld beschrieben, an denen die Bewertungen des Entscheidungsträgers ansetzen. Sie repräsentieren entweder unmittelbar wirtschaftspolitische Zielgrößen oder gehören zu den Definitionselementen solcher Ziele. Zusammengefaßt bilden sie die Kategorie der Zielvariablen. Sonstige endogene Variablen, die in einem ökonometrischen Modell vorkommen können, werden als zielirrelevante Variablen bezeichnet und im Verlaufe der Entscheidungsvorbereitung eliminiert.

Von den exogenen Variablen interessieren unter dem Entscheidungsaspekt vor allem diejenigen, die durch den Entscheidungsträger zur Einflußnahme auf das Entscheidungsfeld kontrollierbar sind: die Instrumentvariablen (Kontrollvariablen). Sie können auch wertbeladen sein, also Eigenwert haben, und sich infolgedessen inhaltlich mit den Zielvariablen überschneiden. Hinzu kommen solche exogene Variablen, deren Fixierung zwar die Qualität des wirtschaftspolitischen Entscheidungsfeldes mitprägt, die jedoch von anderen kontrolliert werden oder das Ergebnis von als unbeeinflußbar anzusehenden, naturbedingten oder sozialen Prozessen sind. Für den Entscheidungsträger sind diese exogenen Variablen Daten, die er lediglich konstatierend bzw. prognostizierend in das Entscheidungskalkül einbeziehen kann; dazu gehören z. B. demographische Veränderungen des Arbeitspotentials und im Falle des „kleinen" Landes i. d. R. wirtschaftspolitische Maßnahmen des Auslands. Schließlich können noch solche exogene Variablen auftreten, die von Einzelpersonen und Organisationen mit wirtschaftspolitischem Einfluß abhängig von den Entscheidungen des betrachteten Entscheidungsträgers kontrolliert werden. Im Grunde müßten sie als endogene Variable betrachtet werden. So ist z. B. eine Abhängigkeit der Höhe der Lohnabschlüsse der Tarifvertragsparteien von angekündigten konjunkturpolitischen Maßnahmen möglich.

Grundsätzlich sind auch statische Modelle denkbar, die ausschließlich zu erklärende Variablen (unverzögert endogene Variablen) enthalten. Die endogenen Variablen erklären sich gegenseitig selbst; mit ihnen wird eine Situation reiner Interdependenz beschrieben. Kausalketten, an deren Anfang die Variation einer Variablen steht, die sich nicht wieder aus der anderer Variablen erklärt, sind dann nicht aufstellbar. Es gibt also weder Daten noch Instrumentvariablen. Daher ist ein solches rein interdependentes Modell für wirtschaftspolitische Zwecke ungeeignet. Erst wenn es wenigstens eine exogene Variable enthält und damit – formal gesehen – rekursiv wird, sind Wirkungsanalysen als Ausgangspunkt für wirtschaftspolitische Überlegungen möglich.

Zu den exogenen und endogenen Variablen kommt noch eine weitere unterscheidbare Variablengruppe hinzu, wenn es sich um dynamische Modelle handelt: In der Ökonometrie werden die zeitlich unverzögerten und verzögerten exogenen Variablen sowie die verzögerten endogenen Variablen zusammengefaßt in der Kategorie der vorherbestimmten (prädeterminierten) Variablen. Die verzögerten endogenen Variablen sind insofern Daten, als sie in der jeweils betrachteten Periode nicht selbst erklärt werden, sondern erklären; das gilt beispielsweise für das Einkommen der Vorperiode im Falle des sogenannten ROBERTSON-Lags. Wirtschaftspolitisch sind verzögerte exogene Variablen besonders interessant, wenn darin Wirkungsverzögerungen im Kontrollbereich zum Ausdruck kommen. Für die Prognose repräsentieren verzögerte exogene und endogene Variablen im Erklärungszusammenhang zukunftsträchtige Informationen, die den Bereich des Möglichen einzuschränken vermögen; denn sie sind entsprechend ihrer Wirkungsverzögerung dem Betrag nach im vorhinein bekannt.

Ein Übergang vom ökonomischen zum ökonometrischen Modell wird erst durch die Aufnahme von latenten Variablen möglich. Sie reflektieren vor allem den Einfluß der zahlreichen Variablen, die noch neben den in das Modell explizit aufgenommenen existieren. Zusammengefaßt bewirken sie im günstigen Fall als zufällig interpretierbare Veränderungen der endogenen Variablen. Im Unterschied zu den übrigen im Modell enthaltenen Variablen können die latenten Variablen nicht unmittelbar gemessen werden; vielmehr kommt ihr Einfluß – etwas vereinfachend formuliert – in den Residuen zum Ausdruck, die nach dem Versuch verbleiben, die beobachtbaren Veränderungen der unverzögert endogenen Variablen den beobachteten Veränderungen der vorherbestimmten Variablen zuzurechnen. Ohne in ökonometrische Einzelheiten zu gehen, bleibt anzumerken, daß die Residuen einmal dazu dienen, die Verläßlichkeit der für die beobachteten exogenen Variablen geschätzten Parameter zu beurteilen; zum anderen werden sie dazu benutzt, die Verläßlichkeit des in einer Gleichung zum Ausdruck kommenden Erklärungsversuchs anzugeben. Daher sind sie auch für die Entscheidungstechnologie von Belang; denn von der Verläßlichkeit der Schätzungen hängt letztlich die Prognosegenauigkeit wesentlich ab.

Vorherbestimmte und unverzögert endogene Variable werden in den Strukturgleichungen miteinander zu operationalen ökonomischen Aussagen verknüpft. Je nach Art der Aussage lassen sich unterscheiden:

- Verhaltensgleichungen (z. B. Konsumfunktion, Investitionsfunktion), die zumindest wirtschaftspolitisch gesehen den Kern ökonometrischer Modelle darstellen, weil hier die wichtigsten Ansatzpunkte für eine Lenkung zu suchen sind.
- Institutionelle Gleichungen, die die für die einzelne Volkswirtschaft spezielle institutionelle Gegebenheiten reflektieren; hierzu sind z. B. solche Gleichungen zu rechnen, die das Steueraufkommen in Abhängigkeit von den entsprechenden Bemessungsgrundlagen oder damit verknüpften Variablen beschreiben.
- Technische Gleichungen, die Beziehungen zwischen technischen Bedingungen und ökonomisch relevanten Variablen beschreiben; hierzu zählen z. B. Produktionsfunktionen ebenso wie (nicht-steuerliche) Abschreibungsfunktionen.
- Definitionsgleichungen (Identitäten) als die einfachsten Gleichungen schon deshalb, weil sie keine latenten Variablen enthalten können; die Definition des Sozialprodukts gehört ebenso dazu wie z. B. die des Arbeitsvolumens oder des Außenbeitrags.

Sowohl die institutionellen als auch die technischen Gleichungen sind in der ökonomischen Praxis nicht frei von Verhaltenselementen. So ist z. B. davon auszugehen, daß Steueraufkommensfunktionen nicht geschätzt werden können, ohne Reaktionen der Steuerzahler (z. B. Steuervermeidung) mit zu erfassen. Ebenso reflektieren geschätzte Produktionsfunktionen auch das Anpassungsverhalten der Produzenten, z. B. an Faktorpreisrelationen und Marktlagen.

Neben den Strukturgleichungen können gerade bei wirtschaftspolitischen Entscheidungsmodellen Randbedingungen in Form von Ungleichungen bedeutsam sein. Beispiele sind das Erfordernis nicht-negativer Preise und Mengen, Obergrenzen für Steuersätze und Untergrenzen für Nominallohnsenkungen sowie Bandbreiten für Wechselkursvariationen. Im wirtschaftspolitischen Entscheidungsmodell grenzen die Randbedingungen die Lösungsmöglichkeiten ein, indem sie die entsprechende Strukturgleichung da ersetzen, wo die entscheidungsorientierte Lösung des Modells an eine solche Bedingung stößt. Wie schon aus den Beispielen hervorgehen sollte, repräsentieren Randbedingungen häufig Wertungen im Hinblick auf Nebenwirkungen von Instrumentvariationen bzw. sie sind Ausdruck des Eigenwertes, der Instrumenten beigemessen wird.

15.2.1.2 Auswertung der Entscheidungstechnologie

Wenn mit Hilfe eines ökonometrischen Modells wirtschaftspolitische Entscheidungen vorbereitet werden sollen, interessiert primär die Reaktion der zielrelevanten, unverzögerten endogenen Variablen auf die Variation von Instrumentvariablen sowie von Datenänderungen, und zwar einschließlich aller Rückkopplungen im Rahmen des endogenen Systemablaufs. Einfach formuliert bedeutet dies, daß das System von Strukturgleichungen nach den Zielvariablen gelöst werden muß. Im folgenden soll dabei unterstellt werden, daß es sich um ein System linearer Gleichungen handelt. Eindeutig lösbar ist ein System von linearen Strukturgleichungen, wenn erstens jede endogene Variable in den Strukturgleichungen mindestens einmal unverzögert vorkommt. Zweitens muß sichergestellt sein, daß die Gleichungen linear unabhängig voneinander sind; z. B. dürfen sich zwei Gleichungen nicht nur dadurch voneinander unterscheiden, daß die eine das Vielfache der anderen ist. Unter diesen Bedingungen sind die Strukturgleichungen so lösbar, daß alle unverzögert endogenen Variablen als Funktion der vorherbestimmten Variablen auftreten und jede dieser Funktionen nur eine unverzögert endogene Variable enthält (reduzierte Form).

Von der reduzierten Form interessieren für das Entscheidungskalkül lediglich die ermittelten Bestimmungsgleichungen für die Zielvariablen. Sie beschreiben alle Wirkungen, die von den vorherbestimmten Variablen auf die Zielvariablen ausgehen, auch die Rückkopplungen im Rahmen des endogenen Systemablaufs. Das bedeutet, daß auch Wirkungen von vorherbestimmten Variablen einbezogen werden, die über eine „dazwischengeschaltete" (intermediäre) Reaktion zielirrelevanter Variablen vermittelt werden. Deshalb werden für die weitere Analyse die Bestimmungsgleichungen für die zielirrelevanten Variablen nicht mehr benötigt. Die für die vorherbestimmten Variablen ermittelten Koeffizienten sind Multiplikatoren. Sie geben an, wie die Zielvariablen innerhalb einer Modellperiode auf eine partielle, marginale Variation der jeweiligen vorherbestimmten Variablen reagieren.

Für die noch folgenden Schritte ist es zweckmäßig, den erreichten Stand der Auswertung des mit den Strukturgleichungen abgebildeten Entscheidungsfeldes formal darzustellen. Angenommen, das System von linearen Strukturgleichungen enthalte M unverzögerte endogene Variablen, die als Zielvariablen gelten. Wenn es lösbar ist, finden sich in der reduzierten Form auch M Bestimmungsgleichungen für diese Zielvariablen. Für eine beliebige Zielvariable z_m hätte die Bestimmungsgleichung folgende Form:

$$(1)\quad z_m = \sum_{l}^{K} \alpha_{mk} i_k + \sum_{l}^{L} \beta_{ml} r_l$$

wobei i_k für eine der K Instrumentvariablen, α_{mk} für den dazugehörenden Koeffizienten (Multiplikator) stehen soll und r_l für eine der L als Daten betrachteten, übrigen vorherbestimmten Variablen sowie β_{ml} für den korrespondierenden Koeffizienten. Es versteht sich, daß nicht in jeder der M Gleichungen für die z_m alle vorherbestimmten Variablen einen von Null verschiedenen Koeffizienten haben müssen. Die auf den Entscheidungszweck abstellenden M Gleichungen lassen sich in Matrizenschreibweise wie folgt darstellen:

$$(2)\quad z = A \cdot i + B \cdot r$$

wobei

z = Spaltenvektor der M Zielvariablen

A = Koeffizientenmatrix für die K Instrumentvariablen mit der Dimension (Spalten × Zeilen) K × M

i = Spaltenvektor der K Instrumentvariablen

B = Koeffizientenmatrix für die L restlichen vorherbestimmten Variablen mit der Dimension $L \times M$

r = Spaltenvektor der L restlichen vorherbestimmten Variablen

Für gegebene Werte der Instrumentvariablen i_k sowie der anderen vorherbestimmten Variablen r_l sind also die Werte der Zielvariablen eindeutig bestimmt. Auf eine Periode der Vergangenheit bezogen, bedeutet dies zugleich eine Erklärung bzw. eine nachträgliche Vorhersage des als wirtschaftspolitisch relevant angesehenen Geschehens, also eine Diagnose. Ihre Qualität hängt von der Leistungsfähigkeit des Modells ab, also davon, wieviel von dem Entscheidungsfeld wie gut abgebildet wird. Entsprechend fällt auch die Qualität der Status-quo-Prognose aus. Wenn hinreichende Informationen über die in der zukünftigen Periode relevanten Werte für die r_l – die Daten – vorliegen, ist das Prognoseproblem lösbar, da davon ausgegangen wird, daß die i_k – die Beträge der Instrumentvariablen – gegenüber der Ausgangsperiode unverändert bleiben. Könnten die Informationen über die r_l als sicher gelten, so stellte sich die Status-quo-Prognose formal als ein Ergebnisvektor z dar, der die Prognosewerte für alle z_m enthält.

15.2.2 Zum Entscheidungskalkül

15.2.2.1 Ergebnismatrix und Entscheidungsregel

Mit der Status-quo-Prognose ist zugleich ein Element der für das eigentliche Entscheidungskalkül relevanten Ergebnismatrix (Abb. 15.2) gewonnen: das erwartete Ergebnis einer Handlung (Aktion), die darin bestünde, das bisherige wirtschaftspolitische Vorgehen auch im Prognosezeitraum unverändert fortzusetzen. Dabei kann sich Ungewißheit einmal darin niederschlagen, daß in dem Prognosezeitraum unterschiedlichen Zuständen des Entscheidungsfeldes – den Daten – von Null verschiedene Wahrscheinlichkeiten zugeordnet werden müssen; im benutzten Modell würden die unterschiedlichen Zustände durch verschiedene Werte für eine oder mehrere der vorherbestimmten Variablen repräsentiert, die keine Instrumentvariablen sind. Zum anderen können auch die Zielwirkungen (Multiplikatoren) von vorherbestimmten Variablen ungewiß sein.

Die übrigen Elemente der Ergebnismatrix setzen Wirkungsprognosen voraus. Dabei werden die Handlungsmöglichkeiten durch die Variation einer oder mehrerer Instrumentvariablen beschrieben. Auch in diesem Fall kann die gleiche Aktion unterschiedliche Ergebnisse zeitigen, wenn z. B. für mehrere Zustände des Entscheidungsfeldes von Null verschiedene Wahrscheinlichkeiten bestehen. Besondere Schwierigkeiten ergeben sich ferner, wenn die den Zuständen zugeordneten Wahrscheinlichkeiten zumindest teilweise von der Wahl der Aktion abhängen. Dies ist typisch für eine Situation der Interdependenz zwischen mehreren wirtschaftspolitischen Akteuren.

Wenn die Ergebnisse möglicher Aktionen vorliegen, die Ergebnismatrix also inhaltlich aufgefüllt ist, müssen sie miteinander vergleichbar gemacht werden. Das ist z. B. nötig, wenn mehrere Zustände des Entscheidungsfeldes möglich sind und/oder mehrere Ziele gleichzeitig verfolgt werden. Unter diesen Umständen wird es unumgänglich, die erwarteten Handlungsergebnisse in zweierlei Hinsicht miteinander vergleichbar zu machen:

- einmal für die gleiche Aktion, wenn unterschiedliche Zustände des Entscheidungsfeldes möglich sind, die unterschiedliche Ergebnisse hinsichtlich der Zielvariablen erwarten lassen;
- zum anderen für verschiedene Handlungsmöglichkeiten mit unterschiedlichen Ergebnissen.

Dazu bedarf es einer Regel (Abb. 15.2), die eine widerspruchsfreie (konsistente und transitive) sowie vollständige Einstufung der Aktionen anhand ihrer Ergebnisse erlaubt. Mit anderen Worten, bei dem Entscheidungsträger muß eine entsprechende Bewertungs- oder Präferenzfunktion vorausgesetzt werden können. Wird diese Regel auf die Ergebnismatrix angewendet, so resultiert daraus die Entscheidungsmatrix als unmittelbarer Ansatzpunkt für die Entscheidung.

In zwei Fällen vereinfacht sich das Entscheidungskalkül: Einmal, wenn es sich nur um ein Ziel handelt, und zum anderen, wenn bei mehreren Zielvariablen im vorhinein fixierte Zielwerte angestrebt werden sollen. Der erste Fall läßt sich erläutern, wenn z. B. unterstellt wird, eine Sozialproduktsveränderung sei die einzige Zielvariable. Die Zielvariable ist grundsätzlich bestimmbar nach der Art, der Höhe, dem zeitlichen Anfall und der Gewißheit, mit der konkrete Werte erwartet werden können. Entsprechend diesen verschiedenen, ökonomisch relevanten Merkmalen sind die Handlungsergebnisse zunächst mehrdimensional. Sie lassen sich aber eindimensional zusammenfassen und damit vergleichbar machen. Nach der Art ist das Ziel über die Sozialproduktsdefinition sowie die Definition einer Wachstumsrate bestimmt. Nach der Höhe können unterschiedliche Wachstumsraten widerspruchsfrei und vollständig geordnet werden. Unterscheiden sich verschiedene Zustände des Entscheidungsfeldes bei der gleichen Aktion oder verschiedene Aktionen im Ergebnis dadurch, daß die jeweilige Sozialproduktzunahme unterschiedlich über zukünftige Perioden verteilt ist, können auch sie vergleichbar gemacht werden; allerdings muß vorausgesetzt werden, daß der Entscheidungsträger eine Zeitpräferenz hat, die es erlaubt, den Gegenwartswert der verschiedenen Zuwächse zu ermitteln. Sind schließlich den Ergebnissen unterschiedliche Eintrittswahrscheinlichkeiten zugeordnet, so können sie durch die Bildung von Erwartungswerten (durch Multiplikation der Ergebnisse mit den korrespondierenden Eintrittswahrscheinlichkeiten) vergleichbar gemacht werden; zumindest sind Erwartungswerte ein mögliches Entscheidungskriterium, wenn es um viele Entscheidungen gleicher Art und damit vergleichbaren Risikos geht, so daß das durchschnittlich erzielbare Ergebnis entscheidungsrelevant wird.

15.2.2.2 Zielbereichsvorgabe – der Fall fixierter Ziele

Der Fall fixierter Ziele ist als Elementarfall quantitativer Wirtschaftspolitik eng mit dem Namen Jan Tinbergen (1952/70) verknüpft. Er läßt sich als Grenzfall einer Zielbereichsvorgabe (Gäfgen, 1971, S. 224) interpretieren; denn so betrachtet liegen fixierte Ziele vor, wenn die das Anspruchsniveau kennzeichnenden Mindest- und Höchstwerte für die Zielvariablen zusammenfallen. Derartige Vorgaben sind als Zielformulierungen keineswegs unrealistisch. Das lehrte für die Bundesrepublik Deutschland ein Blick auf die konjunkturpolitischen Zielvorgaben der Bundesregierung in verschiedenen Jahreswirtschaftsberichten im ersten Jahrzehnt nach Verabschiedung des Gesetzes zur Förderung der Stabilität und des Wachstums der Wirtschaft. Für das Entscheidungskalkül bedeutete es, daß sich im Hinblick auf diese Ziele keinerlei Bewertungsprobleme mehr stellten und lediglich unter Verwendung der Informationen über das Entscheidungsfeld geprüft werden muß,

- ob die Zielvorgaben durch Variation der verfügbaren Instrumentvariablen überhaupt erreichbar sind und
- wie gegebenenfalls der Instrumenteinsatz zielgerecht dosiert werden soll.

Formal kann diese Entscheidungssituation, ausgehend von Gleichung (2) im vorangegangenen Abschnitt, wie folgt skizziert werden:

(3) $A \cdot i = \bar{z} - B \cdot r$;

wobei $\bar{z}$ der Vektor fixierter Ziele ist. Wenn die restlichen vorherbestimmten Variablen r_l betragsmäßig bekannt sind, stellt sich die rechte Seite von (3) als eine Differenz zweier Vektoren dar. Eine Lösung des Systems von Bestimmungsgleichungen für die hier fixierten Zielvariablen nach den unbekannten Instrumentvariablen ist mathematisch möglich, wenn A invertiert werden kann und somit gelten würde

(4) $i = A^{-1} (\bar{z} - B \cdot r)$.

Dazu muß A vom Rang $M = K$ sein. In dieser Phase der Entscheidungsvorbereitung ist das bereits gewährleistet, wenn die Zahl der unbegrenzt manipulierbaren Instrumente i_k gleich der Zahl der fixierten Ziele z_m ist; denn die Unabhängigkeit der Gleichungen für die Existenz einer Lösung ist ohnehin sichergestellt, wenn für das Modell eine reduzierte Form ermittelt werden konnte.

Materiell bedeutsam sind die erstmals von Tinbergen formulierten Existenzbedingungen für die eindeutige Lösung eines wirtschaftspolitischen Entscheidungsproblems mit fixierten Zielvorgaben bei Gewißheit:

- Die Zahl der Instrumentvariablen muß gleich der Zahl der Zielvorgaben sein, und
- jede Zielvorgabe muß mit den Instrumentvariablen durch eine Bestimmungsgleichung verknüpft sein, die von den übrigen Gleichungen unabhängig ist.

Das zweite unter diesen Umständen ableitbare Ergebnis wurde erstmals von Robert A. Mundell (1962) formuliert und auf ein konkretes wirtschaftspolitisches Problem angewandt. Es betrifft die bestmögliche Zuordnung der Instrumentvariablen zu den Zielvorgaben: Die Instrumente sind denjenigen Zielvorgaben zuzuordnen, bei denen mit ihrem Einsatz die größte partielle Wirkung erreicht wird. Dieses Ergebnis läßt sich für den Fall zweier Zielvorgaben und zweier Instrumentvariablen illustrieren. Nach den gewählten Symbolen wären die beiden Zielvorgaben $\bar{z}_1$ und $\bar{z}_2$ durch folgende Gleichungen bestimmt:

$$\bar{z}_1 = \alpha_{11} i_1 + \alpha_{12} i_2 + \sum_{l}^{L} \beta_{11} r_1$$

und

$$\bar{z}_2 = \alpha_{21} i_1 + \alpha_{22} i_2 + \sum_{l}^{L} \beta_{21} r_1$$

wobei die jeweiligen Summen auf der rechten Seite bei den, wie angenommen, mit Gewißheit zu erwartenden Werten für die r_1 einen konstanten Betrag c_1 bzw. c_2 ergeben. Die beiden Gleichungen lassen sich wie folgt umformen:

$$i_2 = \frac{1}{\alpha_{12}} (\bar{z}_1 - c_1) - \frac{\alpha_{11}}{\alpha_{12}} \cdot i_1$$

$$i_2 = \frac{1}{\alpha_{22}} (\bar{z}_2 - c_2) - \frac{\alpha_{21}}{\alpha_{22}} \cdot i_1$$

und in einem i_1-i_2-Koordinatensystem abbilden. Im Falle einer Konstellation wie in Abb. 15.3 stellen die entsprechenden Geraden für $\bar{z}_1$ bzw. $\bar{z}_2$ den geometrischen Ort aller kombinierten Instrumenteinsätze dar, bei denen die jeweilige Zielvorgabe realisiert wird. Nur im Punkt *G* sind beide Zielvorgaben gleichzeitig realisiert. Er repräsentiert die eindeutige Lösung des Problems. Die unterschiedlichen Steigungen signalisieren unterschiedliche Substitutionsraten zwischen den beiden Instrumenten im Hinblick auf die beiden Zielvorgaben:

$$\frac{d_{i_2}}{d_{i_1}} = - \frac{\alpha_{11}}{\alpha_{12}} \text{ bzw. } - \frac{\alpha_{21}}{\alpha_{22}},$$

wobei im Beispiel

$$\left| \frac{\alpha_{21}}{\alpha_{22}} \right| > \left| \frac{\alpha_{11}}{\alpha_{12}} \right| \text{ ist.}$$

Um eine – entsprechend der Skalierung – gleich große Zurücknahme von i_1 in ihrer jeweiligen Zielwirkung zu kompensieren, bedarf es im Beispiel bei $\bar{z}_1$ einer relativ geringeren Variation von i_2 als bei $\bar{z}_2$; das ist zu erkennen, wenn anhand der Geraden für $\bar{z}_1$ bzw. $\bar{z}_2$ überprüft wird, um wieviel die Dosierung eines Instruments erhöht werden muß, um eine Zurücknahme des anderen Instruments zu kompensieren. Daher wäre i_2 entsprechend seinem Wirkungsvorteil der ersten und i_1 der zweiten Zielvorgabe zuzuordnen. Daraus würde sich bei einer Ausgangssituation *U*, in der nur $\bar{z}_1$ realisiert wäre, als Reaktion ein vermehrter Einsatz von i_1 empfehlen, um $\bar{z}_2$ näherzukommen. In *A* wäre dann zwar $\bar{z}_2$, aber nicht $\bar{z}_1$ realisiert, was eine Reaktion mit i_2 nahelegte und zur Situation *B* führen würde. Die erkennbare Reaktionskette *(U, A, B, C)* würde schließlich zur Lösung *(G)* führen. Anders ist es bei der umgekehrten Instrumentzuordnung, wo die Reaktionen *(U, T, S, R)* immer weiter von einer simultanen Lösung wegführen.

MUNDELLS spezielles Problem bestand in der Zuordnung von Geld- und Fiskalpolitik zu den beiden Zielen binnenwirtschaftliches bzw. außenwirtschaftliches Gleichgewicht. Das binnenwirtschaftliche Ziel wurde von ihm definiert als Ausgleich von Inlandsnachfrage nach und Angebot von Inlandsproduktion bei Vollbeschäftigung, das außenwirtschaftliche Ziel als unveränderte Nettodevisenposition („Zahlungsbilanzausgleich"). Vorausgesetzt werden fixierte Wechselkurse, zinsabhängige internationale Kapitalbewegungen, eine autonome Exportnachfrage, eine mit zunehmender Binnennachfrage defizitäre Handelsbilanz sowie Passivität der wirtschaftspolitischen Instanzen des Auslands. Unter diesen Umständen wird für die Zinspolitik ein Wirkungsvorteil im Hinblick auf die außenwirtschaftliche Zielsetzung vermutet. Begründet wird er damit, daß zwar beide Ziele über die Reaktion der Binnennachfrage auf Zins- und Budgetpolitik beeinflußt werden, jedoch kommt im Falle des außenwirtschaftlichen Ziels noch die Reaktion der Nettokapitalexporte auf Zinsvariationen hinzu. Deshalb kann sich beim Vergleich der Zielwirkungen das Substitutionsverhältnis beider Instrumente im Falle der außenwirtschaftlichen Zielsetzung zugunsten der Geldpolitik verbessern. Mit anderen Worten, die zusätzlichen Zielwirkungen der Geldpolitik können deren Wirkungsvorteil im Hinblick auf das außenwirtschaftliche Ziel begründen. Die Situation läßt sich in Abb. 15.3 nachvollziehen.

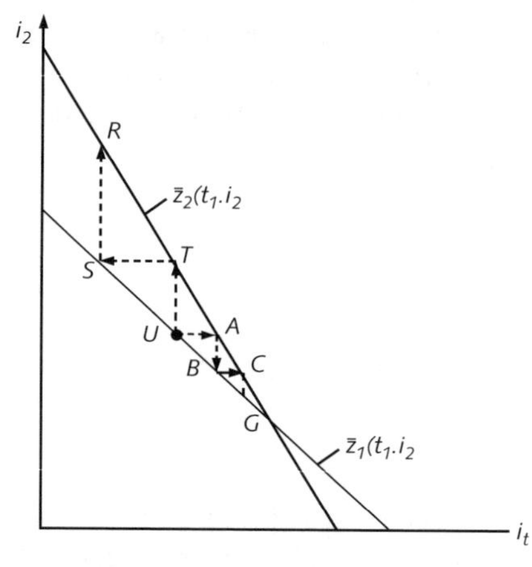

Abb. 15.3: Zum Zuordnungsproblem bei fixierten Zielen

z_1 = binnenwirtschaftliches Gleichgewicht (Ausgleich von Inlandsnachfrage nach und Angebot aus inländischer Produktion bei Vollbeschäftigung)
z_2 = außenwirtschaftliches Gleichgewicht (unveränderte Nettodevisenposition bei fixiertem Wechselkursen)
i_1 = geldpolitisches Instrument (Zinssatz)
i_2 = fiskalpolitisches Instrument (Budgetüberschuß)

Welche Zuordnung der Ziele zu den Instrumenten sich jeweils empfiehlt, muß jedoch empirisch geprüft werden. Die Antwort darauf kann sich u. U. auch im Zeitablauf ändern, denn die Wirkungsvorteile hängen vom zeitlich nicht unbedingt konstanten Verhältnis der Multiplikatorwirkungen α_{mk} ab, die von einer Variation der Instrumentvariablen ausgehen. Von praktischer Bedeutung ist das Zuordnungsproblem insofern, als Informationen über Wirkungsvorteile von Instrumenten Hinweise auf eine zweckmäßige Arbeitsteilung zwischen verschiedenen Trägern der Wirtschaftspolitik geben können, wenn diese über unterschiedliche Instrumente geben. Es würde sich empfehlen, die Träger mit der Verfolgung der Ziele zu betrauen, für deren Realisierung sich ihre Instrumente nach diesen Informationen besonders eignen.

Die Wirkungsweise der verfügbaren Instrumente kann aber auch für eine Lösung unzureichend sein, wie bereits am Konflikt zwischen den Zielen Vollbeschäftigung und Preisniveaustabilität veranschaulicht wurde. Der Grund dafür ist, daß die wirtschaftspolitischen Instanzen ihr Entscheidungsfeld nicht allein beeinflussen. Auch die Anbietergruppen (Gewerkschaften, Unternehmen und ihre Verbände) verfügen über wirtschaftspolitisch relevante Macht, die sie im Interesse ihrer Zielsetzungen zu nutzen suchen. Die Entscheidungssituation ist also durch strategische Interdependenz der Akteure gekennzeichnet. Mit der Erweiterung des Instrumentariums um eine Einkommenspolitik ändert sich das Entscheidungsproblem; es läßt sich nunmehr als kooperatives Spiel zwischen wirtschaftspolitischen Instanzen und Anbietergruppen mit wirtschaftspolitischem Einfluß interpretieren.

Eine Vergrößerung der Zahl der Instrumente über die Zahl der Ziele hinaus kann aber auch notwendig werden, wenn die Dosierbarkeit der ursprünglichen Instrumente eingeschränkt wird. Dementsprechend müssen Randbedingungen eingeführt werden. Nunmehr ist nicht auszuschließen, daß die Lösung nur bei Verletzung dieser Bedingungen möglich wäre. Randbedingungen dieser und anderer Art verändern formal das bisherige Entscheidungskalkül für lineare Modelle zu einem Problem linearen Programmierens.

Denkbar ist auch eine Situation, in der die Zahl beliebig dosierbarer Instrumente größer ist als die Zahl der Zielvorgaben. Formal sind dann beliebig viele Lösungen möglich. Das System ist überbestimmt; „überzählige“ Instrumente werden damit betragsmäßig frei wählbar. Wirtschaftspolitisch wäre eine solche Situation vorteilhaft im Hinblick auf die „Verteilung des Drucks“ (Tinbergen, 1952/70, S. 41), der durch den Einsatz der Instrumente auf die Wirtschaftssubjekte in der einen oder anderen Form ausgeübt wird. Allgemein kann das bedeuten,

- daß mehr Rücksicht auf diejenigen genommen werden kann, die durch den Einsatz eines Instruments z. B. der Geldpolitik, der staatlichen Investitionsausgaben in erster Linie negativ berührt werden (z. B. die Bauwirtschaft als „Konjunkturpuffer“),
- daß die Ziele u. U. wirksamer angestrebt werden können, weil die Instrumentvariationen im einzelnen geringer ausfallen können, wodurch Anreize vermindert werden, den Maßnahmen auszuweichen (z. B. durch Steuervermeidung).

15.2.2.3 Zieloptimierung – der Fall flexibler Ziele

Fixierte Ziele vereinfachen das Entscheidungsproblem insofern, als lediglich zu prüfen ist, ob und gegebenenfalls mit welcher Aktion diese Ziele als vorherbestimmtes Handlungsergebnis erreicht werden können. Nach anderen Handlungsmöglichkeiten und ihren Ergebnissen wird nicht gefragt. Damit entfällt auch ihre Bewertung und die Auswahl mit Hilfe einer (umfassenden) Entscheidungsregel. Eine Kombination fixierter Ziele stellt jedoch nicht unbedingt das bestmögliche (optimale) Ergebnis dar. Sie läßt sich aber u. U. als Ausdruck begrenzter Rationalität interpretieren. In jedem Fall kann dem Ansatz Realitätsnähe wohl kaum abgesprochen werden.

Dem strengeren Rationalitätsprinzip – den höchstmöglichen Erfolgsgrad anzustreben – entspricht eine Zieloptimierung. Das setzt einmal voraus, daß alle Aktionen mit ihren in der Ergebnismatrix aufgezeichneten Folgen berücksichtigt werden. Ferner ist eine Bewertungsfunktion (Abb. 15.1) erforderlich. Sie muß es erlauben, die verschiedenen Ergebnisse nach ihren Merkmalen wertend so zusammenzufassen, daß es schließlich möglich ist, die Aktionen nach ihrer Wünschbarkeit eindeutig zu ordnen. Die wertende Zusammenfassung der Ereignismerkmale (Art, Höhe, zeitlicher Anfall, Gewißheit) kann bei Merkmalen, die voneinander unabhängig sind, für praktische Zwecke schrittweise geschehen. Jeder Schritt bedeutet dabei, daß sich die ursprüngliche Ergebnismatrix vereinfacht. Am Ende auch dieses Vorgehens muß eine Entscheidungsmatrix stehen, die für jede Aktion einen Gesamtwert angibt, also einen Vektor; er erlaubt die Entscheidung zugunsten der bestmöglichen Aktion.

Wird Ungewißheit zunächst vernachlässigt, vereinfacht sich das Entscheidungsproblem bei Zieloptimierung auch formal beträchtlich. Wenn das Entscheidungsfeld durch ein ökonometrisches Modell abgebildet werden kann, ist wiederum mit den Bestimmungsgleichungen für die Zielvariablen auch die Ergebnismatrix vollständig beschrieben. Die Bestimmungsgleichungen definieren dann die Lösungsmenge, aus der mit Hilfe einer Bewertungsfunktion das bestmögliche Ergebnis auszuwählen ist. Mit anderen Worten, die Ergebnismatrix gibt die Grenzen an, die der Verfolgung der Ziele mit den verfügbaren Instrumenten gezogen sind. Bei der Zieloptimierung als Entscheidungsregel handelt es sich, der Bezeichnung entsprechend, um ein Problem der Maximierung unter Nebenbedingungen. Als Nebenbedingungen fungieren in erster Linie die ökonomischen Zusammenhänge, wie sie im ökonometrischen Modell erfaßt wurden und soweit sie für die Zielvariablen der Bewertungsfunktion (Entscheidungsregel) relevant sind. Hinzu kommen u. U. Randbedingungen für Instrumentvariablen. Die damit zusätzlich entstehenden Lösungsprobleme werden im folgenden vernachlässigt.

Angenommen, eine Bewertungsfunktion $W(z)$ sei bekannt, die nur die Zielvariablen als Argumente enthalten möge. Dann ist die Bewertungsfunktion unter der Nebenbedingung der Bestimmungsgleichungen für die Zielvariablen zu maximieren. Der Einfachheit halber wird davon ausgegangen, daß den Instrumenten kein Eigenwert beigemessen wird. Andernfalls wären sie entweder auch in die Bewertungsfunktion aufzunehmen, oder ihr Eigenwert müßte sich in entsprechenden Randbedingungen niederschlagen. Im letzten Fall würde das erforderliche Kalkül ein Problem der linearen Optimierung, wenn die Randbedingungen die Form linearer Ungleichungen hätten.

Nach den bisher verwendeten Symbolen kann die Nebenbedingung für das hier diskutierte Optimierungsproblem wie folgt geschrieben werden:

$$z - A \cdot i - B \cdot r = 0$$

Für das Optimierungsproblem ergibt sich als Lagrange-Funktion:

$$L(z, i, \lambda) = W(z) - \lambda'(z - A \cdot i - B \cdot r),$$

wobei λ' ein Spaltenvektor von M verschiedenen Lagrange-Multiplikatoren ist. Die simultan zu erfüllenden Bedingungen für eine Zieloptimierung lauten:

$$\frac{\delta L\ (z,\ i,\ \lambda)}{\delta z} = \frac{\delta W}{\delta z} - \lambda' = 0,$$

$$\frac{\delta L\ (z,\ i,\ \lambda)}{\delta i} = +\ A'\ \lambda = 0,$$

wobei A' die transponierte Matrix von A ist, und

$$\frac{\delta L\ (z,\ i,\ \lambda)}{\delta \lambda} = z - A \cdot i - B \cdot r = 0$$

Mit der simultanen Lösung ist für die Lagrange-Funktion auch die Gültigkeit der dritten Bedingung sichergestellt, so daß für diesen Fall gilt:

$$L\ (z,\ i,\ \lambda) = W\ (z).$$

Die ermittelten Werte für die z_m erfüllen die Nebenbedingung. Die Lösungswerte für die i_k beschreiben die dazugehörige Aktion. Sie geben also die Kombination von Werten für die Instrumentvariablen an, deren Realisierung nach den vorliegenden Informationen über das Entscheidungsfeld die als bestmöglich geltenden Zielwerte sicherstellen.

Daß das Problem grundsätzlich lösbar ist, zeigt eine kurze Überprüfung der Dimensionen (Spalten × Zeilen) der ermittelten Bedingungen. Die erste Bedingung liefert M Gleichungen entsprechend der Dimension von z, und die zweite hat auf der linken Seite die Dimension $(K \times M)\ (M \times 1)$ und besteht somit aus K Gleichungen. Entsprechend der Dimension von λ liefert die dritte Bedingung weitere M Gleichungen. Insgesamt sind also $K + 2M$ Gleichungen für die ebenso große Zahl von Unbekannten (i_k, z_m, λ_m) vorhanden.

Materiell bedeutsam ist dabei vor allem die zweite Bedingung. Anders als im Falle fixierter Ziele muß für A nicht mehr gefordert werden, daß sie vom Rang $M = K$ ist. Das bedeutet aber, daß die Zahl der verfügbaren Instrumente kleiner als die Zahl der Ziele sein kann. Die TINBERGENsche numerische Lösungsbedingung für den Fall fixierter Ziele kann also bei flexiblen Zielen gelockert werden.

Die inhaltlich wichtigste Eigenschaft der Zieloptimierung mit weniger Instrumenten als Zielen wird erkennbar, wenn einmal angenommen wird, diejenige Kombination von Zielwerten sei bekannt, die als beste überhaupt mögliche Lösung gilt. Wären entsprechend viele hinreichend dosierbare Instrumente einsetzbar, könnte grundsätzlich die Bestlösung realisiert werden. So aber sind Abweichungen von den Werten der Bestlösung unvermeidbar. Sollen z. B. zwei Ziele mit einem Instrument angestrebt werden, so ist das Instrument i. d. R. nur so dosierbar, daß bestenfalls jeweils eines der Ziele voll realisiert wird. Zieloptimierung impliziert unter diesen Umständen die Suche nach einer solchen Kombination von Zielabweichungen, die nach der Bewertung des Entscheidungsträgers als optimaler Kompromiß anzusehen ist.

Der Bewertungsfunktion müßte also aus der Sicht eines Entscheidungsträgers an den Abweichungen von der eigentlich gewünschten Lösung ansetzen, wenn diese nicht erreichbar ist,

- weil die Zahl der Instrumente nicht derjenigen der Ziele entspricht,
- weil die Instrumente nicht hinreichend manipulierbar sind,
- weil Randbedingungen hinsichtlich der verfügbaren Instrumente eine Bestlösung verhindern.

Solche Bewertungsfunktionen können sich, wie etwa von THEIL (z. B. 1954, 1965) vorgeschlagen, auf die quadratischen Abweichungen von der Bestlösung beziehen. Wird diese Bestlösung mit den Zielwerten ${}_{w}z_{m}$ beschrieben, so ließen sich die Zielabweichungen in folgender Verlustfunktion zusammenfassen:

$$V(z) = \sum_{l}^{M} \gamma_m (z_m - {}_{w}z_m)^2$$

wobei die γ_m für die Gewichte stehen, die den unterschiedlichen Zieleinbußen beigemessen werden. Es käme dann darauf an, die so definierte, gewogene Summe an Verlusten zu minimieren unter den bereits bislang geltenden Nebenbedingungen, also primär den Bestimmungsgleichungen für die z_m. Die Verlustfunktion läßt sich in eine Bewertungsfunktion für Zielannäherungen umwandeln, indem beide Seiten mit (– 1) multipliziert werden:

$$W(z) = \sum_{l}^{M} \gamma_m (z_m - {}_{w}z_m)^2$$

Das uneingeschränkte Maximum wäre wiederum bei einem Verlust von Null erreicht.

Die vorgeschlagene Bewertungsfunktion hat – abgesehen von formalen Annehmlichkeiten ähnlich z. B. denen eines quadratischen Streuungsmaßes – die Eigenschaft, daß Abweichungen von der eigentlich gewünschten Lösung mit ihrem Quadrat nutzenmindernd sind. Damit erhalten große Zielabweichungen ein extrem hohes Gewicht im Vergleich zu kleinen Abweichungen.

Zu bedenken ist ferner, daß positive und negative Abweichungen von der Bestlösung als gleich wichtig angesehen werden (z. B. FROMM und TAUBMANN, 1968, S. 109 f.). Schließlich sei noch der Einwand angeführt, der sich gegen die materiell wohl wesentlichste Voraussetzung richtet: Es muß zunächst die uneingeschränkt beste Lösung bekannt sein, ehe die Bewertungsfunktion überhaupt aufstellbar ist. Hilfsweise von einer in Unkenntnis dieser Bestlösung als wünschenswert angesehenen Lösung auszugehen, ist kein unbedingt überzeugender Ausweg, es sei denn vom Standpunkt begrenzter Rationalität. Sonst wäre es nämlich möglich, daß bessere Lösungen unbeachtet blieben, die mit einer Bewertungsfunktion aufspürbar wären, die direkt an den Zielen und nicht an den Zieleinbußen ansetzt. Hierzu zählt etwa eine Cobb-Douglas-Funktion

$$W(z) = \pi z_m^{\gamma m} = z_1^{\gamma 1} \cdot \ldots \cdot z_M^{\gamma M}$$

Aus der Sicht der normativen Entscheidungstheorie ist die Bewertungsfunktion grundsätzlich vorzugeben. Das schließt nicht aus, daß sie in ihren Implikationen untersucht wird. Demgegenüber ist sie für die positive Entscheidungstheorie unmittelbares Untersuchungsziel. Zu ihrer Ermittlung gibt es grundsätzlich einmal die z. B. von TINBERGEN (1964, S. 17) durchaus optimistisch beurteilte Möglichkeit der Befragung des Entscheidungsträgers mit allen damit verbundenen Schwierigkeiten. Zum anderen kann versucht werden, bisherige Entscheidungen in der Hoffnung zu analysieren, stabile Bewertungen aufdecken zu können. Versuche der letztgenannten Art (z. B. FRIEDLAENDER, 1973) sind durchaus verwandt mit solchen in der ökonomischen Theorie der Politik. Auch hier geht es darum, aus der konkreten Handhabung des wirtschaftspolitischen Instrumentariums auf die Präferenzen des Entscheidungsträgers zu schließen. Dazu muß wiederum der Typ der Bewertungsfunktion vorgegeben werden. Hier wie dort ist wohl eine der kritischen Fragen, welche Vorstellungen über das Entscheidungsfeld den beobachtbaren Reaktionen des Entscheidungsträgers zugrunde gelegt werden sollen. Als Approximation bleibt gewöhnlich nur die Wahl eines ökonometrischen Modells. Die Güte dieser Approximation kann wiederum nur anhand der Plausibilität der erzielten Ergebnisse beurteilt werden.

15.2.3 Entscheidungen bei Ungewißheit

15.2.3.1 Ursachen von Ungewißheit

Bislang wurde das Entscheidungsproblem im wesentlichen so formuliert,

- als wäre die Information über das Entscheidungsfeld vollkommen, d. h., alle Wirkungszusammenhänge, die für die Entscheidung wichtig sein könnten, seien bekannt;
- als bestünde über die Handlungsfolgen Gewißheit;
- als wäre mit einer wirtschaftspolitischen Einflußnahme auf das Entscheidungsfeld durch andere entweder nicht zu rechnen, oder ihre Einflußnahme sei vollständig antizipierbar.

Damit wurden die wesentlichen, meist gemeinsam wirksamen Ursachen von Ungewißheit bei wirtschaftspolitischen Entscheidungen ausgeschlossen (GÄFGEN, 1968/-1975, S. 36):

- Begrenzte Information: Die Kenntnis des Entscheidungsfeldes ist begrenzt und nicht kostenlos zu erweitern, womit rationaler Informationsverzicht anstelle möglichst umfassender Informationsbemühungen naheliegt.
- Statistisch eingrenzbare Ungewißheit: Es sind bestenfalls a posteriori-Wahrscheinlichkeiten für die Folgen konkreter Aktionen bekannt.
- Strategische Ungewißheit: Die Handlungsergebnisse werden nicht nur durch die Handlungen des betrachteten Entscheidungsträgers geprägt, sondern auch durch Aktionen oder Reaktionen anderer Entscheidungsträger mit wirtschaftspolitischem Einfluß, die für ihn ungewiß sein können.

Auf das Lenkungswissen bezogen, bedeuten begrenzte Informationsmöglichkeiten:

- Die „wahre" Struktur des Entscheidungsfeldes, das mit dem Modell abgebildet werden soll, ist und bleibt unbekannt; das Modell wird immer nur eine mehr oder weniger gute Annäherung an die Realität darstellen.
- Die verfügbaren statistischen Informationen können zu Modellspezifikationen

zwingen, die vom Stand der Theorie her weniger anspruchsvoll und – da sie „stärkere" Hypothesen ersetzen müssen – auch in ihren Ergebnissen weniger zuverlässig sind.

- Die aufgrund von Vergangenheitswerten geschätzten Koeffizienten für die Instrumentvariablen und restlichen vorherbestimmten Variablen (Daten) werden mangels anderer Informationen auch für die Wirkungsprognosen verwendet.
- Die Daten stellen ein Prognoseproblem für sich dar; selbst wenn nur sie eine Quelle der Ungewißheit wären, könnten eindeutige Aussagen über Handlungsergebnisse schon nicht mehr gemacht werden.

Statistisch eingrenzbare Ungewißheit bedeutet:

- Im günstigen Fall verursachen statistische Meßfehler und/oder eine Vielzahl von vernachlässigten erklärenden Variablen mit relativ geringen und gegenläufigen Wirkungen, daß bei der expost-„Erklärung" der beobachteten Werte der endogenen Variablen unsystematische Abweichungen zwischen den geschätzten und den tatsächlichen Werten auftreten; die Abweichungen können infolgedessen als zufällig interpretiert werden (latente Variablen) und erlauben dann Wahrscheinlichkeitsaussagen über die Intervalle, in denen sich die „wahren" Parameter bewegen.

Strategische Ungewißheit bedeutet:

- Im günstigen Fall kommen zu den übrigen Gleichungen der Entscheidungstechnologie solche hinzu, die die Reaktion anderer Entscheidungsträger mit ihren Aktionsparametern auf Instrumentvariationen des betrachteten Entscheidungsträgers beschreiben. Andernfalls müssen ihre Aktionen als exogene Variable einbezogen und durch plausible „Setzungen" konkretisiert werden.
- Im ungünstigen Fall, daß neben dem Verhalten anderer Träger auch im Hinblick auf die privaten Wirtschaftssubjekte der Vermutung tendenziell rationaler Erwartungen Rechnung zu tragen ist; da in diesem Fall die Privaten das Verhalten von Trägern der Wirtschaftspolitik und seine ökonomischen Wirkungen in den eigenen Plänen vorwegzunehmen suchen, entsteht auch zwischen den Privaten und der betrachteten Instanz eine strategische Situation mit höchst ungewissen Handlungsfolgen.

15.2.3.2 Konsequenzen für das Entscheidungskalkül

Auf die allgemeine Form der Technologie

$$z_{m} = \sum_{l}^{K} \alpha_{mk} i_{k} + \sum_{l}^{L} \beta_{ml} r_{i}$$

bezogen, kann Ungewißheit bestehen

- über die Realisation von Daten r_l sowie u. U. auch darüber, welche Werte sie in Abhängigkeit von den Realisationen der Instrumentvariablen annehmen (strategische Ungewißheit),
- über die Wirkungen (Multiplikatoreffekte) β_{ml}, die von Veränderungen der Daten ausgehen,
- über die Wirkungen (Multiplikatoreffekte) α_{mk}, die vom Instrumenteinsatz ausgehen.

Die aufgezählten Möglichkeiten können in Ausnahmefällen einzeln oder i. d. R. gleichzeitig gegeben sein.

Hinsichtlich der Zielvariablen z_m bedeutet Ungewißheit in allen Fällen, daß anstelle eindeutiger Realisationen Verteilungen von Ergebnissen mit bekannten oder unbekannten Wahrscheinlichkeiten treten. Für die Bewertungsfunktion hat dies zur Folge, daß sie sich eignen muß, neben den übrigen Merkmalen von Ereignissen auch deren Ungewißheit nach Art und Ausmaß abzuwägen.

Die unter Entscheidungsaspekten einfachste Form von Ungewißheit ist diejenige, die ausschließlich von den Daten r_l ausgeht. Das wäre z. B. der Fall, wenn alle Daten als Zufallsvariablen gelten müßten, von denen eine mit Gewißheit voraussehbare Wirkung (β_{ml}) ausginge. In diesem Fall wären zwar immer noch die partiellen Zielwirkungen α_{mk} mit Gewißheit bekannt, die von der Variation von Instrumentvariablen (i_k) ausgelöst werden. Diese eindeutigen Wirkungen wären jedoch nunmehr (additiv) von Zufallsstörungen überlagert, die von den r_l ausgingen. Damit würde aber auch die Zielvariable zufälligen Schwankungen unterworfen sein. Unter diesen Umständen könnte mit wirtschaftspolitischen Aktionen zwar mit Gewißheit die Lage der Ergebnisse (z_m) im Ergebnisraum beeinflußt werden, also etwa ihr Mittelwert. Unberührt bliebe jedoch ihre Wahrscheinlichkeitsverteilung, also etwa deren Streuung oder auch höhere Momente (Schiefe, Steilheit), die sich aufgrund der zufälligen Schwankungen in den r_l ergeben.

Für das wirtschaftspolitische Entscheidungskalkül brauchte sich in dieser fiktiven Ungewißheitssituation nicht notwendigerweise etwas zu ändern, verglichen mit einem Kalkül bei Gewißheit. Allerdings müßte außerdem die Bewertungsfunktion quadratisch sein. Dann läßt sich nämlich zeigen (Theil, 1959, S. 414 ff.; 1965, S. 23 ff.), daß der Entscheidungsträger zu einer der Ungewißheitssituation angemessenen Entscheidung über einen die Bewertungsfunktion maximierenden Instrumenteinsatz kommt, wenn er die Ungewißheit praktisch vernachlässigt („certainty equivalence theorem"). Dazu müssen zufällige Schwankungen der Daten r_l im Kalkül durch ihren Erwartungswert (Null) ersetzt werden; die Erwartungswerte haben dann die Eigenschaft von Sicherheitssurrogaten (Schneeweiss, 1967, S. 193 f.). Dieses Entscheidungskalkül ist im Ergebnis demjenigen äquivalent, bei dem entsprechend der unterstellten Ungewißheit der Erwartungswert für die Bewertungsfunktion maximiert würde unter der Nebenbedingung der von zufällig schwankenden Daten geprägten Technologie.

15.2.3.3 Komplikationen

Ungewisse Instrumentwirkungen

Während in dem skizzierten Sonderfall die Ergebnisse hinsichtlich des Instrumenteinsatzes weitergelten, die sich bei Gewißheit ergäben, entstehen schon bei geringfügiger Komplikation der Ungewißheitssituation beträchtliche Abweichungen. Das gilt z. B. bereits, wenn unterstellt wird,

- daß die partiellen Instrumentwirkungen (α_{mk}) zufälligen Schwankungen unterworfen sind, und erst recht,
- daß außerdem die Varianzen in den Instrumentwirkungen nicht von denen in den restlichen vorherbestimmten Variablen unabhängig sind.

Schon im ersten Fall bedeutet das, daß auch die Wahrscheinlichkeitsverteilung der Ergebnisse (z_m) und nicht nur ihre Lage im Ergebnisraum von Instrumentvariationen mitgeprägt wird. Nunmehr ist eine Wahrscheinlichkeitsverteilung mit einer lageverändernden Variablen multiplikativ verknüpft. Ferner muß die Möglichkeit berücksichtigt werden, daß sich Instrumentvariablen und Daten in ihren ungewissen Wirkungen auf die jeweils gleichen Zielvariablen gegenseitig verstärken oder auch abschwächen. Es läßt sich dann abweichend von den Ergebnissen für die Fiktion der Gewißheit zeigen (BRAINARD, 1967; JOHANSEN, 1973),

- daß die Lösung des Entscheidungsproblems keineswegs mehr überbestimmt zu sein braucht, wenn die Zahl der Instrumente die der Ziele übertrifft, also der Einsatz aller Instrumente erforderlich werden kann;
- daß die Instrumentvariationen um so schwächer dosiert sein sollten, je größer die Ungewißheit hinsichtlich ihrer Wirkungen ist;
- daß es zweckmäßig sein kann, gewünschte Zielwerte nicht voll anzuvisieren, sondern den Instrumenteinsatz davon abweichend zu dosieren.

Abgesehen von dem Sonderfall der Sicherheitssurrogate, erfordern bereits die bisher betrachteten Ungewißheitselemente einen beträchtlich größeren analytischen Aufwand, verglichen mit dem Kalkül bei Gewißheit, ohne zu ähnlich allgemeingültigen Ergebnissen zu führen.

Von den weiteren analytischen Schwierigkeiten sollen zumindest noch zwei angedeutet werden. Die erste Schwierigkeit ergibt sich daraus, daß gerade im ökonomischen Bereich viele Entscheidungen insofern einmalig sind, als sich die Bedingungen ständig ändern, unter denen entschieden werden muß. Die zweite Schwierigkeit entsteht, wenn Entscheidungen nicht nur bei Unsicherheit gefällt werden müssen, sondern sich auf eine Abfolge von Teilhandlungen mit ungewissen Teilergebnissen beziehen (sequentielle Entscheidungen bei Ungewißheit).

Einmalige Entscheidungen bei Ungewißheit

Wenn den Handlungsmöglichkeiten nicht eindeutige Ergebnisse, sondern Wahrscheinlichkeitsverteilungen von Ergebnissen zugerechnet werden können, lassen sich zwar Erwartungswerte (arithmetische Mittel) angeben. Diese können jedoch nicht unter allen Umständen als Sicherheitssurrogate dienen. Sie in das Kalkül aufzunehmen, ist am ehesten sinnvoll, wenn hinreichend viele Entscheidungen unter den gleichen Bedingungen (der gleichen Technologie) gefällt werden müssen. In diesem für wirtschaftspolitische Probleme kaum relevanten Fall kann das „Gesetz der großen Zahl“ zum Zuge kommen, d. h., mit zunehmender Zahl von Entscheidungen ist damit zu rechnen, daß sich der Durchschnitt der insgesamt erzielten Handlungsergebnisse dem Erwartungswert nähert. Aber selbst dann wird i. d. R. zu berücksichtigen sein (GÄFGEN, 1971, S. 239 f.),

- daß die relevante Wahrscheinlichkeitsverteilung nach ihren Merkmalen (Mittelwert, Streuung, höhere Momente) ungewiß ist und
- daß auch bei relativ vielen gleichartigen Entscheidungen immer noch eine Wahrscheinlichkeit für ein solches Ergebnis besteht, das als unannehmbar gelten mag (sogenannter Katastrophen- oder Ruinfall).

Besonders die letztgenannte Möglichkeit läßt erkennen, daß die subjektive Einstellung des Entscheidungsträgers zum Risiko in die Entscheidungsregel eingehen muß. Dieses Risiko wird in Umkehrung des zuvor genutzten „Gesetzes der großen Zahl" um so größer, je weniger Entscheidungen unter den gleichen Bedingungen möglich sind. Lediglich wenn der Entscheidungsträger dem Risiko gegenüber völlig indifferent wäre, ist seine Orientierung am Erwartungswert der Ereignisse rational. Dementsprechend stellen die übrigen vorgeschlagenen Bewertungsfunktionen für Entscheidungen bei Ungewißheit (z. B. Menges, 1969, S. 163 ff.) nicht zuletzt Versuche dar, der Risikoscheu, aber auch der Risikofreudigkeit Rechnung zu tragen. Zwar lassen sich einige Prinzipien angeben, denen eine Entscheidung bei Ungewißheit genügen sollte, weil deren Rationalität plausibel erscheint (z. B. Schneeweiss, 1967, S. 32 ff.). Eine allgemeingültige Verhaltensvorschrift im Hinblick auf Ungewißheit läßt sich jedoch aus den Prinzipien nicht ableiten. Vielmehr verbleibt eine Reihe miteinander konkurrierender Vorschriften. Jedoch sollten sie den Entscheidungsträger in die Lage versetzen, die Ergebnisverteilungen, zwischen denen er zu wählen hat, widerspruchsfrei nach dem ihnen zugemessenen Wert zu ordnen.

Sequentielle Entscheidungen bei Ungewißheit

Die zweite noch zu skizzierende Schwierigkeit ergibt sich aus dem Umstand, daß wirtschaftspolitische Entscheidungen keine zeitlich und sachlich isolierten Ergebnisse hervorrufen. So sind z. B. finanzpolitische Entscheidungen für das erste Jahr einer Legislaturperiode zugleich Entscheidungen über die Anfangsbedingungen des darauffolgenden Jahres, ganz abgesehen von Fernwirkungen, die noch in späteren Perioden auftreten können. Ebenso schafft die Entscheidung, einem Abkommen zur Handelsliberalisierung beizutreten, neue Ausgangsbedingungen für strukturpolitische Entscheidungen. Im Hinblick auf das Rationalitätserfordernis, wonach wirtschaftspolitische Entscheidungen möglichst umfassend konzipiert sein sollten, mögen damit fast selbstverständliche Gesichtspunkte angesprochen sein. Die Komplikationen, die sich gegenüber dem bisher diskutierten Kalkül ergeben, sind jedoch beträchtlich, vor allem, wenn Ungewißheit mitberücksichtigt wird.

Auf den zeitlichen Aspekt bezogen, läßt sich die Entscheidungssituation zunächst für die Fiktion der Gewißheit wie folgt skizzieren (Gäfgen, 1971, S. 219 ff.): Angenommen, der Zeithorizont des Entscheidungsträgers sei nicht mehr auf eine Periode begrenzt, sondern umfasse t aufeinanderfolgende Perioden. Jede der a möglichen Aktionen zeitigt in der ersten Periode gewisse (Zwischen-)Ergebnisse. Durch sie entsteht zugleich eine neue Ausgangslage zu Beginn der nächsten Periode. Sie verlangt in Abhängigkeit von den dann gegebenen Zuständen des Entscheidungsfeldes eine erneute Wahl aus den, so sei angenommen, wiederum verfügbaren a Aktionsmöglichkeiten. Diese Entscheidung bestimmt dann die Ausgangssituation in der darauffolgenden Periode usw. Die Ergebnismatrix enthält somit nicht mehr die Konsequenzen von a in jeder Periode möglichen Aktionen, sondern von a^t Handlungssequenzen (als kombinatorisches Problem gesehen, handelt es sich um Variationen von a Elementen zur t-ten Klasse „mit" Wiederholung). Sie sind dann auch nach dem zeitlichen Anfall der durch sie hervorgerufenen Ergebnisse zu bewerten. Trotz dieser Komplikationen ist jedoch eine zweifelsfreie Entscheidung zugunsten einer Handlungssequenz grundsätzlich möglich.

Der Charakter der möglichen Handlungssequenzen und damit das Entscheidungsproblem ändert sich, selbst wenn angenommen wird, daß nur die Zustände des Entscheidungsfeldes in den verschiedenen Perioden ungewiß sind: Dann sind nämlich lediglich bedingte Aktionsfolgen (Strategien) formulierbar. Nunmehr bewirkt eine beliebige Aktion nur noch einen ungewissen Ausgangszustand für die nachfolgende Periode. Daher muß eine sich daran anschließende Aktion zweifach bedingt formuliert werden, nämlich im Hinblick auf jeweils einen möglichen Zustand des Entscheidungsfeldes sowohl der ersten als auch der zweiten Periode. Dementsprechend vergrößert sich die Zahl der möglichen Strategien. Sind z. B. in jeder der t Perioden s Zustände des Entscheidungsfeldes und a Aktionen möglich, so impliziert dies $(a \cdot s)^t$ Strategien. Eine endgültige Entscheidung zugunsten einer bestimmten Strategie zu suchen ist jedoch nicht sinnvoll. In jeder Phase der Handlungssequenz ist nämlich schon die Ausgangssituation für die nachfolgende Phase ungewiß. Würde der mit einer gewählten Strategie antizipierte Zustand des Entscheidungsfeldes nicht eintreten, wäre es nicht länger sinnvoll, auf jeden Fall bei der bedingt geplanten Aktion für diese Phase zu bleiben. Mit anderen Worten: Es wäre nicht rational, wenn der Umstand vernachlässigt würde, daß sich die Ungewißheit im Hinblick auf die möglichen Endzustände von Periode zu Periode vermindert. Aber auch Fehleinschätzungen von Aktionen werden im Verlauf von Handlungssequenzen aufgedeckt und verlangen entsprechende Korrekturen bei den weiteren Entscheidungen (Entscheidungen als Lernprozesse). Entscheidungen zugunsten einer bestimmten Strategie können also nur vorläufig getroffen werden, nämlich nach dem jeweiligen Informationsstand. Unabhängig von der Entscheidungsregel, die auch in diesem Fall im vorhinein gewählt werden muß, werden die Schwierigkeiten einer vorläufigen Strategie wohl bereits bei einer Sequenz von nur zwei Perioden deutlich. Zu Beginn der ersten Periode hängt der Wert der erzielbaren Zwischenergebnisse von deren Qualität als Ausgangssituation für die zweite Periode ab. Diese Qualität bestimmt sich wiederum nach den ungewissen Ergebnissen, die dann bei den möglichen Zuständen des Entscheidungsfeldes der zweiten Periode durch die möglichen Aktionen erreicht werden können.

Mit der Länge der Sequenz sowie der Zahl der möglichen Aktionen und Zustände des Entscheidungsfeldes erschweren sich Ermittlung und Bewertung von Strategien progressiv, ohne daß bislang dafür praktikable Entscheidungskalküle entwickelt werden konnten. Noch schwieriger wird das Strategieproblem, wenn die Sequenz sich durchaus realistisch entsprechend dem Zeitablauf immer wieder in die Zukunft verlängert (gleitende Planung). Vereinfachungen lassen sich in allen Fällen nicht zuletzt daduch erzielen, daß von der Optimierung zugunsten der Formulierung von Anspruchsniveaus (Zielbereichsvorgabe) abgewichen wird. Hier werden wiederum fließende Übergänge zwischen präskriptiver und deskriptiver Entscheidungstheorie erkennbar.

15.2.4 Zur Leistungsfähigkeit wirtschaftspolitischer Entscheidungsmodelle

Wie bereits dargelegt, wurden wirtschaftspolitische Entscheidungsmodelle in erster Linie im Hinblick auf makroökonomische konjunkturpolitische Fragestellungen entwickelt. Dieses stabilisierungspolitische Anliegen war Gegenstand des vierten Kapitels. Die dort begründete Skepsis soll an dieser Stelle nicht noch einmal wiederholt werden. Vielmehr gilt die Aufmerksamkeit hier solchen Problemen, die sich auch dann ergeben, wenn der theoretische Ansatz selbst nicht in Frage gestellt wird.

15.2.4.1 Modellimmanente Grenzen

Der Leistungsfähigkeit wirtschaftspolitischer Entscheidungsmodelle sind nach dem bisher Ausgeführten Grenzen gezogen, die vor allem folgende Gründe haben:

- wirtschaftspolitisch relevante Variable sind häufig nicht operationalisierbar,
- ökonomischen Theorien mangelt es in vielen Fällen an empirischem Gehalt, in anderen ist er inzwischen sehr umstritten,
- die statistischen Informationsgrundlagen sind beschränkt,
- die ökonometrischen Schätzverfahren entsprechen kaum der Beschaffenheit des Beobachtungsmaterials,
- problemadäquate, praktikable Entscheidungskalküle sind selten.

Nicht alle wirtschaftspolitisch relevanten Variablen sind in einem solchen Maße operationalisierbar, daß sich Entscheidungskalküle zu einer umfassenden Beurteilung des Handlungsproblems einsetzen lassen. Selbst in der Stabilisierungspolitik als quantitativ relativ gut erschließbarem Teilbereich sind Grenzen der Analyse und damit auch Grenzen der möglichen Schlußfolgerungen unübersehbar. Allgemein ist von den verschiedenen Instrumentkategorien die Informationspolitik wohl am wenigsten operationalisierbar. Ähnlich sind freiwillige Übereinkünfte zu beurteilen. Einschränkungen müssen aber auch bei der Veränderung von Marktbedingungen hinsichtlich institutioneller Regelungen gemacht werden. Wohl am ehesten zugänglich dürften die Fiskalpolitik und dort die Ausgabenpolitik sowie ein Teil des geldpolitischen Instrumentariums sein.

Die ökonomische Theorie wirkt in den Fällen beschränkend, wo sie zu keinen oder zu kaum verwertbaren Erkenntnissen über das Entscheidungsfeld geführt hat, also keinen oder kaum empirischen Gehalt hat. So sind weite Bereiche der Wachstums- und Verteilungstheorie gegen eine Falsifizierung immunisiert. Das bedeutet, daß entsprechende Aussagen nicht zur empirischen Fundierung von Entscheidungen herangezogen werden können. Aber selbst empirisch zugängliche Theorien sind häufig umstritten. Das gilt vor allem für die im Rahmen der quantitativen Wirtschaftspolitik vorwiegend herangezogene keynesianische Makroökonomik (hierzu z. B. DEAN, 1981; MELTZER, 1981; WILES, 1981).

Die verfügbaren statistischen Informationen sind i. d. R. nicht ermittelt worden, um damit erfahrungswissenschaftliche Modelle empirisch aufzufüllen. Daraus können vom Meßkonzept her beträchtliche Unterschiede zwischen dem verfügbaren und dem nach dem Modell erwünschten Informationsmaterial entstehen. Hierzu gehört u. a. auch, daß der Aggregationsgrad der Informationen sowohl sachlich (z. B. Mangel an detaillierten Arbeitsmarktzahlen) als auch zeitlich (z. B. Mangel an Quartalswerten) den Modellerfordernissen häufig nicht gerecht wird.

Grenzen ökonometrischer Schätzmöglichkeiten ergeben sich aus der Diskrepanz zwischen ökonometrischen Verfahren und Beschaffenheit des Beobachtungsmaterials. Zwar basieren die Verfahren, mit denen vermutete Gesetzmäßigkeiten geschätzt und geprüft werden, auf Vorgehensweisen in der beurteilenden (induktiven) Statistik. Das

Beobachtungsmaterial ist jedoch nicht experimentell gewonnen; folglich ist immer nur eine mehr oder weniger gute Annäherung an die Informationen möglich, die methodisch nötig wären. Bei den verwendeten Beobachtungen handelt es sich i. d. R. weder um (Zufalls-)Stichproben, noch sind die Grundgesamtheiten hinreichend groß und zeitlich invariant. Beispielsweise dürften sich Umfang, Struktur und Verhaltensweise der Bevölkerung, auf die Bezug genommen wird, ständig ändern. Mit anderen Worten, die notwendige Voraussetzung eines konstanten Verursachungskomplexes ist nicht einmal näherungsweise erfüllt. Schließlich sei noch erwähnt, daß häufig die Zahl der verfügbaren Beobachtungen relativ klein ist, gemessen an der Zahl der zu schätzenden Parameter, worunter die Verläßlichkeit der Schätzergebnisse leidet. Für Prognosen, die auf den Schätzergebnissen basieren, gilt die Bedingung, daß der Verursachungskomplex, der in der Vergangenheit wirksam war, auch den Prognosezeitraum prägen wird. Die Bedingung ist hinsichtlich der Reaktion der Privaten auf Instrumentvariationen gerade für die stabilisierungspolitisch ausgelegten Entscheidungsmodelle durch das Argument tendenziell rationaler Erwartungen in besonderem Maße in Zweifel gezogen worden. Im übrigen wird die Genauigkeit bedingter Vorhersagen auch von der Verläßlichkeit der Schätzergebnisse geprägt. Sie kann zwar durch besseres statistisches Material erhöht werden. Jedoch verbleibt die Ungewißheit schon aufgrund der erstgenannten Bedingung. Daraus und aus der zusätzlichen Ungewißheit, die von der notwendigerweise außerhalb des Modells durchzuführenden Prognose exogener Variabler ausgeht, den Schluß zu ziehen, es sei besser, sich auf Fingerspitzengefühl oder Intuition zu verlassen, ist nicht überzeugend; denn dieses Vorgehen bedeutet nur zu leicht, daß trügerische Eindrücke und oft oberflächliche Diagnosen des Augenblicks vorherrschen und unkontrolliert in die Zukunft verlängert werden.

Unübersehbar ist die Problematik der Bewertungsfunktion, die es zusammen mit der Entscheidungsregel erst erlaubt, die präferierte Instrumentvariation zu ermitteln. Die diskutierten Funktionen und Regeln sind in erster Linie an der Lösbarkeit des Entscheidungsproblems orientiert. Ferner weichen sie von praktischen Entscheidungssituationen nicht zuletzt dadurch ab, daß von einem einzelnen Entscheidenden ausgegangen wird.

Höchstens bruchstückhaft bekannt ist die Entscheidungsregel; von ihr kann außerdem kaum zeitliche Stabilität erwartet werden. Das bedeutet zugleich, daß auch die Informationen über den Eigenwert von Instrumenten i. d. R. unvollständig sind und Nebenwirkungen des Mitteleinsatzes nur unvollkommen beurteilt werden können.

Hinsichtlich der verfügbaren Entscheidungskalküle mußte gerade für den Entwurf wirtschaftspolitischer Aktionen bei Ungewißheit ein Mangel an praktikablen Verfahren konstatiert werden. Die Ursachen dafür sind nicht zuletzt in dem Mangel an Wissen über Wirkungszusammenhänge im Entscheidungsfeld und in der Zahl und Art der zu bewertenden möglichen Ergebnisse zu sehen. Aus dem Mißverhältnis zwischen Komplexität von Entscheidungsproblemen und realen Möglichkeiten, sie analytisch und quantitativ zu durchdringen, den Schluß zu ziehen, systematisches, entscheidungstheoretisch fundiertes Vorgehen könne bei den unvermeidlichen Vergröberungen nur zu Fehlurteilen führen und wäre deshalb zu verwerfen, ist jedoch vorschnell. Es ist nämlich zu fragen, was neben Intuition an die Stelle des systematischen, entscheidungstheoretischen Vorgehens gesetzt werden soll; zudem ist dieses Vorgehen, wie auch deutlich geworden sein sollte, nicht an eine die Komplexität vollständig erfassende, quantitative Analyse gebunden.

Bleiben schließlich die Möglichkeiten zu skizzieren, die präskriptive entscheidungstheoretische Bemühungen eröffnen, um wirtschaftspolitisches Problemlösungsverhalten zu verbessern (z. B. MENGES, 1969, S. 270; PÜTZ, 1979, S. 211):

- Entscheidungsfelder, die sich als sehr komplexe Zusammenhänge zwischen Ziel- und Instrumentvariablen sowie den restlichen vorherbestimmten Variablen erweisen, lassen sich überschaubar machen; selbst wenn nicht alle Beziehungen quantifizierbar sind, können sie in ihrer Struktur systematisch durch Techniken erschlossen werden, wie sie auch für schätzbare Modelle verwendet werden (z. B. Blockschaltbilder, Pfeilschemata usw.).
- Versuche, das Entscheidungsfeld möglichst umfassend abzubilden, liefern Kriterien für die Informationsbeschaffung und können verhindern, daß Neben- und Fernwirkungen möglicher Aktionen vernachlässigt werden.
- Die Argumentation mit Hilfe von Entscheidungsmodellen zwingt zur gedanklichen Disziplin und macht Entscheidungsvorgänge kommunizierbar und kontrollierbar.
- Sofern die Ergebnisse theoretischer Wirkungsanalysen ökonometrisch absicherbar sind, können sie dazu beitragen, häufig vorkommende Fehler wirtschaftspolitischer Lenkung zu vermeiden; das gilt vor allem für die kontraproduktive zeitliche und intensitätsmäßige Dosierung als Folge von vernachlässigten oder falsch beurteilten Verzögerungen.
- Quantifizierungsversuche können auch dann nützlich sein, wenn sie nur einen Zugang zu Teilaspekten von Problemen liefern, vorausgesetzt, über einer Teilerkenntnis wird der unerfaßte Rest nicht vergessen; denn dann kann dem Argument vertraut werden, daß gute Handwerksarbeit da besonders vonnöten ist, wo das Material nicht sonderlich gut ist und nicht umgekehrt.

Dennoch dürfte unübersehbar sein, welch enge Grenzen einer Theorie der quantitativen Wirtschaftspolitik in der Tradition TINBERGENS gezogen sind angesichts der Diskrepanz zwischen der Komplexität realer Entscheidungsprobleme und den theoretischen wie praktischen Problemlösungsmöglichkeiten. Damit läßt sich zwar keine wirtschaftspolitische Abstinenz begründen, wohl aber die Warnung, die Erfolgschancen von Lenkungsmaßnahmen nicht zu überschätzen, ganz unabhängig davon, daß darüber hinaus grundsätzliche ordnungstheoretische Vorbehalte zu machen sind (Kap. 7).

15.2.4.2 Entscheidungslogik und Entscheidungsverhalten

Einige Abstraktionen der präskriptiven Entscheidungstheorie lassen sich verdeutlichen, wenn Ergebnisse der mikrotheoretischen deskriptiven Entscheidungstheorie herangezogen werden. Im Unterschied zur durch objektive Rationalität geprägten Entscheidungslogik steht hier das tatsächliche Problemlösungsverhalten von Individuen und Gruppen im Zentrum der Analyse. Erkenntnisobjekt sind die „kognitiven Prozesse" (W. KIRSCH, 1970, S. 68), die mit der Problemlösung verknüpft sind und die solche Aspekte wie Wahrnehmung, Urteilsbildung, Erinnerung und Vorstellung umfassen.

Durchaus in Anlehnung an Kategorien der Entscheidungslogik kann der Entscheidungsprozeß in folgende Aspekte zerlegt werden:

- die Wahrnehmung eines Handlungsproblems,
- die Suche nach Erklärungen für das wahrgenommene Problem,
- die Entwicklung von Handlungsmöglichkeiten (Programmen),
- die Programmbewertung und Entscheidung,
- die Durchführung des gewählten Programms.

Werden diese Aspekte als Phasen des Entscheidungsprozesses gedacht, so ist einzuschränken, daß diese sich teilweise überlappen. Außerdem bedingen sich die in ihnen erzielten Ergebnisse wechselseitig. Dennoch sind sie nützlich, um eine Reihe von Hypothesen der deskriptiven Entscheidungstheorie zu ordnen. Zumindest einige von ihnen sollen im folgenden angesprochen werden. Dabei wird zum Vergleich die jeweilige Position vorangestellt, wie sie in der präskriptiven Entscheidungstheorie gesehen wird.

Wahrnehmung

Auch wirtschaftspolitische Probleme werden keineswegs nur durch systematische Soll-Ist-Vergleiche von den Entscheidungsträgern aufgespürt, wie das nach der präskriptiven Entscheidungstheorie den Anschein haben mag. Vielmehr bedarf es häufig, wenn nicht gar i. d. R. eines Anstoßes von außen, um ein Problembewußtsein überhaupt entstehen zu lassen. Der Zusammenbruch eines Bankhauses, der Mängel in der Bankenaufsicht und im Einlegerschutz nahelegt, ist hierfür ebenso ein Beispiel wie der dramatische Anstieg von Rohstoffpreisen, der längerfristige Versorgungsprobleme ins Blickfeld rückt. Das gleiche gilt für den Zuspruch, den Bürgerinitiativen zum Umweltschutz erhalten und der einem zuvor eher zweitrangig behandelten wirtschaftspolitischen Problem wesentlich größere Dringlichkeit verleihen kann. Am letzten Beispiel wird deutlich, daß die Wahrnehmung eines Handlungsproblems wesentlicher Teil eines politischen Zielfindungsprozesses ist.

Erklärungssuche

Erklärungen als Grundlage für Diagnosen erfordern Informationen über das Entscheidungsfeld. Sie können weder als gegeben gelten, wie im Rahmen der präskriptiven Theorie angenommen, noch gelten sie als ständig neu zu erschließen. Vielmehr ist wohl davon auszugehen, daß Entscheidungsträger zu jedem Zeitpunkt über ein Modell ihres Entscheidungsfeldes verfügen. Dieses „Image" (Boulding, 1956) enthält neben Fakten auch Wertvorstellungen und Vermutungen über Wirkungszusammenhänge und ist das Ergebnis persönlicher Entwicklung und gesammelter Erfahrung. Es liefert zugleich die Grundlage für die Entscheidung, ob nach zusätzlichen, der Problemlösung dienlichen Informationen gesucht werden soll, soweit diese Informationssuche nicht ohnehin in einem organisierten Berichtswesen institutionalisiert ist. Routinemäßig und gezielt gesuchte Informationen zusammen mit zufällig erworbenen Kenntnissen bestätigen entweder das Image oder sie verändern es, sei es durch Ergänzungen, sei es durch Korrekturen. Bei wirtschaftspolitischen Entscheidungsträgern ist u. a. zu berücksichtigen, daß sie meist bürokratisch, d. h. hierarchisch organisiert sind. Hier stellen sich Informationsbeschaffung und -verarbeitung als arbeitsteilige Kommunikationsprozesse dar. Dabei werden Informationen selektiert, zusammengefaßt und entscheidungsgerichtet zugeschnitten. Der eigentliche Entscheidungsträger, also etwa der Minister, das Kabinett, der Zentralbankrat, erhält somit vorgeformte, aus seiner Sicht im Zweifel verzerrte Informationen über das Entscheidungsfeld. Ob sie als solche einfach registriert oder auf mögliche Verzerrungen überprüft werden, ist eine zusätzliche, entscheidungsrelevante Frage.

Programmentwicklung

Im Rahmen der präskriptiven Theorie werden mögliche Aktionen systematisch und so vollständig erschlossen, wie das verfügbare Wissen über das Entscheidungsfeld es erlaubt. Auf das tatsächliche Problemlösungsverhalten bezogen, würde damit impliziert, daß die Informationsverarbeitungskapazität des Entscheidungsträgers eine derart umfassende Suche nach Lösungsmöglichkeiten weder materiell noch zeitlich behindert; soweit die Lösungssuche delegierbar ist, müßte zumindest vorausgesetzt werden, daß die Suchergebnisse durch den Entscheidungsträger vollständig verarbeitet werden (können). Zweifel an dieser Voraussetzung tragen im Rahmen der deskriptiven Entscheidungstheorie mit zur Plausibilität der Hypothese bei, daß sich Entscheidungsträger zumindest im ersten Versuch auf bereits bekannte Handlungsmöglichkeiten konzentrieren. Aber auch das Vermeiden oder Hinauszögern von Entscheidungen bis zur Unausweichlichkeit wird verständlicher, wenn die Beanspruchung eines Entscheidungsträgers berücksichtigt wird, die mit einer rationalen Suche nach Handlungsmöglichkeiten verbunden ist; an sie müssen sich dann noch Bewertung, Auswahl und Durchsetzung anschließen. Außerdem resultiert die Beanspruchung nicht nur aus einem, sondern aus einer Vielzahl gleichzeitig anstehender Probleme. Diesem Umstand wird im Rahmen der Theorie rationaler Wahlhandlungen höchstens untergeordnete Bedeutung beigemessen.

Programmbewertung und Entscheidung

Im Rahmen der präskriptiven Theorie wird vorausgesetzt, daß der Entscheidungsträger ein vollständiges, widerspruchsfreies, stabiles Wertesystem hat und auch anwendet, um die erwarteten Ergebnisse zur Wahl stehender Programme zu ordnen. Eine vollständige Ordnung erfordert eine eindeutige Bewertung. Erst sie erlaubt es, die im Urteil des Entscheidungsträgers bestmögliche Handlung zu wählen. Diesen Voraussetzungen werden im Rahmen der deskriptiven Entscheidungstheorie u. a. folgende Hypothesen gegenübergestellt:

- Das Wertesystem ist unvollständig, nicht unbedingt widerspruchsfrei und ändert sich im Verlauf der Beschäftigung mit dem Entscheidungsfeld, vor allem bei der Suche nach Handlungsmöglichkeiten und den damit verbundenen Ergebnissen; das bedeutet zugleich, daß Entscheidungsprobleme nicht abschließend formuliert, sondern im Verlauf der Lösungssuche ständig modifiziert werden.
- Da es sich bei den Entscheidungsträgern meist um Kollektive oder Organisationen im Sinne von Koalitionen verschiedener Interessenten handelt, basiert die Bildung und Veränderung eines Wertesystems als gemeinsamer Entscheidungsbasis auf der Kommunikation von individuellen Wertvorstellungen und damit z. B. auf Überzeugungsversuchen, Rollenerwartungen, Informationsmanipulationen, Pressionen u. ä.
- Zu den organisationsinternen Kommunikationsprozessen bei Programmbewertung und Entscheidung kommen Einflußnahmen von außen hinzu, z. B. durch den

bürokratischen Unterbau, durch Interessenverbände sowie durch deren Einflußnahme auf die öffentliche Meinung.

- Aus der Entscheidungsregel ergibt sich nicht die Suche nach der bestmöglichen Handlungsweise, sondern wegen der beschränkten Informationsbeschaffungs- und -verarbeitungskapazität des Entscheidungsträgers genügt eine Handlungsmöglichkeit, die ein Anspruchsniveau hinsichtlich des Grades der Zielrealisierung zu befriedigen verspricht (subjektive Rationalität, Kap. 9); die Suche wird im Zweifel abgebrochen, wenn eine i. d. S. befriedigende Handlungsmöglichkeit ermittelt wurde.
- Wegen einer größeren Ungewißheit über Ziel- und Nebenwirkungen bei weitreichenden und umfassenden Problemlösungen werden Handlungsmöglichkeiten bevorzugt, die gegenüber dem Status quo kleine, leicht überschaubare Veränderungen (LINDBLOM, 1958) implizieren.

Programmdurchführung

Mit der Wahl eines Programms gilt das Entscheidungsproblem im Rahmen der präskriptiven Theorie als gelöst. Dem Rationalitätsprinzip entspricht lediglich noch eine Erfolgskontrolle als systematische wirtschaftspolitische Erfahrungssuche. Damit wird aus der Perspektive der deskriptiven Theorie zunächst vernachlässigt, daß die Durchführung selbst ein Prozeß ist, in dem u. U. Korrekturen und Ergänzungen der ursprünglich beschlossenen Handlungsweise möglich sind und nötig werden können. Ferner bleibt unberücksichtigt, daß Durchführung im Rahmen von Organisationen auch Durchsetzung erfordert, wobei ebenfalls ein Unterschied zwischen beschlossener und realisierter Handlungsweise entstehen kann. Schließlich scheint es beim Entscheidungsträger häufig an der notwendigen Motivation zur Erfolgskontrolle zu fehlen. Es wird vermutet, daß eine Entscheidung erneut Zweifel an der Richtigkeit der Wahl auslöst. Sie sind um so größer, je geringer die Unterschiede der gewählten zu ausgeschlossenen Handlungsweisen eingeschätzt wurden. Da diese Zweifel als unangenehm empfunden werden, neigt ein Entscheidungsträger nach der skizzierten Theorie (FESTINGER, 1997) dazu, Informationen zu suchen und zu verwerten, die die Richtigkeit seiner Wahlhandlung bestätigen, wenn diese nicht widerrufbar oder revidierbar ist.

Phaseninterdependenz

Die unterschiedenen Phasen des Entscheidungsprozesses sind nicht als starres, unverbundenes Ablaufschema zu verstehen. Wie betont, überlappen sie sich teilweise; das gilt etwa für die Suche nach möglichen Aktionen und die Bewertung ihrer Ergebnisse. Ebenso bestehen Rückkopplungen, z. B. zwischen der Suche nach Aktionsmöglichkeiten, dem Informationsstand über das Entscheidungsfeld und der Formulierung von Anspruchsniveaus. Anders als in der präskriptiven Theorie sind Korrektur und Anpassung von Zielsetzungen und Vorstellungen über das Entscheidungsfeld nicht nur Ergebnisse einer Erfolgskontrolle; außerdem wird letztere anders gesehen (s. o.) als in der präskriptiven Theorie. Schließlich erweist sich die dort dominierende Betrachtung eines Entscheidungsträgers oder Kollektivs, der bzw. das alle Phasen der Wahlhandlung internalisiert, als Abstraktion. Realistischer dürfte eine Dezentralisierung von Planungs- und Entscheidungsbefugnissen sein, die ein Geflecht von Kommunikationsbeziehungen entstehen läßt; seine Eigengesetzlichkeiten sind beim Zustandekommen der Wahlhandlungen mit zu berücksichtigen.

15.3 Wirtschaftspolitische Entscheidung und ökonomische Theorie der Politik

15.3.1 Zum theoretischen Grundverständnis

Die präskriptive Entscheidungstheorie geht im Grunde von einem individuellen Entscheidungsträger aus, der wirtschaftspolitische Ziele möglichst wirksam unter Berücksichtigung des ihm verfügbaren Lenkungswissens verfolgt. Dies tut er ohne Rücksicht auf mögliche eigene Interessen. In einem politischen Kontext gedacht ist sein Verhalten mit der Vertretertheorie der Demokratie vereinbar. Er strebt das wirtschaftspolitische Wohl aller in vikarischer Funktion an.

Demgegenüber liegt der deskriptiven Theorie der wirtschaftspolitischen Entscheidung häufig die Konkurrenztheorie der Demokratie zugrunde. Der Entscheidungsträger sucht in diesem Fall selbstgesetzte - auch ideologische - Ziele zu erreichen, wobei er allerdings der politischen Unterstützung der Wähler bedarf, um im Amt zu bleiben bzw. es zu erringen. Wirtschaftspolitik wird nicht länger herausgelöst aus dem politischen Verfahren betrachtet, sondern ist ein Teil davon. Soweit das wirtschaftliche Geschehen Wahlentscheidungen beeinflußt, wird Wirtschaftspolitik zum Versuch, dieses Geschehen zu beeinflussen. Sie stellt dann ein endogenes Element des politisch-ökonomischen Prozesses dar.

Auch im Rahmen dieser deskriptiven Theorie der Wirtschaftspolitik werden mikro- und makrotheoretische Ansätze verfolgt. Mikrotheoretisch orientiert ist vor allem die Analyse von Regulierungspraktiken (z. B. STIGLER, 1975; PELTZMAN, 1976). Dabei erweisen sich Zielvariablen, die das Selbstinteresse signalisieren (z. B. Entlohnungsstrukturen der Administration, Interessengebundenheit von Ausschußmitgliedern) als relevant für die Erklärung des wirtschaftspolitischen Verhaltens.

15.3.2 Beispiel für ein makrotheoretisches Modell der Politik

15.3.2.1 Das Modell und seine Beschränkungen

Bei den im folgenden zu illustrierenden makrotheoretischen Ansätzen steht das Verhalten der Regierung als kollektiver Entscheidungsträger im Vordergrund. Als Entscheidungsfeld wird vornehmlich das makroökonometrisch abgebildete Geschehen betrachtet. Charakteristischerweise wird unterstellt

- daß die Wähler in ihrem Votum durch die Wirtschaftsentwicklung beeinflußt werden,
- daß sie eine ungünstige Wirtschaftsentwicklung der Regierung anlasten,
- daß die Regierung auf Wiederwahl bedacht ist und
- daß sie bemüht sein wird, die Wirtschaftsentwicklung im Sinne der Wähler zu beeinflussen, wenn ihre Wiederwahl gefährdet erscheint.

Die Grundstruktur derartiger Erklärungsansätze läßt sich an folgendem Beispiel (FREY, 1975, S. 708 ff.) darstellen (vgl. auch Abb. 15.4):

- Ziel der Regierung ist es, ihre eigenen Wertvorstellungen unter mindestens einer Nebenbedingung zu realisieren: der Wiederwahl.

- Erwartungen über ihre Chancen einer Wiederwahl werden aus der jeweiligen Regierungspopularität abgeleitet, von der vermutet wird, daß sie sich z. B. in entsprechenden Meinungsumfrageergebnissen niederschlägt.
- Zwischen der Regierungspopularität und der Entwicklung von ökonomischen Variablen, die den Realisierungsgrad wirtschaftspolitischer Ziele anzeigen, wird ein abbildbarer Zusammenhang (Popularitätsfunktion) vermutet.
- Die Regierung hat hinreichend gute Kenntnisse darüber, wie sie die in der Popularitätsfunktion enthaltenen ökonomischen Variablen durch den Einsatz wirtschaftspolitischer Instrumente beeinflussen kann.
- Die Regierung wird ihrer Popularität im Vergleich zu anderen Zielsetzungen Vorrang geben und mit wirtschaftspolitischen Maßnahmen reagieren, wenn sie ihre Wiederwahl nicht mehr als genügend gesichert ansieht; zwischen der Popularität und dem Einsatz wirtschaftspolitischer Instrumente werden abbildbare Zusammenhänge (Reaktionsfunktionen) vermutet.

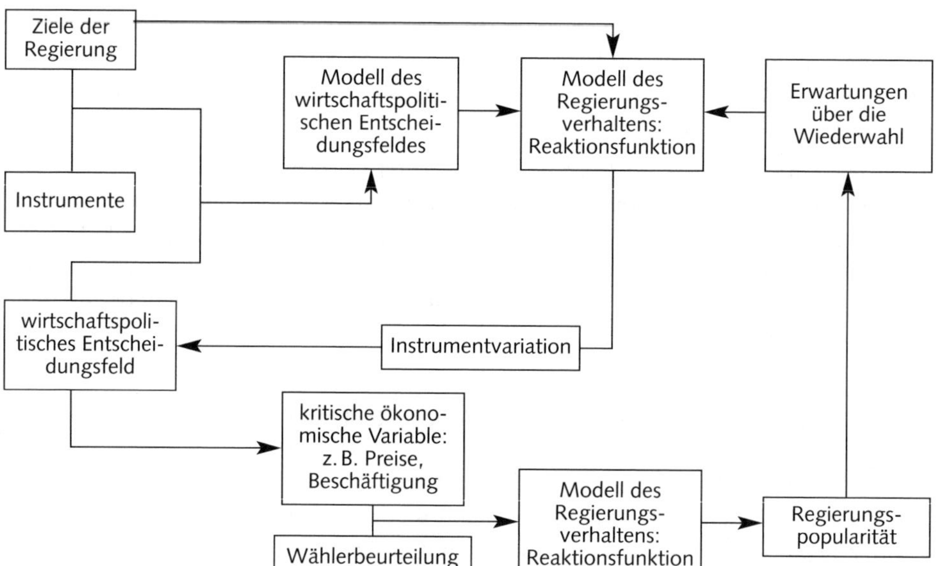

Abb. 15.4: Beispiel für ein politisch-ökonomisches Gesamtmodell

Verglichen mit den zuvor erläuterten Bestandteilen von Entscheidungsprozessen, beinhalten Ansätze der skizzierten Art immer noch beträchtliche Abstraktionen. Wie betont wird i. d. R. das Verhalten eines Entscheidungsträgers zu erklären versucht im Unterschied zur beobachtbaren Trägervielfalt. Strategisches Verhalten realistisch abzubilden würde allerdings auch die bisherigen Möglichkeiten der Anwendung der Spieltheorie übersteigen, auf die zurückgegriffen werden müßte. Ferner wird der Entscheidungsträger als ein Akteur angesehen, obgleich es sich i. d. R. um kollektive Entscheidungsorgane handelt und damit um kollektive Entscheidungsprozesse. Diese Abstraktionen finden sich auch in der präskriptiven Entscheidungstheorie; allerdings dürften sie bei dem Versuch, das wirtschaftspolitische Entscheidungsverhalten zu erklären, eher von noch größerer Bedeutung sein als bei der Suche nach bestmöglichen Entscheidungen. Als Anstöße, die zur Wahrnehmung wirtschaftspolitischer Probleme führen, gehen lediglich Popularitätsschwankungen in die Analyse ein. Sie wirken sich hemmend auf das Verfolgen ideologischer Zielsetzungen aus, d. h., ideologische Ziele werden nur verfolgt, wenn die Popularität hinreichende Wiederwahlchancen signalisiert (z. B. FREY und SCHNEIDER, 1979). Die Einflußnahme der Regierungspartei(en), der Opposition, der Interessenverbände und der staatlichen Bürokratie auf die Entscheidungen bleibt i. d. R. noch unberücksichtigt.

Das für die Entscheidungen relevante Wertsystem, so unvollständig es ohnehin sein mag, wird nur teilweise aufgedeckt. Dabei handelt es sich nicht um Versuche, eine gesellschaftliche Wohlfahrtsfunktion auch nur bruchstückhaft aufzuspüren; vielmehr geht es realistischerweise um eine Zielfunktion des Entscheidungsträgers. Von seinen Zielen fließen nur wirtschaftspolitische und von ihnen lediglich solche explizit in die Analyse ein, deren Realisierungsgrad sich bei der Erklärung von Popularitätsschwankungen im Rahmen der Popularitätsfunktion bewährt. Entsprechend dem quantitativen Charakter der Ansätze können primär qualitative Ziele, z. B. solche ordnungspolitischer Art, höchstens approximiert und auf ihre Relevanz überprüft werden. Hier wird eine weitere Parallele zu präskriptiven, quantifizierbaren Entscheidungsmodellen erkennbar: Die Ansätze eignen sich am ehesten zur Erfassung konjunkturpolitischer Aktivitäten.

Auch die Annahmen über den Informationsstand des Entscheidungsträgers im Hinblick auf das Entscheidungsfeld sind denen bei präskriptiven, quantifizierbaren Entscheidungsmodellen ähnlich. Im Rahmen konjunkturpolitischer Fragestellungen wird angenommen, daß seine Kenntnisse über die Einwirkungsmöglichkeiten denen entsprechen, die aus ökonometrischen Modellen zur Erklärung der kurzfristigen Wirtschaftsentwicklung ableitbar sind. Informationsgewinnung und -verarbeitung durch den Entscheidungsträger als erklärungsbedürftige, da für die Entscheidung relevante Phänomene werden wie bei präskriptiven Modellen ausgeklammert. Die Beschränkung auf eine quantifizierbare Abbildung des Entscheidungsfeldes bedeutet, wie schon bei den Zielen, daß nur quantifizierbare Instrumenteinsätze, d. h. in erster Linie fiskalpolitische und in noch vergröberter Form geldpolitische Maßnahmen, erfaßt werden können.

Bewertung und Wahl des Programms werden nur im Ergebnis erfaßt. Die Präferenzen des Entscheidungsträgers schlagen sich in den ermittelten Reaktionsfunktionen nieder. Zumindest kann vermutet werden, daß in der Intensität, mit der die darin enthaltenen wirtschaftspolitischen Ziele angestrebt werden und wie dabei die Dosierung der Maßnahmen erfolgt, Wertvorstellungen des Entscheidungsträgers zum Ausdruck kommen. Seine Entscheidungsregel wird im übrigen durch die Bedingung der Wiederwahl dominiert. Zu diesem Zweck ist jedoch eine Stimmenmaximierung nicht erforderlich, wie sie in den klassischen Modellen der Parteienkonkurrenz angenommen wird. Was zählt, ist eine genügend große Wiederwahlchance. Dementsprechend können die Ansprüche an den Erfolg von wirtschaftspolitischen Programmen begrenzt werden.

15.3.2.2 Vom makrotheoretischen Entscheidungsmodell zum politischen Konjunkturzyklus

Das zuvor erläuterte makrotheoretische Entscheidungsmodell wurde auch herangezogen, um eine Erklärung der Phänomene zu versuchen, die als Symptome eines nunmehr politisch zu erklärenden Konjunkturzyklus gelten (z. B. DOWNS, 1957b; NORDHAUS, 1975; FREY und SCHNEIDER, 1979). Bemerkenswert ist dabei zunächst einmal, daß es – anders als bei entsprechenden präskriptiven Modellen makroökonomischer Stabilisierung – nicht mehr um das Ziel einer Verstetigung des Wirtschaftsprozesses geht. Vielmehr wird in der Tradition der politischen Ökonomie vermutet, daß die Regierungen die Sicherung ihrer Wiederwahl durch Manipulation makroökonomischer Variablen anstreben. Von diesen Variablen – insbesondere Arbeitslosenquote und Inflationsrate – wird vermutet, daß ihr Niveau die Popularität der Regierung wesentlich beeinflußt. Die „List der Demokratie" wirkt sich jedoch nicht so aus, daß die Konkurrenz um Wählerstimmen zu möglichst niedrigen Inflations- und Arbeitslosenraten führt. Dem steht – so lautet die zentrale Hypothese über das Lenkungswissen – entgegen, daß zwischen beiden Variablen eine gegenläufige Beziehung besteht. Sie signalisiert einen Zielkonflikt. Allerdings machen sich negative Nebenwirkungen des Einsatzes makropolitischer Instrumente auf die jeweils andere Zielvariable erst verzögert bemerkbar. Ferner wird von der Möglichkeit tendenziell rationaler Erwartungen abstrahiert und ein myopisches Wählerverhalten unterstellt.

Aufgrund dieser Konstellation und der Annahme einer stabilen Beziehung zwischen Arbeitslosenquote und Inflationsrate (der modifizierten Phillipskurve) ergibt sich für die Regierung eine optimale Strategie. Ihre Verfolgung bewirkt als zumindest in Kauf genommene Nebenwirkung einen politischen Konjunkturzyklus: In der politisch sicheren Nachwahlperiode kann die Inflationsrate durch eine Politik der Dämpfung der gesamtwirtschaftlichen Nachfrage zu Lasten des Beschäftigungsgrades gesenkt werden. Danach kommt es darauf an, die Arbeitslosigkeit mit Hilfe von Nachfrageimpulsen so zu manipulieren, daß sie kurz vor dem Neuwahltermin gesunken ist und die konsekutive Inflation in die politisch sichere Nachwahlperiode fällt.

Versuche, das Modell für verschiedene Länder und verschiedene Perioden aus den ersten drei Nachkriegsjahrzehnten zu überprüfen, lieferten keine überzeugende Konjunkturerklärung. Es wurden lediglich Anhaltspunkte dafür gefunden, daß die Regierungen vor Wahlterminen eine Expansionspolitik betreiben, wenn die Popularität z. B. aufgrund entsprechender Arbeitslosigkeit schwache Wiederwahlchancen signalisiert (vgl. zur Empirie z. B. PALDAM, 1979). Auch wenn die Orientierung des Modells an der ökonomischen Theorie der Politik akzeptiert wird, können Zweifel geltend gemacht werden. Sie richten sich einmal gegen die fehlende bzw. wenig überzeugende mikrotheoretische Fundierung des makrotheoretisch beschriebenen Geschehens (z. B. STIGLER, 1973; LOCKSLEY, 1980 sowie generell Kap. 4). Vermißt wird auf der Anbieterseite der Politik vor allem die beobachtbare Orientierung an Partikularinteressen. Auf der Nachfragerseite (der Popularitätsfunktion) sind die kritischen Variablen Arbeitslosenquote und Inflationsrate im günstigen Fall als Indikatoren für eine von den Wählern viel komplexer wahrgenommene und bewertete Wirtschaftslage interpretierbar. Aus dieser Sicht ist zu bezweifeln, ob das Modell in hinreichendem Maße die vorherrschende Praxis des demokratischen Verfahrens widerspiegelt.

Die zweite Art von Bedenken gilt dem makroökonomischen Lenkungswissen, vor allem der Vermutung einer stabilen Phillipskurve, die dem Optimierungsdenken von Ökonomen und der Rhetorik von Politikern entgegenkam. Nach mehr als zwei Jahrzehnten intensiven theoretischen und ökonometrischen Bemühens scheint Axel LEIJOHNHUFVUDS (1977, S. 276) ironisch-warnende Feststellung durchaus gerechtfertigt: „Das Konzept einer stabilen Phillipskurve ist dahin. Inzwischen verschiebt, dreht und windet sich jedermanns Phillipskurve, einmal im, ein andermal gegen den Uhrzeigersinn - und sie verläuft von Norden nach Osten, wenn die Götter gegen dich sind. Die ursprüngliche Idee ist verflogen. Aber sie hat uns ein merkwürdiges Erbe hinterlassen - die leere Stelle, an der sie zu sein pflegte. Und wir stehen dort und weben riskante Verwirrungen hinein."

Für die Hypothese des politischen Konjunkturzyklus bedeutet dies, daß sie auch bei der ermittelten, begrenzten empirischen Bedeutung ohne einen überzeugenden makroökonomischen Kern ist - gewissermaßen „ein Grinsen ohne Katze" wie bei Alice im Wunderland. Gerade die Diskussion von Inflation und Beschäftigung hat zu einer Revision ökonomischen Denkens geführt. Nunmehr gilt das Wirtschaftsgeschehen auch bei makroökonomischer Betrachtungsweise als hochgradig komplex, wandelbar und ökonometrisch schwer faßbar. Infolgedessen erscheint auch aus dieser Perspektive der wirtschaftspolitische Steuerungsoptimismus, wie er z. B. das Gesetz zur Förderung der Stabilität und des Wachstums der Wirtschaft noch prägte, nicht mehr gerechtfertigt.

Kapitel 16: Rationale Wirtschaftspolitik im Rahmen sozialtechnischer Möglichkeiten

Die Diskussion normativer wirtschaftspolitischer Entscheidungsmodelle hat die extremen Anforderungen erkennen lassen, die solche Formen der Entscheidungsvorbereitung an die analytische und empirische Erschließung wirtschaftspolitischer Probleme stellen können. Diese Anforderungen spiegeln nicht zuletzt das Postulat objektiver Rationalität wider, Entscheidungsprobleme umfassend zu formulieren. Reale wirtschaftspolitische Probleme sind entscheidungstheoretisch wesentlich weniger gut zugänglich. Deshalb ist es zweckmäßig, Kategorien von Entscheidungsproblemen danach zu bilden, wie gut sie empirisch und analytisch erschlossen werden können und wie groß die Reichweite der mit einer wirtschaftspolitischen Entscheidung verbundenen Veränderung ist. Damit entsteht ein Problemspektrum, das vom wirtschaftspolitischen Alltag in einer gelenkten Marktwirtschaft bis hin zum Systemwechsel reicht. Anhand dieses Spektrums lassen sich die Möglichkeiten einer fundierten Vorbereitung wirtschaftspolitischer Entscheidungen darlegen. Das Leitbild, das für eine rationale Politik im Rahmen einer gelenkten Marktwirtschaft diskutiert wird, ist die Politik schrittweiser Reformen. Bei der Diskussion umfassender Veränderungen, wie sie etwa mit einer Änderung der Wirtschaftsordnung vorgenommen werden, gilt es, zwischen der utopischen Sozialtechnik und der durch den kritischen Rationalismus geprägten Einschätzung des für diesen Fall erwerbbaren Wissens zu unterscheiden.

Literaturhinweise

16.1: Albert, 1972; Dahl und Lindblom, 1953 (Teil II); Jochimsen, 1967; Simon, 1983 (Kap. 3).
16.2: Albert, 1978 (Kap. 7); Boulding, 1969; Braybrooke und Lindblom, 1963; Dror, 1964; Hayek, 1959/2004 (Teil II); Lindblom, 1958; Molitor, 1976.
16.3: Lösch, 1973; Popper, 1945/95, 1957a/99; Stark, 1971; Donges und Freytag, 2001, S. 214ff.

16.1 Kategorien von Entscheidungsproblemen

Wie fundiert wirtschaftspolitische Entscheidungen grundsätzlich vorbereitet werden können, hängt davon ab,

- wie gut die Handlungsmöglichkeiten und ihre Folgen empirisch absicherbar sind, d. h., wie gut das vorhandene und erwerbbare Lenkungswissen ist, und
- wie gut das Entscheidungsproblem (entscheidungslogisch) durch die Entwicklung problemadäquater Entscheidungsverfahren analytisch erschließbar ist.

Das anwendbare Lenkungswissen ist notwendigerweise um so geringer, je mehr sich erwogene Aktionen von bisherigem Tun oder Unterlassen entfernen, also außerhalb der wirtschaftspolitischen Erfahrung liegen. Die analytische Durchdringung des Entscheidungsproblems wird um so schwieriger, je vielschichtiger sich erwogene Aktionen darstellen. Wie Entscheidungsprobleme nach ihrem wirtschaftspolitischen Stellenwert, ihrer Reichweite, eingeschätzt werden, hängt davon ab, wie die möglichen Folgen der implizierten Aktionen, also die angestrebten Veränderungen gesellschaftlicher Zustände und Entwicklungen, bewertet werden.

Auf diese Veränderungen bezogen, lassen sich wirtschaftspolitische Probleme unter Berücksichtigung der praktischen Möglichkeiten einer Entscheidungsvorbereitung wie folgt kategorisieren (in Anlehnung an BRAYBROOKE und LINDBLOM, 1963, S. 62 ff. sowie JOCHIMSEN, 1967, S. 63 ff.):

- nach den Möglichkeiten, die erwogene Veränderung analytisch und empirisch zu erschließen, und
- nach der Reichweite der mit einer wirtschaftspolitischen Entscheidung implizierten Veränderung.

Da die Beurteilung der Reichweite von Veränderungen ein Bewertungsproblem darstellt, kann von vornherein ausgeschlossen werden, daß vollständige Übereinstimmung darüber zu erzielen ist, wie mögliche Veränderungen eingestuft werden sollen. Diese Schwierigkeit wird erkennbar, wenn gefragt wird, wie z. B. eine Änderung der Diskont-, Lombard- und Offenmarktpolitik, eine befristete fünfprozentige Senkung der Einkommensteuerschuld aller Steuerpflichtigen, eine Umstellung der Studienbeihilfen auf zinsgünstige Darlehensfinanzierung, die Eingliederung einer zuvor unabhängigen Notenbank in das Europäische Zentralbankensystem, die Überführung der Montanindustrie in ein staatlich reguliertes Kartell, die Umstellung der Agrarpolitik auf direkte Transferzahlungen, die Deregulierung der Versicherungswirtschaft oder die Überführung aller Betriebe mit abhängig Beschäftigten in Gemeineigentum zu beurteilen ist. Die Beispiele dürften genügen, um zu illustrieren, daß bei individueller Beurteilung nach dem Kriterium weitreichende bzw. begrenzte Veränderung die größte Übereinstimmung wohl bei Extremfällen erwartet werden kann. Das genügt aber, um die Frage zu diskutieren, wie gesellschaftliche Verbesserungen angestrebt werden können. Auch die Ausprägungen des zweiten Merkmals, der analytischen und empirischen Erschließung erwogener Veränderungen, stellen ein Kontinuum dar. Am einen Ende des Möglichkeitsbereichs stehen Veränderungen, für die es hinsichtlich der tangierten Wertvorstellungen und der relevanten Wirkungszusammenhänge sowohl an theoretischem Wissen als auch an empirischen Informationen fehlt. Am anderen Ende stehen Veränderungen, deren Folgen überschaubar und bewertbar sind, die sich also für ein Entscheidungskalkül in besonderem Maße eignen.

Es muß also hinsichtlich der Wissensanforderungen zwischen entscheidungstheoretisch zugänglichen und unzugänglichen Problemen unterschieden werden. Die erste Kategorie dürfte im wirtschaftspolitischen Alltag in einer gelenkten Marktwirtschaft vorherrschen. Dabei kann die Qualität des hinzuziehbaren Lenkungswissens allerdings sehr unterschiedlich sein. Aber die ins Auge gefaßten Veränderungen halten sich ebenso in Grenzen wie die möglichen Folgen von Fehleinschätzungen. Demgegenüber sind die weitreichenden, vielschichtigen Veränderungen vergleichsweise selten. Ein unstrittiges Beispiel hierfür dürfte ein Wechsel der Wirtschaftsordnung sein. Hier liefert schon allein die Geschichte Deutschlands in diesem Jahrhundert bis in die Gegenwart hinein ausreichendes Anschauungsmaterial. Jedoch können solche Veränderungen ebenso wie bereits die Wirtschaftspolitik in einer gelenkten Marktwirtschaft hinsichtlich der zielorientierten Gestaltungsmöglichkeiten des gesellschaftlichen Teilsystems Wirtschaft sehr unterschiedlich eingeschätzt werden. Im Falle eines Wechsels der Wirtschaftsordnung kommt es sogar noch mehr darauf an, zu unterscheiden zwischen

- einer skeptischen Einschätzung der zielorientierten Gestaltungsmöglichkeiten von evolutorischen Systemen, als die Gesellschaften aus der individualistischen Perspektive des kritischen Rationalismus gelten;
- einer optimistischen Einschätzung dieser Gestaltungsmöglichkeiten in der Tradition des konstruktivistischen Rationalismus vor allem dann, wenn diese noch mit einer kollektivistischen Gesellschaftsvorstellung (Kap. 6) verknüpft werden.

16.2 Entscheidungstheoretisch zugängliche Probleme

16.2.1 Erfahrungsgestützte Entscheidungskalküle

Versuche, begrenzte Probleme zu lösen, orientieren sich an den bisherigen Erfahrungen mit der Funktionsweise gesellschaftlicher Systeme (funktionelle Ausrichtung) und beinhalten tastende, schrittweise Veränderungen. Dieser Lösungsansatz läßt sich anhand von Problemen verdeutlichen, die analytisch und empirisch noch am ehesten die Verwendung quantitativer Entscheidungsmodelle (Kap. 15) erlauben. Insofern ist es aufschlußreich, zu prüfen, welche Aktionsmöglichkeiten mit welcher Verläßlichkeit hinsichtlich ihrer Ergebnisse etwa aus Entscheidungsmodellen zur makroökonomischen Stabilisierung im günstigsten Fall abgeleitet werden können.

Was die Kenntnis des Entscheidungsfeldes angeht, präsentiert das zugrundeliegende erfahrungswissenschaftliche Modell, wie der Name schon sagt, die Erfahrung mit Stabilisierungsversuchen, soweit sie einer Quantifizierung zugänglich ist. Prognosen über mögliche Handlungsergebnisse sind aus dem Modell nur aufgrund der bereits gemachten Erfahrungen ableitbar. Etwas formaler ausgedrückt, müssen sie sich strenggenommen auf solche Variationen von vorherbestimmten Variablen beschränken, die im Rahmen des bereits in der Vergangenheit Beobachteten bleiben; denn auf derartige Beobachtungen stützen sich die Koeffizientenschätzungen (Stützbereich). Auch das Ausmaß von erwägbaren Veränderungen wird deutlich, wenn z. B. noch einmal die in den Multiplikatoren der reduzierten Form des Modells enthaltene Aussage hinzugezogen wird; es handelt sich um den Multiplikatoreffekt einer marginalen Veränderung der jeweiligen vorherbestimmten Variablen, der bestenfalls mit Aposteriori-Wahrscheinlichkeiten angebbar ist. Ferner handelt es sich nur um den in einer (der ersten) Periode ausgelösten Effekt. Fernwirkungen sind zwar grundsätzlich aus dem Modell ableitbar (sogenannte dynamische Multiplikatoren). Wenn sie jedoch zur Formulierung von Handlungssequenzen herangezogen würden, wäre zu berücksichtigen, daß sich im Zeitablauf neue Erfahrungen ansammeln; rationales Vorgehen erfordert es, diese Erfahrungen auch bei einer Überprüfung der Modellstruktur und einer neuen Schätzung zu verwerten. Erkennbar wird hierbei das analytisch schwer zugängliche Problem der Formulierung wirtschaftspolitischer Strategien. Solche Strategien sind aber auch deshalb schwer formulierbar, weil nicht ausgeschlossen werden kann, daß sich im Zuge der Problemlösungsversuche sowohl die Verhaltensweisen (z. B. infolge begrenzt rationaler Erwartungen) als auch die Bewertungen ändern.

Welche Beurteilung folgt aus all dem für den Problemlösungsansatz? Er erlaubt in der Tat im günstigsten Fall nur die Abwägung kleiner Veränderungen. Allerdings können sie aus mehreren, gleichzeitigen Aktionen (Instrumentvariationen) bestehen. Wie viele Handlungsmöglichkeiten es gibt, hängt nicht zuletzt davon ab, wie gut das Entscheidungsfeld erschlossen und die Entscheidungsregel einschließlich der Bewertung der Instrumente selbst, z. B. durch die Aufnahme von Randbedingungen, formuliert werden konnte.

Daß das Ergebnis, das mit dem Lösungsansatz erzielbar ist, dem Rationalitätskriterium einer möglichst fundierten Analyse des Entscheidungsproblems gerecht wird, ist schon wegen der begrenzten Quantifizierbarkeit der Entscheidungsprobleme mehr als zweifelhaft. Außerdem gibt das Modell höchstens Aufschluß über Wirkungszusammenhänge der bisherigen wirtschaftspolitischen Praxis. Neuerungen wie z. B. eine Vergrößerung des Instrumentariums oder eine (organisatorische) Änderung von Kompetenzen sprengen den Rahmen der Erfahrung. Sie sind aber gleichwohl zu erwägen. Würde diese Möglichkeit abgelehnt, entspräche dies einem konservativen Werturteil zugunsten der bisherigen wirtschaftspolitischen Praxis. Daher wäre eine aus derartigen Modellen abgeleitete Entscheidung höchstens als vorläufig anzusehen. Aus dieser notwendigen Einschränkung zu folgern, daß die verwendete deduktive Methode unbrauchbar ist (z. B. Braybrooke und Lindblom, 1963, S. 37 ff.), wäre allerdings unnötig restriktiv. Nur wenn bei Entscheidungen die Grenzen vernachlässigt werden, die diesem Vorgehen gezogen sind, läge eine nicht rationale Überschätzung der Problemlösungsmöglichkeiten vor. Auch hier sollte gelten, daß bei der Lösung von Problemen das vorhandene Wissen zu nutzen ist, was das Wissen über die Grenzen dieses Wissens mit einschließt (Popper, 1957a/99, S. 64).

16.2.2 Zur Sozialtechnik schrittweiser Reformen

Nicht zuletzt aus der Bedeutung des Wissens über die Grenzen des Wissens läßt sich die Forderung ableiten,

- begrenzte Veränderungen im Interesse des gesellschaftlichen Fortschritts möglichst systematisch zu erwägen sowie
- die Organisation von Entscheidungsprozessen und den Entscheidungsaufwand den tatsächlichen Analyse- und Informationsmöglichkeiten anzupassen.

Die mit dem ersten Teil des Postulats angesprochene Vorgehensweise wurde wohl am überzeugendsten von Popper (1945/95, Bd. 1, Kap. 9; 1957, S. 64 ff.) mit seinem Plädoyer für eine Sozialtechnik schrittweiser Reformen („piecemeal social engineering") formuliert. Der zweite Teil der Forderung bezieht sich darauf, wie sich diese Sozialtechnik praktisch umsetzen läßt. Als ein Versuch, auf diese Forderung einzugehen, kann die in erster Linie von Lindblom (1958; Braybrooke und Lindblom, 1963) vorgeschlagene Methode der unverknüpften, schrittweisen Veränderung („disjointed incrementalism") interpretiert werden; allerdings bestehen bei dieser Methode fließende Übergänge zu einer reinen Deskription vorgefundener Praktiken bis hin zum orientierungslosen Opportunismus (z. B. Dror, 1964).

16.2.2.1 Gründe für die Wahl schrittweiser Reformen

Die Sozialtechnik schrittweiser Reformen läßt sich mit den Eigenschaften der sonst verbleibenden Möglichkeiten begründen. Mit einer Politik des „Durchwurstelns" würden die Chancen nicht genutzt, die bei aller Begrenztheit des Wissens in einem rationalen Vorgehen liegen können. Aus der gleichen Erkenntnis der Begrenztheit menschlichen Wissens leitet sich aber auch eine tiefe Skepsis gegenüber dem ab, was POPPER (1945/95, S. 157) als utopische Sozialtechnik bezeichnet. Es handelt sich um die bereits bei PLATON zu findende konstruktivistische Position, nach der ein Gesellschaftsideal mit Hilfe eines umfassenden Plans als realisierbar betrachtet wird. Die Skepsis gegenüber dieser Position gilt unabhängig davon, welche Vorstellungen ein Vertreter dieser Sozialtechnik von einer idealen Gesellschaft haben mag. Es ist auch unabhängig davon, ob er hofft, daß eine solche Gesellschaft einmal erreicht werden kann. Ausschlaggebend ist vielmehr (POPPER, 1945/95, S. 158 f.),

- daß Idealvorstellungen, verglichen mit herrschenden Mißständen, nicht erfahrbar sind und damit auch schwer bewertbar sein dürften;
- daß zumindest ungewiß bleiben muß, ob es eine ideale Gesellschaft gibt, die sowohl von der gegenwärtigen Generation als auch von zukünftigen Generationen, über deren Schicksal in beträchtlichem Maße mitentschieden werden müßte, als eine solche beurteilt würde;
- daß das Entscheidungsfeld Gesellschaft zu komplex ist, um einen umfassenden Plan für eine weitreichende, vielschichtige Veränderung im Hinblick darauf beurteilen zu können, ob er so durchführbar ist, welche Verbesserung der Situation von der Durchführung erwartet werden kann und welche Kosten, auch in Form menschlichen Leids, mit ihr verbunden wären.

Im Unterschied dazu wird bei einer Sozialtechnik der schrittweisen Reformen davon ausgegangen,

- daß gesellschaftliche Mißstände anders als Idealzustände leichter zu ermitteln sein dürften, weil es Gesellschaftsmitglieder geben muß, die sie als solche erfahren und darunter leiden, und andere, die sie praktisch bestätigen, wenn sie nicht bereit sind, mit den davon Betroffenen zu tauschen;
- daß es deshalb eher möglich sein dürfte, sich auf die Bekämpfung von konkreten Mißständen zu einigen, als darauf, wie die beste aller Zukunftsgesellschaften praktisch aussehen sollte und wie sie zu realisieren wäre;
- daß das erforderliche technologische Wissen einschließlich desjenigen über Nebenwirkungen bei begrenzten Veränderungen noch am ehesten verfügbar ist oder erworben werden kann;
- daß infolgedessen durch konkrete Mißstände begründbare, begrenzte Veränderungen von den positiv wie negativ davon Betroffenen eher beurteilt werden können;
- daß daher ein dezentralisierter, demokratischer Willensbildungsprozeß Chancen eröffnet, der unbekannten Vielfalt möglicher Bewertungen in einem Kompromiß über die vorzunehmende Veränderung zumindest teilweise Geltung zu verschaffen;
- daß im Falle der Fehleinschätzung von Folgen einer begrenzten Veränderung sich auch der damit angerichtete Schaden in Grenzen halten dürfte;

- daß die Ursachen für einen möglichen Fehlschlag bei einer begrenzten Veränderung eher aufspürbar sein dürften als bei einem vielfältigen, weitreichenden Aktionsprogramm und daher auch leichter Abhilfe geschaffen werden kann;
- daß wegen der beiden zuletzt genannten Gründe das mit begrenzten Veränderungen verbundene Risiko ebenfalls begrenzt sein dürfte;
- daß deshalb auch Entscheidungen weniger kontrovers sein und daher nicht in einem das demokratische Verfahren gefährdenden Maße polarisierend wirken dürften.

Auf den Bereich der Wirtschaftspolitik bezogen, beinhaltet diese Sozialtechnik zunächst, daß begrenzte, aber doch deutliche Verbesserungen der jeweiligen Ausgangslage angestrebt werden. Charakteristisch hierfür sind Zielvorgaben, wie z. B. eine deutliche Senkung der Inflationsrate, eine Verminderung der Stickstoffbelastung des landwirtschaftlich genutzten Bodens, eine Erleichterung des Übergangs von abhängiger in selbständige Beschäftigung, ein Abbau nichttarifärer Handelsbeschränkungen, eine Senkung der Kosten des Gesundheitswesens usw. Solche Zielvorgaben, die zugleich mit praktischen Maßnahmen verknüpft werden, schließen nicht aus, daß zugleich auch langfristige Ziele programmatisch formuliert werden, wie z. B. Preisniveaustabilität, Verbesserung der Umweltqualität, Wettbewerbsförderung, Senkung der Abgabenlast. Für das praktische Vorgehen kommt es jedoch darauf an, Veränderungen zu konzipieren, die von als unbefriedigend erkannten Situationen und Entwicklungen wegzuführen versprechen, und nicht in erster Linie solche Veränderungen, die zu „letzten“ Zielen hinführen sollen.

So gesehen kann die Sozialtechnik schrittweiser Reformen auch als Leitbild für eine rationale Wirtschaftspolitik verstanden werden. Der Umstand, daß diese Sozialtechnik von POPPER im Kontrast zu einer von ihm als utopisch beurteilten Position entwickelt wurde, kann jedoch nicht als Urteil interpretiert werden, weitreichende und vielschichtige Veränderungen seien grundsätzlich nicht wünschenswert. Vielmehr verdeutlicht seine Gegenüberstellung hinsichtlich der Wissensanforderungen, daß solche Veränderungen bestenfalls bruchstückhaft antizipiert werden können und daher mit kaum kalkulierbaren Anpassungslasten verbunden sind; über sie kann nicht einfach hinweggegangen werden. Hinsichtlich der Zielsetzungen ist zwar die Richtung angebbar. Jedoch tritt an die Stelle von als wünschenswert erachteten gesellschaftlichen Endzuständen trotz der Orientierung an Grundwerten wie vor allem dem der Freiheit eine offene Entwicklung.

16.2.2.2 Komplementäres Verfahren: Demokratie

Bei schrittweisen Reformen wird eine konsistente und umfassende Bewertung der herrschenden Zustände und möglichen Veränderungen, wie sie etwa mit einer gesellschaftlichen Wohlfahrtsfunktion impliziert wäre, erst gar nicht angestrebt. Vielmehr tritt an ihre Stelle die „soziale Fragmentierung von Analyse und Bewertung“ (BRAYBROOKE und LINDBLOM, 1963, S. 104 ff., 235 ff.). Gemeint ist damit, daß sowohl die Beschaffung und Verarbeitung von Informationen über das Entscheidungsfeld als auch die wirtschaftspolitische Entscheidung dezentralisiert vorgenommen werden. Das impliziert nichts anderes als die Anwendung demokratischer Willensbildungsprozesse.

Im Hinblick auf Analyse und Bewertung bedeutet Dezentralisierung, daß mit dem gleichen Problem z. B. Ministerien, Parlamentsausschüsse, Forschungsinstitute, Verbände, Unternehmen und Einzelpersonen befaßt sein können. Zu vermuten ist, daß sie das Problem aus ihrer eigenen Erfahrung und nach ihren eigenen Interessen beurteilen und dementsprechende Lösungen zu finden versuchen. Daher dürften ihre Lösungsvorschläge divergieren. Zugleich dürften sie fremde Analysen und Vorschläge darauf prüfen, ob sie übernommen und damit unterstützt oder ob sie bekämpft werden sollen. Im günstigen Fall kontrollieren sich also die Beteiligten gegenseitig bei Problemlösungsversuchen (LINDBLOM, 1958, S. 306). Trotzdem werden ihre Bewertungen der Vor- und Nachteile von Veränderungen durch die eigenen Interessen geprägt sein. Aber dazu läßt sich geltend machen, daß solche Informationen immer noch besser sind als gar keine und nur diejenigen, die eine einzelne Planungsinstanz zusammenzutragen und auszuwerten vermag. Gerade durch das Interesse an dem jeweils erkannten Problem und durch die Chance, eigene Lösungsvorschläge und Bewertungen wirksam einzubringen, werden – so läßt sich vermuten – die am demokratischen Verfahren Beteiligten motiviert, Analyse und Bewertung in besonderem Maße voranzutreiben. In diesem Informationspotential liegt der Vorzug des Verfahrens. Dezentralisierte Analyse und Bewertung dieser Art kann zumindest die Grundlagen für relativ umfassend abgesicherte Aktionen liefern, wenn nicht davon ausgegangen wird, daß alle Beteiligten in gleicher Weise irren, vernachlässigen oder bewußt ausklammern.

Eine zentrale Schwierigkeit besteht auch hier darin, die Problemlösungsmöglichkeiten entscheidungsreif zu bewerten. Allerdings wird bei diesem Verfahren nicht nach einer umfassenden Entscheidungsregel gesucht, was ohnehin vergeblich ist. Vielmehr wird versucht, die divergierenden Interessen zumindest in dem Maße anzunähern, daß sich für konkrete Veränderungen Mehrheiten finden. Die Mehrheiten zu organisieren ist eine der Aufgaben politischer Unternehmer. Daß dabei anspruchsvolle Reformideen durch kurzsichtige Manöver verdrängt, klare Lösungen durch zweifelhafte Kompromisse ersetzt, dringliche Problemlösungen hinausgezögert, von Veränderungen Betroffene nicht gebührend oder auch über Gebühr berücksichtigt werden können, sind wohlbekannte Mängel des Verfahrens. Jedoch läßt sich zugunsten der Verfahrensnorm Demokratie geltend machen, daß es bislang noch keine bessere Methode gibt, Reformen – wenn nötig durch Ablösung politischer Entscheidungsträger – möglichst konfliktarm abzubrechen und zu korrigieren.

Reformen und Reformwiderstände

In einer reifen Demokratie, wie der der Bundesrepublik Deutschland, entsteht in größeren Abständen Reformbedarf als Folge dessen, was mit „institutioneller Sklerose“ bezeichnet wurde. Auf längere Sicht stellen sich als Folge von Rentensuche durch Funktionäre von Interessengruppen und Rentenschaffung durch damit ihre Wiederwahl fördernde politische Akteure lähmende Wirkungen auf das ökonomische Geschehen ein. Wenn diese zum Anlaß für Reformen genommen werden, die auf die überkommenen Renten oder Privilegien zielen, bedeutet Reform eine Umkehrung des Prozesses von Rentensuche und Rentenschaffung. Das aber provoziert den Widerstand der Vertreter von Sonderinteressen und deren Klientel. Wenn dann noch die politischen Akteure sowohl personell als auch finanziell mit den Interessengruppen verflochten sind, ist zu erwarten, daß die Reformbemühungen zögerlich ausfallen und sich durch Selbstbindung der politischen Akteure an die Interessengruppen blockieren (STREIT, 2004, S. 179).

Die Grenzen des demokratischen Verfahrens sind zugleich auch Grenzen für eine Politik schrittweiser Reformen. Vorausgesetzt werden muß Interessenharmonie in einem Maße, das unüberwindliche Gegensätze von Standpunkten und Interessen ausschließt (JOCHIMSEN, 1967, S. 63). Daher eignet sich diese Sozialtechnik am besten für Gesellschaften, in denen ein Konsens über wesentliche Inhalte von Grundwerten ebenso besteht wie über die allgemeine Richtung des angestrebten sozialen Wandels (LINDBLOM, 1958, S. 30). Wirtschaftspolitisch ist damit die Existenz einer mehrheitsfähigen Konzeption angesprochen. Das aber bedeutet, daß die Sozialtechnik schrittweiser Reformen kein orientierungsloses Durchwursteln zu sein braucht. Ebensowenig beinhaltet eine solche Konzeption ein unverrückbares Gesellschaftsideal, das in kleinen Schritten statt durch einen großen Sprung erreicht werden soll. Vielmehr ist auch die Konzeption dem Wandel unterworfen. Deshalb ist die Ordnungspolitik, die hiermit angesprochen ist, eine permanente Aufgabe.

Soweit die Chancen für eine Politik schrittweiser Reformen durch die politische Praxis gemindert werden, stellt deren Korrektur selbst eine sozialtechnische Aufgabe dar. Ihre Lösung liegt in einer ständigen Verbesserung der institutionellen Regelungen für das demokratische Verfahren, nicht in der Suche nach einem neuen, besseren Menschen. Das folgt ebenfalls aus der Erkenntnis der Begrenztheit menschlicher Problemlösungsfähigkeiten. Es kann nur darum gehen, institutionelle Vorkehrungen dafür zu treffen, daß höchst durchschnittliche Entscheidungsträger keine allzu großen und schwer korrigierbaren Fehler machen können. Betriebssichere Institutionen gibt es jedoch nicht. Ihre Funktionsfähigkeit wird immer von der Qualität der sie betreibenden Menschen abhängig bleiben (POPPER, 1957a/99, S. 66).

16.2.2.3 Zur Kritik an der Sozialtechnik schrittweiser Reformen

Nicht nur von Befürwortern einer utopischen Sozialtechnik, sondern auch von anderen radikalen Gesellschaftsreformern wird häufig Kritik an der Sozialtechnik schrittweiser Reformen und ihrer Umsetzung mit Hilfe des demokratischen Verfahrens in seiner vorherrschenden institutionellen Ausprägung geübt. Dabei wird vor allem eingewendet, diese Sozialtechnik sei immanent „systemerhaltend". Sie blockiere den sozialen Fortschritt, liefere ein Alibi für wirtschaftspolitische Abstinenz und begünstige eine „Konzeption der Konzeptionslosigkeit". Derartiger Kritik läßt sich entgegenhalten:

- Gesellschaftlicher Fortschritt kann unterschiedlich schnell angestrebt werden. Soweit begrenzte Veränderungen die Konsequenz haben sollten, den gesellschaftlichen Wandel zu verlangsamen, mag das auch Nachteile haben; solche Nachteile werden mit der Befürwortung einer Sozialtechnik schrittweiser Reformen in Kauf genommen und als eher hinnehmbar angesehen als die Gefahren und unvorhersehbaren Kosten weitreichender Veränderungen.
- Begrenzte Veränderungen müssen nicht notwendig unbedeutsam sein. Sie beziehen sich jedoch immer nur auf Teilbereiche eines gesellschaftlichen Systems. Dort können sie durchaus umfangreich und vielschichtig sein; die hochgradige Interde-

pendenz innerhalb eines Teilbereiches kann kleineren Reformschritten hier entgegenstehen.

- Veränderungen sind nicht immer gleichbedeutend mit gesellschaftlichem Fortschritt. Soweit die Sozialtechnik schrittweiser Reformen es erlaubt, technologisches Wissen systematisch zu erwerben, ist es u. U. nutzbar für Aussagen darüber, welches Verhältnis zwischen Ertrag und Aufwand bei erwogenen Veränderungen erwartet werden kann; wenn auf diese Weise viele Veränderungen an Attraktivität einbüßen und unterbleiben, ist das kein Ausdruck von wirtschaftspolitischer Abstinenz, sondern von Rationalität im Unterschied zu Aktivismus. Ebensowenig ist die Zurücknahme von Veränderungen nicht notwendigerweise reaktionär, sondern u. U. durchaus reformerisch.
- Der Einwand, eine Sozialtechnik schrittweiser Reformen wirke immer „systemerhaltend", beinhaltet die Diagnose, alle erkannten Mißstände seien dem realisierten System zuzurechnen und zugleich die Empfehlung, zu einem ebenso operationalen anderen System überzugehen, in dem solche Mißstände selbstverständlich nicht möglich sind. Ferner wird damit die Möglichkeit ausgeschlossen, daß ein Problemstau auch weitreichende Reformen auszulösen vermag, die geeignet sein können, erkannte Mißstände zu beheben.
- Begrenzte Veränderungen, orientiert an konkreten Mißständen, müssen nicht konzeptionslos sein. Vielmehr können sie so vorgenommen werden, daß sie den bisherigen Erfahrungen und Bewertungen von gesellschaftlichen Koordinationsverfahren entsprechen. Auf die Möglichkeiten zentraler Plan- bzw. dezentraler Marktkoordination bezogen, sind sowohl die Funktionsvoraussetzungen bekannt als auch die Tatsache, daß die Verfahren nicht beliebig austauschbar sind, um Einzelprobleme zu bewältigen; die Einschätzung ihrer Eignung zur Lösung der Grundfragen gesellschaftlichen Wirtschaftens schlägt sich in wirtschaftspolitischen Konzeptionen ebenso nieder wie ihre Beurteilung im Hinblick auf die Realisierungschancen gesellschaftlicher Grundwerte.
- Die Sozialtechnik schrittweiser Reformen ist nicht davor geschützt, als Alibi für eine stümperhafte Wirtschaftspolitik mißbraucht zu werden. Mißbrauch läge vor, wenn der Hinweis auf diese Technik dazu diente, gesellschaftlichen Fortschritt zu blockieren, Aktivismus zu begründen oder Konzeptionslosigkeit zu bemänteln. Würde diese Sozialtechnik deshalb abgelehnt, bliebe die Frage nach der Alternative zu beantworten. Wird die Beantwortung nicht in der utopischen Sozialtechnik gesucht, kann auch hier nur der Weg beharrlicher, schrittweiser Reformen beschritten werden, um die Möglichkeiten des Mißbrauchs zu verringern.

Die Argumente zugunsten begrenzter Veränderungen in reformerischer Absicht mögen in den Fällen überzeugen, in denen kein grundsätzlicher Vorbehalt gegenüber der bestehenden Wirtschafts- und Gesellschaftsordnung geltend gemacht wird. Übersehen werden sollte jedoch nicht, daß es sich letztlich um ein Plädoyer für eine bestimmte normative Position handelt; sie entspricht der des kritischen Rationalismus. Dagegen mag eingewendet werden, daß begrenzte Veränderungen wie z. B. eine Verschärfung der Fusionskontrolle, eine Förderung der Vermögensbildung von Beziehern unterer und mittlerer Einkommen, eine Abgasbesteuerung zum Zwecke des Umweltschutzes auch zusammengenommen kaum ein inspirierendes Reformprogramm ausmachen.

Ein derartiges Programm reflektiert im günstigen Fall das, was BOULDING (1969) die ökonomische Ethik totaler Kosten-Nutzen-Analyse nennt. Das bei ihr vorherrschende Bestreben, Aufwand und Ertrag möglichst sorgfältig abzuwägen, führt dazu, sich am Erfaßbaren zu orientieren. So schwierig und mit Ungenauigkeiten behaftet diese Orientierung im Einzelfall auch sein mag, die nüchterne Abwägung kann und wird durch noch so leuchtende, aber auch wenig konkretisierte Ideale nicht verdrängt.

Für idealistisch Denkende muß diese Position Ausdruck grauen Krämergeistes sein. Opfer zugunsten der Verfolgung eines fernen Ideals werden aus der Perspektive der Ethik totaler Kosten-Nutzen-Analyse zu Aufwand, der erst angemessen wäre, wenn der Ertrag einigermaßen konkretisierbar und größer erscheint. Hochfliegenden, inspirierenden Plänen und mutigen Absichten stehen tastende Schritte und nüchtern kalkuliertes Risiko nahezu unversöhnlich gegenüber. Aber vielleicht ist es gerade die Spannung zwischen idealistischem Drang und nüchterner Verhaltenheit, die den Motor gesellschaftlicher Entwicklung ausmacht.

16.2.2.4 Grenzen der Sozialtechnik

Notwendige Folge der Begrenztheit des Wissens ist, daß Reformen fehlschlagen können. Eine rationale Politik erfordert daher auch, die Möglichkeit der Fehleinschätzung von Veränderungen von vornherein zu berücksichtigen. Hiermit läßt sich wiederum die Forderung begründen, nur begrenzte, schrittweise Veränderungen vorzunehmen. Sie erlauben im Fall eines Fehlschlags noch am ehesten, Rückschlüsse auf die möglichen Ursachen zu ziehen. Solche Kenntnisse sind für erfolgversprechende Korrekturen unerläßlich. Sie werden allerdings nur durch eine sorgfältige Erfolgskontrolle erworben. Das setzt die Bereitschaft voraus, Fehler zu suchen und daraus zu lernen. Unter diesen Bedingungen weist die Sozialtechnik schrittweiser Reformen Ähnlichkeiten mit einer systematischen und kritischen Verwendung der Methode des Probierens und Korrigierens, des „trial and error“ (POPPER, 1957a/99, S. 87) auf.

Allerdings ist der Hinweis auf das tastende Experiment nur in sehr beschränktem Maße geeignet, die Eigenschaften dieser Vorgehensweise zu verdeutlichen (hierzu z. B. TUMLIR, 1978, S. 19 ff.):

- Gesellschaftsbezogene Reformen finden unter evolutorischen Bedingungen statt. Sie sind infolgedessen weder wiederholbar noch revidierbar, ohne daß sich das jeweilige Entscheidungsfeld – auch unter der Wirkung einer Reform – teilweise irreversibel verändert hat. Das schränkt jede sozialtechnische Erfahrungssuche grundsätzlich ein. Sie ist noch am ehesten möglich, wenn unterschiedliche Problemlösungen zur gleichen Zeit versucht werden können. Hierin liegt auf wirtschaftspolitischem Gebiet ein möglicher, wenn auch nur begrenzt wahrnehmbarer Vorteil des Föderalismus.
- Reformen beziehen sich im Zweifel nicht auf Gesellschaftsmitglieder, die in mechanischer Weise reagieren. Vielmehr dürften sie versuchen, Politikänderungen in ihren Folgen zu antizipieren und – wo als zweckmäßig erachtet – in ihre Pläne einzubeziehen. Diese mögliche, spieltheoretisch deutbare Beziehung zwischen Politik und Betroffenen ist im Falle der Wirtschaftspolitik Kern des Arguments tendenziell rationaler Erwartungen und Ursache spezifischer Lenkungsprobleme. Wirtschafts-

politisches Herumtasten ist zudem nicht möglich, ohne die Unsicherheit für die davon Betroffenen zu vergrößern; politisch vergrößerte Unsicherheit löst für sich genommen u. U. wiederum Reaktionen aus und erschwert damit die wirtschaftspolitische Erfahrungssuche.

- Die Möglichkeiten, Erfahrungen zu sammeln, werden auch dadurch beschränkt, daß unter realistischen Bedingungen zur gleichen Zeit mehrere Veränderungen auf unterschiedlichen, im Zweifel jedoch nicht genügend voneinander unabhängigen Politikfeldern vorgenommen werden bzw. noch wirksam sein dürften. Das begrenzt die Chancen für eine isolierte Ursachenzurechnung.
- Wenn Reformen auch nur in sehr eingeschränktem Maße erfahrungsträchtig sein sollen, müssen sie hinreichend lange politische Unterstützung finden. Das ist jedoch keinesweges gewährleistet. Ungeduld der Wählerschaft, Schwierigkeiten bei der Zurechnung von Wirkungen, eine beide Faktoren opportunistisch ausnutzende parlamentarische Opposition sind gewichtige Gründe dafür, daß Reformen für eine Erfahrungssuche zu früh abgebrochen oder modifiziert werden.

Infolgedessen sind schrittweise Reformen nicht analog zu naturwissenschaftlichen Experimenten interpretierbar. Gerade die Gründe, die dem entgegenstehen, sind aber geeignet, nochmals die Grenzen der Steuerbarkeit von Gesellschaften zu verdeutlichen, in denen politische und wirtschaftliche Freiheitsrechte einen hohen Rang haben. Deshalb kann die Konsequenz nicht eine Aufgabe des Rationalitätspostulats sein. Vielmehr kommt es – wie bereits betont – darauf an, das zur Politik schrittweiser Reformen komplementäre demokratische Verfahren so mit Kontrollen und Sicherungen zu versehen, daß die Grenzen sozialer Steuerungsmöglichkeiten nicht übersehen werden. Andernfalls müßte am Ende als Folge einer kurzatmigen (ephemeren) Gesetzgebung mit einer Interventionsspirale und einem Verlust an Freiheit gerechnet werden, ohne daß tatsächliche Fortschritte, nicht zuletzt im Hinblick auf andere gesellschaftliche Grundwerte, erzielt würden.

16.3 Umfassende Änderungen von Wirtschaft und Gesellschaft

16.3.1 Zur Planbarkeit umfassender Änderungen

Entscheidungen über umfassende Änderungen von Wirtschaft und Gesellschaft sind nicht alltäglich. Oft werden sie Entscheidungsträgern durch die Situation aufgedrängt, seltener werden sie bewußt von ihnen herbeigeführt. Als z. B. der spätere amerikanische Außenminister J. F. Dulles im Januar 1948 vor einem Senatsausschuß erklärte, Deutschland sei der Engpaß für einen Wiederaufbau Europas, äußerte er eine weitverbreitete Überzeugung. Wie dieser Engpaß jedoch beseitigt werden sollte, war sehr umstritten, und zwar nicht nur aus weltanschaulichen Gründen. Vielmehr konnten mangels ausreichender analytischer Durchdringung und praktischer Erfahrung die Schwierigkeiten sehr unterschiedlich beurteilt werden, die mit dem Übergang von der Nachkriegszwangswirtschaft zu dem einen oder anderen Wirtschaftsordnungstyp verbunden sein würden. Damit waren auch die Folgen dieses Systemwechsels sehr ungewiß, unabhängig davon, wie die angestrebte Wirtschaftsordnung selbst beurteilt wurde.

Was für den damaligen Systemwechsel gilt, galt auch für den Übergang sozialistischer Volkswirtschaften zu marktwirtschaftlichen Ordnungen und demokratischen Verfassungen (Transformation). Es war die Schubkraft ungelöster ökonomischer und politischer Probleme, die den Entscheidungsträgern die umfassende Änderung von Wirtschaft und Gesellschaft unausweichlich aufdrängte; die ordnungstheoretischen Überlegungen (Kap. 2) dürften im übrigen keinen Zweifel daran zulassen, daß der Problemstau die Folge inhärenter Systemmängel war. Wiederum vermag der Vergleich mit realisierten und funktionsfähigen marktwirtschaftlichen Ordnungen sowie der Rückgriff auf Erfahrung mit Systemwechseln wie dem von 1948 auf dem Gebiet der späteren Bundesrepublik Deutschland nur begrenzten Aufschluß darüber zu geben, was in welcher Reihenfolge getan werden sollte und mit welchen Folgen im einzelnen zu rechnen ist. Diese und vergleichbare Situationen sind zwar für Entscheidungsträger einmalige Gelegenheiten für Taten von historischem Rang. Die Entscheidung basiert jedoch mehr auf Intuition und Mut, sich zu entscheiden, als auf kühlem Abwägen von Vor- und Nachteilen (DROR, 1964, S. 155).

Derart umfassende Veränderungen von Wirtschaft und Gesellschaft können aus sehr unterschiedlichen Grundhaltungen heraus vorgenommen werden. Das zeigt sich nicht zuletzt daran, wie die Übergangsprobleme in die Überlegungen einbezogen werden. Bei der einen Position kann auch dann, wenn eine umfassende Veränderung als unvermeidlich und wünschenswert erscheint, die Überzeugung, die richtige Entscheidung zu treffen, den Blick für die unvermeidlichen Anpassungskosten nicht verstellen. Als z. B. Ludwig ERHARD vor der Vollversammlung des Wirtschaftsrates des vereinigten Wirtschaftsgebietes am 21. 4. 1948 für den Übergang zur Marktwirtschaft und die Währungsreform warb, legte er u. a. dar (ERHARD, 1962, S. 45): „Jene finanzwirtschaftliche Operation (die Währungsreform, MES) wäre ... eine relativ simple Aufgabe, aber diese zahlenmäßig glatte Rechnung ginge ohne Rücksichtnahme auf die sozialen Erfordernisse und wirtschaftlichen Möglichkeiten eben doch nicht auf ... Es ist meine feste Überzeugung ..., daß die in der Währungsreform sichtbar werdenden unabdingbaren Opfer nur dann nicht zur Auflösung der sozialen Ordnung treiben, wenn sie eine gerechte Umlegung erfahren, wenn der ehrliche Wille zu einem Lastenausgleich mit der Reform auch zur Tat wird."

Vertreter der utopischen Sozialtechnik nehmen zu Übergangsproblemen eine völlig andere Position ein. Der LENIN zugeschriebene Ausspruch, wonach es unmöglich sei, ein Omelett zu machen, ohne Eier zu zerbrechen, ist wohl für sie charakteristisch. Die Übergangsprobleme nehmen sich gegenüber dem Gesellschaftsideal bescheiden aus. Sie haben für die Betroffenen Opfer zur Folge, die hinzunehmen sind. Dies um so mehr, wenn sie aus der Perspektive des historischen Materialismus betrachtet werden; denn dann sind es unumgängliche Geburtswehen einer neuen Ordnung, die bestenfalls abgekürzt werden können.

Entscheidend für diese Grundposition ist jedoch nicht der Glaube an historische Zwangsläufigkeit, sondern das konstruktivistische Vertrauen in die Gestaltbarkeit von Gesellschaften nach einem Ideal. Zweifel daran, daß es eine für alle, auch für zukünftige Generationen gleichermaßen überzeugende Gesellschaftsordnung geben kann, bestehen nicht. Hinzu kommt die Überzeugung, daß das Ideal für Planungszwecke hinreichend genau beschrieben und angestrebt werden kann.

Wie begrenzt und wie wenig gesichert das Wissen für eine solche umfassende Gesellschaftsplanung tatsächlich ist, mußte Lenin erfahren. Ein planmäßiger Übergang zum Sozialismus in der Sowjetunion erwies sich als unmöglich. Am Ende des „Kriegskommunismus" der Jahre 1917 bis 1921 stand ein wirtschaftliches Chaos. Die 1921 von Lenin verkündete „Neue Ökonomische Politik" brachte sowohl für den landwirtschaftlichen als auch den gewerblichen Bereich eine teilweise Rückkehr zu kapitalistischen Wirtschaftsformen. Ein neuer Anlauf, eine funktionsfähige, von kapitalistischen Relikten gesäuberte zentralisierte Planwirtschaft zu etablieren, wurde 1928 mit dem ersten Fünfjahresplan gemacht. Weitere Reformen folgten, ohne daß eine dauerhaft befriedigende sozialistische Ordnung für die Sowjetunion gefunden werden konnte. Vor allem während der ersten Jahrzehnte zeigte es sich, daß der Versuch eines umfassenden Neubeginns eine Vielfalt unvorhergesehener Konsequenzen hatte. Ihnen konnte nur mit Improvisation begegnet werden. An die Stelle verläßlicher Planung mußte die adhoc-Reaktion, die „ungeplante Planung" (Popper, 1957a/99, S. 69), treten.

16.3.2 Gefahren der utopischen Sozialtechnik

Grundsätzlich läßt sich gegen die utopische Sozialtechnik hinsichtlich ihrer Wissensanforderungen und noch mehr hinsichtlich ihrer immanenten Gefahren geltend machen (Popper, 1945/95, S. 159 ff., 1957a/99, S. 83 ff.):

- Für die damit verbundene Ganzheitsplanung sind die Wissensanforderungen unerfüllbar. Das erforderliche Wissen läßt sich auch nicht im Verlauf solch umfassender Veränderungen schrittweise erwerben. Viel zu viele Veränderungen müssen gleichzeitig vorgenommen werden, als daß auch nur eine halbwegs verläßliche Ursachenzurechnung möglich wäre.
- Kritik sowohl an Teilen als auch am gesamten Vorgehen kann aus der Sicht des Ganzheitsplaners kaum Aufschluß über Mängel bzw. Verbesserungsmöglichkeiten geben. Weitreichende, vielschichtige Veränderungen von gesellschaftlichen Systemen beeinflussen die Situation vieler davon Betroffener auch negativ, was entsprechend Kritik auslöst. Sie von positiv kritischen Einwänden zu trennen ist sehr schwierig. Daher wird Kritik vom Ganzheitsplaner primär als Reflex von Übergangsproblemen interpretiert. Auf sie kann aber im Interesse des „Ganzen" kaum Rücksicht genommen werden. Da somit Kritik eher hinderlich ist, liegt es außerdem nahe, sie zu unterdrücken.
- Noch schwerer wiegt, daß Kritik an der Vorgehensweise, die Aufschluß über Planungsmängel geben könnte, aus holistischer Perspektive strenggenommen unmöglich ist; denn wäre sie berechtigt, würde sie das Planungswissen und damit auch die Fähigkeit in Frage stellen, umfassend zu planen. Daher liegt es nur zu nahe, Kritik eher als Ausdruck „falschen Bewußtseins" zu deuten. In diesem Fall drängt sich als Lösung auf, auch das Denken zu lenken; denn auf diese Weise kann revolutionsgefährdenden Fehlhandlungen von negativ Betroffenen vorgebeugt werden.
- Die Durchführung einer Ganzheitsplanung erfordert eine zentrale und totalitäre Kontrolle durch wenige. Wenn nicht der gesamte Plan durch Fehlleistungen an einzelnen Stellen gefährdet werden soll, muß das Vorgehen zentral kontrolliert werden. Wegen der hochgradigen Interdependenz gesellschaftlichen Geschehens kann

es auch kaum Lebensbereiche geben, die der individuellen Gestaltung als Freiraum überlassen bleiben; die Kontrolle muß totalitär sein. Zentrale, holistische Planung und individuelle Lebensgestaltung kollidieren sehr leicht; die Kollision ist nur vermeidbar, wenn das „richtige Bewußtsein" bei allen Gesellschaftsmitgliedern vorhanden ist. Da dies von Vertretern der Ganzheitsplanung zumindest nicht zu Beginn einer Revolution unterstellt wird, muß die Kontrolle denjenigen übertragen werden, die einen privilegierten Zugang zu dem erforderlichen Wissen haben. Demokratische Willensbildungsprozesse können das Experiment nur gefährden; erforderlich ist die Diktatur derjenigen, die über eine Blaupause für die ideale Zukunftsgesellschaft verfügen.

In letzter Konsequenz enthält das Plädoyer für eine umfassende und planmäßige Veränderung der Wirtschafts- und Gesellschaftsordnung und damit die Anwendung der utopischen Sozialtechnik die Forderung, diejenigen herrschen zu lassen, die die beste und damit auch nicht mehr reformbedürftige Ordnung zu kennen behaupten. Die Frage ist also nicht, wie die Herrschenden beeinflußt und kontrolliert werden sollen, sondern wer herrschen soll. Auch die Gefahr eines Mißbrauchs der Herrschaft stellt sich nicht, da angenommen wird, daß die Herrschenden nur davon beseelt sind, das Beste, nämlich die ideale Zukunftsgesellschaft, zu schaffen und daß sie dabei auch nicht irren können. Die Vorstellung von dieser neuen Gesellschaft ist eine alte; sie entspricht dem verführerischen Bild PLATONS von einer Herrschaft des wohlmeinenden, mit allem erforderlichen Wissen ausgestatteten Diktators.

Kapitel 17: Wissenschaftliche Beratung für Zwecke praktischer Wirtschaftspolitik

Bislang wurde der Bedarf an Wirtschaftspolitik begründet (Kap. 1-5), wurden Ansatzpunkte für eine wissenschaftliche Auseinandersetzung mit diesem Bedarf gezeigt (Kap. 6-9), wesentliche Inhalte einer als Interventionslehre verstandenen Theorie der Wirtschaftspolitik dargestellt (Kap. 10-15) und ein Urteil über die Reichweite rational zu bewältigender wirtschaftspolitischer Probleme gefällt (Kap. 16). Auf dieser Grundlage ist es möglich, der Frage nach der Anwendbarkeit von Erkenntnissen der Theorie der Wirtschaftspolitik im Rahmen der wirtschaftspolitischen Planung (Diagnosen, Prognosen, Programmentwürfe und Erfolgskontrollen) nachzugehen. Eine Anwendung kommt vor allem bei wirtschaftspolitischer Beratung in Betracht. Sowohl einzelne Wissenschaftler als auch informelle und formelle Gruppen von Wissenschaftlern, einschließlich wirtschaftswissenschaftlicher Forschungsinstitute, sind in unterschiedlicher Weise beratend in wirtschaftspolitische Entscheidungsprozesse eingeschaltet (Abb. 17.1). Aber auch ohne direkte Beteiligung von Wissenschaftlern werden wirtschaftspolitisch verwertbare wissenschaftliche Erkenntnisse von den Entscheidungsträgern sowie von Teilen der Öffentlichkeit genutzt.

Literaturhinweise

17.1: ALBERT, 1960; v. BECKERATH und GIERSCH, 1963 (Teil B); BORNER, 1975 (Teil II); G. ENGELHARDT, 1974; HABERMAS, 1964.
17.2: GÄFGEN, 1976; GUTOWSKI, 1983; NELSON, 1987.
17.3: GROVE, 1982; KLOTEN, 1978; MOLITOR, 1963; RIVLIN, 1987; SCHILLER, 1956.

17.1 Wissensorientierte, wertanalytische und entscheidungslogische Grundlagen

Bei den Grundlagen, auf die sich eine wissenschaftliche Beratung für Zwecke praktischer Wirtschaftspolitik stützen kann, lassen sich drei Kategorien unterscheiden:

- Erkenntnisse über das wirtschaftspolitische Entscheidungsfeld in Form mehr oder weniger gehaltvoller Aussagen über Wirkungszusammenhänge, die sich durch logische Operationen in Informationen über wirtschaftspolitische Handlungsmöglichkeiten transformieren lassen.
- Aussagen über wirtschaftspolitische Wertungen - im Unterschied zu wertenden Aussagen - als Ergebnis von Versuchen, Wertungen zu identifizieren sowie inhaltlich und in ihren logischen Beziehungen zueinander zu klären.
- Ergebnisse von Versuchen, Verfahrensweisen zu entwickeln, die rationale wirtschaftspolitische Entscheidungen erleichtern sollen.

Die erste Kategorie kann als wissensorientiert, die zweite als wertanalytisch und die dritte als entscheidungslogisch charakterisiert werden.

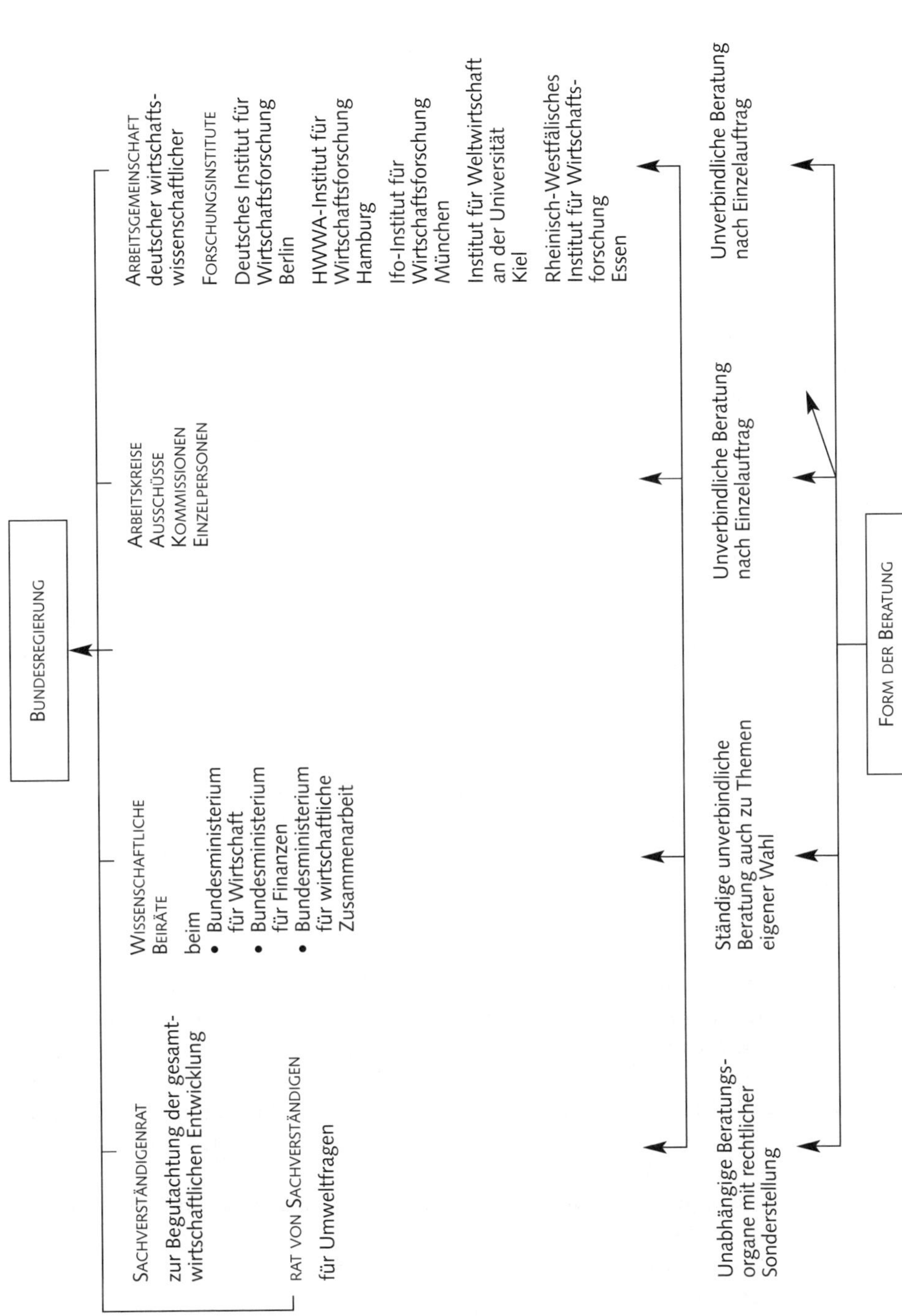

Abb. 17.1: Wirtschaftspolitische Beratung auf der Ebene des Bundes in der Bundesrepublik Deutschland (Beispiele)

17.1.1 Wissensgrundlagen

Der Modellfall

Das positive Wissen über wirtschaftspolitisches Handeln im Rahmen einer gegebenen Wirtschaftsordnung wird im günstigsten Fall aus empirisch überprüften Erklärungsversuchen abgeleitet, die sich auf das betrachtete Entscheidungsfeld beziehen. Paradebeispiel hierfür und für den darin zum Ausdruck kommenden Interventionsoptimismus ist die quantitative Wirtschaftspolitik in der Tradition TINBERGENS, wie sie in Kap. 15 vorgestellt wurde. Als erfahrungswissenschaftlicher Kern gilt dabei das geschätzte ökonometrische Modell. Es muß handlungsorientiert umgeformt werden. Die Umformung wird im Hinblick darauf vorgenommen, welche der zu erklärenden (endogenen) Variablen im Zusammenhang mit wirtschaftspolitischen Zielen als relevant angesehen werden. Soweit sich unter den erklärenden (exogenen) Variablen solche befinden, die als Instrumente gelten können, enthält das positive Wissen - auch Technologie genannt - Aussagen über deren Wirkung auf die zielrelevanten endogenen Variablen. Solche Aussagen lassen sich zu bedingten Vorhersagen (Prognosen) verwerten. Wichtig ist, daß den endogenen bzw. exogenen Variablen nicht von vornherein der Ziel- bzw. Mittelcharakter eigen ist, sondern daß dieser erst aus ihrer Bewertung resultiert. „Technologische Systeme informieren über menschliche Handlungsmöglichkeiten, legen aber weder die Realisierung bestimmter Ziele noch die Verwendung bestimmter Mittel nahe. Sie orientieren lediglich darüber, wie man bestimmte Wirkungen erzielen kann" (ALBERT, 1960, S. 218).

Da Beziehungen zwischen Zielen i. S. v. Komplementarität bzw. Konkurrenz erst über den Mitteleinsatz entstehen, kann eine derartige Technologie grundsätzlich auch über diesen wirtschaftspolitisch bedeutsamen Aspekt informieren. Wie gut solche und andere technologische Informationen sein können, hängt vom empirischen Gehalt derartiger Quasigesetze ab.

Die realen Möglichkeiten

Selbst wenn das Grundverständnis des ökonomischen Geschehens akzeptiert wird, das solche Vorstellungen vom zu erwerbenden wirtschaftspolitischen Lenkungswissen i. d. R. prägt, dürfte eines inzwischen unstrittig sein: Die Wissensbasis aus derartigen technologischen Informationen ist trotz hartnäckiger ökonometrischer Bemühungen schmal geblieben. Ferner sind ihrer wirtschaftspolitischen Verwertbarkeit enge Grenzen gezogen. Dazu gehört nicht nur die Beschränkung auf das Quantifizierbare und damit der weitgehende Verzicht auf die Einbeziehung von Institutionen, sondern auch die Beschränkung auf das bisher geübte wirtschaftspolitische Handeln, da grundsätzlich nur seine Folgen erfahrungswissenschaftlich zugänglich sind. Außerdem hat sich die für Prognosen relevante Bedingung der Strukturkonstanz immer wieder als wenig haltbar erwiesen.

Für den Wissenschaftler als Politikberater müssen derartige Wissensbeschränkungen nicht unbedingt Anlaß zur Resignation sein. Ihm bleibt immer noch die Möglichkeit, fehlende Quasigesetze durch weniger begründete Vermutungen zu ersetzen. Das mindert zwar die empirische Fundierung seiner Aussagen. Sie bleiben aber so lange grundsätzlich verwertbar, wie die Vermutungen als solche kenntlich gemacht und die Begründungen intersubjektiv überprüfbar sind.

Allerdings fällt die Beurteilung des wirtschaftspolitischen Interventionswissens noch ungünstiger aus, wenn Einwände gegen das vorherrschende theoretische Grundverständnis marktwirtschaftlicher Prozesse berücksichtigt werden. Sie stammen vorwiegend von Ökonomen wie etwa von HAYEK als einem herausragenden Wegbereiter. Im Kern ist es eine Kritik an der neoklassischen Sicht von Marktvorgängen sowie der Interpretation der makroökonomischen Kreislaufzusammenhänge mit Hilfe der sogenannten neoklassischen Synthese. Die Kritik läßt sich auf zwei zentrale Elemente reduzieren, die zum Einwand des konstruktivistischen Interventionismus (HOPPMANN, 1973) führen:

- Die marktwirtschaftliche Ordnung, auf die wirtschaftspolitisch eingewirkt werden soll, wird nicht als spontane oder Handelnsordnung (Kap. 2) erkannt; vielmehr wird sie aus der Perspektive des außenstehenden Beobachters als planbare Ordnung oder Organisation mißdeutet.
- Das komplexe und evolutorische Marktgeschehen wird durch Vernachlässigung oder unzutreffende Behandlung des Wissensproblems nicht adäquat erfaßt; verkannt wird, daß mit der Arbeitsteilung auch das Wissen verteilt ist und erst durch Markt- bzw. Wettbewerbshandlungen effizienzsteigernd sowie innovativ genutzt werden kann.

Von dieser Position aus ist die empirische Erklärungskraft und damit die wirtschaftspolitische Valenz von gleichgewichtsorientierten Ansätzen zu bezweifeln, die sowohl die vorherrschende mikroökonomische als auch die makroökonomische Theorie dominieren. Die Schwierigkeiten, in die eine an solchen Ansätzen orientierte Politikberatung, aber auch die Politik selbst geraten können, wurde an vielen Stellen dieses Buches dargelegt. Hervorgehoben seien hier lediglich noch einmal die Probleme, die für die Wettbewerbspolitik (Kap. 3) und für die Stabilisierungspolitik (Kap. 4) entstehen.

17.1.2 Wertanalyse

Grundsätzliches

Bei der Wertanalyse handelt es sich darum, sowohl die Ziele als auch den möglichen Zielcharakter (Eigenwert) der Instrumente zu klären. Das würde sich nur erübrigen, wenn davon ausgegangen werden könnte, daß dem Berater ein vollständiges und widerspruchsfreies Zielsystem des oder der zu Beratenden vorgelegt würde. Tatsächlich muß damit gerechnet werden, daß der ihm benannte Zielkatalog weder vollständig und widerspruchsfrei noch in allen Teilen konkret genug ist. Zielklärung (Kap. 10) bedeutet daher

- Ergänzung,
- Operationalisierung und
- logische Überprüfung des Zielkatalogs.

Ergänzen läßt sich der Katalog nur von dem Beratenen durch zusätzliche, wertungsbezogene Informationen, wenn nicht Wertungen des Beraters die Lücken im Zielsystem füllen sollen. Solche Lücken können u. U. erst bei der Analyse von Nebenwirkungen des Mitteleinsatzes für Berater wie Beratenen erkennbar werden. Das gleiche gilt, wenn vorgegebene Ziele nach übergeordneten Zielen hinterfragt werden, um zu prüfen, ob ihnen eher Mittelcharakter beizumessen ist. Aber auch die Operationalisierung kann zusätzliche Informationen erfordern, wenn Zielinhalte mehrdeutig sind. Das gleiche gilt für die logische Überprüfung, wenn sie ergäbe, daß der Katalog sich gegenseitig ausschließende Ziele enthielte. Schon diese Beispiele genügen, um die praktische Konsequenz aufzuzeigen, daß zwischen Berater und Beratenem Kommunikationsmöglichkeiten bestehen müssen. Dies muß zumindest so lange der Fall sein, wie der Berater sich darauf beschränken will, lediglich Aussagen über Werte zu machen und keine eigenen Wertungen einzubringen.

Die Beschränkung im Bereich der Wertungen auf intersubjektiv überprüfbare Aussagen über Werte entspricht dem Postulat der Werturteilsfreiheit (Kap. 8). Mit der Forderung nach intersubjektiver Überprüfbarkeit von Aussagen wird zugleich das wissenschaftlich Mögliche abgegrenzt. Erst ihre Erfüllung erlaubt eine kritische Diskussion. Ausgeschlossen wird damit einmal die Möglichkeit, wissenschaftliche Erkenntnisse über das eigentliche „Wesen" oder einen Endzustand der Gesellschaft gewinnen zu können und daraus Werturteile abzuleiten. Die Erkenntnis dessen, was ist, erlaubt keinen logischen Schluß auf das, was sein soll, sondern nur einen naturalistischen Trugschluß. Ebensowenig wird davon ausgegangen, daß es wissenschaftlich möglich ist, einen endgültigen, inhaltlich eindeutigen Katalog von Grundwerten zu bestimmen, auf dem eine konsistente Werthierarchie aufgebaut werden könnte. Zwar könnte davon ausgegangen werden, solche eindeutig bestimmten Grundwerte sollten das Ergebnis eines gesellschaftlichen Konsenses sein. Jedoch liefe das – zu Ende gedacht – darauf hinaus, der Fiktion einer gesellschaftlichen Wohlfahrtsfunktion nachzugehen. Schließlich soll auch ein instrumentalistischer Trugschluß vermieden werden; denn nicht nur die Ziele werden als wertbehaftet erkannt, sondern auch die Mittel. Deshalb können mit Hilfe der Technologie keine wertneutralen Aussagen über einen zielkonformen Mitteleinsatz gemacht werden. Das schließt als praktisches Verfahren nicht aus, vorläufig nur von gegebenen Zielen auszugehen und nach möglichst erfolgversprechenden Mittelkombinationen zu suchen. Die damit vorgenommene Vereinfachung wird erst zum Trugschluß, wenn sie vergessen oder verdrängt wird. Sonst aber kann sie dazu dienen, Bewertungen der Mittel durch den oder die Beratenen zu provozieren.

Notwendige Ergänzungen

Die Wertanalyse wird allerdings nicht nur durch die Unvollständigkeit und Unschärfe der Zielkataloge erschwert, mit denen ein wissenschaftlicher Berater i. d. R. konfrontiert ist. Hinzu kommt, daß es sich bei dem oder den Beratenen bei realistischer Einschätzung des demokratischen Verfahrens (Kap. 9) nicht um lediglich am Gemeinwohl orientierte Entscheidungsträger handelt, sondern um politische Unternehmer, die (auch) eigene Interessen verfolgen. Nach den deklarierten Zielen präsentieren sie sich allerdings ganz als Wahrer der Interessen der von ihnen vertretenen Bürger. Diese Vorstellung von einem politischen Entscheidungsträger, der die gesellschaftlichen Ziele in vikarischer Funktion verfolgt, war prägend für die Theorie wirtschaftspolitischer Entscheidung. Die wohl berechtigte Kritik an einer solchen Vorstellung durch die politische Ökonomie führt zu möglichen Unterschieden zwischen deklarierten und tatsächlichen Zielen bzw. Instrumentbewertungen. Diese bleiben für den Berater nur belanglos, wenn er gewissermaßen stellvertretend die vikarische Funktion übernimmt, indem er sich lediglich an den deklarierten Zielen orientiert. Die dann auftretenden Bewertungsunterschiede werden z. B. besonders deutlich bei Reformvorschlägen, die seitens der Beratenen als „politisch nicht durchsetzbar" oder „unpopulär" klassifiziert werden. Hierin kommt häufig die Befürchtung zum Ausdruck, ihre Realisierung gefährde die Wahl- bzw. Wiederwahlchancen und damit eine zentrale Bedingung politischen Handelns.

Die mit einer Berücksichtigung persönlicher Interessen entstehende und noch zu diskutierende Beziehung zwischen Beratern und Beratenen ist aber auch aus der Sicht der Beratenen wertanalytisch nicht problemlos. Sie wäre es nur, wenn der Berater hinreichend objektivierbare technologische Informationen einbringen würde. Tatsächlich erlaubt jedoch die Komplexität sozioökonomischer Entscheidungsfelder unterschiedliche Interpretationen. Die jeweilige Problemsicht wird ferner durch die gewählten analytischen Instrumente geprägt. Auf diese Weise können unreflektiert Basiswertungen in die Analyse einfließen, die z. B. bestimmte politische Interessen begünstigen (z. B. G. ENGELHARDT, 1974, S. 76 f.).

17.1.3 Entscheidungslogik

Das Rationalitätspostulat

Die von der Theorie der Wirtschaftspolitik entwickelten entscheidungslogischen Grundlagen wirtschaftspolitischer Beratung werden mit Hilfe der Zweckrationalität als Verfahrensnorm (Kap. 9) abgeleitet. Entscheidend sind wiederum die Wissensvoraussetzungen, die bei einem derartigen vernunftgeleiteten Vorgehen gemacht werden. Auch hier kommt in dem zentralen Paradigma der quantitativen Wirtschaftspolitik eine verbreitete Einstellung besonders klar zum Ausdruck: Die Maximierung einer Zielfunktion unter Nebenbedingungen als Mittel der Identifikation eines bestmöglichen Instrumenteinsatzes steht für eine objektive Rationalität. Die Gefahr, die von solchen an der formalen Lösbarkeit von Entscheidungsproblemen orientierten Vorstellungen ausgehen kann, besteht wiederum darin, daß ein konstruktivistischer Interventionismus begünstigt wird. Es entsteht das „Analogon zu einer eindeutig zu steuernden Maschinerie" (GÄFGEN, 1976, S. 127) und mit ihm ein Machbarkeitsoptimismus, wie er z. B. zu Beginn der Globalsteuerung nicht nur in der Bundesrepublik Deutschland beobachtbar war.

Beratung bei subjektiver Rationalität

Konstitutioneller Wissensmangel und Ungewißheit bedeuten notwendig, daß lediglich eine begrenzte (genauer: subjektive) Rationalität möglich ist. Wegen der Wissensbeschränkung bleibt das Entscheidungsproblem auch nach Hilfestellung durch einen wissenschaftlichen Berater unvollständig definiert. Das muß den oder die Beratenen nicht daran hindern, abwägend und konsistent zu entscheiden. Die Hilfestellung selbst kann zwar eine Verbesserung der Entscheidung bewirken, wenn sie das Wissen des Entscheidungsträgers zweifelsfrei ergänzt hat; sie muß es jedoch nicht. Mehr von wissenschaftlichem Rat zu erwarten würde eine Konvergenzvermutung erfordern. Danach müßte jede Verbreiterung der Entscheidungsgrundlagen eine monotone Annäherung an das Ergebnis objektiver Rationalität erlauben. Eine solche Vermutung ist jedoch bei echter Ungewißheit, d. h. bei einer nach den möglichen Ereignissen offenen Zukunft, unüberprüfbar. Ungewißheit bedeutet vor allem, daß zusätzliche Wertungen durch den Beratenen unumgänglich werden. Deshalb sind die Möglichkeiten entscheidungslogisch orientierten Rats begrenzt. Weil die Einstellung gegenüber dem Risiko subjektiv sein muß, kann auch keines der entwickelten Kriterien für rationale Entscheidungen bei Ungewißheit als allgemeingültig angesehen und demzufolge auch nicht bedenkenlos durch einen Berater vorgeschlagen werden (vgl. z. B. SCHNEEWEISS, 1967, S. 193 f.). Für die wissenschaftliche Beratung bedeutet die Berücksichtigung des fiktiven Charakters der objektiven Rationalität, daß sich die entscheidungslogischen Hilfen auf relativ bescheidene Grundsätze und Verfahren der Entscheidungsvorbereitung (Kap. 12, 14) reduzieren.

17.2 Beratungsverfahren

17.2.1 Verfahrenstypologie

Aus den skizzierten Problemen, vor allem bei den wertanalytischen und entscheidungslogischen Grundlagen einer Politikberatung, ergeben sich Konsequenzen für das Beratungsverfahren. Sie können zumindest teilweise anhand einer sehr vereinfachenden Typologie erläutert werden, die auf HABERMAS (1964) zurückgeht, ohne daß seine daran geknüpften gesellschaftskritischen Folgerungen geteilt werden müssen.

Sein „dezisionistisches Modell" der Politikberatung beinhaltet eine dem Postulat der Werturteilsfreiheit der Politikberatung entsprechende scharfe Trennung zwischen dem Berater als Wissenschaftler und dem Politiker als Wertendem. Eine solche Trennung würde auch verfahrensmäßig eine eindeutige Trennung zwischen der wissenschaftlich fundierten Entwicklung wirtschaftspolitischer Handlungsmöglichkeiten und deren Folgen einerseits sowie der politischen Entscheidung andererseits nahelegen. Die vorangestellten Überlegungen dürften jedoch die Grenzen einer solchen Dichotomisierung aufgezeigt haben. Dennoch kann sich zumindest eine Anlehnung an dieses Modell als Verfahren empfehlen, wenn das Schwergewicht des Beratungsauftrags auf der Diagnose und wirtschaftspolitischen Erfolgskontrolle liegt.

Während das dezisionistische Modell die Wertung und damit die Entscheidung dem Politiker vorbehält, läßt das „technokratische Modell" der Politikberatung dem Politiker im Extremfall nichts mehr zu entscheiden übrig. Der Politiker wird zum „Vollzugsorgan einer wissenschaftlichen Intelligenz" (HABERMAS, 1964, S. 123). Das erdrückende Gewicht der sogenannten Sachzwänge ergibt sich allerdings nur, wenn die unumgänglichen Wertungen als logische Konsequenz der Sachen getarnt werden. Eine Beherrschung des Politikers durch den Berater ließe sich bei diesem Typ nur durch eine wenig überzeugende Annahme auf die technokratische Handhabung des Entscheidungskalküls reduzieren. Es müßte unterstellt werden, daß der wertende Politiker von vornherein über ein Bewertungssystem verfügt, das es erlaubt, alle ihm bekannten und unbekannten Handlungsmöglichkeiten eindeutig und dauerhaft zu beurteilen. Dann könnte dem Berater das Bewertungssystem und eine Entscheidungsregel übermittelt werden, und es wäre an ihm, rationale Entscheidungen zu produzieren. Stellt die erste Möglichkeit der Ausprägung dieses Modells zumindest eine Gefahr dar, so ist die Bedeutungslosigkeit der zweiten Möglichkeit offenkundig.

Im „pragmatistischen Modell" kehrt sich das Verhältnis zwischen Berater und Politiker im Vergleich zum technokratischen Modell im Extremfall um: Der wissenschaftliche Politikberater verliert seine Unabhängigkeit. Er stellt sich völlig in den Dienst des Politikers. Das bedeutet, daß er in den Entscheidungsprozeß mit seinem Expertenwissen einbezogen wird. Dabei übernimmt er u. U. auch eine kritisch kontrollierende Funktion. Jedoch vertritt er die getroffene Entscheidung loyal.

Mit dem dezisionistischen Modell einerseits und dem pragmatistischen Modell andererseits ist die Spannweite der zumindest denkbaren Beziehungen zwischen Berater und Politiker aufgezeigt. Die realen Beratungsformen dürften sich innerhalb dieser Spannweite befinden. So sind z. B. die Beiräte bei den Bundesministerien für Wirtschaft und für Finanzen eher in der dezisionistischen Richtung anzusiedeln, während die wissenschaftlich geschulten Planungsstäbe in Ministerien und Staatskanzleien eher pragmatistisch interpretierbar sind. Ähnliches gilt z. B. für einen Vergleich der Stellung des Sachverständigenrates zur Begutachtung der gesamtwirtschaftlichen Entwicklung einerseits und dem amerikanischen Council of Economic Advisors andererseits (vgl. hierzu WALLICH, 1968).

17.2.2 Beratung als Kommunikationsprozeß

In der theoretischen Wirtschaftspolitik werden wirtschaftspolitische Entscheidungen aus analytisch vertretbaren Gründen auf einmalige Akte verkürzt. Tatsächlich vollzieht sich die politische Willensbildung i. d. R. eher als Prozeß. Dabei werden häufig Teilentscheidungen getroffen, und zwar auch von der den politisch Verantwortlichen nachgeordneten Administration. Sie schränken den Entscheidungsspielraum auf der nächsten Ebene ein. Insgesamt dürfte die an der amerikanischen Praxis orientierte Interpretation des politischen Willensbildungsprozesses durch BRAYBROOKE und LINDBLOM (1963, S. 104 ff., 235 ff.) als „soziale Fragmentierung von Analyse und Bewertung" ein durchaus realitätsnahes Bild vermitteln. Dementsprechend erfolgen Entscheidungen auch nicht in einem Ablaufschema, bestehend aus Diagnosen, Prognosen, Programmentwürfen, Programmwahl (die eigentliche Entscheidung), Programmdurchführung und Erfolgskontrollen, obgleich dies analytisch zweckmäßige Unterscheidungen sein können. Vielmehr läßt sich eine Reihe von Gründen dafür anführen, daß diese Planungselemente Entscheidungsphasen darstellen, die sich teilweise überlappen und zwischen denen vielfältige Rückkopplungen bestehen (Kap. 15).

Wenn sich wirtschaftspolitische Beratung in der Realität als ein unterschiedlich intensiv verlaufender Kommunikationsprozeß darstellt, dann aus den gleichen Gründen, die für Entscheidungen als vielschichtige Prozesse sprechen, nämlich nicht zuletzt,

- weil ein wirtschaftspolitisches Problem weder dem oder den Beratenen noch dem Berater in seiner Vielschichtigkeit von vornherein hinreichend zugänglich sein dürfte;

- weil sich Aktionsprogramme schon wegen des möglichen Eigenwertes von Mitteln nur durch Einschaltung des Entscheidungsträgers konzipieren lassen, also etwa durch Rücksprache oder durch Antizipation seines Urteils, es sei denn, sie würden durch vorläufige Urteile des Beraters ersetzt;
- weil die Durchführung von Entscheidungen selbst ein Prozeß ist; dabei entstehen ständig neue Situationen und neue Informationen über das Entscheidungsfeld, aber auch über Wertungen. Ferner können Korrekturen und Ergänzungen ursprünglich beschlossener Aktionen möglich und nötig sein, in deren Entwurf der Berater einschaltbar ist.

Das mehr oder weniger stark ausgeprägte Zusammenwirken von Berater und Beratenem muß grundsätzlich nicht mit einer kritisch rationalen Haltung des Beraters zur Werturteilsproblematik kollidieren, und zwar auch dann nicht, wenn etwa der Kommunikationsprozeß zu einer Annäherung der Bewertungen von Beratenen und Beratern führt. Entscheidend bleibt der erkenntnistheoretische Imperativ, Wertungen zu identifizieren und kenntlich zu machen, damit eine kritische Überprüfung der erarbeiteten Ergebnisse möglich bleibt.

17.3 Realisierbarkeit wirtschaftspolitischen Rats

17.3.1 Sachliche und politische Zweckmäßigkeit

Sowohl der eigentliche Rat als auch die Beratung als Verfahren müssen sich an den institutionellen Gegebenheiten des politischen und damit auch des wirtschaftspolitischen Willensbildungsprozesses orientieren. Nur wenn neben den realen ökonomischen Möglichkeiten auch die Durchsetzungschancen berücksichtigt werden, die der politische und institutionelle Handlungsrahmen bietet, vermag wirtschaftspolitische Beratung Kriterien zu erfüllen, wie sie für eine Kunstlehre gefordert werden. Allerdings lassen sich dann die Grenzen zwischen dem, was wissenschaftlich begründbar ist, und dem, was persönlich und politisch opportun erscheint, wesentlich weniger klar ziehen.

„Sachliche" Zweckmäßigkeit setzt voraus,

- daß die zur Ableitung von Handlungsmöglichkeiten genutzte Technologie das Entscheidungsfeld realitätsnah abbildet und
- daß die für eine Entscheidung relevanten Wertungen aufgedeckt, auf ihre Widerspruchsfreiheit geprüft und entsprechend in Programmentwürfe einbezogen werden.

Schwierigkeiten, beiden Anforderungen an „sachliche" Zweckmäßigkeit gerecht zu werden, sind bereits erörtert worden.

„Politische" Zweckmäßigkeit erfordert,

- daß die „Filterwirkung der politischen Institutionen" (Molitor, 1963, S. 93) bei der Formulierung wirtschaftspolitischen Rats antizipiert wird.

Filterwirkung berücksichtigen bedeutet, die Analyse wirtschaftspolitischer Handlungsmöglichkeiten auf politische Prozesse auszudehnen. Die Stellung des beratenen Entscheidungsträgers im institutionellen Gefüge der politischen Willensbildung begrenzt seine Handlungsmöglichkeiten. Diese Stellung ist unabhängig davon, was von dem Berater an „sachlich" richtigen Problemlösungsmöglichkeiten entwickelt werden kann. Vom Berater selbst kann die „politische" Zweckmäßigkeit nur wissenschaftlich überprüft werden, wenn er über entsprechende erfahrungswissenschaftliche Erkenntnisse verfügt. Solche Erkenntnisse werden nicht zuletzt in der ökonomischen Theorie der Politik angestrebt. Im Grunde handelt es sich jedoch um ein interdisziplinäres Problem, bei dessen Lösung auch Erkenntnisse anderer Disziplinen, insbesondere der empirischen Politikwissenschaft, einzubeziehen sind. Auf diese Weise sollte es auch möglich werden, daß nicht permanent „sachliche" hinter „politischer" Zweckmäßigkeit zurücktreten muß; denn politische Realisierbarkeit kann häufig durch institutionelle Reformen erreicht werden, d. h. vor allem durch Änderung der Kompetenzordnung im Bereich der Entscheidung, aber auch der Durchführung wirtschaftspolitischer Maßnahmen.

Grundsätzlich sollte der politische Filter die Suche des Beraters nach Problemlösungsmöglichkeiten nicht von vornherein einschränken; denn häufig genug bewirkt er, daß ökonomisch fundierte „Bestlösungen" politisch bedingten Kompromissen weichen müssen. Wenn aber der Handlungsspielraum im Interesse einer bestmöglichen Lösung ausgeschöpft werden soll, kann es durchaus zweckmäßig sein, ihn zunächst einmal durch die Diskussion kompromißloser Lösungen auszuloten. Außerdem wird auf diese Weise die Filterwirkung politischer Institutionen klarer erkennbar. Zur Antizipation der Filterwirkung politischer Institutionen gehört schließlich, daß der Berater die Möglichkeit des Mißbrauchs von Empfehlungen als Folge von Eigengesetzlichkeiten des politischen Prozesses berücksichtigt.

17.3.2 Berater, Beratene und Beratungsinteressen

Je mehr der Berater unter dem Einfluß der Realisierungsbedingungen der Beratung gewissermaßen an den Politiker „heranrückt", um so eher kann Beratung ein spezifisches Problem entstehen lassen. Das Problem läßt sich kennzeichnen durch die Möglichkeiten

- des Mangels an kritischer Distanz des Beraters zum Politiker einerseits und
- der Beherrschung des Politikers durch den Berater andererseits.

Beide Möglichkeiten haben keineswegs nur Implikationen für die unmittelbar Betroffenen, sondern sie sind auch von politischer Bedeutung.

Kritische Distanz kann zunächst einmal ein Problem des Erfolgsstrebens eines Beraters sein. Dabei schließt Erfolg neben dem Wunsch, mit dem Rat durchzudringen, auch materielle Anreize sowie das Sozialprestige mit ein, das mit der Beraterrolle verknüpft sein kann. Soweit Beratung formell oder informell institutionalisiert ist, entstehen Ressourcenbindungen, z. B. durch zur Vorbereitung erforderliches Personal. Hieraus resultiert wiederum ein Bedarf an Kontinuität in den Beratungsaufträgen. Beratung wird also selbst zu einem ökonomischen Problem. Es entsteht eine Art Beratungsmarkt mit Politikern und Verwaltung als Nachfragern sowie Wissenschaftlern und wissenschaftlichen Organisationen als Anbietern. Rat, der aus kritischer Distanz zum Beratenen erfolgt, kann dabei durchaus ein marktgängiges Produkt sein. Ebenso unübersehbar sind aber auch die materiellen und immateriellen Anreize zu opportunistischen Beratungsangeboten.

Auf der Nachfrageseite legt die ökonomische Theorie der Politik die Vermutung einer Tendenz zugunsten eines an relativ kurzfristigen politischen Interessen orientierten Bedarfs nahe. Die Nachfrage nach Rat, der auf eine Sicherung und Verbesserung der marktwirtschaftlichen Ordnung gerichtet ist, dürfte demgegenüber relativ gering sein und eher strategischen Wert einschließlich Alibifunktionen haben. Das läßt sich besonders gut anhand von Ratschlägen prüfen, die auf „mehr Markt" zielen und deshalb einen Abbau wohlfahrtsstaatlicher Privilegien von Interessengruppen beinhalten (vgl. z. B. Streit 1983c, S. 174 ff.).

Neben den Anreizen, opportunistische Beratungsangebote zu machen, gibt es aber auch einen weiteren Grund dafür, daß kritische Distanz des Beraters vom Beratenen fehlt oder schwindet: Wenn nämlich die Bewertungen von beiden Seiten entweder von Anfang an ähnlich sind oder wenn sich Berater und Beratener im Verlauf der Beratung in den Bewertungen näherkommen. Das mag für den Kommunikationsprozeß förderlich sein und ist so lange wissenschaftlich unbedenklich, wie Wertungen als solche noch erkannt werden. Das Aufdecken von Wertungen wird aber schwieriger, weil der Aufmerksamkeitseffekt einer Dissonanz über Wertungen fehlt bzw. schwindet. Wenn darunter die Qualität der Beratung nicht leiden soll, etwa weil Mittel unreflektiert bewertet und z. B. vorschnell ausgeschlossen werden, bedarf es der Kontrolle durch andere, nicht zuletzt durch außenstehende Wissenschaftler. Dies zu ermöglichen bzw. den Berater zu kritischer Distanz anzuhalten ist eine der Funktionen, die die Veröffentlichung oder die Öffentlichkeit von Beratungsvorgängen erfüllen soll.

Kontrolle ist ferner erforderlich, wenn einer Beherrschung des Politikers durch bestimmte Berater vorgebeugt bzw. negative Folgen einer solchen Beherrschung vermieden werden sollen. Auch hier ist es zunächst einmal eine persönliche Angelegenheit des Politikers, inwieweit er sich in eine solche Abhängigkeit begibt. Nicht dies hat er politisch zu verantworten, sondern die Folgen der in dieser Abhängigkeit gefällten Entscheidungen. Die Entscheidungen können z. B. von Technologievorstellungen des Beraters beeinflußt sein, die wissenschaftlich sehr umstritten sein mögen; dementsprechend dürften auch die Entscheidungen des Beratenen anzuzweifeln sein. Eine Kontrollmöglichkeit besteht darin, durch eine institutionalisierte Konkurrenz das Beratungsmonopol zu brechen. Als Mittel kommt ebenfalls die Veröffentlichung der Beratungsergebnisse in Betracht mit dem Ziel, zu konkurrierenden Problemlösungsvorschlägen anzuregen. Aber auch eine ergänzende öffentliche Beratung in Form der Anhörung von Vertretern konkurrierender wissenschaftlicher Auffassungen durch diejenigen, die zur politischen Kontrolle des Beratenen legitimiert sind, kann sich als wirksam erweisen; dem sollen z. B. Anhörungen von Experten durch Ausschüsse des Deutschen Bundestages und durch das Joint Economic Committee des amerikanischen Kongresses dienen.

17.4 Zur Kritikfunktion der Beratung im demokratischen Prozeß

Die zuvor skizzierte Situation läßt zugleich eine Funktion erkennen, die eine wissenschaftliche Beratung erfüllen kann: Sie besteht in der kritischen Analyse praktischer Wirtschaftspolitik durch als unabhängig geltende Wissenschaftler. Die Analysen können sowohl das Urteilsvermögen der Öffentlichkeit als auch politischer Kontrollinstanzen, also vor allem des Parlaments, verbessern. Diese Kritikfunktion können einmal hierzu berufene Gremien von Wissenschaftlern erfüllen; so dürfte auch der Auftrag des Sachverständigenrates zur Begutachtung der gesamtwirtschaftlichen Entwicklung interpretierbar sein, nach dem er „zur Erleichterung der Urteilsbildung bei allen wirtschaftspolitisch verantwortlichen Instanzen sowie in der Öffentlichkeit" (§ 1 des Gesetzes zur Bildung eines Sachverständigenrates) beitragen soll.

Aber auch Beratung durch Wissenschaftler in kritischer Absicht ohne Auftrag kann ein wichtiges Element der Kontrolle im demokratischen Verfahren sein; denn sie vermag ebenfalls dazu beizutragen, die Informationsbasis zu verbreitern. Dabei kann gerade das Aufdecken versteckter Wertungen in „Sachaussagen" oder „Sachprogrammen" – als Ideologiekritik – ein wesentlicher Beitrag von Wissenschaftlern zur Verbesserung wirtschaftspolitischer Entscheidungen sein.

Nicht ausgeschlossen ist, daß Wissenschaftler ihr relativ hohes Sozialprestige nutzen, um im Rahmen eines Auftrags oder auch ohne Auftrag eigene Wertungen zu vertreten. Ebenso können sie sich, wie zuvor erörtert, argumentativ in den Dienst von Auftraggebern stellen, ohne Wertungen von wissenschaftlicher Aussage zu trennen. Das mag in gutem Glauben oder auch in weniger redlicher Absicht geschehen. Verhindern läßt es sich kaum, wohl aber relativieren, indem Gegenmeinungen gefördert werden.

Zweifelsohne ist die wirtschaftspolitische Diskussion in den letzten vier Jahrzehnten wesentlich stärker als zuvor mit tatsächlichen und vielleicht noch mehr mit vermeintlichen nationalökonomischen Erkenntnissen befrachtet worden. Dazu hat das Vordringen wirtschaftswissenschaftlich Ausgebildeter in die Politik, die öffentliche Verwaltung, die Verbände und Unternehmen beigetragen. „Die Ökonomie teilt heute mit anderen Wissenschaften das Los, daß sie im gesellschaftlichen Kampf als Mittel, um Macht zu erzeugen und Macht auszuüben, verwendet wird" (Schiller, 1956, S. 17). Das mag teilweise als negativ empfunden werden. Die Verbreitung ökonomischen Wissens ist aber zugleich der beste Schutz vor einer Beherrschung des Politikers oder der Politik durch den Experten; denn durch sie wird immer wieder dafür gesorgt, daß als wirtschaftswissenschaftlich deklarierte Aussagen qualifiziert in Frage gestellt werden können.

Das wohl dauerhafteste Ergebnis der Theorie der Wirtschaftspolitik dürfte sein, daß es eine wissenschaftlich determinierbare Politik nicht geben kann. Mit Hilfe der Wissenschaft kann sie im günstigen Fall in ihrem Nutzen-Kosten-Verhältnis verbessert werden. Unangetastet bleibt das Primat der Politik, aus der Vielfalt der Informationen und Interessen einen gangbaren Weg zu finden, gepflastert mit Kompromissen und weitab von einer Lösung, die gar als Ausdruck des „Gemeinwillens" interpretiert werden könnte.

Literaturverzeichnis

Das Literaturverzeichnis enthält einmal die genauen Angaben zu den Literaturhinweisen, die am Anfang jedes Kapitels gegeben werden, um dem Leser das vertiefende Studium zu erleichtern. Ferner dient es der Präzisierung der Quellenangaben, die im Text gemacht werden. Die nach dem Autor angeführte Jahreszahl bezieht sich auf das Jahr der Erstveröffentlichung, um dem Leser die zeitliche Orientierung zu erleichtern. Wo eine andere als die Erstveröffentlichung verwendet wurde, wird diese nach dem Titel aufgeführt. Lediglich bei Lehrbüchern und lehrbuchähnlichen Arbeiten wurde stets das Jahr der neuesten verfügbaren Auflage angegeben.

ABERLE, G. (1980), Wettbewerbstheorie und Wettbewerbspolitik, 2. überarb. Aufl., Stuttgart u. a., 1992.

AHRNS, H.J. und H.D. FESER (1987), Wirtschaftspolitik - Problemorientierte Einführung, 5. Aufl., München, Wien.

ALBERS, W. (1980), Einkommensverteilung II - Verteilungspolitik, in: Handwörterbuch der Wirtschaftswissenschaft Bd. 2, Stuttgart, New York, S. 285-315.

ALBERS, W. (1982), Soziale Sicherung - Konstruktionen für die Zukunft, Stuttgart.

ALBERT, H. (1957), Theorie und Prognose in den Sozialwissenschaften. Schweizerische Zeitschrift für Volkswirtschaft und Statistik 93, S. 60-76.

ALBERT, H. (1960), Wissenschaft und Politik - Zum Problem der Anwendbarkeit einer wertfreien Sozialwissenschaft; in E. TUCHTFELDT (Hrsg.): Probleme der Wissenschaftstheorie (Festschrift für Victor Kraft), Wien, S. 201-232.

ALBERT, H. (1963a), Modell-Platonismus - Der neoklassische Stil des ökonomischen Denkens in kritischer Betrachtung; wiederabgedruckt in ders.: Marktsoziologie und Entscheidungslogik - Ökonomische Probleme in soziologischer Perspektive, Neuwied 1967, S. 331-384.

ALBERT, H. (1963b), Wertfreiheit als methodisches Prinzip - Zur Frage der Notwendigkeit einer normativen Sozialwissenschaft; wiederabgedruckt in ders.: Aufklärung und Steuerung - Aufsätze zur Sozialphilosophie und zur Wissenschaftslehre der Sozialwissenschaften, Hamburg 1976, S. 160 bis 191.

ALBERT, H. (1967), Politische Ökonomie und rationale Politik - Vom wohlfahrtsökonomischen Formalismus zur politischen Soziologie; wieder abgedruckt in ders.: Aufklärung und Steuerung - Aufsätze zur Sozialphilosophie und zur Wissenschaftslehre der Sozialwissenschaften, Hamburg 1976, S. 91-122.

ALBERT, H. (1972), Aufklärung und Steuerung - Gesellschaft, Wissenschaft und Politik in der Perspektive des kritischen Rationalismus; wiederabgedruckt in ders.: Aufklärung und Steuerung - Aufsätze zur Sozialphilosophie und zur Wissenschaftslehre der Sozialwissenschaften, Hamburg 1976, S. 11-34.

ALBERT, H. (1976), Aufklärung und Steuerung - Aufsätze zur Sozialphilosophie und zur Wissenschaftslehre der Sozialwissenschaften, Hamburg.

ALBERT, H. (1978), Traktat über rationale Praxis, Tübingen.

ALBERT, H. (1986), Freiheit und Ordnung - Zwei Abhandlungen zum Problem einer offenen Gesellschaft (Walter-Eucken-Institut, Vorträge und Aufsätze 109), Tübingen, Nachdruck 1989.

ALCHIAN, A.A. und H. DEMSETZ (1972), Production, Information Costs, and Economic Organisation. American Economic Review 62, S. 777-795.

ALCHIAN, A.A. und H. DEMSETZ (1973), The Property Rights Paradigm. Journal of Economic History 33, S. 16-27.

ALDRUP, D. (1985), Rationale Wirtschaftspolitik als angewandte Sozialökonomik?; in H. MILDE und H.G. MONISSEN (Hrsg.): Rationale Wirtschaftspolitik in komplexen Gesellschaften, Stuttgart u. a., S. 19-28.

ANDEL, N. (1975), Kosten-Nutzen-Analyse; in F. NEUMARK (Hrsg.): Handbuch der Finanzwissenschaft, Tübingen 1983, 3. gänzl. neub. Aufl., S. 475-518.

ARISTOTELES (1963), Hauptwerke (ausgewählt, übersetzt und eingeleitet von W. NESTLE), Stuttgart.

ARNDT, H. (1974), Wirtschaftliche Macht – Tatsachen und Theorien, München.

ARNDT, H. (1976), Kapitalismus, Sozialismus, Konzentration und Konkurrenz (Gegenwartsfragen der Wirtschaftstheorie II, 2., grundlegend veränderte Auflage von Mikroökonomische Theorie Band II – Marktprozesse, Tübingen 1966), Tübingen.

ARROW, K.J. (1962), Economic Welfare and the Allocation of Resources for Invention (in the Rate and Direction of Inventive Activity); wiederabgedruckt (Titel gekürzt um den eingeklammerten Teil) in: D.M. LAMBERTON (Hrsg.), Economics of Information and Knowledge, Harmondsworth u. a. 1971, S. 141–160.

ARROW, K.J. (1970), Essays in the Theory of Risk Bearing, Amsterdam, 3rd printing 1976.

BAMBERG, G. und A.G. COENENBERG (1980), Entscheidungstheorie, in: Handwörterbuch der Wirtschaftswissenschaft, Bd. 2, Stuttgart, New York, S. 376–392.

BANKS, G. und J. TUMLIR (1986), Economic Policy and the Adjustment Problem, London.

BARRY, B. (1973), The Liberal Theory of Justice – A Critical Examination of the Principal Doctrines, in: „A Theory of Justice" by JOHN RAWLS, Oxford, korrigierter Neudruck 1975.

BARTLING, H. (1980), Leitbilder der Wettbewerbspolitik, München.

BASSELER, U. und W. SCHÄFER (1974), Zur Diskussion über ein wohlfahrtsorientiertes Sozialproduktskonzept – Grundprobleme und Lösungsansätze. Zeitschrift für Wirtschafts- und Sozialwissenschaften 94, S. 209–237.

BATOR, F.M. (1957), The Simple Analytics of Welfare Maximization. American Economic Review 47, S. 22–92.

BATOR, F.M. (1958), The Anatomy of Market Failure. Quarterly Journal of Economics 72, S. 351 bis 379.

BAUER, P.T. (1981), Equality, the Third World, and Economic Delusion, 2nd print, Cambridge/Mass. 1982.

BAUMOL, W.J. (1965), Welfare Economics and the Theory of the State, 2. Aufl., London 1965.

BECKERATH, E. v. und H. GIERSCH (Hrsg.) in Verbindung mit H. LAMPERT (1963), Probleme der normativen Ökonomik und der wirtschaftspolitischen Beratung (Schriften des Vereins für Socialpolitik, N.F. Bd. 29), Berlin.

BENDA, E. (1984), Der soziale Rechtsstaat; in ders. u. a. (Hrsg.): Handbuch des Verfassungsrechts der Bundesrepublik Deutschland, Studienausgabe, Teil 1, Berlin, New York, S. 477–553, 2. neubearb. Aufl. 1994.

BERG, H. (1976), Internationale Wirtschaftspolitik, Göttingen.

BERG, H. (1985), Wettbewerbspolitik; in D. BENDER u. a. (Hrsg.): Vahlens Kompendium der Wirtschaftstheorie und Wirtschaftspolitik, Bd. 2, 8. überarb. Aufl., München 2003, S. 233–291.

BERG, H. und D. CASSEL (1985), Theorie der Wirtschaftspolitik; in D. BENDER u. a. (Hrsg.): Vahlens Kompendium der Wirtschaftstheorie und Wirtschaftspolitik, Bd. 2, 8. überarb. Aufl., München, 2003, S. 157–229.

BERNHOLZ, P. (1966), Economic Policies in a Democray. Kyklos 19, S. 48–80.

BERNHOLZ, P, und F. BREYER (1993), Grundlagen der Politischen Ökonomie, 3. Aufl., Tübingen.

BESTERS, H. (1979), Neue Wirtschaftspolitik durch Angebotslenkung, Baden-Baden.

BETHUSY-HUC, V.v. (1965), Das Sozialleistungssystem der Bundesrepublik Deutschland, Tübingen.

BIEHL, D., u. a. (1975), Bestimmungsgründe des regionalen Entwicklungspotentials (Kieler Studien 133, hrsg. v. H. GIERSCH), Tübingen.

BISKUP, R. (1977), Wirtschaftliche Zusammenarbeit im Rahmen des Rats für Gegenseitige Wirtschaftshilfe (RGW). Ordo 28, S. 108–135.

BLÜMLE, G. (1980), Ungewißheit und Verteilung in marktwirtschaftlichen Ordnungen; in E. STREISSLER und CH. WATRIN (Hrsg.): Zur Theorie marktwirtschaftlicher Ordnungen, Tübingen, S. 253–288.

BLUM, R. (1977), Die Problematik systemkonformer Steuerung sozialer Systeme. Zeitschrift für die gesamte Staatswissenschaft 133, S. 128–146.

BÖCKENFÖRDE, E.W. (1972), Die Bedeutung der Unterscheidung von Staat und Gesellschaft im demokratischen Sozialstaat der Gegenwart; wiederabgedruckt in ders. (Hrsg.): Staat und Gesellschaft, Darmstadt 1976, S. 395–431.

BÖCKENFÖRDE, E.W. (1976), Die politische Funktion wirtschaftlich-sozialer Verbände und Interessenträger in der sozialstaatlichen Demokratie. Der Staat 15, S. 457–488.

BÖHM, F. (1950), Wirtschaftsordnung und Staatsverfassung (Recht und Staat in Geschichte und Gegenwart 153/154), Tübingen, Nachdruck bei Goldbach, 1995.

BÖHM, F. (1966), Privatrechtsgesellschaft und Marktwirtschaft Ordo 17, S. 75–151.

BOMBACH, G. (1962), Über die Möglichkeiten wirtschaftlicher Voraussagen. Kyklos 15, S. 29–67.

BONUS, H. (1978), Verzauberte Dörfer, oder: Solidarität, Ungleichheit und Zwang. Ordo 29, S. 49–82.

BORCHARDT, K. (1976), Wandlungen des Konjunkturphänomens in den letzten hundert Jahren; wiederabgedruckt in ders.: Wachstum, Krisen, Handlungsspielräume der Wirtschaftspolitik, Göttingen 1982, S. 73–99.

BORCHARDT, K. (1981), Die Konzeption der Sozialen Marktwirtschaft in heutiger Sicht; in O. ISSING (Hrsg.): Zukunftsprobleme der Sozialen Marktwirtschaft, Berlin, S. 33–53.

BORNER, S. (1975), Wissenschaftliche Ökonomik und politische Aktion – Eine politische Ökonomie der professionellen Beratung der Wirtschaftspolitik, Bern u. a.

BORNSTEIN, M. (1962), The Soviet Price System. American Economic Review 52, S. 64–103.

BOSS, A. (1983), Reform der Alterssicherung; in H. GIERSCH (Hrsg.): Wie es zu schaffen ist – Agenda für die deutsche Wirtschaftspolitik, Stuttgart, S. 278–296.

BOULDING, K.E. (1949), Is Economics Necessary?; wiederabgedruckt in ders. (Hrsg): Beyond Economics – Essays on Society, Religion, and Ethics, Ann Arbor 1968, S. 3–13.

BOULDING, K.E. (1952), Welfare Economics; in B.F. HALEY (Hrsg.): A Survey of Contemporary Economics Vol. 2, Homewood, Ill., S. 1–34.

BOULDING, K.E. (1956), The Image – Knowledge in Life and Society, 12th printing, Ann Arbor 1987.

BOULDING, K.E. (1958), Principles of Economic Policy, 4th printing, Englewood Cliffs, 1964.

BOULDING, K.E. (1962), Knowledge as a Commodity; wiederabgedruckt in ders. (Hrsg.): Beyond Economics – Essays on Society, Religion, and Ethics, Ann Arbor 1968, S. 141–150.

BOULDING, K.E. (1966), The Economics of Knowledge and the Knowledge of Economics. American Economic Review 56, Papers and Proceedings, S. 1–13.

BOULDING, K.E. (1969), Economics as a Moral Science. American Economic Review 59, S. 1–12.

BRAINARD, W. (1967), Uncertainty and the Effectiveness of Policy. American Economic Review 57, Papers and Proceedings, S. 411–425.

BRAYBROOKE, D. und CH.E. LINDBLOM (1963), A Strategy of Decision – Policy Evaluation as a Social Process, London.

BRESCIANI-TURRONI, C. (1948), Einführung in die Wirtschaftspolitik, Bern.

BRIEFS, G. (1926), Die Grundlagen des proletarischen Verhältnisses in der Wirtschafts- und Gesellschaftsverfassung des Kapitalismus; wiederabgedruckt in H. LAMPERT (Hrsg.), Arbeitsmarktpolitik, Stuttgart, New York 1979, S. 3–7.

BRUNNER, K. und A.H. MELTZER (1971), The Uses of Money – Money in the Theory of an Exchange Economy. American Economic Review 61, S. 784–805.

BRUNNER, K. (1985), The Limits of Economic Policy. Schweizerische Zeitschrift für Volkswirtschaft und Statistik 121, S. 213–236.

BUCHANAN, J.M. und G. TULLOCK (1962), The Calculus of Consent – Logical Foundations of Constitutional Democracy, 17. Nachdruck, Ann Arbor 2001.

BUCHANAN, J.M. (1965), An Economic Theory of Clubs. Economica 32, S. 1–14. Wiederabdruck in: OATES, W.E. (ed.), The economics of fiscal federalism and local finance, Cheltenham 1998, S.456-469.

BUCHANAN, J.M. (1975), The Limits of Liberty – Between Anarchy and Leviathan, Chicago. Wiederabdruck in: The collected works of James M. Buchanan, Vol. 7, Indianapolis 2000.

BUCHANAN, J.M. (1978), From Private Preferences to Public Philosophy – The Development of Public Choice; in Institute of Economic Affairs (Hrsg.): The Economics of Politics, London, S. 3–20.

BUCHANAN, J.M. (1980), Rent Seeking and Profit Seeking; in ders., R.D. TOLLISON und G. TULLOCK (Hrsg.): Toward a Theory of the Rent-Seeking Society, College Station, S. 3–15.

BUCHANAN, J.M. (1987), The Constitution of Economic Policy. American Economic Review 77, S. 243 bis 250.

CASSEL, D. (1986), Funktionen der Schattenwirtschaft im Koordinationsmechanismus von Markt- und Planwirtschaften. Ordo 37, S. 73–103.

CASSEL, D. (1988), Wirtschaftspolitik als Ordnungspolitik; in ders. u. a. (Hrsg.): Ordnungspolitik, München, S. 313–333.

CLARK, J.M. (1940), Toward a Concept of Workable Competition. American Economic Review 30, S. 241–256.

COASE, R.H. (1937), The Nature of the Firm, wiederabgedruckt in G.J. STIGLER und K.E. BOULDING (Hrsg.): Readings in Price Theory, Chicago, Homewood, Ill. 1952, S. 331–352.

COASE, R.H. (1960), The Problem of Social Cost. Journal of Law and Economics 3, S. 1–44.

CORNELSEN, D., M. MELZER und A. SCHERZINGER (1984), DDR-Wirtschaftssystem – Reform in kleinen Schritten. Vierteljahreshefte zur Wirtschaftsforschung, S. 200–223.

COX, H., U. JENS und K. MARKERT, Hrsg. (1981), Handbuch des Wettbewerbs, München.

CYERT, R.M. und J.G. MARCH (1963), A Behavioral Theory of the Firm, 2nd ed. reprinted, Malden, 2001.

DAHL, R.A. und CH.E. LINDBLOM (1953), Politics, Economics and Welfare-Planning and Politico-Economic Systems Resolved into Basic Social Processes, reprint, New York 1963.

DAHL, R.A. (1963), Die politische Analyse (Übersetzung von „Modern Political Analysis", Englewood Cliffs), München 1973.

DAHL, R.A. (1975), Polyarchy – Participation and Opposition, 5th print, New Haven, London.

DAHRENDORF, R. (1958), Pfade aus Utopia – Zu einer Neuorientierung der soziologischen Analyse; wiederabgedruckt in ders. (Hrsg.): Gesellschaft und Freiheit – Zur soziologischen Analyse der Gegenwart, München 1965, S. 85–111.

DAHRENDORF, R. (1961–1964), Konflikt und Freiheit – Auf dem Weg zur Dienstklassengesellschaft. Gesammelte Abhandlungen II, München 1972.

DALES, J.H. (1968), Pollution, Property, and Prices – An Essay in Policy Making and Economics, Cheltenham, 2002.

DEAN, J.W. (1981), The Dissolution of the Keynesian Consensus; in D. BELL und I. KRISTOL (Hrsg.): The Crisis in Economic Theory, New York, S. 19–34.

DEBREU, G. (1959), Theory of Value – An Axiomatic Analysis of Economic Equilibrium, 19th print, New Haven, 1987.

DEMSETZ, H. (1964), The Exchange and Enforcement of Property Rights, Journal of Law and Economics 7, S. 11–26.

DEMSETZ, H. (1969), Information and Efficiency – Another Viewpoint. Journal of Law and Economics 12, S. 1–22.

DEMSETZ, H. (1970), The Private Production of Public Goods. Journal of Law and Economics 13, S. 293–306.

DETTLING, W. (1976), Macht der Verbände – Ohnmacht der Demokratie?; in ders. (Hrsg.): Beiträge zur Theorie und Politik der Verbände, München, Wien, S. 7–30.

DEUTSCHE BUNDESBANK (1986), Internationale Organisationen und Abkommen im Bereich von Währung und Wirtschaft (Sonderdrucke der Deutschen Bundesbank 3), Frankfurt am Main.

DICKINSON, H.D. (1933), Price Formation in a Socialist Community. Economic Journal 170, S. 237–250.

DIETZEL, H. (1923), Individualismus, in: Handwörterbuch der Staatswissenschaften, 4. Aufl., Bd. 5, Jena, S. 408–424.

DOBIAS, P. (1977), Theorie und Praxis der Planwirtschaft, Paderborn.

DOBIAS, P. (1980), Wirtschaftspolitik – Einführung in ihre Grundlagen und Hauptprobleme, Paderborn u. a.

DONGES, J.B. (1981), Außenwirtschafts- und Entwicklungspolitik, Berlin u. a.

DONGES, J.B. (1988), Möglichkeiten und Grenzen staatlicher Technologiepolitik; in M.E. STREIT (Hrsg.): Wirtschaftspolitik zwischen ökonomischer und politischer Rationalität (Festschrift für Herbert Giersch), Wiesbaden, S. 143–160.

DONGES, J.B. und A. FREYTAG (2001), Allgemeine Wirtschaftspolitik, Stuttgart.

DOWNS, A. (1957a), An Economic Theory of Democracy, New York, renewed 1986.

DOWNS, A. (1957b), An Economic Theory of Political Action in a Democracy; wiederabgedruckt in E.J. HAMILTON u. a. (Hrsg.): Landmarks in Political Economy Bd. 2, Chicago 1962, S. 559–582.

DOWNS, A. (1967), Inside Bureaucracy, reissued, Prospect Heights, 1994.

DROR, Y. (1964), Muddling Through – „Science“ or Inertia? Public Administration Review 24, S. 153–157.

DÜRR, E. (1977), Wachstumspolitik, Bern und Stuttgart.

EICKHOF, N. (1985), Wettbewerbspolitische Ausnahmebereiche und staatliche Regulierung. Jahrbuch für Sozialwissenschaft 36, S. 63–79.

ENGELHARDT, G. (1974), Politik und Wissenschaft – Versuch einer kritischen Synopse zu einem gleichnamigen Sammelband. Zeitschrift für Politik 21, S. 68–95.

ENGELHARDT, W.W. (1969), Utopien als Problem der Sozial- und Wirtschaftswissenschaften. Zeitschrift für die gesamte Staatswissenschaft 125, S. 661–676.

ERHARD, L. (1956), Widerstände und Hindernisse auf dem Wege zur Sozialen Marktwirtschaft. Zeitschrift für Nationalökonomie 16, S. 19–36.

ERHARD, L. (1962), Deutsche Wirtschaftspolitik – Der Weg der Sozialen Marktwirtschaft, Düsseldorf u. a.

ESCHENBURG, R. (1975), Politische Unternehmer und öffentliche Güter – Möglichkeiten und Grenzen der gemeinsamen Bereitstellung öffentlicher Güter in großen Gruppen; in E. ARNDT u. a. (Hrsg.): Wirtschaft und Gesellschaft – Ordnung ohne Dogma (Heinz-Dietrich Ortlieb aus Anlaß seines 65. Geburtstages gewidmet), Tübingen, S. 257–302.

EUCKEN, W. (1940), Die Grundlagen der Nationalökonomie, 9. unv. Aufl., Berlin u. a. 1990.

EUCKEN, W. (1948), Das ordnungspolitische Problem. Ordo 1, S. 56–90.

EUCKEN, W. (1949), Die Wettbewerbsordnung und ihre Verwirklichung. Ordo 2, S. 1–99.

EUCKEN, W. (1959), Grundsätze der Wirtschaftspolitik, 7. Aufl., Tübingen 2004.

FELDERER, B., Hrsg. (1986), Beiträge zur Bevölkerungsökonomie, Berlin.

FESTINGER, L. (1957), A Theory of Cognitive Dissonance, Neudruck, Stanford 1997.

FORSTHOFF, E., Hrsg. (1968), Rechtsstaatlichkeit und Sozialstaatlichkeit – Aufsätze und Essays (Wege der Forschung, Band CXVIII), Darmstadt.

FREY, B.S. (1970), Die ökonomische Theorie der Politik oder die neue politische Ökonomie – Eine Übersicht. Zeitschrift für die gesamte Staatswissenschaft 126, S. 1–23.

FREY, B.S. (1975), Eine Einschätzung der Neuen Politischen Ökonomie der siebziger Jahre. Zeitschrift für die gesamte Staatswissenschaft 131, S. 697–718.

FREY, B.S. und F. SCHNEIDER (1979), An Econometric Model with an Endogenous Government Sector. Public Choice 34, S. 29–43.

FREY, B.S. (1981), Theorie demokratischer Wirtschaftspolitik, 2. völlig neu bearb. Aufl., München, 1994.

FRIEDLÄNDER, A.F. (1973), Macro Policy Goals in the Postwar Period – A Study in Revealed Preference. Quarterly Journal of Economics 87, S. 25–43.

FRIEDMAN, M. (1962), Capitalism and Freedom, 40th anniversary ed., Chicago und London, 2002.

FRIEDMAN, M. und A.J. SCHWARTZ (1963), Money and Business Cycles; wiederabgedruckt in M. FRIEDMAN: The Optimum Quantity of Money and other Essays, Chicago 1969, S. 189–235.

FRIEDMAN, M. (1967), The Role of Monetary Policy; wiederabgedruckt in ders.: The Optimum Quantity of Money and other Essays, Chicago 1969, S. 95–110.

FRISCH, R. (1950), L'Emploi des Modèles pour l'Élaboration d'une Politique Économique Rationelle. Revue d'Économie Politique 60, S. 474-498 und S. 601-634.

FROMM, G. und P. TAUBMANN (1968), Policy Simulations with an Econometric Model, Washington.

GABISCH, G. und H.-W. LORENZ (1987), Business Cycle Theory - A Survey of Methods and Concepts, Berlin u. a.

GÄFGEN, G. (1968), Theorie der Wirtschaftspolitik; wiederabgedruckt in W. EHRLICHER u. a. (Hrsg.): Kompendium der Volkswirtschaftslehre Bd. 2, 4. Aufl., Göttingen 1975, S. 1-94.

GÄFGEN, G. (1971), Formale Theorie des politischen Handelns: Wissenschaftliche Politik als rationale Wahl von Strategien; in H. MAIER u. a. (Hrsg.): Politik und Wissenschaft, München, S. 209-257.

GÄFGEN, G. (1972), Leistungsprinzip und Bedarfsprinzip in Wirtschaft und Gesellschaft; in ders. (Hrsg.): Leistungsgesellschft und Mitmenschlichkeit, Limburg, S. 9-35.

GÄFGEN, G. (1975), Zur Ökonomie der Ideologiebildung - Eine analytische Vorstudie; in H. SAUERMANN und E.-J. MESTMÄCKER (Hrsg.): Wirtschaftsordnung und Staatsverfassung (Festschrift für Franz Böhm zum 80. Geburtstag), Tübingen, S. 163-182.

GÄFGEN, G. (1976), Politische Ökonomie und Lehre von der Wirtschaftspolitik - Zur Realisierbarkeit wirtschaftspolitischer Vorschläge; in H. KÖRNER u. a. (Hrsg.): Wirtschaftspolitik - Wissenschaft und politische Aufgabe (Festschrift zum 65. Geburtstag von Karl Schiller), Bern, S. 123-143.

GÄFGEN, G. (1986), Komplexität und wirtschaftspolitisches Handeln - Anmerkungen zur Krise der theoretischen Wirtschaftspolitik; in R. KAPPEL (Hrsg.): Im Spannungsfeld von Wirtschaft, Technik und Politik (Festschrift für Bruno Frisch), München, S. 435-452.

GÄFGEN, G. (1987a), Die Bedeutung tendenziell rationaler Erwartungen der Unternehmungen für das Verhalten wirtschaftspolitischer Instanzen. Jahrbuch für Neue Politische Ökonomie 6, S. 3-47.

GÄFGEN, G. (1987b), Kollektivverhandlungen als konstitutiver Allokationsmechanismus korporatistischer Ordnungen. Zeitschrift für Wirtschaftspolitik 36, S. 125-150.

GÄFGEN, G. (1988), Regelbindung und Grundsatzorientierung der Wirtschaftspolitik in Zeiten raschen wirtschaftlichen Wandels. Schweizerische Zeitschrift für Volkswirtschaft und Statistik 124, S. 455 bis 470.

GALBRAITH, J.K. (1958), The Affluent Society, 40th anniversary ed., Boston Mass., 1998.

GIERSCH, H. (1961), Allgemeine Wirtschaftspolitik (Erster Band: Grundlagen), unveränderter Nachdr., Wiesbaden, 1990.

GIERSCH, H. und K. BORCHARDT, Hrsg. (1962), Diagnose und Prognose als wirtschaftswissenschaftliche Methodenprobleme (Schriften des Vereins für Socialpolitik, N.F. Bd. 25), Berlin.

GIERSCH, H. (1964), Aufgaben der Strukturpolitik. Hamburger Jahrbuch für Wirtschafts- und Gesellschaftspolitik 9, S. 61-90.

GIERSCH, H. (1977), Konjunktur- und Wachstumspolitik in der offenen Wirtschaft (Allgemeine Wirtschaftspolitik, Bd. 2), Wiesbaden.

GIERSCH, H., Hrsg. (1983), Wie es zu schaffen ist - Agenda für die deutsche Wirtschaftspolitik, Stuttgart.

GLISMANN, H.H. u. a. (1986), Weltwirtschaftslehre - Eine problemorientierte Einführung (I: Außenhandels- und Währungspolitik, 3. überarb. und erw. Aufl.), Göttingen.

GLISMANN, H.H. u. a. (1987), Weltwirtschaftslehre - Eine problemorientierte Einführung (II: Entwicklungs- und Beschäftigungspolitik, 3. überarb. u. erw. Aufl.), Göttingen, Zürich.

GORDON, R.J. (1975), The Demand and Supply of Inflation. Journal of Law and Economics 18, S. 807 bis 836.

GRIMM, D. (1983), Die sozialgeschichtliche und verfassungsrechtliche Entwicklung zum Sozialstaat; in P. KOSLOWSKI u. a. (Hrsg.): Chancen und Grenzen des Sozialstaats - Staatstheorie, Politische Ökonomie, Politik, Tübingen, S. 41-64.

GRIMM, D. (1984), Verbände; in E. BENDA u. a. (Hrsg.): Handbuch des Verfassungsrechts der Bundesrepublik Deutschland, Studienausgabe, Teil 1, Berlin, New York, S. 373-388.

GROVE, D.L. (1982), Economists as Advisors to Policymakers - A Reassessment (Kieler Vorträge, N.F. 95, hrsg. v. H. GIERSCH), Tübingen.

GUTMANN, G. und W. KLEIN (1984), Wirtschaftspolitische Konzeptionen sozialistischer Planwirtschaften; in D. CASSEL (Hrsg.): Wirtschaftspolitik im Systemvergleich - Konzeption und Praxis der Wirtschaftspolitik in kapitalistischen und sozialistischen Wirtschaftssystemen, München, S. 93-116.

GUTOWSKI, A. (1983), Zur Theorie und Praxis der unabhängigen wirtschaftswissenschaftlichen Politikberatung. Hamburger Jahrbuch für Wirtschafts- und Gesellschaftspolitik 28, S. 9-24.

HABERLER, G. (1937), Prosperität und Depression - Eine theoretische Untersuchung der Konjunkturbewegungen, 2. erw. Aufl. (übersetzt nach der 3. erw. engl. Aufl. 1941), Tübingen 1955.

HABERMAS, J. (1964), Verwissenschaftlichte Politik und Öffentliche Meinung; wiederabgedruckt in ders.: Technik und Wissenschaft als „Ideologie", Frankfurt am Main 1968, S. 120-145.

HAHN, F.H. und R.G.O. MATTHEWS (1965), The Theory of Economic Growth - A Survey; in Royal Economic Society and American Economic Association (Hrsg.): Surveys of Economic Theory, Bd. 2, London u. a., S. 1-124.

HAMILTON, A., J. MADISON und J. JAY (1787-1788), The Federalist Papers, hrsg. v. C. ROSSITER, New York 1961.

HAMM, W. (1978), Staatsaufsicht über wettbewerbspolitische Ausnahmebereiche als Ursache ökonomischer Fehlentwicklungen. Ordo 29, S. 156-172.

HARBRECHT, W. (1984), Die Europäische Gemeinschaft, 2. neubearb. u. erw. Aufl., Stuttgart.

HAUENSTEIN, F. (1957), Die Gründerzeit der Wirtschaftsverbände. Ordo 9, S. 43-64.

HAYEK, F.A. (1935), The Nature and History of the Problem, in ders. (Hrsg.): Collective Economic Planning, London, S. 1-40. Wiederabdruck in: STREIT, M.E. (Hrsg.), Hayek Gesammelte Schriften Bd. A7, Wissenschaft und Sozialismus, Tübingen 2004.

HAYEK, F.A. (1937), Economics and Knowledge. Economica 4, S. 33-54. Wiederabdruck in: VANBERG, V. (Hrsg.), Hayek Gesammelte Schriften Bd. A1, Wirtschaftstheorie und Wissen, Tübingen 2005.

HAYEK, F.A. (1940), Socialist Calculation: The Competitive „Solution". Economica 7, S. 125-149. Wiederabdruck in: STREIT, M.E. (Hrsg.), Hayek Gesammelte Schriften Bd. A7, Wissenschaft und Sozialismus, Tübingen 2004.

HAYEK, F.A. (1944), The Road to Serfdom, London. Wiederabdruck in: STREIT, M.E. (Hrsg.), Hayek Gesammelte Schriften Bd. 1, Der Weg zur Knechtschaft, Tübingen 2004.

HAYEK, F.A. (1945), The Use of Knowledge in Society. American Economic Review 35, S. 519-530. Wiederabdruck in: VANBERG, V. (Hrsg.), Hayek Gesammelte Schriften Bd. A1, Wirtschaftstheorie und Wissen, Tübingen 2005.

HAYEK, F.A. (1948), Wahrer und falscher Individualismus. Wiederabdruck in: VANBERG, V. (Hrsg.), Hayek Gesammelte Schriften Bd. A5, Grundsätze einer liberalen Gesellschaftsordnung, Tübingen 2002.

HAYEK, F.A. (1952), Der Sinn des Wettbewerbs. Wiederabdruck in: STREIT, M.E. (Hrsg.), Hayek Gesammelte Schriften Bd. A4, Rechtsordnung und Handelnsordnung, Tübingen 2003.

HAYEK, F.A. (1955), Degrees of Explanation; wiederabgedruckt in ders.: Studies in Philosophy, Politics and Economics, London und Henley 1967, S. 3-21.

HAYEK, F.A. (1958), Gleichheit, Wert und Verdienst. Ordo 10, S. 5-29.

HAYEK, F.A. (1959), Mißbrauch und Verfall der Vernunft - Ein Fragment. Wiederabdruck in: BOSCH, A. und R. VEIT (Hrsg.), Hayek Gesammelte Schriften Bd. A2, Sozialwissenschaftliche Denker, Tübingen 2004.

HAYEK, F.A. (1960), The Constitution of Liberty, Neudruck, London u. a. Wiederabdruck in: BOSCH, A. und R. VEIT (Hrsg.), Hayek Gesammelte Schriften Bd. B3, Die Verfassung der Freiheit, Tübingen 2005.

HAYEK, F.A. (1963), Arten der Ordnung. Ordo 14, S. 3-20. Wiederabdruck in: STREIT, M.E. (Hrsg.), Hayek Gesammelte Schriften Bd. A4, Rechtsordnung und Handelnsordnung, Tübingen 2003.

HAYEK, F.A. (1964), The Theory of Complex Phenomena, London und Henley. Wiederabdruck in: VANBERG, V. (Hrsg.), Hayek Gesammelte Schriften Bd. A1, Wirtschaftstheorie und Wissen, Tübingen 2005.

HAYEK, F.A. (1965), Kinds of Rationalism, London und Henley. Wiederabdruck in: VANBERG, V. (Hrsg.), Hayek Gesammelte Schriften Bd. A1, Wirtschaftstheorie und Wissen, Tübingen 2005.

HAYEK, F.A. (1967a), Notes on the Evolution of Systems of Rules of Conduct; in ders.: Studies in Philosophy, Politics and Economics, London und Henley 1967, S. 66–81.

HAYEK, F.A. (1967b), Rechtsordnung und Handelnsordnung, Tübingen. Wiederabdruck in: STREIT, M.E. (Hrsg.), Hayek Gesammelte Schriften Bd. A4, Rechtsordnung und Handelnsordnung, Tübingen 2003.

HAYEK, F.A. (1967c), Studies in Philosophy, Politics and Economics, London und Henley.

HAYEK, F.A. (1968), Der Wettbewerb als Entdeckungsverfahren, Tübingen. Wiederabdruck in: STREIT, M.E. (Hrsg.), Hayek Gesammelte Schriften Bd. A4, Rechtsordnung und Handelnsordnung, Tübingen 2003.

HAYEK, F.A. (1973), Law, Legislation and Liberty, Volume I – Rules and Order, Chicago, London. Wiederabdruck in: VANBERG, V. (Hrsg.), Hayek Gesammelte Schriften Bd. B4, Recht, Gesetzgebung und Freiheit, Tübingen 2003.

HAYEK, F.A. (1975), Die Irrtümer des Konstruktivismus und die Grundlagen legitimer Kritik gesellschaftlicher Gebilde (Walter-Eucken-Institut, Vorträge und Aufsätze 51), Tübingen.

HAYEK, F.A. (1976), Law, Legislation and Liberty, Volume II – The Mirage of Social Justice, Chicago, London. Wiederabdruck in: VANBERG, V. (Hrsg.), Hayek Gesammelte Schriften Bd. B4, Recht, Gesetzgebung und Freiheit, Tübingen 2003.

HAYEK, F.A. (1977), Entnationalisierung des Geldes – Eine Theorie und Praxis konkurrierender Umlaufmittel, Tübingen. Wiederabdruck in: BOSCH, A. und R. VEIT (Hrsg.), Hayek Gesammelte Schriften Bd. A3, Entnationalisierung des Geldes, Tübingen 2005.

HAYEK, F.A. (1979), Law, Legislation and Liberty, Volume III – The Political Order of a Free People, Chicago, London. Wiederabdruck in: VANBERG, V. (Hrsg.), Hayek Gesammelte Schriften Bd. B4, Recht, Gesetzgebung und Freiheit, Tübingen 2003.

HAYEK, F.A. (2003), Rechtsordnung und Handelnsordnung, in: STREIT, M.E. (Hrsg.), Hayek Gesammelte Schriften Bd. A4, Rechtsordnung und Handelnsordnung, Tübingen.

HAYEK, F.A. (2004), Der Weg zur Knechtschaft, in: STREIT, M.E. (Hrsg.), Hayek Gesammelte Schriften Bd. B1, Tübingen.

HEAD, J.G. (1962), Public Goods and Public Policy. Public Finance 17, S. 197–221.

HENNIS, W. (1984), Wurzeln und Grenzen der Modernität; in B. KLINGENSTEIN (Hrsg.): Krise des Fortschritts, Wien u. a., S. 139–151.

HENSEL, K.P. (1963), Grundgesetz – Wirtschaftsordnungen. Ordo 14, S. 43–63.

HENSEL, K.P. (1972), Grundformen der Wirtschaftsordnung – Marktwirtschaft, Zentralverwaltungswirtschaft, München, 4. unveränderte Aufl., Münster, 1992.

HERDER-DORNEICH, PH. und M. GROSER (1977), Ökonomische Theorie des politischen Wettbewerbs, Göttingen.

HEUSS, E. (1980), Wettbewerb; in W. ALBERS u. a. (Hrsg.): Handwörterbuch der Wirtschaftswissenschaft, Bd. 8, Stuttgart u. a., S. 679–697.

HEUSS, E. (1987), Gerechtigkeit und Marktwirtschaft. Ordo 38, S. 3–21.

HICKS, J.R. (1937), Mr. Keynes and the „Classics" – A Suggested Interpretation. Econometrica 5, S. 147–159.

HICKS, J.R. (1950), A Contribution to the Theory of the Trade Cycle, Oxford.

HOBBES, T. (1651) Leviathan, hrsg. v. G.A.J. ROGERS u. K. SCHUMANN, Bristol, 2003.

HOFMANN, H.-J. (1982), Die Evolution von Marktstrukturen, Bern und Stuttgart.

HOFFMANN, L. (1988), Binnenmarktorientierung versus Weltmarktorientierung – Entwicklungsstrategien im Spannungsfeld zwischen Ökonomie und Politik; in M.E. STREIT (Hrsg.): Wirtschaftspolitik zwischen ökonomischer und politischer Rationalität (Festschrift für Herbert Giersch), Wiesbaden, S. 45–59.

HOOVER, E.M. (1948), The Location of Economic Activity, New York, Toronto, London, 1964.

HOPPMANN, E. (1967), Wettbewerb als Norm der Wettbewerbspolitik; wiederabgedruckt in K. HERDZINA (Hrsg.): Wettbewerbstheorie, Köln 1975, S. 230–243.

HOPPMANN, E. (1970), „Neue Wettbewerbspolitik": Vom Wettbewerb zur staatlichen Mikro-Steuerung – Bemerkungen zu einem neuen „Leitbild der Wettbewerbspolitik". Jahrbücher für Nationalökonomie und Statistik 184, S. 397–416.

HOPPMANN, E. (1973), Soziale Marktwirtschaft oder konstruktivistischer Interventionismus; in E. TUCHTFELDT (Hrsg.): Soziale Marktwirtschaft im Wandel, Freiburg, S. 27–68.

HOPPMANN, E. (1974), Volkswirtschaftliche und wirtschaftspolitische Bedeutung des Kartell- und Monopolrechts; in ders. und E.J. MESTMÄCKER (Hrsg.): Normenzwecke und Systemfunktionen im Recht der Wettbewerbsbeschränkungen (Walter-Eucken-Institut, Vorträge und Aufsätze 50), Tübingen, S. 5–19.

HOPPMANN, E. (1980a), Gleichgewicht und Evolution – Voraussetzungen und Erkenntniswert der Volkswirtschaftlichen Totalanalyse; in: Ansprachen und Vorträge auf der Festveranstaltung der Wirtschaftswissenschaftlichen Fakultät der Julius-Maximilian-Universität Würzburg zum 75. Geburtstag von Erich Carell am 23. Juni 1980 im Toskana-Saal der Residenz, Baden-Baden, S. 19–39.

HOPPMANN, E. (1980b), Wettbewerb und Wachstum in marktwirtschaftlichen Ordnungen; in E. STREISSLER und CH. WATRIN (Hrsg.): Zur Theorie marktwirtschaftlicher Ordnungen, Tübingen, S. 240–248.

HOPPMANN, E. (1982), Wettbewerbspolitik in Deutschland – Unternehmer zwischen Markt und Staat. Zeitschrift für Wirtschaftspolitik 31, S. 137–147.

HUME, D. (1786), A Treatise of Human Nature. Neudruck der Neuausgabe, London 1882–1886 (David Hume, The Philosophical Works, Vol. 2), hrsg. v. T.H. GREEN und T.H. GROSE, Aalen 1964.

HUTCHISON, T.W. (1964), „Positive" Economics and Policy Objectives, London.

HUTCHISON, T.W. (1979), Notes on the Effects of Economic Ideas on Policy – The Example of the German Social Market Economy. Zeitschrift für die gesamte Staatswissenschaft 135, S. 426–441.

HUTCHISON, T.W. (1981), On the Aims and Methods of Economic Theorizing; in ders.: The Politics and Philosophy of Economics – Marxians, Keynesians and Austrians, Oxford, S. 266–307.

HUXLEY, A. (1932), Schöne neue Welt: ein Roman der Zukunft. Lizenzausgabe 61. Aufl., Frankfurt a. M., 2003.

ISSING, O. (1982), Die Unabhängigkeit der Bundesbank – Theoretisch umstritten, praktisch bewährt; in W. EHRLICHER und D.B. SIMMERT (Hrsg.): Geld- und Währungspolitik in der Bundesrepublik Deutschland (Beihefte zu Kredit und Kapital, Heft 7), Berlin, S. 49–60.

ISSING, O. (1996), Einführung in die Geldpolitik, 6., wesentl. überarb. Aufl., München.

JÄNICKE, M. (1980), Zur Theorie des Staatsversagens; in P. GROTTIAN (Hrsg.): Folgen reduzierten Wachstums für Politikfelder, Opladen, S. 132–146.

JASEY, A. DE (1985), The State, Oxford.

JOCHIMSEN, R. (1967), Strategie der wirtschaftspolitischen Entscheidung. Weltwirtschaftliches Archiv 99 (1967/II), S. 52–78.

JÖHR, W.A. und H.W. SINGER (1955), Die Nationalökonomie im Dienste der Wirtschaftspolitik, 3. Aufl., Göttingen 1969.

JOHANSEN, L. (1973), Targets and Instruments under Uncertainty; in H.C. BOS (Hrsg.): Economic Structure and Development (Essays in Honour of Jan Tinbergen), Amsterdam u. a., S. 3–20.

JOHANSEN, L. (1979), The Bargaining Society and the Inefficiency of Bargaining. Kyklos 32, S. 497–522.

JONAS, H. (1979), Das Prinzip Verantwortung, Nachdruck, Frankfurt a.M, 2003.

KALTEFLEITER, W. (1986), Politische Ordnung und Wirtschaftsordnung; in R. VAUBEL und H.D. BARBIER (Hrsg.): Handbuch Marktwirtschaft, Pfullingen, S. 45–51, 2. Aufl., Stuttgart, 1993.

KANT, I. (1781, 1788, 1790), Die drei Kriterien in ihrem Zusammenhang mit dem Gesamtwerk, Jubiläumsausgabe anlässl. Des 125-jährigen Bestehens d.philosophischen Bibliothek, Hamburg, 1993.

KANTZENBACH, E. (1966), Die Funktionsfähigkeit des Wettbewerbs, 2. durchges. Aufl., Göttingen 1967.

KASPER, W. und M.E. STREIT (1998), Institutional Economics: Social Order and Public Policy, Cheltenham u. a.

KATEB, G. (1968), Utopias and Utopianism, in: International Encyclopedia of the Social Sciences, Vol. 16, S. 267–271.

KATH, D. (1988), Sozialpolitik; in D. BENDER u. a. (Hrsg.): Vahlens Kompendium der Wirtschaftstheorie und Wirtschaftspolitik, 3. Aufl., München, S. 401–407.

KAUFER, E. (1980), Wettbewerb und Wachstum in marktwirtschaftlichen Ordnungen; in E. STREISSLER und CH. WATRIN (Hrsg.): Zur Theorie marktwirtschaftlicher Ordnungen, Tübingen, S. 207–239.

KAUFER, E. (1981), Theorie der öffentlichen Regulierung, München.

KEYNES, J.M. (1936), The General Theory of Employment, Interest and Money, 9. Aufl., Berlin, 2002.

KIESER, A. und H. KUBICEK (1983), Organisation, 3. neubearb. u. erw. Aufl., Berlin, New York, 1992.

KINDLEBERGER, CH.P. (1973), The World in Depression 1929–1939 (History of the World Economy in the Twentieth Century, Vol. 4), London.

KINDLEBERGER, CH.P. (1986), International Public Goods without International Government. American Economic Review 76, S. 1–13.

KIRCHGÄSSNER, G. (1974), Ökonometrische Untersuchungen des Einflusses der Wirtschaftslage auf die Popularität der Parteien. Schweizerische Zeitschrift für Volkswirtschaft und Statistik 110, S. 409 bis 445.

KIRCHGÄSSNER, G. (1985), Ist „rationale" Wirtschaftspolitik möglich? – Zu den Auswirkungen der Theorie rationaler Erwartungen und der ökonomischen Theorie der Politik auf die Theorie der Wirtschaftspolitik. Konjunkturpolitik 31, S. 209–237.

KIRSCH, G. (1974), Neue Politische Ökonomie, 4. neubearb. u. erw. Aufl., Düsseldorf 1997.

KIRSCH, G. (1975), Wissenschaft zwischen Spiel und Verpflichtung – Zur Theorie der Forschungspolitik, Freiburg (Schweiz).

KIRSCH, G. (1977), Technischer Fortschritt III – Förderung durch die öffentliche Hand, in: Handwörterbuch der Wirtschaftswissenschaft, Bd. 7, Stuttgart, New York, S. 609–620.

KIRSCH, G. (1982), Politische Grenzen der Geldpolitik; in W. EHRLICHER und D.B. SIMMERT (Hrsg.): Geld- und Währungspolitik in der Bundesrepublik Deutschland (Beihefte zu Kredit und Kapital, Heft 7), Berlin, S. 33–47.

KIRSCH, W. (1970), Entscheidungsprozesse (Bd. 1: Verhaltenswissenschaftliche Ansätze der Entscheidungstheorie), Wiesbaden.

KIRSCHEN, E.S. u. a., Hrsg. (1964), Economic Policy in Our Time, Vol. I, Neudruck, Amsterdam 1968.

KIRZNER, I.M. (1983), Die zentrale Bedeutung unternehmerischen Entdeckens. Zeitschrift für Wirtschaftspolitik 32, S. 207–224.

KIRZNER, I.M. (1986), Roundaboutness, Opportunity and Austrian Economics; in M.J. ANDERSON (Hrsg.): The Unfinished Agenda – Essays on the Political Economy of Government Policy in Honour of Arthur Seldon, London, S. 93–103.

KIRZNER, I.M. (1989), Discovery, Capitalism and Distributive Justice, Oxford.

KLEIN, L.R. (1947), The Use of Economic Models as a Guide to Economic Policy. Econometrica 15, S. 111–151.

KLEINEWEFERS, H. und A. JANS (1983), Einführung in die volkswirtschaftliche und wirtschaftspolitische Modellbildung, München.

KLOTEN, N. (1955), Zur Typenlehre der Wirtschafts- und Gesellschaftsordnungen. Ordo 7, S. 123–143.

KLOTEN, N. (1967), Utopie und Leitbild im wirtschaftspolitischen Denken. Kyklos 20, S. 331–354.

KLOTEN, N. (1978), Wissenschaftliche Erkenntnis – Politische Entscheidung; in E. HELMSTÄDTER (Hrsg.): Neuere Entwicklungen in den Wirtschaftswissenschaften, Berlin, S. 883–902.

KLOTEN, N. (1986), Der Staat in der Sozialen Marktwirtschaft (Walter-Eucken-Institut, Vorträge und Aufsätze 108), Tübingen.

KNAUFF, B. (1972), Die Reformpolitik in der DDR - Reformen des Preissystems; in L. BRESS und K.P. HENSEL (Hrsg.): Wirtschaftssysteme des Sozialismus im Experiment - Plan oder Markt?, Frankfurt am Main, S. 221-274.

KNIGHT, F.H. (1921), Risk, Uncertainty and Profit. Neudruck der ersten Auflage mit einem Vorwort von G.J. STIGLER, Chicago und London 1971.

KÖNIG, H., (Hrsg.) (1968), Wachstum und Entwicklung der Wirtschaft, 2. Aufl., Köln, Berlin, 1970.

KROMPHARDT, J. (1980), Konzeptionen und Analysen des Kapitalismus, 4. durchges. u. akt. Aufl., Göttingen, 2004.

KÖSTLER, A. (1940), Sonnenfinsternis, Neuausg. München, 2000.

KRÜSSELBERG, H.-G. (1969), Marktwirtschaft und ökonomische Theorie - ein Beitrag zur Theorie der Wirtschaftspolitik, Freiburg.

KÜLP, B. (1971), Verteilungspolitik; in ders. und J. WERNER: Wachstumspolitik - Verteilungspolitik, Stuttgart, S. 91-232.

KÜLP, B. und W. SCHREIBER, Hrsg. (1971), Soziale Sicherheit. Neue Wissenschaftliche Bibliothek 40, Köln u. a.

KÜLP, B. (1975), Wohlfahrtsökonomik I - Die Wohlfahrtskriterien, 2. neubearb. u. erw. Aufl., Düsseldorf, 1984.

LACHMANN, L. (1943), The Role of Expectations in Economics as a Social Science; wiederabgedruckt in ders.: Capital, Expectations, and the Market Process - Essays on the Theory of the Market Economy, edited with an introduction by W.E. GRINDER, Kansas City 1977, S. 65-80.

LACHMANN, L. (1963), Wirtschaftsordnung und wirtschaftliche Institutionen. Ordo 14, S. 63-77.

LAMPERT, H. (2004), Lehrbuch der Sozialpolitik, 7. überarb. u. vollst. akt. Aufl., Berlin u. a.

LAMPERT, H. (2001), Die Wirtschafts- und Sozialordnung der Bundesrepublik Deutschland im Rahmen der Europäischen Union, 14. völlig überarb. Aufl., München.

LANGE, O. (1932), Die Preisdispersion als Mittel zur statistischen Messung wirtschaftlicher Gleichgewichtsstörungen, in: Veröffentlichungen der Frankfurter Gesellschaft für Konjunkturforschung, N.F. 4, Leipzig.

LANGE, O. und F.M. TAYLOR (1939), On the Economic Theory of Socialism (hrsg. v. B.E. LIPPINCOTT), reprint, Minneapolis 1970, reprinted in: BORNSTEIN, M. (ed.), Comparative Economic Systems, Homewood, 1985.

LANGLOIS, R.N. (1986), Rationality, Institutions and Explanation; in ders. (Hrsg.): Economics as a Process - Essays in New Institutional Economics, Cambridge u. a., S. 225-255.

LAUSCHMANN, E. (1976), Grundlagen einer Theorie der Regionalpolitik, 3., völlig neu bearb. Aufl., Hannover.

LEIJONHUFVUD, A. (1973), Effective Demand Failures, wiederabgedruckt in ders.: Information and Coordination - Essays in Macroeconomic Theory, Oxford 1981, S. 103-129.

LEIJONHUFVUD, A. (1977), Inflation and the Economists - Critique; wiederabgedruckt in ders.: Information and Coordination - Essays in Macroeconomic Theory, Oxford, 1981. S. 271-289.

LEIPOLD, H. (1983), Der Einfluß von Property Rights auf hierarchische und marktliche Transaktionen in sozialistischen Wirtschaftssystemen; in A. SCHÜLLER (Hrsg.): Property Rights und ökonomische Theorie, München, S. 185-217.

LEIPOLD, H. (1984), Wirtschaftspolitische Konzeptionen sozialistischer Marktwirtschaften; in D. CASSEL (Hrsg.): Wirtschaftspolitik im Systemvergleich, München, S. 69-91.

LEIPOLD, H. (1985), Ordnungspolitische Implikationen der Transaktionskostenökonomie. Ordo 36, S. 31-50.

LEIPOLD, H. (1988), Wirtschafts- und Gesellschaftssysteme im Vergleich - Grundzüge einer Theorie der Wirtschaftssysteme, 5., neubearb. Aufl., Stuttgart.

LIEFMANN-KEIL, E. (1961), Ökonomische Theorie der Sozialpolitik, Berlin u. a.

LINDBLOM, CH.E. (1958), Policy Analysis. American Economic Review 48, S. 298-312.

LOASBY, B. (1976), Choice, Complexity and Ignorance, Cambridge.

LOCKSLEY, G. (1980), The Political Business Cycle: Alternative Interpretations: in P. WHITELEY (Hrsg.): Models of Political Economy, London, Beverly Hills, S. 177-198.

LÖSCH, A. (1940), Die räumliche Ordnung der Wirtschaft, 3., unveränd. Aufl. mit einem Vorwort von W. STOLPER, Stuttgart 1962.

LÖSCH, D. (1973), Ordnungspolitik, Systemüberwindende Reformen, Piecemeal Sozialtechnik – Kritische Anmerkungen zu alternativen Ansätzen gesellschaftspolitischer Konzeptionen. Hamburger Jahrbuch für Wirtschafts- und Gesellschaftspolitik 18, S. 25–46.

LUCAS JR., R.E. (1976), Econometric Policy Evaluation – A Critique; in K. BRUNNER und A.H. MELTZER (Hrsg.): The Phillips Curve and Labor Markets, Amsterdam u. a., S. 19–46.

LUTZ, F.A. (1956), Bemerkungen zum Monopolproblem. Ordo 8, S. 19–43.

MACHLUP, F. (1965), Wettbewerb (III) – Wirtschaftstheoretische Betrachtung; in: Handwörterbuch der Sozialwissenschaften, Bd. 12, Stuttgart, Tübingen, Göttingen, S. 36–49, Neuauflage 1988.

MAIER, H. (1988), Innovation oder Stagnation – Bedingungen der Wirtschaftsreform in sozialistischen Ländern, Köln.

MALTHUS, T.R. (1798), An Essay on the Principle of Population, as it Affects the Future Improvement of Society, with Remarks on the Speculations of Mr. Godwin, M. Condorcet, and other writers, reprint London u. a., 1986.

MARX, K. (1875), Randglossen zum Programm der deutschen Arbeiterpartei (Kritik des Gothaer Programms); wiederabgedruckt in Institut für Marxismus-Leninismus beim ZK der SED (Hrsg.): Karl Marx – Friedrich Engels, Werke Bd. 19, Berlin (Ost) 1972, S. 15–32.

MCCULLOCH, J.H. (1975), The Monte Carlo-Cycle in Business Activity. Economic Inquiry 13, S. 303 bis 321.

MELTZER, A.H. (1981), Monetarism and the Crisis in Economics; in D. BELL und I. KRISTOL (Hrsg.): The Crisis in Economic Theory, New York, S. 35–45.

MENGES, G. (1969), Grundmodelle wirtschaftlicher Entscheidungen, 2. Aufl., Düsseldorf 1974.

MESTMÄCKER, E.-J. (1975), Wirtschaftsordnung und Staatsverfassung; in ders. und H. SAUERMANN (Hrsg.): Wirtschaftsordnung und Staatsverfassung (Festschrift für Franz Böhm zum 80. Geburtstag), Tübingen, S. 383–419.

MESTMÄCKER, E.-J. (1978), Recht und ökonomisches Gesetz – Über die Grenzen von Staat, Gesellschaft und Privatautonomie, 2. erg. Aufl., Baden-Baden 1984.

MESTMÄCKER, E.-J. (1984a), Der verwaltete Wettbewerb – Eine vergleichende Untersuchung über den Schutz von Freiheit und Lauterkeit im Wettbewerbsrecht, Tübingen.

MESTMÄCKER, E.-J. (1984b), Rechtsfragen einer Ordnung der Weltwirtschaft; in B. BÖRNER u. a. (Hrsg.): Einigkeit und Recht und Freiheit (Festschrift für Karl Carstens), Köln u. a., S. 417–427.

MEYER, W. (1979a), Die Methodologie des kritischen Rationalismus; in H. RAFFÉE und B. ABEL (Hrsg.): Wissenschaftstheoretische Grundfragen der Wirtschaftswissenschaften, München, S. 28–43.

MEYER, W. (1979b), Falsifikationslehre und ökonomische Theorie – Anwendungsprobleme des kritischen Rationalismus; in H. RAFFÉE und B. ABEL (Hrsg.): Wissenschaftstheoretische Grundfragen der Wirtschaftswissenschaften, München, S. 44–59.

MILL, J.S. (1859), On Liberty; in ders.: Utilitarism, Liberty, Representative Government, Neuausgabe, hrsg. v. H.B. ACTON, London 1972.

MISES, L. v. (1920), Die Wirtschaftsrechnung im sozialistischen Gemeinwesen. Archiv für Sozialwissenschaften 47, S. 86–121 (engl. Übers.: „Economic Calculation in the Socialist Commonwealths"; in F.A. HAYEK (Hrsg.): Collectivist Economic Planning, London 1935, S. 87–200).

MISES, L. v. (1922), Die Gemeinwirtschaft – Untersuchungen über den Sozialismus, Jena, unveränderter Nachdruck, München, 1982.

MISES, L. v. (1940), Nationalökonomie – Theorie des Handelns und Wirtschaftens, unveränd. Nachdruck der 1. Aufl., Düsseldorf, 2002.

MISHAN, E.J. (1960), A Survey of Welfare Economics 1939–1959. Economic Journal 70, S. 197–265.

MÖLLER, H. (1942), Die Rationalität der wirtschaftlichen Handlungen. Jahrbücher für Nationalökonomie und Statistik 156, S. 241–257.

MÖSCHEL, W. (1981), Zur wettbewerbstheoretischen Begründbarkeit von Ausnahmebereichen. Ordo 32, S. 85–102.

MÖSSNER, J.M. (1977), Staatsrecht, 2. neubear. u. erw. Aufl., Düsseldorf, 1995.

MOLITOR, B. (1958), Soziale Marktwirtschaft. Hamburger Jahrbuch für Wirtschafts- und Gesellschaftspolitik 3, S. 57–75.

MOLITOR, B. (1963), Theorie der Wirtschaftspolitik und Werturteil. Hamburger Jahrbuch für Wirtschafts- und Gesellschaftspolitik 8, S. 81–102.

MOLITOR, B. (1976), Piecemeal Engineering in der Wirtschafts- und Sozialpolitik. Hamburger Jahrbuch für Wirtschafts- und Gesellschaftspolitik 21, S. 25–43.

MOLITOR, B. (1986), Demokratische Wirtschaftspolitik. Hamburger Jahrbuch für Wirtschafts- und Gesellschaftspolitik 31, S. 27–47.

MOLITOR, B. (1988), Wirtschaftspolitik, München, Wien.

MORGENSTERN, O. (1934), Die Grenzen der Wirtschaftspolitik, Wien.

MORGENSTERN, O. (1972), Thirteen Critical Points in Contemporary Economic Theory – An Interpretation. Journal of Economic Literature 10, S. 1163–1189.

MUELLER, D.C. (1979), Public Choice, reprint, Cambridge u. a., 1993.

MÜLLER-ARMACK, A. (1948), Die Wirtschaftsordnungen sozial gesehen. Ordo 1, S. 125–154.

MÜLLER-ARMACK, A. (1956), Soziale Marktwirtschaft, in: Handwörterbuch der Sozialwissenschaften, Bd. 9, Stuttgart, Tübingen, Göttingen, S. 390–392.

MÜNNICH, F.E. (1977), Einführung in die empirische Makroökonomik, 3. neubearb. Aufl., Berlin, 1982.

MUNDELL, R.A. (1962), The Appropriate Use of Monetary and Fiscal Policy for Internal and External Stability; wiederabgedruckt in J. LINDAUER (Hrsg.): Macroeconomic Readings, Toronto 1968, S. 253–257.

MUSGRAVE, R.A. und P.B. MUSGRAVE (1973), Public Finance in Theory and Practice, 5. ed., New York u. a. 1989.

MYRDAL, G. (1930), Das politische Element in der Nationalökonomischen Doktrinbildung, 2. Aufl., Hannover 1963.

MYRDAL, G. (1933), Das Zweck-Mittel-Denken in der Nationalökonomie. Zeitschrift für Nationalökonomie 4, S. 305–329.

MYRDAL, G. (1969), Objektivität in der Sozialforschung, 2. Aufl., Frankfurt am Main 1971.

MYRDAL, G. (1981), Relief Instead of Development Aid. Intereconomics 16, S. 86–89.

NELSON, R.H. (1987), The Economics Profession and the Making of Public Policy. Journal of Economic Literature 25, S. 49–91.

NEUBERGER, E. (1966), Libermanism, Computopia and Visible Hand – The Question of Informational Efficiency. American Economic Review, Papers and Proceedings 56, S. 131–144.

NEUMANN, C.W. (1983), Allgemeine Wettbewerbstheorie und Preismißbrauchsaufsicht, Neuwied, Darmstadt.

NIENHAUS, V. (1982), Persönliche Freiheit und moderne Demokratie – F.A. v. Hayeks Demokratiekritik und sein Reformvorschlag (Walter-Eucken-Institut, Vorträge und Aufsätze 85), Tübingen.

NISKANEN, W.A. (1971), Bureaucracy and Representative Government, Chicago, 2nd printing 1974.

NORDHAUS, W.D. (1975), The Political Business Cycle. Review of Economic Studies 42, S. 169–190.

O'DRISCOLL JR., G.P. und M.J. RIZZO (1985), The Economics of Time and Ignorance, London, 1996.

OLSON, M. (1965), The Logic of Collective Action – Public Goods and the Theory of Groups, 20. Aufl., Cambridge, Mass., 2002.

OLSON, M. (1978), The Determinants of Relative Rates of Economic Growth and Possibilities for Redistribution; in M. PFAFF (Hrsg.): Grenzen der Umverteilung, Berlin, S. 57–68.

OLSON, M. (1991), The Rise and Decline of Nations – Economic Growth, Stagflation and Social Rigidities, New Haven, London, 2. durchges. Aufl., Tübingen.

PALDAM, M. (1979), Is there an Electional Cycle? – A Comparative Study of National Accounts. Scandinavian Journal of Economics 81, S. 323–342.

PEACOCK, A. (1978), The Economics of Bureaucracy – An Inside View; in Institute of Economic Affairs (Hrsg): The Economics of Politics, London, S. 117–128.

PELTZMAN, S. (1976), Toward a More General Theory of Regulation. Journal of Law and Economics 19, S. 211-240.

PETERS, H.R. (1987), Wirtschaftssysteme, München und Wien, 2. überarb. u. erw. Aufl., 1993.

PETERS, H.R. (1988), Sektorale Strukturpolitik, 2. überarb. u. erw. Aufl., München und Wien, 1996.

PETERSMANN, E.-V. (1986), Trade Policy as a Constitutional Problem - On the Domestic Policy Functions of International Trade Rules. Außenwirtschaft 41, S. 243-277.

PICOT, A. (1984), Organisation, in: Vahlens Kompendium der Betriebswirtschaftslehre, Bd. 2, München, S. 95-158.

PINDYCK, R.S. (1975), Optimal Planning for Economic Stabilization, Amsterdam.

POLANYI, M. (1951), The Logic of Liberty - Reflections and Rejoinders, Chicago, reprint, Indianapolis, 1998.

POPPER, K.R. (1945), The Open Society and its Enemies, Vol. I - The Spell of Plato, Golden Jubilee Edition, London 1995.

POPPER, K.R. (1948a), Utopia and Violence; wiederabgedruckt in ders.: Conjectures and Refutations - The Growth of Scientific Knowledge, 5. Aufl., Neudruck, London u. a., 2002, S. 355-363.

POPPER, K.R. (1948b), Prediction and Prophesy in the Social Sciences; wiederabgedruckt in ders.: Conjectures and Refutations - The Growth of Scientific Knowledge, 5. Aufl., Neudruck, London u. a. 2002, S. 336-346.

POPPER, K.R. (1957a), The Poverty of Historicism, 6. Aufl., Neudruck, London 1999. Übersetzt in: KIESEWETTER, H. (Hrsg.), Gesammelte Werke 4, Das Elend des Historizismus, 7. durchges. u. erg. Aufl., Tübingen 2003.

POPPER, K.R. (1957b), Science: Conjectures and Refutations; wiederabgedruckt in ders.: Conjectures and Refutations - The Growth of Scientific Knowledge, 5. Aufl., Neudruck, London u. a. 2002, S. 33-65.

POPPER, K.R. (1960), On the Sources of Knowledge and of Ignorance; wiederabgedruckt in ders.: Conjectures and Refutations - The Growth of Scientific Knowledge, 5. Aufl., Neudruck, London u. a. 2002, S. 3-30.

POPPER, K.R. (1962), Die Logik der Sozialwissenschaften. Kölner Zeitschrift für Soziologie und Sozialpsychologie 14, S. 233-248.

POPPER, K.R. (1976), Conjectures and Refutations - The Growth of Scientific Knowledge, 5. Aufl., Neudruck; London u. a., 2002.

PREST, A.R. und R. TURVEY (1965), Cost-Benefit Analysis - A Survey. Economic Journal 75, S. 683-735.

PÜTZ, T. (1960), Die wirtschaftspolitische Konzeption; in H.J. SERAPHIM (Hrsg.): Zur Grundlegung wirtschaftspolitischer Konzeptionen (Schriften des Vereins für Socialpolitik, N.F. Bd. 18), Berlin, S. 9-21.

PÜTZ, T. (1964), Zur Typologie wirtschaftspolitischer Systeme. Jahrbuch für Sozialwissenschaft 15, S. 131-159.

PÜTZ, T. (1979), Grundlagen der theoretischen Wirtschaftspolitik (Wirtschaftspolitik, Bd. 1), 4., neubearb. u. erw. Aufl., Stuttgart.

PÜTZ, T. (1983), Die Theorie der rationalen Wirtschaftspolitik - Kritik und Antikritik; in A. WOLL (Hrsg.): Aktuelle Wege der Wirtschaftspolitik, Berlin, S. 9-49.

RAWLS, J. (1971), A Theory of Justice , rev. ed. 5th printing, Cambridge, Mass., 2003.

RECKTENWALD, H.C. (1985), Ethik, Selbstinteresse und Bonum Commune - Eine Analyse der klassischen Ordnungstheorie Adam Smiths; in G. ENDERLE (Hrsg.): Ethik und Wirtschaftswissenschaft (Schriften des Vereins für Socialpolitik, N.F. Bd. 147), Berlin, S. 143-161.

RECKTENWALD, H.C. (1986), Verteilung der Einkommen und Vermögen; in R. VAUBEL und H.D. BARBIER (Hrsg.): Handbuch Marktwirtschaft, Pfullingen, S. 249-256.

RICHTER, R., U. SCHLIEPER und W. FRIEDMANN (1981), Makroökonomik - Eine Einführung, 4. korr. u. erg. Aufl., Berlin u. a.

RIESE, H. (1971), Schritte zu einer ökonomischen Theorie der Evolution; in B. GAHLEN und A.E. OTT (Hrsg.): Probleme der Wachstumstheorie, Tübingen, S. 379-434.

RIESE, H. (1975), Wohlfahrt und Wirtschaftspolitik, Reinbek bei Hamburg.

RIVLIN, A.M. (1987), Economics and the Political Process. American Economic Review 77, S. 1–10.

ROBBINS C.L., Lord (1976), Political Economy: Past and Present – A Review of Leading Theories of Economic Policy, London und Basingstoke.

ROBBINS, L. (1932), An Essay on the Nature and Significance of Economic Science, 2nd ed. 1935, London, New York.

RÖPKE, J. (1977), Die Strategie der Innovation, Tübingen.

RÖPKE, J. (1980), Zur Stabilität und Evolution marktwirtschaftlicher Systeme aus klassischer Sicht; in E. STREISSLER und CH. WATRIN (Hrsg.): Zur Theorie marktwirtschaftlicher Ordnungen, Tübingen, S. 124–154.

RÖPKE, J. (1983), Handlungsrechte und wirtschaftliche Entwicklung; in A. SCHÜLLER (Hrsg.): Property Rights und ökonomische Theorie, München, S. 111–144.

RÖPKE, J. (1987), Möglichkeiten und Grenzen der Steuerung wirtschaftlicher Entwicklung in komplexen Systemen; in M. BORCHERT u. a. (Hrsg.): Markt und Wettbewerb, Freiburg, Bern, Stuttgart, S. 227–243.

RÖPKE, W. (1944), Civitas Humana – Grundfragen der Gesellschafts- und Wirtschaftsreform, 4. Aufl., Bern 1979.

RÖPKE, W. (1951), Wirtschaftssystem und internationale Ordnung, Prolegomena. Ordo 4, S. 261–297.

RÖRIG, F. (1959), Mittelalterliche Weltwirtschaft; wiederabgedruckt in P. KAEGBEIN (Hrsg.): Wirtschaftskräfte im Mittelalter, 2. Aufl., Wien u. a. 1971, S. 351–391.

ROSTOW, W.W. (1960), Stadien wirtschaftlichen Wachstums – Eine Alternative zur marxistischen Entwicklungstheorie, 2. Aufl, Göttingen, 1967.

ROSTOW, W.W. (1971), Politics and the Stages of Growth, Cambridge, Mass.

ROTHSCHILD, K.W. (1969), Wirtschaftsprognose – Methoden und Probleme, Berlin u. a.

ROWLEY, C.K. und A.T. PEACOCK (1975), Welfare Economics – A Liberal Restatement, Neudruck, London 1978.

RÜSTOW, A. (1953), Soziale Marktwirtschaft als Gegenprogramm gegen Kommunismus und Bolschewismus; in A. HUNOLD (Hrsg.): Wirtschaft ohne Wunder, Erlenbach-Zürich, S. 97–108.

RUPP, H.H. (1971), Konzertierte Aktion und freiheitlich-rechtsstaatliche Demokratie; in E. HOPPMANN (Hrsg.): Konzertierte Aktion – Kritische Beiträge zu einem Experiment, Frankfurt a. M., S. 1–18.

RUPP, H.H. (1973), Die „öffentlichen" Funktionen der Verbände und die demokratisch-repräsentative Verfassungsordnung; in H.K. SCHNEIDER und CH. WATRIN (Hrsg.): Macht und ökonomisches Gesetz (Schriften des Vereins für Socialpolitik, N.F. Bd. 74/II), Berlin, S. 1251–1268.

RUPP, H.H. (1982), Wirtschaftsordnung I – Wirtschaftsverfassung; in: Handwörterbuch der Wirtschaftswissenschaft, Bd. 9, Stuttgart, New York, S. 141–149, Neuaufl. 1988.

SAMUELSON, P.A. (1939), Interactions between the Multiplier Analysis and the Principle of Acceleration. Review of Economics and Statistics 21, S. 75–78.

SAMUELSON, P.A. (1947), Foundations of Economic Analysis, erw. Ausg., Düsseldorf, 1997.

SAMUELSON, P.A. und R.M. SOLOW (1960), Analytical Aspects of Anti-Inflation Policy. American Economic Review 50, Papers and Proceedings, S. 177–194.

SAMUELSON, P.A. und W.D. NORDHAUS (1987), Volkswirtschaftslehre – Grundlagen der Makro- und Mikroökonomie, 8., grundlegend überarb. dt. Neuauflage in 2 Bänden, Köln.

SARTORI, G. (1987), The Theory of Democracy Revisited, 2 Bde., Chatham, N.J., Sonderausgabe Darmstadt 1997.

SAUTTER, H. (1981), Soziale Marktwirtschaft als Ordnungsprinzip für die Wirtschaftsbeziehungen zwischen Entwicklungs- und Industrieländern; in O. ISSING (Hrsg.): Zukunftsprobleme der Sozialen Marktwirtschaft, Berlin, S. 633–650.

SCHENK, K.-E. (1981), Märkte, Hierarchien und Wettbewerb – Elemente einer Theorie der Wirtschaftsordnung, München.

SCHILLER, K. (1956), Der Ökonom und die Gesellschaft. Hamburger Jahrbuch für Wirtschafts- und Gesellschaftspolitik 1, S. 11-21.

SCHILLER, K. (1965), Wirtschaftspolitik, in: Handwörterbuch der Sozialwissenschaften, Bd. 12, Stuttgart, Tübingen, Göttingen, S. 210-231.

SCHILLER, K. (1968), Konjunkturpolitik auf dem Wege zu einer Affluent Society; in R. SCHWEBLER und W. FÖHRENBACH (Hrsg.): Jahre der Wende (Festgabe für Alex Möller), Karlsruhe, S. 61-76.

SCHLECHT, O. (1981), Die Genesis des Konzepts der Sozialen Marktwirtschaft; in O. ISSING (Hrsg.): Zukunftsprobleme der Sozialen Marktwirtschaft, Berlin, S. 9-31.

SCHLICHT, E. (1977), Grundlagen der ökonomischen Analyse, Reinbek b. Hamburg.

SCHLIEPER, U. (1984), Zur keynesianischen These der marktwirtschaftlichen Instabilität; in G. BOMBACH u. a. (Hrsg.): Perspektiven der Konjunkturforschung, Tübingen, S. 89-96.

SCHMIDT, K. (1964), Zur Geschichte der Lehre von den Kollektivbedürfnissen; in N. KLOTEN u. a. (Hrsg.): Systeme und Methoden in den Wirtschafts- und Sozialwissenschaften (Erwin v. Beckerath zum 75. Geburtstag), Tübingen, S. 335-362.

SCHMIDT, K. (1970), Kollektivbedürfnisse und Staatstätigkeit; in H. HALLER (Hrsg.): Theorie und Praxis des finanzpolitischen Interventionismus, Tübingen, S. 3-27.

SCHMIDTCHEN, D. (1983), Property Rights, Freiheit und Wettbewerbspolitik (Walter-Eucken-Institut, Vorträge und Aufsätze 89), Tübingen.

SCHNEEWEISS, H. (1967), Entscheidungskriterien bei Risiko, Berlin u. a.

SCHNEIDER, H. (1986), Mikroökonomik - Eine Einführung in die Preis-, Produktions- und Wohlfahrtstheorie, 4., neubearb. Aufl., München.

SCHÜLLER, A. (1978), Ordnungsfragen der Außenwirtschaftspolitik gegenüber zentralgeleiteten Volkswirtschaften; in ders. und H. GRÖNER (Hrsg.): Internationale Wirtschaftsordnung, Stuttgart und New York, S. 91-180.

SCHÜLLER, A., Hrsg. (1983a), Property Rights und ökonomische Theorie, München.

SCHÜLLER, A. (1983b), Property Rights, Theorie der Firma und wettbewerbliches Marktsystem; in ders. (Hrsg.): Property Rights und ökonomische Theorie, München, S. 145-183.

SCHÜLLER, A. (1987), Grundlagen der Wettbewerbspolitik; in Bundesministerium für innerdeutsche Beziehungen (Hrsg.): Materialien zum Bericht zur Lage der Nation im geteilten Deutschland, Bonn, S. 56-71.

SCHUMPETER, J. (1912), Theorie der wirtschaftlichen Entwicklung - Eine Untersuchung über Unternehmergewinn, Kapital, Kredit, Zins und den Konjunkturzyklus, 9. Aufl., Berlin 1997.

SCHUMPETER, J. (1928), Unternehmer; in: Handwörterbuch der Staatswissenschaften, 4. Aufl., Bd. 8, Jena, S. 476-487.

SCHUMPETER, J. (1942), Kapitalismus, Sozialismus und Demokratie, 7. erw. Aufl., Tübingen u. a., 1993.

SCITOVSKY, T. (1954), Two Concepts of External Economies; wiederabgedruckt in ders.: Papers on Welfare and Growth, London 1964, S. 69-83.

SENGHAAS, D. (1987), Die Entwicklungsproblematik - Überlegungen zum Stand der Diskussion. Aus Politik und Zeitgeschichte 37, B. 8, S. 3-12.

SENTI, R. (1987), Die wirtschaftliche Relevanz des GATT. Zeitschrift für Wirtschaftspolitik 3, S. 193 bis 206.

SHILLER, R.J. (1978), Rational Expectations and the Dynamic Structure of Macroeconomic Models. Journal of Monetary Economics 4, S. 1-44.

SIEBERT, H. (1974), Ökonomie der Umwelt - Ein Überblick. Jahrbücher für Nationalökonomie und Statistik 188, S. 119-151.

SIEBERT, H. (1978), Ökonomische Theorie der Umwelt, Tübingen.

SIEBKE, J. (1988), Verteilung; in D. BENDER u. a. (Hrsg.): Vahlens Kompendium der Wirtschaftstheorie und Wirtschaftspolitik, Bd. 1, 3. Aufl., S. 375-407.

SIMON, H.A. (1955), A Behavioral Model of Rational Choice. Quarterly Journal of Economics 69, S. 99-118.

SIMON, H.A. (1957), Models of Man - Social and Rational, New York, 1987.

SIMON, H.A. (1959), Theories of Decision-Making in Economics and Behavioral Science. American Economic Review 49, S. 253–283.

SIMON, H.A. (1979), Rational Decision Making in Business Organizations, American Economic Review 69, S. 493–513.

SIMON, H.A. (1983), Reason in Human Affairs, Oxford.

SLUTZKY, E. (1937), The Summation of Random Causes as the Source of Cyclic Processes. Econometrica 5, S. 105–146 (erweiterte Fassung des Originals in russischer Sprache von 1927).

SMITH, A. (1776), Der Wohlstand der Nationen – Eine Untersuchung seiner Natur und seiner Ursachen, 10. Aufl., München, 2003.

SOHMEN, E. (1959), Competition and Growth – The Lesson of West Germany. American Economic Review 49, S. 986–1003.

SOHMEN, E. (1976), Allokationstheorie und Wirtschaftspolitik, 2. Aufl., Tübingen, 1992.

SOLOW, R.E. (1970), Growth Theory – An Exposition, 2nd ed., New York u. a., 2000.

SOLTWEDEL, R. u. a. (1986), Deregulierungspotentiale in der Bundesrepublik, Tübingen.

STARK, F., Hrsg. (1971), Revolution oder Reform? Herbert Marcuse und Karl Popper – Eine Konfrontation, München.

STEGEMANN, K. (1964), Workable Competition nach 20 Jahren – Bemerkungen zu einem Buch von John Maurice Clark. Hamburger Jahrbuch für Wirtschafts- und Gesellschaftspolitik 9, S. 237–255.

STERN, K., P. MÜNCH und K.-H. HANSMEYER (1967), Gesetz zur Förderung der Stabilität und des Wachstums der Wirtschaft (Kommentar), 2., neubearb. u. erw. Aufl., Stuttgart u. a. 1972.

STIGLER, G.J. (1973), General Economic Conditions and National Elections. American Economic Review 63, Papers and Proceedings, S. 160–167.

STIGLER, G.J. (1975), The Citizen and the State – Essays on Regulation, Chicago und London.

STOBBE, A. (1980), Volkswirtschaftslehre I – Volkswirtschaftliches Rechnungswesen, 8. rev. u. erw. Aufl., Berlin u. a., 1994

STOBBE, A. (1983), Volkswirtschaftslehre II – Mikroökonomik, 2. rev. Aufl., Berlin u. a., 1991.

STOBBE, A. (1987), Volkswirtschaftslehre III – Makroökonomik, 2., völlig überarb. Aufl., Berlin u. a.

STREETEN, P. (1954), Programme und Prognosen; wiederabgedruckt in G. GÄFGEN (Hrsg.): Grundlagen der Wirtschaftspolitik, 3. Aufl., Köln u. a. 1970, S. 53–74.

STREISSLER, E. (1980), Kritik des neoklassischen Gleichgewichtsansatzes als Rechtfertigung marktwirtschaftlicher Ordnungen; in ders. und CH. WATRIN (Hrsg.): Zur Theorie marktwirtschaftlicher Ordnungen, Tübingen, S. 38–69.

STREISSLER, E. (1983), Wirtschaftstheorie und Wirtschaftspolitik; in B. KELLER und A.E. OTT (Hrsg.): Angewandte Wirtschaftsforschung im Spannungsfeld zwischen Wirtschaftstheorie und Wirtschaftspolitik, Tübingen, S. 20–40.

STREIT, M.E. (1981), Demand Management and Catallaxy – Reflections on a Poor Policy Record. Ordo 32, S. 17–34.

STREIT, M.E. (1983a), Reassessing Consumer Safety Regulation; in H. GIERSCH (Hrsg.): New Opportunities for Entrepreneurship, Kiel, S. 190–215.

STREIT, M.E. (1983b), Heterogene Erwartungen, Preisbildung und Informationseffizienz auf spekulativen Märkten. Zeitschrift für die gesamte Staatswissenschaft 139, S. 67–79.

STREIT, M.E. (1983c), Zur politischen Ökonomie von Reformen wohlfahrtsstaatlicher Institutionen; in H. SIEBERT (Hrsg.): Perspektiven der deutschen Wirtschaftspolitik, Stuttgart u. a., S. 165–178.

STREIT, M.E. (1984a), The Shadow Economy – A Challenge to the Welfare State? Ordo 35, S. 109–119.

STREIT, M.E. (1984b), Innovationspolitik zwischen Unwissenheit und Anmaßung von Wissen. Hamburger Jahrbuch für Wirtschafts- und Gesellschaftspolitik 29, S. 35–54.

STREIT, M.E. (1986), Marktwirtschaftliche Ordnungspolitik im demokratischen Wohlfahrtsstaat; in M. KAASE (Hrsg.): Politische Wissenschaft und politische Ordnung – Analysen zu Theorie und

Empirie demokratischer Regierungsweise (Festschrift zum 65. Geburtstag von Rudolf Wildenmann), Opladen, S. 97–110.

STREIT, M.E. (1987a), Ordnungspolitische Probleme einer Interessenvertretung durch Verbände, Zeitschrift für Wirtschaftspolitik 36, S. 47–58.

STREIT, M.E. (1987b), Industrial Policies for Technological Change: The Case of West Germany; in C.T. SAUNDERS (Hrsg.): Industrial Policies and Structural Change, London, S. 129–142.

STREIT, M.E. (1987c), Economic Order and Public Policy – Market, Constitution and the Welfare State; in R. PETHIG und U. SCHLIEPER (Hrsg.): Efficiency, Institutions and Economic Policy, Heidelberg, S. 1–21.

STREIT, M.E. (1987d), Industriepolitik – Eine ordnungspolitische Herausforderung; in G. FELS und O. VOGEL (Hrsg.): Brauchen wir eine neue Industriepolitik?, Köln, S. 131–150.

STREIT, M.E. (1988), The Mirage of Neo-Corporatism. Kyklos 41, S. 603–624.

STREIT, M.E. und E. GRAW (1989), Terminkontrakthandel; in P. OBERENDER (Hrsg.): Marktökonomie – Marktstrukturen und Wettbewerb in ausgewählten Branchen der Bundesrepublik Deutschland, München, S. 531–570.

STREIT, M.E. und G. WEGNER (1988), Information, Transaction and Catallaxy – Reflections on some Key-Concepts of Evolutionary Market Theory, ersch. demnächst in U. WITT (Hrsg., 1990): Contributions to Evolutionary Economics.

STREIT, M.E. und G. WEGNER (1989), Wissensmangel, Wissenserwerb und Wettbewerbsfolgen – Transaktionskosten aus evolutorischer Sicht. Ordo 40, S. 3–20.

STREIT, M.E. (1995), Wohlfahrtsökonomik, Wirtschaftsordnung und Wettbewerb, in: Freiburger Beiträge zur Ordnungsökonomik, Tübingen, 1995.

STREIT, M.E. (1997), Ordnungsökonomik; in Gabler Wirtschaftslexikon, 14. Aufl., Wiesbaden, S. 2870–2891.

STREIT, M.E. (2001), Jenaer Beiträge zur Institutionenökonomik und Wirtschaftspolitik, Contributiones Jenenses Bd. 9, Baden-Baden.

STREIT, M.E. (2003), Menschliches Wissen – Dimensionen eines komplexen Phänomens, in: ORDO 54, S. 113-122.

STREIT, M.E. (2004), Die Misere des deutschen Verbändestaates, in: ZfW, 54 Jg. Wiederabdruck in: ders. (Hrsg.), Contributiones Jenenses Bd. 9, Baden-Baden 2004.

TANGHE, P. (1987), Wissenschaft als Resultat der unsichtbaren Hand – Eine Antwort auf die Herausforderung der Wissenschaftskritik an die freiheitliche Gesellschaft, Berlin.

TEICHMANN, U. (1973), Zur Diskussion über eine regelgebundene Geld- und Fiskalpolitik. Jahrbuch für Sozialwissenschaft 24, S. 331–353.

TEICHMANN, U. (1997), Grundriß der Konjunkturpolitik, 5. verb. und erw. Aufl., München.

THALHEIM, K.C. (1955), Zum Problem der Einheitlichkeit in der Wirtschaftspolitik; in K. MUHS (Hrsg.): Festgabe für Georg Jahn, Berlin, S. 577–587.

THEIL, H. (1954), Econometric Models and Welfare Maximization. Weltwirtschaftliches Archiv 72, S. 60–83.

THEIL, H. (1959), Economic Forecasts and Policy, 3. Aufl., Amsterdam 1970.

THEIL, H. (1965), Linear Decision Rules for Macrodynamic Policy Problems; in B.G. HICKMAN (Hrsg.): Quantitative Planning of Economic Policy, Washington, S. 18–42.

THUROW, L.C. (1980), The Zero-Sum-Society – Distribution and the Possibilities for Economic Change, Harmondsworth, Mx.

TICHY, G. (1982), Neuere Entwicklungen in der Konjunkturtheorie. IFO-Studien 28, S. 213–238.

TIETZEL, M. (1988), Ethische und theoretische Probleme interventionistischer Wirtschaftspolitik; in D. CASSEL, B.T. RAMB und H.J. THIEME (Hrsg.): Ordnungspolitik, München, S. 77–105.

TINBERGEN, J. (1952), On the Theory of Economic Policy, 5th print, Amsterdam, 1970.

TINBERGEN, J. (1964), Economic Policy – Principles and Design, 4th rev. ed., reprint, Amsterdam 1975.

TOBIN, J. (1980), Asset Accumulation and Economic Activity, 4th print, Chicago, 1988.

TOCQUEVILLE, A. DE (1835, 1840), Über die Demokratie in Amerika (beide Teile in einem Band), München 1976.

TOLLISON, R.D. (1982), Rent-Seeking: A Survey, Kyklos 35, S. 575-602.

TUCHTFELDT, E. (1956), Wirtschaftspolitik und Verbände. Hamburger Jahrbuch für Wirtschafts- und Gesellschaftspolitik 1, S. 72-84.

TUCHTFELDT, E. (1957), Das Instrumentarium der Wirtschaftspolitik - Ein Beitrag zu seiner Systematik. Hamburger Jahrbuch für Wirtschafts- und Gesellschaftspolitik 2, S. 52-64.

TUCHTFELDT, E. (1960), Zur Frage der Systemkonformität wirtschaftspolitischer Maßnahmen; in H.J. SERAPHIM (Hrsg.): Zur Grundlegung wirtschaftspolitischer Konzeptionen (Schriften des Vereins für Socialpolitik, N.F. Bd. 18), Berlin, S. 203-238.

TUCHTFELDT, E. (1967), Planung, Entscheidung und Durchführung als Phasen der Wirtschaftspolitik; in F. HODEIGE (Hrsg.): Tätigkeit im rechten Sinne (Festschrift für H. Rombach zum 70. Geburtstag), Freiburg, S. 251-277.

TUCHTFELDT, E. (1970a), Über unerwünschte Nebenwirkungen wirtschaftspolitischer Maßnahmen. Kyklos 23, S. 720-735.

TUCHTFELDT, E. (1970b), Widerstände gegen wirtschaftspolitische Maßnahmen. Jahrbücher für Nationalökonomie und Statistik 184, S. 366-380.

TUCHTFELDT, E. (1971a), Moral Suasion in der Wirtschaftspolitik; in E. HOPPMANN (Hrsg.): Konzertierte Aktion - Kritische Beiträge zu einem Experiment, Frankfurt am Main, S. 19-68.

TUCHTFELDT, E. (1971b), Zielprobleme in der modernen Wirtschaftspolitik (Walter-Eucken-Institut, Vorträge und Aufsätze 34), Tübingen.

TUCHTFELDT, E. (1973), Soziale Marktwirtschaft und Globalsteuerung; in ders. (Hrsg.): Soziale Marktwirtschaft im Wandel, Freiburg, S. 159-188.

TUCHTFELDT, E. (1976), Über die Staatsfunktionen bei Adam Smith. Ordo 27, S. 29-45.

TUCHTFELDT, E. (1979), Ideensysteme als Bezugsrahmen der Politik. Ordo 30, S. 79-94.

TUCHTFELDT, E. (1982), Wirtschaftspolitik, in: Handwörterbuch der Wirtschaftswissenschaft, Bd. 9, Stuttgart u. a., S. 178-206.

TUCHTFELDT, E. (1983), Bausteine zur Theorie der Wirtschaftspolitik (Beiträge zur Wirtschaftspolitik, Bd. 40), 2. unveränd. Aufl., Bern u. a.

TUCHTFELDT, E. (1986), Mobilitätsprobleme auf dem Arbeitsmarkt; in S. GRAF BETHLEN und A. MÜLLER-ARMACK (Hrsg.): Vollbeschäftigung - eine Utopie?, Bern und Stuttgart, S. 151-166.

TULLOCK, G. (1967), The Welfare Costs of Tariffs, Monopolies and Theft. Western Economic Journal 5, S. 224-232.

TULLOCK, G. (1971), Public Decisions as Public Goods. Journal of Political Economy 79, S. 913-918.

TUMLIR, J. (1978), Die unbeabsichtigte Gesellschaft - Einige Bemerkungen über Nozick. Ordo 29, S. 14-33.

TUMLIR, J. (1979), Weltwirtschaftsordnung - Regeln, Kooperation und Souveränität (Kieler Vorträge, N.F. Nr. 87, hrsg. v. Herbert Giersch), Tübingen.

TUMLIR, J. (1983), International Economic Order and Democratic Constitutionalism. Ordo 34, S. 71 bis 83.

VANBERG, V. (1975), Die zwei Soziologien - Individualismus und Kollektivismus in der Sozialtheorie, Tübingen.

VANBERG, V. (1982), Markt und Organisation - Individualistische Sozialtheorie und das Problem korporativen Handelns, Tübingen.

VAUBEL, R. (1983), Die soziale Sicherung aus ökonomischer Sicht; in H. SIEBERT (Hrsg.): Perspektiven der deutschen Wirtschaftspolitik, Stuttgart u. a., S. 151-164.

VAUBEL, R. (1985), Competing Currencies - The Case for Free Entry. Zeitschrift für Wirtschafts- und Sozialwissenschaften 105, S. 547-564.

VAUBEL, R. (1990), Sozialpolitik für mündige Bürger - Optionen für eine Reform (Schriftenreihe der Forschungsstelle für Gesellschaftliche Entwicklungen [FGE], Nr. 5), Baden-Baden.

VOSGERAU, J. (1978), Konjunkturtheorie, in: Handwörterbuch der Wirtschaftswissenschaft, Bd. 4, Stuttgart, New York, S. 478-507.

WALLICH, H.C. (1968), The American Council of Economic Advisors and the German Sachverständigenrat – A Study in the Economics of Advice. Quarterly Journal of Economics 82, S. 349–379.

WALTER, H. (1983), Wachstums- und Entwicklungstheorie, Stuttgart, New York.

WATRIN, CH. (1967), Ökonomische Theorien und wirtschaftspolitisches Handeln; wiederabgedruckt in H. ALBERT (Hrsg.): Theorie und Realität, Tübingen 1972, S. 359–391.

WATRIN, CH. (1973), Zur Rolle organisierter und nicht organisierter Interessen in der Sozialen Marktwirtschaft; in E. TUCHTFELDT (Hrsg.): Soziale Marktwirtschaft im Wandel, Freiburg, S. 69–90.

WATRIN, CH. (1977), Ordnungspolitische Aspekte des Sozialstaates; in B. KÜLP und H.D. HAAS (Hrsg.): Soziale Probleme der modernen Industriegesellschaft, Berlin, S. 963–985.

WATRIN, CH. (1979), The Principles of the Social Market Economy – Its Origins and Early History. Zeitschrift für die gesamte Staatswissenschaft 135, S. 405–425.

WATRIN, CH. (1980), Zur sozialen Dimension marktwirtschaftlicher Ordnungen; in ders. und E. STREISSLER (Hrsg.): Zur Theorie marktwirtschaftlicher Ordnungen, Tübingen, S. 476–501.

WEBER, J. (1981), Die Interessengruppen im politischen System der Bundesrepublik Deutschland, 2. überarb. u. erw. Aufl., München.

WEBER, M. (1921), Wirtschaft und Gesellschaft, 5. rev. Aufl., Studienausg., Nachdruck, Tübingen, 2002.

WEGEHENKEL, L. (1981a), Gleichgewicht, Transaktionskosten und Evolution, Tübingen.

WEGEHENKEL, L., Hrsg. (1981b), Marktwirtschaft und Umwelt, Tübingen.

WEIZSÄCKER, C.CH. v. (1976), Die Welt aus der Sicht des Ökonomen; in H. KÖRNER u. a. (Hrsg.): Wirtschaftspolitik – Wissenschaft und politische Aufgabe, Bern, S. 67–83.

WERNER, J. (1979), Verteilungspolitik, Stuttgart.

WESSELS, TH. (1963), Wettbewerb; in: Staatslexikon, Bd. 8, 6. Aufl., S. 642–650.

WICKE, L. (1993), Umweltökonomie, 4. überarb., erw. u. akt. Aufl., München.

WILDENMANN, R. (1971), Germany 1930/1970 – The Empirical Findings. Sozialwissenschaftliches Jahrbuch für Politik 2, S. 13–60.

WILES, M.H. (1981), „Rational Expectations" as a Counterrevolution; in D. BELL und I. KRISTOL (Hrsg.): The Crisis in Economic Theory, New York, S. 81–96.

WILLE, E. und M. GLÄSER (1977), Staatsaufgaben bei Adam Smith – Eine Würdigung unter Allokationsaspekten. Ordo 28, S. 34–77.

WILLE, E. (1980), Soziale Indikatoren als Ansatzpunkt wirtschaftspolitischer Zielbildung und Kontrolle – Verbesserung oder Verschleierung politischer Entscheidungsgrundlagen? Ordo 31, S. 127–151.

WILLEKE, F.U. (1980), Wettbewerbspolitik, Tübingen.

WILLEKE, R. (1977), „Ruinöse Konkurrenz" als verkehrspolitisches Argument. Ordo 28, S. 155–170.

WILLGERODT, H. (1978), Die Grundprobleme der Weltwirtschaftsordnung; in H. GRÖNER und A. SCHÜLLER (Hrsg.): Internationale Wirtschaftsordnung, Stuttgart, New York, S. 241–254.

WILLIAMSON, J. (1975), Markets and Hierarchies: Analysis and Antitrust Implications – A Study in the Economics of Internal Organization, New York, London.

WINDISCH, R. (1986), Über Agenda und Grenzen der Staatstätigkeit in einer marktwirtschaftlichen Ordnung; in ders., W. WEIGEL und E. LEITHNER (Hrsg.): Handbuch der österreichischen Finanzpolitik (Festgabe für Wilhelm Weber zum 70. Geburtstag), Wien, S. 3–54.

Wissenschaftlicher Beirat beim Bundesministerium für Wirtschaft (1971), Gutachten vom 11. Dezember 1971 – Regelmechanismen und regelgebundenes Verhalten in der Wirtschaftspolitik; in Bundesministerium für Wirtschaft (Hrsg.): Sammelband der Gutachten von 1948 bis 1972, Göttingen 1973, S. 597–618.

Wissenschaftlicher Beirat beim Bundesministerium für Wirtschaft (1976), Gutachten vom 19. und 20. November 1976 – Fragen einer neuen Weltwirtschaftsordnung; in Bundesministerium für Wirtschaft (Hrsg.): Sammelband der Gutachten von 1973 bis 1986, Göttingen 1987, S. 777–838.

Wissenschaftlicher Beirat beim Bundesministerium für Wirtschaft (1978), Gutachten vom 15. und 16. Dezember 1978 - Staatliche Interventionen in einer Marktwirtschaft; in Bundesministerium für Wirtschaft (Hrsg.): Sammelband der Gutachten von 1973 bis 1986, Göttingen 1987, S. 895-962.

Wissenschaftlicher Beirat beim Bundesministerium für Wirtschaft (1980), Gutachten vom 9. Februar 1980 - Wirtschaftspolitische Implikationen eines Bevölkerungsrückgangs; in Bundesministerium für Wirtschaft (Hrsg.): Sammelband der Gutachten von 1973 bis 1986, Göttingen 1987, S. 999 bis 1055.

Wissenschaftlicher Beirat beim Bundesministerium für Wirtschaft (1984), Gutachten vom 14. und 15. Dezember 1984 - Strukturwandel für Wachstum und mehr Beschäftigung; in Bundesministerium für Wirtschaft (Hrsg.): Sammelband der Gutachten von 1973 bis 1986, Göttingen 1987, S. 1235- 1304.

WITT, U. (1987), Individualistische Grundlagen der evolutorischen Ökonomik, Tübingen.

WOLL, A. (1992), Wirtschaftspolitik, 2. überarb. u. erg. Aufl., München.

ZACHER, H.F. (1977), Sozialstaatsprinzip, in: Handwörterbuch der Wirtschaftswissenschaft, Bd. 7, Stuttgart, New York, S. 152-160.

ZAPF, W. (1979), Die Wohlfahrtsentwicklung im vereinten Deutschland, 2. durchges. Aufl., Berlin, 1997.

Zarnowitz, V. (1985), Recent Work on Business Cycles in Historical Perspective - A Review of Theories and Evidence. Journal of Economic Literature 28, S. 523-580.

ZIMMERMANN, H. und K.D. HENKE (2001), Finanzwissenschaft - Eine Einführung in die Lehre von der öffentlichen Finanzwissenschaft, 8. überarb. u. erg. Aufl., München.

ZIPPELIUS, R. (1978), Allgemeine Staatslehre - Politikwissenschaft, Ein Studienbuch. 14. neubearb. Aufl., München, 2003.

Stichwortverzeichnis

J

K

L

Z